| 光明社科文库 |

魏氏文化源流研究

魏成刚◎主编

光明日报出版社

图书在版编目（CIP）数据

魏氏文化源流研究 ／ 魏成刚主编． -- 北京：光明
日报出版社，2021.12
ISBN 978 - 7 - 5194 - 6317 - 5

Ⅰ.①魏… Ⅱ.①魏… Ⅲ.①姓氏—文化史—研究—
中国 Ⅳ.①K820.9

中国版本图书馆 CIP 数据核字（2021）第 178498 号

魏氏文化源流研究
WEISHI WENHUA YUANLIU YANJIU

主　　编：魏成刚

责任编辑：郭玫君　　　　　　　　　责任校对：张彩霞
封面设计：中联华文　　　　　　　　责任印制：曹　净

出版发行：光明日报出版社
地　　址：北京市西城区永安路 106 号，100050
电　　话：010 - 63169890（咨询），010 - 63131930（邮购）
传　　真：010 - 63131930
网　　址：http：//book. gmw. cn
E - mail：gmrbcbs@ gmw. cn
法律顾问：北京市兰台律师事务所龚柳方律师

印　　刷：三河市华东印刷有限公司
装　　订：三河市华东印刷有限公司
本书如有破损、缺页、装订错误，请与本社联系调换，电话：010 - 63131930

开　　本：170mm × 240mm
字　　数：742 千字　　　　　　　　印　　张：41.5
版　　次：2022 年 1 月第 1 版　　　　印　　次：2022 年 1 月第 1 次印刷
书　　号：ISBN 978 - 7 - 5194 - 6317 - 5
定　　价：180.00 元

《魏氏文化源流研究》编委会

总　主　编：魏成刚

编写组成员：魏　亮（北京）

魏利生（山东临沂）

魏允秀（山东滕州）

魏奇異（甘肃）

魏延福（山东滕阳）

魏国华（福建）

魏广信（河南）

魏　亮（贵州）

魏长洲（安徽）

魏俊文（黑龙江）

魏　东（山东枣庄）

魏宏展（河南）

《魏氏文化源流研究》简析

　　家谱空白期的世系缺失，是各个姓氏修谱、联谱时面临的普遍性难题。《魏氏文化源流研究》一书恰恰提供了"三对齐五维修谱联谱方法"，能够帮助各个姓氏科学有效地解决无谱时期缺失世系的评估问题。故该书不仅仅是目前为止较为完整的魏氏繁衍源流史，更是一部可资借鉴的人类繁衍规律研究及诸姓氏修谱联谱的理论专著，值得一读。

2021 年 3 月

《魏氏文化源流研究》出版说明

　　《魏氏文化源流研究》一书的编辑出版，是由二十六个省市区、一百三十多个魏氏支系的二百多名家谱主编和姓氏文化源流研究爱好者共同参与完成的。这期间经历了人口繁衍规律统计调研、各支系家谱序言解读分析及世次统计、三对齐理论用于诊断老家谱中世次错误的研究试验、121个支系的最终联谱、对魏氏源流文化的深度研究探讨等阶段，得到了河南、北京、甘肃、安徽、河北、山东、福建等省魏氏文化研究组织的大力支持，特别是河南魏杰会长、魏怀习会长，北京的魏文友会长等先后多次出资、召集研讨培训会议，为《魏氏源流文化研究》做出了突出贡献。本书主要以《左传》《竹书纪年》《史记》《世本》《帝王世系》等史书及明朝始修的各支系家谱为参考依据。《魏氏源流文化研究》是编辑志愿者团队运用三对齐理论进行深度研究所形成的，虽然还不能保证世次评估百分之百地正确无误，但实践证明是相对较为科学靠谱的修谱联谱参考书，也为今后《魏氏总谱》的编纂积累了经验、奠定了坚实的基础。编辑部团队决定，与光明日报出版社合作，出版发行《魏氏文化源流研究》，以满足广大魏氏宗亲的强烈愿望。期待本书还能够为更多的姓氏修谱联谱提供有益帮助。

　　在此，向所有为本书出版发行提供支持帮助的魏氏宗亲和光明日报出版社的编辑人员表示最诚挚的感谢！同时，书中保留了家谱原有的一些繁体字和用法，特在此说明。

目　录
CONTENTS

前　言

（一）修谱、合谱、联谱的作用和意义

所谓家谱,简言之家族传记。标注血缘世系、家族变迁、支脉图系,更间或为家族之典藏,德行之教本! 可明世系源流,别支派关系,证先人伟绩,传前世之文明,明后辈之礼仪。家谱、方志、国史构成了中华民族文化的三大支柱。家谱是一个姓氏家族文明和谐、人丁兴旺、事业繁荣的重要标志。一部高质量、可信度高的好家谱就是一个家族世代流传的无价之宝。国不能无史,家不可无谱。国无史,无以知来处,国则不强! 家无谱,无以教后人,族则不兴。中国各姓氏家谱均有30年不修为不孝的传统说法。凡名门望族,不论条件多么困难,先辈们都要千方百计纂修家谱。

所谓合谱,是指同姓不同宗支的家谱世系,通过寻访协商,把迁徙失联的各代各分支后人的世系找回来,按父子传承关系,逐一准确向上对接,使原本世系缺失的各个分支世系图变为完整无缺,使各支人员完全合并到共同始祖系下,成为该共同一世祖的直系血亲后裔,同时建立范围更大、人员更全的崭新族谱,形成血缘传承直系图,此为姓氏家族合谱。合谱旨在接血脉、辨昭穆,厘清血脉传承,分清"你生谁、谁生你",凡有识之士都有着强烈的寻根问祖、合谱合堂的强烈愿望。

所谓联谱,由于世系缺失,无法逐世无缝对接,也就找不到共同的一世祖,相互之间无法分清血脉传承关系,也就无法合谱,但是可以实现联谱。联谱是指始迁祖不同的若干支系,通过协商确认一位生年较早的祖先为共同的一世基点,根据各支系始迁祖生卒时间、每次修谱或立碑的确切时间、长支系前沿世次、末支系在世最长辈世次、末支系最近出生人员的世次、各支系同在人员中占比最高的世次等指标,依据家谱世系统计调查结果,形成

一个合乎繁衍规律的世系缺失期世次评估办法,为各地修谱提供一个相对最科学趋真的公共世系缺失世次(公元前680年到公元1420年统一按68世为参照世次),再依据各支系的繁衍规律来评估定位始迁祖在联谱世系中所应处的世次,依次推定其他所有人员的联谱世次,从而实现入联支系的世次大统一。凡讲究族内长幼有序、宗亲之间不容忍胡乱称兄道弟者,都渴望能像孔、孟、颜、曾家族那样,实现魏氏世次"大统一"。

联谱可以解决世系缺失期的祖先世次难题,为所有魏氏宗亲分世次;联谱可以为各地失联的宗亲寻根合谱搭建一个广阔的信息平台;联谱可以彻底避免各支系自行编造"通天谱"时带来的世系造假、攀附及乱认祖宗的现象;联谱可以为后世留下珍贵的精神文化财富。这对于天下魏氏共认一世祖、明昭穆、辨长幼、扬正气、励后人,凝心聚力,促进家族团结和社会发展,都具有重大而又深远的历史意义。

(二)修谱联谱遵循的原则

坚持入联自愿,入联支系必须提出申请,认可联谱公共参照世次及"三对齐"联谱方法。

坚持联谱先有谱,续修族谱和创建新谱,一律要把已知准确生卒年最早的始迁祖作为第一世。始迁祖之前的情况不明的世系和春秋战国时期的公共谱系部分,由全国编修委统一处理,各地各支系一律不得拼凑嫁接攀附搞"通天谱"。

坚持遵守法律、法规和国家政策,坚持团结和谐,坚持实事求是,做到存真求实,确保质量,坚持继承与创新并举,体现时代特征,坚持尊重各支系原有家谱。永乐年之前家谱有完整世次记载的,尊重记载,按原世次对接。无家谱记载的世系缺失支系,提供世系缺失期可参照的世次(公元前710年至公元1420年共有69世或者公元前680年至公元1420年共有68世)。1420年之后下接各支系家谱世系,不对任何家谱做改动。

坚持有错必纠。一旦发现谬误,必须在下一版进行修正,但原版必须保存,便于后人辨识。

(三)联谱工作取得了史无前例的重大学术成果

确立了《魏氏联谱公共世系》《魏氏联谱公共参照世次》,确认毕万为魏世家奠基始祖、魏犨为魏氏开宗一世祖、元朝之前平均30年/世(25—33)和明朝以后平均 28 年/世(24—29)的繁衍规律、1420 年前后(1410—1430 年)出生的始迁祖假定为魏犫第六十八世(或者毕万第六十九世)参照基准点、最前沿世次真值范围、健在最长辈世次真值范围、最高占比世次真值范围，以此作为支系谱与公共谱头对接的时间点及《三对齐联谱指标》等。

为什么要把各支系联谱接入时间点选在 1420 年？因为此前魏氏很少有人有家谱，即使个别有家谱的支系，在漫长的历史过程中受到了不同程度的破坏甚至毁灭，造成了中华各姓氏家谱的严重世系缺失。几乎所有较早的家谱都是从永乐年间开始创修或者始修的。此时始修的家谱，从始迁祖至今，绝大多数都翔实无缺，世次真实可靠。对于始迁祖以前的祖先的追溯记载大多数是缺少依据而不可信的。1410 年之前的世次记载无法作为联谱的世次计算依据来使用。只有以 1410—1430 年这个多数支系创修族谱的时间段作为联谱世次接入时间点，才能把联谱误差降低到最低限度。

为什么要把联谱世次接入点选在六十八世？对明朝之前家谱世次记载较为完整、合乎逻辑的若干个参照支系家谱世次的统计分析表明，1410—1430 年出生的祖先世次应当在魏犫第六十八世(或毕万第六十九世)左右。所以，各个明朝开始修谱的支系 1420 年前后出生的祖先，统一假定占比最高的世次为魏犫第六十八世(毕万第六十九世)，至于比六十八是多还是少，还需要用百支系繁衍规律统计结果进行校正，即各支系最前沿世次是否在八十八至九十二世之间、健在最长辈是否在八十至八十四世之间、占比最高的是否在八十四至八十七世之间这三个指标来校正，这三项指标中只要有一项超出了真值范围，就意味着始迁祖世次误差较大，必须参照六十八世进行增减调整，直至上述三项指标全部进入统计真值范围之内。

(四)体例、格式和文字规范

1. 在编写方式上体现时代特征，符合现代人阅读习惯。

2. 体现 20 世纪中国经济文化社会发展状况。

3. 遵循《国家语言文字工作委员会语言文字规范管理办法》，使用白话文和简化字。

4. 用史志编年体记载魏氏修谱联谱大事件，归纳整理魏氏起源、发展、变迁、繁衍情况。

一、魏氏祖源概述

据《元和姓纂》所载，除少数他姓改为魏氏之外，魏氏主体产生于姬姓毕氏，开基始祖为周武王之弟毕公高的后裔毕万，远祖周文王姬昌，上古祖先轩辕黄帝。

太史公司马迁在《史记·魏世家》中大量参考了《左传》关于魏氏的记载，把魏氏列入诸侯世家排在第十四位，尽管对魏氏早期世系记载也存在个别错误，但仍然是记载魏氏起源和发展的最可靠的正史，本《魏氏文化源流研究》主要以《左传》《史记》为参考依据，对《史记·魏世家》以及《左传》的原文结合西周时期的历史背景、社会制度、姓氏制度、重大历史事件、重要人物、时间节点，进行了逐字逐句的反复解读，形成了有别于以往任何魏氏支系家谱的崭新认识，得到了绝大多数入联支系主编的赞同认可。借鉴太史公司马迁的写法，将魏氏的源与流分开表述，将太史公笔下"魏之先、毕之后"的毕万尊为魏世家的奠基始祖、魏氏之源，将史书中记载的第一位魏氏魏武子（犨）尊为魏氏开宗一世祖先。

魏姓主要来源有三：

（一）出自姬姓，以国名为魏氏

毕万：魏世家奠基始祖。没有毕万就没有魏犨及魏世家。

据《左传》和《史记》记载：毕万，姬姓毕氏，名万，周武王之弟毕公姬高的裔孙（一说为十四世孙）。史学家司马迁在《史记·魏世家》的魏氏起源第一段，就开宗明义："魏之先（魏氏的祖先），毕公高之后（代）也。"

毕公高是周文王姬昌之子、周武王姬发之弟。毕公高之后是谁？是从毕邑投奔晋献公的毕万。

"武王之伐纣，而高封于毕，于是为毕姓。其后绝封，为庶人，或在中国，或在夷狄。其苗裔曰毕万，事晋献公。"

"献公之十六年，赵夙为御，毕万为右，以伐霍、耿、魏，灭之。以耿封赵夙，以魏封（《左传》称'赐毕万魏'，非封）毕万，为大夫。卜偃曰：毕万之后必大矣，万，满数也；魏，大名也。以是始赏，天开之矣，天子曰兆民，诸侯曰万民。今命之大，

5

以从满数,其必有众。初,毕万卜事晋,遇屯之比。辛廖占之,曰:吉。屯固比人,吉孰大焉,其必蕃昌。"

"毕万封十一年,晋献公卒。四子争更立,晋乱。而毕万之世弥大,从其国名为魏氏。"

毕氏家族是周武王之弟毕国公(姬高)开创的。毕万生年约为公元前710年前后,到毕万时已经由奴隶主贵族沦落为庶民。《左传·闵公元年》记载:晋献公元年(前676),不甘心为庶民的毕万卜筮得到吉卦后,入晋国投奔晋献公谋仕从军。15年后(前661),赵衰一起跟随晋献公和大(tai太)子申生进行扩张战争,吞并了霍、耿、魏三个姬姓诸侯国。晋献公把古魏国赐予毕万。注意赐与封的区别。赐的是食邑,无治权。封毕万为大夫(将军),是官职。毕万家族由庶民重新回到贵族行列。

毕万受赐魏邑5年后(前656),晋献公欲立奚齐为太子,先杀了大儿子太子申生,又欲杀重耳和夷吾。重耳和夷吾在其舅舅狐偃的策划下逃出晋国,流落异国他乡。大夫毕万之子犨(魏武子)追随陪侍晋公子重耳流亡达19年之久。

重耳流亡5年后的公元前651年,晋献公去世,晋室太子争立君主,相互杀戮。从公元前656年到公元前637年的19年间,先后有十几个君臣丧命。而毕万家族却深谋远虑、选择了让犨(魏武子)追随晋公子重耳。因犨(魏武子)站队正确,加之武功高强、机智灵活,不仅在君主更迭、宫廷杀戮中毕万及魏武子(犨)得以善终,而且在朝中的势力日益增强。

太史公马迁在叙述完晋乱之后,接着讲述了"毕万之世弥大,从其国名为魏氏"。"毕万之世",是指毕万的世子、宗子抑或指家族势力。这个"世子"在魏氏诞生之前必定为毕氏。这毕家的世子是谁呢?应当就是犨。"弥大"就是指势力地位日益增大。为什么这样说?

因为此时晋国掌权的将军里克准备迎接重耳回国执政,而魏武子(犨)的权势地位也随之日增。重耳流亡时,魏武子的官职是"魏诸子"(负责国子的训诫、教治的魏氏先生),已经成为重耳之家有威望、有影响力的人物。这个"毕万之世弥大"绝不应是人多势众之意。因为,自毕万受赐魏邑、被封大夫到晋乱,总共10年时间,50多岁的毕万和他的儿子们就是再能生育,也生不了几个孩子。即使生了许多孩子,那也都是幼儿,怎么能称得上"世弥大"?怎么能构成其家庭"从其国名为魏氏"的资格?何况当时一般的大夫是无权随便改氏的。重耳回国执政后,魏武子(犨)受到新君主晋文公(重耳)的封赏,一是封魏武子(犨)为治理魏邑(此时古魏国已经不再是诸侯国)的大夫和右戎大将军;二是赐魏邑给魏武子家庭作为食邑。此时,由于晋室20多年的争斗杀戮,晋文公可以依赖的近亲已经不多了。毕万的儿子中,只有魏武子(犨)成了晋文公为数不多的股肱之臣。到公元前636年重耳回国当上国君、魏武子(犨)重新得到魏邑的封赏之后,魏氏才被官方认可。晋文公赐魏氏时毕万公已经去世,所以,毕万公没有机会受赐魏氏了。或许这就是《左传》《史记》等史书中从未出现过毕万改魏万的原因。

至于毕万公何时何因去世,史书没有任何记载,左丘明不知道、司马迁也不知道。毕万在《左传》中最后出现是公元前651年受晋献公的封赏。从此,在所有已知的史书中再无任何有关毕万的信息。有学者分析,与毕万同时受封赏的赵夙与毕万一样自此在史书记载中消失,并且这两个家族都被晋文公换上了新的族长,这绝非偶然,很可能在晋惠公、晋怀公时期这两位族长因其儿子追随重耳受到了牵连。

综上所述,没有毕万公受赐魏邑、被封大夫的基础,就没有魏犨贴近并追随重耳而受封赏的条件。毕万当之无愧是魏世家的奠基始祖。由于目前尚未发现史书中有关毕万改名魏氏的任何记载,所以,本次魏氏联谱仅遵太史公的写法,把毕氏作为魏氏之源来叙述,源与流分开写,尊毕万公为魏氏奠基始祖。

魏犨(前680—前594):魏氏开宗一世祖。没有魏犨同样没有后来的魏世家。

据《左传》《史记》记载,魏犨生于约公元前680年,卒于约公元前594年,谥魏武子,毕万家族魏氏第一任首领,第一位受封谥的魏氏祖先,被奉为魏氏开宗一世祖先。

魏武子(犨)的父亲是周文王第十五子姬高毕公(周武王的弟弟)的裔孙毕万。

晋献公元年(前676),年幼的犨(魏氏诞生后的魏犨)随父亲毕万入晋。

晋献公十六年(前661)毕万升为车右将军,因战功受赐古魏国为食邑,被封为大夫。此间,魏武子(犨)也随父亲入住晋国都城曲沃,成为贵族子弟,有机会与晋献公二儿子重耳一起度过童年,成为重耳的五个好友之一,为日后升迁打下了基础。

晋献公二十一年(前656),晋室争立太子。晋献公为了立小儿子奚齐为太子,先杀死了大儿子大(太)子申生,又欲杀二儿子重耳和三儿子夷吾。重耳在舅舅狐偃的精心策划下成功出逃,流亡异国他乡长达19年。魏武子(犨)对重耳忠心耿耿,与赵衰、狐偃、贾佗、先轸、介子推等一起追随陪伴重耳流亡列国,不离不弃。

在魏武子(犨)陪同重耳流亡5年之后的公元前651年(晋献公二十六年),"晋献公卒,四子争更立,晋乱。而毕万之世弥大,从其国名为魏氏"。此处,太史公交代了魏氏诞生的时间、政治背景、历史条件。魏氏诞生的时间是公元前651年之后。毕万之世弥大指的是什么?毕万之世的国名是指什么?令人迷惑。

为了说明"毕万之世弥大",接下来太史公用倒叙的方式讲述了魏武子(犨)的生平。

"生武子"。谁生了武子?上文的主语是毕万,当指毕万生武子,出生时间不详。但是,可以从重耳出生的时间及魏武子(犨)从重耳出亡的时间来推知,武子应生于公元前680年前后。此时,魏氏尚未诞生,他的姓氏仍为毕氏,名犨。"武子"只是他去世后的封谥,"魏"是左丘明所加。

"魏武子以魏诸子事晋公子重耳"。这里说的是魏武子一生追随晋公子重耳,其职务是"诸子"(专职管理国子事务司士级别的下大夫)。"魏诸子"是指后来改称魏氏的诸子。应当指出,魏武子及魏诸子的"魏"是《左传》作者冠在犨公的谥号"武子"及职务"诸子"之前的。事重耳时,由于魏氏尚未诞生,根本不存在魏××。《左传》成书于公元前403年至公元前396年,正值新的诸侯国魏国建立之初,作者为了避免对新任国君魏文侯的不尊,有意回避了"犨"这个名字,而是使用了谥称"魏武子(犨)"和官职"魏诸子"来指代犨这个人。

为何"魏诸子"的"诸子"不是指魏家诸多儿子的意思而是指官职?据《汉语大词典》,"诸子"一词最先始于西周。第一种解释,在《周礼·夏官·叙官》中,"诸子"是与司士平级的官员,位列司士之后作为司士专门负责国子事务的副手,是专掌国子们的戒令与教治、辨国子之等、正国子之位的官员。第二种解释,在《周礼·地官·司徒》中,"诸子"是指作为公、侯、伯、子、男五爵中的子们。目前网上又出现了脑洞大开的第三种猜测:"魏诸子"是古魏国宫廷中遗留的诸子。

如果按第二种解释,"魏诸子"为公、侯、伯、子、男五爵中的子们,由于毕万至多是大夫将军,不是爵位,其子们再多也不属于诸子,所以不能成立。

如果按第三种猜测,"魏诸子"是被晋献公和毕万所灭古魏国的遗留诸子,则更不能成立。晋献公的公子重耳岂敢将古魏国的诸子仇人弄到身边当护卫?

所以,事重耳的"魏诸子"只能做第一种解释:后来受赐魏氏的在重耳身边担任"诸子"的那位先生。

太史公接着讲述了魏武子于公元前656年随重耳出逃至公元前637年返回晋国、重新受赐魏邑、受封治魏权、右戎大夫的时间经过。

从上下文的衔接来看,"毕万之世弥大",绝不是指毕万家族的人多势众。自公元前676年毕万入晋至公元前651年,仅25年时间,即使毕万父子再能生育也增添不了几口人,至多增加一代人,而且都是少年儿童,怎么能成为毕万之世改毕为魏氏的资格?

所以,毕万之世就是指毕万的"世子、宗子"或者指毕万父子的势力和地位。这个"世子"就是指魏武子(犨)。"弥大"就是毕万家族的势力地位日益增大。此时晋国掌权的将军大夫里克准备迎接重耳回国执政,而魏武子(犨)的权势地位也随之日增。"魏诸子"的官职虽然不算大,但是已经成为重耳之家有威望、有影响力的人物。这个以邑为魏氏且弥大的毕万之世,除了毕万,在《左传》和《史记》里面只有魏武子(犫)而没有其他人。由此可知,是魏武子(犫)以其国名(封邑)为魏氏。应当指出,这里的国名不能排除是战国初期的诸侯国魏国。

在成书于战国初期的《左传》中,第一个"魏"字出现于记述公元前656年发生的重耳出亡事件。作者左丘明在书中称"魏武子"来指代犫公,但"武子"只是后来的封谥而不是名字。记述晋文公于公元前634年攻打曹国的故事时,左丘明没有再使用魏武子,而是启用魏犫这个名字了。为什么作者在讲述陪侍重耳出亡的魏犫时,没有使用犫,也没有使用魏犫,而是使用了后来的封谥魏武子?《左传》作者左丘明和《史记》作者司马迁为何都不使用姓名而使用谥称,是因为公元前656年魏氏尚未出现,尚没有魏犫这个名字,而作者又忌讳使用犫,只好用后来的封谥"魏武子"来尊称当时的犫公。

犫何时改为魏犫的?最大的可能应当是公元前636年。此时,为毕氏的犫公已经因功被晋文公封大夫、封治魏权、赐魏邑、赐魏氏。这才算得上是"毕万之世弥大"。《左传》作者左丘明和《史记》作者司马迁记述公元前636年以前涉及犫公的事件时都使用的"魏武子",记述公元前636年之后发生的事件时都是使用"魏犫"。由此可见,公元前636年就是魏氏诞生的时间。

根据《左传》记载魏颗执行魏犫遗嘱让父妾另嫁的时间来判断,魏犫约逝世于公元前594年,享年80余岁。魏犫一生历经晋献公、晋文公、晋襄公、晋灵公、晋成公、晋景公六朝君主,去世前四世同堂、子孙人才辈出,魏寿余、魏锜、魏颗、魏绛、魏相(吕相)、魏颉(令狐颉)等都是晋景公时期担任要职的杰出人物,为后世魏诸侯国的诞生奠定了坚实基础。

"令魏武子(犫)袭魏氏之后封。""令"是"给予"而不是命令;"袭"为"重复、再一次"而不是继承;"魏氏"为犫所改的魏氏;"后封"为魏氏诞生之后魏犫所得到的封赏。全句之意应是:给予犫"魏武子"这个称号,是他受赐魏邑、受赐魏氏、受封治魏大夫以后得到的又一次封赐。

谁封的"武子"这个谥?应当有两种可能。首先,根据西周谥法,大夫功臣去世后一般由君主依据功绩所封谥,也有子侄、兄弟或者后世所赠。魏武子首先应当为晋文公所封。其次,是魏国君主魏文侯所赠。从春秋战国时期的谥法看,诸侯封谥只许封五庙,《史记·魏世家》中记载,魏文侯斯祖先有封谥的魏氏卿大夫正好有五庙:武子、悼子、昭子、献子、桓子。所以,"魏武子(犫)"这个谥称不能排除就是魏国首位君主魏文侯给予他第一代魏氏祖先的封赠。魏武子(犫)成为第一位受封谥的魏氏祖先。

在晋室争权杀戮的许多年间,晋献公前妻齐姜所生的太子申生被晋献公二夫人骊姬谋杀;拥立新君主骊姬之子奚齐和卓子的大夫国相荀息以及骊姬、奚齐、卓子都被拥立重耳(狐姬所生)、夷吾(狐女小戎子所生)的将军里克所杀;将军大夫里克被自己拥立的新君主晋惠公夷吾所杀;为保护重耳不被重耳的侄子晋怀公所杀,狐突(狐偃之父)、重耳和夷吾的外公被重外孙晋怀公所杀;追杀伯父重耳未遂的晋怀公子圉被新君主晋文公重耳所杀;追随重耳出亡的颠颉因与魏犨一起火烧僖负羁而被晋文公重耳所杀,而魏犨凭借自己的机智逃过了一死;原晋军统帅吕甥和郤芮被晋文公诱杀;晋怀公下令重耳的追随者返晋而未返者家族族长多数受到迫害。在这种残酷的政治背景下,魏犨从开始做出服侍重耳的政治选择,到能够成功逃过死劫,为魏氏留下了生命火种,这一切都证明:魏犨绝对不是头脑简单的一介武夫,而是足智多谋、深谋远虑、文武兼备的时代精英。完全可以说,如果没有魏犨,根本不存在后来的魏诸侯国,也就不会有魏世家!

毋庸置疑,魏武子(犨)是改毕称魏第一人、魏氏分支第一代领袖、当之无愧的魏氏开宗一世祖先。

魏武子(犨)生有三子:魏悼子(寿余)、魏颗、魏锜。

魏武子(犨)家族又分出魏氏、吕氏、令狐氏三个分支。

公元前451年,魏桓子与韩康子、赵襄子伐灭知伯,分其土地。公元前445年,魏斯演出了历史上著名的"三家分晋"。公元前403年成为诸侯,建立魏国,称魏文侯,建都安邑(今山西夏县西北),正式确定了魏国的领土范围。魏斯的后裔形成了魏姓最重要的一支,史称魏姓正宗。

(二)外姓改姓魏

战国秦昭襄王时有国相、穰侯、昭襄王母宣太后异父弟魏冉,本楚人,芈姓,后改姓魏;

明代有昆山人唯校,其先世本李姓,居苏州葑门的庄渠,弘治进士,授南京刑部主事,后改姓魏。

随着历史的发展,一些少数民族除了本民族的姓氏,也采用汉族的姓氏,由于音近、省字等,有以魏为姓的。如北魏时期氏族中有魏揭飞,自称大将军、冲天王;满族倭彻赫氏后改为魏姓;佤族斯内氏,汉姓魏;鄂伦春族魏拉依尔氏,汉姓魏。此外,土家、蒙古、彝、回、朝鲜等民族中均有魏姓。回族中的魏姓,早期见于明代魏实。洪武年间(1368—1398年),武略将军魏实由顺天府(今北京)调湖南常德卫,路经湖北仙桃,见该地有清真寺及穆斯林居住,遂留其一子,后子孙繁衍,遍及湖北全省(参见《湖北回族》)。另,在广州怀圣寺《重建怀圣塔寺之记》碑中有"镇守广东等处地方副都统魏黑纳篆额"的记载(碑立于清康熙三十七年)。其名"黑纳",按阿拉伯语发音有庆贺、祝贺、颂扬等意,较适用于取名;在古代进入中国的阿拉伯人名中,又有"Hindu",也可简译为"黑纳",魏黑纳恐是中国姓加上回名的合成名。在清同治以前,魏姓在西北地区亦为大族。据《同治年间陕西回民起义历史调查记录》载,魏姓在同治年间是"咸阳的回族大姓"。仅道光年间,在咸阳县志中记载的东乡安谷里魏家村、西乡廊里魏家堡、魏家前村就有魏姓50户之多。魏姓回族,在中国革命近现代历史上也曾做出过一定的贡献。如在辛亥革命和武昌起义中牺牲的有湖北沔阳(今仙桃市)人魏碧章、魏清光;在北上抗日和解放战争中牺牲的有湖北郧西人魏茂顺、魏登恒等。魏姓回族主要分布在湖北、河南、甘肃等地。

(三)与魏同宗者

据《元和姓纂》载,毕万封(赐)魏,支孙食采于冯为氏,季孙食采于潘为氏,毕公高之后有藩氏。《通志·氏族略》云:明时有藩俊者,系嘉靖举人,后任广东省清远知县。郡望荥阳郡,故魏、毕、冯、潘、藩氏同宗。

春秋时期直接从魏氏分出来的有令狐氏和吕氏。魏犨次子魏颗,因战功被晋景公封令狐邑,其子魏颉(jié)以邑为氏,称令狐颉。令狐颉被尊为令狐氏第一世祖先。魏犨三子魏锜封于吕邑、厨邑,又称吕锜、厨武子。其后代以邑为吕姓。

据《通志·氏族略》所载,战国初年,赵、魏、韩三国分晋后,公元前361年魏惠王将都城迁至大梁(今河南开封),魏惠王迁都大梁为梁惠王,子孙以梁为氏,是为河南开封梁氏。

据史料记载,万姓亦源于周朝姬姓王室,他们的后裔中先后有两房人改姓为万。其中一支为毕万后代。毕万不仅是魏姓始祖,也是万姓始祖。

战国时期,信陵君魏公子无忌子孙繁盛,知名度高,所以诸多古籍和魏氏族谱大多以魏无忌为魏氏承上启下的关键人物。

魏国被秦所灭后,没有被灭的信陵君魏无忌子孙有十多支逃往太行山和泰山山区,不敢再称魏氏,为了保留王族后裔的荣耀,而改称王氏,散居京兆、河间一带。

必须指出,十年前网络上出现了魏姓起源于古魏国的隗姓一说,经考证纯属杜撰、毫无任何依据。魏氏后代不应再去以讹传讹,误导族人。

魏姓自古就是一个非凡的姓氏。《左传》把魏氏家族列入晋国六卿之一,记载了魏氏家族诞生的故事。《史记》把魏氏家族列入三十个世家之一,排在第十四位,记载了魏氏家族的兴亡。《世本》记载了春秋战国时期魏氏各代领袖的谥号及统治领地变迁。由魏国史官编纂的《竹书纪年》作为魏国史书,也是魏氏家族最早的家谱,翔实记载了三皇五帝到襄王二十年的华夏历史。它的出土,使《史记》《尚书》等存在的许多错误得以补正。魏姓人才济济,史不绝书。在中华民族悠久、辉煌的史册记载中,可谓良相贤臣辈出,名士英才历代相继。中国现存的《二十四史》中,有6部(《魏书》和《五代史》)是由魏收、魏澹和魏徵编纂的,占了古代中国正史总量的四分之一。

二、迁徙分布

先秦时期,魏姓最初活跃于陕西、山西、河南地区。两汉至唐朝,魏姓主要的活动地区在北方和中原。

魏的疆域最初主要包括今山西南部("河东")、陕西境内黄河与洛河之间("河西")及山西芮城西南风陵渡一带("河曲")。毕万得赐魏邑,魏武子(犨)受封治魏大夫,魏悼子徙居霍邑(今山西霍县西南),魏昭子又徙居安邑(今山西夏县西北)。其中心地区原在今山西西南,后逐渐向东南发展,通过今山西东南部("上党"),扩大到今河南北部("河内")和中部。公元前361年,魏惠王迁都大梁(今河南开封),重心遂转移到中原地区。

盛唐时,魏姓繁盛,人丁兴旺,郡望与名人显宦大量出现,并且有部分族人随陈政、陈元光父子入闽开辟漳州,于福建安家,后又徙至广东等地,使家族播迁更加广泛,唐末,战乱烽烟又起,外族入主中原,魏姓被迫再度南迁,广泛进入南方各地。中原二次南下移民福建时,魏姓大批进入闽南。明末永乐年间魏姓始入台湾。

唐朝以后,魏姓已经进入了江苏、浙江、江西、湖南、四川,以及两广地区和福建,尤其是宋朝时期,魏姓大约有34万余人,约占中国人口的0.44%,排在第51位。在中国的分布主要集中于四川、江西、山东、河南、安徽、河北、江苏、福建。

明朝时期,魏姓大约有45万余人,约占中国人口的0.49%,为明朝第48位姓氏。宋元明600年,中国人口纯增长率是20%,魏姓人口增长比中国人口的增长要快得多。在中国的分布主要集中于福建、江苏、江西,这三省魏姓大约占魏姓总人口的43%。其次分布于浙江、山东、湖北、河北,这四省的魏姓又集中了32%。福建为魏姓第一大省,占魏姓总人口的19%。魏姓分布总格局的变化是,其人口主要向江南地区迁移。中国形成了闽赣、苏浙鲁两大魏姓聚集区。

当代魏姓的人口已近570万,列在中国第44位,大约占中国人口的0.45%。从明朝至今600年中魏姓人口由45万增加到570万,增长了11倍多,魏姓人口的增长速度低于中国人口的增长速度。在中国的分布主要集中于河南、四川、河北三省,大约占魏姓总人口的28%,其次分布于湖北、陕西、山东、江苏、甘肃、安徽,这六省又集中了32%的魏姓人口。河南为当代魏姓第一大省,居住了魏姓总人口的9.6%。中国魏姓的分布形成了秦川、豫冀两大魏姓聚集区。在600年间,魏姓人口流动的程度和方向与宋元明期间有很大的区别,由东南部向中原、华北人群回迁十分强劲,尤其突出向西部四川的迁移。

在甘肃大部、宁夏、陕西南部、青海东部、内蒙古中西和东北、川渝北部、湖北西端、冀鲁津交界地区、吉林大部、黑龙江东南,魏姓占当地人口的比重一般在0.81%以上,中心地区可达2.6%以上,上述地区覆盖面积约占总国土面积的17%,居住了大约34%的魏姓人群。在河南、晋冀鲁大部、陕西北部、内蒙古中部和东部、京津、辽宁、吉林西北角、黑龙江中部、皖苏北部、湖北西部、川渝中部、贵州中部、福建东北部,魏姓占当地人口的比重一般在0.54%~0.81%,其覆盖面积约占国土面积的24%,居住了大约34%的魏姓人群。

三、郡望文化

（一）郡望

魏无忌的六世孙因在西汉时任钜鹿（今河北）和任城太守,有功于朝廷受到封赏,并使其家族成为朝野所敬仰的家族,其居地钜鹿和任城也就发展成为魏姓历史上最著名的两大郡望。

钜鹿郡:秦始皇二十五年（前222）置郡,治所在巨鹿（今河北省平乡西南）。相当于今山东省德州、高唐,河北省馆陶之间地。汉代至北魏因袭沿用。汉后大致相当于今河北省平乡以北及晋县一带。是魏姓的郡望之一,通常代指魏无知次子魏均后人的集居与发散之源地。

任城郡:三国魏置任城郡（今山东省微山县一带）。西晋复任城国。北朝魏孝明帝神龟元年（518年）分高平郡一部,置任城郡,治所由仲浅村移于今济宁市任城路,并为任城郡治,隶兖州。北齐天保七年废亢父县。隋、唐、五代任城县建置名称不变,但隶属有别。五代后周广顺二年（952年）,置济州于巨野,任城属之。金海陵王天德二年（1150年）济州移至任城。元至元六十二年之间,济州治所数易巨野、任城。是魏姓的郡望之一,通常代指魏无知长子魏城后人集居与发散之源地。

（二）堂号

魏姓的堂号主要有敬爱、治礼、十思、钜鹿、九合、大名等。

（三）宗祠楹联

和戎著绩;救赵全仁。

上联典指春秋魏绛,即魏庄子。力主与戎族和好,为晋悼公采纳。下联典指战国信陵君魏无忌窃取魏国虎符救赵。

誓成宅相;绰有祖风。

上联典指晋魏舒,应相宅者言,年四十而显贵。下联典指唐魏徵五世孙魏謩,议事无所畏,上谓其有祖风。

公忠体国;机警能文。

上联典指春秋时晋人魏绛。下联典指北齐史学家魏收,机警能文,十五岁能写文章。为北朝三才子之一。

信陵世泽;明鉴家声。

上联指战国魏人魏无忌。下联指唐朝魏徵。

穰侯家跻四贵;伯起名列三才。

上联指战国秦昭王母宣太后之异父弟魏冉,号穰侯。曾四登相位。下联指北齐魏收。

疏列御屏,契洽天子;治称政谱,德薄黎民。

上联指唐朝魏徵。下联指宋朝厌兀进士魏子翁。

兼听则明,以古作鉴;通经致用,拜夷为师。

上联指唐朝魏徵。下联指清朝道光进士魏源。博学,与龚自珍齐名。有《曾子章句》等。

虎观谈经,妙析异同之旨;鹤山授业,共推理学之宗。

上联说东汉任城人魏应,曾与诸儒在白虎观讲论五经的同异。下联典指南宋学者魏了翁,西父忧时,曾大白鹤山下筑室授徒,后又建鹤山书院,一时学者云集。反对佛家、老子的"无欲"说,推崇朱熹理学,著有《鹤山全集》。

四、参照世次主要繁衍脉络

魏国被秦灭后,王假的后人似乎没有传下来。据现在所能查到的家谱及史书记载,绝大多数都是魏无忌的后代。但也有非无忌公后裔的魏氏。

馆陶魏徵研究会会长刘清月先生编著的《魏徵研究》记载:"明清现代入台州者有一些是开封兰考人魏良佐的后人,不是信陵君魏无忌的后人。"实际上,魏氏并非都是魏无忌的后人,魏无忌后人也不都姓魏。刘清月及王哲远先生参考了《史记》《汉书》《后汉书》《三国志》《魏书》《北齐书》《隋书》《新唐书》《全唐书》《魏姓与开封魏文化遗存》等资料,对魏氏进行多年研究的结论是:

"巨鹿魏氏、下曲阳(今河北晋州)魏氏、任城魏氏及其分支馆陶魏氏,都是信陵君魏无忌之孙魏无知的后裔,任城魏氏和馆陶魏氏祖上都是魏无知长子魏城,分支较早。巨鹿魏氏、下曲阳魏氏祖上是魏无知的次子魏均。巨鹿魏氏出自魏均的曾孙魏歆(西汉巨鹿太守);任城魏氏出自魏城的曾孙魏叹(西汉任城太守)和魏载。馆陶魏氏出自魏城的十六世孙魏衡,魏衡曾孙珉始居馆陶(魏徵的祖上)。"

西汉至唐朝期间是家谱缺失期。家谱是帝王世家的特权,不仅庶民无权有谱,就连宰相级别的大臣也没有资格修家谱。因为那时的高级官员选拔制度有一个前提,就是必须有家谱,能够查到祖上做过帝王或者大官。到了宋朝,政治开明,开始责成专门的史官如欧阳修、宋祁等为前朝及当朝宰相以上级别的官员创修家谱,同时放开了平民修谱政策。比如,为唐朝宰相魏徵修了家谱,只是准确记载了魏徵至高祖的五代世系,魏徵五世祖之上,断断续续地接到了西汉魏无知,成为魏氏罕见的有代表性的早期家谱世系。

元代是中国汉族人家谱的灭失期。到了元代,蒙古统治者为了斩除汉人的文化之根,采取了罕见的销毁家谱之策,对汉族人本就不多的家谱统统予以销毁,无人敢于留存,导致了几乎所有的汉人出现了家谱缺失、世系缺失。

明朝朱元璋皇帝高度重视家谱文化传承,亲自安排续修自己的家谱,并为他的24个儿子的后代分别赐定了20个辈字,有力地推动了中国家谱文化的迅速发展。从 1420 年开始,中国民间兴起了创修、续修家谱的热潮。

从古籍中可以查到的有关魏氏家谱世系的资料少之又少。

观点一:唐林宝编纂的《元和姓纂》分巨鹿、清河、宜阳、任城、宋城等魏氏。

观点二:《新唐书·宰相世系表》分巨鹿、馆陶、宋城、魏盈魏氏。据《新唐书·宰相世系表》:则馆陶魏氏本出汉兖州刺史衡,其曾孙珉始居馆陶,珉孙彦,彦子钊,钊子长贤,长贤子徵。

观点三:《南北史·表》载:馆陶魏氏本出兖州刺史衡,衡曾孙珉,始居馆陶,魏有赠顺州刺史魏处,处子建忠将军钊,钊子光州刺史彦,彦子北齐屯留令长贤,长贤子徵。《新唐书·宰相世系表》以彦为珉之孙,而钊乃彦之子,考北史列传,则唐书有误。

观点四:宋邓名世的《古今姓氏书辩证》又分巨鹿、馆陶、宋城、鹿城、清河、任城、东郡、宜阳等八派魏氏。据《古今姓氏书辩证》所载,馆陶魏氏与鹿城、宋城魏氏同祖,而巨鹿魏氏则与清河、任城、东郡、宜阳等魏氏同宗,皆是信陵君魏公子无忌之孙——汉高梁侯魏无知的后裔。

观点五:浙江温州《巨鹿魏氏宗谱》主编魏衍乔在查阅研究了大量古典资料后,做出了非常翔实的论证,首次提出了极有价值的见解:

"今魏氏世系,八派之中,除魏公子无忌后裔,已知之巨鹿、清河、任城、东郡、宜阳五派之外,则为与馆陶同祖的鹿城、宋城等三派,而诸姓氏书,只馆陶魏氏注为汉兖州刺史衡之后。然而,衡之先又出于何人?令人费解。

《新唐书·宰相世系表》与邓著《古今姓氏书辩证》《南北史·表》,都以衡为始祖,而唐林宝的《元和姓纂》则只字不提馆陶一派,而他的《南北朝·魏氏世系》却载之详。

《北史》魏长贤列传,以长贤为收之族叔。而魏收于《魏书》自序中说:汉初魏无知封高梁侯,子均,均子恢,恢子彦,彦子歆字子胡,位终巨鹿太守,歆子悦,悦子子建,子建子收。按此,魏收虽属巨鹿魏氏,实不在东、西祖之内。

按《元和姓纂》所述,魏收的谱系应为:无知生均,均生恢,恢生彦,彦生歆,歆生愉,愉生宙,宙生绍,绍生庆,庆孙宣,宣孙统。统子二:长俦,为东祖;次植,为西祖。植生虔,虔生攀,攀生缉,缉生韶,韶生子建,子建生收。依此,魏收之谱当在西祖之内。《唐书》记载巨鹿魏氏自歆以下,始居下曲阳,而魏徵的籍贯在新旧唐书中都列为曲城人,曲城即下曲阳。

按中央图书馆的《金石萃编》所载的魏公先庙碑文,乃魏公亡后 235 年所著,为魏徵公家庙之碑,碑中之阙文居其三,第一,其于世系之叙,为魏公子无忌之后,然而,碑文之中所提人物约略见有无忌、西祖与四廿(?)之孙曰钊,又有出长?屯留之句。若以前此碑文，则徵公之先当为西祖之后。可是，若为西祖之后，则《唐书》及诸世系表就应当列于巨鹿魏氏之下，世系相近，必无遗漏。仿《南北史·表》《唐书·宰相世系表》《元和姓纂》三书，将南北朝之兰根、季景、子建等魏氏名臣都分列于东、西祖之下，独此馆陶长贤公之族别为一支，则先庙碑之世系必有错误。"

魏延乔主编又从魏衡的生平加以考证。按魏衡之名，一见于《唐书·列传》魏衡之妻在徵公之后，决不可能。一见于《晋书》魏舒传：叔父吏部郎衡有名当世。《太平御览》引三十国春秋也曾引述魏衡侄舒之句。考《三国》官职表，舒于三国时为魏尚书郎，相国参军并封剧阳子，后仕晋武帝，太康初告别右仆射，后迁左仆射领吏部，位终司徒，德高望重，于太熙元年殁，年八十二岁。舒的幼年在东汉，而叔父衡所处的时代在东汉至三国之间。据《三国·官职表》记载：衡为魏吏部郎。而于《宋书·礼志》复记载衡为北魏尚书郎。《唐书·宰相世系表》的所谓汉兖州刺史衡，即衡之为官历汉魏，至此，馆陶魏氏始祖衡知即出于魏公子无忌之后。故任城魏氏世谱按《元和姓纂》所述，乃无知曾孙不害生汉任城太守(?)因家焉。不害孙相，汉丞相高平侯。裔孙舒，晋司徒。邓名世《古今姓氏书辩证》则记载："任城魏氏无知间孙不害生汉任城太守舍，又居任城。"

观点六：北宋诗人陈师道撰、魏衍辑《魏嘉州墓铭》记载了魏衡—魏徵—魏謩—魏瓘—魏绍的世系脉络：

"魏氏望巨鹿，自汉兖州刺史魏衡之曾孙始居魏之馆陶，五世而至郑公(魏徵)，辩毅慈明，为唐宗臣，馆陶之魏始大，甲于国谱。又五世而至司徒謩(魏謩)，謩之子别居，歙之婺源。其后四世而至尚书礼部侍郎讳羽，为太宗、真宗三司使十有八年。而生龙图阁直学士讳魏瓘，见微致大，功昭南邦，以吏部侍郎归老下蔡，葬寿春八公山下。仍父子赠太尉，在名臣之数，别为下蔡之魏。太尉两娶刁氏，有子十一人。君其第十子也，讳绍，字承之，任为将作监主簿。"此墓铭主人是魏瓘第十子魏绍，根据此墓志记载，魏羽确实如宗谱上所说是魏謩的六世孙。还提到魏氏传承脉络：汉兖州刺史魏衡传九世至魏徵，魏徵传六世至魏謩，魏謩之子迁居婺源，传五世即魏羽。

综上所述，魏徵(生于580年)祖上是魏衡(生于168年)，魏衡是魏无知(约生于公元前240年)裔孙。魏衡出于馆陶魏氏，馆陶魏氏出于任城。

附《魏嘉州墓铭》原文：

魏氏望钜鹿自汉兖州刺史衡之曾孙始居魏之馆陶五世而至郑公辩毅慈明为唐宗臣馆陶之魏始大甲于国谱又五世而至司徒【阙二字】之子别居歙之婺源其后四世而至尚书礼部侍郎讳羽为太宗真宗三司使十有八年而生龙图阁直学士讳瓘

见微致大功昭南邦以吏部侍郎归老下蔡葬寿春八公山下仍父子赠太尉在名臣之数别为下蔡之魏太尉两娶刁氏有子十一人君乃第十子也讳绍字奉之任为将作监主簿尝知虞城县禁捕而盗止留守下其法焉勾当合流镇岁大饥君叹曰朝请而夕报亦不及矣振廪出以下估而后闻傍近赖之通判绛州事新庙学具师徒士故沉浮俗间檄县谕出之讲试以时君与其属过焉后以朝散郎知嘉州自唐开元献荔子而今乐用朱桑人始病之久而防矣不给其求而刑者众嘉祐中有良守哀之作二诗刻石以讽君将行要贵求者既至摹其石诗以报黠贾夺人盐井更数守讼不决君行而还之君孝友慎和而不受私居无子弟过出有吏能常有劳再登格而赏不及君亦不自告也绍圣元年二月己未卒年五十七明年二月甲子从葬寿春两母并封崇荣二国夫人而所生何氏别封旌德县太君娶李氏左金吾卫大将军忠告之女封寿安县君三子男二女嫁蔡州助教刁宝臣濠州参军晁载之将君夫人曰铭臣之行治不可不书也使晁载之具其事曰君常调不及用循职而已毋异也既具合宗而谋曰其谁铭晁妇曰其陈氏乎否则没父矣晁载之曰士求铭于陈氏辞者屡矣吾所见也求可冀乎其妇曰盍索其词以固请乎于是汶来及余于颍水之上以请晁与余交又与俱来其何辞铭曰魏氏再显惟其有继有继有承以有其位再登公师有子之致君伏不兴亦保其世犍为之政不侮不畏更四十年良有其二事惟其常亦何以异夫人之云铭则不愧。

魏衍,宋代彭城人,字世昌,号曲肱居士,生年不详,《砥柱铭》作者,从陈师道游最久,为陈之高足,以学行见称乡里。不事举业,唯以经籍自娱,年五十,见巽书必手自写,故其家虽贫,却有藏书至千卷,为文操笔立成,所编陈师道诗集二十卷,最为后人称善。建炎初年死于兵乱。

观点归纳:馆陶魏氏世系应为无忌孙无知,无知曾孙不害,不害子舍,舍子相,相裔孙衡,衡曾孙珉,珉孙彦。再加上《南北史·表》则应为无忌孙无知,无知曾孙不害,不害子舍,舍子相,相裔孙衡,衡曾孙珉,珉子处,处子钊,钊子彦,彦子长贤,长贤子徵。

编者从魏无知、魏衡、魏徵三位先辈的出生年代发现了上述世系严重不合那个时期汉族人30年一世的正常繁衍规律。魏无知至魏衡约408年间增加了16代人,平均约25.5年/世,比正常规律偏少4.5年、偏多3世人;魏衡至魏徵412年,却只增加了8代人,平均51年/世,比正常规律偏离21年,比正常规律缺少了约6世人。魏无知至魏徵约820年间增加了24代人,平均34年/世,偏多4年、偏少3世人。

编者认为:第一,魏无知—魏衡—魏徵之间,缺了2—3世人,即魏徵应当是魏无知第二十八世孙、魏犨第四十三世孙;第二,汉—唐时期的魏徵支系世系应存疑,有待后世继续考证。

　　至此,魏氏依《唐书》《元和姓纂》与邓书所分巨鹿、馆陶、宋城、鹿城、清河、任城、东郡、宜阳等八派都同出于魏无忌血脉。

　　由于西汉至元朝时期为家谱缺失期,明清时期的谱匠多有找个魏氏历史名人做祖先的现象,导致半数以上魏氏家谱特别是南方魏氏家谱基本都称是唐朝宰相魏徵的后裔,是真是假没人能说清。近年来,随着全国修谱合谱联谱热潮的兴起,少数所谓的谱匠把一些世系失记的支系牵强附会地嫁接到魏徵公子孙系下的现象又开始泛滥。

　　定陶魏氏是战国时期秦相魏冉后裔,芈姓,也称西魏。

五、魏氏公共世系
（公元前680—前185年，共16世）

魏氏奠基始祖毕万：姬姓毕氏，名万，毕公高裔孙（十四世），晋国大夫，在《史记·魏世家》中被称为"魏之先，毕公高之后"。《左传·闵公元年》记载：公元前676年，庶民毕万卜筮入晋谋仕，其年龄就在20～40岁，生于公元前716—前696年，去世于公元前637年重耳执政之前；公元前661年带领大军作战并因功受赐魏邑、封大夫，是魏氏家族的奠基人，被奉为魏氏奠基始祖。

关于芒季，查不到其姓氏，仅仅在《世本八种·茆泮林辑本》："魏氏，毕万生芒季，芒季生武仲州。"这里只说芒季是毕万儿子之一、武仲州的父亲，并未说是魏犨的父亲。史书中也没有查到魏犨与武仲州有何关系。《史记》里无芒季这一代。笔者认为，毕万公（公元前710年，另有专论）与魏犨公（前680）年龄相差30岁、受赐魏邑的时间仅相隔25年（公元前661年与公元前636年），这中间容不下再有芒季一代人，魏犨应当是毕万之子。但不排除芒季是毕万众子之一，魏犨的兄弟，仍属毕氏，在毕氏族谱中被称为毕芒季，不应在魏氏族谱之列。

魏氏开宗一世祖魏武子：名犨，曾居魏邑，谥武子。用晋文公生年推知，魏犨应生于公元前680年前后，卒于公元前594年。公元前636年，晋文公回晋国当上国君后，封魏犨为治魏大夫、赐魏邑、赐魏氏。犨生三子：魏悼（卓）子寿余、魏锜（改吕氏）、魏颗。

（注：魏颗之子魏颉改令狐氏，为令狐氏一世祖，前沿已到令狐颉第九十一世。）

二世　魏悼（卓）子或魏寿余，徙居霍邑。从政时间在公元前614年前后。由魏邑迁居霍邑。距毕万从政（前676）时间晚62年，应当是毕万之孙、魏犨之长子。不知何故，魏悼子有谥无名，有资格统治霍邑，也是一代晋卿大夫，有学者从时间上分析，不排除其名字就是魏寿余，也有学者提出魏悼子是魏锜。悼子生二子：魏绛、魏颖。

三世 魏昭子,名绛,徙居安邑,谥昭子(庄子),春秋时代晋国的武将、政治家,魏犨之孙,魏悼子之子(《世本》误称魏绛是魏犨的幼子),历仕晋悼公、晋平公。公元前573年,晋悼公即位时,魏绛因为勇敢被提拔为中军司马。从霍地迁居安邑。距毕万得赐魏地(前661)相隔88年,应当是毕万的曾孙(三代孙)、魏犨之孙。

四世 魏嬴,生年不详,未得卿大夫传位,有名无谥,居安邑,生三子:舒、容、嵩。

关于魏嬴的有无。《史记》中有"绛生魏嬴,嬴生魏献子",其他如《竹书纪年》《世本八种》《左传》《晋国六卿》等关于魏氏公卿大夫世系史料中均无魏嬴的记载。因为其名不见经传,故现代多数史学者认为不应有魏嬴单独的一代。但笔者从魏绛与魏舒的生年、从政时间相隔近60年来考证推理,支持《史记》的观点,绛公与舒公之间应有魏嬴一代。符合30年传一代的规律。

五世 魏献子,名舒,居安邑。谥魏献子,春秋时期晋国正卿,中国春秋后期军事改革家,晋国步战的创始者,战国魏国国君的先祖,晋名将魏绛之孙。生四子:取(也称须)、成、攻、阙(que)。

周景王四年(公元前541年),晋国车兵与白狄族徒兵战于太原(今太原西南)。因战场地形狭险,晋军兵车无法展开,难于抵御狄兵步战。魏舒向中行吴建议"毁车为行",改车战为步战。即将战车甲士全部改编为着甲徒兵,与原有的轻装徒兵混编,使原来以两、伍、专、参、偏为编组的车战阵形,变为以前锋、后卫、右翼、左翼、前拒为编组的步战阵形,增强了部队的机动灵活性,这即是著名的魏舒方阵。晋军用改革后的阵形,乘狄兵尚未列阵,快速迫近攻击,大败狄兵。魏舒"毁车为行",是中国古代车战向步战转变的先声。后魏舒曾任晋平公中军将。周敬王六年(前514),执政的韩宣子年老,遂让位于魏舒执晋国政,这样,魏舒执政晋国6年,奠定了三家分晋后魏国的基础。距魏绛被提拔为司马的时间(前573)相隔59年,魏舒应当是魏绛之孙、魏嬴之子。

六世 魏简子,名取,又名须,居安邑,谥魏简子,春秋时代晋国的武将、政治家,魏氏第六代领袖。魏献子魏舒之子(《史记·魏世家》称魏襄子魏曼多是魏献子之子)。史称魏简子。魏取死后,儿子襄子魏曼多继位。生二子:侈(应为曼多)、景。

七世 魏襄子,名侈,又名魏曼多、魏哆,居安邑。魏简子之子,是战国时期晋国附属国魏国的君主。

八世 魏桓子(?—前446),名驹,襄子魏侈之子,又称魏宣子,居安邑,是春秋时期晋国魏氏的第八代领袖。魏侈去世,魏桓子即位。生二子:斯、季成。

公元前454年,魏桓子和赵襄子、韩康子一起打败了智伯瑶,瓜分了他的领地,他们三家的领地更大了,超过了诸侯。魏桓子去世后,他的儿子魏斯继位。

九世　魏文侯(前472—前396),名斯,又名都,驹长子,居安邑(今山西夏县),是战国时期魏国开国君主,公元前445年继其父桓子位,生二子一女:击、挚、倾。公元前403年,韩、赵、魏被周王与各国正式承认为诸侯,成为封建国家。

史学家钱穆考证:"文侯元年,实在周定王二十三年。去桓子灭知伯祇七年,明其为父子矣。"

笔者分析:魏桓子分晋时(前454),魏文侯已经18岁了,桓子此时应在40岁以上,此后又继续执政晋国8年去世(前446),文侯立,此时,文侯25岁多了,桓子去世时的年龄应在60岁以下。所以,桓子魏驹的生年应是公元前500年前后,比文侯魏斯的生年(前472年)早约30年,所以,魏斯就是魏驹之子。即魏驹与魏斯之间容不下莫须有的一代人了,所以,《史记》的"魏斯是魏驹之孙"是错误的。

十世　魏武侯(?—前370),名击,居安邑,谥魏武侯,魏文侯长子,战国初期魏国国君,公元前395—公元前370年在位(《史记》和《资治通鉴》误载魏武侯公元前387年即位),公元前386年为魏武侯元年。据《竹书纪年》,则为公元前396年即位,公元前395年为武侯元年。他是三家分晋后魏国的第二代国君,在位期间将魏国的百年霸业再一次推向高峰。其生年约在公元前430年前后。生三子:魏罃、魏缓、魏卬。

十一世　魏惠王(前400—前319),名罃,徙都大梁,谥惠王,《孟子》称梁惠王,《竹书纪年》称魏惠成王。魏武侯去世后,魏罃与魏缓争立君位取得成功,为魏国第三代国君。公元前369—前319年在位。即位初,以公叔痤为相,一度攻破秦孝公于栎阳,秦退回雍城,魏惠王六年(前364)四月十三日(公历5月29日),把都城从安邑(今山西夏县西北禹王村)迁至大梁(今河南开封东南),因此在《孟子》一书中又称为梁惠王。生魏赫。

十二世　魏襄王(?—前296),名赫(一说名嗣),谥襄哀王(《史记》误称襄王生哀王),是魏国第四代国君,公元前318—前296年在位,魏惠王之子。生魏邀。

说明:《史记》记载"襄王卒,子哀王立"。这是太史公的笔误。河南新乡卫辉山彪镇汲城村魏国王陵考古发掘时,其他魏王墓都有,但没有发现哀王陵墓。因太史公这一误,便以讹传讹。其实不少学者已做了更正。宋代司马光在《资治通鉴》中写道:"魏襄王薨,子昭王立。"元代吴师道补注《战国策》写道:"《史》,张仪留魏四岁而襄王卒,实惠王;哀王立,实襄王。"《战国策》年表、《辞海》年表和《中国历史年代简表》从襄王到昭王,中间并没有哀王。襄王名字叫赫不叫嗣。《四书集注》中也注得分明:"襄王,赫。"以为襄王名嗣者,大概是把"襄王嗣立"误解为

"襄王嗣即位"。其实"嗣"不是名,而是"继承"的意思。应解为"襄王继位"。《史记》中的哀王一代属于太史公的误解,应当不予采信。襄王、哀王实为一王。

十三世　魏昭王,名遫,谥魏昭王,公元前295年继襄王位,东周魏国第五代国君。生二子:魏圉、魏公子无忌。

十四世　魏无忌,公元前277年,父亲魏昭王去世,哥哥魏圉继承魏国王位,翌年魏圉把其弟魏无忌封于信陵(今河南省宁陵县),徙居信陵,因而被称为信陵君,是安釐王魏圉之异母弟,魏氏关键的传承人。

有资料称:魏无忌生有十四子,因居住在信陵不在大梁,秦灭魏时,都改姓王躲避到太行山及泰山山区幸免被灭族,秦灭亡后,仅有三支改回魏氏,其他十一支没有改回魏氏,为京兆王氏之祖先。(待考)

十五世　魏康,无忌公儿子之一,仕秦为将军,生二子:滨、无知。康公的其他兄弟支系失考。

十六世　魏无知,康公之子,公元前206年被封西汉高梁侯。二子:城、均。

十七世　魏城,下传任城分支(17世魏城—32世魏衡—35世魏珉—36世魏处),大名堂始祖,唐朝名相魏徵是其后裔。

十七世　魏均,下传巨鹿分支(17世魏均—32世魏俦、魏植—35世魏攀),巨鹿堂始祖。《魏书》作者、中书令、魏郡太守魏收是其后裔。

六、家谱失记期公共参照世次（52 世）

（一）十七世魏城至四十世魏徵，为任城支系的骨干代表支系

十七世　魏城。

十八世　失讳，子不害。

十九世　魏不害，子舍。

二十世　魏舍，子相。

二十一世　魏相，子失讳。

二十二世至三十一世　失记。

三十二世　魏衡。

三十三、三十四世　失记。

三十五世　魏珉，子处。

三十六世　魏处，子钊。

三十七世　魏钊，子彦。

三十八世　魏彦，子长贤。

三十九世　魏长贤，子徵。

四十世　魏徵。

（二）汉唐时期（公元前 185—公元 610 年 17—41 世）参照世次

1. 馆陶魏氏(17 世魏城—41 世魏徵公之四子)参照世次

十七世：城公(约公元前 185 年)，无知长子，生一子：冀

十八世：冀公，生二子：琳、祖安

十九世：祖安公，仕晋为侯，生一子：戴

二十世：戴公，仕汉为州牧，生二子：尚、霸

二十一世：尚公

二十二世:扬公

二十三世:弘公

二十四世:延公

二十五世:畅公

二十六世:荀公

二十七世:拟公

二十八世:奇公

二十九世:玺公

三十世:咏公

三十一世:万公

三十二世:衡公

三十三世:慰公

三十四世:查公

三十五世:珉公

三十六世:处公

三十七世:钊公

三十八世:彦公,生伯胤、长贤、德振

三十九世:长贤公,生徵、思温

四十世:徵公:仕唐为相,赠太师,封郑国公,娶张氏继娶陈氏,生四子:叔玉、叔瑜、叔琬、叔璘

四十一世

魏叔玉,生膺、载

魏叔琬,生子名讳不详

魏叔璘(约633—686年,礼部侍郎),生政、殷

魏叔瑜,生宪、华

(三)闽北魏氏支系参照世次(福建南平魏长青撰)

十六世:无知公,康公之子,公元前206年被封西汉高梁侯

十七世:城公,无知长子,大名堂始祖,生一子:冀

十八世:冀公,生二子:琳、祖安

十九世:祖安公,仕晋为侯,生一子:戴

二十世:戴公,仕汉为州牧,生二子:尚、霸

二十一世:霸公,戴公次子,钜鹿太守,生一子:常

二十二世：常公，生二子：锡、锐

二十三世：锡公，仕汉，生一子：琬

二十四世：琬公，为省侍郎，生二子：晦、寿

二十五世：寿公，琬公次子，生二子：太傅、既

二十六世：太傅公，寿公长子，生三子：沛、盛、暴

二十七世：盛公，太傅次子，生三子：明、颜黎、异

二十八世：颜公，盛公次子入梁，生二子：贵、垚（yao）

二十九世：垚公，颜公次子，生二子：诚再、建国

三十世：建国公，垚公次子入齐曲阳，生二子：舒、爽

三十一世：舒公，建国长子为晋仆射加上国公，生一子：京

三十二世：京公，为将军娶氏生三子：振、瑛、赋

三十三世：振公，京公长子娶氏生一子：毅

三十四世：毅公，娶氏生四子：珏、叔中、笺、余

三十五世：笺公，毅公三子为泉州府尹，生二子：通、光

三十六世：光公，笺公次子，生二子：修、欧

三十七世：欧公，光公次子，生一子：宪

三十八世：宪公，欧公之子，生二子：洛、应宝

三十九世：应宝公，宪公次子，生一子：徽

四十世：徽公，仕唐为相赠太师封郑国公，娶张氏继娶陈氏，生四子：叔珏（jue）、叔玉、叔珍、叔圻

注：虽然闽北支谱关于魏徵前世祖先的记载与《新唐书·宰相世系表》记载的"兖州刺史衡曾孙珉……魏珉生魏处，魏处生魏钊，魏钊生魏彦，魏彦生魏长贤，魏长贤生魏徵"有着根本的不同，但是，世次却完全相同，都是魏犨四十世（毕万第四十世）。

（四）唐宋时期（四十二世魏殷至五十一世魏琰）参照世次

42 殷→43 明→44 霁→45 暮（谟，793 年）→46 潜→47 熙→48 昌→49 遂→50 羽→51 琰（四明分支）、瑾（南昌分支）

宋元明（960—1420 年）时期江西南昌五十一世魏瑾至六十八世潘献参照世次（南昌魏玉成撰）：

51 瑾→52 贡→53 郤→54 斋→55 夔→56 守宣→57 世珍→58 文质（1127—1207 年）→59 任鑑→60 登→61 元捷→62 实中→63 天福→64 秉仁→65 孟宣→66 子才→67 经→68 潘献（1420 年前后）

注:以上是笔者从有关家谱及历史文献中筛选出的四个参考世系,并非真实的魏徵祖上世系,虽然世系人名各异,但世次都相同。笔者不敢妄言哪个支系家谱真假正误,但可以从中发现魏徵公是毕万第四十一世、魏犫第四十世孙这一结论,能使魏氏知道这一历史时段内到底应当有几代祖先,以此作为世系失记期各个支系最为合理的参照世次。尽管根本没有发现过真实的魏徵公祖先的完整世系表,但笔者也绝非是要为魏徵公编造一个祖先世系。作为魏氏文化源流研究,只是寻求规律性的东西,根本没有必要细究哪一位魏氏名人的家谱。据毕氏族谱记载,自毕公姬高(毕万十四世祖)至今前沿已到106世,如果从毕万算起,正好是增加了93世。与魏氏联谱前沿魏犫92世完全吻合。

七、联谱三对齐方法

据统计调查及 20 年联谱实践经验,联谱世次应具备世次"三对齐"特征,即上对齐、下对齐、中对齐。

(一)"三对齐"的基本依据

1. 选定毕万公为共同一世祖先,作为联谱基点。

2. 按明朝之前平均 30 年一世的代龄,参照史书及较完整的魏徵支系家谱世次、令狐氏族谱世次和毕氏族谱世次,确定公元前 680—公元 1420 年之间共有 68 代祖先,以此作为所有参联支系的公共世次(不是世系,非血脉传承)。

3. 依据对 100 个明朝支系家谱的统计调查结果,600 年历史的诸独立大支系之间相比,长支系前沿世次应当大致相同,前沿世次在 21—25 世,平均 22 世,平均代龄 28 年/世,范围在 25—30 年/世。某支系内部,同在的最前沿晚辈与最长辈有 6—13 代之差,平均 8 世同在。因为每个支系都有繁衍较快的长支系,在同样历史背景下,入联各支系前沿支系的世次应当在上述区间范围内。若超出此范围,则表明联谱世次可能存在错误。

(二)"三对齐"内容

1. 上对齐。各支系始迁一世祖,以 1420 年为 68 世出生的时间节点,按本支系实际代龄及明初以前 30 年/世往前推算,计算评估始迁祖的合理世次。

先假定同年出生的祖先为同一世(可调整),然后再看各支系谱中的辈字是否有关系,再看繁衍最快的长支系前沿世次是否在同一个水平上(真值区间内)。若超出正常值范围,则根据偏离情况,反过来再做始迁祖世次的合理微调,直至前沿世次进入正常值范围,使误差降到最低限度。

具体公式为:始迁祖世次 = 68 +(始迁祖生年 − 1420)÷ 代龄。

2. 下对齐。即诸较大支系的末支支系尚在世的最长辈世次应当对齐。因为,哪一支系都有末支系,在同样的历史环境下,各个末支系最长辈世次也应该处于合理的世次区间之内。

用上对齐排定的世次是否合理呢?还要观察该支系繁衍最快的最前沿世次是否在统计学的真值范围之内。若超出真值范围,则反过来对始迁祖世次做微调(±1世),使前沿世次进入真值范围(88—92)。

3. 中对齐。如果用下对齐方法对始迁祖世次微调后,前沿仍不能对齐,或者联谱世次中末支系健在的最长辈世次差别大于正常值范围,则表明联谱世次可能有错,可信度不高。就要去观察当前占比最高的那一世是否能够在统计均值(87±1世)左右。如果不是,使该支系占比最高的世次对齐。

(三)不知始迁祖生年怎样评估联谱世次?

如果不知始迁祖生年,可以根据迁徙时间及实际代龄推算。如果迁徙时间也不知,则查查每次修谱时间、牵头人及主编人的生年和世次,也可从人物传记里查询其世次及生年。通过这些信息,足可以推算出始迁一世祖先的生年。

(四)对于不知道始迁祖准确生卒年的支系怎么办?

可以通过第一次修谱或立碑参与人员的世次和年龄来倒推始迁祖(一世)的大致生年。一般采用30年一世的规律推算,也可按修谱或立碑人至今的时间、世次统计出来的本支繁衍规律来推算始迁祖的合理生年。

(五)对于没有家谱的小支系怎么联?

没有家谱的零散小支系也可入联。前提是应先创修本支系家谱,填写联谱统计信息表,寻找线索,争取与已入联支系合并。

填报信息表,要实事求是,一代一代向上追溯,到哪一代祖先情况不明为止。把所有已知准确信息的男女成员,全部按要求填表汇总,传报给联谱编修部,进行统一处理。对于不足5代人的家谱世系排定,一般采取大支系前沿世次减2后与小散支系前沿世次对齐。

若支系之间协商能够达成世次共识,则联,不能达成共识,则做旁置处理,不定联谱世次。

八、各入联支系首末修及中间优秀谱序言

支系谱序言

一、山东滕阳支系谱序

魏氏族谱序文
雙廟魏文貞公碑文

唐之有鄭文貞公必作人鑑于朝宁借葦弦于几屏朗運之功吏
僕難敷忠諫之疏萬襈不磨形像輝煌功名照耀乎史冊
從來遭時遇主者得未嘗有逮升躔之日知不知莫不恨惜者此之謂也公
盟婚勒石柳芳常云公死之日[文皇帝為之罷朝臨弔]
即廟食無數誰司不宜鼎奈皓皓者易污燒燒者難全坏土未乾
而謗聲作叔玉罷婚而廟碑踣矣噫嘻悲哉迩我皇明千有餘載
其聞不知陵幾谷而谷幾高海桑不知凡幾易馬而公之燕臺虎
坵在薛南尚有遺址豈鬼神呵護者然歟但恨歷年久故遺像不
得不蒙苔蘚之迹祠堂易為瓦礫之場父老過而太息賢士聞之
邐平今有里人張珍等目繫心慘亞相告語曰吾輩世居兹土陰
受公之覆庇恐令公之神含譽無依事于是歡而出貲樂而趨工
因舊址以建基不期年而祠咸且祠宇雅尚樸素妥知非公之治
第無壹之素心黙以使之于具之中也耶側聞里人之辛公

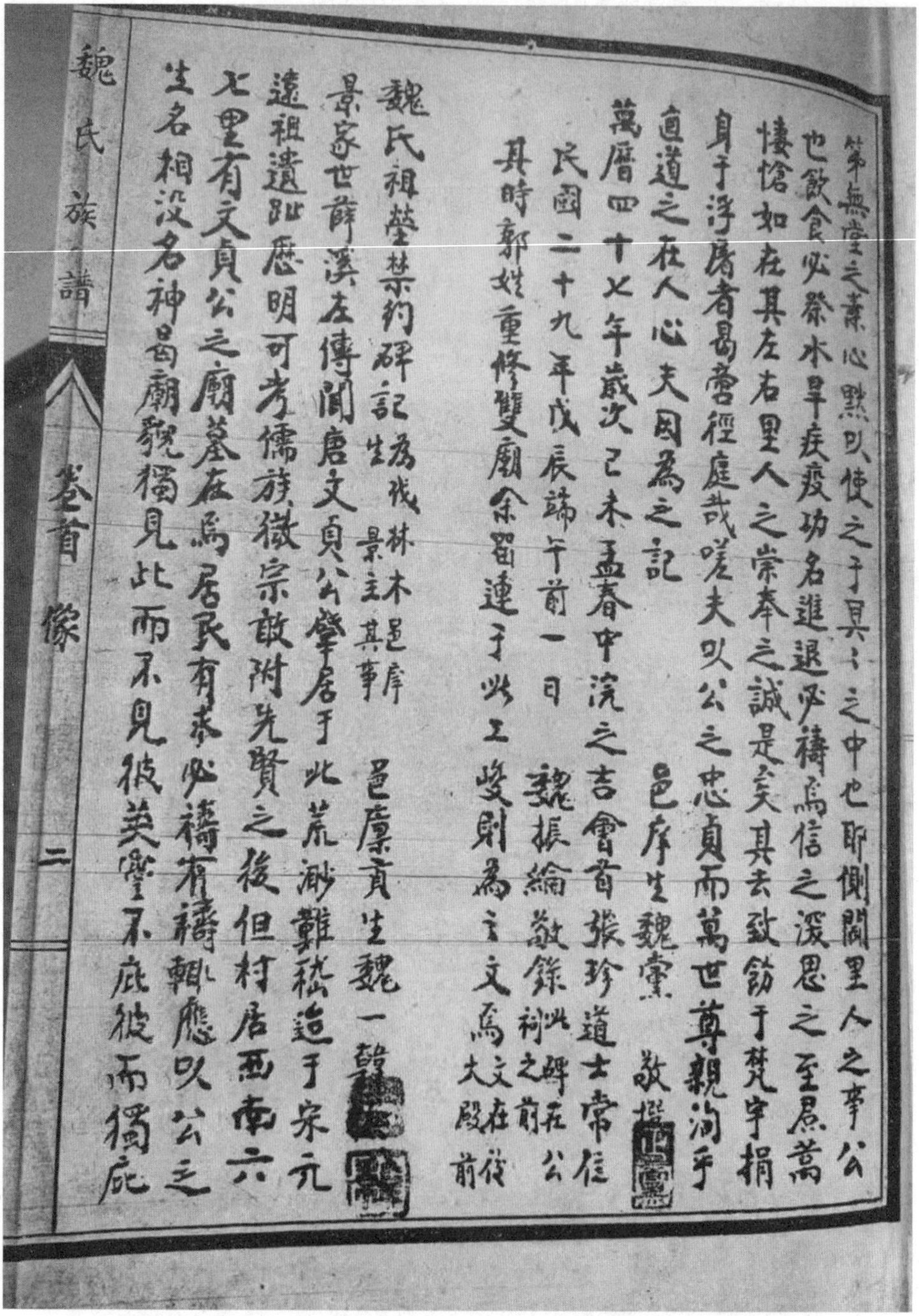

魏氏族譜 卷首 像 二

第無愛之衷心默以使之于冥冥之中也耶側閭里人之事公也飲食必祭水旱疾疫功名進退必禱焉信之深思之至凛萬悽愴如在其左右里人之崇奉之誠是矣其去致飭于梵宇捐身于浮屠者曷啻徑庭哉嗟夫以公之忠貞而萬世尊親洵乎直道之在人心矣因爲之記

邑庠生魏棠敬撰

萬曆四十七年歲次己未孟春中浣之吉會首張珍道士常住

民國二十九年戊辰端午前一日 魏振綸敬錄 此碑在公祠之前

其時郭姓重修雙廟余留連于此工竣則爲之文 文在後大殿前

魏氏祖塋禁約碑記 爲伐林木邑庠生景主其事

邑廩貢生魏一馨

景家世薛溪左傳聞唐文貞公肇居于此荒渺難稽迨于宋元遠祖遺趾歷歷可考儒族繼宗啟附先賢之後但村居西南六七里有文貞公之廟墓在焉居民有求必禱有禱輒應以公之生名相沒名神曷廟貌獨見此而不見彼英靈不庇彼而獨庇

枝尋根溯流窮源各知其祖之所自出乃某某祖生子
某某孫系某一目了然瞭如指掌辟如五岳崇高仰
尊泰岱山江漢朝宗諸于滄海也族中之遠之近諸公
間之云云不慚欣鼓舞蹈揚不已此倡彼和能工者能
力者各盡其誠伐山運石不日吾竣乃魏君作事抒
一己之愿逞數世之德孝思不匱寔護其心屬鍥中
之鈝上庸中言眽上者也公之烈祖叭德服人鄉耆
居心仁愛黎庶輩永久覇其福佑兹枝葉未有害本
寔亦会播矣一方之剛萬夫之望衆推是公其存心
仁孝誰曰不宜余黃山細民承乏兹土下車肙公之
名究塞境衢一日晋謁徵為文荣厥先余見其祖若

魏氏族譜

35

重當時聲施後世非私諸己而勵百姓者也口碑繩
～雖弘猶生仲溫亦博施濟眾不厚長者豈舉為鄉
者珍公繼之服先世之遺澤敷救捉之深心覺世佑
民承乏其先祖之謂仁孝兼僑者歟高祖七公曾祖
有四長次四皆從异地三公守舊公恐久而定難稽
展藹分之願於墓前泐石瑩閒樹柏待後人四時致
祭春禘秋嘗時望林而肅然木貼丰碑而畏敬尊祖
敬宗自不期然而然矣犹懇難全又要其族黨子弟
相聚而言曰吾姓寄居于此多歷年所前世名諱寔
難稽攷今而後世愈遠將宗支圖諸碑陰
以昭後嗣使昭穆不紊雖經千萬世枝大葉繁時按

孫不忘祖宗追遠之思寔恰于懷噎水有源而木有
本人生之至情也用德彰厰善人生之至性也鄉者
物化矣恨無史魚筆定褒德行司焉文傳標慈惠哲
人云匕恆不得至其室一見良可慨夫而今日子孫
繁盛怡其先祖戟保惰以滋郁更不遵言矣曰撝
其揆治其端撰文書于石惟望其子孫世守勿替云耳
贊曰

弘歟魏氏世居滕陽祖功宗德威武奮揚
奕世兹大尔熾尔昌年深歲久俾乂且康
降尔遐福萬壽无疆泐碑刻石源遠流長
昊山蒼〇辟水泱〇繁衍于孫中正矣哉
沃緒殷〇頼及萬方

37

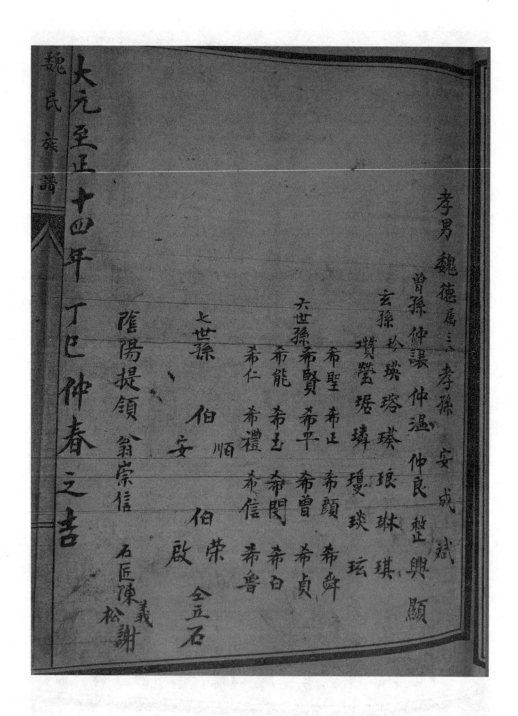

孝男 魏德 屬三六 孝孫 安 成 斌

曾孫 仲讓 仲溫 仲良 楚 興 顯

玄孫 珍 璞 瑢 璨 琅 琳 琪

大世孫 希賢 希平 希曾 希貞

希顏 希舜

瓚 瑩 琚 璘 瓊 琰 玹

希聖 希正

希能 希玉 希閔 希日

希仁 希禮 希信 希魯

七世孫 伯安 伯啟 伯榮 全立石

順

陰陽提領 翁崇信 石匠陳松謝義

魏氏族譜

俢譜小引

敬考吾族于唐來自太原寄居辭濱歷唐及五季累

世相處既久狂兩朵遼金四方散居者上云口算晉祖堂

於河干代遠年湮蓁葊流芸不惟墓封難検樵蘇踐

顧幾雁月鴈系辨久而又久考徵既微同宗將等邁路

宗支既濟一脉視作吳越矣譜册落成時就于祖墓

前樹立譜碑以摹世系崇高追遠之思維糸合本源

之自云使吾祖九京有知亦嘆夫血食之有方闔族

四時禘嘗多今麥飯之云缺何辜如之廷族以為可

乎果一舉而兩全吾敬侯焉

大元至正十四季丁巳仲春之吉

四

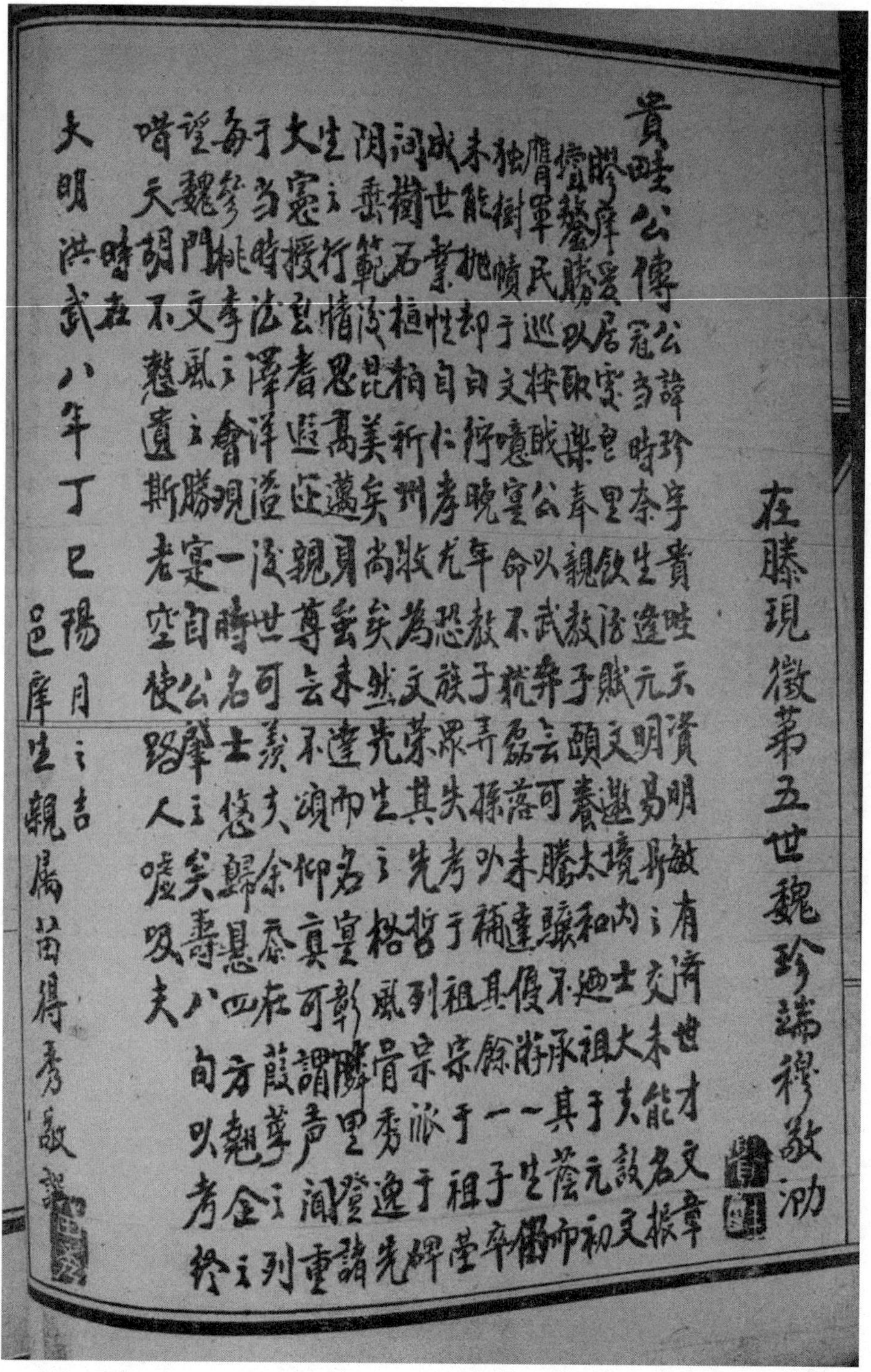

貴睦公傳

在滕現徵第五世魏珍端稽敬沕

大明洪武八年丁巳陽月之吉

邑庠生親屬苗得秀敬識

翔修族譜記

吾魏氏世居膝陽歷年既多通稱望族攷其始於唐代徙自山右于時辟武氏之亂也唐時此地屬東海郡辟居者甚眾先居地為礼教鄉即薛南之双廟其基地故有魏村之名犹立文貞公祠以享祀焉裔種阮文滄兼變而沛澤作長葦易而兵燹院枝大族野者遠居四方凌夷式微則流離他阰昔之寔繁有徒者今則門袞菥薄矣自唐降而五季兩宋金元故阯雖存而子姓阶餘者不廣矣嵩世有我之七公祖分居掌大村猶来掌大文為祖居為塋在村乾菰五世徑珍祖于墓前樹碑留譜又百年数矣吾祖輪菌霞育惠洪寔深乏不接以継之久則繇繇莫辨詳晰

魏氏族譜

五

淄渭于爱卜佳茔蒿前茨眾繕書草排冊牒上徵世
系下遺後嗣族人皆樂而爲之吾輩倡述于前望我
哲后永替厥旨勿墜承先啟後之志也可是爲記

大明宣德六年壬子仲春吉日

晴

　　先　　　生庠希閩　　　　　顒應仲　　　　　貤應禎　　　　　明
　　　敦　　　　　　庠魏敬己曰記
　　　　　洪　　　　花　　　　　　魏連　　社魏仲
諸魏理　　　貤魏見　　陌魏友　　生魏敬己曰記　魏連　社魏仲　花

想沆源可以辨親疏別遠迩自相翁然使敦曉昭、
尊卑勿紊方穀既賦咸正永無缺矣初村乾之兆維
我珍祖玉承先烈樹豐碑培喬松用昭來許肇固佳
城清明代交妍冤肆官順康臨御餘芬未息肇相吞
蝕閣蔦竊伐祖莹林木殆盡管日曬然嘗美者今成
黎壎印郜英大宗等雲散星飛族眾無可制止爰失
先人之望幸我澤民祖倡義琦伯景兄助窮命吾文
諸石永勿踐履憶族眾閱牆竟招餒伺乃少尊之親
之弊也固將黨祖澤譜緒定使全族壹志成城群
勖內顏亦可禦外侮矣永誌不朽嘗惕勿忘
大清康熙六年丁未桃月既望　邑庠姓一韓改誌

先祖一韓繪圖現存長房固著人索而觀遍知巔末

自始卜兆之七公下四支餘一三世昆仲三位止長

房四世同堂有六傳五世分十四房吾屬末房至余

十九世六世下遷南林南林分五支爻長南下在江西南昌府

兩門次長在東北魏家村

蓍審族眾曰蕃繼移逾遠

寧大餘者不过十分之一焉乃卷南石溝為始祖

迊亦屬次長房可混藉実考徵確如猶恐復失于後

即將間而知者筆之于帋使後之讀需大志而九族

無業闕尊祖敬宗自不期然而然

　時

道光八年癸亥仲冬　十九世孫　于苕　沐手謹書

魏氏校譜事略

明 十四世 黨熙 記載
清 十五世 景一 同敬誌

十九世 一韓 校正書
于芳 重譯存
二十世 玉潤 重校
廿二世 廣庭 再續

始祖玉五世考

乾方祖塋，始祖兆也，為宋人，屬七公，失子四，長次二支皆居沛
縣。先住曲阜魏家營、魏家老家莊，時相往來。四支遷
東海境地，鄰有皇賈東西魏家山頭，三子長曰安次曰
成三曰斌元世祖南下，兄弟隨軍有功，錫安直隸，穩把奧魯曰軍

魏氏族譜　原傳

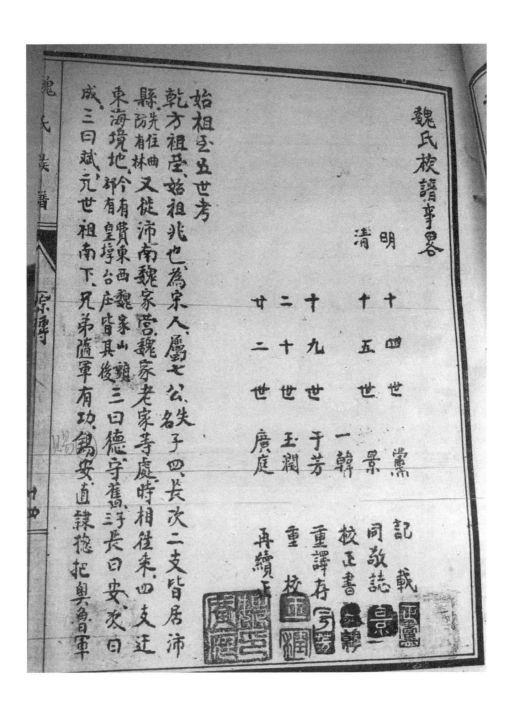

45

民迎按次咸益郡路知滕州事三斌、百户為三世、妻子六名行

失早卒、以次支成祖次子嗣為成、子長仲讓、次仲溫、三仲良試

子曰整、曰興、曰顯為四世、仲讓子曰瑛、曰瑢、曰璨、仲溫、子曰珍、

仲良、子同琅、曰瓚整、呼子曰瑩、曰琚、曰璘、曰瓊與子曰琳、曰琪顯、

子曰琰、曰璇共十四支、分三房十四支、各立門户、交相友愛實

浮美世系珍祖留碑隂、坑四年、明宣德七年敬己存

大且篤世系珍祖留碑隂、坑四年、明宣德七年敬己存

按始祖為七公或行七平、會可深考矣曾讀紙坊廟碑有名

魏立子三郎、四郎、魏村社人、金双靪人、亦軒世、時立也、魏村社

即雙廟故處也、又、元真元年我安成斌三位、祖修薛之東嶽

廟題名碑隂有魏敬其子名榮、魏村社人、其時魏村或有聯

系否至子宣德元年兩官路口廟碑有魏忠謨子又是三郎

弘治十四年有魏景春妻段氏萬曆三十四年雙廟有魏登與

子登二名是本社人其後清世胡家堂有魏階平俊公南魏棲

橋有魏福州、蘇州、魏仿朗魏奐魏仁文俟考查為張綸

二、甘肃伏羌（朱山堂）魏氏

重修伏羌朱山堂魏氏族谱序

国无史，则世事兴衰无所述。方无志，文献良吏无所循。邑无乘，民风孝义上弗闻。族无谱，则先祖世考不明、忠孝节义不彰。故上自国史，下至族谱家乘，乃华夏历史四大支柱。而家谱以宗亲血缘之根系，明昭穆，别长幼，立贤良，传孝友，崇德尚义，敦宗睦族，敬祖宗不忘根本，励后昆所致孝行，实为诸史之基。其意甚大矣！人常谓，为人子者三代不知世考先祖，犹见水不明其源、望木不知其根乎。余幼时常闻先大父鸿钰公叹曰：明代旧谱失焚于火。公每念及，怆然痛惜，齿传族中往事。丙寅夏，余自陕归。伯祖文宾、文则二公将所藏历世牒记、先祖遗文旧稿示余，复嘱余牒记自雍正年以降幸存历代神主，以备重修族谱采用。族中先贤强亭公恐旧谱失于火，杞宋无征，先祖失讳，世次无考，亦散神主牒记清初发轫公以降十世生年名讳，幸存一笺，使吾宗先祖之讳绳之未斩也。先贤数次嘱余重修。余应于口，而惶恐于心，知己学浅才疏，力不任焉。今岁初，族中后学诸生数子力呼重修。然余年逾半百学浅亦知不任哉，因感其族人拳拳之心，殷殷之最，信心倍增，由是决意重修。嗟呼，今旧谱毁之久矣！古人言前辈不修谱，后世寻根苦。此诚不虚之言。余虽学浅，不忍坐视，今年夏与族人商议，乃重修之。

经询访遗老，探明族人支系。复又查阅伏羌历代古志及清代陇上诗人魏观象先生《知止堂诗集》、清末陇上学者王权序文、族中旧存牌匾、先贤序传、实物佐证。据族先祖仰斋公五古述宗曰：大名古所钦，累叶延清望，一鉴照初唐，十思竭忠亮，前代息龙争，分支朱围旁。另据邑古志载文贞世勋，始知吾族始迁祖为唐宰相文贞徵公裔孙，于元末明初自洮阳东徙遂为伏羌望族，自元乱谱牒文献荡然无存。元朝末年，迁始祖龙公自三晋翼城随军戍甘，先至洮阳，后徙伏羌，谨以家存神主牒记。始祖以降，历九世至彦公分支五房。长子元一居邑城，次子明一居朱，三子清一居古坡魏家坪，四子宁一居邑城，五子和一居东川。明一公因朱川祖茔有山水之患，庐墓护茔，西居朱围至今。因年湮代远，或有考据之误，或有钟篓错悬。望后世贤哲考证厘清。正误漏为幸。

第二十世孙魏奇异谨序于悠然山房

重修朱山堂魏氏族谱序

万里江河必有源而滔滔，一草一木必因其根而蔓蔓，夫族有谱犹国之有史也。重修族谱上承先祖之愿正本溯源、下清支脉。魏氏之族得姓于毕万之德，开枝散叶，昌茂于华夏之地。吾族一脉源起三晋盛地，元末自洮阳东徙为伏羌望族，康熙地震后自城上巷西迁朱川，几经沧桑植根朱山之麓，耕耘渭水之畔，迄今三百余载。族中觅得一帧先祖画像弥之珍贵,为清教谕彦士公也。叹为确凿之史料,嗟乎年久代远,原谱遗昧岂不憾哉。古人云:尊祖敬宗睦族莫大于修谱者。今吾族有识之士立志重修,广觅珍遗发掘宝藏,刊印成书实属不易。愿后世子孙观之有所裨益,奋勇续谱,和睦乡里,造福桑梓,不负重修族谱之初衷。特写本文以记之。

伏羌魏氏第二十一世孙魏永泰谨撰

朱山堂《魏氏族谱》序

李子伟

家谱,历史上曾有多种名称,从古至今,称谱、谱牒、族谱、家谱、家志、世录等,计有近八十种称谓。而家谱是其中使用最多和最有代表性的一种。

家谱是一种以表谱形式记载一个以血缘关系为主体的家族世系繁衍及重要人物事迹的特殊图书形态。它产生于上古时期,完善于封建时代。近四千年来,家谱在不同时代显现出不同的形态,发挥着不同的作用。据统计,全国流传至今的家谱有三万种之多。

国家是一个最大的家族,然国家的基本单位是家、家族、氏族,所以中国人重视家族,这是中华民族内聚力的最大特征。关于家谱的起源,过去有殷商起源、周代起源、战国秦汉起源、宋代起源等不同的说法。早在中国进入奴隶制社会初期的夏朝,王室就有了记录自己世系的谱牒。司马迁著作《史记》时,曾参考研究过三代以上的谱牒资料。他说:"余读牒记,黄帝以来皆有年数。"而在传世的甲骨文中,惊人地保留有世界上最古老、最原始的家谱实物。据有关学者的研究和释读,共有三件甲骨片可以确认为是最古老的家谱。其中的"库1506"为一大片牛肩胛骨,今藏大英博物馆,记载文字为完整的、典型的商人家族世系,被定为武丁时期,距今有三千二百余年。而且在现存商朝末年的青铜器中,也有几件是属于专门记载商人家族世系的家谱。

明清两代以来,家谱编修达到了最高峰。人们编修家谱,主要是为了记录家系、和睦家族、教育族人、提高本家族内部凝聚力和在社会中的声望与地位。而家谱的内容与结构要求也越来越规范。

甘谷朱山堂魏氏奇异诸君为绍继家族之遗风,弘扬本族良风美俗,凝聚族人和教育族人,撰修家乘的宏愿已久。经多年来搜罗理研,终成大样。余粗览一过,对他们的识见、精神至为钦佩。

朱山堂《魏氏族谱》结构合理,体例周备,内容充实。于谱序、郡望、源流、家族世系、宗规家训、文献、派语等,无不臻善,可谓善修撰者也。

姓氏的起源相当复杂。中华民族发展几千年来,血脉相融,条支贯通,各个姓氏存在多源流、多民族的现象。魏姓在中国是具有四千多年历史的一个大姓,在百家姓中名列第三十位,据不完全统计,全国魏姓人大约在六百万以上。魏姓的起源说法也多,但较为肯定的说法是起源于姬姓,是周文王裔孙毕万之后,以邑为氏,以国为氏。另有一种说法是起源于南北方的少数民族。不管怎样,这些都说明姓氏起源的多源性与多民族性。魏者,巍也,大也,这是一个强大的氏族。历史上,魏姓族人中名人辈出,伏羌朱山堂魏氏亦然。

今当盛世,修史之风大盛。国有国史,地方有地方史,一个家族有家族史。千千万万的家族史成为国史中的无数亮星,彰显着中华民族的强盛。修史之要,在于恢复优秀的中华文化,在于弘扬优秀的传统美德,播布坚守美好的乡贤民风,凝聚族人团结向上的精神,可谓善之善也。是为序。

李子伟,学者,民俗学家,天水市非物质文化遗产保护专家,天水市苏蕙文化研究会会长。

朱山堂魏氏家谱序:

魏奇巽先生在繁忙的工作之余,不忘祖先荣光,不负族人众望,倾注了大量时间和精力,查阅资料,调查研究,批阅数载,穷多年心血,终于修成正果,撰成朱山堂《魏氏族谱》。观其书,则资料翔实,官方史料家谱资料及民间记忆堪谓搜罗博极,言不虚发,论不妄立。在即将付梓印刷之际,嘱托我为之序,受人之托忠人之事,况且炎黄同心华夏一脉,虽不是魏氏族人,事关文化传承,理当尽绵薄之力。

家谱,又称族谱、宗谱、家乘、房谱、世谱等,是同宗共祖的男性血亲集团,以特殊的形式记载本族世系和事迹的历史图籍,内容包括姓氏源流、家族迁徙、世系图录、人物事迹、风俗人情等。

家谱的重要意义是多方面的,首先是记载历史的史料价值。家谱是我国历史的重要组成部分,与地方志、国史共同构成中国历史文化文献,呈鼎足之势,清代著名史学家章学诚曾经说过:"夫家有谱,州有志,国有史,其义一也。"正史的记录毕竟是有限的,范围也太广,而家谱可以作为历史记载的重要补充,更加翔实生动。许多著名的史学家,在撰写国史、地方志中分别使用谱牒内容,使史志更加准确和完备。朱山堂《魏氏族谱》丰富了甘谷史料,补充了甘谷地方志中的一些空白,为今后地方志的撰写提供了一份可资采纳借鉴的翔实资料,为研究甘谷地方经济、社会、民俗、人口、教育等方面的历史提供了资料,具有重要的史料价值。

其次是规范人伦教育后代的社会价值,家谱一般有家规族训,在教化族人孝敬、和睦、祭祀、亲情、乡情方面有着不可替代的潜移默化作用,对于规范人生和教育子弟有着积极的意义。家谱在古代社会是一种家族制度规范,能够规范人伦,是对社会法律和制度的一种重要补充,在今天仍然可以作为展示和重温先祖荣光,鞭策教育子孙后代的补充教材。同时,在乡土社会结构日益松散化的当代社会,家谱是维持家族凝聚力的一种途径,也是人们崇祖寻根意识的体现。朱山堂《魏氏族谱》中的族规家训不仅是魏氏族人的品德教材,也是社会道德教育可以借鉴的很好教材。例如,"爱国齐家""尊祖敬宗""亲师重友""恭兄友弟""崇礼守规"等内容,至今有积极教化的意义。

最后是文学艺术的欣赏价值,家谱中不仅记载着许多文学家艺术家生平研究的资料,是研究地方文化的重要资料,也记载着许多文学作品,可供阅读者欣赏。朱山堂《魏氏族谱》有关清代诗人魏仰斋及其作品的记载,有关清末进士魏立及其作品的记载,有关书法家魏绍武、魏学文及其作品的记载,以及许多优秀诗歌文章书法作品,都具有很高的文学艺术欣赏价值。他们不仅代表甘谷魏氏文学艺术家的文采,也代表甘谷地方文化的风采。

魏姓氏溯源起于毕姓,毕姓源自姬姓,黄帝乃为姬姓之根,魏氏家族是轩辕黄帝族的一支后裔,魏氏子孙就是黄帝子孙。汉代司马迁《史记·魏世家》:"魏之先,毕公高之后也。毕公高与周同姓。武王之伐纣,而高封于毕,于是为毕姓。""其苗裔曰毕万,事晋献公。献公之十六年……以魏封毕万……从其国名为魏氏。"又据唐代林宝《元和姓纂》:"周文王第十五子毕公高受封于毕,后裔万仕晋,封于魏,至双绛舒,代为晋卿,后分晋为诸侯,称王,为秦所灭,子孙以国为氏,望出巨鹿、任城。"对此,《通志·氏族略》等论魏姓之著述都有同类文字记载,研究魏氏之姓起源者,均以上述记载为根据。由此可见,魏姓是黄帝姬姓之嫡裔,又为毕国之人。毕国三千多年前在今咸阳、西安之北,即渭水北岸之地,周初是文王、武王墓地,受到王室重视。传到周文王曾孙之时,毕国受到西戎的攻掠,毕万便投奔到晋国为晋献公之大夫。晋献公雄才大略,在位期间,一度使晋国成为强国之一。毕万在晋献公十六年(公元前661年)建立战功,受到晋献公的褒奖,并将原为姬姓之国的魏地赐为邑,魏邑在今芮城之北。从此毕万子孙以邑为氏,称为魏氏。

伏羌朱山堂魏氏,元末明初从洮阳东迁而来,从此落地生根,逐渐发展壮大,枝繁叶茂,成为伏羌名门望族。始祖魏龙史有记载,洪武二年自山西平阳府高河桥三王庙入明军,洪武三年随冯胜西征至甘肃洮阳,因武功高强,谋略过人屡建战功,授武略将军任录事参军,武略将军在明代为从五品,甘肃平定后执官府之照,领军中宗亲子弟十二人东徙充伏羌民籍。至今有密不传外梅花棍等拳术、拳谱和徒手破棍之密法在朱圉魏家庄族中流传。

伏羌朱山堂魏姓文武兼备,人才济济,载于史的杰出人物众多。有驰骋沙场的将领,有学富五车的文人墨士,有秉公执法的官吏,有冠压群芳的艺术家,有发家致富的能人,具备立言、立德、立功者众多。许多人物不仅载入家谱,也进入了史志,足见魏氏家族的繁盛和荣光。

奉先有祠,知祖有谱,续谱修牒是一件神圣的事,也是既往的传统。家之有谱,犹国之有史。国史所录,为国之兴衰治乱,意在资治借鉴,从中探索安邦之道。家之为谱,可以厘清世系,使宗族亲属关系井然有序,以行孝悌之礼;可以表敬祖耀宗之情,使宗族传统得到继承,意在期望后辈子孙效仿与上进。国史家谱虽内涵各有不同,但慎终追远,崇敬祖先则是一致的。国史所褒扬的是国家民族之杰出人物;家谱中所敬仰的是宗族中德高望重之先祖。都是借弘扬先人伟业,以推造福后人之功。国家升平之时,隆礼修史,扬天下之正气,益延绵之风,重文教之兴,明本根而敬先祖,追念先辈建树,缅怀先辈业绩,激励后辈自强不息之精神,亦有益于弘扬优良传统文化。既顺应天理,亦遂家族之众愿,有利于社会的安定与发展。修家谱,实属功德无量之举,魏奇異先生通过艰辛的努力,实现了这一壮举,令人敬佩,作为多年交往的朋友,借此表示祝贺。

是为序。

甘谷县王权学术研究会常务副会长
甘谷县地方志学会副会长　王效琦

伏羌朱山堂魏氏族谱序

陇右古冀。人杰地灵。自太昊出。文明兆启。贤士代出。秦公封斯地。繁衍生息。西伐犬丘战狄戎。东出勤王救驾扩疆。至始皇立国一统之功业。得朱圉山丰水茂草牧养良骏所致也。后经历朝兵祸。邑境十室九空。百里之地。民不逾万。今朱川魏家庄民风淳厚。崇文尚武。考其宗源。乃春秋晋卿毕万裔孙。元末明初。始祖武略参军随明将冯胜西征。至甘肃洮阳围剿李思齐部。战后自洮阳东徙伏羌遂为邑境望族。后分房选址。移居朱川魏家庄。庄前渭水环抱。朱山拱卫。石鼓对峙赖其灵恩。得山水清气。故子孙聪慧。贤俊辈出。族人秉承忠信仁义。耕耘渭滨沃壤。自明代承业公以来。贡监联科。教谕世家。邑之诸生。多出其门。至清末礼庭登进士。可庄选翰林。民国改元。中将绍武公秦州举义旗光复三陇。督署临危受命处险不惊。年近百龄。能书小字。其书法如万岁古藤。学者剑生公。诗书典雅。文意超俗。虽有诸贤而旧谱不存。今逢盛世。族人惧先祖支系不明。辈分称谓有错。先贤行状不彰。众倡重修新谱。夫山有脉络。主次俨然为俊。水宗其源。聚溪归海为大。树高千丈。落叶归根为立。延续宗脉。追祭先祖。遵训守制晓以恩报。此其不为魏氏子孙之愿乎。可立先生。受族人之托。担此编纂重任。历数十年走访先辈。查阅邑志。搜遗物遗文。其证可信。余已先睹者十之八九。今秋已标代贯字。分理房户。初稿完成。丐余为序。读其稿脉络清晰。据实可证。嗟呼。国史家谱若大若小皆为华夏文明传承主轴而与家族血统之情有何堪比哉。人若忘祖不祭可悲可哀。不为人所视也。今诸公力倡重修而先生于诊病之暇夜以继日艰辛备尝由是感激谨为序。

天水雷泽后裔羲川雷水盛谨序

伏羌朱山堂魏氏族谱序

纵观历朝历代。文为国之本。德为民之本。然世事繁杂。人性多杂亦多私欲。故陋习自古难绝也。此乃民族之忧。盛世之憾。余以为有德有识之士。不论身在庙堂。或居乡野。应不止为明哲保身中饱一己。当有贤远识见。尽己之力。淳化民风。造福桑梓者为人所钦。今有族中诸公崇文尚德。乐于公益之事。不求闻达于乡。但求无愧于己。倡导睦族呼于修谱为族人所愿。大师陈寅恪曰。家世信仰之至强深且固。不易湔除有如是者。明乎此义始可与言吾国中古文化史也。故族之有谱如国有史也。清张澍言。怀山之水必有其源。参天之木必有其根。人之有祖亦犹是焉。余访族叔有生公曰。吾辈子孙十世忘祖。不知其祖云云。犹如三世遗亲。岂为人乎。后世应心怀感恩。寻根问祖。重孝道。此人伦之道也。故重文崇德。为人孝悌仁爱有信。始终为兴国之基。治家之本。愿吾族之众能知礼明法。崇仁孝悌。此即修谱之意也。

伏羌魏氏第二十一世孙魏新全谨撰

朱山堂族人序

国有史。郡有志。族有谱。所以承续统。秉遗志。明源流。励后来者也。华夏五千年,绵延不绝而终成全球硕果仅存之文明古国。盖其文化传承从未间断也。文化传承。其根本基于血脉之延续。家族之繁衍。以家族管理为核心之中国社会基本结构。乃中华民族昌盛至今之基石也。即此一义。明续统。修族谱。不可不谓家族之要事也。

参天之木。必有其根。怀山之水。必有其源。魏氏血统。源远流长。始祖出于姬姓。《史记·魏世家》:"魏之先。毕公高之后也。毕公高与周同姓。……其苗裔曰毕万。事晋献公。献公之十六年。赵夙为卿。毕万为右。以伐霍、耿、魏,灭之。以耿封赵夙。以魏封毕万。为大夫。"毕万生武子。为大夫。治于魏。其后代毕斯与赵、韩两家三分晋国。于公元前445年为秦所灭。其后人以封地为氏。此为魏氏正宗。

朝代兴替。沧海桑田。魏氏一脉。薪火代传。北及燕山。南越岭南。东邻海波。西迁陕甘。凡华人足之履者。皆有魏氏之分支。名臣贤士。代有见于史传者。魏庄子绛公。九合戎狄。和戎著绩。信陵君魏无忌。急人所困。窃符救赵。有家跻四贵被封穰侯秦之魏冉。有刚正严毅精于吏治之西汉高平侯魏相。东汉魏伯阳作《参同契》,北齐魏收著《魏书》。三国有蜀汉大将征西大将军魏延。唐有贞观名臣以敢于犯颜直谏著称之魏徵。南宋魏了翁哲思精妙。名扬后世。清代魏源师夷制夷。启蒙维新。其振兴百业。奉献他人之魏氏子孙。浩如繁星。兹不一一赘述。

甘肃甘谷。秦为冀县。有唐以来。更名伏羌。城西二十里渭水之阳。有朱圉焉。元末明初，天下纷扰。朱山堂魏氏先祖本为山西魏氏族人。元末自平阳府入明军。随徐达部将冯胜征西至甘肃洮阳。元军溃散。先祖得脱军籍东归。时伏羌已为明军平定，遂定居于此。先居东川魏家庄。其后代孙长子经商于邑之北关。定居邑城。至清康熙年间地震后。魏氏原住上巷之一子明一公西迁朱川魏家庄。生四子。即今朱圉魏氏之四房也。朱圉魏氏。农耕为本。兼营工商。然终以诗书传家为第一要务。家风敦厚。门庭肃然。明清之际，居城邑之亲族先后有进士翰林各一。文举贡生。武举庠生甚多。堪称伏羌望族。

大传云：尊祖者敬宗。敬宗者睦族。而尊祖敬宗睦族莫大于修谱者。自欧苏二公始创族谱。嗣此以来。名门大族未有不以修谱为急也。今天下承平。百业兴旺。朱圉魏氏族人或仕或农。或工或商。无不秉先祖遗风。敦厚朴实。光其门庭。事业有成。然年轻一辈。不明统续。四方奔走。几忘根基。不利家风之承继。难聚同族之心力。是为憾事也。幸族中识见深远者不乏其人。倾心倾力。续修家谱。实乃朱圉魏氏之大幸。光耀门庭之壮举也。

修谱贵在木本水源。慎终追远。敦本睦族。光大家声。余以为其意义有三：一曰追本溯源。使后辈明续统。晓传承。使吾朱圉魏氏一脉代代相传。枝繁叶茂。二曰追忆先辈懿行美德。化育后人。秉承敦厚家风。弃恶扬善，光大宗族。三曰彰显诗书继世遗风。凡我朱山堂魏氏族人。无论士农工商。当教育后辈以读书明理为人生第一大事也。

所谓同根同源。血浓于水。凡我族人。当以此次修谱为契机。亲睦友善。互敬互爱。承先启后。振兴家族。于是余有赞曰：

> 文旗莽莽,渭水泱泱;朱山魏氏,代耕其阳。
> 出自姬姓,源远流长;系出毕万,巨鹿郡望。
> 书屏志画,图像表功;和戎著绩,救赵全仁。
> 信陵世泽,明鉴家声;公忠体国,机警能文。
> 鹤山受业,虎观谈经;拜夷为师,通经致用。
> 文成武就,千古留名;魏氏一脉,兴旺古今。
> 今逢盛世,续修族谱;秉祖遗训,共创坦途。
> 堂号朱山,最重诗书;克勤克俭,孝亲睦族。
> 凡我族人,万众一心;尊祖敬宗,谨守家训。

是为序。

伏羌魏氏第十八世孙魏鸿光谨序于清水

三、金城魏氏康熙三年家谱谱序

始祖发源于毕公高,肇基于钜鹿郡,衍派于周文王之十五子也。厥后毕万仕晋为大夫,食采于魏乃因其地而姓,人焉其后有魏犨、魏颗、魏绛传至魏斯与韩赵三分晋国寝炽寝昌成大族焉。迨后秦有魏冉,汉有魏相、魏知,唐有魏徵,宋有魏胜、魏杞、魏了翁,元有魏天佑等公。历代不乏名臣,累朝皆有贤杰,然天生人才先后不等,史册集注续断无定,所以代远年湮,授职封侯者,究不能班班而确考,纵未食禄公家之苗裔,若不联以宗派,撰以谱牒,叙明昭穆,将来枝叶分析,渐远渐疏,本源所在之地,竟忘之矣,难曰五百年,其间必有名世者,生我魏氏之门,鸿文冠顶,则有之揆厥由来则未也,考之传曰,毕万之后必达卣哉斯言,非高谈也,非阔论也。诚为我魏氏后裔丁繁族众之先兆也,可知地占龙沟,风存鹿郡者决之斯言,阳生雁户,春在鹤山者,亦皆决之斯言,斯言之关系不綦重且大哉。试思易曰王假有庙。又曰先生作乐崇德殷荐之于上帝,以配祖考,盖言不忘本也,人若忘本,是亦妄人也已矣。人不忘本,当始探源,人欲清源,先必述祖。述祖之意,上与洙泗绵千秋之统,下与河汾接百代之传者,事有大小,而功无异同。如我魏氏,往古之人丁繁衍,居住多方者无论矣,唯我来甘之始祖魏贵公者,乃得有头绪而可寻也。公始居山西平阳府洪洞县高桥庄大槐树下人氏,元朝末年因国赋维艰,遂迁于南京应天府金陵县牧牛镇爰居爰处,宜室宜家焉,至明太祖洪武初年,乃有迁移人民之令。贵公因势不得已,即随肃庄王来甘省兰州,彼时与同被迁移之白表弟,听遵金公长庚老伯之命,以我贵公年龄居中,名字为主,遂命其子曰金富,命白弟曰白图,又命大女字魏、小女字白,蒙天保佑,和衷共济,同谋生理。遂于古金城之河北庙滩子因家焉。至洪武二十三年,卜就丰川寺儿沟作为金富公之耕住地,卜就云雾驿大石头泉作为我贵公之耕住地,又卜就什川白茨滩作为白图公之耕住地。从此,白图公云游三年,我祖魏贵公迺于榆中之镇虏堡访寻回兰,商议一定,以大石头泉顶于白图公,以什川顶于我贵公,各安各家,各乐各业。彼时金富公调疾湟中,遇一奇人,授金公番经番字之文,番言番语之话,学习久之,渐渐精熟,遂成翻译。音韵谐和,精神畅快。又颇明河洛之理,专务僧家之释。竟与金山寺之诸僧家谈法谈术,以终其身,因而未娶。至金长庚公将终之日,邀集其二女协同二婿到家,慨然长叹曰:"吾老矣,吾子未娶矣,其如后嗣何。"于是我始祖妣应声曰:"我有第三子魏坎愿于兄过继。"白祖妣亦应声曰:"我有第二子白震、第四子白离皆愿于兄过继。"从此弟兄三人更姓而不更名,承继金富公为嗣。传言魏氏、白氏与金氏不婚者由此说也。后人多言金魏白三氏不婚者乃讹言耳。金公三子长曰金坎、次曰金震、三曰金离居住寺儿沟。白公之三子长曰白艮、次曰白巽、三曰白兑住居大石头泉。各如其愿,各立其业焉。如我始祖魏贵公筑堡什川,将泥湾、河口一带地土压占净尽,皆为我贵公所独有。又访卜魏家台,上陈家以及大燕山之上三湾、中圈等处山荒田地,亦为我贵公所独有。于是贵公遂令长子丹丹即魏坤公也住居魏家台,次子苏葛即魏乾公住居什川堡。嗣后坤公所生五子魏红、魏颜、魏常、魏作、魏对,乾公所生五子魏白、魏首、魏永、魏成、魏双。想是古人好联诗句,取此对联,借以寓十全富贵之美意耳。乾公所生五子分为五房名为川五房,坤公所生五子分为五房名为山五房。但红颜二公移居河州、狄道、炳灵寺等处,一河相隔,成为两属。遂造桥通涉,便于往来,因人取意,名其桥曰红颜桥。至今俗谚有红颜桥之遗迹云。常公所生一子名曰魏鈵,作公所生一子名曰魏镇,对公所生一子名曰魏键。常作对三公只生三子,欲于红颜二公宜各还归一子,以成山五房之全派,何荣如之。是以敬备吉上酒肥豝往问二公之后裔,而其后裔坚不允诺。遂更向什川长房白公过其长子魏鈛承继红公为嗣,二房首公过其次子魏鎮承继颜公为嗣,住居上陈家圪垯上,其后裔多散居于芦芽台以及中圈等处。与常作对三公之子列为五房,其后人各有谱系,兹不复赘。如我什川长房白公后裔多居什川堡、白崖川等处,二房首公后裔多居什川、东山岘、三沟等处,三房永公后裔多居北山、喇牌、老鹳窝、魏家大山等处,五房双公后裔多居什川、河口、写岭、笼谷、河滩等处,亦各联宗派,另叙家谱再未合一。惟我四房魏成公者自宣德元年,贼匪作乱,拔夫用力,公而忘私,国而忘家,危难不避,艰险备尝,卧薪尝胆,勇节不变,堂堂志气,超贯三军,为国若此真忠烈也,遂授千户之职。后因大乱雪平,在京遂娶吴氏,生一子名曰钟,官名毓莪。公于正统元年荣膺世职,至景泰三年娶吴氏,系成公原配吴姊之侄女也。闲尝成公好观岳武穆之精忠传因而有感,乃命令毓莪公曰:"先尽忠而后尽孝者人之所当务也,为今我父子富贵双全正宜乐还故土,共享同堂之景象焉。"是以身为心移,境为情迁,遂于天顺元年羁旅而到什川,不幸高堂二亲荣归有年,同胞兄弟分爨多日。已将什川、泥湾、河口一带基业依照四股均分清楚,只留下校场地基相连之园圃一处,花果树六十余株,房屋二十余间,周围榆树四十多株,并拖校场高埠之骆驼蓬滩一处略有倾余,作为四房还归开垦耕住之厚望焉。斯时也,成公上既不得高堂慰二亲之心,下不能同堂共兄弟之乐,忍气吞声将其兄弟所留之基业,着毓莪公照大、二、三、五各房所分之青、赤、黄、蓝、绿五色,绘就图样,书明园亩滩地之地界,并树株,房屋之数目及完纳银粮额草诸差费,一一过割净尽并不得累及大、二、三、五等房,情愿施于乾公考姊坟前,永为春秋拜扫之资。借以报二亲昏观灯花,晨望雀跃之深恩也,长、二、三、五等房亦俱画押为居。追后多年又在祖师楼之壁间,照各房所占图色遂立卧木牌一块,垂诸永远,勿得起端再分以蔑成公之诚意也。从此,成公父子住居兰垣,应享世职。至成化二年毓莪公即生一子名曰魏竹，及冠遂娶秦氏。如何，成公与吴妣相继而故，毓莪公俱由省垣搬葬于什川五房始祖乾公考妣墓下右足第三冢合葬抱脚。迨毓莪公丁忧毕即率其子竹公移于红水永泰等处，惜无营可就，又移于一条城之东滩细腰庄兴家立业，颇得如愿。我毓莪公即将省垣之公馆一处，卖于客官，遂置买庙滩子铺面市廛，座宅房屋地基各一处，川原旱地百余垧，雷鸣田地百余亩，车水田地二十余亩，均有红印契券以昭信守。至嘉靖元年毓莪公逝世，仍搬葬于什川祖茔成公脚下矣，吴妣不情愿什川，竹公遵从母亲之命遂于庙滩子卜就吉地，创建家祠，勒石立碑，铭志五房派次，又于北峦山下贵公始祖墓前列举坤乾二公主冢。至嘉靖十一年我吴氏妣故，即葬于坤乾二公主冢之下兼抱脚焉。并将庙滩子之基业典租于人得股需用。竹公偕秦妣遂到东滩居住，家道兴隆，衣食丰足。早于正德八年生长子名国凤，于正德十一年生次子名国凰。后国凤公娶妻常氏，国凰公娶妻连氏，至嘉靖四十年，我竹公故亦搬葬于什川五房始祖左侧新茔立祖。隆庆二年秦妣故亦搬葬于什川新茔右侧大壕壕北，较优竹公吉地，复踏新茔立祖。国凤公生二子长曰守宁，次曰守官。国凰公生子亦二，长曰守宰，次曰守赛。其后裔住居一条城之瓦窑子、大野渚、细腰子、黄崖口、蒋家湾等处。国凤公之长子守宁公住居北山古涧滩并将窨曹、洞台子一带之地业置买净尽，而为一人所通有。至万历三十七年，国凰公故，茔葬于一条城之红岘沟东山脚立祖。三十九年连氏妣故，亦葬于红岘沟夫冢右侧并立祖焉。万历四十年国凤公故，搬葬于什川新茔于父竹公抱脚，其后常氏妣故，亦葬于什川其夫冢侧。后人传言红岘沟之新茔有国凤公之冢者乃谎言也。或葬木主者亦有之矣。盖事出于有因，情生于可缘，虽古之圣人君子亦皆深信而不疑也。已观其秦妣冢下葬主冢者二世面四冢焉，不得不举此以揆度也。守官公少有大志，将东滩细腰庄座宅一处，水地二十余亩，杨柳花果树六十多株，呈明父母情愿投归户下座宅，施为家祠福地，水地树木施为国凰公考妣冢下春秋祭祀之费，其地内所生出一应银粮额草，各差徭过于南山新垦之窑湾完纳不得累及宰赛二兄也。守官公又将后窑湾并套岔岘地业卖于河西坪藤姓耕住。遂携带变卖之款资，只身而后居什川，置买田地房屋各若干。娶郝氏货值生涯，亿则屡中，东就西成，日增月盛，几有大发之景象焉。后生四子长曰光朝，二曰光廷，三曰光殿，四曰光国。至天启元年，守宁公故搬葬于什川国凤公脚下，后来守宁公之原配罗氏妣故，即葬于北山古涧滩之新茔立祖。天启四年我守官公又置买王家岔、麦山岔山荒地土二处，并置买河口、窦家庄、蔡家河、车水泉水田地各一处，从此连阡陌，托祖宗之庇荫，多子多孙，万不致受困矣。而光殿公之心性好强，住居蔡家河务农。光朝、光廷二公读书颇佳，立志不在黉宫以下。至崇祯十七年不意天夺郝妣之数，时光朝、光廷俱未娶配，读书之志仍不懈怠，而守官公之雄心复振，迺于顺治二年继配郝氏躬亲炊爨称贤内助。至顺治四年国朝始行试取人才之钜典,光朝公蒙业师赠学名际豫,光廷公学名际魁,一岁一科连试而售。至十八年十月十五日,守官公故搬于什川国凤公之冢下左侧不远并平而葬,彼时郝继姚到我家,历十七年之久生育无出,幸其识见高远,视得光国公聪敏异人,器宇轩昂,抚如己出,誓不再醮,厥后光国公学名际泰,不但身列胶庠,而且名登虎榜矣。至康熙元年郝姚蒙上谕旌表节孝并例封孺人,孺人性贞,对家人秉公断直并不徇私,常语亲族曰,如今我母子享此莫大之荣华者,虽是我祖宗有以种之,亦实吾三子光殿竭力务农,有以致之也,遂以业农,蒙邻里举光殿为田畯。际元其官名也。光朝娶妻郝氏生子一名曰秉兆,住居王家岔,与不期而会之魏光前同居共事。迨后红岘沟之窝窝坟所葬者即光前公一支之坟墓也。光廷娶曹氏生子二,长曰秉贤,次曰秉良,秉贤住居磨山岔,秉良住居河口。光殿娶孔氏生子三,长曰秉中,次曰秉正,三曰秉南,秉中、秉正住居蔡家河,秉南住居窦家庄。光国娶刘氏生子一名曰秉彝住居什川堡。光国公于康熙三年,又置买长寿岔山荒一处,以备后来牧养开垦之地,从此光朝公兄弟四人因春秋拜扫大有观感。而激发一辞曰:立天之道曰阴与阳,立地之道曰柔与刚,立人之道曰仁与义,仁者何爱之谓也,义者何宜之谓也,兄弟云宜莫宜于敦伦,爱莫爱于尊亲。于是兄弟同居一室,搜罗始祖之遗言,历历参详考者,考而证者证,录者录,而订者订,不逾年而叙就一样四谱,叙明昭穆,列明宗派,兄弟四处各请一谱,欲使我后世之若子若孙,奉之如蓍龟,敬之如神明,亲之如父母。凡遇先人名字皆知讳而避之,必不致犯讳。则我兄弟等之志愿得之矣,是为序。

清康熙三年三月清明节后一日创起至十月寒衣节前一日告成

八世孙岁贡生　魏际豫立堂氏薰沐敬序

岁贡生　魏际魁奋五甫敬谨参考

寿　官　魏际元子勳氏顿首校对

文　举　魏际泰德卿甫沐手敬书

兰州市魏氏宗族历史简介

魏氏之远祖,始于春秋时期晋国献公之大臣毕万。晋国于公元前661年攻灭霍、耿、魏三个小国。因毕万率军征伐有功,献公赐封地魏予毕万,毕万之子孙便依惯例以封邑名为姓,从此有魏氏。

毕万之祖先乃毕公高,周文王(姬昌)之庶子(第十五子),姬昌之先祖乃黄帝轩辕氏,因居姬水之滨,以姬为姓。姬公高被周武王(姬发)封于毕国(今咸阳西北),遂改姓毕。毕公高与周公旦、召公同辅周成王、康王,政绩显著,史称“成康之治”。约三百年后,毕国被西戎攻灭。毕万国破家亡,投奔晋国,立功后被献公封为大夫。其家族遂居于晋国(今山西省),毕万之孙魏犫辅佐晋文公称霸,魏犫被封为大夫,承袭魏氏封邑。从此魏氏成为晋国列卿之一。魏犨有三子:绛、锜、颗。魏绛继承封邑,为晋悼公之重臣,辅悼公重整霸业,其功显赫。

战国初期,魏桓子成为晋国六卿中之强者,与韩康子、赵襄子三家分晋。公元前403年,周威烈王封三家之继承者魏斯、韩虔、赵藉为诸侯。魏斯称魏文侯,建都安邑,统治魏国,曾任用魏成子、吴起为将,李悝为相,变法图强,扩地拓疆,使魏国成为七雄之一。文侯传武侯魏䓨,魏䓨改称惠王,因定都大梁,亦称梁惠王。再传襄王、昭王、安釐王、景湣王,至魏王假共八世。公元前225年,秦国灭魏国。

历代魏氏人才颇多,汉代魏知、魏相、魏愉任丞相。北齐有史学家魏收,撰《魏书》。唐代魏徵辅佐太宗,为贞观盛世做出卓越贡献。南宋有学者魏了翁与抗金名将魏胜。明代有戏曲音乐家魏良辅。清末有著名思想家、史学家、文学家魏源,编纂《海国图志》,倡导改革变法,被后人称为中国最早放眼看世界之杰出代表,民国至现在亦有魏氏许多优秀人才为国尽忠效力。

魏氏宗族发源于山西省。自秦代后,逐渐迁徙各地,兰州魏氏之祖魏熙(1328—1416年)原籍山西平阳府洪洞县高桥庄矩鹿村,有三子:龙、贵、庆。魏龙在元末明初迁居甘肃临洮,后迁居伏羌(今甘谷县)。

魏贵(1358—1452)于洪武年间经商迁至南京应天府牧牛镇。洪武二十四年,明太祖封第十四子朱楧为肃王。建文元年(1399年),魏贵随肃王至兰州,任职于王府(一说任御林军职)。其家居城郊庙滩子。魏庆迁居湖北省。

魏贵选择什川为后代农耕之地。什川离兰州三十里,在黄河之滨,依山傍水,土壤肥沃,宜于农耕。魏贵有三子,长子魏坤(1383—1452)迁居榆中县北山魏家台,次子魏乾(1387—1468)定居什川。三子魏坎过继于金氏亲戚。

魏坤有五子曰:红、颜、常、作、对。后人称"山五房"。魏乾有五子曰:白、首、永、成、双。后人称"川五房"。山五房一部分后代后来迁居临洮、永靖及山东兰陵等地。川五房后代大多在什川与兰州市、白银市附近居住发展。从魏贵之五世孙起,各房分立派辈,有条不紊。如川五房之大房辈序:友成孟思、一时长居、荣华富贵;学至周孔、万世相传、礼乐文章。这二十四字构成一副对联,寓意深远。其他各房的辈序亦文辞典雅,大多是对联,由此可看出魏氏祖先之文化昌盛。现在川五房大房后裔已到"传"字辈(魏贵第二十四世孙)。所以关心宗族发展的各房有识之士已给后代编撰新的辈序。附《兰州魏氏川五房宗辈表》。

什川是兰州魏氏发源之地,什川现属皋兰县辖。全县人口中魏氏最多。什川人口两万,魏氏约占十分之七。六百年来,魏氏后代与他姓乡亲共同开发和建设什川,栽植大量梨树和多种果树,使这块土地成为遐迩闻名的水果之乡。2013年世界吉尼斯纪录组织称什川是"世界第一古梨园"。

2012 年,川五房与山五房众多人士成立兰州市魏氏文化研究会。德高望重的魏至公任会长。研究会在什川建起规模宏大的魏园,供魏氏后代在此祭奠先祖、联络宗亲、传承礼义、弘扬文化、发展精神文明,表彰奖励先进个人,救助重病人和贫困户。

兰州魏氏现在约有十万人,分布甘肃各地及其他省区,为甘肃及全国建设事业做出巨大贡献。魏氏后代将永远繁荣昌盛!

魏公平撰

四、山东巨野支系谱序

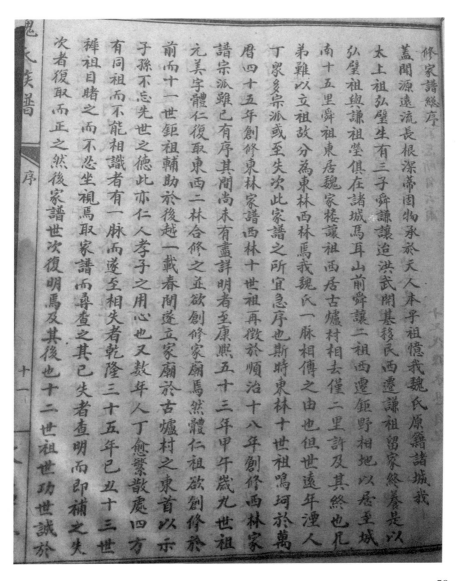

乾隆五十一年丙午歲而又序之乃年未幾而家廟垣瓃大門已被風雨損

壞在所宜修矣道光十九年春十四世孫大木大猷十五世孫繼常重修家

廟垣墻大門是歲十五世孫名岱字東鎮十六世孫字庭橘者重修家譜馬

迄於今已十八年有餘矣又當復序姪也有志奈家計實寒教學餬口雖有

志而未達馬幸有十七世孫伯純承祧二人年老身衰不辭寒暑奔走道路

於附近者並百里外者皆已按次序明尚有在數百里之遠或在千里之遠

者未能盡序以候後人之再序可也矩也學識短淺不揣固陋惟恐先人之

有功於我宗者其名泯焉故愿歷明叙之以便後人之觀記云爾遂敬修譜

於曹家樓舘中是為序

昔

咸豐九年己未歲仲春月十三日

十五世孫名絜矩字克昌沐手歡修

余本名利人也自咸豐四年二月二十四日南匪過鉅穀人如麻余姑葉城

居鄉慨世道之衰亂懼宗緒之失傳於是諄囑伯純二兄承祧大兄重修家

十七代孫承恩伯記

魏氏先茔碑记

大野，自陶唐神禹治水来，已隶为郡县，其风气之所钟，才人伟士，先后辉映，独视邻邑称最，载在志谱史籍，人物班班，未易指数，至论世家大族巨姓，魏氏一门，尤杰然超轶，非他族姓之可得仿佛其万一也，稽史记，魏出自黄帝之后，於周、於汉、於唐、於宋、於我 大明皆纡符累组，或出而认膺干城之寄，或入而腹心之托，或摛词而裁风云，或豪侠而鸣气节，行重一时，名垂千秋，即小之而埋名杏林，潜迹卜肆亦皆铮铮有声，其务本业而勤於农亩者，不可胜纪也，魏族，其家世岂细干弱枝小姓单门云乎哉，子姓辈恐其年愈久，而坟茔之或湮或没也，乃聚族人出资于囊，采石于山，相与执币、祈言以志不朽，予惟

麟州大名堂　卷首　墓碑志

若等为人后而共图不朽业，是孝子仁人之奇行，上之足以光先灵，下之足以启后裔，余何言哉，则史记之笔，巨野之志，大明一统之览，所载魏氏独详，亦何敢妄赘，是为记。

赐进士承德郎刑部山西清吏司主事海岳吕封齐顿首拜撰志

岂

第七代孙贯恩沐手书丹

第十代孙鸣珂沐手篆额

石匠　魏重

大明万历四十七年岁次己未二月念三日吉旦阖族同立

修家谱总序

盖闻源远流长根深蒂固，物承於天，人本乎祖，忆我魏氏，原籍诸城我太上祖弘璧生有四子舜、谦、让、常追洪武开基，移民西迁，谦祖留家终养，是以弘璧祖与谦祖茔俱在诸城马耳山前，舜让二祖西迁巨野，相地以居至城南十五里，舜祖东居魏家楼，让祖西居古炉村相去仅二里许，及其终也。兄，弟难以立祖，故分为东林西林焉，我魏氏一脉相传之由也，但世远年湮人丁众多宗派或至失次此家谱之所宜急序也，斯时，东林十世祖鸣珂，於万历四十五年创修东林家谱，西林十世再徵於顺治十八年创修西林家谱，宗派虽已有序，其间尚未有尽详明者，至康熙五十三年甲午岁，九世祖元美，字体仁，复取东西二林合修之，并欲创修家庙焉然体仁祖欲创修於前，而十一世钜祖辅助於后，越一载，春间。遂立家庙於古炉村之东首，以示子孙，

不忘先世之德，此亦仁人孝子之用心也。又数年，人丁愈
繁，散处四方，有同祖而不能相识者，有一脉而遂至相失
者。乾隆三十五年己丑，十三世墀祖目睹之，而不忍坐视
焉，取家谱而寻查之，其已失者，查明而即补之，失次者，
复取而正之然后家谱世次复明焉，及其后也，十二世
世功、世诚。於乾隆五十一年丙午岁而又序之，乃年未几，
而家庙，垣墙，大门，已被风雨损坏。在所宜修矣，道光
十九年春，十四世孙大木，大猷。十五世孙继常，重修家
庙、垣墙、大门、是岁。十五世孙名岱，字东镇。十六世
孙、字庭橘者，重修家谱焉，迄於今己十八年有余矣。又
当复序，矩也有志，奈家计贫寒，教学糊口，虽有志而未
达焉，幸有十七世孙伯纯，承祧二人，年老身衰，不辞寒
暑，奔走道路於附近者，并百里外者，皆已按次序明，倘

有在数百里之远或在千里之遥者，未能尽序，以俟后人之再序可也矩也学识短浅不揣固陋惟恐先人之有功於我宗者其名泯焉，故历历明序之，以便后人睹记云尔，遂敬修谱于曹家楼馆中，是为序。（查辞海得乾隆三十五年为一七七〇年岁次庚寅。一七六九年岁次己丑为乾隆三十四年）

　　岧

十五世孙名洁矩字克昌沐手敬修

咸丰九年己未岁仲春月十三日

余本名利人也，自咸丰四年二月二十四日南匪过巨杀人如麻余始弃城居乡慨世道之衰乱惧宗绪之失传，於是夜间谆嘱伯纯二兄，承祧大兄重修家谱，以示本族不忘所自云尔。

十七代孙永思自记

65

五、山东聊城陶城铺支系

首修谱序:我家先世本青州益都人也,自明初始祖讳从道公迁于旧城。道祖生钦一人,钦祖表莹玉三人,里居墓次俱在魏家村。亦不知何年迁居于此,至今庄东里许祖茔在焉。族人居其庄者大半莹祖所生七祖,我曾祖诏居其首,又迁于陶城铺,葬于庄之正东连河西岸。因后每岁河水泛涨,坟墓屡受其灾,我祖兄弟六人又各择地而葬矣,只有四祖在老林以内。今族人十有八九皆莹祖之后也。至表祖当日传有四支曰:讽谦训诉。现陶之方舆北海之守主或以为表祖之后未可知也。玉祖亦有四支曰:谏谔讚评,世传惟谔公有嗣孔阳孔时即其后也。因遭前明辛巳之变谱牒散佚,故其间不无失传之憾。噫日久年远,今之未知所从出,不与昔之湮没无传者可并叹哉!经于康熙甲子岁仲冬因合族有林社之举,睹子姓之繁庶,恐后代远人遥宗支紊乱,贻憾于后人,故先为序而继成其谱,后世子孙当代代相续,恪守奉行,断不可使我族失传也。

时　龙飞康熙二十三年岁次甲子季冬望月

七世孙含经　撰序　展奇采访

二修谱序:

夫家之有谱如国之有史邑之有乘也。史著一代之纲维乘载百里之风教,而谱牒所记岂惟支派百世不紊,抑且昭示祖宗之功德,以印族脉之隆替,所关不洵钜哉?吾族之谱缘遭明季辛巳之变散失无存。世传吾家自明初定鼎奉诏西迁,始自益都县迁于新桥镇,即今之所谓旧城者,嗣后又由旧城而北迁于香山,再徙于铜城南北京店等处,历八九世而子孙振振成进士者有人;登贤书者有人;由旧城而西迁于魏家村,再迁于陶城铺历八九世而子孙绳绳捷南宫者有人;偕史计者有人。虽星居涣处派远支分,而溯本穷源实发于一脉结于一蒂。语云:根深者枝茂,源远者流长。遥忆吾祖之功德,其积累为何如也?起视今日之族姓其繁衍又奚若也?然祖功宗德远而易泯,族姓繁衍久则易紊,故我父偕我叔博采访问修于甲子之岁,其间世数缺而未全,余每历览碑记,考诸钟籈(ju)厘而正之。吾家以从道为始祖,而世传兄弟三人无凭稽考难以臆定,姑以所知者为始祖,而始迁之祖邈乎无传矣。其由旧城而迁于魏家村也亦不知肇自何祖鼻于何年?只净觉寺碑阴载有二世祖以及三世祖,于其后更有魏家堂钟序记载甚明。余伏而读之,一正德九年碑,一嘉靖四年,钟夫正德距洪武百有余岁,所可考者惟有两世,以是知世系不全矣。嗟嗟!吾族自始迁以来论其年三百有奇,稽其世才八九代耳,而始祖已无可考数传而后代远年湮,又安知其所从出乎?此余所以继吾父而续修之,且厘正之至于上世无传,今有人丁了亦详载于内,以备稽考。岁在戊午时维阳月补辑旧谱,增订条目,间出己意,列行谊功名于谱内,志墓次里居于后幅,俾我后世子孙咸得指而目之,以识祖功德之有自云。

时　龙飞乾隆三年岁在戊午阳月

八世孙钊敬序于巽庚斋中

1992 年谱序:三支合修族谱序

溯我族自洪武定鼎之始迄今整六百载,稽世二十四代,其恩荣仕宦人物、艺文贤母节妇如目呈世,以见我魏氏之盛由来远矣。古人云:人道亲亲,故尊祖敬宗非谱又将何稽? 若先祖无善而称之是其证,有善而不知则不明,知而不传则不仁。若不得光扬祖考之业使先世之美由此而不传,岂先祖之所望止于今日矣。且族谱自 1962 年编修之后,时至今日又三十年,户口益众,支派益多,如不编次序,将何以敦宗睦族承先而启后? 时之久,则将世系不明、支分派别陌路相逢如秦越人不相识,至若同族异心,相倾相轧,坐忘胄之罪,为衣冠所笑。是以我虽桑榆日迫,但木本水源之念、依风首丘之思不可灭,则不揣迟钝与族孙绪浩、庆升共议邀集各支,共兴续谱之美举。于是,胜友如云,族亲满座,千里逢迎,其喜洋洋群公敢竭至诚,为魏氏纷乱往牒拟文缀代。然鉴于各支居地分散,遂议一支各列一行,不敢有所紊,俟汇齐之日校对清白,然后印刷订集成册,分与各支恭敬收存。又谨拟"美德宏润长,智远福祥乾"十字,族中悉依次第命名庶几,昭穆不相紊,尊卑不相逾也。谱牒齐备,各支一统,虽亲疏远近而序之,至祖宗视之,皆子孙派生,皆骨肉。惟体祖宗之心为己之心,则己之心慰祖宗之心,亦慰矣后昆。若能弘扬先祖懿德、恪守勿替、敬宗睦族、无坠家声、勿以不屑贻人羞,则是我辈之所厚望也。

十五世孙　尚厚　敬序

公元一九九二年元月

《魏氏先茔始祖碑序》

尝观天下,莫不有始,物生于天,天者物之始。人生于祖,祖者人之始。故人之敬其祖一如敬其天,凡以不忘厥始也。恭维始祖讳从道者,其先盖青州之益都人也,初不识其迁于何年,亦不识其迁之者何为,但犹忆其来自益都之南廓外,至于柯亭先阵阿大夫之旧城,遍历名胜,诸峰拱翠,狼溪环绕,越城而西三十里,卜居李家村而桑梓焉。此地有长堤峻岭、茂树业林、草卉翁郁、沙河遥映、异类杂处,其荒芜实甚。始祖不但经营必躬,披荆棘,开草莱,修之平之,刺之剔之,启之辟之,乃获有滋宁宇,食于斯,粥于斯,肯堂于斯,风雨晦明恒于斯,子孙之繁衍生殖固其所也。迨其享世遐龄寿逾枚朝之期,乃择茔于村之东南境上,林树至今挺然高耸而茂密,此又始祖之庇荫,与天地同覆载,与日月同照临者矣。嗣是而一传惟子舟传惟孙,日益繁庶,非旧居所能容,乃徙居陶城,垦不垦之土,各起家立业,分为七门，迄今绵绵三百余岁。八代孙太学士公韩，念前人积累维艰、传世之久、永不能遗忘，于是纠合全族，输金会社，论祠蒸尝，递年未之乏绝。然，又恐代久年湮，至所自来，敬于家谱成编，外胪其始末大概、行事在人记忆间者，勒之贞珉，以志不朽，以补家谱之未逮。俟后，有同志者，追念厥始，始则，后之视今无殊今之视昔庶，始祖之风流未艾、先祖之灵爽实式，凭之矣。

康熙十八年　八世孙　公韩谨序

六、山东朱岭庄支系谱序

序

魏氏春秋世家至第三次全国人口普查，魏姓人口排列第四十四位，总人口五百五十余万，分布在河北、河南、山东、陕西、四川、江苏此六省，占魏氏人口百分之七十，临沂地区前廿位大姓之一。

朱岭庄高祖讳良富应是明末迁居此地，老辈口传，高祖是挑着家当携家人来此。具体从何地迁来待考。高祖碑五十年代时可辨出明故下面四行小字，现已不能看清，可认为至少四位祖辈故于明朝。

朱岭庄魏氏自第六世后人丁兴旺，后迁居各地，最大支属讳贤祖支。据长辈口传，贤祖之父魏三公讳学前英年早逝，女祖孤儿寡母为生计于乾隆年间女祖携贤祖至山后为大户号称刘八楼家当女佣。因勤德双全，颇受刘家尊重，女祖故后刘家赐地安葬。葬于梭庄。女祖故后，贤祖以扛活为生，据传其力大无穷，后成家立定居草阎头村，世代繁衍，人丁兴旺。至贤祖孙辈起人丁发展起来。其孙讳学于清嘉庆初年迁居磊石后。其后人世代繁衍，人丁兴旺，又有很多后人迁居各地。

本成

序

据考魏氏宗族，高祖讳良高，于明朝中叶嘉靖年间（约1560年前后），迁居米岔庄。迄今已四百六十余年。何处迁来，暂无考。

自六代始，魏氏家族繁荣昌盛，人丁兴旺。一九六六年由十三代人京荣、京存（均己故）、十三代人杰堂、十四代人学信、继功等，根据碑文记载及长辈记忆，将各支谱汇集，式起魏氏宗谱，迄今已三十年。由于政治原因，此次立谱未经完善整理。

一九九五年正月初二日，由十三代人世章、十四代人继功召集族人于老家米岔庄重新整理宗谱。

由于宗族繁衍散居各地，行辈自十七代未续。为使行辈有序，以防世位紊乱，由十四代人本成、学东与组办人世章、继功切磋，并经族人认可，自比代行辈顺序为：文、明、义、礼、智、信、盛、传、荣、光、常、熙、振、邦、远、昌，并以此序十六代一循。

五代、六代人为始祖讳良高，四代祖讳力、详成（学会舆）各立石碑一座。文革沦为桥板，由十四代人学习、等石率老家族人送回，于正月五日重新立于祖茔前。

正月六日全族人集于老家米岔庄祭祖，祖茔前向外居族人发谱。

此次宗谱续缕，除老家族人外，特居石埠、新庄、毛沟、西瑶山口、石拔子、大沟等地族人前来老家续谱、祭祖。

立谱发起、组织、经办人：魏世章、魏继功。
整理人：魏本成、魏学东。

一九九五年正月六日。

序

据考高祖讳良富于明朝中叶嘉靖年间(约公元1560年前后)迁居朱岑庄,迄今已四百三十余年。自六世始魏氏家族繁衍昌盛,人丁兴联。一九六六年由族人景荣、景存、杰堂、学信、纪功等根据碑文、址轴记载,长辈记忆立起魏氏宗谱由于政治原因此次立谱未能完善。一九九五年正月由族人性章、纪功召集族人于朱岑庄重新整续宗谱。

由于人丁兴联各支族分居各地行辈无序,为防世伦紊乱,由经办人性章、纪公、本成、学东切磋并经族人认可,自十七代行辈顺序为:铭、明、义、礼、智、信、盛、传、宗、光、常、熙、振、邦、运、昌。并以此序十六代一循。

为修整完善魏氏宗谱,自一九九五年正月至今,宗谱整续工作已进行年余,迄今谱牒已经完善。一年来为寻根求源由主办人性章率族人:本成、学东、本法、现振赴鲁埠等地营系,因自高祖迁居朱岑村至今与老家族人失系已四百余年接承相当困难。经外地族人协助,查阅魏氏早期总谱,多方考证已基本确认:始祖讳才兴 大约于明朝天顺年间(约公元1462年前后)从济南府历下区迁至山东省莱芜芦城旦英村据初步考证讳良富祖系六世祖,自山后芦城迁居朱岑庄村,世代繁衍,人丁兴联自清朝康熙至乾隆年间其后人由于兵荒马乱等原因部分支族迁居草崮头,西南山魏家山口,大沟、石拔子新庄,毛沟、等地、现已与朱岑庄族人接续完毕。公元1996年腊月,各支族人出资将高祖讳良富、曾祖讳京、三世祖讳大山,讳火岑四世祖讳昇,讳明,讳力,讳域祖墳及碑碣迁于朱岑庄公林东祥地围石重修墳茔。并于1997年正月十四日各外居族人同老家族人共聚于朱岑庄祭祖。

接系后,原自高祖讳良富起其后人所定代(世)数,上加五代(世)为魏定代(世)数。

谱牒整续主办人:性章。　执笔撰书:本成、学东。

七、山东古滕魏氏谱序

魏氏族譜原序

原序

同姓必有家譜蓋以誌鼻祖所
自始支派所由分為子孫者稍
知同宗同族一脈一氣之理則
雖百世而下溯之百世而上同

一父母所生自動水源木本之
感劾五服內外共此高曾其所
以展親親者更當何如也余家
有明以前不可考據邑乘所載
祖碑所存先世原盱眙縣世族

也洪武二十七年二世祖廩生
諱賢以寧王府儀衛司除授滕
所百戶初來祖庠生維禮公領
子赴任同來滕遂家焉三世四
世五世均襲百戶六世祖武魁

原序

文光公襲封千戶侯七世八世
九世均襲千戶至十世勅封修
職郎居高公同從諫公兄弟皆
千戶天啟二年歘遭邪教妖亂
城破家亡軍民逃竄自是千戶

曠隱族姓蕩析町著家乘遂湮
沒焉今從南方來者逢姓魏之
人皆曰滕族舊裔卽此時之故
耳噫迄今四百餘年何吾族零
落至此也若不為譜誌恐愈遠

原序　三

愈靡將致同宗或有不宗之稱
聯宗反招錯宗之弊昧祖上之
由來失行輩之尊甲世系之所
關豈細故哉　余每慮及此因思
譜序但世遠難稽獨力難任日

夜匪懈僅將所知者畧為序陳
俾玄仍雲耳睹茲譜者少知某
宗某族屬我同胞同體之脉脉
相關也若是則本源不失而親
睦克敦其庶乎根深枝茂源遠

原序　四

流長乎幸於吾族有厚望焉
皆
道光二十六年歲次丙午清和
月書於雲留草堂
十六世孫　館誌

五修谱序

每个家族,如果没有家谱,那就像无源之水,无本之木。家谱记载一个家族的来龙去脉,记载一个家族的历史和渊源,记载一个家族的光荣传统和先人辉煌成就。它既能使后人知道自己从哪里来,又能让后人继承先人遗志,发扬先人奋发有为的精神,传承良好家风,使本族兴旺发达。有幸我们古滕魏氏家族族谱相对完好,这要十分感谢经辖公、耕文公、擢廷公、恭让公、峥嵘公、干巨公等诸先辈,以及致刚老爷、允桂兄等,他们在当时极其艰苦的条件下,克服重重困难,四次修谱,为我们后辈留下了极其珍贵的一笔精神财富。自四次修谱到现在又过去三十多年,第五次修谱的任务责无旁贷地落在我们这一代人肩上,现在无论经济条件、交通条件,还是通信条件,特别是技术条件都到了一个比较好、比较高的程度,为我们再次修谱提供了十分优越的条件和环境。于是我与致刚老爷、宗新叔、允棣兄、允桂兄、允坤兄、允阳弟、魏迅弟、国庆弟、允东弟、允伟弟、正权侄、正鹏侄等组织各分支族人摸底调查,分工合作,同心协力完成这次修谱任务。并得到全国联谱委主编魏成刚(联谱 84 世,原枣庄市人大环建委主任)的亲自指导帮助。

我族于大明朝在滕县城区十世为官,从百户做到千户,府上在城西南角魏庄街(现熙城国际小区驻地),祖林在城东南贺庄北、夏庄南、程堂西占地十二亩(今妇幼保健院墙西)。另外,关于祖籍安徽凤阳府盱眙县,现为江苏省盱眙县,2006年,我与允桂兄、允坤兄三人,驱车到祖籍寻根,沿途得到安徽魏氏总会会长魏家园、凤阳魏氏宗亲会会长魏明德、盱眙魏氏宗亲会会长魏永等宗亲的热情接待,并陪同我们调查走访,但没有找到有价值的线索。当地魏姓很少,也大都是泗洪、凤阳等地迁过去的。在此希望族人或后人前往进一步查访,以期寻到族根。

由于之前一些外迁支系久没联系,联系方式和地址已无从查找,所以,此次修谱仍无法覆盖全族。期待后人能借助科技等手段,联系到各地族人,使家谱更完善。

现在正在全国魏氏大联谱,本人为全国联谱审查小组成员之一。我族也已经联谱成功,确定我族一世祖维礼公为全国联谱 64 世,我允辈即联谱 85 世。实现了真正意义上的全国魏氏一家人!

本谱由于技术和能力有限,一定会有很多不足和瑕疵,望族人见谅,并逐步修改完善。

二十二世孙　允秀记

公历二〇一九年四月

八、山东莱芜芦城魏氏创修谱序

古人无不谱其家世者,诚仁孝之心发于不容已,且欲后裔知所自也。予独不然?尝闻先世云:吾始祖讳才兴原籍兖州府平阴县旦真村人,元末有族人官新泰,吾祖因侨居焉。新莱封壤相接,吾祖又迁于莱邑芦城庄居住,与赵氏为婚,遂立产业。至明兴洪武四年初,为内官银匠一名。天顺二年,三世祖能公因匠差繁重,迁冠县居住。弘治癸亥,四世海泉真三祖迁费县小滩庄。予因念自始祖至今凡六世,男女大小百余口。虽无俊秀迭出,要皆恭恪宽厚,如吾祖良友公、从叔鸾、堂兄聪、从侄大宾,家业较前辈渐丰,唯谱牒未立,诚吾族之憾事也。予自十有五岁即有志家谱,幼时每问从叔凤前人事迹,彼虽不事文墨,而与前人世系无不了然,诚孝思笃于天性者矣。时即辑稿册。迄今十有余年未曾纂辑谱牒以示后裔,倘此稿一失,百年后何以使孝子贤孙世系所从来也?予父以农慕儒,予复以儒,除官职在明论,合族之人文墨始于予;命官始于予;谱稿始于予;而纂辑谱牒可不自予始乎?故原其始祖所自来以及族人之聚处者、迁徙者悉表出之。正欲使族属览之者或继述之念油然而生,睦族之情蔼然而起!则不独世系永有攸赖,而是使后有报本归源之思者不致有莫知所之之忧矣,睦族云乎哉!

　　　　　　　　　　　　　　　六世孙　馥　薰沐谨识
　　　　　　　　　　　　　　时　嘉靖四十五年岁次丙寅季春之

九、山东莱芜芦城魏氏魏刘庄曰琏支谱序

水源流长,根深叶茂,脉清族昌。吾族乃黄帝轩辕嫡系后裔,姬姓分支。粤稽元末吾莱芜芦城魏氏始祖才兴公自兖州平阴县旦真村应在新泰为官的族人之邀为官府铸造银元宝而侨居焉。新莱封壤相接,洪武元年徙居莱芜东赵家庄,三年与下庄巨芦城互换田产,遂卜居焉。嘉靖四十五年才兴公之来孙馥恐世远年湮,支系紊乱,遂根据前人忆述,纂辑世系、始创谱牒,有功于族。谱牒创修,曰芦城魏氏。才兴公被尊为芦城魏氏一世祖,顺次贯之,馥六世也。弘治庚申,四世祖海泉不堪匠差逃费邑。又三年,定居小滩庄,后有孝女问世,易孝应村,再曰东平邑,即今蒙阳居。四世真祖后来邑与仲兄泉祖同迁鲁埠居家也,与平邑南北对峙,曰南头、北头。康熙辛巳,真祖云孙曰琏公赴刘家庄,览此松翠柏青、峰峦叠嶂,遂安居矣。

曰琏公墓在庄东支茔,原有碑碣详载,后遭毁坏,族人无不痛心。辛巳孟冬,曰琏祖乔迁三百周年之际,裔孙重竖墓碑,告慰先祖、激励后昆;增强凝聚力、谱写新篇章。辛丑故谱明鉴:曰琏祖系皇清例授耆宾,世以悬壶济世,不经见之病治之

无不立效,妙手回春,誉满杏林! 堪为后世之楷模,实为吾族之骄也。

才兴公世居芦城后,后裔先后七次修谱。康熙丁酉十二世祖仰石公继馥祖始创后重修谱牒,但工费浩繁,未付剞劂,抄录为志。咸丰四年,十六世克明公与成声公爱会族人倡议修谱,次年缮成稿册。后因成声公猝逝三修谱遂寝。而后族人劝诸克明公校阅世系、画图分卷,然克明公患病而未付诸枣梨,四修谱稿又遭兵燹,克明公痛惜弗餐,病甚而逝! 幸故谱尚存,亦被残贼所污,族人无不叹息! 后数议修谱,屡遭兵荒,未及遂愿。至光绪八年,十七世愚公邀族弟凤仪、凤翔考残碑断碣、采邻里世系,并据故事庄十六世德成公贮存原谱,将母氏挨次附名之左也。五修谱成形,但采访未遍、疑者、不记名者姑缺之,弗敢强注。愚公辞世不久,十七世凤翔公于光绪辛丑与族弟元良对五修谱进一步完善,掀开了六修族谱的帷幕。据外迁记录,凤翔公赴费蒙采访世系后带回芦城敛名汇册,蒙、邑族人方入芦城魏氏谱牒。但因兵荒马乱、交通不便,修谱跨越时间长,我们鲁埠族人没有参续,也没去请谱,与芦城老家仍处于失联状态,以致平邑、鲁埠以始迁祖海、泉、真为始祖惯称。

1936 年春,鲁埠族人倡议修谱,邀我族祖有容助之,但事变遂寝,未能如愿。1955 年冬,再次会议谱事,族人欣然从之。十八世太昌、十九世殿珠赴芦城寻根问祖,受到了时任支书的族人殿迎的热情接待,并请回光绪辛丑故谱三套。太昌、有存携老谱前往平邑商计,但因平邑族人魏某当时成分限制,未敢应允,老谱也没留存。鲁埠族人以辛丑故谱为依据,齐心协力、同舟共济,于 1958 年修谱告竣。

辛丑故谱载:海、泉、真三祖,乃始祖才兴公之曾孙,故四世也。鲁埠世系得到了纠正,而平邑未修谱之故仍称海祖一世也。

1995 年冬,鲁埠发起了三十年一次的族谱续修工作。十八世新国,十九世殿海、长栋,二十世学平、有林持老谱到平邑联络,族人福恩、福志、福厚、丕亮目睹胤文,海、泉、真同根分支的三家历历在目,欣然同意一块儿修谱,分开办公。力得清除谬误、统一行辈、汇集成册、一同印刷。但后来二十世道光溘然长逝,加之其他原因,平邑修谱中途停办,世系紊乱没有得到彻底纠正。鲁埠泉真两支团结一致、群策群力、贤劳三载、成谱十卷、付梓印刷,合族称赞。

2008 年仲夏,芦城老家成立了以十九世瑞琚为主任的七修族谱委员会,执行主任十九世兰平先后三次来平邑联络世系,邀请一块儿参与总谱续修。南头平邑海祖后裔赴老家参续,北头鲁埠由于十年前刚续完支谱,加之以前续谱人员年事高、无年轻人选,没有参加,只是将鲁埠 1997 年谱牒送给芦城老家录入总谱,成谱后由平邑族叔昌来带回总谱数套,并送给鲁埠族曾祖长栋一套保存。

吾始迁祖十二世曰琏公客居魏刘庄三百一十八载,现传至二十五世,二千余人,举村无一外姓。生齿繁衍、人丁兴旺。曰琏祖后裔瓜瓞绵绵,椒蕃散处、世远年湮,难免长幼无序、尊卑莫辨、如同陌路。己亥仲夏,魏刘庄龙门山公墓兴建之际,族祖魏亮,族叔魏平,族兄克统、严统倡议创修魏刘庄谱碑、合族共应,乐于出资。有老谱做依据,加之族人齐心协力、团结一致,四月余,大功告成,合族欢庆。

谱碑初稿校阅完毕,族人倡议将世系再加整理,汇集成册,创修魏刘庄曰琏支谱,并命余作序。吾才疏学浅,何敢言文?但迫于族命,义不容辞,竭力为之。历时三月,敛名成册,世清支明,昭穆有序,奉献合族,诚为吾族之幸事也,欣喜而为之序。

二十二世孙　魏巍　薰沐谨识

二十二世孙　春统　沐手检阅

公元二〇一九年岁次癸亥孟冬上浣之吉

十、湖北咸宁魏氏

旧谱序:

余生多事非,事多也,余不能不事,事以至急,宜事事者,反未能,事事焉,夫急宜事事者,孰有大于尊祖敬宗者乎,序世系谨祀典扬先德护邱陇,此皆敬其所尊之事也,教孝悌立条约明少长惩匪彝,此皆爱其所亲之事也,若是者余先人,样云公、质庵公、三峰公、兰谷公、兰川公,皆业已先为之至,余身尤荷祖宗福牒再为商,挖念亦切切逡巡,不果因思居恒常,怪水叔之不念,芦陵二苏之不念,嘉州以余今日观之,想亦有不得不然,与莫知其所以然而然者,亦可见凡责人亦未可容易也,天辛祚魏贤裔踵出担当族事,不肯草草者,自祖宗以来,辈有其人,以故约束,能行间亦有不若训者,然贤者人,多有所督责不敢明抗,但各乡散处户晓为难,日久年湮,人心易玩,譬学佛人,迷警惰,亦须话头提唱,乃若谱牒之修,又不止话头已也,此劲生弟新牒之辑,余谓其非唯有裨祖宗其于约束,化海功尤匪浅显焉,盖以方正之品文采之笔,蔡中郎述祖之孝,刘知几诠史之笔,推广诸祖之未及增饬兰谷之,不备洋洋斌斌足称佳牒余之,所逡巡未果者,得劲生弟了之,唯是人世多途,日出事生有必不得不然之,妨夺有莫知其所以然,而然之改换,如予早岁夺于,举业中年夺于仕宦此不得不然者,既已分吾之,大半又中人之情,不免嗜好用事,予复嗜游嗜书嗜画嗜吹,弹此亦复妨其半比至归老,虽幸间暇然老境已至,老态都出衰嫩,侵寻作事不来,几欲取旧一辈,有一人余心惬快固不必出之,自予手也。

续修宗谱序:

国家有史,地方有志,宗族有谱,虽所含范围内容不尽相同,其理也。稽我魏氏宗族周文王之后裔,自始祖毕万公受封魏巨鹿大夫。以国为姓,始迄今已二千六百余年矣。传至七十二世祖始迁通城,即七十二世祖为银邑魏姓之一世祖。继又相传近三十世,我族确系朝多硕辅,世有贤卿之旺族。历代宗谱按期续修,宗族分支迁徙清清楚楚,长幼有序,家族井然然。而我银邑魏姓之宗谱,自一九一三年癸丑岁续修以来,距今已七十六年矣。在此期间由于几经沧桑,及其他种种原因,不仅宗谱一直未能续修,连原有谱牒几乎荡然无存。致使年逾古稀之老人,尚未始登谱,派字流传依据难寻,祖坟墓志多有不清,我合族人丁无不感到愧对巨鹿堂上历代宗祖,幸而祖宗有德,福荫子孙,尚有族人冒风险护宗谱,现得上届谱首卷二本,故对魏氏文化源流研究,魏氏文化源流研究考,七十二世祖泰岳公支下,钟、淳二支,支系迁徙及上届续谱,所拟之派文等,才一目了然,但对历代世系无谱可表,只能由各门追根寻源,故此系有断续之弊,不得不由各门各书其序,以补救之,实为憾事。钟、淳二公支下,原合并续谱,仅限银邑境内之魏氏后裔,而对于迁徙临湘、岳阳、监利、洪湖、嘉鱼、蒲圻、崇阳、通山各支未曾合璧。此届由于上列各县魏氏后裔都在续修宗谱,故有合族之议。经协商通城、临湘、岳阳、监利、率节五县市派系统一,宗谱分续,此举另撰序言,在此无须赘述。我族此次续修宗谱,纯系我魏氏泰岳公支下嗣孙为弄清木本水源,使我魏氏各支,支脉清楚,派文不致紊乱,尊卑不致颠倒之举。而绝不是效封建时代续谱立家法聚族扬威,但孝敬长辈,赡养老人,课教子孙,团结家族,和睦邻里,勤劳致富,既是我族之优良传统,亦系社会之美德,我合族人之繁衍人丁应当继承和发扬光大。我们国家正处在一个新的历史时期,我合族人丁应同全国人民一道,遵纪守法,珍惜安定团结的政治局面,拥护开放搞活动的政策,在中国共产党的领导下,走建设有中国特色的社会主义道路。

钜鹿温州魏氏大联谱谱序

国有史,方有志,家有谱,族谱与国史、方志并列,三者称为中国史学的三大支柱。

谱牒文化是蕴藏宏富,亟待开掘的丰富遗产。它是人类血缘关系的记录,是社会文明进步的轨迹。族谱是以特殊形式记载本族世系盛衰、家庭起源、人口繁衍分布变迁和氏族形成的最可靠史籍。它凝聚着华夏文明,传播各民族和地区之间的经济与文化交流的丰富内容。所以谱牒文化又是历史学、人口学、人才学、遗传基因学最好的研究资料。除了有慎终追远的人文精神,更依照数千年来的史实,昭示一个家庭的旺衰起伏,乃至一个王朝的强弱兴亡。

魏自周文王第十五子毕高之裔,毕万仕晋为晋卿,以伐霍、耿、魏,有功封于魏,后商遂以国为姓。万公乃魏氏始祖也。魏文侯(斯)建立魏国,称战国七雄之一。信陵君魏无忌,礼贤下士,救赵全仁,高梁侯魏无知,荐陈平成大业,助刘邦安天下。汉丞相魏相,励精图治,封为高平侯。后汉魏应,少好学,举明经,会群儒虎观谈经。五代魏钊任北魏义阳太守,文武兼备,当世奇才。其子魏彦,博学多闻,任光州太守,北齐长贤公汝南王参军事。大唐名相郑国公魏徵,博涉群书,有胆识,为人刚正不阿,敢谏龙颜,著有《十渐不克终疏》,上疏二百余事,唐赖以太平,遂有"贞观之治"。徵公名言:"居安思危、戒奢以俭""兼听则明、偏听则暗"是放之四海皆准的先进思想哲理。宋有魏了翁,一代宗师,人称鹤山先生。鸿公宋宣和登八行科官棠邑令,不阿权幸,谪泉州路德化尉,为入莆始祖。唐宋二朝,我魏簪缨接踵,史不绝书。巍巍魏氏,历汉晋魏齐周隋唐宋,世代为望族,彪炳国史。赫赫我祖,文治武功宗功显赫,立德、立言、立功,千古流芳。

　　魏姓在全国二千八百多个姓氏中,排列第四十七位,占汉族人口的百分之零点四二,约五百余万人口,是华夏民族的一大支脉。但在温州地区仍是少数,现今只有二万余人口分布在温州市区瓯海、永嘉、瑞安、乐清、洞头、平阳、苍南、文成、泰顺等县(市)五十多个自然村。温州魏氏考其源流有二:一是历朝政府官员调遣来温任职之官员后裔;二是各朝战乱时期避难来温之同宗。萃聚瓯越,蔚为巨族,据清咸丰七年《魏氏宗谱》序记载,梦极公之长孙隆公迁避安溪,幸其书香弗替,传至逸公,登洪武戊辰科进士,职任温州府同知,后终于任,遂居瓯城,为肇基始祖。其子师商公,志乐山林,无意西归。永乐三年甲申从瓯城迁居平阳北港四十二都岭后,课耕课读,传至益公及子昇公,天顺间均沐选元,一为吉水县丞,一授同知职衔。吾宗人文至此复兴矣。厥后子孙椒衍,分居江南下涝,敖江河口垂垟,及桐岭,青田汤垟,杭州、长兴等处。皆逸公之裔天房是也。

　　长兴同宗没有续谱已有八十余年,今蒙宏镐君不辞路远跋涉之累,二上长兴终于找到了本宗大房宗亲回到娘家归宗。

　　梦极公次子之长子承宗公之子田郎,迁避长乐县,因防倭变,抽选扎营,置庐传山腰,永乐拨调泉州府安溪县崇信里庐传乡,传至汉珍公,旺季间转迁温平阳北港衙桥头,瑞安季家源吴坑等处,皆是承宗公之后裔地房也。

　　梦极公次子之次子会稽公(实宗)官至平江府都督,元世祖即位赐金鱼袋不受,遂挂冠家居,挈眷于任,卜居三世。其后文兴公转迁江东、觅山水之胜,以为久安之计,乃栖于处之括苍因生齿日繁,分籍安固(瑞安)、马屿、霞林等处。住居代远仕版无人,商孙肇舜公闻知师商公迁居岭后,文人蔚起,桥梓同荣,以为美可择也。正统间遂奋身而移居岭后毗连之区,曰麻田,云仍蔚起。分居四方,今之南彩头、南陀、章岙下店、瑞安下林及溪心、灵溪等处,皆实宗公之后裔人房也。

　　一恭公原籍莆田,嘉靖壬午举人,己丑登罗洪先榜进士,官温州府推官,抚州同知升扬州府同知,户部郎中,江西参政,广西按察使,山东布政使。其子梦阳、梦熊随父任到温郡后迁瑞安马屿转迁平阳北港、溪心、岭后等处。

吉善公,绍定举宏词,官著作郎。其孙福三公建文三年辛已迁瑞安五十五都珊溪西坑,为肇基始祖。

本立公原籍庆阳,洪武间任瑞安县知县,卸任后遂居永嘉白垟村,后裔分居桥头、前堡西岸潮埠等处,本立公为白垟村肇基始祖。逾六百载虽然同是微公后裔同居瓯地,由于历史条件所限,信息闭塞未能联谱,今次启芳与宏镐二君联络之后,终于缔联一族谱。

以上支派均系在温州市县任职官员的后裔椒衍各地成为巨族。

另一支派是元末清初各朝为避倭人战乱,先后从福建永春县迁来温地的。

魏孙公之子桧公之妻余氏明末清初为避难,率子六人从福建永春先迁政和后再迁平阳县南港对务山前定居,后裔分居百罗垟、山门、下坑、西洋、柳垅、十八都、溪尾、岭头围墩等处,皆魏孙之后裔也,现是苍、平两县人口繁衍最快的一支派。

晚治公第三子朋清公,天启年间提父骸瓶由闽永春湖羊镇玉柱村迁寿宁再迁温郡平邑北港闹村柿树垅为肇基始祖。后裔分居青街、大心垟、曹堡、东岙、狮子等处。族大支繁、住居分散,一般多从事农耕,现多数仍讲闽语。

现代各时期从全国各地分配来温任职从事行政、工商、医、教、艺各行业,这支魏姓同宗人数虽不多,但文化素质较高。但因各种因素,未能包容于钜鹿魏氏宗谱,有望同宗通过寻根问祖,子孙应缔联一族是我所望也。

宋景定五年,十七世监丞梦极公,主持纂修《莆阳枫林魏氏宗谱》作行第歌一百二十世,俾以后世昭穆有序,如梦松公之子仁公从圣字起行圣一,义公行圣二,梦极公之子杰公行圣三,依次传代至今有二十余代,七百年历史,此谱是闽浙两省仅存的珍本。这是魏族团结统一的象征,值得自豪。但也有美中之不足,个别支派借口行第中有个别冷僻字拗口不好读,置先祖之行第于度外,另立字行,致成同宗行第不统一,相见如路人,深感遗憾。因此,应继承先志弘扬祖德,遵循一百二十世行第传代,使我魏族内行辈统一有序。

20世纪80年代,改革开放的富民政策深得民心,绝大多数农民迅速致富,丰衣足食。壬戌之春,芳君先遣开拓建设"中国第一农民城"——龙港镇,是龙港奠基者之一,开启中国农村走向城市化的先河。21世纪龙港被授予"中国印刷城"和"中国礼品城"两块国字号金牌,可谓地灵人杰,物阜民丰。我族后裔创业宏图,望城而居,或向京、沪、杭、温迁徙,或往各县城镇而居。际此繁华昌盛之期,阖族上下励倡仁让之风,规诫凌器之习,扬善否恶,弘扬华夏之美德,抑攘腐朽邪风。居灯红酒绿繁华之地,存俭朴仁厚之风。敬业诚信,兴教奖学,大专学子,遍布海内,幼有所教,壮有所为,老有所养,社会安定,国泰民安。祖德缺缺,泽被诸宵、裔业宏图无愧先人。逸公入瓯六百余载,远见睿智实足惊世骇俗,所谓光宗耀祖,族业孰与伦比。

　　谱之纂修,子孙昌盛也。盛世修谱,亘古皆然。祖宗不能忘,木本水源。所谓
尊宗敬祖,乃为人后裔孝恩之本也。明世系,序昭穆,叙伦理,正纲常,乃是中华民
族之美德。纂修族谱就是将断者续之,涣者萃之,使涣者散者复归一群,吾宗兴旺
也。要增强整个民族的向心力、凝聚力,努力促进民族安定团结、自强不息、与时
俱进,我们要追思先祖如何创造文明,如何造福子孙,继承和发展祖业,共创魏族
辉煌,使中华民族的伟大复兴在 21 世纪真正实现,是为序。

屯留四十世孙启芳拜撰

公元二〇〇五年己酉春月望日

十一、山东兰陵金城魏氏老谱序

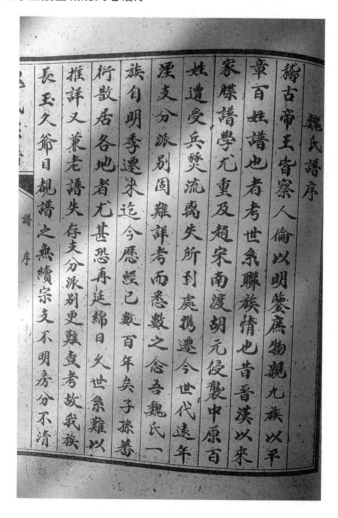

南京竹橋遷此留居攸鹿山連吉祖娶生一子

心將譜修成遂自始祖諱金城公攜子連吉由

兩不相顧唯怨吾魏氏族譜失存而我公庄決

系而大魏樓否認尊稱差訛世系不同互相矛盾

于該地雖與公庄同祖後裔前曾屢屢趨往聯

暑暑告竣忽有大魏樓發現譜碣方知始祖墓

操辦分支採訪經年累月方將草稿膳寫印製

集族衆措商無不鼓掌鵲躍解囊相助遂主持

之甚其不貽笑于他族哉自是有愿於心遂邀

雖與本族人兩不相識觀此吾魏氏宗亂如此

81

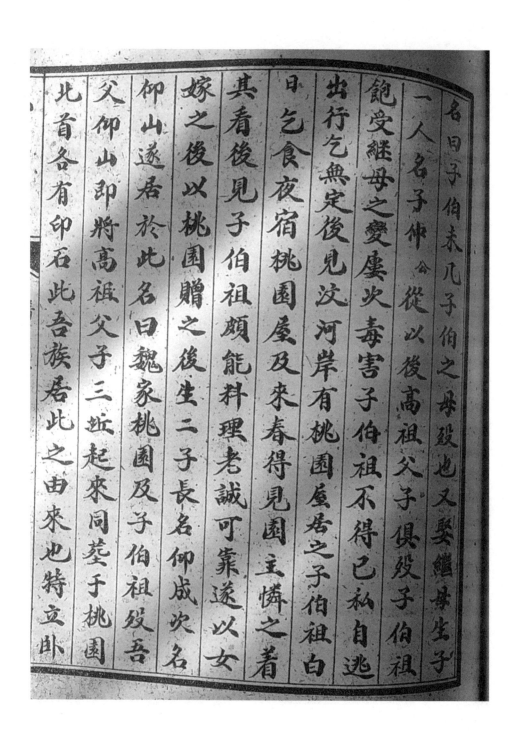

名曰子伯未几子伯之母殁也又娶繼母生子
一人名子仲（公）從以後高祖父子俱殁子伯祖
飽受繼母之虐屢次毒害子伯祖不得已私自逃
出行乞無定後見汶河岸有桃園屋居之子伯祖白
日乞食夜宿桃園屋及來春得見園主憐之著
其看後見子伯祖顏能料理老誠可靠遂以女
嫁之後以桃園贈之後生二子長名仰成次名
仰山遂居於此名曰魏家桃園及子伯祖殁吾
父仰山即將高祖父子三班起來同葬于桃園
此首各有印石此吾族居此之由來也特立臥

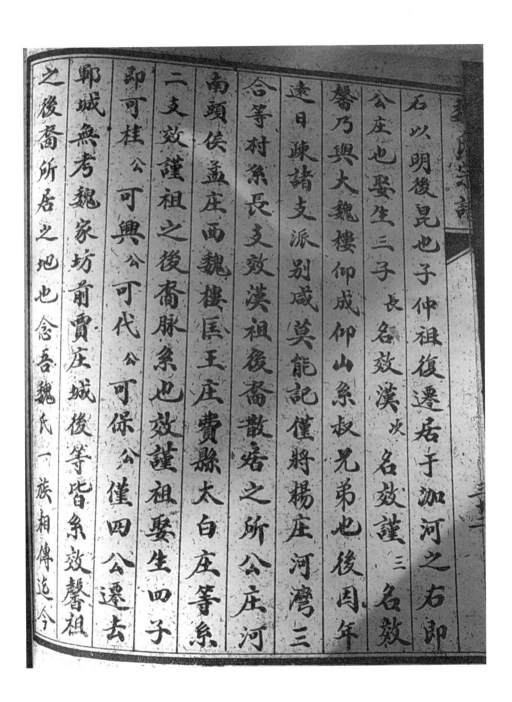

石以明後昆也。子仲祖後遷居于迦河之右即公庄也。娶生三子，長名效漢，次名效謹，三名效馨。乃與大魏樓仰成仰山系叔兄弟也。後因年遠日疎，諸支派別，咸莫能記。僅將楊庄河灣三合等村系長支效漢後裔散塔之所。公庄河二支效謹祖之後裔脉系也。效謹祖娶生四子，南頭侯孟庄西魏樓匡王庄費縣太白庄等系，即可桂公可興公可代公可保公僅四公遷去。郇城無考魏家坊前賈庄城後等皆系效馨祖之後裔所居之地也。念吾魏氏一族相傳迄今

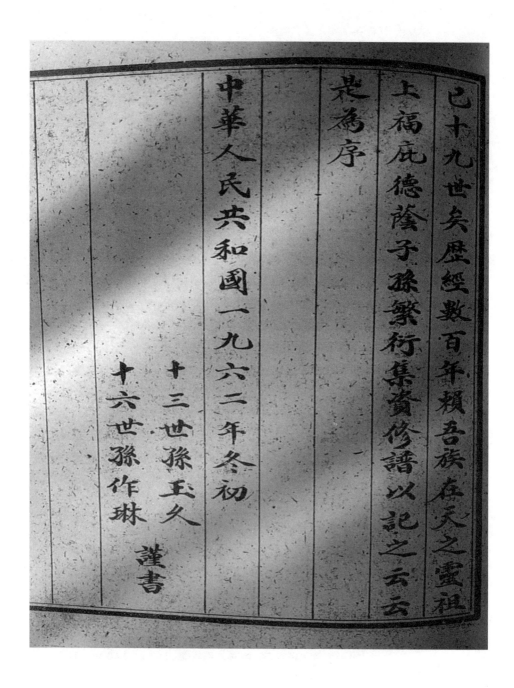

已十九世矣歷經數百年賴吾族在天之靈祖

上福庇德蔭子孫繁衍集資修譜以記之云云

是為序

中華人民共和國一九六二年冬初

　　　　　　　十三世孫玉久

　　　　　　　十六世孫作琳　謹書

十二、金城魏氏太白庄支系谱序

太白庄魏氏是金城谱系的一个分支,始祖为甘肃兰州贵公(贵公生于1358年前后)。到了第四世,金城公在兰陵定居(当时归属于郯城)。此后世事动荡,百姓大多颠沛流离,居无定所,有些名讳已无从查考。金城公第八世孙暨我支系先祖讳家增(字富有)、家臣(字守宰)于康熙年间,兄弟二人从兰陵公庄始迁于费县太白庄村,见此处土地肥沃,风俗淳朴,从此安居下来。至此,已近三百年,已有13世,前沿已至20世,贵公其他后裔分布在全国各地。兰陵始迁祖金城公属于兰州一世贵公第四世,其联谱世次为69世,前沿23世联谱世次91世。宗支繁衍,家业兴隆,子孙众多。

古语说:"三世不修谱,为之不孝也。"多年以来,一般都是按墓碑所载、父老所传,进行考校研稽,抄摹纸谱数册,按支保存。1963年,我族锡忠、振绪、振铎热忱于族事,不辞劳苦,奔赴兰陵金城敬祖宗,辨昭穆,聊族情,再修谱续;1996年,我族振坤、振家、云瑞、宗安、法廷再次续修家谱,并在当年冬天修砌先祖墓茔,竖墓石以作后考。弹指一挥间,二十多年已过去。今年春天,有幸听说水田魏氏利生宗亲为积极响应全国炎黄魏氏大联谱决定宣传发动续修家谱、地域联谱活动。这是政通人和、太平盛世的一大喜事,为了积极响应全国联谱,我族决定再次续修家谱,2019年2月召开会议,成立了宗亲会组织,会议推选出了振家为顾问,云瑞为会长,现廷、凡民为副会长,云营为监事长,廷余为秘书长,并和利生宗亲进行探讨,利生宗亲也事无巨细,对我族续修谱牒付出了大量的辛苦劳动,在此特别感谢! 由于时间紧迫,族谱资料有限,本人水平不高,本次联谱续修不当之处在所难免,敬请各位族众家亲批评指正。

金城魏氏太白庄支系　十六世孙　云瑞　沐手敬撰

十三、合肥魏氏爱鹤堂记

1931年秋大水,中国几沉为沧海,吾邑南通江湖,北抵湖田,亦为淫雨积而没之,惟东北一隅村庄茫茫然出没于湮云竹树间者,殆若洲之负而出也。吾族之人杂居其上未为水所阻挠,乃得聚首一堂,以续修家乘焉。族之子孙,元曾辈以笔墨余闲,环吾而请曰:吾族数百年于兹矣,凡开庆吊于其堂者,虽用魏收之钜鹿郡、及吾祖之科第州,左堂御赐翰林,特授将军等官衔名目,而无别堂名以润之,尤为减色。何况民国肇兴,郡既废除,官亦改革,尤无堂名以易之,不更鄙陋不文耶! 吾曰然。然则汝将何所爱耶? 曰:将爱松乎,抑爱竹乎,否则爱莲、爱菊乎,不然则爱鹤可乎? 吾曰:否,否。堂非贤而不名,贤非寓于物,而不脱五者,虽佳亦不宜于魏

85

氏也。求为魏氏之所名堂者,要末弱爱鹤之为宜也。夫百鹤山为魏了翁所居,而烹茶鹤避烟为魏野之年咏者,诚以鹤也者。鸟也鸟之成为鹤者,鸟之贤者也。咏其所为鹤者爱其形之贤者也。居其所谓鹤者,爱其名之贤者也。名其为贤而人尤爱之,况形其为贤,而谁能不爱乎。爱其形,为鹤之贤,则必思鸟之所以为鹤者,则成为鸟中之贤,方不虚其鸟所爱,即人之所以为贤者,则成为人中之鹤,方不虚其人所爱,此爱鹤之所以名吾堂也。呜呼!吾堂既以爱鹤为名,则吾族之有娶嫁丧葬者,必剪裁三大字样加乎薰笼之上,悬于其堂及其门之左右檐下,其大如斗。燃烛其中,则显爱鹤堂于其外,庶嫁者之见吾爱鹤堂也,则思所以仰事翁姑,俯畜儿女,光前裕后,如鹤立鸡群,矫然独异于众,而成为妇人之贤者也。娶者之见吾爱鹤堂也,则思所以上至君公,下泽民众,扬名显亲如鹤鸣于九皋,声闻于天,而成为丈夫之贤者也。丧葬者之见吾爱鹤堂也,则思所以终慎父母,远追祖宗,悲歌感泣,如鸣鹤在阴,其子和之,而成为子孙之贤者也。子者、孙者、夫者、妇者,虽一一贤于爱鹤,然皆吾堂之所推也,推吾子孙夫妇之贤,而为家,则吾家人亦必以爱鹤者爱吾,齐家之贤而成为家之所齐者矣。推吾子孙夫妇之家而为国,则吾国人亦必以爱鹤者,爱吾治国之贤,而成为国之所治者矣。推吾子孙夫妇之国而为天下,则吾天下人亦必以爱鹤者爱吾,平天下之贤,而成为天下之所平者矣。是天下平于吾治国之贤,国之治于吾,齐家之贤,家之齐于吾子孙夫妇之贤者,皆吾爱鹤堂,有以启之也。则吾爱鹤堂三字灯球,不惟增吾族之辉,抑亦壮乾坤之色,不直与日月争光也哉。二、三子欣然而笑曰然哉、然哉。乃退而聊之以诗曰:月球明白日球红,一个西来一个东。玉兔金乌成爱鹤,堂前缀作两灯笼。

十一世孙　　学贤子林氏敬撰

时在　公元一九三一年岁次辛未仲冬月上浣　谷旦

辽鹤公自序文(生于一六四四年)

余少时业文,喜骑射,好六韬,虽父师之严,弗能禁。先君子为吾聘孝廉王公之女,公司理黄州,吾年十九(1663)入赘署中。考官生,游黄州府泮,经三载,移文合肥学,因江南文宗故,竟成画饼。会先君子弃世,擗踊苦块,抱恨终天。每思罔极之恩,恨不能显扬于万一。因与先兄友韩公嘀曰:"前程得而复失,奈何?"友韩公云:"以吾弟七尺昂藏,才力俱富,既精孔孟,又娴孙吴,若弃文业武,则巍科可得。而他年为无双国士,佩金印可预必也,安用此毛锥子为哉?"余遂幡然改业。丙午年(1666)梁文宗取第二名。复入合肥县庠,时年二十二矣。读书于元祖山,每一兴怀,辄以冠军自负。

至丁巳年(1677年三十三岁)塞遭疯人徐万镇之自称崇祯三太子,往京师,过德州,被州官拿获。解部司寇讯审,彼供:我有军师秀才魏友韩,大将军魏友瑶。

现驻合肥刑部,闻供即以密封启奏。禀旨敕安徽巡抚徐,行文合肥县,提军师并大将军到部审理。知县旋领衙役,同守备官兵数百人,蜂腾庄次。余兄弟公服迎谒,雷公一见,即行索缚。嗟呼!时值丁巳年六月十八日(1677年农历),盛暑之际,命在须臾。到县,随即解皖,经督抚、总河、总漕等衙门,手足桎梏,艰辛万状,莫可明言。唯有俯首曲受,吞声饮泣,苦何如耶。及到部送狱,狱官需索,小不如意,倍加严苦。谚云,今日方知狱史之尊,良不诬也。食则糠皮,眠则土坑,虱如鳞集,发似蓬松。监禁三百余日,审经一十三堂,两受大刑,骨肉并裂,直欲入地而无从也。因泣语先兄曰:"我等非破家,何以得生?"遂将市房、乡庄、田产等项,一卖几空,计银陆万余两。求乡亲刑部主事许、户部龚二人。嘱司始启奏释放,前程无碍。此则不啻笼鸟入林,纲鱼入渊矣。登程则清风两袖,归家则萧然四壁,夫妻儿女,相对泣下,竟将功名一念,付于东流而莫顾矣。束书高阁,率仆耕田,十载经营,积谷三千有奇。运途多舛,冠、婚、丧、祭一弗殆尽。披星戴月,辛苦备尝。又十年后,始得温饱。复奋志曰:"彼丈夫兮,我丈夫兮,安得甘老林泉,湮没而无闻乎"!因将耕种事业,悉付家仆。仍揣摩举子之业。上赖祖宗之福庇,下蒙主试之赏拔。年已知非,中江南丙子科第十一名举人。虽继此之迁合,殊恩未可预卜。姑录前事之苦惨,以示后之子孙耳!是为序。

注:据我家谱考证,我五世祖琦、珠二公,于公元1677年三十三岁,兄弟两人遭徐疯万镇诬陷受监禁,在清朝刑部大牢"监禁三百余日,审经一十三堂"后,公元1678年释放回家。据珠公(字友瑶,号辽鹤公)《辽鹤公自序文》记载:回家后心灰意懒,"束书高阁,率仆耕田,十载经营,积谷三千有奇",后又"披星戴月,辛苦备尝,又十年后,始得温饱"。之后,"将耕种事业,悉付家仆。仍揣摩举子之业。上赖祖宗之福庇,下蒙主试之赏拔。年已知非,中江南丙子科第十一名举人"。故推算《辽鹤公自序文》,大约在珠公出狱20年"中江南丙子科第十一名举人"之后所撰写,大约写于1698年,清康熙三十七年。

十四、魏氏肥东县大魏村支系二修谱谱序

余家世居庐州合肥之东,百二十里,梁十一塘郡村民籍也。发源于句容龙潭魏,与全椒斗山,定远北陈集,同为本支。但世远年湮,无从征考。离乱时,有张、刘、马三人亦合姓魏,即今之山魏、西魏、小魏是也。吾族世以农事传家,忠厚成俗。至明末,文风大盛,家传户诵,彬彬儒雅者,代不乏人。当是时也,户口数百家,田亩数千顷。崇祯年间,流寇猖獗,由凤阳过吾乡,焚戮异常。且渠魁扎营于族,房屋焚毁者数千间,宗党被害者数百口。幸吾祖积德行仁,仅存一线,是以繁衍于今为烈也。

昔日,虽有宗谱,兵火之后,咸归尽余。故始祖失传,并始祖之祖亦失传,生其后者,能无悲耶!吾于此。痛先人之湮没,恐后嗣之无稽,乃据祖父之流传,列高曾之行述,并居址、坟墓、骨肉、亲戚,一一笔之于书。自知固陋,但不忍前徽弗彰,用是兢兢耳。后之子孙,思祖父而不见,见谱如见祖父焉。自兹以往,绵绵延延,相传无穷。其祖宗功德,赖以不朽,是所望于后之贤子孙者。

裔孙邑庠生　魏琦敬撰

时在　康熙十八年岁次己未冬月朔日

肥东魏氏三修宗谱序

当思家之有谱也,上可以追先远,下可以告将来。使后世子孙,蒸尝不替,为人立基立本之具,系诚大矣。今夫有谱之家,遭时之变,避乱播迁,谱牒灰烬,仅存断简残篇者一二。第恐子孙,紊遂失绪,汪洋无稽,使亲者不亲,疏者愈疏。是以我族命吾复纂家谱,重整宗支。试思吾祖始自句容,肇基于此,递传至今,十有余世。复遭时变,谱牒流亡于今再矣!尤幸先人所存残牒,考其昭穆,续其繁嗣,亲亲不紊,世世可稽,庶使前彰复徽,以示后人耳,是为序。

裔孙宗派敬撰

时在　同治五年岁次丙寅吉月　谷旦

魏氏五修宗谱概序

我族发源于句容龙潭,始祖海公明初迁此定居,迄今已六百余年矣!明末张、李起义,农民军由凤阳过吾村,族人数百口遭害,房屋数千间被焚,谱牒随之灰烬。幸吾大护公只身脱险,但仅能详三世,致世系中断,始祖失传。嘉庆年间,吾雄飞公痛先人之湮没,恐后嗣之无稽,乃据护公传流,因陋就简,书写谱牒。同治年间,吾宗派公继飞公成例,三修宗谱,虽有所改进,但字辈未立,什乱无章。祖孙猝迁道途,往往瞠目相视,莫识尊卑。公元三十年代,吾学贤公在改革宗族弊端,改善族人关系的基础上,会议集资,四续宗谱。立字辈、详生卒、书内外戚,是一较完整之谱牒也!惜十年动乱,谱牒散毁殆尽,若不及时补救,世系将再次中断。因而我等甘冒风险,四处搜集残存谱牒。我家宽公历尽艰辛,密藏谱牒一十六载,至此和盘托出,保证了世系延续,对五修宗谱,实一莫大贡献也!

据谱牒记载,全椒斗山定远北陈集同为本支。但因年远代湮,世系中断。为搞清始末,专人往二地采访。所谓北陈集者,即今之定远县耿巷乡大魏村也。人口近千,一见如故。且二地代有往来,一贯以家族相处,遇难互有支援。经商定,自十七世贤字辈始,二地统一。至此,南北二家则真正合为一体矣!全椒斗山,因兴修水利,人口散居,已无从征考。

吾四世祖振定公生前曾以王伏礼为承乏子,改呼魏伏礼。后定公死,珣公生,吾武老孺人以其膝下已有子,遂为营华屋,置良田,恢复王姓,遣其归宗。至今魏、王二家传十余世,分千余家,仍以弟兄、叔侄、祖孙相称谓,外人不辨其孰为魏,孰为王,魏、王世传一家,源即于此也!

散居外地者,不论远近,都专人采访。下落不明者,皆于谱牒上做了说明,供后参考。山魏、东小魏,明末离乱时即与我同姓。数百年来虽曰不宗,但一直以弟兄、叔侄、祖孙相称谓,互不联姻,亲密无间,与家人无稍异。况我地处金斗之邑,淝水之乡,民居稠密,烟火相连,汝等动荡时不化王、李而独魏姓,必有其历史渊源。故于五修家谱,乘时相互磋商,提出联宗,并经族人代表大会通过,认为一体。后即吾之族人,当一视同仁焉!

历次谱序和有关家史,均系文言体。词简意深,且未加标点,不易理解,为便于后人阅读,吾斗胆加了标符。

五修宗谱虽处八十年代,我等因受经济等条件限制,不得不继承飞公因陋就简老传统,缮写成书,不工整、不雅致。但生吾后之贤子孙,倘于数十年后能继而修之,则谱牒虽简陋,史绩将永存焉!

敬宗睦族,统一字辈,是五修家谱的唯·目的,苟能如此,我等之愿足矣!是焉序。

十三世孙先灼谨撰

时在 公元一九八六年岁次丙寅仲春月上浣

十五、四川古蔺谢家岩国良公支系首次修谱原谱序

盖闻,三才品立人在其中寓乎,宇宙之中肇自羲皇之世上,而万物本乎,天人本祖望忆千古不易之列也。窃思,水有源而木有本,为人之,之祖岂不胜哉。尝谓,祖宗虽远祀不可不诚,子孙虽愚诗书不可不读。文公之遗训也。

祖派始自姬周之世,迄文侯而访段千之贤,闲门不内,询子忧之,问重道遵贤,数拾之流传,徽音宛在千百载之谟列。

犹存迄

族谱之序,以谱词叙为万世之流传也。以序为常,世间胤亲心者,亦可落墓志永流传万万矣。以序祖先宗族之原籍,闻遗训,祖先流传不忒,吾祖籍江南徽州府人也。有文德而仕者,未著其戢名,马后至江西吉安府。明贞利二公政属东湖,维昭国典,因世之变,与洪兵赶散各奔天涯,元亨利贞公等临别而遗诗句:

天下姓魏是一家,洪兵赶散各天涯,他乡外里彼吾境,三省男儿是一家,日后永不同宗配,倘有同婚灭了他,万朵桃花皆共树,听吾嘱咐享荣华,如有不听此言语,子孙不得享荣华,日后相逢念一遍,儿孙世代总不差。

1914 年甲寅岁

2003 年修谱序言：

天地生万物、祖宗生吾身。

肇始毕公，自公元前 661 年以国为姓以来，至今已有二千六百多年之历史。其后裔已达数万众，遍布全国乃至全世界。魏氏族人枝茂繁多，分布极广，难以集中统一，本次修谱主要是收集四川古蔺谢家岩，毕万公之七十一代嗣孙我们的入川始祖国良公之后裔。

中国是世界上最大的国家之一，人口居世界第一位。从很早的古代起，我们中华民族的祖先就劳动、生息、繁衍在这片广阔的土地上。我们的祖先勤劳朴实、勇敢文明，在漫长的历代长河中，同中华民族，经过历代王朝的顽强拼搏，艰苦奋战，浪淘尽千古风流人物，创造了一部完整的文明历史，同时我族祖先也创造了魏氏的起源史。中华民族的发展，曾经历了若干年的原始公社的生活。而从原始公社崩溃以后，经过奴隶社会、封建社会，直到现在 21 世纪，已有四千多年的历史。中国是世界上四大文明古国之一，我们的祖先在这块沃土上，创造了光辉灿烂的文化。

魏氏族人，是中华民族的成员之一。自古以来，为创造共同的文明历史做出了应有的贡献。据 1982 年全国人口统计，魏姓是祖国大家庭中一百多个姓之一，居第四十七位。公元前 661 年，毕万公受姓，魏氏起源至今的二千六百多年中，魏氏家族发展九州，产生了许多国家栋梁和名人，如魏犨、魏绛、魏莹、魏徵、魏源、魏金枝、魏野畴、魏伯阳、魏了翁等。他们分别在政治、军事、文化、艺术、科技等各个方面，为中华民族的发展，做出了积极的努力。本次修谱的目的在于联络宗族，团结族人，巩固国族，共同发扬祖先创造的优良传统和光辉文化。为建设好自己美好的家园而努力奋斗。

本支系在 1914 年进行了一次大规模的修谱，基于历史原因，社会的变革导致原谱书遗失。又在 1983 年国良公之第十代嗣孙魏林先、魏熊先等又进行第二次修谱，但由于当时的修谱条件不够成熟，该谱书简单化、许多内容没有载入谱中，所以到现在我们没有一部比较完善的族人历史记载。这是我族人的一大遗憾。修谱又是我族人中应该完成的一项工程。为完成这一项工程，实现众多族人的愿望，2002 年在魏赓先、魏洪（宏）登的倡导下，调集族众，在端公平祠堂上召开了关于续谱工作的会议。在会上全族人迫切要求重新续谱。

面对现实，敢于应天顺人，适盛世修谱，机不可失，时不再来，于是，续谱工作的历史重任，又落在了我们这一代人的肩上，组织全族民，调集各支房族首和有志之士，成功地召开了几次会议，进入了紧张的工作。

十六、安徽泗县魏氏序言

落其实者思其树、饮其流者思其源。值《魏氏族谱》告庆之日,心情激动、感慨万千。

"族谱"二字,不但是字辈与血统的展示,而且是道德与文化的传承。族谱是先祖的象征,故曰"请谱";族谱又是族人生卒、德行的记录,故能警示和尊重自己;族谱还是族人依托字辈定长幼的依据,"应知五服终会到,子孙团结靠家谱,纵使先公八万里,怀中乖儿伦得守"(主修魏元广语),故我们不可不备。然而,于当今诸多中学生、高中生、大学生而言,不曾有过修谱的经历,阅谱更是稀罕。特别是宋代欧阳修、苏洵大师发扬光大的修谱文化,放在中华文明的整个历史中,如长江、黄河和长城一样悠长,与你与我息息相关,可是当今精英知之者没有几个。

身为魏氏后裔,当以有族谱有尊严为荣。魏氏史前文化,其形邈邈;史后文明,三千有年。源自文王姬昌,肇始魏公毕万;毕原史迹犹存,洪洞迁徙有年。华夏魏氏,泗县西南巍然一支;创业艰辛,起自约 1373 年;始迁祖讳名难考,亦庆幸叶茂枝繁。600 年来,作为后裔倍享恩荣,或农或商,或教或宦,然无成书之族谱,与他姓相较,实在汗颜! 尊严稍逊、文明何谈? 今吾辈众人拾柴火焰高,成就《魏氏族谱》,凡头顶"魏"者当视如面要清洗、发要梳理一样爱惜,有自尊心者当弹冠相庆而以远离为惭也。

尊祖敬宗、敦亲睦族、收族融族、弘扬祖德为修谱之本。站在小家小我,人各自私、人各自利或有道理,然放大格局,站在得姓祖毕公之视野,综观全族,小而斤斤计较,大而不谦不让,惊天动地、心力交瘁,情何以堪;凡毕万公后裔,家不论大小,人不论贫富,位不论高低,当排除现有家庭中"背祖弃祖"现象,归队于列祖列宗婵下,实现形式上之大团圆,此谓"收族"也。遗憾,少数族人,心怀异志,实有违祖宗之愿也。毕修谱一功,愿我族人更加团结,来日补漏,加强交流,互学互鉴,培育家族文化,做优秀之毕万公后裔,做践行社会主义核心价值观之魏氏传人也。

一本族谱,昭示继往开来、后来居上。魏氏望出钜鹿,3000 年来王侯将相、文臣武将、人才辈出,但未来的辉煌靠全体族人创造。适逢伟大的习近平时代,社会结构发生变化,农业生产不再为唯一产业,科学技术是第一生产力成为国人共识。我愿族人,多学《魏氏劝善十四条》《魏氏族训》,知行合一、大兴教化、积淀书香,多出人才、出大人才,以振我全族、利于国家也。是为序。

魏犨公八十四世孙主修　魏　冬

公元 2019 年 8 月 30 日

开篇序言二

中国的"月亮"比外国圆——族（家）谱是中国的　文化是世界的

首席主修　魏元广

　　族谱作为人类文明的重要组成部分,不但中国的国家图书馆,各省、市、县图书馆、档案馆对纸质谱、电子版都有收藏,并且以存量大而多为荣,而且连外国的图书馆也不遗余力地进行收藏。你可能没有想到,万里之外,美国犹他州居然有家谱图书馆!你更没有想到,这个家谱图书馆居然保存着我们中国的家谱!

　　犹他州家谱图书馆位于美国西北部犹他州首府盐湖城。该馆为摩门教下属的一个文化机构。家谱图书馆成立于1894年,100多年来,陆续不断地从世界各地收集各种有关资料,扩大资料的来源。自1938年以后,雇用100多位摄影师,在世界各地采用微缩技术,拍摄各国公民的原始资料。1964年,家谱图书馆正式设立家谱检索中心网,有200多台计算机免费提供家谱资料检索服务。经过一个多世纪的发展,犹他州家谱图书馆遂成为世界上最大最完整的家谱资料检索中心。

　　美国犹他州家谱图书馆共收藏27.4万册图书,200多万卷的缩微胶卷复制件,涉及3亿多姓氏。仅收藏中国的家谱(包括支谱、族谱、通谱、总谱等)共有17099种,地方志5043种,清朝户口册(东北)4375册,清朝科举资料1293册,还有一些墓志铭、传记、同乡会刊物、古籍等。该馆收藏的中国家谱总量超过上海图书馆(12000种)和北京国家图书馆(3000种)收藏家谱数量的总和。号称世界上最大的家谱图书馆。

　　缩微胶卷资料贮藏在盐湖城东南几十公里的"山洞"里,是在坚硬的花岗岩下开凿出来的,"山洞"铁门有14吨重,需用暗码打开。"山洞"异常宽大,中间是走道,走道两边各有3个收藏缩微复制件的库房,每个库房约有1000平方米,不对外开放。家谱图书馆到世界各地拍摄的家谱资料,在"山洞"进行大量生产,母片贮藏在"山洞"的库房里面。拷贝出来的缩微复制件送到家谱图书馆或发行到教会设在世界各地的家谱资料查阅机构,供读者查阅(以前网络不普及时,可以在香港和台北使用专用终端设备免费查阅,现在已经可以通过互联网直接查阅了)。犹他州家谱图书馆位于摩门教圣殿广场相邻的西北大街,有机会去美国旅游的宗亲,可以顺道去参观一下。

　　采撷本着"奇闻"奉献于族人和读者,绝不仅仅为了猎奇!有关修谱的闲言碎语也曾经使我们迷茫、困惑,在修谱被一些族人视而不见、吝啬投入资金的困境中,看到这篇雄文,我们如获至宝,简直是天外送来的精神力量!原来族谱不但是魏氏家族的文化,而且是中华民族的文化;不但是中华民族的文化,而且是世界文化的一部分！因此，"奇文共欣赏、力图共成长"，力图共同坚定修谱的信心、信念。我们理直气壮，人总是要有点精神的，物质生活不是我们的唯一，能给族人和人类留下正能量是我们修谱的初衷！因此，为成此书，不惜宵旰沥胆、汽车为床，驱车考证、校勘、打磨，力图至善至微。洋洋今20万字的《族谱》，虽不敢奢望登大雅之堂，但如果后人和读者能从《泗县西南魏氏族谱》中汲取历史、文学、民俗、伦理、文化、教育、保险、品德等方面的营养，并且启发族人和学子悟出当今中小学文科教科书板块存在的设计"缺陷"（没有谱学教育），造就一批自小就不以孝老为羞、不以祭祖为耻、不以修谱和参加修谱为罪恶的精英阶层，唤起更多的人叶落归根、初心不改、回归人性，都能给人类社会留笔文化财富，诚如北宋儒学家张载所言"为天地立心，为生民立道，为往圣继绝学，为万世开太平"，那么"月亮"即便局限"圆"在中国，吾已无负人生，奉献家族，幸福无比。

公元 2020 年 11 月 12 日

十七、四川巴中旧谱序

巴中《魏氏三修宗谱》总序

宗谱盍續？昔欧蘇為歷代名儒，為何史書不錄？皆由無譜，退而辑修，表請詔命，故，大宋甯宗皇帝颁詔修譜。俾其子姓可稽，譜帙不作，縱文儒贵戚之家寖以淪焉而难考。然起自犁锄之卿相，降为隸卒之世家，所謂子孫自立，何如耳？誠能自立雖微而寖著，不能自即著而寖微。故蘇老泉曰三世不修譜則同小人也。縱是至親骨肉无统，喜不慶、慢不吊，覿面相逢如塗人。若宗法廢、譜帙坏，不知渊源從何而起。宗譜之要載明一本而瀝其源。所以尊祖敬宗而究萬脉也。如吾世系，肇自軒轅姓始畢萬，歷有史記可稽。自畢萬迄今二千餘年，嗣裔八十餘世代有譜帙可攷。吾支始籍起自武陵，攷明舊譜，葉顒公諱杞，南宋孝宗淳熙二年为尚書左右僕射并兼枢密使，金宋相敵，奉詔和金，谗進於上，公旋乞辭表，准里歸，公懼谗之再進，密徙於豫章吉安府盧陵縣箸子巷。第四世必初娶孔，扶君育子福大公，时陸沉寇警，城乡市镇而成瓦礫，居民離散。福大公負母而奔于楚黄，始居麻城縣之西三十里洗腳河高乾堰，娶颜氏，姓贤孝，堪夸姑媳甚善。姑嘗谓今之為人，未知汝翁下落，姓谋於公意殊坦坦，託貿覓親，八載无聞，旋经蒲圻梅僻桥少年遇語，途中請其姓氏而同稽其三代，曰吾高尊祖考也，公同少年而往果親也。先是必初公遇寇冲離，覓妻子於蒲圻弗獲，繼娶葛姓生三子曰福一福二福三。少年者公之長弟也，亦娶於葛氏。公欲迎先公於麻城，葛姓深忌而弗許，旋告其母，孔母已殂二年矣。姓颜君贤称巾帼，葬先姓於礓子沟，生五子曰：興宗、興贵、興讓、興懷、興德。值元顺帝时，贼風猖獗，蒲圻先公以就木然，二弟三弟慶吊時通。大明洪武四年弟兄至慶,突贼兵擾境,合家離散,福二公奔于長沙,福三公流於福建,興宗興贵二公流离於蜀。舊譜備載,楚中三房鼎盛,蒲圻裔嗣独述其支,知有母而不知有嫡,知有父而不知有叔,常阅楚譜研详世系,二公三公支属蒲圻,然通慶吊於麻城,而异母之心未懷。一公支譜何序系南市祖而详本支何也?究其源流始姒之遗風猶存,吾輯统系堆廣大義,凡武陵豫章、長沙福建均已備載,俾其後世有所稽考。吾興宗、興贵二公遷蜀以来,五百餘年,支難屈指,似棋布星羅,可稱人材輩出、甲第蟬聯。人亦多則派亦紊,地漸遠則情漸疎,久有统宗并族之心,殊无暇時。幸丁巳年春建修總祠,议予督辦,予不觉慨然。承任秋八月,奉合族尊幼欣然赞成,族中绅士不辭跋涉,親屈其地,按舊譜考續,支支加详,予考明清之舊譜及歷朝之史鑑,逐一而閱之,不敢傳疑於後世,會同参議派订百字,數千里外一談了然,俾世世子孫历历可考,未及半載,篡以成章,其何以速!必有先祖之灵佑啓我後人之昌熾,成萬古之不朽云。

興宗公二十世孫陸軍少尉達邑天興南浦跋

中华民国七年夏五月念八日序於老祠

兴宗公二十二代孙魏传能　魏德禮搜集整理

新谱序

自古以来,国有国史,县有县志,族有族谱,人有传记。成人而后有家,家而后有族,族而后有国,国而后有天下。国也家也,国由家而成,无家且有国乎?国无史无以记盛衰隆替之原,族无谱无以辨上下尊卑之绪,无以继承祖先之创业精神。常言:欲流之长,必浚其源;欲木之茂,必培其根。清谱浚其泉源,修谱培其根本也。若弃泉源而不浚,舍根本而不培,则水流之不长,木长之不茂也。

吾魏姓为邑国之大姓,族乃大族。其谱不可不查,不可不修也。魏氏先祖毕万公(系周文王第十五子毕公高的后裔),仕于晋有功被晋献公封于魏,其子孙以封邑为姓,称为魏氏。其后裔魏斯又三分晋地,建立了战国七雄之冠的魏国,后魏国被秦灭。其亡国国民为纪念故国,以国为姓氏,这也是魏氏的主源。为序昭穆,别亲疏,因流溯源,由本达枝,作谱以传,庶几不忘本也,谱之传愈久愈兴。今华夏鼎盛,人民安居乐业,经济发展迅猛。承前启后,继往开来,为顺应历史潮流,巴中魏姓有志之士成立了"巴中魏氏族谱"编修委员会。

巴中魏姓始祖兴宗、兴贵二公于明朝洪武四年(1371年)从湖北麻城之西三十里洗脚河高乾堰,又名高坎堰(今麻城市龙桥办事处,虎形地村),逃难至巴州栀子坝(今平昌县笔山镇),至今六百四十余年,传二十七代,86个支系,人口繁衍32500多万人,分布105个自然村,是巴中的望族大姓。然各支系,各居一方,忙于生计,甚少沟通。历史上巴中魏姓曾三次修谱,第一次是明朝景泰年间

（1450—1457年），编者无考；第二次是清朝康熙丙辰丁巳年（1676—1677年），由湖北新店人魏石鳞、魏骏伯父子编修；第三次是民国七年（1918年），由达川人魏天兴编修。即使是最晚的第三次距今也近百年，又遇六七十年代劫难，谱烧、碑毁、祠拆，使许多族人对源流、世系、字派理不清，道不明。联族修谱，势在必行！

幸有巴中族人贤达精英，特别是中学高级教师魏传能（系编修委员会主任、主编及发起者），冒严寒，历酷暑，跋山涉水，走村串户，抄碑访耄，追根溯源，反复考证，潜心研究，历经五年，终于查清了巴中境内魏氏家族的源流世系。使之宗正源清，得到各支系的一致认同，决定巴中魏姓合成一统，联合修谱出版发行。

钜鹿堂·巴中《魏氏族谱》编修成功是巴中魏姓族人共同努力的结果，是百年来魏姓的一件大喜事，功德无量，它的出版使子孙知其根本而不惑，敬祖爱族而仁义礼智信。光大钜鹿，流传万世！

兴宗公二十二代孙，魏君宜

2014年5月20日

钜鹿堂·巴中《魏氏族谱》告成志庆

世以惟木有本，本实而枝繁，弥生追远之思；惟水有源，渊远而流长，更着深源之想，奕叶遥传，感雨露之既濡；世经人伟，恰继续之伦常。当此天下修明，国业与家业同盛；欣逢盛世，谱牒与祖德同辉。

世惟国邑魏氏，虽枝分派衍、各相统绪，然俱是黄帝之苗裔；姬水溪畔，海棠香浓，同为轩辕之嫡传。虽则年湮代远，却如参树枝茂、支脉远播，更似江海涛波。迄至庚寅清明，魏家山上，族人齐集；毕公照前，共设修谱大伦。斯时花光似锦，春色如烟，赠言网极，难忘寸草春晖。是以相为约集，分支列派。共著棠邑联宗之情。

事近五年，阖族同心，椒衍瓜绵，陈笾列豆。因流溯源，乃彰阖族粲然之序；由枝探本，方显分枝彝伦之德。

值此谱牒初成，念先人肇造之鸿基；枝丰叶茂，谋后民守之承继，敦亲睦族，共遵勤谨忠厚之道；为国为民，同振钜鹿威笃之声。九合世弟，惟希后世达昌；文侯征相，名垂千古；无忌无知，誉满华夏；宗贵二公，承芳阁老，传统将军，能不乐乎！世系繁昌，岂忘神祠光宇宙；谱牒告成，怎不崇德报祖恩。愿祖宗有灵，谨以鉴次为慰！

魏心文撰

十八、安徽濠州魏氏谱序

2019年2月21日,接《中华魏氏总谱》常务副总编、大数据平台秘书长魏亮宗亲的通知,魏氏各支系入联条件,第一要素必须要提供支系名称。接到通知后,凤阳魏氏代表魏明德、魏国蕊(已故)、魏国胜、魏国光,淮南魏氏代表魏俊武、魏鹏程、魏树辉,定远魏氏代表魏祥米、魏其玉、魏宽宏、魏宝成、魏东亚,寿县魏氏代表魏长洲等,大家共同商议本支系名称。

凤阳濠梁,今天的临淮关,在元朝时是濠州府所在地,所辖范围较大。为了便于将来全国魏氏寻根问祖、合谱、联谱,经过各位代表的反复论证、商议,最终把本系名称确定为濠州魏氏,以待日后规范纳入中华魏氏大数据库。

据1988年简谱记载,元末明初,濠州魏氏始迁祖元公落户于凤阳濠梁后,经考证元公其中一子留守祖坟,另一子升公携子迁往淮南外窑定居后,升公部分子孙陆续迁往定远县炉桥镇、青洛、长丰、怀远、寿县等地。综上所述,濠州魏氏的范围:凡是有谱记载或口口相传是元公、升公后人或从凤阳、淮南、定远、长丰、寿县等地迁往全国各地的魏氏家人,都属于濠州魏氏。

在2017年夏,有贵州魏氏根据出土石碑记载,他们的始迁祖是从凤阳迁至定远西五十里魏庄,从魏庄逃荒到贵州。我地魏氏代表,曾参与1988年修谱联谱的魏宽模,接待了他们。他们通过相互的细致了解,确定贵州这支魏氏家人,是从定远青洛河北魏村,明朝洪武年间迁出的。由此可见,全国有多支魏氏家人是从凤阳、淮南、定远、长丰、寿县等地迁出的。

以1988年安徽四县一市十五地联谱为依据,结合2019年10月3日盛世国庆濠州魏氏宗亲交流会前来合谱的寿县、怀远、定远等支系,现总人口约为五万人。

濠州魏氏(定远)魏祥米

以上资料由濠州魏氏凤阳魏明德、淮南魏树辉等宗亲考证

十九、湖北荆楚魏氏谱序

世譜

魏宮音先本姬姓自畢公高初封畢
伯成王進封魏侯其後絶封
或在中國或在外域其地為晉獻公
所取高公十四世裔畢萬降於晉代
霍有功封為大夫仍得食邑於魏封
十一年賜子犨從其邑名以為氏歷

十七傳泰灤大梁廢國罷鉅鹿郡
洹水公
惠
弘
彦
桂
牧 奕 庸
戬 壽 鍾
洽
彙
徵
叔玉
琪
愷 德 深
蔡 岱 廣
繁
敏

一、冠葛譜序

吾先代出鉅鹿遷東魯齊初復居鄜南宋末官
籍姑蘇遡厥由來原有世譜歷傳至大元刺史
諱程公世為常熟著姓至正壬辰紅巾倡亂吾
祖彥甫兄弟三人為避地計徙楚荊南彼時兵
燹分飛各棲一枝譜牒以故遺忘彥甫祖占籍
竟陵宗子五郎公著冠蓋市闤七世八世書聲
疊響邑居慶野臺五世不析賜坊表宅以孝

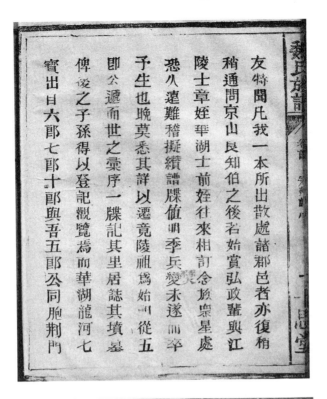

友特闽凡我一本所出散处诸郡邑者亦复稍
稍通问京山民知伯之后若始赏弘政董与江
陵士章姪华湖士前姪往来相讨念众星处
悉久远难稽拟续谱牒值明季兵变未遂而卒
予生也晚莫悉其详以迄竟陵祖为始叫从五
即公递而世之彙序一牒记其里居誌其坟墓
俾後之子孙得以登记观览焉而华湖龙河七
宝出曰六郎七郎十郎与吾五郎公同胞荆门

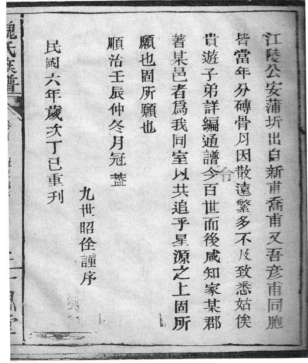

江陵公安蒲圻出自新甫乔甫又吾彦甫同胞
皆当年分磗骨叭因散远繁多不及致悉姑俟
贵游子弟详编通谱今百世而後咸知家某郡
著某邑者为我同室以共追乎星源之上固所
愿也固所愿也
顺治壬辰仲冬月冠盖

九世昭佺谨序

民国六年岁次丁巳重刊

續修冠筆遷沔序

吾族系出鉅鹿郡遠祖畢萬公仕晉食采於魏
因以為姓此吾族受姓之始歷漢唐以迄於近
代亡有名人事迹載之史冊可考而知也然禮
諸侯不敢祖天子大夫不敢祖諸侯吾儕士庶
甚未敢佟陳世德貽譏僭妄加之代遠年湮世
次失考所見異詞所聞異詞又異詞其
又敢攄撫無稽致蹈不實不盡之罅乎卿繄其

所不知而著其所能詳亦史家紀實之微意云
爾雖然詳其所當詳舊乘已藏寶誌之剞慶續
纂修以昭示來茲同條分支系載之以備檢閱
俾親族不等於秦越固承緒者之責也審此則
我祖十一郎以元至正壬辰年聯袂來楚後擇
地析居而我祖五郎一支獨占籍於竟陵之冠
蓋市吾祖三鳳公又由冠蓋市遷居沔邑之祝
家河今所稱為魏家垸者是也嗣後又有中祝

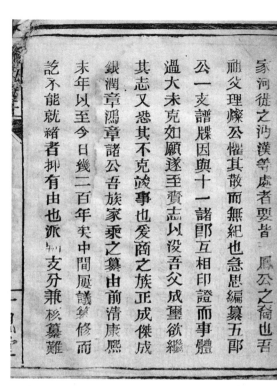

家河徙之鴻漢等處者要皆鳳公之裔也吾

祖父理燦公懼其散而無紀也急思編纂五郎

公一支譜牒因與十一諸郎互相印證而事體

溫大未克如顧遂至賫志以没吾父成傑欲繼

其志又恐其不克竣事也爰商之族正成傑成

銀潤章鴻章諸公吾族家乘之纂由前清康熙

末年以至今日幾二百年矣中間屢議纂修而

訖不能就緒者抑有由也派別支分兼核纂難

與其旁搜遠紹不如逕以遷汚之三鳳公續而

修之不特於十一郎諸房不暇兼採也卽吾五

公一支亦未能綜收焉則略其所可畧而詳其

所能詳取其簡而易就也而割裂之諸在所不

免矣此吾父與閤族諸先生纂修之宗旨也編

輯略具而天邑諸族先生有以總纂之議相訂

者而三鳳之裔僉以功戚不毁亦耶以自樹一

幟云爾他日由萬殊以溯一本則此牒其猶片

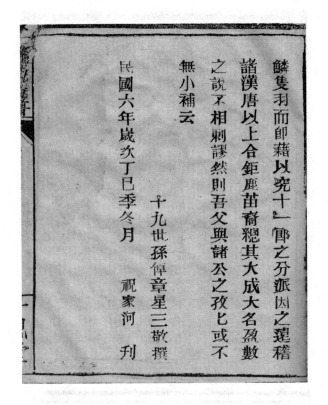

鱗隻羽而即藉以究十一郡之分派囚之蒐稽

諸漢唐以上合鉅鹿苗裔總其大成大名盈數

之說不相剌謬然則吾父與諸公之孜比或不

無小補云

民國六年歲次丁巳季冬月　　　　十九世孫倬章星三敬撰

視家河　刊

续谱前言

　　家谱,亦称家乘、宗谱、族谱、世谱、谱牒、支谱、房谱、统宗谱。它记载的是家族的来源、迁徙轨迹、生息繁衍情况,兼顾婚姻、文化、族规、家法等方面的内容。换句话说,家谱是以记载父系家族世系、人物为中心的历史图籍,是一个家族的生命史。

　　家谱如同世上所有事物一样,有其自身发生发展的过程。最初,家谱主要是记载古代帝王诸侯的世系、事迹;魏晋南北朝时,门阀制度盛行,家谱成了世族间婚姻和仕宦的主要依据;隋唐五代以后,修谱之风便开始从官方渐次流行于民间。尤其是宋代,开国皇帝赵匡胤为其子孙钦定世系,至宋真宗皇帝,又"敕赐文武群臣各修宗谱"。此风一开,达官贵族、文人雅士争相效仿,最权威、最有影响的是宋代大文豪欧阳修、苏洵,二翁不仅上奏力举创修家谱,而且亲自援笔撰修家谱,其创制的体例和格式,被世人尊为欧式、苏式而历世沿袭效仿。我们荆楚魏氏家谱,最早见于文字记载的,是初祖开始的。自三甫率十郎涉楚起至今已有七百余年,遗憾的是,由于年代久远,该谱早已失传。

　　从历史的角度考证,家谱兼有家族、社会两种作用和功能。就家族而言,家谱的功能作用主要是"源源本本""尊尊亲亲""昭昭穆穆""尊尊卑卑"。"源源本本",就是正本溯源,其作用是写史,即家族发展史;"尊尊亲亲",就是使尊者尊,使亲者亲,其作用是"重人伦";"昭昭穆穆",就是明确世系关系,其作用是"别长幼";"尊尊卑卑",就是严格身份等级,其作用是"定尊卑"。家谱以上四个方面的功能作用,自古以来都被视作一本九族"尊祖敬宗的要义"。就社会而言,家谱是一个家族政治、社会地位的重要标志和象征。古人说:"做官问出处,婚姻问阀阅。"换句话说,通过查阅家谱,不同出身的人不可以做同一品级的官;生于门户不当家族的人,相互之间不可以通婚。可见,家谱的社会政治特征和功能作用十分明显且突出!

如今,用历史唯物主义的立场和观点,来评判家谱的功能作用,从中剔除诸如"尊卑关系"等封建糟粕,取其积极合理部分,其社会意义仍然十分现实而深远。从有形的方面来看,家谱记载的是一个家族乃至整个民族发展的历史,汇聚的是一个家族乃至整个民族的历史、人文、地理等方面的重要史料;从无形的方面来看,家谱弘扬的是一个家族乃至整个民族的美德,倡导的是一个家族乃至整个民族的团结精神。因此,对于谱事活动,不仅历朝历代的封建帝王和达官贵人加以大力倡导和身体力行,就连当代社会名流和一代伟人,对其同样给予高度重视和极大关注。中国民主主义革命的伟大先行者孙中山先生说:"依我看起来,中国和国家结构的关系,先由家族到民族,然后才是国家,族谱记述中华民族由宗族的团结,扩展到民族团结,这是中国人民才有的良好传统观念,应要加以利用。"新中国的缔造者、中国人民的伟大领袖毛泽东主席强调:"收集家谱、族谱,加以研究,可以知道人类发展的规律,也可以为人文地理,聚落地理提供宝贵的资料。"

时代在发展,社会在进步。家谱创修同样要与时俱进,赋予全新内容,突出时代特色。因此,这次修谱在"继承创新"总的思想指导下,重点放在三个方面。一是存史续宗。存史,就是将家族史置于民族史、社会发展史宏观背景中去研究,让其成为整个民族和社会发展的缩影,以此增强家族史的纵深感和立体感。续宗,就是循着血缘关系,溯源逐本,上自鼻祖,下至子孙,使其一脉相承,以此达到清源固本的目的。二是注重精神遗产的挖掘和继承。任何一个家族都有其生发奋斗、兴衰沉浮的历史,因而任何一个家族都有着有别于其他家族的优良传统和精神美德。仁爱、礼让、孝悌、刚直、重教、好学、克勤克俭、自强不息,这些道德伦理是我们家族精神的全部内涵和总结。这是一笔宝贵的精神财富。我们要认真挖掘和继承,以此德化垂教后人,促使家族昌盛。三是聚集和光大家族文化。人口素质的高低既是家族形象的标志,更是家族赖以发展的重要基础。因此,这次修谱,在光大家族文化方面花费很大精力。这样做的出发点和落脚点,都在于激励后人立志向学,从提高家族人口素质入手,来积攒家族发展的后劲。

围绕上述三个方面的重点,这次修谱在内容和形式的处理上进行了大胆取舍与创新。第一,合理继承。这次修谱坚持"三个不变"。一是坚持修谱就是修家族史的指导思想和主题不变;二是坚持"睦宗族""重人伦""序昭穆""别长幼"的基本功能不变;三是坚持求真、求准、求全的原则不变。第二,大胆剔别。这次修谱,实行"三项剔除"。一是剔除以"尊卑关系"为核心内容的封建糟粕。旧式修谱,森严"尊卑关系",人为地制造壁垒,强化"长幼、男女、贵贱、嫡庶";长者尊幼者卑,男者尊女者卑,贵者尊贱者卑,嫡者尊庶者卑。这是封建糟粕,必须剔除。这次修谱,辈分不分长晚,性别不分男女,身份不分贵贱,自出不分嫡庶,凡血同缘、根同祖者必须同等。除昭穆长幼秩序务须明确,其他诸如自出关系、生平简介、品行评判都必须客观公正,力避有失偏颇。二是剔除以"家规""家法"为主要表现形式的封建宗法制度的影响。应当肯定,在法制不健全、社会功能不完善的封建社会,由封建宗法制度派生的"家规""家法"对纯化社会风气、维护社会稳定起到不可或缺的重要作用。但如今,法制不断健全,社会功能日益完善,且封建制度早已废除,其功能作用已无基础。因此,处今之时再去沿袭旧习,议定"家规""家法"方面的内容,不仅社会基础形同虚设,而且如若处理不当,容易同国家大法相抵触。即便是"家教"方面的内容,也只能将其融入家族精神美德的传承中,让后代子孙受到潜移默化的教育,而不宜罗列条文去空洞说教。我们修家谱,是为了培育家族精神,但绝不是为了培育家族势力。只有正面引导后代子孙遵守国家大法,接受国家完美教育,我们的家族才能同整个民族一道日益走向富强和昌盛。三是剔除以丧葬服饰和祭祀规制为主要方式的落后礼制。当今是改革时代,丧葬、祭祀作为"尊祖敬宗"的传统虽被保留,但其丧葬服饰、祭祀礼制乃至其中诸多程序和环节,已无过去的讲究和烦琐。"尊祖敬宗",要继承的是传统而不是落后过时的封建礼数。因此,必须移风易俗,使之与时代合拍。第三,勇于创新。按照"史料性、文学性、观赏性、收藏性"的总体要求,这次修谱在内容和形式的创新上进行了大胆的尝试和探索。一是创新栏目。家谱除保留其世系承袭等主体栏目外,新增设了"谱照集""艺文志""名人题字题词"等栏目,并将史料考证、大事纪要、名人传记等作为重点栏目加以分设,以此增强家谱史料的系统性和权威性。二是创新体例。全套家谱采用"总分式",即历届撰修宗谱的史料文字辑于首卷,实行资源共享;"十一郎"各公分支依例撰修家谱分卷,然后与首卷配套。各公分支谱采用"纲目式",即家族成员世系登记部分,先绘制世系图,再分世制作登记表,以纲带目,力求做到纲举目张。通过体例创新,便于族人查阅,增强家谱可读性。三是创新形式。重点是在家谱文字史料中插入大量图片资料,力图以图文兼备的形式,佐证史料的真实性,增强家谱的观赏性。四是创新语言表达方式和编纂方式。在语言表达方式上,凡收入家谱的史料一律采用白话书写;在编纂方式上,实行左翻横排,为求同现代编纂方式和出版模式接轨,增强家谱的时代性。除此,辑于卷首的文字,除部分史源性文字外,都是源于"三亲"(亲闻、亲见、亲历)性质的第一手资料,即使是借鉴于有关史料上的文字,也是经过编者考证筛选后重新创作而成的。因而辑于卷首的文字绝大部分是任何资料乃至出版物都见不到的,显得弥足珍贵。家谱卷首,除名人题字题词外,共开设 10 个栏目,其中"前言"总述家谱概要,"序言"由名人名家点评魏氏家族史和本修家谱的得失,"谱照集"以图文简介形式浓缩我氏家族史,"史源考"旨在正本清源,"大事记""文献记"重在史料佐证,"名人传(含名人录)"意在树立家族旗帜,"艺文志"功在弘扬家族文化,"功德榜"作用于光大家族美德,"后记"重点补记谱事活动中的相关事宜。家谱堂号史为"钜鹿堂"。

本届谱事实行"两级负责制",2014 年 6 月 28 日我们在仙桃市郭河镇召开了五、六、七、八郎后裔首人会议,一是选举产生了"湖北地区魏氏宗亲理事会";二是决定了家谱的式样;三是家谱除谱首外,以入楚"十一郎"为基础,组织"魏氏宗亲理事分会",各自编写本世祖家谱。

这次家谱的修纂,各地同人虽竭尽心力,做了大量工作,也取得了一定成效,但由于工程浩繁,史料缺失,加之人手、精力、水平有限,失误错漏现象在所难免。这里在敬请族人见谅的同时,给予批评赐教。

龙河续谱会会长二十一世孙开华

二十、河南罗山魏氏

文人似乎都有一个习俗:开笔。也就是每年新春伊始,写的第一篇文章。没想到辛卯年我的开笔之作,竟揽了一个大活:为《魏氏宗谱——罗山卷》写序。

这对我来说,确实是个大活。我这大半生写了几十本作品的译文,可是为宗谱写序,却是第一次。推又推不掉,推不掉的主要原因是,这个宗谱的名誉主任志坤兄,是我的儿女亲家。就是这种陈魏联姻的亲情关系,志坤兄考虑再三,才把这个活交给我。其实说起陈魏联姻,这段历史可就说来话长了!这要上溯到公元600 年以前的魏敬开始。

魏敬,字玉珏,号云霄,世称魏妈。生于隋开皇十九年(599 年)正月十一日,隋中书魏潜之女,唐相魏徵堂妹。敬幼习诗书,知礼明经,尤喜战阵、骑射之术。婚配固始名门望族隋将陈果仁之子陈犊(字克耕)。时逢隋乱,生灵涂炭,夫妇驰马河洛,逐鹿汾漳,佐高祖李渊平定天下,陈克耕有开国元勋封爵,魏敬因称开国元勋夫人。唐总章二年(669年),魏妈季子陈政奉诏率兵南下,平抚泉、潮"啸乱"。次年,魏妈以72岁高龄,携子带孙挥师驰援。彼此祖孙数代前赴后继,献身闽粤,创州立县,励精图治,历时150余载。天授二年(691年)五月五日,戎马一生的魏妈怀着对故土的无限眷恋客逝于福建津州,享年93岁,葬于云霄半径仙人山之麓。武则天加封"昌文弘武茂德慈祥云霄娘娘"。南宋高宗追封其为"济顺嘉淑夫人"。其丰功伟绩,高风厚德,影响深远,传颂至今。这是魏家的骄傲!更是我们陈家的骄傲!这次陈魏联姻,可谓惊天动地,光耀九族,我今天写序之时,也是心潮澎湃,激动不已。

追根溯源,续家谱,是一件功德无量的大事。一个姓氏的家谱,其实就是这个姓氏的族史、生命史,也是整个中华民族历史的一部分。它发扬光大祖先的功德,以祖祖辈辈涌现出来的风云人物来激励后之族人,以振兴族风!振兴国家!就魏氏家族来说,一提起魏徵,不光魏氏家族族人,就连其他姓氏都翘起大拇指赞叹不已!魏氏继徵公以后,七任宰相辅助大唐!可以这样说,没有徵公,就没有唐代的贞观之治!无怪乎徵公仙逝后,太宗亲临吊唁痛哭失声,并说:"夫以铜为镜,可以正衣冠;以古为镜,可以知兴替;以人为镜,可以明得失。朕常保此三镜,以防己过。今魏徵殂逝,遂亡一镜矣。"

徵公不光是政治家,还是影响几代人的大文学家,是我崇敬的历代文学大家之一。说到文学家,我不禁又联想到当今我氏家族中的一大才子作家魏明伦!他的作品,享誉海外。1987年新华社《半月谈》公布魏明伦为中国当代九大剧作家之一;1988年被天津《艺术家》评选为中国艺术界十大神秘人物之一;1993年在武汉举行的中国当代戏曲研究会上,被湖北省艺术研究院等学术机构联合推选为中国戏曲界四大怪杰之一。从徵公到明伦,这中间还有读公、文伯公,魏氏家族可谓代有人才出!

初续家谱,这可是一个大工程!没有"才人"挑头是不行的。志坤兄特别推荐我拜读了《魏氏宗谱,总卷首》,我拜读之后的一个感慨是,没有泽才先生(恕我这样称呼,因为这是宗谱,是讲辈分的,只好这样委屈泽才了)挑大梁,光山卷也是难以付梓的。他做了大量的调查研究工作,做了大量的笔记,基本上厘清了魏氏大名堂分堂三鉴堂的宗谱关系。志坤兄告诉我,这也为罗山卷的编印打下了雄厚的文字基础。同样,罗山卷由志坤兄挑大梁,担任名誉主任也是顺理成章的事了。志坤兄不光在魏氏家族中德高望重,在整个罗山和在他工作过的地方口碑都非常好,很有人缘。真正是为官一方,清正廉洁;平易近人,笑口常开;学历不高,自学成才;谈笑风生,幽默诙谐;演讲口才堪称一绝;魏氏遗风,相承一脉。

也许就是因为陈魏联姻这层关系,我才敢不揣冒昧,聊以上文字献丑,请志坤兄和其他诸位编委海涵批评。

乐为序。

陈有才

二十一、湖北襄阳太平店魏氏谱序

盛世修族谱,乱世藏黄金。族谱,乃人类家族之史书,它详细记载了同宗共祖的血缘集团世系人物和事迹,是一姓之文史典籍,是国史的重要组成部分之一。古代有三代不修谱,即为不孝的说法。修谱,可以寻根留本,清缘备查,让我们明白自己生命谱系的来历。姓氏既是一个家族的精神标志,更是一脉血统的生命图腾。修谱,可以提高家族的凝聚力,增强其向心力。修谱,实为促成后辈子孙繁衍昌盛,立志成才,兴旺发达。

2015年春,襄阳太平店的魏氏族人魏德元、魏德国、魏德海、魏建强、魏德汉、魏修荣等人相约于魏修荣家,商议修谱一事,大家一致认为,我们襄阳太平店这一支魏氏现在寻宗续谱成为当务之急。修谱之为,乃"寻根"之举。根之所系,在于"传承",薪火相传。我们这一支魏氏宗谱自20世纪60年代续修至今已有近60年时间,关键是上次续修只留下"洪福万年新,荣华富贵春,共产江山大,永守长安平"二十字辈,没有留下其他可供参考的文字资料,加之我们原来的老祠堂在"破四旧",六七十年代中被毁,我们现在无法知道我们来自哪一支魏氏家族,我们祖籍在何地? 如不再续修,留下文字资料,恐世亲混乱,族人相遇如陌路,族人无法归宗入祖。因此,我们迅速成立了"襄阳太平店魏氏寻宗续谱筹备委员会",决定第二次寻宗续谱。筹委会成立后,多次召开会议,研究续谱一事,筹委会成员进行了分工分组,明确了职责,各负其责,各司其职。我虽50多岁的人了,身体欠佳(心脏安装三个支架),又要上班,时间紧,但我还是接受了筹委会之托,承担起修谱主修任务,虽然我才疏学浅,但我愿为修谱献微薄之力。于是我起草文件,撰写《魏氏寻宗续谱倡议书》,制定了《襄阳太平店魏氏寻宗续谱筹委会人员分工分组及职责》《襄阳太平店魏氏入谱调查世系图(格式)》《襄阳太平店魏氏寻宗续谱调查表》等,筹委会成员分别深入太平店镇的孙蔡村、徐堤村、肖笆村、张园村等开展入户调查,族人积极响应,并视续谱为族中大事,积极捐资,提供资料。改革开放后,我族发生了很大变化,青壮年多外出打工,还有升学就业、参军等迁徙人口范围大、地域广等问题给续谱工作增添了很大困难。我们不辞辛劳,从各处收集资料整理,但仍免不了存在错误之处,甚至整户漏填情况,在此,敬请族人谅解。同时,筹委会成员还多次到谷城县茨河镇金牛寺村、石花镇、河南省南阳市魏集镇了解当地魏氏情况,通过了解确认,谷城县茨河镇金牛寺村、陶湾村魏氏与我们太平店镇魏氏是同宗同族。

本次修谱,对20世纪60年代续的"二十字辈",做了少数改动,即"洪"改为"鸿","共产江山大"改为"同宗学先贤"。"洪"改为"鸿"主要是从字意上考虑;"共产江山大",大家一致认为政治色彩太重,故改为"同宗学先贤"。

此次修谱是一项艰巨而浩瀚的文化工程,本届筹委会不负使命,不计报酬,尽职尽责,阖族宗亲积极响应,同心同德,使修谱工作井然有序,顺利完成。并将印刷成书,成为襄阳太平店魏氏第一册族谱《襄阳太平店魏氏家谱》载入史册。在此,我受本届筹委会之托,感谢筹委会和族人的大力支持!汉江之水,源远流长,子子孙孙,接力相传,德星高照,代代荣昌。

是为序。

襄阳太平店孙蔡村六组

魏德海供稿

二〇一五年十月

二十二、《中华魏氏唐台谱志》序

树发千枝归一本,水流万派总同源。家之有谱,犹国之有史。史以纪一国之事述,谱所以叙世代之源流。盖祖宗以一人之身,衍面传之千万人之身;且东西南北各居一方,有见面不相识,尊卑莫能辨者;虽一本之亲,有几当路人而视之者;皆因世序淆乱不能排、无谋面相认之机矣。族谱之修,上以敬宗,下以收族,中可联谊。大小宗支列其序,昭穆世次绘为图。本支百世,上而溯之,同出一源,始祖毕万也。

稽吾族本源,出自春秋;公侯世家,《史记》有载。始祖毕万,以国为氏。三家分晋,战国立威;部分王氏,出自吾族。汉代封侯,唐代拜相;贞观政要,治国典范;《海国图志》,师夷制夷。支深繁多,源远流长;期台发脉,裔孙百万。元亨利贞,修谱合堂。先祖誓愿,儿孙莫忘。

祖宗往矣,面若子若孙以下,非一脉之留贻乎?故尊祖者不可不敬宗,教宗者不可不收族,收族者不可不亲。情见乎亲,亲尽则情尽如途人也。吾所相视如途人者,其初兄弟也;兄弟其初一人之身也。分面至于途人者,情也、势也。势无如之何也,幸未至于途人也。使之无至于忽忘腾,可也。咥!人各有心,未有间祖宗一修谐合堂之言面孝悌之心不油然以生者,此吾谱之修所以不容缓也。

毕万之俞·德铭二十二世孙德禄 2018 成戌年中秋

撰于广州中单魏氏元亨利贞宗亲会办公室

二十三、广东河源龙川白石魏氏族谱序

族谱之作,所以序昭穆、别尊卑、分长幼、笃思亲也。昔先王合族之道,有大宗小宗之法,又设官以掌之,其示人尊祖敬宗至矣,去古既远,宗图不讲,牒亦废,士大夫致谨于族系之,文者犹有尊祖敬宗之心焉。石城魏讳深省出其族谱一编,嘱予而序之,盖其先出自积善兄弟,邑居比面后去稍远,面魏氏各居一方,问祖之始子元,与再传至元朝奉议大夫,讳圭。择居邑之良田,其族最盛,迄今经历数代,诗书礼乐籍闻于郡邑,可谓世德之家矣,是谱也,支分派别,原委悉备,昭穆以之明尊卑,以之辨长幼,以之序恩谊,以之笃非细故也。夫世之豪家巨族,富贵显赫者多矣,往往传至后代,废堕不振,竟有子孙不知其祖者,求其家学相承,累世奕叶,水绍前绪,何其鲜也,盖由其祖宗积德之深,无以开于前,子孙继善之不笃,无以承于后,譬之木焉、本既大矣、时面培之。则枝叶茂盛,斯理之必然也,深省公是编,岂惟不忘乎先,亦以垂后世云尔,后人观此谱,故将奋然,思所以继述于前,而贻谋于后也,魏氏之盛,庸有已钦。

洪武十八年岁次乙丑季春朔

武英殿大学士奉议大夫临川吴伯崇顿首拜

(摘自《龙用魏氏族谱》)

注:龙川白石魏氏族谱的这个序言,藤县各地之老谱本,多赛具之,唯文字出入较大(详见后)。此序言说了不少尊祖敬宗和应该重视族谱的道理,但缺乏具体的史料。序中说"石城魏讳深省出其族谱一编,嘱予而序之,盖其先出自积善兄弟……"以及藤县老谱本的序说"长乐魏君采省者,出其族族谱一编,予考其先序,皆出自季唐积善公始,其伯权昆弟,竟以邑为氏",应该有误。因为:(1)深省公乃石城六世祖,生活在嘶宋末年,何以能将其族谱出示给明朝洪武时的吴伯崇看;(2)积善公乃石城二世祖,生活在商宋初期,决不是"季唐(晚唐)"人,若是季唐人,是否另有其人;(3)说积善公的伯权昆弟,"以邑为氏",不合事实;(4)说石城四世祖魏圭公是"元朝奉议大夫",不合理(见族谱正文之注)。看来,这位吴伯崇先生对我们魏族的历史不怎么了解,因此写出了这篇多处违背历史事实的序言,误导了数百年来的读谱者。

二十四、江西吉安、湖南安化、陝西汉中支系谱序

魏氏續修族譜　卷首　七修譜序　九號

七修譜序

魏氏族之源歷史文獻典籍及古譜序均有論述恕不庸贅

本宗之源有三支一是源自江西吉安縣萬福鎮淨坑淨溪圍的安化杉木塘　朝魁　公支系其吉安開基祖　廷倚　公原籍南昌府新建縣宋末因貢舉任吉安府教諭年老未歸遂於吉安縣淳塘創業發派至十一世祖　超儼　公之四子　朝魁　公於明正德年間攜子　概　公游學於安化遂於杉木塘創業而居

二是同為發派於吉安縣延福鄉（今萬福鎮）的明成化年間徙居安化常豐鄉　景成　公支系

三是發派於江西南昌府南昌縣於明正德年間因宦入楚徙居安化東坪的　九海　公支系

三支魏氏族眾簡稱為海　儼　成三房其嗣孫各自都在安化繁衍生息枝繁業茂為當地名門望族

族譜初創於明成化四年戊子（一四六八年）後經嘉靖二十六年丁未（一五四七年）之續修清康熙二十七戊辰（一六八八年）之二修的儼房族譜世系明晰班行明確版式為典型歐式

迨至乾隆十五年庚午（一七五零年）儼公十七嗣孫之夔　之芹　公公十九嗣孫　茂杏　公與海房七世孫　顯耀　公成房九世孫　志道　公等為代表的祖公們因共同的發派

魏氏續修族譜　卷首　七修譜序　十號

地及更好地抱團生存發展倡議合族經三支族親議決自乾隆十五年庚午起三支魏氏合族統一班行尊　九海　超儼　景成三公為合族後的安化魏氏始遷祖定為一世祖因　廷倚　公二十一世孫徙海　成兩房的一世為世系計算起點遂有乾隆十五年庚午的合族後的一修族譜刊印出版後經歷代祖公先賢們一代又一代接力付出堅持了每三十年續修一次族譜的慣例直到此前一九九七年丁丑冬月合族共進行了六次全族續修族譜為安化魏氏的尊祖敬宗睦族收族作出了巨大貢獻也為全族留下了寶貴的精神財富與文化遺產一些版本的古譜亦可稱為文物我們後世嗣孫至今能知己出世系明晰昭穆有序家族興旺發達英才輩出從內心應真誠感恩祖公先賢們的智慧與艱辛

距上次續譜已二十餘年祖國社會經濟發展進入快車道活躍的經濟活動帶來了人口運動加速度的提高魏氏嗣孫們不僅紛紛徙居國內各大中城市更有徙居海外散居各地過去固守一地發展的農耕文明的人口形態發生極大變化時逢盛世國家修史地方修志而家族為凝聚全族睦族收族共謀美好發展當修譜此時全國魏氏也和其他姓氏一樣紛紛啟動了全國的修譜聯譜進程其勢激勵着每一位宗親

公元二零一六年清明節我與房叔祖　奕桂　等一行六人

魏氏續修族譜　卷首　七修譜序　十一號

赴湖南安化馬路鎮祖籍地尋根問祖到　朝魁　良旭　公墓地
叩拜認祖祭掃適逢宗親們商議提前起動七修族譜工作
承蒙厚愛與信任委以總監總編重任雖誠惶誠恐但還是盡全
力全程參與了修譜方案設計信息采集譜稿及各房譜
稿的審閱校勘諸項工作歷時近三年數赴安化與修譜班子團
隊成員通力合作在全體宗親的大力支持下現族譜得以定
付印將在二零一八年戊戌冬至呈現給全族宗親們終于可以
告慰列祖列宗們給族人一個交代了盡管努力爭取做好質量
控制的每一環節但疏漏謬誤遺憾之處在所難免敬請宗親們
斧正與諒解

對于初涉修譜人而言修譜的全過程也是一次極好的學習
過程其或是史學認知方面深切體會與升華的過程
一者為對修族譜性質之認識與理解修族譜者修族史也既
為修史自需按史學研究要求遵循客觀公正實事求是還歷史
本來面目之原則盡量避免研究者或參與者主觀因素對歷史
客觀之幹擾其研究結論方能得後人學界認可對暨成史實後
人祇當尊重不可妄改
二者為續修族譜的定位續修者也即對上次修譜以
來世系延伸信息資料缺失部分加以完善而非重修現存古譜
版本完好版式遵從歐式規範歷經三十多世五百五十餘年堪

魏氏續修族譜　卷首　七修譜序　十二號

稱譜中典範任何大的改動將有損古譜所承載的家族歷史文
化信息亦破壞其風格故議決七修族譜版式承舊制（歐式）
直接對接民國三十六年丁亥五修古譜保留宣紙印刷古籍線
裝之風貌使之成為收藏精品
在族譜即將告竣之際於公元二零一八年戊戌八月我與房

叔　代球　代平　一行三人專程赴江西吉安萬福鎮淨坑陂頭
一世祖　廷倚　公開基祖籍地尋根問祖訪問世系成功無縫
對接還專程訪問了湖南隆回高坪鎮　超華　公支系宗親至
此歷經四年努力成功實現江西吉安陵回高坪鎮湖南安化杉
木塘邵陽隆回高坪鎮陝西洵陽竹筒河等四地同宗魏氏世系
無縫對接族譜續修圓滿成功可以無愧地告慰先祖列宗們為
後世嗣孫共同續譜睦宗收族創造基礎條件
最後對公元二零一五年乙未五月安化杉木塘徙陝西洵陽
道賢　公嗣孫歸籍馬路鎮尋根問祖提供幫助的房高祖　世
界東元　公及雙水井房曾祖　美階振華　公表示衷心感謝
對三年來修譜工作中合作團隊成員及所有宗親的關心愛
護熱情幫助深表謝意
對修譜班子主要成員　猷麒建富　宏林友生　公宗親的溢
然長逝扼腕痛惜對他們為七修族譜所作的卓越貢獻永遠銘
記深表感謝

魏氏續修族譜　卷首　七修譜序　十三號

謹以此告慰我敬愛的父親　代魁　公沒有他老人家的教
誨與貢獻就沒有今日徙陝西洵陽竹筒河魏氏歸籍安化馬路
鎮的世系無縫對接成功
告慰當年辛苦率衆翻越秦嶺腹地山區徙陝西洵陽客死遷
徙途中的始祖　道賢　公及其諸位祖公們祠孫們沒有辜負
您的期望正團結一心共享美好未來寥數語難抒心中萬千
感慨謹實錄於此權為序

廷倚公派下第二十七世孫　啟恩　敬撰
公元二零一八年戊戌冬至
閏族校正

七修譜序

參天之木必有其根九環之水必有其源吾安化魏氏自明初
亂世九海超儼景成三祖公由江西游學從室于湘愛慕安化山
水秀麗民風純良擇裏避世而居艱辛創業世代繁衍已經五百
餘年
吾九海公子淑才公定居東坪根植于斯建吉祥碼頭置沿河
商鋪農商并舉世代相承至晚清民國家業宏大運勢隆興現今
派下衍生至二十四世人逾兩千秉承先祖名臣貴宦郡望之遺
風再展世代開疆辟域謀業之豪氣才學卓越成大業者難以勝
數居域已擴展至桃源茶庵鋪沅陵官莊岳陽屈原農場馬路鎮

魏氏續修族譜　儉房卷首　一修譜序　一號

一修譜序

魏之先本與周同姓文王之子畢公高之後也越數世至
畢萬受封於魏因以為姓都在北直順德府之鉅鹿縣所
以為郡於鉅鹿也迨至唐武后垂拱嗣聖元年甲子廢中
宗為盧陵王魏元忠公護駕隨行是以吉州始有魏姓也
公夙夜匪懈以事一人二十餘載皇朝得保無恙者公之
功居多帝返御闕追封與難之臣首及於公當時朝宰共
羨公有保駕之功知幾之明公之功名事業如此要必有
綿延百世者果爾有貢舉廷倚翁由南昌新建授教諭於

吉安老不欲歸籍遂攜其子仲安翁卜於盧邑延福湄
塘未幾有正卿公昌熾於陵頭莖乎一派流衍而干枝萬
葉應長無窮之萌蘖且闓曉日東昇厥中應成酷烈蒙泉
初湧飛流無不朝宗如魏運初轉將來斗炳煥飆氣上
橫其為冠鄰都甲郡邑多士濟濟預有可擬者矣余以展
轉聯姻且承列親丈諂敘余何敢咎一言以貢其惓惓
也是為序
明成化四年歲次戊子孟夏月中澣穀旦
賜進士狀元及第誥授光祿大夫兵部尚書文淵閣太學

士經筵講官國史館總裁

年家姻晚生彭　時拜撰

附：彭時公《魏氏一修族譜序》手迹影印件
轉自江西吉安萬福鎮陂頭魏氏清嘉慶九年甲子三
修族譜
（現存湖南省隆回縣高坪鎮魏氏超華公支系）

魏氏續修族譜　儒房卷首　一修谱序　二號

魏氏一修族譜序

魏之先本與周同姓文王之子畢
公高也之後也越數世至畢萬受
封於魏因以為姓郡主北直隸
德有之鉅鹿縣所居為鉅鹿底
也追至唐武后襄拱嗣聖元年
甲子魏申宗多庭陵王魏元

魏氏續修族譜　儒房卷首　一修谱序　三號

忠公護駕隨行是吕吉州始青
魏姓此山公風亞懍侄事人
二十餘裁皇躬導保無恙去公
之功居多帝迎御闕追封上難
三陛首及於公當時朝宰共美公
青保駕之功知幾之明公之功名事
業如此吾先青綿百世末何胡元

一出而竟舉保其世系之傳也
雖然屠岸賈夢趙朔之族
山中更有程嬰杵臼滅天下
之儒而孔道彌乾越則公三十一
傳之笑罪於城西當必青不
滙於城西畫之外若果尔青貢奉
延倚翁由南昌郭建授袁諭於

吉安丰老不忘歸籍遂携
其子仲安翁卜宅於盧邑延福
淳塘來数青正鄉翁昌熾於胶頭
嗟乎一派綿衍而子枝篤葉廳長
無窮之嶼蝶其一經於新削
寶青類乎爛頭之松枝走而出來
鄉吳孟闌曉玤東昇詔作廳

成酪烈萦泉初湧嫩飛無不朝
宗如魏運初轉將來牛斗炳焕
劍气上横其多剜绵都甲郡邑
多士濟濟預青可擬去吳余曰
屢轉聯姻且录列親丈詣叙余
何敢吝一言曰負其怜之而於是

宇序

成化四丰戊子教孟夏院瑾
賜進士狀元及弟誥授先祿大夫吏部
尚書文淵閣大學士同知經筵講官
國史總裁丰家姻侍生彭時
拜撰

魏氏續修族譜　靈房卷首　二修譜序　一號

二修譜序

宗法之不行久矣宗法廢而欲使斯世之人親者毋失其
親愛者毋失其莫良於譜乎譜也者譜吾先世之所
自出而人知有本源雖至
世遠而湮可以溯尋無慮瓜繁厥衍罔弗燦者故譜與宗
法相爲表裡也吾邑陵頭魏爲吉望族其先得姓自畢萬
以至春秋時卿於晉功於唐勿論已至唐元忠公因則天
廢中宗爲盧陵王始隨駕來吉中宗回鑾公餘喬留寓吉
之城西枌聊蕃衍於是或散徙他邑他郡者指難勝數而
陂頭之魏則自宋竱廷倚號立齋先生以貢舉由南昌新
建授吉郡學博不忘祖貫仍留寓於城西之城隍閭畔其
嗣君靜菴始招基於盧陵延福之潭塘七世正卿先生復
分徙於盧安夾籍之陂頭由是人文蔚起匪特簪纓振疊
抑且理學繩如石溪先生倡和塘南良知良能究徹性
命之原余王父親受業門下興獲秘奧迄今尸祝先生於
廟可徵矣嗣因地偪人多分徙乃有上居中居下居淨溪
之別要之環近不踰里許又滽塘一派幾於式微仍以陂
頭支子嗣其後他則分徙於楚之安化新化武岡州高沙

魏氏續修族譜　靈房卷首　二修譜序　二號

市湘鄉寧鄉荊州招毛舖等處今皆綿衍蕃盛夫近易類
聚遠難展親篤宗盟之謂何而無譜以昭其本源詳其派
衍可乎陂頭姻世兄之燕先生所爲汲汲然而譜之事
亦暴難矣非譜之難而輯之難非輯之難而人心愈合爲
難故魏氏之譜自明成化年間期修之後閱今二百二十
餘年中間盤山兩江先生等雖有纂紀之未經裘梨又
遭嘉餞竣乃徵序於余余因先王父受業石溪先生良知
良能之學不能不遷有以相証也雕龍訓譜以普何普乎
編牒甄竣今之燕姻兄偕同族諸君等奮志修纂不遺餘力
爾譜吾仁義之道而已矣仁義之道推而達之修齊治平
卒不外是切而求之其實只在尋常事親從兄之間孟子
曰親親仁也敬長義也雖古宗法豈能舍此而他求乎哉
余不敏切係世好敢抒鄙言以爲諸君勖

清康熙二十七年歲次戊辰仲冬月下澣榖旦
賜進士出身誥授奉政大夫原任戶部主事同考試北闈
陞授山東大同府知府

年家姻世晚
鄒　球　拜撰

魏氏續修族譜　儼房卷首　三修譜序　一號

三修譜序

族之有譜猶國之有史國有史方足以考政事之得失
後起之鑒觀族無譜宗足以識一本之親辨昭穆之序乎
故唐以睦族爲先周以報本爲重自司馬氏作帝紀後之
議譜者多取法焉降而大夫士庶詎得上忘其所自下忽
其所繼歟蓋分雖不同而尊祖敬宗繼述承親親之愛
根於天性發乎至情無貴賤一也溯我祖　朝魁公係十
學於楚之安化十四都之杉木塘卜築於五家灣而居焉
一世祖　超儀公之四子也自明正德年間携子槩公遊
後因吳楚兩地道之云遠音信難通步履維艱至十五世
君棟君杞二公兩省應試俱拔前矛故老譜於十五世詳
載分明至於明末清初車故鼎新經燬爐殘盡之餘老成
凋謝家牒云亡莫識從前之根本邑庠生　越欲科集編
修有志未逮迨後之襞茂杏同府庠　修中秀等慮
生齒繁衍星羅棋布若不早修其必至尊卑莫辨親疎罔
識不將以一本而等諸途人如秦越人之視肥瘠瘦耶矣於
乾隆庚午歲捐貲鳩工將魁公以下世系昭穆縷晰戴明
儼公以上脈絡源流宜然罔覺家乘雖已告成而此心猶

魏氏續修族譜　儼房卷首　三修譜序　二號

然抱歉蓋因魁公遷徙至今二百餘載矣雖有探本尋源
之心無路請纓郎存敦倫睦族之念莫從而考茲於嘉慶
甲子歲之夏月同蒙祖靈默爲纘緒有朝元公之嗣孫映
奎體才超華公之嗣孫　觀明選超義公之嗣孫咏初等
不憚跋涉之遠捃集重修余房老幼咸歡愈曰共襄美舉
無貳無虞雨爲隔弗克如期今乙丑之春嗣孫列三
密修顯儔玉林孔固攜貲歸籍據實復修俾世系之不明
者轉明昭穆之未詳者益詳支分派達瞭如指掌邀邇親
疎明若藻鑒則恩義之隆禮法之備三代忠厚之遺風復
興於我族矣庶幾保世滋大奕禩廓涎縱失於前者弗失
於後垂於後者可徵諸前也是族譜之明顯不與國史而
常昭也哉

清嘉慶十年歲次乙丑孟夏月中浣穀旦
　　　　　　　十九世孫茂縹鳳修氏謹撰

116

二十五、贵州安顺魏氏谱序

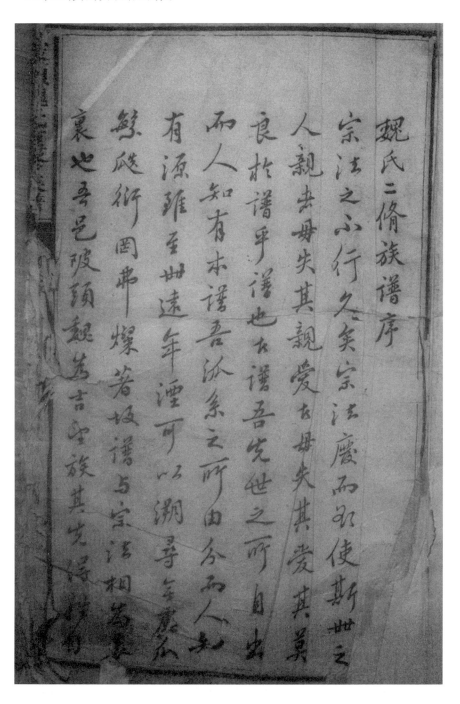

魏氏二修族谱序

宗法之不行久矣，宗法废而弗使斯世之
人，亲尽毋失其亲，爱尽毋失其爱，莫
良于谱乎，谨也。谱吾宗世之所自出，
而人知有本谱，吾派系之所由分，而人知
有源。虽至世远年湮，可以溯寻无虑，其
繁砥衍园弗燦著坡谱，与宗法相为表
裏也。吾邑玻头魏氏，为吉安族，其先绪族谱

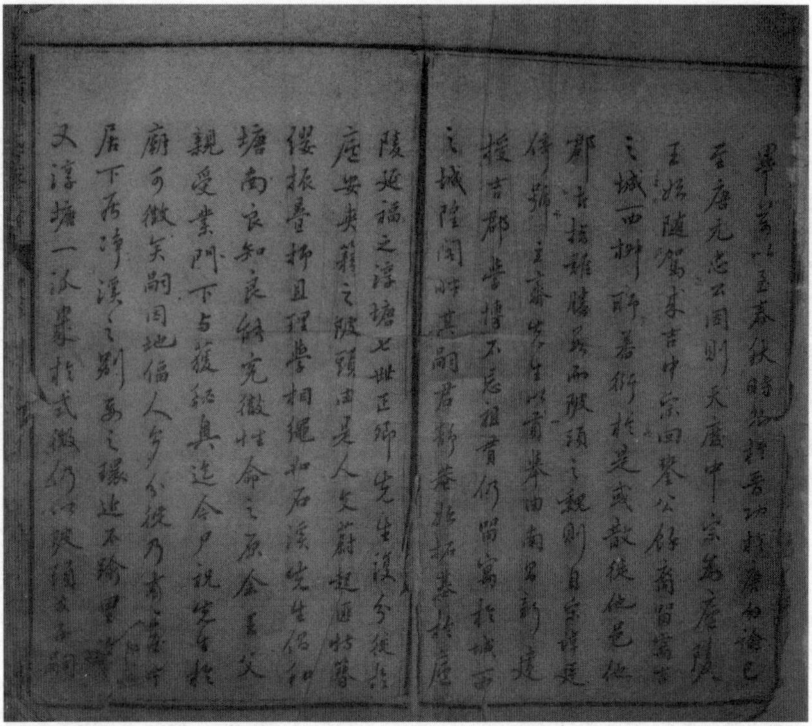

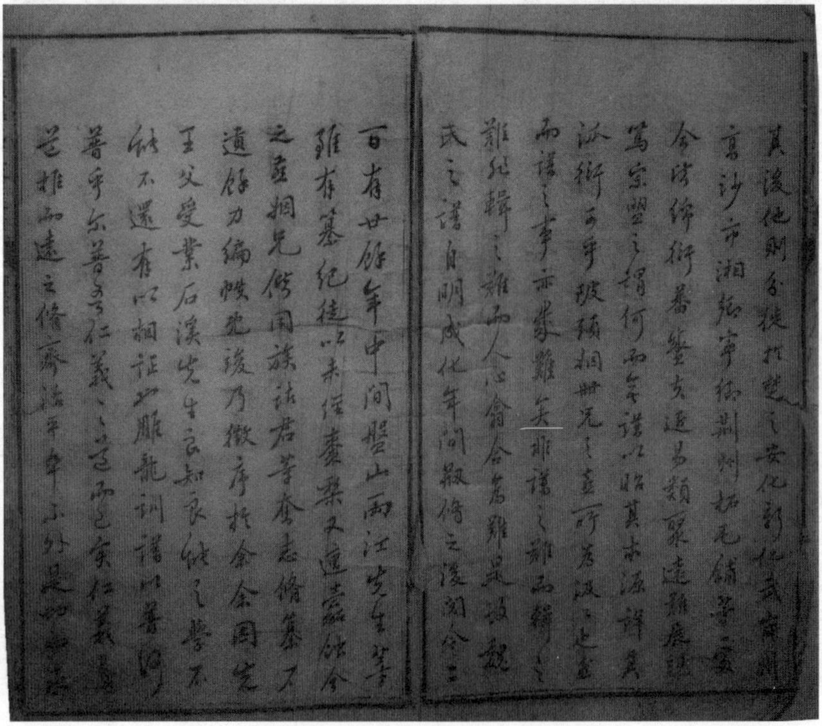

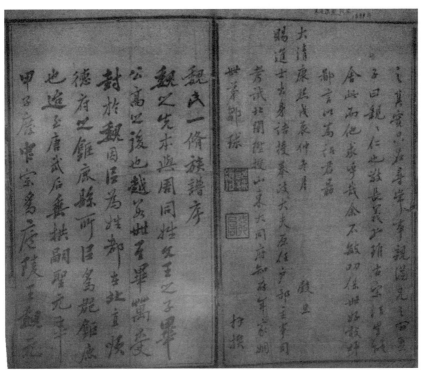

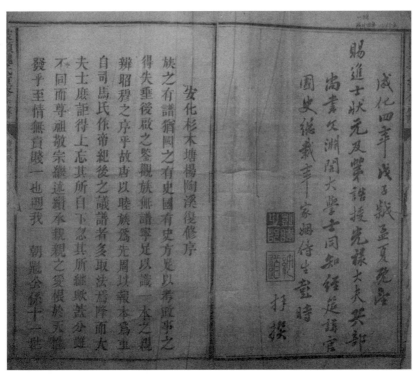

超儼公之四子也自明正德年間攜子徵公遊學
於楚之安化十四都之杉木塘下築於五家灣前
居焉後因吳楚兩地道之云達音信雖疆岠趣雜
覲至十五世君棟君杞二公兩省應試俱拔前茅
故老講於十五世詳載分明至於明末清初華故
閣新經燹燼爐殘靈之餘老成凋謝家牒云亡莫識
從前之根本邑庠生韓越欽料集編修有志未逮
迄後之斐之芹與茂杏同府庠譚修與中秀等慮

生商藥衍星羅棊佈若不早修其必至尊卑奠辨
親珠罔識不將以一本而等諸堂人泰越之視肥
瘠耶愛於乾隆庚午歲捐資塌工將魁公以下世
系昭穆綫聯載明儼公以上脈絡源流冥然圓覺
家乘雖已告成而此心猶然抱歉蓋因魁公遷徙
至今二百餘載矣雖有探本泝源之心無路請纓
即存敦倫睦族之念莫從而考茲於嘉慶甲子歲
之夏月同棠祖靈黙禱繞桄有朝元公之嗣孫樂

奎體才超華公之嗣孫諱觀與明遜超儼公之嗣
孫咏其初等不憚跋涉之遠拼集重修余房老幼咸
歡盦曰共勤美舉無貳無虞奈風雨爲關弗克如
期今乙丑之春嗣孫列三審修顯儒玉林弗基携
耆歸籍捷實復修俾世系之不明者轉明昭穆之
未詳者益詳麥分派遠睽如指掌遐邇親踈明者
藻鑑則恩義之隆體法之儉三代忠厚之遺風復
與於我族炎慶幾休世澤大奕禮廉進繩失於前

者弗失於後亞於後者可彼諸前也是族譜之明
顯不與國史而常照也哉
族世之久達而不亂者以班行之定也故續族以
明辨不如合族以從同嗣後族之各爲班行者稽
歸於一致或以行爲派或以班爲序二十世同
派庶乎百世之下而兄弟叔姪之序不致於紊也
譜經重修班行仍舊
中邦傳世美　　奕代敝宏獻

二十六、四川省巴中南江·平岗魏氏族谱序

惟水有源,源远而流长,欲流之长,必浚其源;惟木有本,本实而枝繁,欲木之茂,必培其根。若弃泉源而不浚,舍根本而不培,则水流之不长,木长之不茂也。

国无史无以记盛衰隆替之原,族无谱无以辨上下尊卑,无以继祖先之创业功绩。

吾魏姓为邑国之大姓,族乃大族。魏氏先祖毕万公后,仕于晋有功被晋献公封于魏,其子孙以封邑为魏姓。其后裔魏斯又三分晋地,建立了战国七雄之冠的魏国,以国为姓氏。

巴中魏姓入川始祖兴宗、兴贵二公于明朝洪武四年(1371)从湖北麻城之西三十里洗脚河高干堰,又名高坎堰(今麻城市龙桥办事处,虎地形村),逃难至巴州栀子坝(今平昌县笔山镇),距今约650年。

虽前辈三修其谱,堂兄德骥又编撰《魏氏家史简略》,确因时光流逝,后裔繁衍之速,焉能不续?不续则乃我辈之不为也!

今华夏鼎盛,社会腾飞日新月异,族民安居乐业,经济富裕小康,真可谓康平盛世人丁旺，人才辈出枝果繁。然鄙人自出资金同编委志同道合，携手共书，将赵家缘魏氏的源流、字派、后裔收入谱中，以明其世系之脉，繁衍之络……

值此谱告成，继先人肇造之宏基，枝丰叶茂，谋后人守之承继，敦亲睦族，共遵勤谨忠厚之道，为国为民，振钜鹿威笃之雄风。使子孙知其本源而不迷，敬祖爱族而不惑。

鉴此，我们更深刻地认识到继承和发扬钜鹿魏氏优秀传统文化的使命感和紧迫感，趁这些文化和旧老还未完全湮没，完成这承前启后的工作，于国于家功莫大焉。《钜鹿堂·南江，平岗魏氏族谱》编辑成功是魏姓族人共同辛劳的结晶，是族人共同努力之千秋伟业，功德无量矣！

四川省巴中市南江县·平岗魏氏，始迁祖魏兴宗公于大明洪武四年（1371）从湖北省麻城县之西三十里洗脚河高干堰（又名高坎堰），逃难至今巴中市平昌县笔山镇栀子坝。兴宗公七代孙万凤公又从栀子坝分居黄连寨，居住长达124年。万凤公与弟万虎公再于明朝弘治八年（1495）与弟由黄连寨迁陕西省西乡县麦子坪，即今魏家坪。万凤公之孙仲召公（字景春），清初由麦子坪转迁四川省通江县烟溪乡白雪垭居住。兴宗公十三代孙成凤祖又于清康熙三十二年（1693）同其父逢春祖、春游南江，路过斯地，见其山美水清，钟灵毓秀，尔后由通江白雪垭迁（南江县平岗乡天井村）赵家缘定居长达327年。在此地延续子嗣十三代。

兴宗公二十二代孙魏德礼整理
二〇一七年十二月

二十七、天津静海立秋所在支系序略

窃见国有史、邑有志、家亦有乘，皆以追先衍后启来许之思励于无穷也。我魏氏族独无谱，及至尽延访之私，始知迁自山西省平阳府霍州洪洞县，因永乐北征所过，居民昼夜奔随，我始祖遵法随鸾、搏居顺天府平舒郡庄儿头泒下八鄭庄里六里。廻思永乐北征之日，黎民涂炭。斯时，我始祖迫极也矣，心神恍忽，即有谱亦不遑负请，故残失弗传，不无遗憾，犹可辛。我六世祖立我翁之佑启为至奇也，当日之死，后忽然回生，徐问其故，直谓先人有灵命以造谱大事。于是取所闻而转述之者至悉也。自始祖暨五世祖，各详其讳、各叙其伦，而子子孙孙、支分派别又皆历历嘱之，以示代终厥命，言毕，仍瞑目在床，黄粱梦于是始熟。嗟嗟，以魂梦之杳杳，叙瓜瓞之绵绵，其可凭也耶，其未可凭也耶，留心者久之，或载文书，或志牌匾，列祖名字在在可考噫。遇此奇况如梦已忽觉矣，使记载不以经心则世系渐湮，上则致怨于宗祖，下则蓄疑于子孙，遗憾孰甚焉。顾拾先人之遗唾，按厥世次笔传后，即使百世下不至失陨，幸矣！诗曰：子子孙孙勿替引之则序署庶幾類是。

乾隆四十四年歲次乙亥二月吉日

聲聞

九世祖　薰沐重修

士鵬　孫　十二世　玉田復錄

家祠告竣序：

從來家祠之興墳墓相表裏,墓,寄先人之踪跡於無愆祠,序宗族之昭穆於岡替也。蓋自先王制禮以來,蒸嘗有典,祀事有文,以故天子七廟、諸侯五廟、大夫三廟、而士庶亦一廟焉。試思我魏氏自山西遷居以(平)舒郡,世代寒微,總支貧乏,至五世族譜尚未建造,遑云祠祀哉?六世祖競競業業虔修族譜,得諸夢昧之聞,支分派別名諱悉詳。復經九世祖重序聯族,黨展孝思、睦宗親、明祀事,祖宗之靈祚孔長矣,子孫之紹述不絕矣。於是,嘆是祖之啟佑我後人者為無窮也。然而廟祠未立,族譜恐久而終湮,縱每歲輪流供獻,是後嗣之香煙鼎燭,似乎昭而先人之謦欬音容未必即格也。十世祖諱廣叫翁,躬親日事,以祠事未立為病焉。而生前亦未得親自厯之,故當咸豐癸丑年寇賊作亂逼近境邑,際此子孫之身家,幾以先祖之姒續幾絕盖,以亦危亦。至乙卯,百姓稍安,急草草植磚瓦以立祠,則春秋之際庶幾興墓同祀者,族譜於是有寄地矣,且是祠之立非敢謂告其虔也,非敢謂致其潔也,聊以承先,代之遺澤,懔先人之遺命已耳。故合族等一臨此事,莫不欣然赴之,不日而成此基趾焉。亦不過如未有室家者之聊以寄跡,耳後之子孫苟績是意以大其規模固後之子孫幸甚,即今之合族幸甚而實世世先祖幸甚。

孫　治

咸豐乙卯年五月壬午日十一世　永周　敬立金堂

二十八、魏氏庐陵宗支——修族谱序

家谱是以书面文字、字画、图表等记载同宗共祖的族系繁衍、人物事迹、分迁情况、风土人情、家规家范诸方面综合的历史图籍。从来人之有祖,如木本水源。人之追本溯源,始于宗谱。国编史、地方志、族宗谱是支撑中华民族历史大厦的三大支柱。而数量之多,民间影响之大则首推宗谱。宋代大文学家欧阳修曾说过族有谱牒,则人知所出;知所出,则知其祖;知尊其祖,则知爱其身;知爱其身,则慎行修身;身不谨,非徒以昭姓氏,序昭穆,别亲疏,同毕而已也。

家谱是我国宝贵的文化遗产中亟待发掘的一部蕴藏着大量有关人口学、社会学、民族学、民俗学、经济史、人物传记、宗教制度以及地方史的资料。是社会学、经济学、科学、学术研究的重要历史依据,也是海内外炎黄子孙寻根认祖、重温亲

情,继承、培养和增强民族凝聚力十分重要的平台。

"姓"是标志家庭系统的称号,是人们进行社会交往的必要条件,涉及千家万户,关系到每一个社会成员。在中华民族数千年的文明发展史上,人们寻根问祖,追本溯源,追寻自己的姓氏来源何地,有过哪些伟人、胜迹,如何移居变迁,成为华夏儿女的共同愿望。

华夏文明五千年,魏氏延绵三千载! 着始祖姬姓名高,毕公高,周文王第十五子,周武王姬发异母弟。武王伐纣灭商,受封毕地(今陕西咸阳)苗裔毕万,事晋献公。献公十六年(公元前661)赵夙为御,毕万为右,以伐霍、耿、魏,灭之,以耿封赵夙,以魏封毕万,为大夫。其后裔从其国名为魏氏,尊毕万为魏姓得姓始祖。

参天之木,必有其根。怀山之水,必有其源。北宋时期,籍靖洲(今湖南怀化)发乾公(六十二世)避兵豫章吉安郡庐陵凤山下落籍。祖传十余代人。至仲伯公长子太乙子如寿号德福。(七十五世)德福长子福一,早失怙恃抚爱,元末庐陵寇警,率昆仲六人、福一、福二、福三徙沔邑竹林湾,福四落籍监利,福五、福六迁巴陵。而后见江南山清水秀,生存条件优于江北,兄弟三人复迁蒲邑。福一落业城北二十里之梅懈桥;福二落业官田吸;福三落业洪山东港(后裔去向待考);富公次子念一公从江西袁洲路萍乡县棒溪桥里徙蒲邑出南门三十里尊溪落业。念一公三子南寿、南寿长子千三祖居之南枫树潭。福一、福二、千三、福四均系富公后裔。繁衍至今六百余年,子孙遍及赤壁为轴心的嘉鱼、咸宁、洪湖、崇阳、通山、临湘等两省数县。谓庐陵宗支世系。魏、龚、谢、程四大名姓在蒲邑传颂至今。

吾庐陵宗支,自康熙丙辰年(1676)首届创谱,先后十届续修,历经三百一十二载岁月。间隔最长九十一年,短仅十五年。第五届道光戊戌年(1838),蒲邑合修三载绩成握手告别而散。第七届同治壬戌年(1862)福一、福二两支合谱。第八届光绪乙未年(1895)蒲邑泉坑庄鉴青公订百字成诗新派。第九届民国壬戌年(1922)福一、福二两支合派。第十届共和戊辰年(1988)促成福一、福二、福三三支联派合修大成。但十届有关福三其人结论有讹。经本届查阅有关历史资料校证,现居洪山一支魏姓属念一公嫡孙千三后裔。正本清源,福一、福二、千三三支联派合修真正大成。本届已同福四后裔签署联谱合派书面意向,四支合修大成已成定局。特别庆幸的是在本届续修过程中,成功为外迁襄阳乔居十世,失散二百余年的林公后裔寻才访灌·得以归宗。

古人云,盛世修谱。当前,我国改革开放不断深入,国民经济飞速发展。国运昌盛,民众安乐。正是续修家谱的大好时机。国家对撰修、研究家谱大力提倡,发展予以鼓励和支持,多位国家领导人题词、题字倡导。进入21世纪后,交通通信的迅猛发展,极大地扩展了人们工作、生活的范围。我宗支族人顺应时代潮流,辗转全国乃至世界各地创业、经商、求学、定居。他们远离故乡,散居各地。随着岁月的流逝,则散者更散,离者失联,逐渐不知根在何处?祖属哪支?唯有及时续修族谱,化解避免上述情形。经族众商议,于2018年春组成赤壁魏氏庐陵宗支十一届续修族谱委员会对庐陵宗支族谱进行第十一次续修。

为保证本届编修质量,本着男女平等自愿参加的理念。本次修编收集的信息,由各家主或各庄领修人填写签字确认,以保障资料的真实性和完整性。坚持低调务实的编修风格,对现存的历届各支系的老族谱,如实整理抄录,尽量保留原意,承上启下。本次续修增编了"名贤录""人才录""奉献榜"等重要内容,以启示、激励后人奋发向上,光宗耀祖,报效国家。

第十一届续修族谱,工程浩繁,族谱内容丰富,文化色彩深厚,具有较高的可读性、资料性、收藏性、观赏性,全谱分为总谱和庄谱两大部分。总谱分为上、下册,集中收录了魏氏族徽、族旗、族歌及中华魏氏的起源、分布、迁徙及古代魏氏望族名人、贤士的简介,选登了历届魏氏宗谱修编的主要序文,本届宗族修编从最初的酝酿构想到付梓成书,归功于合族宗亲的鼎力支持和无私奉献,涌现出许多热衷家族事业、默默奉献的宗亲族众。主持此次宗谱修编工作的编辑委员会成员和编辑部各位宗亲任劳任怨,克服困难,倾尽心力,默默付出,仅用六个月的时间完成数十万字的组稿、校对、对接工作,得到全体族人的高度赞扬。赤壁、洪湖、嘉鱼、临湘八千魏氏宗亲,积极缴纳丁费,竭力协助做好宗谱修编工作,他们的芳名将铭刻在族人的记忆中;他们的功德将激励魏氏后人的爱国之志、爱族之情。

续修族谱,是让族人铭记历史、传承文化、增进和睦、促进发展之举;是维系家族千秋万代一脉传承、发扬光大之责。望吾族仁人志士,以续修族谱为己任,代代相传,让家族更加兴旺!让国家永远强大!

撰写此序,我深感才疏学浅、笔头沉重,拙浅的文字难以叙写对祖宗先辈之恭敬;难以写好当今;难以让后人有借鉴之处,但又难违宗亲之信任和重托,至此,敬请全体宗亲海涵!

庆幸的是,有全体宗亲的共同努力,有十一届魏氏宗谱编辑部各位宗亲卓有成效的工作,一部集电子谱、微信谱、纸质精装谱于一体的现代化族谱将奉献给全体族人。

是为序。

九十四世孙善祥敬撰　二〇一九年夏

二十九、河南邓州魏氏谱序

中华民族的重要精神支撑,就是家族记忆力量,同根同源谱写民族新篇章。"血脉传承有其根,长江之水有其源",寻根问祖是国人的优良传统和习俗。

一是祈福先祖;二是明晰真我。我们与先祖血脉相连,先祖的坎坷与辉煌使我们铭记历史,创新未来。"明世次,别亲疏"是纯正血统可靠蓝本。

通过续修宗谱,有助于提升家族凝聚力,维护团结,增进宗亲之间彼此了解和信任,促进互帮互助,了解宗族历史与迁徙情况,达到寻根留本和清缘备查。手中有谱,浏览家族血脉及历史功德,启发后人修心修身齐家爱国的优良传统。

中华魏氏源远流长,英才辈出。勤劳勇敢善良的广大宗亲,世代耕读为本,勤俭持家辛勤劳动无私奉献,为中华民族辉煌历史做出卓越贡献,历史是过去和未来的回音,是反映过去的倒影。我们续修宗谱,是为了继往开来,团结奋进,在中国共产党以习近平同志为核心的旗帜下,开创更灿烂的未来。

魏小兵

三十、山东临沂水田魏氏吉乐庄支系谱序

临沂水田魏氏吉乐庄支系始祖讳成顺公系临沂水田堂人氏,太祖第九世孙,约于公元1628年前后出生,由清朝顺治年间从兰山县水田堂迁居安庆庄。病逝在方城镇朱满村,并葬于诸满茔地,经有识之士倡议,经宗亲理事会常务理事会会议通过,于2014年清明迁回小吉乐庄村,葬于小吉乐庄老茔地并立碑以怀念祖恩,世代享受子孙供奉。其子国泰公后因做工方便由安庆庄迁居小吉乐庄村,迄今已有约四百年历史,历经十六世。由于人口发展较快,已有两千余人,分布在小吉乐庄、东朱汪、东东蒋、中徕庄、毛沟、努力庄、神牛栏、沂水县大崮前村、东北三省等全国各地,已成旺族。

本次续修家谱得以顺利进行主要是由于族人魏茂庆、魏自恭等人在1963年第一次修谱,魏茂勤、魏利生、魏法德、魏昕、魏相德、魏财德、魏同玉等族人在2010年第二次续修族谱。通过前两次续修族谱,完成了自九世成顺祖以来到十五世较完整的一部谱书,1963年排定了十个字辈:茂、德、同、思、继、永、元、克、象、宪,2010年又排定了二十个字辈:春、景、连、荣、贵、宝、玉、敏、起、发、祥、凤、学、守、朝、振、兴、忠、良、家。魏利生、魏法德、魏顺德等族人热衷于家族事业,整个休息时间都投入续谱工作中,奔波劳碌,不辞劳苦,从不计个人得失。尤其是魏顺德利用自家的车奔赴清福庄、神牛栏、薛家村、汤家屯等地进行续谱工作。2019年2月5日召开第一次会议,正式成立组织机构,推选出魏法德为宗亲理事会会长,魏利生为监事长,魏同玉为名誉会长,魏军德为秘书长,决定名德、征德、相德、财德、顺德为常务理事,部署下一步的工作。

由于热心族人的支持和帮助,经过几次易稿,续修族谱工作终于在2020年元旦前完成,了却了我魏氏族人多年的心愿。如今修谱工作已完成,本次修谱是

2010 年修谱活动的延伸,是对上一次修谱工作的完善和补充,为全国魏氏大联谱打下基础。余辈修谱为了寻根求源,纪念祖先,族谱之中难免有些出入,实乃无心,特请历代祖先在天之灵,多加谅解和宽恕。

自去年发动宣传,汇总材料,几经反复校对,查漏补遗,多次易稿,去伪存真,终成谱牒,但由于本人水平所限,错误之处在所难免,疏漏请予见谅。族谱乃是一项历史延续工程,不足之处,有待族中俊彦加以斧正。

水田魏氏吉乐庄支系十九世孙　利生　沐手敬撰
二〇一九年十二月

三十一、山东临沂清福庄支系谱序

国有史,县有志,家有谱,人有祖,当然国有兴衰和灭亡,而家史却源远流长,国家要靠民族凝聚力,民族要靠家族凝聚力,这样才能构筑战时勇敢拼搏,平时能忠孝两全的稳固国家基础,实现礼仪之邦的太平盛世,人生虽不满百岁,但长寿者上可见父、祖、曾祖,下可见儿、孙、曾孙,前后七代一百五十余年事,圣贤写的史书让我们知道数千年改朝换代的历史,祖宗留下的口碑家谱让我们知道数百年迁徙繁衍的脉络,虽然百年后事我们不能再见,但是只要坚持守谱续宗,把关排辈,就会血缘传递,宗族永继,报本追远,人皆有之,祭祖怀念,人之常情,尊祖敬宗,是中华民族的固有美德,懂得做人的道理必须以亲睦族人为重,而家谱则把远近的族人都联络起来,崇尚和亲睦邻的纯正风气,根深叶茂,一个不了解自己繁衍历史的家族是令人可悲并让人担忧的,所以,续修家谱是我辈留给后代的嫡系脉络踪迹,责无旁贷,也是无量善事。

参天之树必有其根,环山之水必有其源,魏氏家族,源远流长,始祖起敏、起胜兄弟二人由临沂水田桥迁至清福庄约二百年历史,繁衍至今,历经八世,至今没有一本完整家谱,只有先祖们口碑家谱,断断续续,让我们略知百年迁徙繁衍的脉络,鉴于二百年没有家谱的原因,以及不遵祖训排辈屡有发生,不知上两代名字的子孙大有人在,随着一代代老人们的谢世,许多宗名也随着他们永远消失了,当务之急就是尽量搜集整理祖宗名讳,编印家谱,流传后辈,望魏氏后代无论贫贱富贵,迁居何地,都能父教子传,不乱宗别派,但愿以后,我们的嫡亲子孙再续家谱时有所依,让魏氏后辈,延芳百代! 谨以此祝愿我魏氏家族世荣昌盛,万古长青。在这里要感谢魏利生等宗亲的大力支持和辛勤的付出,创建谱牒才能够顺利完成。由于资料缺乏、本人水平有限,错误之处在所难免,敬请各位族众家亲批评指正。

水田魏氏清福庄支系二十一世孙　连玉　沐手敬撰
二〇一九年十二月

三十二、临沂水田魏氏魏家三岗支系谱序

巍巍中华,山高水长,浩浩魏姓,族史辉煌,茫茫宇宙,浩瀚乾坤,木有根本,水有源头,溯本思源,水之浩浩,非源哪有不息之流？木之森森,无本哪有发越之势？正本清源,极力而求。

树高千丈,叶落归根,史有名,每个祖先的发派都是从根起,家谱事,万古千秋,儿孙史读,发扣家族的脉搏,歌颂祖宗的业绩,继往开来发扬光大。以己之力,续写家谱,给我魏姓族人,了解祖先,知其源脉,承上启下,奋发图强,蒸蒸日上。

魏家三岗支系始祖易公乃水田太祖第十世孙献海(1650—1735年)公之次子,由清朝康熙年间从临沂水田堂迁入罗庄区双月湖魏三岗村居住,易公后裔太祖第十五世孙魏果等率族众又从罗庄区盛庄镇魏家三岗村迁居探沂镇汤家屯村,后来魏果的后裔振启迁居探沂镇碗窑村,殿和迁居南京。以后又有很多宗亲族众迁居东北三省。繁衍生息至今已达600多人。魏家三岗支系宗亲共分布在魏家三岗、芩石、庄坞西高尧村、汤家屯、碗窑、前岗头等村庄。公元1800年左右,临沂南郊前岗头(今临沂火车站附近)魏氏家族在此经营土陶制品为生,由于饥荒及形势动乱不定,很多魏氏族人前往多地以经营土陶制品接济生活。其中一支魏昆太于1879年春流落至枣庄市老峄县南、夹坊村一带。其叔伯兄弟魏昆海曾在此北洛村做过陶器,其间有来往,故就再次在北夹坊落地生根、繁衍生息。魏氏家族不断壮大,土陶手艺也不断延续,同时也出现了远近知名的文人学士、政府官员等20多人,故也被当地尊为风水宝地。窑屋魏氏家族自迁入至今,已繁衍流芳八世生生不息,目前临沂前岗头村魏氏已发展到约100人,枣庄夹坊魏氏已扩展到300多人,随着形势发展,人口流动遍及省内外。此外根据水田族谱,第十二世绍琦公碑,汤家屯1962年老谱记载,此支系的世次最准确,不存在断谱现象,但是基于某些原因,导致了世次不准,现在由于族众思想不够统一故本次续谱没有能够纠错,深表遗憾,留待后人解决,特此说明。该支系本次续谱只有碗窑村、汤家屯、前岗头、枣庄夹坊村宗亲参加,所以其他村没有详细叙述,敬请谅解。

魏永贵、魏秀岐　沐手共撰
二〇一九年十二月

三十三、魏家荒支系谱序

水有源,树有根,人有本。魏氏自春秋至今已有数千年历史,布神州海外,已成望族。为生不忘祖,给后人留下珍贵资料,让后代明确辈分,光大魏氏门楣,特意参加了本次联谱修续活动。

　　我支系始祖成然公系临沂水田太祖第十一世孙,于清朝康熙年间迁居现临沂市兰山区方城镇东石桥村,迄今人口发展达数千余人,现分布于临沂市兰山区方城镇的魏家荒村、东石桥村、西朱汪村、宋家唐庄村,临沂市费县探沂镇的高家岭村、薛庄镇(原方城镇)的昌国庄村,临沂市兰山区汪沟镇的田家庄村、沂南县青驼镇陈家寨村、杨家庄村、双堠镇磊石沟村等数个村庄。十七世祖永昌迁居吉林省临江市;十七世祖永桂于清朝末期迁居现在的临沂市兰山区方城镇宋家唐庄村,为宋家唐庄村魏氏支系始祖;十八世祖福德于公元1941年迁居大连市金州区;十九世祖明君于公元1957年迁居西安市灞桥区;十九世祖明才于公元1968年迁居辽宁省大石桥市。他们在不同的地方,都为魏氏家族发展做出了重要贡献。

　　族兴则我兴,族荣则我荣。弘扬祖宗懿德,发展家族,是魏氏后人义不容辞之责任,故应同心同德,与时俱进,为壮大魏氏贡献绵薄之力。

　　本次联谱修续过程中,因各种原因本系始祖成然公的其他村庄支系没有参加,故在本谱中没有叙及。

　　本次联谱修续过程中,得到了全国联谱委员会副主编蒋利生宗亲、东石桥连田宗亲和本村家族人员的大力支持和帮助,在此一并表示由衷的谢意!

　　受文化水平限制,加上时间紧迫,族谱资料收集不足等条件限制,致使本次联谱修续有不当之处在所难免,敬请宗亲提出宝贵建议,以便及时更正、完善。

水田魏氏魏家荒支系宋家唐庄分支

二十世孙　连坤　沐手敬撰

二〇一九年十二月

三十四、山东临沂甘林庄、太白庄、峰山等支系谱序(图)

第十五章 甘林庄支系

谱　序

纵观历史的长河,魏氏家族渊源流长,人才济济,建树人物层出不穷,略举一二,以示对先祖的敬仰之情:战国四公子之一的魏无忌,史称信陵君,他"仁而下士"有食客三千,是何等的荣耀,唐代魏征以犯颜敢谏而著名,首提出"兼听则明,偏听则暗","水能载舟,亦能覆舟"的至理名言,流传后世。今人魏巍,以中央慰问团副团长的身份赴朝对志愿军进行慰问,首写下了《谁是最可爱的人》的名著,受到毛泽东的接见,这足以使我们感到骄傲和自豪。

根据魏士保老人的追忆叙述,我和魏荣振等人的推算分析,约在十六世纪中叶,李自成,张献中一举起义旗,天灾不断,在明朝统治危机起伏的情况下,我们的先祖由水田迁到玉泉庄,几年后,又从玉泉庄搬迁到甘林庄,其中长支起龙公留驻本村,二支起凤公迁居马庄乡卸甲水,至今约有三百多年的历史,发展到现有的四百多人(含东北)成为甘林庄大姓。

二零零四年春天,全临沂魏氏开始续谱,我们接到通知后,由士保、荣振、启国开始搜集资料,使我们甘林庄支系魏氏加入到临沂水田大家族之中。因此在续谱之际,敬请我们的先人在天之灵,保佑我们子子孙孙,繁荣昌盛,是为序。

魏士保、魏荣振 魏启国 魏相河敬书

乙酉年正月十日

魏氏谱序

念吾二支工房八世祖家增公家臣公在康熙年间由公庄迁居费县城北二十五里太白庄村因见此土地肥沃适宜农田耕种于是在此安居乐业的从事务农因初来此地日月寒贫姓单人孤举目无亲八世祖去世以后葬于村西南义地墓前有碑可考此后祖茔於村西北方小山前念吾八世祖在此居住二百余年人丁很旺现有十九世人吾族在此居住世代以忠厚傳家近善棄惡至今男性人口已達一百

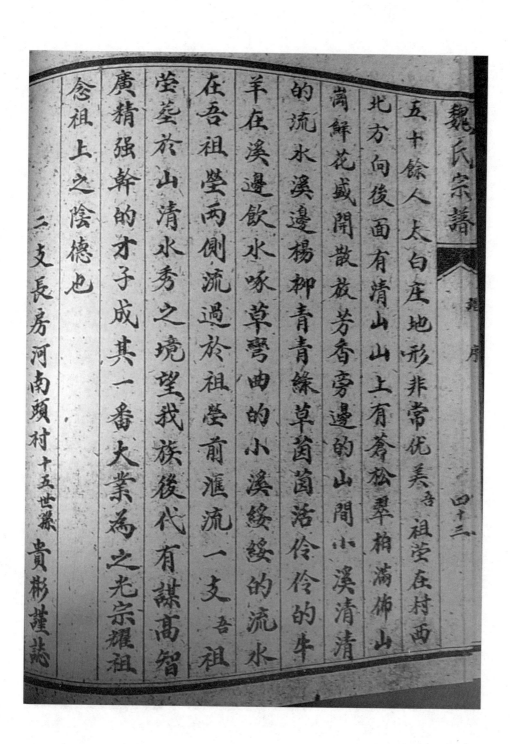

魏氏宗譜　下　四十三

五十餘人太白庄地形非常優美吾祖塋在村西

北方向後面有清山山上有蒼松翠柏滿佈山

嶺鮮花盛開散發芳香旁邊的山間小溪清清

的流水溪邊楊柳青青綠草茵茵活伶伶的牛

羊在溪邊飲水啄草彎曲的小溪綏綏的流水

在吾祖塋兩側流過於祖塋前滙流一支吾祖

塋葬於山清水秀之境望我族後代有謀高智

廣精強幹的才子成其一番大業為之光宗耀祖

念祖上之陰德也

二支長房河南頭村十五世孫　貴彬謹誌

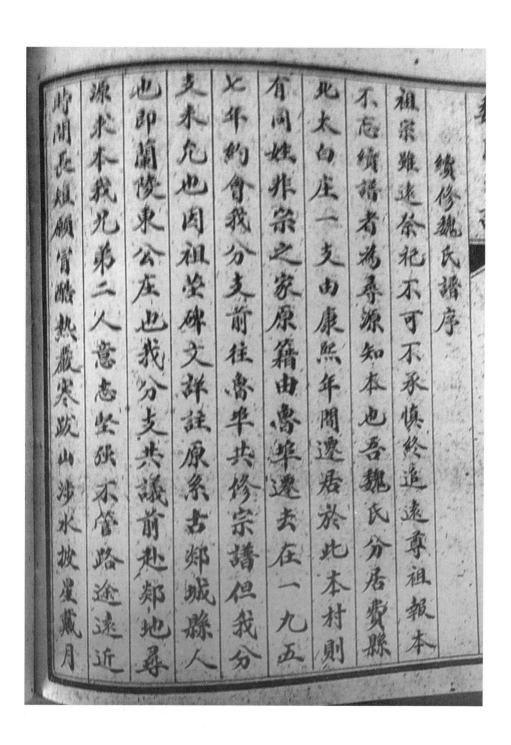

续修魏氏谱序

祖宗虽远祭祀不可不承慎终追远尊祖报本
不忘续谱者为尋源知本也吾魏氏分居费县
此太白庄一支由康熙年间遷居於此本村則
有同姓非宗之家原籍曲鲁華遷去在一九五
七年约會我分支前往鲁華共修宗谱但我分
支本允也阅祖瑩碑文詳誌原系古鄰城縣人
也即蘭陵東公庄也我分支共議前赴鄰地尋
源水本我九弟二人意志堅硕不管路途遠近
峙間氏姐顧賓臨熱嚴寒跋山涉水披星戴月

思饥受渴以求知源本為於也幸於蘭陵東公
莊尋之會同玉玖秀成經屹塔孝前起遷河南
皇墩於此尋着宗譜細查世系數目後於玉玖
秀成考排世口我着尊稱則玉玖為爺爺秀成
為弟兄也從此起我分居太白庄和合祖居公庄
有了親親的聯系於一九六二年相繼四方採
訪約會修譜我全族人為此事都同心同德在
玉玖爺爺和秀成兄的首事之下各位老族長
不屬年高四方採訪在我分支的尋源啟發之
下闔族共修宗譜盡其敬祖之責承其世代之

魏氏宗谱 谱序 四十一

业为子孙万代的敬祖修谱立下光辉的一页

十五世孙振铎

振绪 敬志

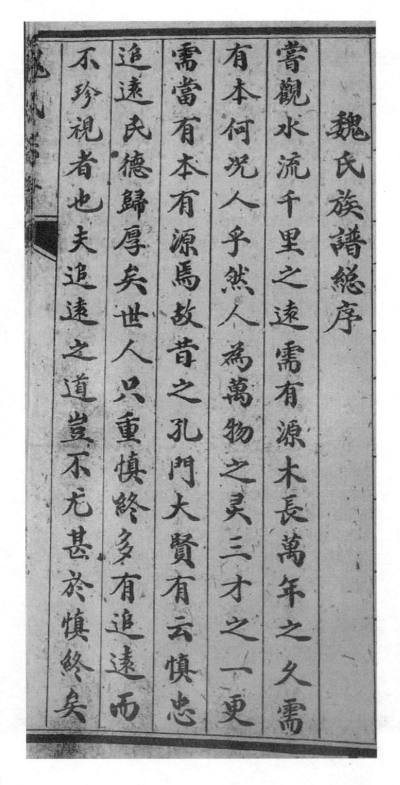

魏氏族譜總序

嘗觀水流千里之遠需有源木長萬年之久需

有本何況人乎然人為萬物之靈三才之一更

需當有本有源焉故昔之孔門大賢有云慎忠

追遠民德歸厚矣世人只重慎終多有追遠而

不珍視者也夫追遠之道豈不尤甚於慎終矣

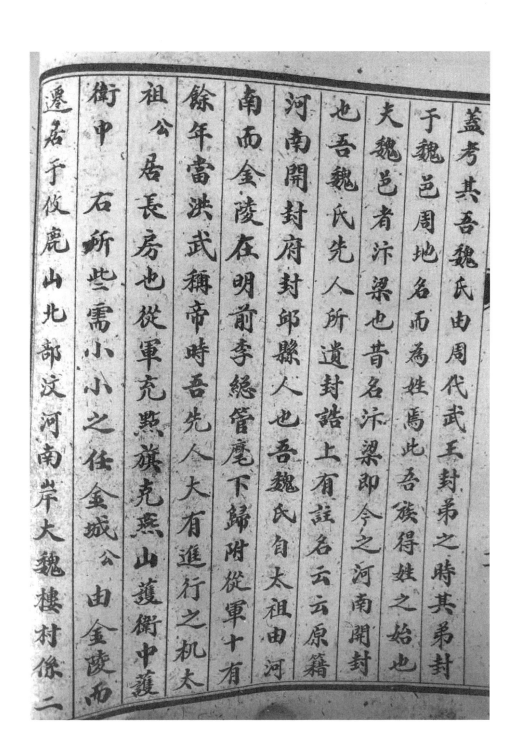

盖考其吾魏氏由周代武王封弟之時其弟封

于魏邑周地名而為姓焉此吾後得姓之始也

夫魏邑者汴梁也昔名汴梁即今之河南開封

也吾魏氏先人所遺封諧上有註名云原籍

河南開封府封邱縣人也吾魏氏自太祖由河

南而金陵在明前李總管麾下歸附從軍十有

餘年當洪武稱帝時吾先人大有進行之机太

祖公居長房也從軍充點旗克燕山護衛中護

衛中石析些需小小之任金城公由金陵而

遷居于攸鹿山北部汶河南岸大魏樓村係二

房也建塋于魏家桃園自是勤儉持家人財漸

漸豐裕後輩繁衍遂分居于四方一世太祖公

洪武十九年病故此兩世墳墓不知塋于何處或者可

一年病故二世徵祖歿充父職永樂十

能葬于原籍可能塋于金陵可能塋于駐防之

地皆不得其詳焉唯有三世剛祖員任父職追

贈昭勇將軍在沂州府留守遇達賊侵犯入境

吾先人與其奮鬥之際偶失兵机不幸英靈歸

天自是落戶城里魏家巷此巷因魏姓而名焉

扙墓塋于後崗頭之東南湖二里許五世聰祖官

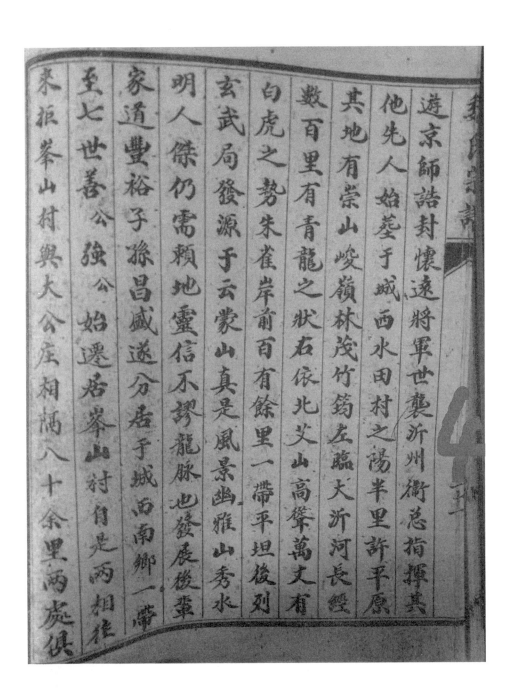

遊京師誥封懷遠將軍世襲沂州衛荗指揮其

他先人始葬于城西水田村之陽半里許平原

其地有崇山峻嶺林茂竹篠左臨大沂河長經

數百里有青龍之狀石依北艾山高聳萬丈有

白虎之勢朱雀岸前百有餘里一帶平坦後列

玄武局發源于云蒙山真是風景幽雅山秀水

明人傑仍需賴地靈信不誣龍脈也發展後葉

家道豐裕子孫昌盛遂分居于城西南鄉一帶

至七世善公強公始遷居峯山村自是兩相往

來拒峯山村與大公庄相栢八十余里兩處俱

是莊農人家兼又數年匪人猖獗俟後倭軍進攻所以因問多疎矣吾族舊譜損失年遠班輩無可考究今有大公庄族人玉貞（公）玉久（公）秀（公）成（公）等目觀譜之無續宗支不明房分不清雖與本族人兩不相識觀此吾魏氏宗亂如此之甚豈不貽笑于他族哉有是有應于心食不甘味寝不安席不辞勞苦遂赴他鄉採訪于四方北之峯山村臨我寒舍談到舊譜已失多年今欲續修一事吾覺五中暢然遂邀集族眾有應選應遠應揩聖傳玉傳等共相商討續而修之族

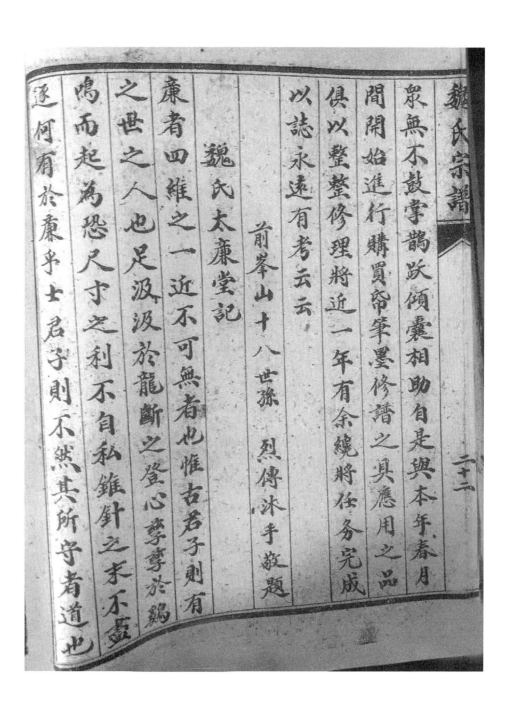

魏氏宗谱

泉無不鼓掌懽躍傾囊相助自是與本年春月
間開始進行購買帝筆墨修譜之具應用之品
俱以整整修理將近一年有餘繞將任務完成
以誌永遠有考云云

前峯山十八世孫 烈傳沐手敬題

魏氏太廉堂記

廉者四維之一近不可無者也惟古君子則有
之世之人也足汲汲於龍斷之登心孳孳於鷄
鳴而起為恐尺寸之利不自私錐針之末不盡
逐何有於廉乎士君子則不然其所守者道也

義也不以非義而有求不以非道而有取為廉
潔是尚貪暴是去如劉寵之獨選一錢包杞之
不持一硯趙抃之一琴一鶴自遂豈肯覬覦少
名以歟其行乎碧溪魏氏薛洙者讀書好古而敦
德弗權一日持太廉區頌謁予求紀念其事蓋
孝宗之御筆也按宋史殿家乘本河南開封府
封邱縣人也乾道年間有魏氏薛杞者徙居碧
溪杞中陳誠榜進士官至太師右相卒贈開國
公謚文節富貴極矣冠莊百吏而威聲顯然孝
宗以其正敢禮緘歲翰之幣厚賜以金帛公一

魏氏宗譜

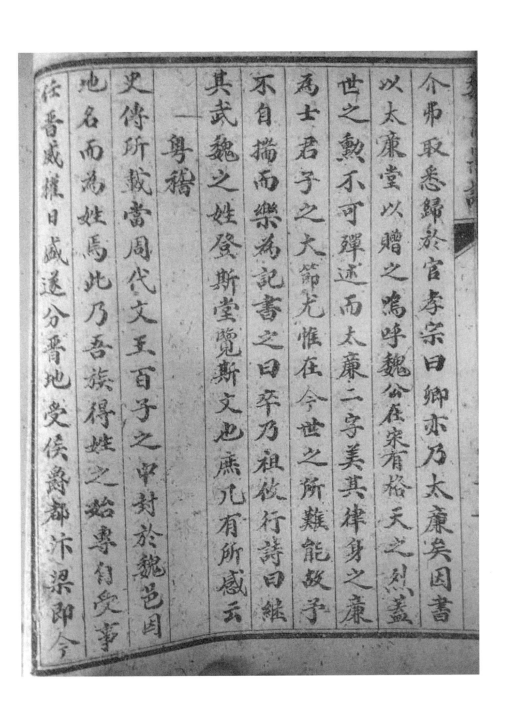

介弗取悉歸於官孝宗曰鄉亦乃太廉矣因書
以太廉堂以贈之嗚呼魏公在宋有裕天之烈蓋
世之勳不可彈述而太廉二字美其律身之廉
為士君子之大節先惟在今世之所難能敬予
不自撝而樂為記書之日卒乃祖彼行詩曰繼
其武魏之姓啟斯堂覽斯文也庶几有所感云

一粵稽
史傳所載當周代文王百子之中封於魏邑因
地名而為姓焉此乃吾族得姓之始尊自受事
往晉威權日盛遂分晉地受侯爵都汴梁即今

之河南開封府封邱縣也由是子孫蕃衍分晰
於四方吾族自太祖公由河南而金陵當明前
從軍數載在洪武時任中護衛南征北戰赤心
耿耿矢志忠君愛國晝夜不息二世微祖繼職
三世剛祖為國効勞捐軀四世晟晃二祖繼職
亦然追至五世聽祖受懷遠將軍世襲指揮使
司事數世當中更替而為官專建塋於水田村
之陽至足家道豐裕人丁倍出至七世善強二
公始徙居於峯山村特茲附於譜首以畢後輩
有所追念先世元始云

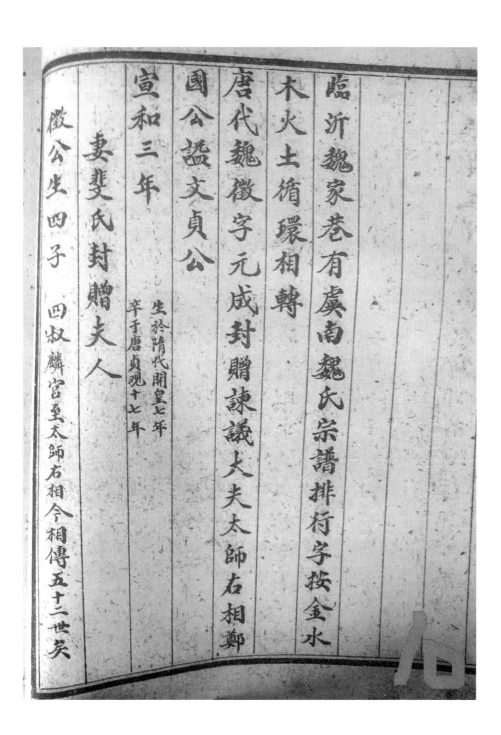

临沂魏家巷有虞南魏氏宗谱排行字按金水

木火土循环相转

唐代魏徵字元成封赠谏议大夫太师右相郑
国公谥文贞公 生於隋代开皇七年 卒于唐贞观十七年

宣和三年 妻裴氏封赠夫人

徵公生四子 四叔麟宫至太师右相令相传五十二世矣

魏氏封誥

奉天誥命

皇帝制曰昔者聖王之治天下也必興資武威

以安黔黎未嘗專修文而不演武也朕特倣古

倒設武職以將洽功受斯任者必忠以立身仁

以服眾智以察微防匪禦寇凡無暇時能此則

榮及前人福延后嗣而身家永昌矣敬之勿怠

明代　弘治八年三月二十八日

魏聰年五十六歲原籍河南開封府封邱縣人

閏三月蒙城大戰十日內攻克西水寨陞指揮

陞本所副千戶三十四年三月夾河大戰金勝

廣洲十月守城勇士百戶攻克兒兒山寨有功

二年七月內奉天征討守体仁門本月攻克居

魏徵補役二十年調燕山右護衛中右所三十

十三年七月充点旗十九年十二月病故曹祖

龍虎衛五年改燕山衛十一年改燕山中護衛

改驃騎衛洪武元年正月內選充小旗二年改

麾下歸附從軍甲辰年拔龍驤衛乙巳年四月

也有高祖　魏太丙申年三月內鎮守李總管

147

僉事三十五年正月攻克東阿東平汶上縣等
哨鳳陽浮橋殺敵軍馬四月拒小河齊眉山靈
璧縣大戰全勝攻破營寨至泗州歸順過淮河六
月渡江克金川門十一月內陞夫所衛世襲指
揮同知永樂十一年病故祖父魏剛系嫡男十
二歲五月內襲前職宣德六年十二月內調真
隸沂州衛管事正統九年為月糧事蒙刑部問
發獨石立功十四年跟逐總督獨石守益都指
揮趙文出口征進到放編嶺兒劄營遇達賊入
境祖父魏剛奮勇殺敵陣亡伯父魏晟係長男

魏氏宗譜

景太元年九月内仍襲沂州衛世襲指揮同知

四年七月内病故父魏晃係童為本年十二

月内襲職成化十八年患疾聰係嫡長男本年六

月内替職令受懷遠將軍祖父魏剛贈昭勇將

軍同指揮使司事祖母鄧氏贈淑人父魏晃贈

懷遠將軍同知指揮使司事母孫氏封太淑人

妻吳氏封淑人

查改相同 英元洗改

二十六

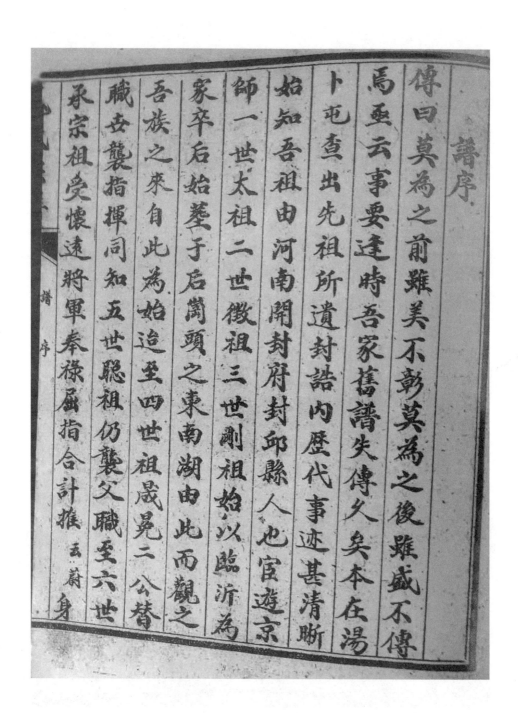

譜序

傳曰莫為之前雖美不彰莫為之後雖盛不傳

馬亟云事要逢時吾家舊譜失傳久矣本在湯

卜屯查出先祖所遺封誥內歷代事迹甚清晰

始知吾祖由河南開封府封邱縣人也宦遊京

師一世太祖二世徵祖三世剛祖始以臨沂為

家卒后始塋于后崗頭之東南湖由此而觀之

吾族之來自此為始迨至四世祖晟晃二公替

職岳襲指揮同知五世聰祖仍襲父職至六世

承宗祖受懷遠將軍奉祿屆指合計推　玉薊身

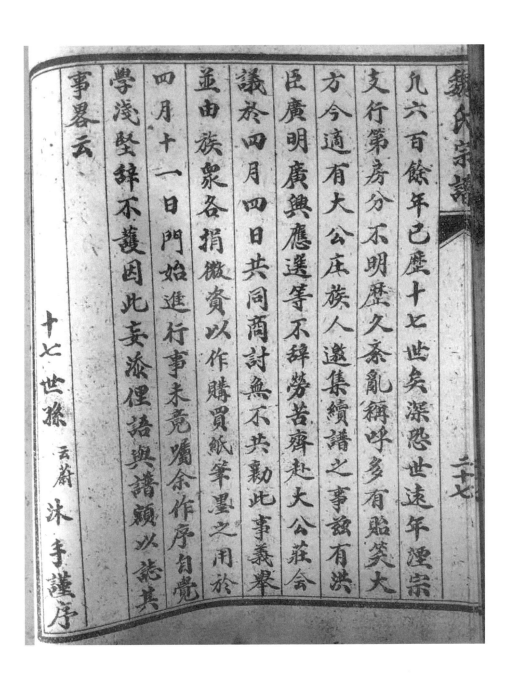

魏氏宗谱　二十七

凡六百餘年已歷十七世矣深恐世遠年湮宗

支行第房分不明歷久紊亂稱呼多有貽笑大

方今適有大公庄族人邀集續譜之事豈有洪

臣廣明廣興應選等不辭勞苦齊赴大公莊会

議於四月四日共同討無不共勖此事義舉

並由族衆各捐微資以作購買紙筆墨之用於

四月十一日門始進行事未竟囑余作序自覺

學淺壟辭不護因此妄添俚語與譜顏以誌其

事畧云

十七世孫 云蔚 沐 手謹序

譜序

嘗聞有創修者必當有重修於后也夫譜者普也序者繼緒其事俾永遠緜緜無已也吾魏氏太祖原籍河南開封府封邱縣人也從軍在金陵李總管麾下十有餘年又當洪武稱帝之時縱橫南北勞苦莫辭奉天征討數經著名戰役未嘗敗北功勞簿上戰功累累二世徵祖三世剛祖四世晟晃二祖均受世襲懷遠將軍之職迨至五世聰祖勇意追念先烈每遇戰爭之際只知有國不知有身常懷視死如歸之心即以

魏氏宗譜

譜序

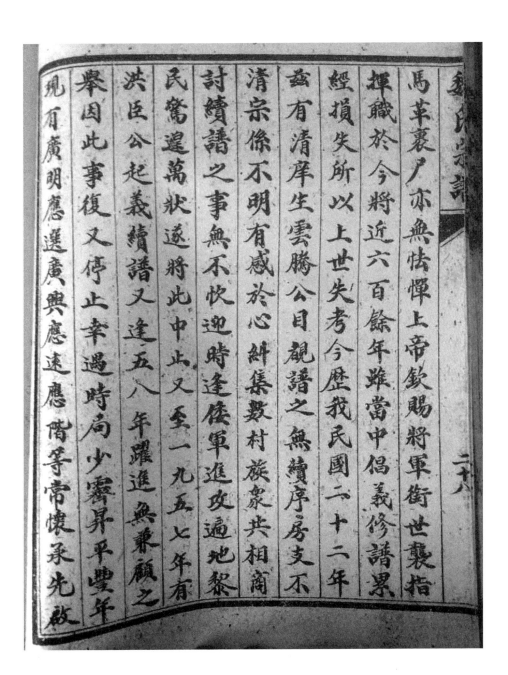

現有廣明應選廣興應速應階等常懷承先啟

舉因此事復又停止幸遇時局少霽昇平豐年

洪臣公起義續譜又逢五八年躍進無兼顧之

民驚遑萬狀遂將此中止又至一九五七年有

討續譜之事無不快迎時逢倭軍進攻遍地槃

清宗係不明有感於心糾集羣村族衆共相商

益有清庠生雲騰公目觀譜之無續序房支不

經損失所以上世失考今歷我民國二十二年

輝職於今將近六百餘年雖當中侶義修譜累

馬革裹尸亦無怯憚上帝欽賜將軍銜世襲指

魏氏宗譜　　二十八

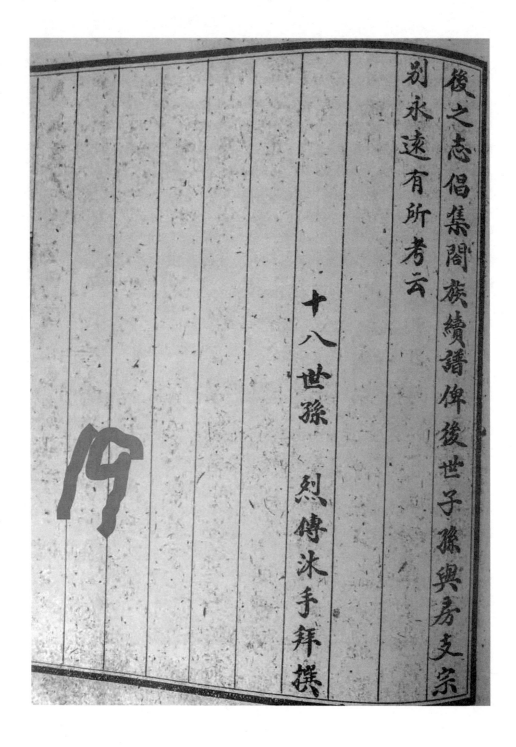

後之志倡集闔族續譜俾後世子孫與房支宗
別永遠有所考云

十八世孫　烈傳沐手拜撰

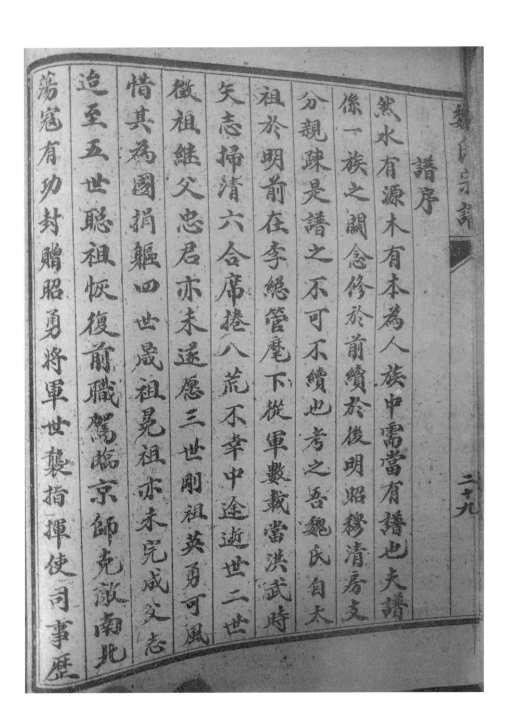

谱序

然水有源木有本为人族中需当有谱也夫谱

係一族之闕念修於前續於後明昭穆清房支

分親疎是譜之不可不續也考之吾魏氏自太

祖於明前在李總管麾下從軍數載當洪武時

矢志掃清六合席捲八荒不幸中途逝世二世

徽祖繼父忠君亦未遂愿三世剛祖英勇可風

惜其為國捐軀四世晟祖晃祖亦未完成父志

迫至五世聰祖恢復前職駕臨京師克譏南北

蕩寇有功封贈昭勇將軍世襲指揮使司事歷

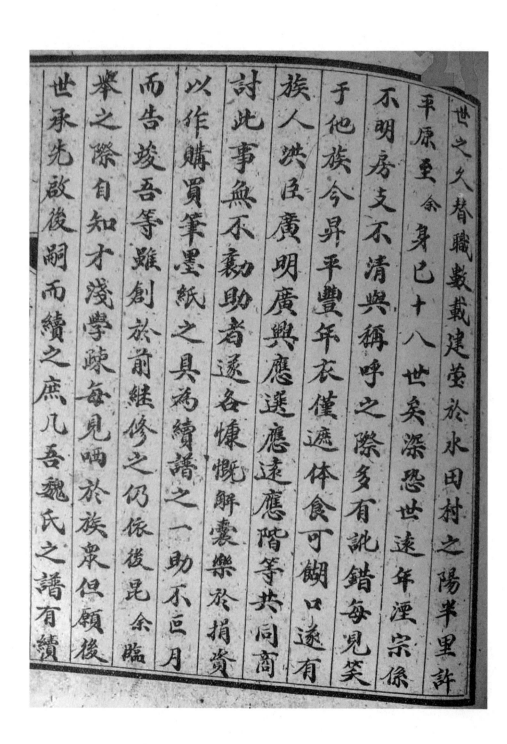

世之久替職數載建塋於水田村之陽半里許
平原至余身已十八世矣深恐世遠年湮宗係
不明房支不清與稱呼之際多有訛錯每見笑
于他族今昇平豐年衣僅遮体食可餬口遂有
族人洪臣廣明廣與應選應遠應階等共同商
討此事無不勸助者遂各慷慨解囊樂於捐資
以作購買筆墨紙之具為續譜之一助不已月
而告竣吾等雖創於前繼修之仍依後昆余臨
奉之際自知才淺學疏每見啁於族眾但顧後
世承先啟後嗣而續之庶几吾魏氏之譜有續

十八世孙　重勲沐手拜撰

三十五、洪沟魏氏康家庄支系谱序

古人云:盛世修志,旺族修谱。家之有谱,犹国之有史。史所以纪一国之事迹,谱所以叙家族世代之源流。木秀千枝,总是一本;水流万派,终归同源! 盖谱之所作,上以敬宗,下以收族,谱不修,则婚嫁不明,尊卑紊乱,贻笑大方。修谱续谱,则是家族血脉绵延、薪火相传之根据,亦为继古开新、兴德传道之举,自古以来,概莫能外。

始祖再仪公明朝前期任巡检司,勤勉敬业,呕心沥血,积劳成疾,在任期间去世,始祖母携二世祖魏恺卜居费县诸满村,勤俭持家,教子有方;三世祖魏瓛高中举人,曾任邢台知县;四世祖公济进士及第,连任三地知府。此后魏氏家族数百年来,生生不息,代代繁衍,在这片热土上,秉承族志家风,耕读持家,清德躬身,敬天礼佛,自强守志,深孚民望。

先祖素有修续家谱之良好传统,才使得我族代代传世,然明季丧乱,谱牒或亡于兵火,或亡于天灾,谱牒失传,惜年代邈远,不敢妄为附会。新中国成立后沧桑巨变,多种原因谱牒亦有失修,世系中断。康家庄、薛家村、墩头村三大分支同属洪沟魏氏再仪公之后裔,康家庄和墩头村于1964年第一次在墩头村创建谱牒,当年参与续谱的有魏秉从、魏连成等人,他们的辛勤付出,才有了这来之不易的宝贵谱牒,迄今已整整五十五年。半个世纪以来,欣逢盛世,国家昌盛,迅猛发展,社会变化,日新月异,物阜民丰,安居乐业。我魏氏家族子孙繁衍日盛,人才辈出,鉴于家族分支庞杂,居住分散,又恐宗派辈分昭穆失序,爰会合族人,共续修家谱。

2019年3月6日起,在兰山水田支系魏茂利宗亲的积极推动下,本支系石岚村魏广宝同茂利宗亲一起多次赴康家庄、孙家庄、阳口等地,沟通联系续谱事宜,得到了魏秉从、魏炳福、魏生堂等族人的鼎力支持。

2019年5月1日,顺应族人之迫切心愿,在茂利宗亲的推动和主持下,在薛庄镇顺和大酒店召开第一次宗族会议,会议确定魏秉璁为顾问,初步推选魏广宝为宗亲理事会会长,魏超为秘书长,参加人员还有魏炳福、魏宗良、魏宗贵、魏宗成(白埠)、魏宗财、魏宗宝、魏宗成(安定庄)、魏生堂、魏广清、魏广柱、魏祥成等。本次会议上,讨论和确定了下一阶段的续修家谱的相关工作。

由于第一次续修家谱,谱牒残缺信息不全,且由于石岚村建造水库,族众迁居全国各地,时间久远,繁衍生息较快,前沿已至27世,多数宗亲只记得三世先祖名讳,八世人怎么能记得,这就给续修对接世次带来了很大困难。兰山区方城镇墩头村魏殿君、魏连忠等人积极提供材料。魏殿君最先提供了2004年墩头分支新谱,但谱牒只是录入了前十九世族人信息,之后魏连忠驱车30余里将1964年康家庄老谱复印件送至茂利宗亲处,仍然不能对接。为进一步完整地对接十九世至二十四世世次信息,魏殿君和广宝会长再赴墩头请1964年老谱,墩头族人给予了极大的热情支持。尽管如此,问题仍然未得到根本性的解决。

为寻找对接线索,利生宗亲和广宝会长及各位理事每天都多次通话,克服重重困难,千方百计寻找失散的宗亲,几乎所有业余时间都用在了续修族谱上,不断搜集证据,力争对接无误。茂利宗亲和广宝会长二人多次驱车相聚商讨,进行前期的线索对接和资料校对。

2019年7月14日再次集会,在本次会议上,进一步健全了宗亲理事会的机构组织,广宝会长向各位族人汇报了阶段性工作内容。本次会议,主要核对了谱牒初稿、审查通过了家规祖训和字辈方案,解读并通过自愿捐款方案。最后对资料的进一步整理、输入电脑编排、校对编辑、上传、印制出谱等下一步工作逐项说明。

为此,各位理事宗亲在做了大量的工作的同时,也遭受到了极少数人的不理解、不支持,尽管如此,大家依然如故,热情付出。特别是广宝会长,工作之余,多方奔走,访寻线索,查证资料,驱车数百里,北上蒙阴,南下枣庄,足迹几近遍布周边县市;电话连线,信号近乎覆盖东北三省,旨在决疑补缺,列明世系,统一祖系,立明辈分。我与宗可兄也参与了部分走访,在走访中,我们深感我魏氏枝繁叶茂,支系亲疏无别,地不分远近,辈不分尊卑,一家情深,源远流长。

数月以来,大家心系谱牒修续,夙夜忧叹,唯恐亲族蒂落瓜离,有负初衷,所幸上天垂爱,祖先佑护,续谱工作历经一年有余大功告竣。然我族各地散居年湮代远,其中有外出久远确无联系和个人简史无人供述者,请恕遗漏不录,惟愿后世子孙,世代相继编续订正,敦本重源,重修族谱,缅怀先祖,昭示后人。

《书》曰:佑启我后人,咸以正无缺。其斯之谓欤!我魏氏数百年家风忠孝节义,不能数典而忘祖,今后正门风、振家声,全凭子孝孙贤,所望者惟孝于亲,忠于国,团结族人,和睦乡里,务必提倡勤劳致富,崇尚文化教育。望我族千秋万代,振奋精神,团结一致,勤勉奋进,谨遵族训,开创我魏氏未来辉煌之篇章。此修谱宗旨也。

值谱告竣之际,不揣浅薄,觍为兹序。

洪沟魏氏康庄支系二十二世孙　魏超　沐手敬撰
二〇一九年十二月

三十六、山东洪沟魏氏墩头支系谱序

国有史考,家有谱传,史谱为证,永不迷忘,追根求源,寻根问祖,纪念祖先。该支系魏氏盛于山西汾州大明间,一世祖魏再仪以巡检卒于官,始祖母何氏携幼子魏恺迁至费县东诸满家焉,三世祖魏瓛曾任邢台知县,四世祖魏公济任浙江湖州知府,卒后葬于费县洪沟村,以碑为证。后因种种原因,本支系魏氏子孙分散到

费县各地。墩头村始祖魏圣瑞为六世四公炎祖的第十二世孙,炎公始迁薛庄镇城阳,炎公后裔十二世孙圣瑞公由康熙年间迁来墩头居住,已有三百多年历史,历经十三世,前沿已到二十四世,人口众多,分布在墩头、大戈庄、刘官庄等村,探沂镇薛家村魏氏同为炎公后裔,六世祖二公煦的其他族人主要分布在费县薛庄镇康庄、阳口、石岚、龙雨庄、安定庄、杏埠、白埠、古城、凤凰崖、南长行、孙家庄等三十多个村庄。本支系由于失考过多,所以其他地方也有许多族人。墩头村谱于1964年第一次续之,族人魏连成又于2004年冬组织了第二次续谱,2010年本人为了编写新桥魏氏又续修了家谱,第一次续到十九世包括康庄等地,第二次只包括墩头、大戈庄、刘官庄,故未将前十九世的康庄族人纳入谱中,敬请族人谅解。由于本次临沂联谱墩头村没有参加,供其他宗亲了解魏氏族众分布及渊源,在这里感谢魏连忠提供谱牒,协助修谱,由于时间仓促,难免有不当之处,敬请族人谅解指正。

三十七、洪沟魏氏薛家村支系谱序

国有史考,家有谱传,史谱为证,永不迷忘,追根求源,寻根问祖,纪念祖先。该支系魏氏盛于山西汾州大明间,一世祖魏再仪以巡检卒于官,始祖母何氏携幼子魏恺迁至费县东诸满安家居住,三世祖魏瓛曾任邢台知县,四世祖魏公济任浙江湖州知府,卒后葬于费县洪沟村,以碑为证。后因种种原因,本支系魏氏子孙分散到费县各地。薛村魏氏为三世祖瓛公之后,第六世魏炎迁薛庄城阳居住,炎公后裔七世兄弟两人后又迁到探沂镇薛家村,已有近五百年历史,前沿已到二十四世,本支系近支炎公其他族众分散到墩头等地,墩头村已经传到二十四世。六世煦公后裔分布在康庄等二十几个村庄,康庄支系已经传到二十七世。因历史种种原因导致家谱缺失以致中间几世老祖名讳失传,根据人类繁衍规律及现在发展状况,经过多方考察综合考证殿字辈应为再仪公第十七世孙,若有不妥之处,特请历代祖先在天之灵,多加谅解和宽恕。薛家村第十七世两位祖先于一百六十年前迁居朱保镇东单村居住,十九世明新公又从东单迁居英疃居住。从薛村迁去兖州、潍坊、烟台、东北四支,现在无法联系。

由于全国魏氏联谱委副主编魏利生的帮助,各位宗亲的大力支持,使得本支系和康家庄、墩头实现了对接,成功地进行了合谱联谱。

二十二世孙　军峰、红波沐手敬撰

三十八、安徽天长始迁祖祖籍

山东省潘(招)远县九都十八甲。

于洪武赶散(1370年,洪武三年)来到凤阳府天长县治便益,现大通镇便西村。(现便西村,2007 年 10 月的村级区划调整中,由原藕塘村、原毛塘村、原梁营村三村合并而成。位于石梁至大通公路 8 公里。)

洪武元年(1368),面对破碎山河,朱元璋发出了"中原诸州,元季战争,受祸最惨,积骸成丘。居民鲜少,所谓田野辟,户口增,此正中原之急务"的感慨。为了促进生产,增加税收,就必须从人口多的地区往人口少的地区移民。

移民政策:朝廷给耕牛,种子,路费。免赋三年。

从天长梁营(梁营即梁氏来天长的落脚居住地。现已与原藕塘村、原毛塘村、原便益合并为便西村。)梁氏谱书中提到:洪武四年,来天长时,是插草为标,手指脚踏为界。定庄名为梁家营。天长还传,跑马圈地,插草为界说法。

洪武三年(1370),祖先们,也是在这种环境中落脚于便益。建祠堂和接官亭(清朝道光年初建)。建主次房共九十九间半。祠堂堂名:直纯堂。祠堂在今便益与蔡河之间。

人烟稀少的便益,只有魏吴两家。东头是吴姓,西头是魏姓。过去常有水患,交通不便,由魏姓出资建造了魏家桥,现魏桥村的由来。魏桥村地下资源丰富,蕴藏着大量的石油,有 420 万吨石油储量,目前,已有十多处钻井在村境内开采原油。现有魏庄和魏桥水库。魏桥水库是全村用水命脉。

从 1862 年,清朝同治《天长县治》中知,常州胡福家族赶散时,来天长"便益集西北五里至胡家桥交盱眙县"的胡氏,《胡氏家谱》中胡桥村往事中说:"这里胡、郑、黄、李、陈、潘、韩、魏、范等皆是大姓之一。"

三十九、河北邯郸永年魏氏谱序(图)

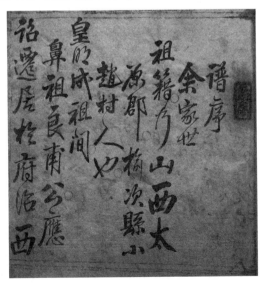

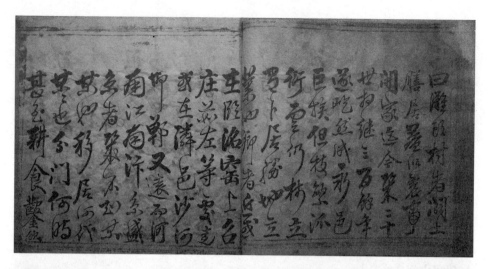

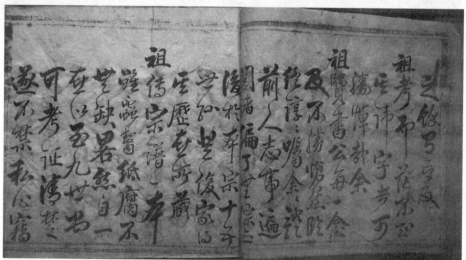

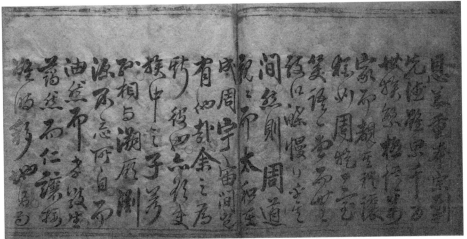

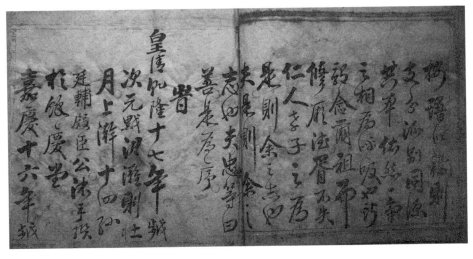

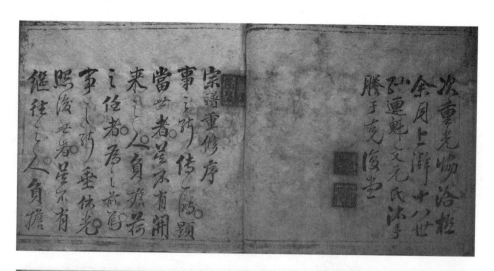

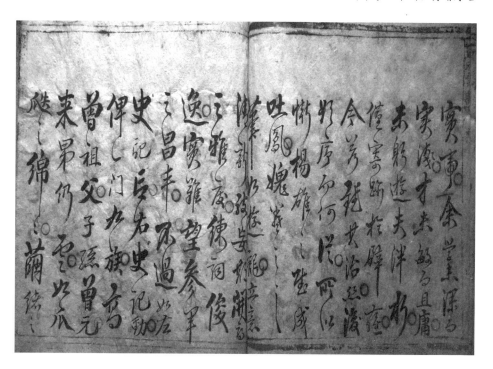

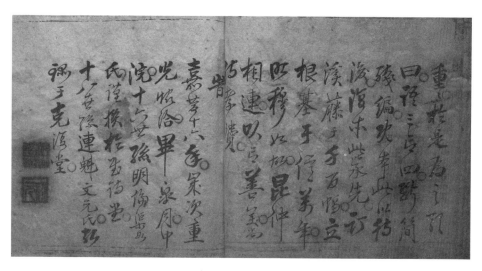

四十、武汉汉阳思泰公支系谱序（图）

二、魏氏宗谱源流序

家之有谱也，所以列名号、分支派、纪年世，其要也。然必求其真，核其实，而后一家之源流以正，盖可忽也哉！而况教忠、教孝、教友、教悌①、教睦、教顺之道皆②寓③于此乎！以辨尊卑而昭穆④不紊，以正夫妇而婚姻有别，以分疎戚⑤而爱敬有等，纳一族于孝友礼让之中而承先裕⑥后，锡⑦类无穷者在谱也。修之可不慎欤？不宁惟是⑧，夫聚一姓数十传之人，而皆合之于谱，德行道艺则有书，性情心术则有书，生年死月则有书。俾⑨后之子孙展卷披⑩图而指曰：此吾某世某祖也；更历指曰：此吾某代某公之某兄、某弟、某子、某孙也。岂⑪徒为表彰先世哉，将令子孙之贤者思励，不肖⑫者益⑬知愧矣。于序列之中而赡寓激劝之义，谱之所关不诚⑭巨哉？考吾姓之先望⑮，肇⑯自巨鹿，自毕万⑰封魏为魏氏鼻祖⑱，自汉唐宋元以来，名公巨卿，熏业德望，昭耀简册，代⑲不乏人。余不敢广为征引者，夫亦曰谱为贵，其真实耳。他于联宗望族，满纸謷缨⑳，遗诮㉑达观㉒，甚至妄加远祖以功名富贵为后世美谈，其诬祖蔑宗，更不知何如。余族发源江右南昌之凤凰山。

圣国初，始祖思泰公以贸迁移居汉阳，既以城市嚣纷㉓，卜居㉔于今之本基。其时有昆仲㉕同迁者，寄籍天门，迄㉖年子孙繁衍，家世昌炽，吾不能广征入谱。惟自思泰公从江右迁汉阳山二里时，有昆仲移居参山。两支孝友忠厚已有十余世。昔苏味道始

迁，于眉文公㉗谱族系，即以味道始。曰亲尽㉘者不及谱，为章俱㉙也。敖英曰：黄山谷七世以上不可知，疑不能明者，皆略而不书，盖慎之也。余即以思泰公并昆仲之迁汉阳始，予堂叔祖有志修弁久矣。因旧谱于康熙庚申岁毁于回禄㉚，往牒㉛无征，遂因循未果㉜，又恐愈久愈失水源或滥㉝，因以㉞闻于先人者书于策㉟。余今披阅之下，亦惧愈久愈远，荒渺难稽，故竭力修辑。信者豈之，疑者阙㊱，一遵欧阳公五世为图之式，分支序派，法取简严，辑成魏氏一支之谱。更僭㊲拟数小传，略记前人梗概。深惧遗行㊳多，信无溢㊴美，以垂久远。使吾族子孙览是谱，而念祖宗之顾畏。孝慈相劝，友让相率，且感奋励勉，宏廓书香之泽㊵。则人人可为孝子悌弟也，亦人人可为贤士君子也。后此奕业㊶其㊷茂㊸，本支百世，更取家谱而一修再修，则谱牒之大光，而子所深望于克㊹宗之后人者也。

　　　　　　　　时行绥侯凝斋氏序

注：①悌：旧敬爱哥哥。②皆：xiē 全都。③寓：yù 寄托。④昭穆：古代贵族宗庙排列的次序，始祖居庙中，以下按父子的辈分排列为昭穆，昭居左，穆居右。《左传·僖公四年》："曹，文之昭也；晋，武之穆也。"（周天子宗庙排列的次序，文王居昭，晋国第一代国君是文王的儿子，所以居于昭位。周武王居穆，晋国的第一代国君是武王的子，所以居于穆位）⑤戚：qī 使亲近。⑥裕：yù 使富足。⑦锡：通赐，赐给。⑧不宁惟是：不宁如此。⑨俾：bǐ 使。⑩披：打开；分开。（多用于古书）⑪岂：难道，可副词译为"难道""怎么"。⑫肖：相似。⑬益：更，更加。⑭诚：确实，实在。⑮望：名望。⑯肇：zhào 开始。⑰毕万：春秋时期……

三、补编魏氏宗谱序

盖闻家之创谱，制昉①于宋时。汉唐五代，朝廷皆设官以董②世系。宋则民始家自为谱。义取尊祖敬宗，收族③崇祀。兼之支派有纪，尊卑有序，德行有书，恶逆有惩，更使婚嫁葬祭以及吉凶庆吊，老病穷苦，族之人衷多益寡④。顾念一本，出入相友，守望相助，而且善相劝，过相规，庶几⑤推广自仁率亲、自义率祖之道⑥，而百志成，礼俗刑⑦矣。昔我叔祖凝斋公纂修此谱，深惧后之子孙日就繁衍，散涣莫稽⑧，于是穷源索流，分支演派，序次列传。亹亹兢兢⑨，无敢浮夸。爰⑩立宗派字二十，使子孙世世遵照。顾名思义，诰诫懋①勉、诱掖②激劝之意，胥寓③于此。噫！公之用心若是，有其裨④于祖宗，有益于子孙也，不洵⑤巨哉？惜公学行兼优，竟终踬志莫遂⑥，抱道未售⑰。我父侥有阴德，亦不克光显，以酬鸡窗⑱嗟乎！亦何命之不辰乎？虽然，公与我父纵家修无廷献之期，而其自治之密，省身克己，清白无玷；应事接物，公正无欺，腼行①淳德，堪传不朽，又何假乎浮名之靡靡一时，脍炙人口⑲也哉？兹我能薄才谫，深愧不克为先人继志述事，每一搦⑳管，欲补次增某种后果或实现某种希望。深愧不克为先人继志述事，又恐狗尾续貂㉒，遗诮大方㉓。而今年甫及艾㉔，不敢因循惝②任久不续，数分之人，四世服㉕，穷㉖五世，祖免杀㉗，六世亲尽㉘，岂不至有觌面㉙而不知同宗者乎？爰遵昔我叔祖修谱之遗义，传信为主。僭拟数小传，暨体亲修身训语，暨其出自祖父诸父、生前德行实事堪垂亦稞⑤。人所不知我所习闻熟见者，诚不可不书，以附骥尾⑥焉。盖自古有然，虞⑤有俈，皋陶⑤歌之；文

王㉟之道，周公㊱颂之；宣王㊲中兴，吉甫㊳诵之，而谓余能已于言哉？且人道莫大于亲亲，忠孝仁恕，率我族内自揣，何能担当，而按世索名，汇征入谱，余固不得辞厥㊴劳耳。窃思谱传藏之一家，族中何能遍晰㊵，子孙多未检阅，甚有不知祖宗世次、名讳、坟墓、住处者，故将全谱誊录，散延各分，俾披图展阅，了如指掌。更宜时裒，祖宗虽远，祭祀不可不诚；子孙纵愚，经书不可不读之。古训由是有为有守，顽廉懦立，立德立功，身修家齐，积累培植，百行无亏。所谓实大声宏，根深木茂，如此而有不显亲扬名，克昌厥后，福寿永延者乎！

十一世裔孙德尊谨序

注：①昉：fǎng 起始。②董：董定、建立。③收族：聚拢全族。④衰多益寡：多的减少，少的增加。衰：pōu 减少。益：增加。⑤庶几：连词，表示在上述情况下才能避免某种后果或实现某种希望。⑥自仁率亲，自义率祖之道：自己仁爱带领亲戚，自己的亲戚关系遵循祖上的道义。⑦礼俗刑：礼俗规范起来。刑：铸造器物的模子。⑧稽：查考。⑨亹亹兢兢：亹 wěi 勤勉。兢：小心。兢：词尾，表重复。⑩爰：yuán 于是。⑪懋：mào 努力。⑫诱掖：诱：开导。掖：yè 扶持。⑬胥寓：胥 xū 全，都。寓：寄托。⑭裨：bì 弥补。⑮洵：xún 确实。⑯踬志莫遂：志向没有成功。踬：zhì 登。⑰售：实现。⑱鸡窗：《幽明录》卷九引《艺文类聚》"晋兖（yǎn）州刺史沛国宋处宗尝买得一长鸣鸡，爱养甚至，恒笼著窗间。鸡遂作人语，与处宗谈论，极有言智，终日不辍。处宗因此言巧大进。"此本小说家言，后人援此以"鸡窗"为书室的代称。⑲脍炙人口：脍：kuài 切细的肉。炙：zhì 烤肉。比喻人人赞美和传诵。⑳谫：jiǎn 浅薄。㉑搦：nuò 拿。㉒狗尾续貂：比喻用不好的东西续在好东西上面。貂：diāo 一种毛皮珍贵的动物。古代皇帝的侍从用貂的尾巴作帽子的装饰。东汉桓帝灵帝时代童谣："貂不足，狗尾续"这是"狗尾续貂"的直接出处。㉓遗诮大方：大方：即大方之家，识见广博的人，后泛指有专长的人。诮：qiào 责备，讥

四、续修宗谱序

谱者普也，所以普录世系于策，详一姓之本末也。礼曰亲，亲故尊祖，尊祖，故敬宗，敬宗，故收族。收族之道，不外别尊卑，定支派，彰先德，启后昆，联涣散；俾昭穆无淆，亲疏有条，而要悉赖乎谱。谱之所系，顾不大且重欤？昔我九世祖时行公倡纂此谱，煞费心力；十一世祖德尊公续修，亦具苦心。二公之绳①祖武，贻②孙谋，厥功伟矣，永矣！且深冀后之子孙，时善继志续修，欲我族传乎百世而不紊也。揆生不辰，髫龄③失怙④，母氏柏舟矢节，丸荻心苦⑤，命揆业儒。揆承明师教诲，粗知理义。一阅古谱，大惧。我族蔓而无统，即思为继往开来之计，奈力独能薄，酌议乏人，愧弗克绍⑥先志，厥念遂寝⑦。今幸阖⑧族诸君，念木本水源，一言修乘，众口同声，踊跃助资，欢舞从事，委揆以秉毫之任。揆欲遂厥事而才谫，欲诿⑨厥事而心（xié）⑩，只得强应，以竭愚衷。凡生死年月日时葬地，靡不询考至详，始书诸策。失传者书目未详，至若蒿洲、石山、新集、参山等族，莫不征博辑，俱收入谱，以全木水之一本源也。凡先人之序传，谨仍之，未敢增删一字。凡例则因时移事易，殊聊更数条焉，且弗揣固陋⑪，僭拟数小传以补壁。礼曰：为先祖者莫不有美焉，莫不有恶焉，铭⑫之义称美而不称恶，此孝子孝孙之心也，惟贤者能之。又曰：子孙之守宗庙社稷者，其先祖无美而称之，是诬也；有善而弗知，不明也；知而弗传不仁也。三者君子之所耻也。揆非敢以孝贤君子自居也，情切而已。抑以揆之才乌是传先人之懿行也，实出于本心之不能已也。今不辞，僭妄续成此谱，付诸剞劂⑬，散诸

魏氏宗谱
卷首
校注增释刊光绪统谱卷
鹤山堂
〇一七

四十一、河北邯郸魏县登云公支谱序

修谱序

斯谱是据魏守信提供之祖上手记

忠谱誊写並续的手记　古本一是清初本

一是清末光绪廿九年十五世祖瑞长有续

写而后瑞克俭再续之本　今整理出本

重修家谱原因有三　其一大率年源

日久风蚀日利墨残字缺光以清初本

诵续后世集成此册。

魏氏家谱　修谱序

原魏舆格式为恃重见查阅了明清纪

事史料中国历史年代简表等文献资

二

魏氏家谱

修谱序
修谱序

一三

料进行逐点的查验与核对，几乎出入。

木有本水有源，吾氏一族自大明永乐年间迁民以来，已六百载矣。岁月流转时更替，几度兴家废，派系有先人记录有册且妥善保存乞今，惟历经磨难望世怅失况近一百年间中华民族更是多事之秋，战争不断，洀河泛滥举族搬迁，文革十年，古谱尽焚，惟此册幸免书经故吾族自迁民来仅最初几世有谱，失传外六百年间二十馀代分支别派脉络清楚渊源乞於甚幸慰！

洀海栗田出嗣子孙乃天赐此老天荒瑜土祖坚当大事人生在世不可不为之事当记录先启後之青黎衍续世之佳秉承祖训临宗後昆身殉武读六勤六俭能孝能弟唯诚唯义於人生之际为社稷致力

少之愧

魏氏家谱

修谱序
修谱序

一四

祖宗恩泽下可为吾子孙根深健吾氏一猪弟长江之水千秋萬洿生生不息如松柏之茂萬古长青本固枝荣

围隘修史重民富祭祖随史孙传业祭祖源根源先祖遗谱为後世隋谱再续椤供了可稽之据舍此不识祖谱行事修谱又安可续写奈原谱年久偏丑横毁示存必致断续抄此几古之後好不识祖之诗字如此乃大不敬如故宜以为誊写续补迫至眉睫故余等众人雅才疏学後不自量力誉写志谱並補錄後世派辞如先人之意偶可聊慰先人之灵望嘱後世贤孝勿忘善行斯谱弗续之待延萬古，方不负先祖初衷是為序

戊戌仲春十八世鸿佛撰

四十二、山西柳林魏小楼支系

且夫有其子必有其父,有其父必有其祖。人之生也有本,犹水之流也有源,故后世而莫为之谱,先祖之姓名不彰,若序之而不得其精,则混乱失所何由昭明于异代故余也。念先人之名昧不彰目、前此之记载未详,因而合吾祖之名号至此,而重新创造。所以,书其父而不书其子者别亲疏也;书其兄而不书其弟者明远近也。详辨细誌之余,则虽祖宗之积累甚多、子孙之派最繁,莫不一览而即明乎,此谱之有便于后人也。吾故连而誌之(抄原文)

译原文:以魏小楼为祖而写,作书可能是魏金连,推算是明朝记载。

1950 年是祖先改换原纸而造抄

明朝(1368—1644)277 年

清朝(1645—1911)267 年

民国(1912—1949)38 年

先祖魏小楼(胞弟少楼)明朝官居省城太原皇士官,其妻李氏(胞弟闯王李自成)后因荒乱辞官不做本家为民,居今好学村,宅址名大房则,先祖才华出众,大恩大德,故子子孙孙旺盛也,家谱未记载年月日,至今估计约四百余年。

传说:

先祖立业(在今戏台西侧)建高耸入云的梦楼(避伏楼)一座,以石为墩,以木精造,眺望黄河(宋家寨一带)一目了然,山高不挡,垣头(刘家垣)俯望,后失火被毁。

据说闯王未起义前助姐夫修梦楼时,搬运大石头,至今石条还在。

先人传说,魏锦前述编于 1998 年 10 月 1 日记。

四十三、浙江温州瑞安支系谱序（图）

魏氏修譜序

凡人受中於天地而其生也則本乎祖茍忘其所
自出即謂之無生也可然而世遠年湮服窮親盡
欲遡所自生而不得可奈何於是有族譜之設所
以收人心於渙散合支派於一源後之覽者繼已
承承源源本本有不相維繫者誰乎余自乙酉秋
自杭城歸里有魏君炳金宇德修者係余故友手
執舊譜請於余曰魏氏族譜修自雍正癸丑至今
已將九十載矣將有求於纂修願以勿郤爲幸余
是閱其世系考其由來而竊嘆其先世之澤長矣

按譜載魏氏本宋紹聖戊辰科狀元太子洗馬砥
滄公之裔世居天台闤闠名家接踵相繼盍數百
年矯極盛矣何至今而功業文章遜前人豈樞
盛之後難爲繼耶抑氣運之磅礴鬱積將猶有所
俟耶然自吾朝定鼎以來九六族之裔俱未及先
世且獨魏氏況我往來斯地已歷多載見其族屬
毀繁富而好禮將來必有紹先聲而光奕葉者未
嘗不嘆祖功宗德之所致也然聖賢之教重行詣
而薄功名茲者敦倫飭紀收宗睦族上不愧乎祖
考下有啟於子孫如魏君者亦足多矣余特嘉其

不忘所自以數百年以後之志意上而通數百年
前之精神庶不愧乎為人之道也是為序
道光五年乙酉菊月　穀旦　鎔齋氏周介拜撰
重修魏氏宗譜序
夫流之遠者必有其源支之繁者必有其本此水
源木本毋怠所自非卽姓氏之有譜乎盡姓者生
也以為祖父相生雖百世不能改此譜者統也統
一族之孫子相繫屬而勿離也昔歐陽文忠公始
作譜牒以聯宗支以明昭穆後之效其法者不少
此水源木本之義所由著也粵稽靈霖魏氏始祖

籙吾公官任處州麗水教諭稅居於此遂發族焉
繼繼承承其間以才藝顯或以文章著代有其人
先時炳金公纂修條分縷析厥功甚偉至今瓜瓞
綿延未及記載者甚多甲午秋其族中董事者上
庠士銅成吉塘角日勳日春下霖炳得聖智鳴岐
鳴春聖模壽六紹熙諸君慨然有尊祖敬宗之意
延予修葺予受而觀之按其家乘之所自出考其
世次之所由分皆因眉山氏之法詳其生娶卒葬
橫列諱側諸此以便覽觀庶幾魏氏雲礽有尊
宗睦族之心焉茲當譜事告成特加其志聊附數

語以弁於簡端云是爲序

光緒二十年歲在甲午秋月　穀旦

同邑龍渠氏王寶懷拜撰

續修魏氏宗譜序

今夫譜者布也布先世之功德序姓氏之源流衍
世系之遠近別行第之尊卑父昭子穆百代如在
目前誰謂族譜之修不亞七哉若族譜不修則遷
邈莫考世數難明昔郭崇韜拜墓吳孟子爲婚是
皆不審宗支之過甚矣譜之不可不修而又不可
不續修也吾稽木邑十八都霞霖魏氏鉅鹿望族

龜峰宗譜　序　一九五八年戊戌重修

有大元年瓣秀上莽晉公官住處州龍求軼遠
後於此遙統巨朕至今三百餘載遷徙流民聚處
以大子承熟昌咸將下罹毒其盛宏分居塘角徙上
畔或遷屬岑感以讀册傳承申厚編世其開厭飲
之美爲一鄉冠鄉右豬蒋族艮與之京謹扶共光
之盛詩書禮美皆吾不之遺澤也前譜於光緒
甲午年重修至今二十餘載根條繁衍生蘭遍墙
使于蓀徒知承先人之福澤不知尊祖敬宗之道
今魏氏信士世富君深知尊祖敬宗之道收聯族
之義發孝稀之心有志於葺修卽慈族長得覆公

暨族中吉昌紹風世順蔭高紹順諸君等歡聲振動踴躍爭先詳查生卒墳墓搜羅先世之遺烈博採近時之丁口效章鼎諸房之累仿繩家傳之篇今譜事一閱月告厥成功余同邑中戚誼世富君祈序於予予才疏學譾烏足應令但思魏氏歷世功德聲名昭著於譜牒上者不可枚舉而世富君又能知培本尋源之義始成美舉洵無愧善述者矣因石辭固陋略撮俚語於簡端以綠起云是為序

平邑城底圮門徐月波拜撰

民國六年歲次丁巳孟夏月　穀旦

四十四、辽宁瓦房店谱序

魏门之家族文化，已经濒临衰败之边缘。故我等后嗣如不挺身拯救，即使旺族，其谱书族史也必休矣。

今逢盛世，盛世修志欣喜我族不乏优秀子孙。十世孙魏运鹏自告奋勇，担负这一重任，他不辞辛苦，跋山涉水踏遍东北三省许多市县以及瓦房店境内的许多乡镇和村屯住户，四面奔走，八方沟通，历尽千辛万苦，真可谓呕心沥血，这种为编修族谱尽心竭力的奋勇精神，真是可嘉可敬，此外还有魏运凯、魏文联、魏民、魏俊栓、魏新等在编修族谱的过程中也都夜以继日，秉烛达旦付出了辛勤的劳动。历经数载，编修谱书一部，献于族人，以使魏族后嗣不忘三代宗亲。更得我族有识之士慷慨解囊，以资相助，其空前之盛况，正是我族人明伦理，讲孝道，族业日兴之渊源。

魏氏乃大族，在百家姓中排位三十，在当今中国姓氏中排名四十七位，在大连排名第五十九位，人口众多，遍及全国各地。然一个家族不应以人口众而显其大，也不应以居域广而显其旺，而要凭族人之声望而扬其名。看我魏氏家族古往今来历朝历代名人辈出，精英云集，清官廉吏，大都名儒，贤人雅士代不乏人，史不绝书；而今朝工、农、商、学、兵各业之中，精英新秀，行家里手，能工巧匠，文武双全，风华正茂者冠以魏氏族人，更是比比皆是，此乃阖族之骄傲，族人之楷模。

一部谱书，功在当代利在千秋。凡我魏氏子孙都当知本识源，认祖归宗，追思祖德宗功。慎终追远，报本尊亲。继承先人遗志，成人成才，发家创业，报国泽民，光耀门庭，不辱族人使命。诚如斯，则列祖列宗含笑九泉，福庇荫垂，魏族子子孙孙千秋万代。必将福禄无疆，永世吉昌。

十世孙魏运高敬撰

四十五、江西广昌魏氏族谱序（图）

重修魏氏族谱序

我魏氏族谱由云溪先生创修清光绪五年嘉荫公主持重修至今已百零八年矣

后虽有民国五年梦九公民国二十二年振育银峰诸公续修事惜未完成重修且

遭十年浩劫手稿付之一炬中藏谱者亦被逼焚之碑志大部被毁灾难之大史

所空前所幸者南许振铎訾海法文藏谱尚存且西海学义有残谱齐坊承青有支

谱虽皆为光绪五年本但尚可藉赖相互印证遂由后海之凤之朝主持辨考支系

实施续修参与者百余人可谓麦麦烈烈余年愈而立不学无才忝列其中参与了

汇谱及对谱外支派的考证与采访

按分居志二世祖兄弟十人除本谱中讳正讳清讳从德三祖系外尚有七祖系

不明就近采访中得知陶城埠族人甚众余即偕鲁坊法珠后海芳海两去该地经

与尚喜翊澍翊静绪祯绪君诸公会谈始知其为青州从道祖系由益都回迁至此

六二年重修时与北京前店从礼祖系开州四马集从义祖系合谱北京前店即东

魏氏族谱　卷一　序言　第十一页

阿境 内北京店族谱中从道从礼从义皆为一世祖该谱辈次　延毓广茂培

尚翊绪庆传　振世继中正　树明建文连　立志承宪法　永允兴家范　从十

世始行议及合谱事甚表赞成且以我谱为准其降一世但即时甚觉困难意欲待

其再续时会商于魏海

序中所述

与该祖系光厚元典存心金全尚铎庆章福元诸公会商合谱事谊结果如之凤兄

北魏海从仁祖系尚铎庆江到过后海数次余同芳海茂坤法珠盛林亦曾去

亦曾去朝城南魏家花园但其始祖系洪武二年由杭洲仁和县迁至从立祖

后人不明以吾度之是否魏老楼支派亦未可知文字无考不敢妄断和之凤相生

曾与魏老楼福昌福芝禄正互访结果见之凤兄序云

莘县魏家马场从信祖系吾与法珠芳海去后与明昌福河法祥等人交谈知

其谱已失无从考藉不了了之据从信裔之相迁郓城魏家路口之载同法珠盛林

曾去魏家路口但情况迥异该谱于八二年重修其一世祖路口讳沛魏垓讳谦汶

上讳永迁共三支之相为沛十世孙修谱主持人中义已逝世经与尊一一珍天中世奎等谈诸公极同意合谱但具体事谊终难解决未达协议只好寄希望于以后憾哉南东乐情况亦甚不明莫怪吾等不甚尽力势不从心焉但有籨箕萱学珠兄等热情极高甚为操劳顺利合诸此不为一大快事乎本为一族岂可陌路一谱续之支派详明继继承承永传后世族人之愿也吾等焉能不为只是因素种种未能如愿可为憾事哉是序以为宗人识

承良善庭氏撰

177

维天生人同原一本,本丰枝茂,遂至于根连蔓衍、不可胜穷。故公卿之家、士民之族,其谱系必详焉。是亲亲之情无贵贱一也。尝考左氏传晋封毕万于魏,胙之土,因赐之姓。而史之言曰:魏者大名也,毕万之后必大夫。魏之在后世也,铮铮者指不胜屈,如相之才猷徵之忠直其最表表者。至宋,而了翁以理学名贤累官台要,则魏君与立之先也,与不佞同上春官并得高第,溯之昌邑之隽实前予焉。今方问政云曹,未睹其用,顾言论风旨英毅不群,一切媕阿熏灼之态超焉不屑也。与不佞臭味相合而相得,独深知其人必能以直道宏才发摅于圣作物睹之会,使世济其美而先后重光,则魏之大也不徒大,以科目而大,以文章非止大;以文章而大,以德业宁第邑里之望,而实世族之宗魏之宗人倘能体与立作谱之意,则后之踵与立者,方且继继绳绳而祖德宗功得人益显,岂非水硕枝荣、历万世而不替也哉。兹序也无宁赞,述其休嘉而予之名实,藉以不朽云。

洪武乙丑岁季秋之吉

赐进士及第翰林院编修新淦年家　练子宁　拜撰

重修魏氏族谱序:

谱之作在于序长幼、别亲疏、尊祖敬宗而明乎水木本源之义,若庐陵欧阳氏、眉山苏氏、南丰曾氏,皆拳拳于修谱意,盖如此。魏之得姓,始于毕万晋封于魏,子孙以魏为氏,万子犨,犨子绛,绛子成,成之后,子孙繁衍而散处于中州。汉有魏相、魏桓,唐有魏徵、魏元忠,宋有魏野、魏了翁,其相业政绩、文章德行焕古辉今,其本盛末茂、源深流长,盖非他姓比。株桥魏氏邑之望族也,与吾宗世有姻好,今其后裔将举谱而新之。余观其谱系在豫章者,以了翁为始,当宋末之乱,其子远四公避兵江南于龙兴之西山居焉。其后,徙于抚之赤塘,再徙于盱之李塔,复迁于今之株桥,支派分明,昭穆不紊,无牵强附会之谬,甚可喜也。序之后有图,图之后有谱,凡人之性行美恶、生娶卒葬皆备录焉。其得古人作谱之意与夫士,夫之族良民之家,非无孝弟相亲之心由无谱以明之故。有亲未尽而不相往来、冠婚不相告、死丧不相吊、视至亲无异于路人也。今魏至五湖公由名进士登监察御史,以忠筛著于朝、文章事业照人耳目。余方髫时私,心素所仰,慕今其后,以谱叙请,盖欲明源流之所自而敦亲亲之美也。然山之培也而益高,水之导也而益深。魏之先世其积善施恩久矣,子孙是遵是式罔敢咈违,则庆源益洪传世愈远,殆与匡山盱水相为悠久矣。诗云:子子孙孙勿替引之,此固魏氏诸君之心,而亦余之所望也。

赐进士第荣禄大夫太子太保兼吏部尚书　园　何文渊　拜撰

四十六、安徽六安支系谱序(图)

「六安魏氏宗譜序」
古者重氏族國設專官以掌之
所傳世本五帝德帝繫姓諸書
於黃帝以來王侯卿相之系譜
名號紀載綦詳雖不盡可依据
而其書近古所得爲多自後世
官失其守族姓日淆降及魏晉
六朝益紊亂奚可統紀唐林寶
元和姓纂宋鄧名世古今姓氏
書蒐討非不詳贍而去古愈遠
摭實愈難嗟乎爲人子孫數典
至不能舉其祖有心人奭焉傷

之此私家之譜所由作也顧譜
也者將爲後世子孫所徵信而
或緣飾附會自誣其祖以爲榮
觀徒供有識之訕笑是又愈於
曠廢不修者幾何矣六安魏氏
先世本山東人明季有諱徽昌
者始遷於縣西北鄉火星廟保
厥後子孫繁衍秀讀樸耕今傳
十數世矣而舊無譜頃合族公
議創修屬余一言以爲序余維
魏氏之先出自畢萬千百年來
不乏名人是譜皆關而不書斷

子上則溯祖宗所自出下則詳
支派所由分尊卑長幼不失其
倫遠近親疏各衍其緒逝者則
誌其墳墓生者則錄其名載其
年月紀其配偶著其行誼事無
列其品諧記其壽算書其忌日
不詳法無不備此譜之修也誠
盡善盡美洵足傳於千載而不
朽矣是為序

　　民國九年歲次庚申姑洗月穀旦

　　　後學侯國鎬頓首拜撰

＝六安魏氏創修宗譜序＝

晦菴朱子曰人家三世不修譜
則為不孝是譜之宜修也亟矣
然講明家乘以為後世之宗尚
已使不追溯先祖所從來係地
某公之支派而即矜言收族以
讀傳家巳肇熾昌之勢下逮五
世六世至十餘世派衍支蕃人
交薦起洵六安之望族矣而其
族舊無譜牒今春闔族公議創
修告竣之際辱來問序展卷閱
之年表則仿歐公宗法則仿蘇

自肇遷之祖始洵有合於古人

闕疑之義與世俗自誣其祖者

大不侔矣爰泚筆以弁其端

中華民國九年季春月中澣穀旦

前翰林院檢討王蘭庭謹譔

四十七、安徽萧县魏氏建谱序言

我氏师祖乃周文王之十五子毕公高之后毕万也,仕晋献公有功封于魏以魏为氏。至十二世孙魏武侯与韩赵三分晋地,设镇鹿之地为别都,成为战国七雄之一。后经七世历时一百四十六年(魏王假三年)为秦王政所灭,族人分散,各理一支,专史随断。清朝初年,我支祖顺黄河东迁建魏庵而居,后二百余年,直到西方脉系保有族谱关系。光绪二十五年,我方族谱被盗,族中仅有宗排"永大山敏广,继世兴业长"相传。1934 年,族人魏广赞、魏广思、魏继昌(魏庵)、魏继勋(魏庵)、魏继龄等借重修家堂庙之便,续"世化学新圣,金兰玉庆祥,宪昭延瑞久,忠孝传家乡"为宗排。1943 年,族人魏继昌(魏庵)主办于西北魏庙同姓联合续宗,定"巨克良成守,庆来恒惠昌,中原德荣耀,明清百代祥"为宗排。后因时势变迁,族人日增,不仅宗排各行不一,而且大多数失掉联系。为此魏良杏、魏继高、魏继勋、魏继银、魏世清、魏青山、魏世云、魏兴忠等人本着"追根求源,理清脉络,统一宗排,保持纯洁"之原则,倡议重建家谱,建立魏氏陵园。族人积极响应,自愿出钱出力,时经年余,终究告成。值今清明节之际,族人百余,纷纷前来祭祖,追忆过去畅谈前景,互叙家常,豪情奔放,祝愿全族加强团结,奋发自励,继承先人遗志,弘扬爱国精神,守法遵纪,使我族忠厚仁慈、勤劳善良之美德,代代相传,永无休止。

十八世孙魏继勋稿　公元一九九一年四月

四十八、天津赤土河北黄骅泰联堂修谱谱序

魏氏谱图引言:

昔苏老泉曾修家谱意厚本也,人之族孰无始祖,迨其后子孙繁衍日远日疏,遂渐有不知支派名讳者,此谱图之不可不作也。且祖宗之于子孙犹血脉,然血脉所以生骨肉。脉或有阻滞肢体必成疮痍,九族不相联属。祖宗能无怨恫余,叨官山西见人之序世系者恒多,而吾家独无何以敦本而崇爱乎。因制一图以启子孙,尚念祖宗相传一本之意,世世联属勿使攸数。则血脉流通肢体顺畅,遂敦孝悌而厚风俗,将尽于此图卜之矣。

续修族谱序(一)

尝谓天道远而人道迩,然人道亦何异于天道哉。天之纪纲即人之定分也,此亘古常昭而无差忒者也。故昔成周开国立三十世之基,垂八百年之统其道,首在于尊而亲亲,自人之知有尊也。于是乎行悖悖则不合自人之不知有亲也,于是乎情疏则不一不合,将大加小少凌长敦逊讲让之风渐衰,越理犯分之为愈炽,斯非但族之过亦谱失叙之故也。开之先辈有言,曰国有史家有谱,谱者所以明尊亲之义,联宗族之情也,今吾族十有六世矣,人不下数百户,而谱多未载转,恐世远年湮而名字失传,支派难别不得不推其所自始,溯其所可知,吾族之有讳者则书讳,有字者则书字,至之有功名而妇之有志节者更详记其实,正所以鼓舞后昆尽人道而全天道焉耳。是为序。

时　皇清同治十年岁次辛未二月望日

第十六世孙连元　谨叙

续修族谱序(二)

昔朱子自叙家礼,云,谨名分崇敬爱以为之本,由此意而推之修家谱以敦本也。明尊卑之伦别亲疏之分,接以礼通以情,尊尊亲亲俨有范围而莫越,此谱牒不可不随时续修也。吾魏氏之家族世业耕读,虽无高爵厚禄之荣,而登科甲者出宰百里,上博封典贡成均列当序者,犹复志仕进用申显扬即或资质钝鲁,亦惟田力稼务为作讹成易之业不屑为吏胥,市侩之流果遵何道哉。是盖由祖宗贻谋燕翼培植之厚,流泽之远子若孙遵故牒,而承先教有以致其然也,爰复取故牒而续辑之世系,綦清名次不絷俾阅是图者,共知木本水源之义,各无论戚凌尊之嫌耦俱无猜式

好无尤先灵其愉悦矣,乎尧典日以亲九族。孔子曰敬其尊所爱其所亲胥此道也,后之有志亦将有感于斯图。

时皇清同治十年岁次辛未二月望日第十六世孙连元　谨叙

续修族谱序(三)

谱者普也,吾族此次续修旨在使后之子孙皆知木之有本水之有源矣。否则因氏族广大世次迷紊,支流不分命名之滥,兄弟同名者有之,祖孙同字者有之,犯其伯叔之讳。吾族繁衍迁徙于外地者颇多,不知下落者甚广,为此普遍靡遗之义。

为适应现代之风俗,改变先世之旧习,倡导男女平等,故遂将其女性某氏改为书名。另有义子代子凡愿为吾魏姓之继承者,均可载入谱册,视一脉相承。吾族字世并举知其字而知其世,命名时并非均按其字命名以恐重名者颇多。

此次续修族谱,吾族之弘扬光大保持息息相通,团结和睦之族风族貌。建立利国利族利家新风尚,皆为先辈之凤愿,吾族历代敦厚均承圣明先辈诸公其风,为其后世子孙应奉为千载不易之祖训遵之循之切勿违之。吾族应当思先辈创业之不易,先人之格言要提念,缅怀之祖德于族人,相亲相睦,同心同德,为社会文明共同勉励。

沧州军马站十八世孙

玉卿　字祥熙

玉才　字少歧

沐手谨序二〇〇三年二月

四十九、山东潍坊峡山支系一修谱序

(1763年版)"且天地必本于太极万物总归于一本而人之生也可不慎厥初而惟厥终哉余魏氏祖明初由日照徙居于昌密二境凡屡迁安处于渠邑潍东之魏家屯四百年于兹矣使无谱以志之将何以探木本溯水源乎但旧谱潍涨浸坏几无考证幸蒙七世祖泰来公尚能追述使得创之于前延及八世祖天停公善守矩矱遂得踵之于后本本源源罔敢失坠也已迄今五十有余岁尚绝笔不续不将使有可考者卒至于无可考乎岁在戊子仲春之月谋诸族人共成义举余乃谨以五世成图篆周而复始世系显然其可循支派秩然而不紊延箕裘于勿替绵瓜瓞以长生府而思之颇觉详明庶无愧于祖功宗德而有法于后世子孙云尔"。

末修谱序(2017年4月版):

"树高千丈终有根,水流万里必有源。人生百岁亦有父,子孙万代总有祖。自第五次续族谱已有二十八载,家族发生了很大的变化,有志族人各奔东西谋求发展。为了顺应历史潮流,迎合族人的强烈愿望,促使族人子子孙孙不忘本源,继传

百世,团结凝聚,对谱认亲。决定第六次续修魏氏族谱。

魏姓起源于西周初年,最早发源于河南省北部山西省南部一带,早期主要是在山西、河南、山东省境内发展繁衍,逐步扩展到全国各地,从而使魏姓成为中国一大姓氏。魏姓已有三千一百多年的历史。魏姓人口占全中国人口的百分之零点四五,总人口约五百七十万人,是当代中国人口排名第四十七位的姓氏。《中国名人大辞典》收入了魏姓历代名人二百二十四名,占总名人数的百分之零点四九,排在名人姓氏的第四十五位。

我们祖先原籍山西省洪洞县龙山魏西岭老槐树底。自 1388 年至 1392 年间(明初洪武年间)先祖奉牒迁至山东省日照县居住数年,又迁至安丘县东乡之岞山里、朱子后寺、屋框子等地居住数载。因潍河连年洪水泛滥,老祖永宁、永康、永平、永和兄弟四人从此分居各地。永宁老祖携子朝銮、朝凤、朝里、朝臣在安密两县交界的安丘县东乡二区建立了魏家屯村,在此繁衍生息,居住数百年。1945 年解放后魏家屯村划为昌南县朱马区。1949 年昌南县合并于昌邑县。魏家屯村西靠潍河,潍河水浅而澄清,产四孔鲤鱼,偏西北十公里处有峡山玉皇庙。本村地广平坦,土地肥沃,树木茂盛,绿树成荫,盛产各类瓜果和农作物。当年的家乡到处呈现出百花齐放、百鸟争鸣、人财兴旺、生机勃勃的繁荣景象。魏家屯村有魏氏祠堂三间,大庙六间及钟鼓楼。截至 1960 年耕地面积为五千八百亩,总户数三百四十五户,人口一千三百五十四人。

1960 年在魏家屯住址修建了峡山水库,中央政府决定水库内居住的住户全部迁移原址。魏氏族人积极响应国家的号召,于 1960 年 4 月 11 日全部迁出了原址,从此离别了这块居住数百年,养育了十几代人有着深厚感情的土地。魏氏大部分人员支边到吉林省敦化县大石头镇民胜畜牧场,居住一年后又分别迁移到延吉市、敦化县、延吉县(龙井市)、和龙县、前郭尔罗斯蒙古族自治县等地;一部分人员迁移到水库外望仙埠村居住,1981 年春这部分人员从该村分离出来,在峡山水库东北角望仙埠村东一公里处新建了魏家屯村并居住。

据老人讲从魏家屯看东北五寨、沟头、白丽、朱福、魏家方、魏家寨居住魏姓人员是永康老祖的后代;在潍坊附近新直、候镇居住魏姓人员是永平老祖的后代。都是我们同祖同宗的一家子。

此次续修族谱延续了老谱瓜瓞长生模式,个别处略做修改,简明易懂。谱中增加了族训、魏氏十三世至二十四世排辈顺序、历次续修族谱情况、魏氏墓碑文记、魏氏名人录和人员的出生日等内容。对于没有按排辈起名的人员进行了区别对待,原则上承认现实,按照本人的意愿续谱,但名字与规定的上下排辈相矛盾的改为统一辈分,建议族人要按规定的排辈给后人起名,这样不至于乱了辈分。随着时代的变迁,国家实行计划生育政策,很多家庭有女无儿,为了体现男女平等,此次将女子一并续入谱中。

从永宁老祖繁衍至今,魏氏三支已有十八余代,人员遍及海内外,现总人口约四千一百六十八人,其中共产党员约三百零八人。历代族人中涌现出众多知名人士,各类企业家,政治、经济、科技、教育、文化等领域的人才更是数不胜数。今天的魏氏后人们正在祖国的大江南北立志有为,奋发图强。代代风流写春秋,千秋万载耀荣光。

第六次续修族谱编委会受全族人的委托,为了理顺家谱,认亲寻祖,记述族史,承前启后,走遍了山东、吉林、辽宁、黑龙江等省的城市和乡村,收集整理了家族史和有关资料。绝大部分人员都续入谱中,但由于家族人员居住分散,个别人员联系不上或本人不愿入谱等,未能续入谱中深表遗憾。斗转星移,雁去鹊归;呕心沥血,历经一年。在族人的支持下魏氏三支族谱第六次续修版终于得以问世。此书不仅是魏氏族人智慧、力量与精神的继承和延续,更是魏氏一门家风、家魂的砥砺和升华,定能起到追思先人,启迪今生,激励后人,树君子之风,行仁义之举,开万世基业之功效。在续谱筹措经费中家族有识之士给予了大力支持,在此表示感谢。因时间仓促,谱书中难免有误,请予谅解。

参天之树,必有其根;怀山之水,必有其源。值此编修族谱之际,惶惶落笔,抚今追古,万千心声,溢于言表。殷鉴不远,卧薪尝胆;淳厚家风,世代相传;祖先功德,谨记毋忘。仅此为序。

魏居腾　撰

五十、江西安远支系(图)

鹤树续修族谱序

尝读易而知太极生两仪，两仪生四象，四象生八卦，八卦衍为六十四卦，由是生生不已。凡宇宙之错综杂变蕃衍元替者，莫不有所本而滋盛。是故本天者亲上，本地者亲下，所谓万殊由于一本，一本发为万殊，万物共一太极，物物各一太极也。况人为万物之灵，岂元所本而相生相续乎。缅怀混沌之初，天下犹一人也，四海犹一家也。自三皇起而帝自为统，人自为民，百其姓也，遂百其家焉。固而家有其谱，以述祖功，以彰宗德，以序长幼尊卑，以纪里居田业坟茔，而一姓之始终本末，元不瞭若指掌，昔之视今犹今之视昔焉，善哉族谱之为书，所倏非浅鲜也。今我族续编谱系，不必远述元宋前间读派始，则曰才南法保贵宗富而溯厥由来，则有　　　公始于赣昌，衍而颍于州宁都，以至于安邑，而我祖文斌复自安邑再迁于南乡，　子树下一传而平富，再传至　　　三传而汉珍，迄今四传，而魏昊子孙亦可　　赋税亦可谓丰裕矣。　续修谱书，将前之旧戴者重而新之，后之继　列之，此固木本水源之思，而枝盛流远之庆也。窃顾凡我同姓耕田凿井诵诗读书服先

20×20=400　　　年　月　日　第 1 页

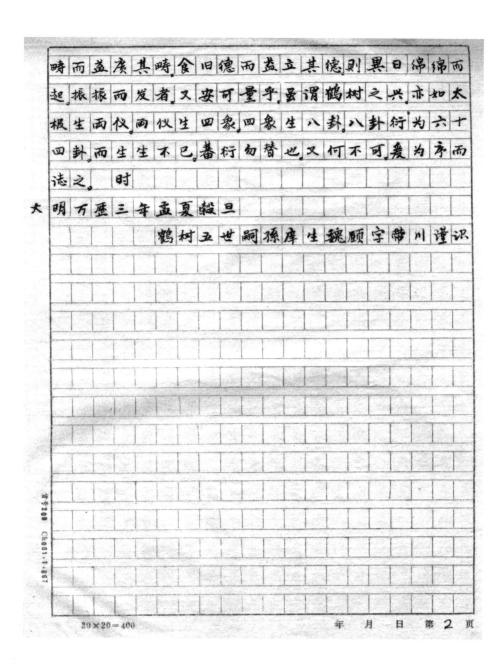

時而益廣其時食旧德而益立其德則異日绵绵而
起振振而发者又安可量乎吕谓鹤树之兴亦如太
极生两仪两仪生四象四象生八卦八卦行为六十
四卦而生生不已蕃衍勿替也又何不可爰为序而
志之　時

大明万歷三年孟夏殻旦

鹤树五世嗣孙庠生魏顾字带川谨识

187

鹊树续修族谱序

今夫莫高非天而日月星辰分野次舍可仰而观者
以天之有谱也莫广非地而山陵乔嶽江湖河海可
俯而察者以地之有谱也且国之创也久矣而圣君
贤相忠佞贞邪可考而知者以国之有谱也至族之
兴也实繁有徒家而尊卑长幼亲疏隆杀可遡而悉
者非以族之有谱乎是族谱也虽一家之艺书实与
天之文地之理国之史且与河之图洛之书同彪炳
于宇宙而辉映于千古也顾不谓重乎哉吾钜鹿之
有族谱也创于元之季续于今之甲申择族之老成
有识者相与参互考证订自春徂秋详审精密然后
鸠工付梓而成书焉展阅之下党本甚长而世不乱
支甚蕃而系不清即异地远居者亦莫不知其本末
源流焉允实一时之修举足为万代之龟鉴也顾不
谓重乎哉虽然谱之修也所以承先亦以启后惟愿
世世子孙秀者微焉永之子弟樸者法康衢之黎民
以勤俭孝敬为本务以诗书礼乐为其裘以和睦任
恤为周旋则立德有人立功者有人　　　者有人而
钜鹿之兴也勃然矣异日载之谱书可不谓绵绵瓜
瓞乎然则族谱之重以为人重也固不辞固陋而跋

20×20＝400

年　月　日　第 3 页

救言于左以俟後之兴者咸知所重云。 嘗

皇明万历十二年甲申岁季冬月吉旦

　　鹤树六世嗣孙庠生　欽命伯崇氏謹识

　　魏氏重修族谱序

余膺

简命自燕都来宰之滁邑是岁之秋因修理太平書院直

抵邑之南鄉魏子许顾钦命等係南仁團之里户生

员也为东道主敬迎余至鹤树鉅鹿之祠而寓焉余

盱览而縱观之但见山拱水绕风淳俗厚窃私心赏

之曰此地之兴也必悠久无疆矣时值魏氏续修族

谱而魏子殷然欲恳序于余又若歉然不敢恳序于

余余谓魏子汝独不知汝之世原乎夫魏之肇封也

始于毕万至周而有魏犨魏戊子其人焉汉有魏相

魏应其人焉晋有魏舒魏收其人焉唐有魏徵魏謩

魏元忠其人焉宋有魏了翁明有魏良弼其人焉薄

言此数贤類皆声施赫濯流芳千古者子非其苗裔

也耶则是魏之家不可谓非世家魏之族不可谓非

巨族矣至问开兹土者则始隐于德之文斌翁焉自

文而上歷有传人考其元载凡生殁塋葬始终本末

莫不鳞次分明朗如日星则魏之木本水源亦可谓

固且深矣迨今人丁浩繁英豪辈出而赋税甲于一
乡猗欤休哉何其盛哉宜魏子之不觖已于修谱也
夫既修是谱必有裁是谱者而是谱之中岂无有德
行忠义如魏掔魏成子其人乎岂无有贤长博士如
魏应魏相岂无复有高尚文学如魏舒魏收其人乎
岂无复有谔谔怀芳孙祖同风如魏征魏謩与元忠
其人乎岂无复有表彰圣学名不虚传如魏了翁魏
良弼其人乎吾知魏氏之族必然可大可久愈远愈
奇而兴发于无疆者因援笔而弁数言以序之云
皇明万历十二年甲申岁桂月之良乡进士文林郎知
安远县事高邮州秦丹藜轩氏拜书

重修族谱序

试看今日天下吾姓标于域中也如星罗然盖吾
太祖远四公系　了翁华父公之四子也住居建昌
府广昌县历年久远顾後子孙浩繁从居散处有聚
族于福建者矣有蕃衍于广东者矣即以江右论有
辉煌于赣郡之宁都焉有灿烂于赣郡之石城焉有
炳蔚于赣郡之安远焉虽各自为家家自为原而要
皆远四公之一脉所自来也今岁二月之念二日有

宗人讳士翔字羽千偕丁酉乡荐来京会试而余於
翰林院之西堂问其里居则安远之南乡太平堡鹤
子树下自　文斌祖开基以来至今已十四世矣凡
族中若贡若监若生员不可胜记余素闻濂邑之钜
鹿郡绵亘约数里烟火有万家而人文蔚起称望族
焉今方宗人语而如见之矣因而叙及宗派凡征前
载之家乘者无不若合符节所谓文分而本不分派
别而源不别也乃宗人復何余而请曰我族人众系
繁后世不无世远年湮之虑已议来岁重修族谱欲
余筆敕言以序之余窃谓族谱之修以述祖功以扬
宗德则仁之至也率是言焉以别尊卑以序长幼则
义之尽也率是焉以谨祀规以整族矩则礼之明也
率是焉以详里居疆界以载坟茔山岗则智微也可
知矣以彰前业之艰难以一后绪之耳目则位之笃
也可知矣一举而五常备之典綦重矣事甚美矣寄
语宗人暨诸父老无咎方泰语焉不详粹言焉不详
而今世以至千万世咸知方泰有此敕言则家谱非
因方泰而始创而方泰实藉家谱而永传世也因以
是谢宗人之请而为序。

督

空上　康熙五十七年戊戌岁春月榖旦　　赐进士第翰林
院检讨侍直南书院
钦命　乙酉科山东大主考丙戌云南学院陞授通政使司
右参议加一级甲午科福建大主考裔孙
　　　　　　　　　　方泰字鲁峰谨识书

　　　鹤树谱咏四章
其一　孝　钦为万人杰，须敦百行原，显扬与继
　　　　述，族牒有明传。
其二　弟　式好无相犹，推贤而让能，诗书称友
　　　　爱，家志重天伦。
其三　忠　心可质天公，无欺贯始终，对扬将所
　　　　学，世系争光宠。
其四　伩　无诈亦无虞，有典且有则，卓哉我族
　　　　书，允为家之律。

　　　鹤树四景五言绝
神光映日　葱郁经千载，崔巍俯万峰，洪灵环
　　　　钜鹿，佳气灿瑶空。
鹿角侵云　六秀居乾兑，参天映郊，峥嵘何所
　　　　似，太白倚丹霄。
银潭泻浪　滚滚长生浪，溷溷弩甲灵，势泻千

里去。呲受有银屏。
宝石垂绘 发源从三百 奔腾次坎宫 上游谁
作砥 宛见半采翁
望清康熙五十九年庚子岁孟夏月吉旦 鹤树十世嗣
孙怀奇俊千氏谨识

鹤树重修族谱序

尝考古来之巨族世家往往始微终大要皆承天之
庥得地之胜而积德之厚耳盖其源混沌而不竭者
故其流浩浩而莫御也彼唐虞以前元论矣如祈姓
之始若蒲版也大抵放勋姚姓之始抵沩汭也大抵重
华妫姓之始抵安邑也大抵司空子姓之始抵亳都
也大抵商履姬姓之始抵邰岐也大抵文武夫帝王
之家既有然矣而士庶之家又何独不然吾姓发源
抵毕万也由来旧矣其后相继而起创建非常代不
乏人史不绝书然而邈乎远矣难以悉述迫至宋世
如了翁华父公理学宗工一代文人之巨擘也自是
如远四公而祯公而祥公衍而才南法保贵宗富几
经播迁暨我烈祖 文斌公上绍宇都安邑之脉下
启濂南鹤树之祥爰作室抵其下而披荆斩棘辟土
开疆盖谒一人一时之经营而百世之宏规奕叶之

20×20＝400　　　　　　　年　月　日　第 **8** 页

之鸿图始基之矣。继文者平富公也。平生世则有世英、世华、世和、世昂四公矣。继世者汉，世英则生汉瑋、汉佩二公矣。世华则生汉珂、汉琦二公矣。世和则生汉珍、汉琦二公矣。世昂则生汉瑶、汉环、汉珠、汉顼、汉珣、汉珏、汉琳七公矣。继汉者魏，汉派十三则生魏派兄弟二十四人矣。由是而钦而昌而德而顺，以及臣达邦遇诸派，则未易更仆数矣。何非烈祖承天之麻，得地之胜，积德之厚，安必子孙之振振纯纯若是哉！则伊乎其源混混不竭者，其流浩浩莫御也。但世既远矣，则传闻多讹；人既众矣，则世系易淆。苟不重修谱书，何以昭扬前烈，怙启后人乎？用是纠集族众，协力同心，循辑已往，编次将来，纂成付梓，刊刻集内。既分支而别派，缕志名而著行。凡祖宗之遗训遗规遗址，与嘉修嘉德嘉言之见称于出道有德，揄扬于文人学士者，莫不具戴。余虽不才，窃顾家谱吉成，不胜击节叹赏，而为之序云。

皇清　康熙五十九年庚子岁孟夏月之吉

　　丁酉科举人鹤树十世嗣孙　士翔羽千氏谨识

　　诗曰

天地一元运万派乐悠扬钜鹿流芳大鹤树发祥长

卜年且卜世弥炽还弥昌濈濈予怀望云初有烈光。

　　词曰

磊磊落落潇南巨户彬彬郁郁诗礼芳躅云霞葳蕤子子孙孙多福多寿多禄

　　　复为歌曰

有美必彰兮山高水长无盛不传兮户诵家弦自今以往兮如日之升如月之恒兮如松柏之茂

　　　且为赋曰

维兹谱书实我家珍既有伦而有序亦可攷而可徵如倬彼云汉彼苍为章如沧溟浩瀚百谷归焉如太行巍峩万山景阿可以与六经並重可以与二十一史同其辉煌忆此予窃幸家谱告成不胜击节欢赏深喜　烈祖承天之庥得地之胜积德之厚俾我子孙浩浩而莫禦者皆其源之混混而不竭也後之读是谱者其亦有感於斯而无忘前烈无忘修谱者之婆心云　耳

皇清康熙五十九年庚子岁孟夏月毂旦

　　丁酉科举人鹤树子树下十世嗣孙　士翔羽十氏谨识

195

族谱序

族之谱牒所以考世系辨昭穆有图可考敢曰谱牒岂易播执

多维各派而溯之则一源之状择何维弟肇本枝

而前之曰一不可得见焉倍尔之公谁△定窗

先业之人咸近而伯叔兄弟远而九族之衰尤远而几同

姓同宗俯接之骄悍之辈以相凌侮自不陌诱之稿领

魏氏族谱　第一卷　序　第2页

姬顺序谱语因排围绍稽世代之绪宗派并之甚审宴

而族谱之睡醒丁未秋偶于案邸得刻兼

云由族谱之未修初不云乎源一本之所由分其署此

不知其偏乃必实甚是求世修之為人心之隐失徒哉

人之平目他人不必悲之自收云年目同体必我亲之

而废此乃责以平反而自收其平目字至亲不忍旦收他

第3页　魏氏族谱　第一卷　序

者纪人必有纪孙伲科名号纪九先人籍墨之苗裔矢
之由麻丕辈裁毫此颇觉善谱彼加派维踪而荣祝
䕫美远而必通且生没之子嗣孙若勃柔世三事业谓蔚
䔥人之品维端方其耋㓜牵事首崐耀寰区甚好之
斜名徕位真充之册将由毫而的恭之生率⊙耝以西⊙勿
墀愿志勿俵愿勤缝学膺外以昭前人善隆谱之竟矣

魏氏族谱　第一卷　序　第4页

独是人之将族谱之曰始祖而遂及之此追而言序始祖

之所以理遂而有所考此定之而知始祖之说古人论之

绎其生文七田先世之有功法于武以是为始祖讹为可曰

记怀之盛及之为国以后禄为始祖堂后禄之前曾喜

考手禄功法在宗举毕至士庶之家亚韵至庶矣而

视之之理同此孝家前此皆以京奥为始祖语言真矣

第5页　魏氏族谱　第一卷　序

前去名字不考今众不知念之相悼之事自当撰理书

编经祖遇道年散独三支源科甚少难考而责偿

严后疑此矢意杯之深源之远谱自莫推之自座八经祖

为始祖而以春祖为所句出觉与要人论指祖之蒙不利

谅庚徐颐等数其为大宗之义尤西西堂罗之更人论姑

孙技大宗房将长没四禄之清与私有前人试虑将老

魏氏族谱　第一卷　序　第6页

而支庶乃搬嚣辨踌高低三台以塵書祖又

以子孫當以墊思生生之孫堂而置黄額之孫頒承以墊雨

仍角泯庶之禮以礼先人于禮場学於以安年綠之前古

以婿衰為文宗後世爱書以為大宗紫荣為之論矣

理人情之極也因並及之盖為序

雍正丁未嘉平月芝旦裔孫啸岳述

第7页　魏氏族谱　第一卷　序

重修家谱序

吾族魏氏族谱舊有效册續

慎數次与始祖至十二三無考

此後皆未之續也七又几十餘字

矣支分派遠字名莫纪有觀

而而禾相隆比有賀岂禾不相

魏氏族谱 第一卷 序 第8页

及者有阅者亦不至紊乱纷

而莫可考矣言归合族择

心弦善书比缵修十东等

我门有末及遍道比如传

此抄写庶家藏户珍东支

有礼祝之谊远宗忘恍昭谬之疎

矣坐细阅其间吕牟接之

纷而继以代姓北〔北〕公畜往台姓

以别之矣失定宝族不统失

肩前已家名而没其后续

此则下注无传以第之出其先

後松筠也玉烃祖之说未定之

魏氏族谱 第一卷 序 第10页

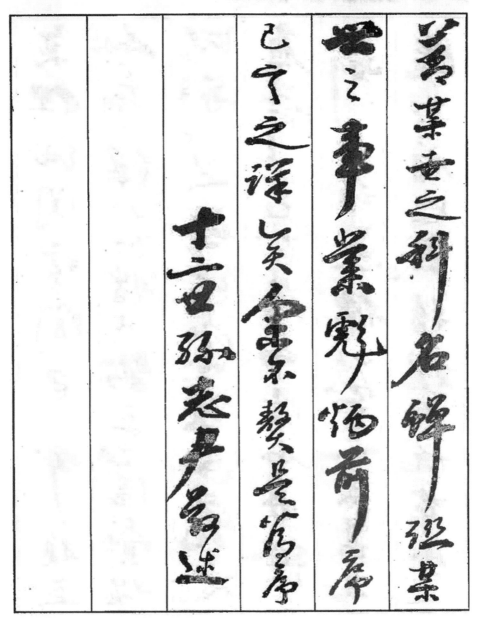

魏氏文化源流研究　>>>

第11页　魏氏族谱　第一卷　序

魏氏重修族谱序

且谱之修也原所以收族而族之收也正所以敬

祖不过使阖族之人知　祖之为祖是所当敬族之

为族是所当亲已耳至於修谱之义前数序

历历言之矣余亦不必再为之陈弟以修谱言之

嘉庆十三年之修距康熙五十一年之修間有

206

魏氏族谱　第一卷　序　第12页

九十六年其中便脩谱之人屡为搁笔不无

作难之处所以立有定规不过三十年一修上次

脩谱之人即为此次之领袖此次脩谱之人即下

次之师承其亲经其手门次知之也悉自能敍

之详也愿后之为族长者不负吾言各率旧章

云尔是为记

207

昔道光十四年歲次甲午仲春廿五日告成

十三世孫銓重修蘭蘭編次照參閱時雨校正

清緝　蒙旎
　　　近信
振聲
　　　貫一
　　　之翰

魏氏族谱　第一卷　序　第14页

续修族谱序

族谱之修乃以上述祖讳下敕宗支诚善举也

溯自始祖卜居利国村玉为城以县令起家

以后擢高科登第仕名光大册泽及生民旧

谱载之详矣迩自道光甲午重修一项续

玉十八世迄七三十三年属经育衍因时

第15页　魏氏族谱　第一卷　序

值多事遷延未就至三月复集族人

接次書名续至十九世庶半月抄成十卷

又因世代久远人丁衆多家名多有重複

殊虞不合因酌定十字曰普蔭焕编泽宪

诏绍道绵自十九世以普字派名以後按

次相传不丁紊乱如未遵此不准入谱又议自

葢以陸二十年一修興其遠而雖磐不紊

近而可考之續成敬并敬語并誌派名

修譜之有定例云

同治六年相月　十四世孫天賜敬述

續族譜序

吾觀族譜之序空闕二十年一条自

同治初年續後距今十星霜矣德以

無賞遠其事合族之望雲莫新

祖席役工記語會曰祖庙修族已偹此

其時吳臣前諸修譜此而存惟族姝

缅欢余乃谋徒录般楼门世砍续顶辅

名字事蹟降与零星尤亟款发启

甲辰正月岂云昆仲復曰缮录月族

城乡各门访问未入谱此录记事遵嘱

袖无人乎辛丑正月参云为鹤云迥应

今礼梦周等三两人身遍数年不虚顾

入父葬行谨茫到戴在邑志此弘了遂

從世代及支鉴墓霋雨三阅月而册成

後末置高阁逸其事未之举十一月

族姪铭斗昆神脱於村役曰吾觐魏氏化名

人杂何属举屠废平遂约余及丕基

鹤云叶麟等议诸泾简约石设局

魏氏族谱　第一卷　序　第20页

所不□伙食将筹举事告之族长及

伯叔全礼等□皆许丁同族共捐

赏得亲办参稽录绮以优拳荣择

工书亚承薄滦懂吴麟喜圆怀讨

善於蔷棠十馀人参领其事不恤月

咸廿馀本详为毅对俾无错乱事端

第21页 魏氏族谱 第一卷 序

窃屡余为序余曰吾魏族谱序文

美俱以序因缉事之巅末列诸简

庶後来续北知此颂之事难而易读此

次之工且临讨壬矣十七世孙乃绩德

五十一、山西阳泉平定夏庄魏氏谱序

家之有谱犹国之有史也。史不修则一国之统绪易紊,谱不续则一族之世系难明。故昔有司马迁作《史记》、欧阳修作《龙岗迁表》,古人云"三世不修谱,非良子孙也"。我夏庄魏氏一族,自明代中期迁居本村以来,至今已有近五百年历史,现传十九世,族大而枝繁。1965年以前,魏姓各家,除有本支神主图轴分散保存外,尚有老祖宗总神轴流传保存,每年春节过后的正月二十五日进行全体族人共同祭祖活动,有几套手抄本族谱藏于族间,或称《补书》,或称《股书》,我族世系的最详细的记载。可惜大部分都在六十年代的"破四旧"烈火中化为灰烬。幸有族中开

基公和种文、忠祥三人，冒着政治风险，私下收藏了旧谱各一本，其后人志敏及启泽、振茂三人，一直加以妥善保存。直至改革开放后，这些老本才相继面世。尽管大都是断纸残篇，实为我族传世之珍宝，为后人查考世次源流提供了可靠依据，使后人免受无据可查之苦。三十几年前，我族有识之士十三世殿阁公，曾极力提倡续修新谱，并付诸实施世系普查基础工作，调查完毕，他却因患肺炎而去世，续谱之事也由此中断，实为一大憾事。此后，因种种原因，续修全谱之事曾一度停顿，至今方再行启动。全体族人应当共同努力，完成此事，实现大家的心愿。但因我们才疏学浅，且受身体、经济诸条件所限，实难担此重任，现勉强接修全谱，实感力不从心，如果能让此项孝心工程圆满完成，从而起到承前启后的作用，即为我族之大幸矣。新谱编竣付梓在即聊撰数言是为序。

十四世孙万泉
十五世孙启泽
二零一四年八月十二日谨序

五十二、四川合江小槽支系

（二）月籠前言

大清乾隆兩千年　何況救星歲人乎
五月初六未地動
小䤾山倒塞小河　合川龍多沖大海
到流七日七徊晝
休滿一森勇兩河　月籠錄儔無鹿譜
兩岸人民卷戶神
詞寺像山村林木　存流子孫作依据
進行勇下神靈戶
雞犬飛天自我住　永遠作為後代傳

修谱后记:

公元 1993 年正春佳节,我族在二十三世孙高楼、高猷两位老会长的带领下,各房各支共同努力,历尽艰辛,将毁于匪患数百年未修族谱成功重修。数百年族史在族人面前重新展现,二十二代以上族人资料入谱记载。

"九三修谱"("九三"即 1993 年,谐音"久山",有山一样坚固之意),增强了家族的凝聚力,族人更加团结、亲和,为后代续修谱奠定了基础,树立了榜样。在此,我们向已故前辈高楼、高猷老会长致以崇高的敬意。

距"九三修谱"过去二十五年,族人们继承前辈传统,在大家的共同努力和族委的带领下,将族谱进行二次续修,现有的二十三代至二十七代子孙资料记载入谱,并对"九三修谱"进行查漏补缺。第二次续谱版在 2018 年清明与族人见面。

二次续谱,二十四代孙仕位、仕义、仕发,二十五代孙俊坤、俊杰、俊超等,做出了突出贡献,向他们表示真切的谢意。

家族在前进,自强不息,源远流长,后者更完善。

五十三、四川合江魏家祠支系

宗谱流考

自先时,祖籍湖广麻城孝感堂号"钜鹿",明时入蜀,居重庆府长寿县魏家湾(岩)。明末张献忠乱蜀,重庆陷,文尚、文法公逃入四川军粮府(今贵州遵义),文法公娶妣朱氏,文尚公娶妣喻氏。后军粮府失守,二公携家眷回长寿,行至符阳(今四川合江县城郊),知长寿未平,暂居以待。后乱平,于康熙二年在此插业定居。

然祖籍难忘,后复返长寿,见族人皆丧,庐舍全无。故只知长寿世祖只有朝举、朝仁二公,朝举不详,朝仁公生世山、世良,世山生文尚,世良生文法。朝举、朝仁以上之祖,均无可考。后朝仁公第五世孙扬举公事业有成,遂立宗谱,建宗祠,家族走向兴盛。现此村以"魏家祠"命名。

1983 年,在朝仁公第十二世孙辉玺、辉宗、辉远、小能的带领下,举办了清明家族祭祖会。从此,年年清明祭祖从未间断。辉玺公(重庆大学教授)于 1993 年和 1995 年两次前往长寿寻祖未果,便带领族人续修了族谱,留下了"切盼在长寿,合江两地世系衔接之日,家祭勿忘告乃翁"的遗愿。

十四世孙魏成书

五十四、湖南衡山沙泉支系谱序（图）

六修族谱序

古人云：盛世修志，旺族修谱。故修谱乃继古开新，兴德传道之举。续谱，则是家族血脉绵延，薪火相传之根据。自古以来，概莫能外。

自始祖仁覆公明朝永乐年从江西新建县迁徙到衡山沙泉，今已发展延续至二十五代，开宗亦有数支。主要人口聚居于衡山沙泉魏家湾、界塘、幸福、桂花、石塘冲、柳树塘、长江李家垅、福田千家、湘潭花桥、茶恩、金坪、松木塘，总人口八百多人。人丁兴旺，枝繁叶茂。

去年春夏季，堂兄贻书、堂侄常君谈及魏氏族谱全国联谱一事，后经贻书努力召集魏氏宗亲相聚沙泉桂花兆嘉坪，确定魏氏名誉理事长：甫堂；执行理事长：贻书；秘书长：周平；总顾问：孝林与会长，其他宗亲均为理事。明确两件事：一是续修「六修谱」；二是定于公元二〇一九年清明节举行盛大魏氏首届祭祖活动。

于是我仿其旧规，遵乎前制，不敢妄有变更。尤赖堂叔公菊坤，堂叔雪冰、德良，堂兄铁金，堂弟珍平、建新，订讹正谬，考核详明，以襄厥事。一八年深秋，完成初录信息工作。其间得益于通信网络化，宗室之人来往密切，子姓之众皆出祖宗一人之身。明乎此而相亲相爱，长幼依序相洽，尊卑以分相联，而一族之中蔼然秩然，自致保世滋大，其为身后谋者莫善。

今春首届魏氏举行盛大清明祭祖之典，前无古人后有来者。望吾祖庇佑我族兴旺发达、才俊辈出。祈盼吾魏氏后人能常念祖上之德，每隔三五年能略举典礼，以报先人之恩；隔三十五十年，能续写族谱，以慰先祖遗愿，补本族谱之空白，贻子孙之规训，使后辈了解世系繁衍，弘扬家风，继传家训。

家有谱，犹如水之清而源不断，木之根而本不失也。

孟冬季，最后的校对工作由甫堂、孝林宗长主持。经贻书、珍平等辛勤劳作，可交付梓。其中若有不足，敬请所有族人予以谅解，适当之时，再行修正。临近年末，沙泉魏氏双喜临门。一是二十一代孙仲初续写班房诗，加上了「敦睦传家德彰隆兴」八个字；二是通过全国联谱方案，沙泉始祖为魏氏六十七世孙。

为使我族兴旺发达，一定要勤劳致富，崇尚文化教育。望我族千秋万代，振奋精神，团结一致，勤勉奋进，谨遵家训，开创我魏氏未来辉煌之篇章！

至若文不雅驯，语多支离，皆由识短才劣，莫克修锦润色之所致也。尚其谅之，是为序。

二十二代孙周平撰书于祖先堂

魏氏六修族谱 卷一

六修家谱序

序序

八 钜鹿堂

岁在己亥，距五修族谱已二十年矣。记载一家族之世系繁衍及重要人物事迹者，族谱也。其与国史、地志并称中华民族三大重要文献，于历史、民俗、人口、社会和经济的研究，均有其不可替代之独特功能；于族人后代，更是有寻根、清缘、增知、联情之重要作用。说我是谁，我从哪里来，我要到哪里去，乃西方人生哲学终极三问。说的即是，人只有知晓自己源自何方，方能开拓更广阔的去处到达成功的彼岸。然则，余私以为，人无论去之多远、成功彼岸在何处，其终究还要回到来时的地方，如同叶落归根、水落归末。由此来看，人不得不知其来处了。二十年来，物换星移，世事变迁。我魏氏族人在衡岳之麓、湘水之畔辛勤劳作、勤俭持家、恪守礼法、生生不息，至今已二十五代人。岁岁年年，新旧更迭，人丁兴旺，福泽延绵，更有重

223

魏氏六修族谱

卷一

序序

九

钜鹿堂

修墓地、重大家族祭祀等活动告慰先祖、启迪后人，借中华魏氏联谱之东风，沙泉魏氏家谱修订已刻不容缓。二〇一八年初夏，族人周平、甫堂、珍平、铁金、常君、建新、少林、雪冰、建华等对原家谱进行了补遗、订正和完善，殚精竭虑，谨小慎微，终于二〇一九年底初稿付梓。此次修订，在格式、顺序、语言等方面都保持了原版的面貌，所改动的唯以下几点：其一，增添了少数人物；其二，调整了部分人名用字；其三，增补了有关内容，如重修九代祖墓地、举办了历代来首次大型清明祭祖活动；其四，增添了编辑人员相册等；其五，修改了原有插图；其六，调整了介绍人物的行文顺序，并对语言进行了锤炼；其七，吾族谱牒跟中华魏氏联谱编辑部主编魏亮先生进行对接，使吾族谱牒编入《中华魏氏谱誌》卷一篇。此外，为便于再续时增添人物，在历代人物之后，增加了一些空页。此次修订，虽慎之又慎，但因水平所限，不足之处仍然难免。同时，由于年深月久，资料匮乏，有许多问题仍未澄清，特别是有许多人物还不能审定入谱，望族人注意挖掘和收集资料，以期再续时臻于完善。

二十二代嗣孙贻书拜撰

岁在二〇一九年农历己亥孟冬之吉

五十五、河南省巩义市（巩县）回郭镇

乾沟村魏家顶魏氏宗谱编修简序：

吾乾沟村魏氏是周公后裔，毕公封国，文侯拓疆，国兴大梁，魏氏子孙是代代官居要职，名列朝纲，武有将军元帅，文有翰林宰相，是文武双全，代代英贤。三国武将封侯，唐朝三代宰相。到了宋朝仁浦宰相，又把魏紫牡丹培养。明有吾祖进士及第。为吾祖之光，后代之荣，吾祖延续至今，可谓子孙兴旺，人口之多，分布之广，遍及神州各地，由于年代久远未续。原谱历经燕王之乱，老谱又经"破四旧"之风，资料残缺不全，众族缅怀先人所盼，决定整修，续编宗谱，族众齐心协力克服困难，四面八方寻根求源，资料残缺，接续有难，故取近弃远，谱容侧重，十七世魏宏展，十八世魏成璞、魏银安等分续写谱，从魏敏支系接续魏迪，后传两大支系。大部分居乾沟村魏家顶上下及白云寺周围和偃巩一代，资料翔实可靠，谱为族人传家之宝，人本乎祖岂能忘哉，望后人慎而藏之。

乾沟村魏家顶魏氏宗谱编修后序

写谱坚持二岁入谱，男女上谱，有姓有名愿者行之原则，依现在政治法规，体

现男女平等,改革过去人过十二上谱,男入女不入,男有名女配氏的族规家法,后人续谱切记从十七世、十八世起,续谱为其念祖宗之功德,为其后世代不紊,故写简明之序云。

巩义市(巩县)回郭镇乾沟村魏氏宗谱编委会

十七世:魏宏展　　十八世:魏成璞

五十六、河南洛阳负图支系谱序(图)

魏氏家谱序

我负图村〈又名古图村〉魏门家谱,经族人努力,终续修告竣,印订成册,这既了却了一代人的心愿,也为社会及后人留下了一份珍贵的史料。清顺治十六年,我先族一蛟公与同族共居府城(洛阳)东关小石桥,时洛水暴涨,家贯被淹,为生计所迫流亡异地者皆是。一蛟公先移迁于小良村族门下,后与图西张氏结亲,才辗转于古图,定居图河东岸的两孔土窑里(今魏志兴老宅),靠耕作编织谋生,一蛟公共生五子(有信、有德、有才、有用、有成)其中有才带领妻及儿子(成辅、成宪、成章)别迁新阡,余四人自然形成了魏门家族的老四门,(即有信门居当今一组上下阴;有德门居当今一组沟南;有用门居北阴;有成门先居北阴,后迁一组西边)。三百四十三年的寒暑代迁,吾门家族已是户以百计,人已近千了。这套家谱衍列了近十四代族人的同源支派,一代不漏,能详尽详。也记载了我魏氏家族的峥嵘沧桑,如派於失续,我代族将愧对于先辈,遗怨于后世。

古图这个村庄,历史悠远,系仰韶文化遗址。上古时,伏羲驯服"龙马负图"依图画八卦,作书契,代替结绳记事,就在村中所辖的图河里。魏门家族受着古代灿烂文化的熏陶,曾出现过朝中尚书、训导等职,也为国家培养出不少人才。

一蛟公弟兄四人,一龙、一凤、一蛟、一经,他们的父辈及先族均葬于盘龙冢西南500米处。为继承先族遗德,

—1—

周次子三台公出继之。三台公弟兄三人三益系长子，留栾川，三奇系三子赴嵩南落根。孔寨、栾川两门至今已达百余人。

洛阳一支，水湾小石桥后仍留府城，系四门一经公后代，世代与我门往来，感情融洽，亲如手足，该门清松公死后葬于吾村北地。

往事起落，难以俱说，新中国成立五十余年里，族人增加三倍，村落扩大五倍，祖辈居住沟边窑洞的时代一去不复返了，部分家庭已过上了比较殷实的小康生活，但由于历史原因族人在不同时期外出逃荒，做工谋生者甚多，我们寄希望於他们尽早认族归根，圆我族梦。

此次续谱，顺应时代潮流，计划生育，男女平等，原有族规有所变更，有男续男无男续女，女亦可继承入谱，乃为吾族新策也。

如今中华盛世，国正芳年，政从民欲，1999年族人共议，组织了专门续修班子，经二年多努力，终续写告竣，付之印之，前代族人的在天之灵，一定倍加欣慰。

余浅见薄淡不堪为文，然为族人所推，义不容辞，谨序拙文供笑纳。

时贰零零贰年贰月十代裔孙广禄（长江）谨序

五十七、河南夏邑县魏楼支系谱序

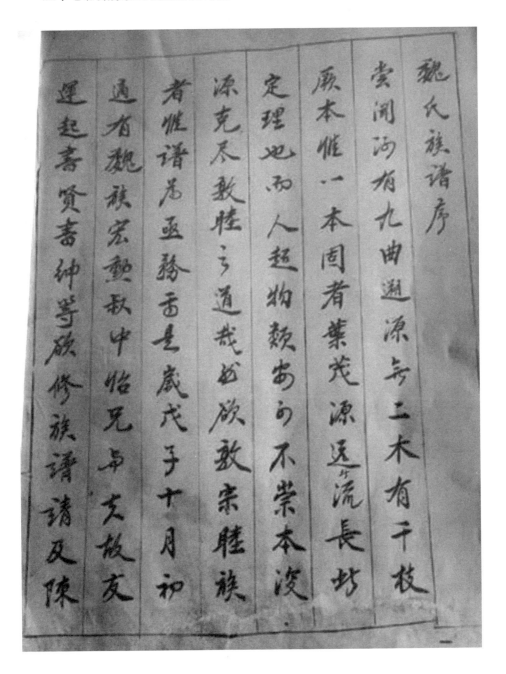

魏氏族谱序

尝闻河有九曲溯源岂二本有千枝

顾本惟一本同者叶茂源远岂流长也

定理也而人超物类安可不崇本浚

源克本敦睦之道哉如欲敦宗睦族

者惟谱为亟务焉是岁戊子十月初

遇有魏族宏勋秋中怡兄弟友故友

迅起耆贤书绅等欲修族谱请及陈

二二七

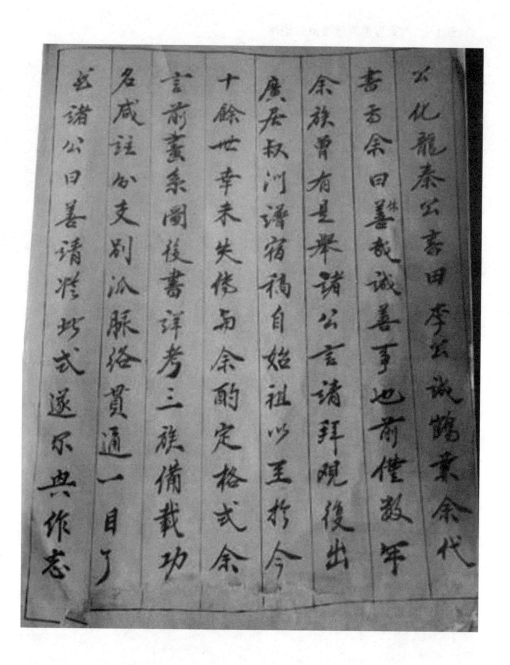

公化龍泰公喜田季公誠鶴棄余代
壽而余曰善哉誠善事也前僅數年
余族曾有是舉諸公言請拜觀後出
廣居秋河譜稿自始祖以至於今
十餘世幸未失傳與余酌定格式余
言前叢系圖後書詳考三族備載功
名咸註於支別派脈絡貫通一目了
然諸公曰善靖游坊式遂不典作志

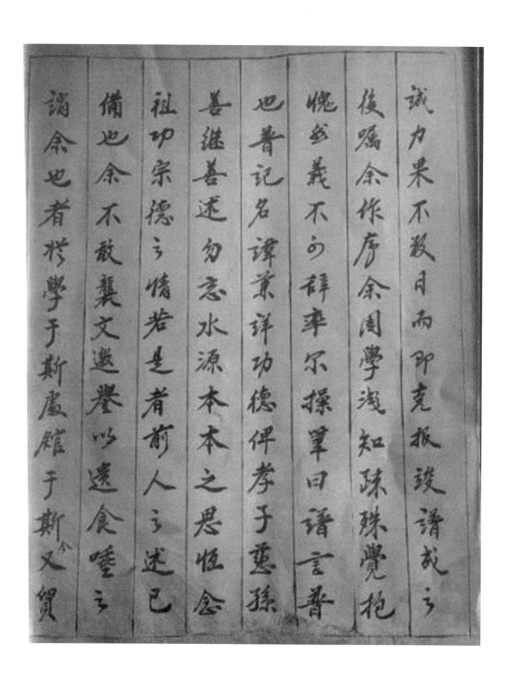

诚力果不数月而即克振墬谱成之
後嘱余作序余固学浅知殊殊觉柜
愧丝义不可辞率尔操翚曰谱言普
也普记名谭业详功德俾孝子慈孙
善继善述勿忘水源本本之思恒念
祖卯宗德之情若是者前人之述已
备也余不敢襄文邀誉以遠食喫之
谓余也者将学于斯庶雄于斯又贺

易于斯也斯不過即診見閲与玩樂

逅者以道之耳余嘗稽古縣志魏橋

即謂魏寨知沈為明德之苗裔寔红

李之敏族也當清明改革之際涸戆

蠢起人与藏身咸集于斯愿而焯烟

若惹冦勢如林擴閒篇之之棋亮速

日月挑出威之之陣勢撼山河觸目

鷖心誰敢与靣惟有明德至勇专懼

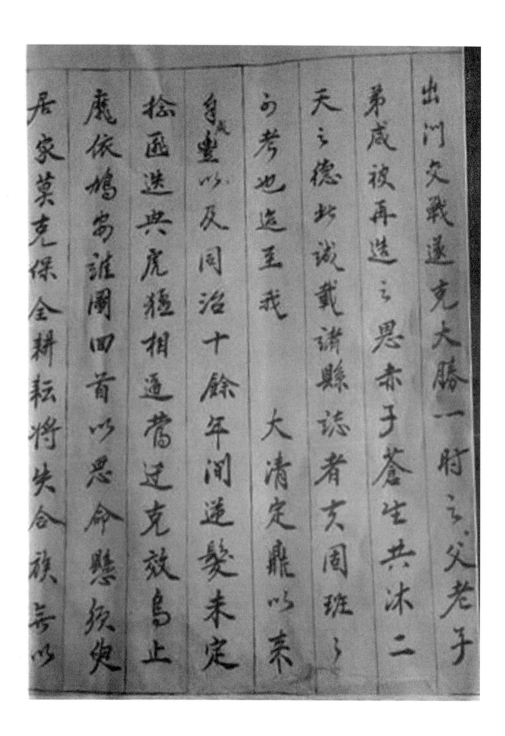

出川矢戰遂克大勝一時之父老子
弟咸被此再造之思赤子蒼生共沐二
天之德此誠戴譜縣誌者亦同班之
可考也逮至我　　大清定鼎以來
之壷以及同治十餘年間遞髮未定
撫區送典虎貔相通當迁克效鳥止
慶依鳩客誰閉回首以思命懸須臾
居家莫克保全耕耘將失令稹若以

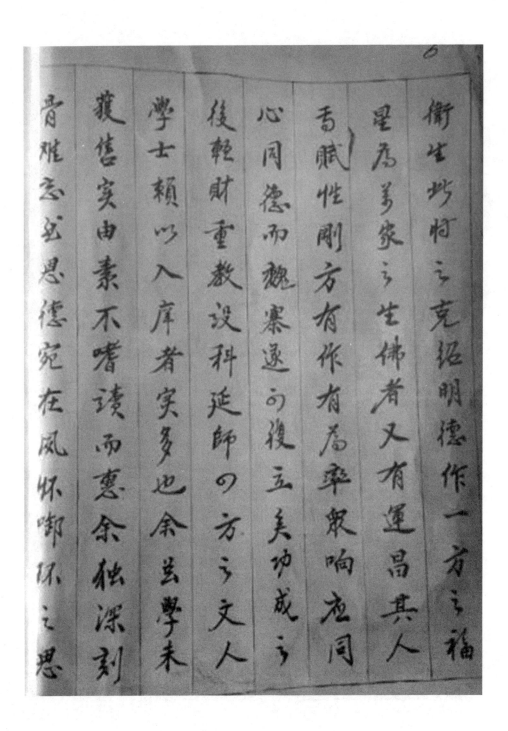

衡生此村之亦紹明德作一方之福
星為善家之生佛者又有運昌其人
者賦性剛方有作有為率眾响应同
心同德而魏寨遂可復立美妙成之
後輕財重教設科延師⊙方之文人
學士賴以入庠者實多也余兹學未
獲售實由素不嗜讀而惠余獨深刻
骨雖忘於思德宛在風怀啣環之思

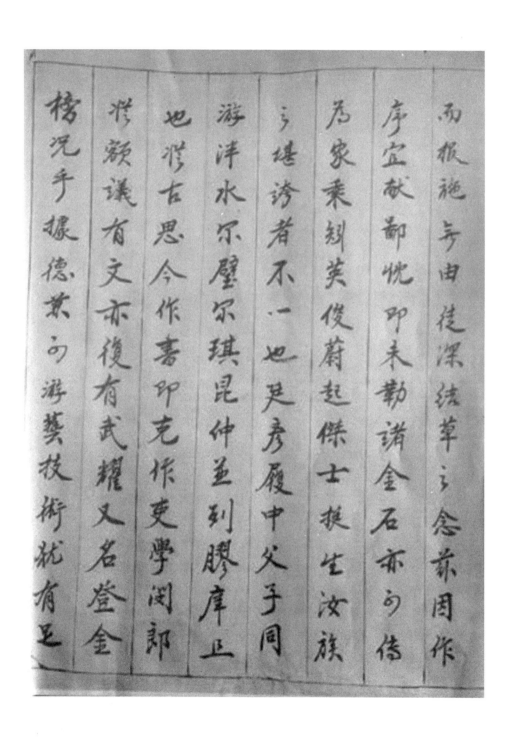

榜况乎据德业而游艺技术就有足

游额议有文亦复有武耀义名登金

地游古思今作书即克作更学阅郎

游洋水尔壁尔琪昆仲兰列膠庠正

之塘谤者不一也足彦履中父子同

为家秉划英俊蔚起傑士挺生汝族

序宜献郡恍即未勤诸金石亦可传

而振施每由徳深结草之念亦固作

称姚黄魏紫合公之书画玉妙继
岐据黄中怡兄之鉴道独精藉兆祖
宗培植之深伤以为子孙人才之盛
戚进修今为学实繁有徒应试示属
不一吉人吉士一家霭之肯堂肯构
四沵禄之后尽尊亲之道莫起精嫌
之心父慈手孝祥徵麟定兄友弟恭
瑞昭雁行禊而知根之深者枝必盛

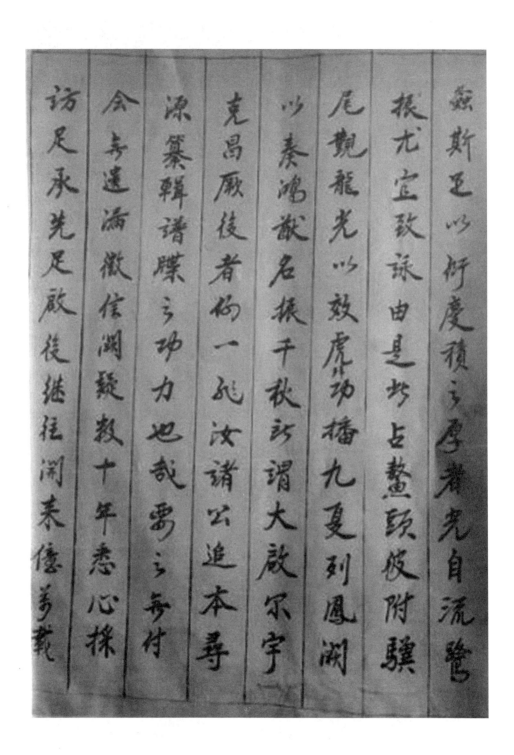

燕斯足以衍慶積之厚發者光自流聲
振尤宣致詠由是岁占鰲頭彼附驥
尾覩龍光以致虎賁功播九夏列鳳潮
以秦鴻猷名振千秋所謂大啟尔宇
克昌厥後者伺一死汝諸公追本尋
源纂輯譜牒之功力也哉需之母付
今岁遠瀰微信湖疑教十年悉心採
訪足承先足啟後繼往闓來億萬載

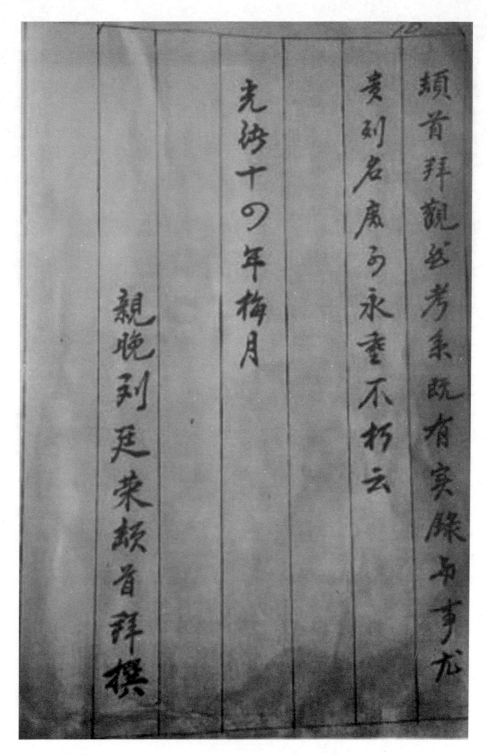

顿首拜瞻毖考系既有宾倏舟事矣

裒列名庶可永垂不朽云

光绪十四年梅月

親晚刘廷荣顿首拜撰

五十八、莱芜芦城魏氏蒙阴县石马庄支系谱序（图）

魏氏谱序

水本於源，木本於根，欲明支流，须求根源，既得支流难聚，远未有不得者也。人之总亦然久之不得后世矣。从而知千里之行，岁月之久，因稽吾邑自传出，周成王之弟乙王字唐叔王乃封叔虞，为华食邑，骊姬内死，申生外逃，生身讳吕氏春秋先人从难乡，国曰魏即吾祖，住郡地南华县巨鹿后弃官为民，去山西洪洞县，古人初天姓氏姜帝之姬，魏国君到现世魏本国姓，袁氏高氏之名，各姓为祖也稽我魏氏，由山西洪洞县至兖州旦真村，又到寿光。财兴祖为一世始祖，于洪武二年迁移至莱芜芦城，传一世祖至梁旋祖饥荒年来蒙阴县常路镇南松林村，旋祖子守住居石马庄，环祖子邦治位南松林。五五至五六年时，十七世大林，下有肇约、恒太、恒新等创修草谱，因岔于鲁埠，经第三次创修时，才知道祖讳在松林，不在鲁埠。上续提及鲁埠梁端有五子，第五子国信与第三次创修谱不符。第三次经修人从莱芜至南松林，才知七世祖是守住太君刘氏生四子，长得福、次得佑、三得佐、四得顺。我祖居石马庄才分四大支：即长支、二、三、四支，后才明支份。十八世肇贤，十九世宗湘，二十世恒君、自祥，二十一世善富、善强、善存，二十二世嘉盛继承以上祖辈，第三次创修谱本，传后世子孙知根源，明支份，把魏氏基业发扬光大。

五十九、四川大竹县,重庆市城口县支系谱序

魏氏宗谱叙

余自庚辰春宦游东粤惠州府,通判三年,考成复命,辞阙,解组林居①。吾侄乔简之妻父魏公东泉同弟南崖少峰偕侄梅崖敬夫暨吾侄孙养吾西涧,仰湖竹林伯仲,辱顾②敝庐予整冠相接。谈雅谊毕,窗友梅崖敬夫乃述其先世祖魏闳公为建昌郡伯,升闽泉宪途由广昌殁而远家焉。派衍③庆州宁都竹坝以及濂江至十余世,祖富泗公见县市纷华又从濂江从今之太平保。因地土之宽广,人物之淳厚,遂卜而居焉。以为子孙长久计也。富泗生宗明,明生文亮,亮生五子:长启源,二启渊,三启澄,四启深,五名魏深,以明经④得荐而就,例冠带归养,修终以迪后。五子启濂。弟兄皆兢兢自持、勤励不息。深公先以尊祖敬宗为念,次以重谱箴规为心,于子姓星住⑤而有睦族广族之词,于远近生殁而有奉终例教之诚。其于建祠总载于谱,吾家历世而不敢踰礼度者,赖斯谱以绳之也。愿君一言以光吾族。桐欣然答曰:公族为濂江首,出每见重于历任邑侯则其教家严,切礼义相守,概可见矣。嘻!斯谱之义,岂可易言哉?夫谱之作也,自魏晋迄隋唐,废于五季⑥,复后于宋,而欧苏之谱,遂为名家取焉,然士失其学,争为浮夸以崇门阀⑦而明,尊祖敬宗之心,悠然而兴矣。谱有纵乎?由纵而观,自吾其身,而吾考之身,而吾祖之身,而吾尊祖之身,而吾高祖之身,其气之相传一人之身也。人有不爱其身者乎?谱有横乎?由横而观,自吾身而吾兄弟,而吾从兄弟,而吾再从兄弟,而三从兄弟。其气之分,乃初一人之支也,人有不敬其支者乎?则斯谱之作,所系亦甚大矣。居魏氏之谱者,固当以先人之心以为心,明一体之仁,敦一本之义。尊卑少长之相承,元气血脉之相继,上以培闳公之厚德,下以沃富泗公等,贻谋之善行,兢兢焉是植是溉而弗以斧斤牛羊戕焉。不几兴欧苏而媲美乎?故曰:礼法不必行于天下,能知本溯源者,斯谱之谓也。虽然爱亲敬长,民秉之彝⑧,自清江介石萌之而东泉诸公继之,梅崖敬夫又从而充拓之,子弟遵之绳绳不已。德日以盛,业日以大,则斯谱之立,愈见重于乡邑者矣。孰能出其右者乎?余叨右通家一言,岂足以揄扬

---

① 林居:乡下住。
② 辱顾:承蒙照顾。
③ 派衍:本支来源,繁衍。
④ 明:通晓;经:知识、道理。
⑤ 星住:分散居住。
⑥ 五季:五代。
⑦ 门阀:声望。
⑧ 彝:美德。

其休①哉？是以不佞为序。时皇明万历甲申岁（1584年）夏月吉旦

　　承德郎原任惠州府通判　姻侍教生

　　　　　　　　　　　　　　　　　　杜桐达泉氏拜撰

　　太平保上魏族谱序：

　　族之有谱，如水之有源。木之有本则支分，派别之可考有源，则流远条畅为可徵，是以仁人孝子之心，必急谱牒之修者，敦睦族之义，隆尊祖之道，示不忘其本也。若魏氏祖自闳公至光昭及受七以后，一从再从，屡迁至于孙富泗，长子宗政、次子宗明，明生文亮，亮生五子：启源、启渊、启澄、启深、启濂，兄弟皆聪明俊伟，有道而文。自永乐年间（1403—1424）从居太平保，魏氏之庆，何其盛哉！希哲负经世之学，当思大用而不得一展，乃一日慨然曰：予家太平，承先世之泽，而今子孙愈繁，不思木本水源之所自耶？旧谱虽遭兵焚，略其远而详其近，亦古人作谱之遗法，是以勤志修辑，由本而支从源而流，凡太平而演迤者，皆秩然有序而不紊也，翰林诸巨公皆为序之。如云汉昭回，星辰森列，灿然在目，又俾予序于后。

　　呜呼！希哲之为人，诚可谓能书其道矣。睦族不以戚疏而有间，尊祖不以久远而废弛，拳拳谱牒之纂，次务底之诚作，非孝子仁人之用心，其能然乎？翁以不仕就冠带归养，得古人独善其身之道，于其于谱序，又奚敢靳遂书于简末。

　　　　　　　　　　时成化十五年己酉岁（1479）春月吉旦

　　　　　　　　　　桂平年家侍教②弟甘文绍拜书

　　太平保上魏族谱旧序：

　　天下之事，可以勉强为之者，人固易为为之也。易则其传之也不远，惟本于孝弟礼义，所发而勉强者，斯足以之垂世而传远也。固宜濂江太平保魏氏希哲公世家子也。有道而文，由明经荐居太学，以道义自重，其高风峻节世咸仰之。余以因慕而交焉。乃知其天性孝友，尝言其兄启源、启渊，谆谆命其纂辑光世流源。一日携其家乘来征予言，予考其系，本宋朝魏闳公以理学名贤，莅任建昌升闽泉司。卒广昌而官籍其土派衍，庆州及濂江太平保上。魏受七之后，子孙繁衍，克笃其庆，其间或以诗词名、或以文学著、或以儒雅相继超卓，特拔为儒先闻人所称道，盖不可以一二计也。由受七以下迄今凡若干世，俱有源委可征，希哲惧世益远，同气涣，而伦理渎，遂立尊祖重谱，睦族广族，奉终教诫，炳炳煌煌，如谟如训将继先而遗后，期不坠也。夫谱所以明世系、别亲疏，而尊祖敬宗使不紊而惑忘也，盖孝弟

---

① 休：好。

② 侍教：从事教书。

礼义之存焉,岂勉强所能为者哉? 希哲可谓贤子孙矣。希哲昆季①继今而往观是谱者,孝弟之心、礼义之俗将油然而生。彬彬然盛魏氏之泽,自益远而无穷矣。姑书于简末,以征于后以志不朽云。

成化十九年癸卯岁(1483 年)孟春(正月)月吉旦
赐进士翰林学士(吴德宽)左谕德吴宽匏庵氏撰

江西赣州府安远县南水乡太平保上魏(世派列后),文亮祖长房:启源发派宗支详注:

受满贵富宗　文启世思国　从贤魏宪昭
佳俊享荣爵　宣敷佐盛朝　芳名传德义

前十五世骨干世系

一世祖受七,二世祖满二,三世祖贵二,四世祖富泗,五世祖宗明,六世祖文亮,七世祖启源,八世祖世恢,九世祖思舜,十世祖国宸,十一世祖从春,十二世祖达贤,十三世祖魏显,十四世祖宪倘,十五世祖昭音

六十、江西南昌支系谱序(图)

———————

① 昆季:(兄弟)老大、老二。

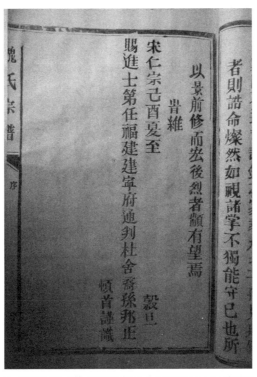

魏氏宗譜　　序

者則諔命燦然如視諸掌不獨能守已也所

以景前修而宏後烈者頗有望焉

岢維

宋仁宗己酉夏至

賜進士第任福建建寧府通判杜舍喬孫邦正

　　　　　　　　　　頓首謹識

殼旦

魏氏宗譜

魏氏一修家譜要畧序

嘗謂萬物本乎天人本乎祖本乎天者天不

變則物亦不變固合古今通彼此理勢之必

然不容以少易也本乎祖者祖逝既遠孫姓

忻居以至雲初失究者不知其根源之自

根源之自不知則追遠之敬弛報本之道遠

所求孝子順孫始不多見於天下後世也

人之有族族之有譜譜之常修在所當先簡

切而不當以或緩且是攷譜系失參

切而不當以或緩也是故譜系既修則體統
正而人紀肇族屬明而彝倫振宗功祖德推
之萬世而不磨嫡庶支傳之億代而不紊
各知所自而酬先德之光咸尚修齊而冀後
來之譽觀所親而長所長攸成敦睦之風尊
所尊而慈所慈載懋仁讓之俗不然位乎上
者如暴秦以呂易嬴晉以牛易馬位乎下
者如崇韜號泣以拜子儀之墓郭子儀

忘卜者之苗卒取譏於後世貽笑於當時又
何以昭源潔之休而沛流清之美揆厥所自
豈非家譜未修世系不明而根源之失奕乎
是則譜系不明其獎固如此譜系既修其利
又如彼譜系於人所括不亦大哉所係不亦
重哉凡宗黨族屬而支分派衍者皆當欽其
道也況今魏之為氏而敢不援之宗祖者有
英宗烈祖以闡開創之勞碩彥皆顯以春闈

閱之自繼體守成而紹述不援之宗祧者有孝
子順孫以恢繼述之猷顯俊賢豪以光替纓
之眺以如是之家而修如是之譜是豈非不
顯奕世之良規訏謨定命之令典擬而論之
不猶東入溟海之黄河迴廻九千而西窮其
大本大端於崑崙之内也若彼呂秦牛晉拜
墓月喬者覻此宇無愧乎予職濫此邦魏君
夔州府令諱之才者把世系來請叙於予予

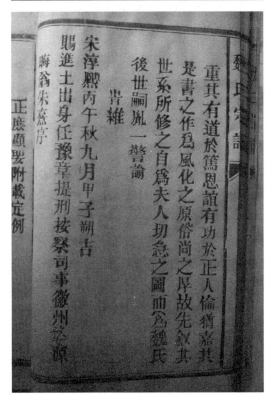

重其有道於篤恩誼有功於正人倫猶嘉其
是書之作爲風化之原俗尚之厚故先叙其
世系所修之自爲夫人切念之圖而公爲魏氏
後世翩翩一謷諭
青雜
宋淳熙丙午秋九月甲子朔吉
賜進士出身任豫章提刑按察司事徽州婺源
晦翁朱熹序

正廳顧婓附載定例

魏氏重修譜序

族有系譜系所以序昭穆著本支紀親疎也吾
魏氏系出周文王子畢公高之後姬姓大唐初
有諱徵字絃成者為唐相有大功族朝封鄭公
食祿千戶子四人俱為唐各臣子姓浩繁分衍
天下五世孫諱謨號徵士者為唐文宗舍人累
遷太帥令堪諫讜切令狐絢譜之出為西川節
度使遂棄官隱居南昌之長定鄉因讀書於鍾
陵歸仁鄉堯之城山絢敗唐懿宗三召不起遂
卜居於堯城山下生子三長曰泰次曰吉幼上

鎮於南京之宿遷因隨仕而家於其地迄今已
亨泰吉二公同父居於是地幼子亨以武功出

卜居於堯城山下生子三長曰泰次曰吉幼上

鎮於南京之宿遷因隨仕而家於其地迄今已
亨泰吉二公同父居於是地幼子亨以武功出
居宿十一世以我父文升公慨念木本水源因
訪徵士公譜書之地棄宿遷而轉鍾陵卜築於
堯城山之西深圳沙溪而居焉幸不才承祖宗
德以間潤十餘世之子孫復蒙故土而聚族於
斯焉是亦大幸事也何可無譜系以為昭穆之
序本支之著疎戚之紀哉因將丞相公下特川
纂輯序其昭穆著其本支紀其疎戚創為信譜
以貽後世今日者譜系既明則堯城之西沙溪

魏氏重修譜序

之側與南昌之長定臨川之異都彼此相聯遞
邇相屬本於一人之身者聚爲一家之愛于吾
也則有慶于內也則有慰而昭乜穆乜本乜支
乜踈乜戚乜各盡其情而藹焉仁讓之風興起
予一族矣蘇老泉所謂孝弟之心可以油然而
生者也詩云無念爾祖聿修厥德吾族子孫尚
其於祖宗而念之哉

　　　豈

大宋紹熙三年歲在壬子仲春月　　【吉旦】

　　十六世孫恩蔭廸功郎皐謹書

245

宋朝魏氏祠堂碑陰記

古洪都之南昌郡城行三十里坡阜崔嵬岡巒岌嶪澤汪洋田疇連接隱匕走烏龍灣其江山之勝臨觀之美烟雲杳靄波濤漫漶帆檣上下鷗鳥去來羣山巃嵸勢若躍伏漁歌牧笛朝往暮歸禽語花香晦明變化四時之景不同玩則一曰可盡而逸興無窮也灣之右西北數百步內世傳乃大洪山靈濟二祖師降誕之地灣之左有潭也則有蛟魅為患里人作舟而往輒被害以告靈濟祖師師曰吾一烏卽護吾之龍也吾當以法除之乃此大入潭初戰弗克再戰而大捷由是蛟魅遁息人安故人以烏龍灣名之至今有年矣灣之上下巨柳連陰老樟挺秀修竹喬松樹林陰翳蒼翠跬伏諸山來秀四水合奇於南則大江前橫小河縈帶上連武溪下接窖湖於北則平江後擁南塘遶抱中橫古道臥滄傑分其西則有新祠祀與魏之祖山塋相連瀦水外把其東則古道有三徑來商賈人煙聚集自東北向西南則有老子釋氏之宮盱臨川之水自西南曲折而流東山河映繞左右環帶水深土厚魏氏世家焉謹按其譜實周文王第十五子畢公高之裔畢萬仕晉食采於魏子孫以國為氏畢萬三十六世孫徵徙揚相州之臨漳

唐太宗拜太子太師進爵鉅鹿郡公復封鄭國公圖像凌煙閣徵初無正寢

帝命徹殿材以搆之卒贈司空諡文貞帝自製碑文陪葬昭陵帝以長安城昌樂

房私第為徵家廟帝為親書相傳民祀以至于今徵五世孫曰稠曰忠曰薈稠當

憲宗時貧之故以第質錢於人李師道請以私錢六百萬出贖之白居易奏謂徵

此居昔大宗徹殿材搆成者後人貧不能守陛下宜念賢臣之裔取而賜之乃師

道少人臣耳敢掠斯美望勅有司以官錢贖回帝從其言用內庫二千緡贖而賜

之詔禁典賣仍名稱等撫慰殿比魯當大和時擢進士第文宗嘗覽貞觀政要思

徵之賢詔求徵後楊汝仕薦薈為右拾遺屢有獻納擢右補闕遷起居舍人文宗

問卿家書詔猶有存否薈對曰惟先臣故笏尚任帝曰卿家此笏乃今之甘棠比

也詔令進呈帝嘗登慈煙閣獨嘉徵剛直隨事諫止御製像讚賜薈以勸忠孝宣

宗朝拜中書攝平章事為相進封鄭國公宣宗謂蓽臣曰薈名臣孫緯有祖風歿

寶重之詔出其祖徵之笏歸之命學士孫樵撰銘以銘其笏帝為匹書价書於別

賜之笏以表之無何方嚴寡合見忌合孤絪譜出西川節度遂棄陝挂冠卜隱豫

章城東十里之真城北而居為求田於各里俱名魏公庄復相址於城東三十里

之長定鄉儀亭里謝埠立祠以祀祖徵攺黃城橋爲魏鄭公庄嘗讀書於堯城俱

稱魏鄭公書堂今皆爲佛寺在南昌進賢境中譽初至豫章人不知其諱字僉曰

魏徵士也未久合狐綯遭貶懿宗復三聘居相不就詔旌其賢末年論相州譙祭祖

墓勞傷而於葬浦州治南四十里懿宗出內帑遷公夫婦合葬烏龍灣喇叭巷口

桂花樹下西兆向訖傳謝埠文貞公廟基卽譽之墓所非也廟則以龍王玉洞配

言以徵爲境主以譽爲土地神黃城橋北魏鄭公庄今亦爲文貞公廟北則以名

山四聖配言以徵爲境主以譽爲土地神稽之父老咸云宋初時魏鄭公顯靈異

仁宗慶歷年間士人以祠左爲廟高宗詔與間土人又獲斷碑於祠墓之側上刻

云魏鄭公五世孫譽遂又建譽之廟爲土地之神尫卒澇疾疫則禱禱則廱有

不應南昌北鄉魏鄭公庄今爲龍興庄蓋譽曾施田於龍興觀故廟庄以觀各也

觀內祀公之像譌以爲徵傳至於今安進邑歸仁鄉故居今爲東壇廟亡則以東

獄爲主以徵士蓋譌爲徵作土神廟有巨樟世傳爲徵士手植堯城山舊有鍾陵

鎭以徵士蹈改名進賢鍾宋徽宗三年郡侯張公俊請於朝亦以徵士賢攺其縣

名進賢縣縣舊有驛攺名魏亭驛何莫非徵士之遺風斯在耶進邑外有徵士數

徵士母高氏墓徵士女墓徵士妻高氏墓今在龍興庄之左考之文貞公廟□城□

山讀書所魏徵士女墓事載職方乘皆以詿傳為徵惜乎藝之姓字不克顯矣蓋

藝棄官奉王晦迹謙章歲久以魏徵士墓詿名者亦信矣藝之子名潛後

歸魏州藝之裔孫仁浦周世宗拜相宋太祖亦拜右僕射御賜篆文圖書三其一

玉章篆曰唐朝忠臣之裔周圍四傍仍鑴宋朝御賜臣仁浦篆文圖書三魏氏

家藏十六字於忠臣裔其二銅章一篆唐朝鄭公之裔一篆唐朝鄭公之裔御賜

詩二首諡宣懿藝八傳至貢字堯夫宋真宗朝登進士第仕江南西路安撫制置

知洪州葬洪州山水之勝且又念先世避隱死葬廟祀於斯遂築室於城東三

塢于廬之北鑿池種蓮分為南兆魏冢陂環以蓉柳中創懷恩禮為褸神休息之

朱氏之膏腴二百餘頃在廬之北蔭注朱家塘二十餘畝在廬之西易名曰魏家

十里之乾封鄉太平里烏龍灣冢為與謝萃祠墓相去十里許扁其居曰歸隱得

所積書萬卷教子訓孫為事樓之下扁曰永思堂祀鄭公應代神主於其中歲以

時祭池之北築室三區中為講所扁曰文貞公書堂東曰有教齋西曰義方齋康

公各繫為之記　併書石歸隱翁始為南昌之隱士　古魏州大名府曲城魏氏世為

宦族由唐及宋搢紳二十餘人其間拜相者三鄭公徵為冠鄧公蕡次之宣鼗公
仁浦又次之鼂隱翁子六長烈居汝溪菁院次衙世居龍灣三郎承父命遷居長
定之武溪四郁承父命遷居臨川之銅嶺五郎遷居灌城之東岡六郎遷居建昌
之溫塘歸隱翁終於長子烈家輋公子遂求地葬于南山之銅嶺烈承宗祀世居
汝溪書院鄧四子曰嚞曰嶠曰剩曰昭嚞以文鳴世神宗熙甯丙辰春榜徐鐸第
一甯居第二筮仕高郵令卒歸葬銅嶺父　隴之西嚞五子曰夔曰瓊曰義曰和曰
崇義遷南昌之宂曰剩之子杲遷新建之魏坊嶠二子曰晃曰景昭一子曰慶夔
子名宣二子曰珍曰懼珍子二交質文勝懼子三交寶文煥文蔚俱文章德業
名著士林珍字國玉別號蘭室道高德重色　莊氣和無疾言無怒容與師友交遊
琢磨講習日就月將咸喜其誨人無倦也高宗建炎間懷恩樓火廢公念先世創
業之艱復作永思樓與懷恩樓通仍祀神玉於其中前建門廡數楹為姻族往求
慈息之所以繼前美　眾稱其賢也樓成完美丑朔望出入必告薦以時新每春秋
二祭預期擇日齋肅戒器祝版命族中少長畢集冠儒冠服儒服祭之以禮厥
明招親朋知己引觴滿酌酣樂賦詩不知日之夕矣地橫兩勝歘逾於斯一日明

然發嘆謂諸子姪曰吾祖魏郡人也肇於唐　仕於朱思世綿遠此積德之故也於

是挾册攜唐文宗勅賜像讚宣宗御書笏銘及宋太祖御賜書詩併御賜銅玉圖

書訪宗盟於魏州相州既　至彼出宗譜圖篆詔笏考之符合如一由是筆錄魏

州嫡派圖篆以歸江右傳之後日也於戲如此孝行篤實追念祖德不宜沢匕無

傳可謂難矣哉特欲援之剖刪有志未逮晚年却飲健飯敢履輕捷四方賓客及

門欸延不厭書堂三區久癈公欲　再創撥祭田置祭器立石以爲久遠計豈料一

疾弗瘳瞑爲長逝嗚呼慟哉殁之日行者居者憫悼容嗟匪筆可竟公之妹各以

貞公之女名從政俱在室天性最孝不出深闈日事紡績樂善好施入寶

不過入慶元戊午以貞聚鐵千斤鑄鐘一口施入寶華寺以報晨昏孫男二長曰

鑑改名一遇次曰鏜無子立鑑炎子文勝爲後俱清謹嗜學公之佳城荘南荘之

原去家一里許面對南塘達山拱秀近水遶流九原神安不卜可知寻與公之冢

嗣文質姻盟締結共事窀穸躬逢其盛哎不容緘唔然嘆曰公真博雅君子也所

謂故國者非謂有喬木之謂也味哉斯言可律故家矣茲南昌烏龍灣之魏氏所

謂喬木故家者非耶靈椿芳桂壽柏喬松樺而槐杉而楠梅而疎竹密聚集於其

間皆歸隱翁之手植焉蔚然深秀不知幾經寒燠幾歷榮彫婆娑而挺揮霄漢此
非故家之喬木也如何余與魏世爲迭爲主賓故述其事實勒於碑陰置諸本祠
堂之壁以垂悠久以俾魏之賢裔而觀覽焉或後之視今亦如今之視昔矣噫魏
氏其益昌乎於是平書大宋慶元戊午三月甲子迪功郎仕廣州西道監稅官同
邑涂禹攢記并書

九、各入联支系家训汇编

联谱总谱《魏氏族训》征集作品

1 号作品:《魏氏族训》魏振勇　供稿

泱泱我族,百世流芳,训诫子孙,悉本义方。

勤奋上进,士农工商,取之有道,财聚路广。

尊长扶幼,感恩万乡,助贫济弱,道义担当。

克勤克俭,毋怠毋荒,孝亲睦族,伦循法纲。

知荣知耻,立身本章,处于家者,可表可扬。

仕于国者,清廉善良,民则佑之,汝福绵长。

供于商者,诚信为上,不义之财,莫入我囊。

为可憎者,分类相戕,同族异气,偏论他邦。

手足干戈,祖宗忧伤,愿我族姓,恰如雁行。

我族子孙,保国卫疆,共建和谐,华夏安康。

2 号作品:《魏氏族训》魏元广　供稿

赫赫我祖,国史流芳,训诫子孙,悉本义方。

仰体斯旨,更加推详,曰诸裔孙,听我训章。

读书为重,次即农桑,取之有道,工贾提倡。

克勤克俭,毋怠毋荒,孝亲睦族,六行皆臧。

礼义廉耻,四维毕张,处于家者,可表可坊。

勿以恶小,不计短长,勿以善小,讥人为良。

治于村者,当思担当,造福族人,万古流芳。

仕于国者,为忠为良,神则佑汝,汝福绵长。

远离黑恶,恩施邻乡,自警自励,难有法网。

失意莫馁,得志莫狂,系于公私,干净坦荡。

多置藏书,知识导航,熏陶儿女,志在四方。

253

引而亲者,年年登堂,同抵于善,勉哉勿忘。

世易时移,利字永往,义利相争,鱼和熊掌。

最可憎者,分类相戕,不会同气,偏论异邦。

手足干戈,祖宗忧伤,愿我族姓,恰恰雁行。

和谐社会,恭俭温良,依法维权,勿要缠访。

"四个意识",乾坤朗朗,古今同理,爱国爱党。

"四个自信",打破天荒,德披海内,威震八方。

"两个维护",吾朝"三纲",家国有主,地久天长。

"核心价值",当代"五常",身体力行,炎黄自强。

倘背祖训,暴弃疏狂,若违祖训,乖舛(chuan)伦常。

贻羞祖训,得罪彼苍,神则殃汝,汝则不昌。

立身之本,治家纲常,与时俱进,抛弃何往?

通以血脉,泯厥界疆,总归和睦,祖宗安康。

3 号作品:《魏氏族训》魏德恩　供稿

泱泱中华,龙的传人;爱国爱党,民族精神。

忠厚传家,诗书育人;发扬光大,笃志前行。

上贤下孝,忤逆不生;尊老爱幼,亲善睦邻。

交友处事,诚恳待人;平等互助,是非分明。

见义勇为,乐于助人;奉公守法,千秋准绳!

4 号作品:《魏氏族训》魏大富　供稿

诚信慎言,祖训传家,在家在外,言行一致。

潜心向学,严谨文明,勤奋朴实,尊老爱幼。

团结同心,护吾族人,三观端正,敬爱中华。

以祖为荣,代代传承,努力创绩,世代留芳。

5 号作品:《魏氏族训》魏振仓　供稿

爱国爱家,遵纪守法,敬老爱幼,和睦邻里,

诚实友善,团结互助,崇文尚武,修身齐家,

勤劳节俭,敬业奉献。

6 号作品:《魏氏族训》魏延福　供稿

巍巍华夏,泱泱魏国;毕万得基,犨公承氏。

弘扬千载,吾族繁昌;祖德荫佑,将相辈出。

一人之下,万人之上;文能定国,武能安邦。

吾氏智勇,代代相承;尊祖睦族,家风尚正。

联谱联谊,族众兴盛;互敬相伴,承传后昆。

7 号作品:《魏氏族训》魏增辉　供稿

德孝为先,诚信是本。

和睦持家,勤俭立身。

8 号作品:《魏氏族训》

人处于天地之间,必是顶天立地。要以修身齐家治国平天下为己任,忧国忧民,立鸿鹄之志,做栋梁之材。不要空言无事事,不要近视无远谋。应知重理想,更为世界谋。

百善孝为先,孝当竭力,非徒养生。鸦有反哺之义,羊有跪乳之恩。重资财而薄父母不成人子。父子和则家不败,兄弟和则家不分。兄弟一心,其利断金。妻贤夫祸少,子孝父心宽。富者有礼高质,贫者有礼免辱,父子有礼慈孝,兄弟有礼和睦,夫妻有礼情长,朋友有礼义笃,社会有礼祥和。家庭和睦,人财两旺;国家安定,民富国强!

书籍是造就灵魂的工具,知识是成就一切的源泉,知识是抵御一切灾祸的盾牌。腹有诗书气自华。莫道君行早,更有早行人。少壮不努力,老大徒伤悲。良好习惯终收益,弃恶习,诚不良。学习从事要勤奋,勤出成果,幸福奋斗来。要未雨而绸缪,不可临渴而掘井。良田千亩,不如薄技随身。书山有路勤为径,学海无涯苦作舟。

为人须贤德,德高则望重。静坐常思己过,闲谈莫论人非。三人行必有吾师,见贤思齐焉,见不贤而内自省。勿以恶小而为之,勿以善小而不为。己所不欲,勿施于人。施恩勿念回报,授恩切莫忘怀。俭以养德,淡泊明志,遵纪守法,循规矩,成方圆。善欲人知,不是真善,恶恐人知,是为大恶。饶人不是痴汉,痴汉不会饶人。宁可人负我,切莫我负人。从政则廉洁勤政,经商则童叟无欺。不与小本生意论价,不与显富之人逐膛。人不可有傲气,但不可无傲骨。千年黄土易百主,但气节永在,精神长存! 忠厚传远,诗书继世长。

9 号作品:《魏氏族训》魏为英　供稿

文王姬姓毕万后,魏氏儿郎永记祖。

炎黄子孙中国人,拥政爱国梦成真。

殿廷为政心存德,文学传家绪必昌。

厚德载物行事通,宁静致远孝礼童。

天道酬勤何难事,高瞻远瞩谋略新。

凌烟麒麟祖尚阁,优秀文化吾传承。

10 号作品:《魏氏族训》甘肃伏羌《朱山堂》

乾元坤德,日月同辉。毕万裔孙,四海同归。

爱国守法,章令勿违。尊祖敬宗,根本永怀。

亲师重友,不忘培栽。恭兄友弟,源渊一脉。

夫正妻贤,比翼同飞。教化子弟,崇礼守规。

耕读工商,勤劳汲财。禁赌惩淫,非道莫为。

诤讼化解,持理正非。慈善公益,余庆家宅。

祭祀之礼,慎终远追。联宗修谱,彰往昭来。

魏氏阙如,万孙福泽。

11 号作品:《魏氏族训》魏博　供稿

淡泊明理,积水成渊。匡扶正义,百善为先。

公私分明,勤行勤俭。持之守之,克己从严。

睦亲睦族,守业守廉。山石平等,宁静致远。

忠心仕国,行止心安。顾家顾子,福禄长延。

12 号作品:《魏氏族训》讴明容　供稿

炎黄裔子魏氏人,自我律己诰后生:

做人首要是忠孝,诚信贤礼家邻亲。

心怀道仪遵法纪,欺诈淫盗身勿近。

生在富贵要低调,寒门子弟骨亦铮。

强国兴家起宏愿,天道酬勤谨记心。

人生学海境无止,自强不息奋力行。

为富掌政皆报国,平凡事业定求精。

功成莫忘善施舍,厚德载物万代兴。

山东兰陵金城魏氏家训:

教子　古人云:子不教,父之过;教不严,师之惰。

兄弟　兄弟不睦,则子侄不爱;子侄不爱,则群从疏薄;群从疏薄,则童仆为仇敌矣。

修身　做人德为先,崇尚忠信义方能做贤良正派人。勿以善小而不为,勿以恶小而为之。

学习　三更灯火五更鸡,正是男儿读书时,黑发不知勤学早,白首方悔读书迟。

谦让　人生在世孰无错,礼让三分天地阔,邻里互助土变金,莫为小事酿大祸。

交友　无功不可受禄,重礼之下必有所求,香饵之上必有钓钩!不让高额回报而迷惑,不易意外之财而动心,不为不劳而获而戕害。

廉勤　钱帛金珠笼内收,若非公道莫贪求。亲朋道义因财失,急缩手,且抽头,免始身心昼夜愁。儿孙自有儿孙福,莫与儿孙作远忧。

荣辱　莫使强梁逞继能,挥拳裸袖弄精神。一时怒发无明穴,到后忧煎祸及身。莫太过,免灾迍,劝君凡事放宽情,合撒手时且撒手,得饶人处且饶人。

祖训实质:承先志,以学贤良;敬祖宗,以诚祭祀;懂纲常,以守美德;分善恶,以崇义举,明礼让,以厚民风;行仁爱,以善修身;敦孝道,以重人伦;和乡亲,以息争讼;睦兄弟,以修孝悌;训子弟,以做栋梁;齐其家,以振家声;知书理,以续书香;勤于学,以博知识;安本分,以受正业;求技术,以精求益。要求魏氏后裔做到十戒:一戒不孝,二戒奢惰,三戒淫乱,四戒赌博,五戒酗酒,六戒骄横,七戒抢盗,八戒坑骗,九戒敲诈,十戒欺弱。

天津赤土黄骅泰联堂、甘肃民勤魏氏同用族训:

礼之用和为贵,德不孤必有邻。吾魏氏族人当以明礼修德为先。

一曰立心。入则孝,出则悌,谨而信,泛爱众,而亲仁,行有余力,则以学文。一粥一饭,当思来之不易;半丝半缕,恒念物力维艰。祖宗虽远,祭祀不可不诚;子孙虽愚,经书不可不读。居身务期质朴,教子要有义方。好学近乎知,力行近乎仁,知耻近乎勇。大道能从简,仁和信做人。

二曰治家。父不慈则子不孝,兄不友则弟不恭,夫不义则妇不顺也。笞怒废于家,则竖子之过立见;刑罚不中,则民无所措手足。治家之宽猛,亦犹国焉。孔子曰:"奢则不孙,俭则固。"俭者,省约合礼之谓也;吝者,穷急不恤之谓也。今有施则奢,俭则吝;如能施而不奢,俭而不吝,可矣。

三曰处世。势不可用尽,功不可独享。轻听发言,安知非人之谮诉,当忍耐三思;因事相争,焉知非我之不是,须平心暗想。凡事宜未雨而绸缪,毋临渴而掘井。施惠无念,受恩莫忘。慎勿谈人之短,切勿矜己之长。仇者以义解之,怨者以直报之。人有小过,含容而忍之;人有大过,以理而谕之。

四曰治学。吾之族人当立志治学,博学之,审问之,慎思之,明辨之,笃行之。循序而渐进,熟读而精思。每读必达三到,谓心到,眼到,口到。业精于勤,荒于嬉;行成于思,毁于随。有弗学,学之弗能,弗措也;有弗问,问之弗知,弗措也;有弗思,思之弗得,弗措也;有弗辨,辨之弗明,弗措也;有弗行,行之弗笃,弗措也。人一能之,己百之,人十能之,己千之。果能此道矣,虽愚必明,虽柔必强。

此四条为余家训,吾辈族人当共记之行之,并传之于子子孙孙,则吾魏家可长盛不衰,代有人才。

河南罗山魏氏家训：

爱我中华，兴我家邦；文明和谐，平等富强；扶幼尊长，孝德永彰；以和为贵，仁厚谦让；宗亲和睦，氏族兴旺；夫妻恩爱，兄弟情长；扶贫济困，造福一方；克勤克俭，家道隆昌。

天长魏氏家训：

见长辈	先行礼
食不言	睡不语
动物归原	惜粮如金
诚实勤奋	善良自律

濠州魏氏族风：

尊老	爱幼	敬师	重友
学文	习武	敬业	俭朴
和邻	睦族	祭祖	传宗

濠州定远魏氏族训：

吾祖毕万公，一脉传如今。

华夏三千载，世代有贤能。

爱党爱国家，遵纪守法明。

祖训记得牢，师传永铭心。

崇尚礼义信，善恶要分清。

德才需兼备，有礼让三分。

行走天地间，低调又谦逊。

为利不坑友，合作能共赢。

妻贤子更旺，和谐万家进。

赌毒黄害人，好闲误终身。

争强与斗狠，劳役受酷刑。

勤劳能致富，重教农桑耕。

儿女牢记孝，感谢父母恩。

胸怀国家志，争做栋梁臣。

族民众心齐，魏氏永世兴。

渤海望族慈恩堂治家格言：

治家格言	悉心铭记	以德为本	兴业建基
勤劳俭朴	切莫违背	吃喝嫖赌	思道为例
取信于人	恪守信誉	宽厚待人	严于律己

礼贤下士　善解人意　招贤纳才　集思广益
成人之美　彼此受益　莫求其难　扶危救急
男婚女嫁　全面考虑　亲朋参议　自拿主意
服装发型　莫要立异　民众似水　自己似鱼
洞察世界　分析自己　好高骛远　事业大敌
眼光放远　心胸宽宇　嫉妒报复　损人害己
不可骄傲　不可固执　不可轻狂　不可挑剔
近朱者赤　近墨者黑　以身作则　栽培子女
刻苦读书　增长才干　以学立身　自强不息
爱岗敬业　历练自己　以忠事国　铁肩道义
家庭和睦　友好邻里　以孝事亲　恭兄友弟
办事公道　安分守己　以廉为官　不谋私利
取长补短　见贤思齐　从德治家　世代续继

临沂水田魏氏吉乐庄支系家训：

敦孝悌　睦宗族　和乡邻　明礼让

务本业　端人品　隆师道　时祭扫

戒争端　莫为非　敬尊长　守法纪

临沂洪沟魏氏康家庄支系族规家训：

爱国守法　为官清廉　聚财万千　济贫更贤
远恶近善　心有佛龛　祖宗虽远　祭奠往返
五伦孝首　父母必然　兄弟和睦　亲贫不嫌
夫妇相敬　家道合然　处世立身　义礼必先
精勤荒嬉　谨记耳边　读书有益　修身志远
教儿育女　赌毒勿沾　酒起恶缘　切勿贪婪
商贾传家　诚信必然　吃苦耐劳　灵活多变
光宗耀祖　世代相传　谨遵祖训　世代隆昌

康家庄支系宗亲理事会
二〇一九年十二月

十、魏氏文化源流研究家训与编辑部 推荐统用辈字

(一)21世纪魏氏家训

好学上进,勤勉自强。

遵纪守法,文明礼让。

和亲睦邻,善德永彰。

勤廉诚信,幸福一方。

修己正心,忠孝贤良。

人才辈出,家国荣昌。

(二)统一世次参考辈字

立业开宗,武子功勋兴世家

辅君相国,文贞金鉴照乾坤

继德承恩,盛朝凌志书华章

尚仁崇礼,忠孝奉公育才俊

注:

(1)共44个辈字,从联谱第93世开始使用,即魏犨第九十三世为立字,九十四世为业字;俊字辈为136世。

(2)结构上,意义上相承接有两副对联,可以使用在魏氏祠堂及大型魏氏公共活动场合的楹联。大体意思是:

魏武子(犨)建功立业,首开魏氏宗支,始兴魏世家;

以魏文贞徵公为代表的历代魏氏廉吏良相将魏氏遗风发扬光大;

当代魏氏精英跟随伟大领袖谱写中华民族伟大复兴的壮丽篇章,包括乘盛世撰修魏氏总谱而不辞劳苦的众家谱主编;

希望魏氏后裔堂堂正正为人、克己奉公做事,培育万代良臣杰俊。

(3)用字坚持自愿。上述辈字中的每一个字仅为同一世次的代表性辈字。为了避免重名问题,该世人可以使用与该代表辈字同音的若干个字作为同代人辈字自愿选用,不作强制规定。

十一、各支系联谱世系简介与世次情况评估分析报告

（魏犨一世）

1. 江西南昌玉成所在支系

始迁祖暮公(793年生)于公元858年隐居南昌,为魏徵第六世即该支系联谱第一世,前沿已至45世,代龄28年/世,目前健在最长辈36世,10世同在。占比最高为40世。24世潘献公1420年生,此后600年增21世。

魏徵公为魏犨第40世;

一世暮公(魏徵第6世)联谱世次为40+5=45世;

前沿(45)联谱世次为45+44=89世;

健在最长辈(36)联谱世次为45+35=80世;

占比最高的联谱世次为45+39=84世。

2. 山东滕阳支系

一世魏七公(生于1100—1110年)原住滕县(古任城)礼教乡魏村社,为避金军南侵袭扰,于金天会七年(1129)从礼教乡魏村社迁居前掌大村。魏村社始迁祖生于公元660年前后,系魏徵之孙,公元695年为避武氏之乱,从西安迁居太原,又从太原迁居滕县之南薛河岸边的礼教乡,始建魏家村,繁衍生息500余年,金军南犯时多数魏氏南迁。至2018年,七公后人前沿至32世,平均代龄29年/世,22~32世11世人同在。世占比最高27世。1420年时已有10世,600年增22世。

始迁祖七公联谱世次为68-9=59世;

前沿(32)联谱世次为59+31=90世;

健在最长辈(22)联谱世次为59+21=80世;

占比最高的联谱世次为59+26=85世。

3. 甘肃伏羌魏奇异、魏亮所在支系

魏龙(1345—1431),前沿至24世,目前17~24世8世同在,健在的最长辈有

2 人,从 1345 年至今 675 年,增 23 世。平均代龄 29 年/世。占比最高为 20 世。
1345—1420 年,75 年约传 3 世。1420 年已有 4 世人,至今又增 20 世。

一世龙公联谱世次为 68 - 3 = 65 世;

前沿(24)联谱世次为 65 + 23 = 88 世;

健在最长辈联谱世次为 65 + 16 = 81 世;

占比最高为 65 + 19 = 84 世。

4. 甘肃金城支系

贵公生于 1358 年前后,至今前沿已至 27 世,代龄 26 年/世。目前 17 ~ 27 世,
11 世同在,占比最高为 22 世。1420 年已有 4 世,至今 600 年增 23 世。

一世贵公联谱世次为 68 - 3 = 65 世;

前沿(27)为 65 + 26 = 91 世;

健在最长辈(17)为 65 + 16 = 81 世;

占比最高为 65 + 21 = 86 世。

5. 山东临沂兰陵广平所在金城魏氏支系

金城魏氏始迁祖魏金城生于 1450 年,前沿至 22 世,平均代龄 27 年/世,14 ~
22 世,9 世同在。18 世占比最高,以 1420 年计,600 年增 21 世。

经广平会长的走访调研,弄清了兰陵金城支系的发源地,确认兰陵始迁祖金
城公属于兰州什川魏氏一世贵公第四世孙。

金城公联谱世次为 65 + 3 = 68 世;

前沿(22)联谱世次为 68 + 21 = 89 世;

占比最高(17)为 68 + 16 = 84 世;

健在最长辈(14)为 68 + 13 = 81 世。

6. 山东临沂兰陵金城魏氏太白庄支系

该支系属于兰陵金城支系的一个分支,金城公第八世孙暨该支系先祖讳家增
(字富有)、家臣(字守宰)于康熙年间,兄弟二人从兰陵公庄始迁于费县太白庄
村,至此,已近 300 年,已有 21 世,前沿已至 14 世。

始迁祖家增、家臣公联谱世次为 68 + 7 = 75 世;

前沿(14)联谱世次为 75 + 13 = 88 世;

占比最高(10)为 75 + 9 = 84 世;

健在最长辈(8)为 75 + 7 = 82 世。

7. 广东普宁秀明所在支系

16 ~ 22 世 7 世同在。1420 年至今增 21 世。平均代龄 28 年/世。占比最高为

19 世。

始迁祖为 68 世；

前沿（22）为 68＋21＝89 世；

健在最长辈为 68＋15＝83 世；

占比最高为 68＋18＝86 世。

8. 山东巨野大名堂守平、洪波所在支系

一世瞬、让、常三公，生于 1310 年前后，明初（1368 年）从青州马耳山迁巨野始建魏集村，707 年增 27 世，代龄为 26 年/世。在世最长辈 17 世，前沿 28 世，12 世同在。占比最高为 22 世。1310—1420 年，110 年，应传 4 世。1420 年已有 5 世，至今增 23 世。

始迁祖联谱世次为 68－4＝64 世；

前沿（28）联谱为 64＋27＝91 世；

占比最高为 64＋21＝85 世；

健在最长辈为 64＋16＝80 世。

9. 山东聊城振勇所在支系

始迁祖不详，老谱丢失于辛巳（1641）之变。康熙二十三年（1684）一修谱，七世魏含经撰序称，一世祖从道公明初自青州迁居东阿新桥镇。二修谱于乾隆三年（1738 年），八世魏钊作序。至 2018 年前沿已到 23 世。二修谱序记载："其由旧城而迁于魏家村也亦不知肇自何祖鼻于何年？只净觉寺碑阴载有二世祖以及三世祖，于其后更有魏家堂钟序记载甚明。余伏而读之，一正德九年碑，一嘉靖四年，钟夫正德距洪武百有余岁，所可考者唯有两世，以是知世系不全矣。嗟呼！吾族自始迁以来论其年三百有余，稽其世才八九代耳，而始祖已无可考数传而后代远年湮，又安知其所从出乎？"

据这段文字分析，编辑部做出判断：一世从道公于明初从青州益都迁居东阿新桥，后世迁居陶城铺。一至三世是准确的，一修、二修谱所记第三至第四世之间至少缺失了 3 世人。即第四世应为第七世，以下依次增加三世，目前最前沿 23 世应为 26 世。18（原 15）至 26（原 23）9 世同在，占比最高为 22（原 19）世。平均代龄 27 年/世。1338—1420 年，82 年应增 3 世。

一世从道公联谱世次为 68－3＝65 世；

前沿 26（原 23）联谱世次为 65＋25＝90 世；

占比最高 22（原 19）为 65＋21＝86 世；

健在最长辈 18（原 15）联谱世次为 65＋17＝82 世。

注:从道公另有兄弟从礼公和从义公二人,这两个支系不再单独入联,与从道公支系对齐即可。

10. 山东德州宁津白菜魏荣通、万利所在支系

一世祖魏明、魏圣、魏贤、魏诚四公,于 1404 年自山东省布政使司莱州府即墨县东关(今山东省青岛市所辖即墨市)随母迁居京师省河间府宁津县城北 36 里,落籍里仁乡(今山东省德州市宁津县张大庄乡),因氏立村魏家庄。由于魏氏种植大白菜口感和品相好,闻名乡里,遂于明永乐八年(1410),改村名为白菜魏庄。一世祖四人生于 1370—1387 年,二世祖生于 1405—1415 年。前沿已至 27 世,1370—2018 年,637 年增加 26 世,平均代龄 25 年/世。目前,18 ~ 27 世 10 世同在。1370—1425 年,55 年应当有第三世出生。从 1425 年之后,600 年增 24 世。占比最高为 22 世。

始迁祖为 68 - 2 = 66 世;

前沿(27)为 66 + 26 = 92 世;

占比最高为 66 + 21 = 87 世;

健在最长辈为 66 + 17 = 83 世。

11. 河南林州河顺支系

始祖魏怀 1371 年迁来,生年应在 1340 年前后,现在最前沿世系为 26 世,健在最长辈为 19 世,8 世同在,占比最高世次是 22 世,677 年增 25 世,平均代龄 27 年/世。1340—1420 年,应已增 3 世,1420 年已有 4 世,600 年增 22 世。

怀公联谱世次为 68 - 3 = 65 世;

前沿(26)为 65 + 25 = 90 世;

占比最高为 65 + 21 = 86 世;

健在最长辈为 65 + 18 = 83 世。

12. 河北百官村太元所在支系

始迁祖通公(约 1230 年生人),六世伯美公(约 1380 年生人),前沿已至 27 世,至今 788 年增 26 世,代龄 30 年/世。

按照联谱结点 1420 年前后出生的统一规定为公共 68 世。1230—1420 年,190 年,应增 6 世。1420 年已有 7 世人。此后至今又增 20 世。

始迁祖通公联谱世次为 68 - 6 = 62 世;

六世伯美公联谱世次为 62 + 5 = 67 世;

前沿(27)为 62 + 26 = 88 世;

健在最长辈(20)联谱世次为 62 + 19 = 81 世;

占比最高(23、24 世)联谱世次为:84、85 世。

13. 山东古滕允秀所在支系

一世维礼公,生于 1310—1320 年,1394 年随其子从军迁滕县,迁滕时已有 4 世,至 2017 年,前沿已至 27 世。708 年传 26 世,平均代龄 27 年/世。20～27 世 8 世同在。占比最高为 23 世。1420 年时已有 6 世,至今 600 年增 21 世。

维礼公联谱世次为 68 − 5 = 63 世;

前沿(27)联谱世次为 63 + 26 = 89 世;

占比最高为 63 + 22 = 85 世;

健在最长辈为 63 + 19 = 82 世。

14. 福建清流魏国华该支系

据前五次修谱谱序记载,念二公生四子长子积德,次子积善,三子积恩,四子积良,后来修谱由于塘台谱系在念二公和积善公之间加了五代人,积善公就成了念二公的第六世孙,积善公生四子为曰元(国泰)、曰亨(国顺)、曰利(国通)、曰贞(国政)。由于积德公和积善公是亲兄弟,为了平衡世系,所以也在念二公和积德公之间加了五代人,以后再继续寻找证据解决以上问题造成的困扰,故现在只能以积德公为始迁祖第一世,目前最前沿已到 32 世。由于以上先祖没有生殁年,故以九世岳孙公(1366?—1458)计算,619 年增 23 世,代龄 28 年/世。20～24 世同在,占比最高为 20 世。

岳孙公应为 57 + 8 = 65 世;

前沿为 65 + 23 = 88 世;

占比最高为 65 + 20 = 85 世;

健在最长辈 65 + 18 = 83 世。

15. 福建清流魏文钦支系

九郡乡村头开基祖保二郎公(约 1210),自 1244 年迁九郡村,至今前沿已至 28 世,808 年增 27 世,代龄 29 年/世。22～28 世,7 世同居一村。1420 年已有 7 世(禄公),600 年又增 21 世。

保二郎公联谱世次为 68 − 6 = 62 世;

前沿(28)联谱世次为 62 + 27 = 89 世;

健在最长辈为 62 + 21 = 83 世;

占比最高为 62 + 24 = 86 世。

16. 湖南平江续东所在平江青分、洞口、桃源支系

一世庆公,生于 860 年,唐乾符二年(875)从山东省益州迁至湖南平江青分

村,至今 1158 年增 40 世,前沿至 41 世,平均 29 年传一世。36～41 世 6 世人同在。

十八世原芳公生于元泰定元年甲子岁(1324 年)。

860—1420 年,560 年应增 19 世。1420 年已有 20 世人。近 600 年增 21 世。

庆公联谱世次为 68 - 19 = 49 世;

前沿(41)联谱世次为 49 + 40 = 89 世;

健在最长辈(36)为 49 + 35 = 84 世。

占比最高为 49 + 37 = 86 世。

17. 山东莱芜魏兰平所在芦城魏氏—大故事支系

山东莱芜芦城始迁祖魏才兴,生于 1348 年前后,于元末明初由兖州府平阴县旦真村(今东阿县高集镇旦镇村)到新泰创业,1368 年居住在莱芜东赵家庄,1370 年定居芦城。1420 年出生的祖先有 7 位:端、能、权、弘、充、刚、盛,为三世。现在繁衍至 27 世,678 年传 26 世,平均 26 年一世。15～27 世,13 世同在。1420 年时应已有 3 世。以 1420 年计,600 年增 24 世。

才兴公联谱世次为 68 - 2 = 66 世;

前沿(27)为 66 + 26 = 92 世;

健在最长辈(15)为 66 + 14 = 80 世;

占比最高(22)联谱世次为 66 + 21 = 87 世。

莱芜芦城魏氏—大故事支系,始迁祖魏馥系才兴公第六世孙,于 1588 年迁居大故事。繁衍至今前沿已到 23 世,健在最长辈为 18 世,18～23 世 6 世同在。人口占比最高为 20 世。

一世祖才兴公联谱世次为 68 - 2 = 66 世;

始迁祖馥公(6 世)联谱世次为 71 世;

前沿(23)联谱世次为 66 + 22 = 88 世;

健在最长辈(18)联谱世次为 66 + 17 = 83 世;

占比最高(20)联谱世次为 66 + 19 = 85 世。

18. 山东淄博沂源魏述胜所在的芦城魏氏—鲁村支系

据谱碑记载,清朝康熙年间,莱芜芦城魏氏始祖才兴公第十一世孙魏志昌从芦城迁居附近的里辛保北田庄(今里辛街道办事处北田庄)。据推测,他的二弟继昌和三弟祚昌可能与他同时或随后从芦城迁居北田庄。北田庄族人后来又有外迁。大约在清朝同治或光绪年间,祚昌公的后代、十五世祖魏兴和与魏风和兄弟二人带着妻儿从北田庄到蒙阴县鲁村逃荒,兴和公随后返回北田庄,风和公定居鲁村。大约在清朝末年到民国初年,志昌公的一支后代从今钢城区里辛街道办事处后朱山村迁居鲁村。此支族人后代 1961 年归属鲁村一村。1942 年,此支十八世祖魏馀德的儿子魏绍春出嗣给后朱山的长辈魏振德,迁回后朱山。1990 年,后朱山魏绍春的三儿、二十世的魏述明迁居鲁村四村。1992 年,莱芜芦城魏氏沂水县泉庄乡魏家洼分支的十九世的魏继喜迁居鲁村四村;1996 年,继喜的哥哥魏继彦又迁居鲁村四村。健在最长辈的是 18 世祖魏公德(1933 年出生)和其五弟魏盛德(1946 年出生);人口最多的是 21 世,最小辈是 22 世(北田庄已到 24 世)。

一世祖才兴公联谱世次 68 - 2 = 66 世;

始迁祖志昌、祚昌二公(11 世)联谱世次为 76 世;

前沿(24)联谱世次为 66 + 23 = 89 世;

健在最长辈(18)联谱世次为 66 + 17 = 83 世;

占比最高为 66 + 20 = 86 世。

19. 山东临沂平邑县魏昌来所在的芦城魏氏—东平邑支系

始迁祖海公系莱芜芦城始祖魏才兴第四世孙,于 1500 年迁居费邑,三年后定居小滩庄,后改孝应村,即今东平邑,现称蒙阳居,海公后裔遍及平邑、泗水、枣庄、滕州、邹城、费县等,人口发展较快,前沿已到 27 世。健在最长辈为 16 世,16 ~ 27 世 12 世同在,人口占比最高是 22 世。

一世祖才兴公联谱世次为 68 - 2 = 66 世;

始迁祖海公(4 世)联谱世次为 69 世;

前沿(27)联谱世次为 66 + 26 = 92 世;

健在最长辈(16)联谱世次为 66 + 15 = 81 世;

占比最高为 66 + 21 = 87 世。

20. 山东临沂平邑县魏新国所在的芦城魏氏—鲁埠支系

始迁祖泉公系莱芜芦城始祖魏才兴第四世孙,泉公于 1500 年迁居费邑,三年后定居小滩庄,后改孝应村,即今东平邑,现称蒙阳居,真公后至,然后和真公同去鲁埠。真公后裔又迁居魏刘庄等多地。泉公后裔从鲁埠迁出的后裔较多,鲁埠、蒙阴、资邱、魏平庄、大井头、费县、沂南、沂水、兰山、辽宁、黑龙江、吉林、安徽等地。发展至今前沿已到 25 世,16 ~ 25 世 10 世同在,22 世占比最高。

一世祖才兴公联谱世次为 68 - 2 = 66 世;

始迁祖泉公(4 世)联谱世次为 69 世;

前沿(25)联谱世次为 66 + 24 = 90 世;

健在最长辈(16)联谱世次为 66 + 15 = 81 世;

占比最高为 66 + 21 = 87 世。

21. 山东临沂平邑魏巍所在的芦城魏氏—魏刘庄支系

始迁祖曰琏公系莱芜芦城始祖才兴公第十二世孙,四世真公的第九世孙,于1701年迁居魏刘庄,人口发展较快,前沿已到25世,16~25世10世同在,22世占比最高。

一世祖才兴公联谱世次为68-2=66世;

真公(4世)联谱世次为69世;

始迁祖曰琏公(12世)联谱世次为77世;

前沿(25)联谱世次为66+24=90世;

健在最长辈(16)联谱世次为66+15=81世;

占比最高为66+21=87世。

22. 山东临沂蒙阴县魏恒启所在芦城魏氏—石马庄支系

始迁祖璇公系莱芜芦城始祖魏才兴第六世孙,1524年由莱芜迁居蒙阴县,到2019年前沿已到总支系26世,健在最长辈18世(本支13世),9世人同在,21世占比最高。

一世祖才兴公联谱世次为68-2=66世;

始迁祖璇公(6世)联谱世次为71世;

前沿(26)联谱世次为66+25=91世;

健在最长辈以璇公为一世应为13世,联谱世次为71+12=83世;

占比最高为66+20=86世。

23. 山东临沂魏茂剑所在朱岭庄支系

始迁祖良富公,据老辈人口传挑着家当携家人于明朝中叶嘉靖年间(约公元1560年前后)迁居朱岭庄,迄今已460年,根据祖碑记载可确定至少有4位先祖故于明朝,据本支系族人本成、学东考证始迁祖良富公系莱芜芦城魏氏一世祖才兴公的六世孙,但是莱芜总谱第六世共40人没有良富公;另据蒙阴县石马庄家谱记载良富公乃蒙阴七世守住公的第四世孙,即莱芜才兴公第十世孙,但是乾隆年间的老谱碑碑文已经看不清楚了,1957年老谱也已经丢失,现在证据不充分,还在继续寻找中,若根据蒙阴记载良富公为才兴公第十世孙,170年传9世不符合繁衍规律,再者据蒙阴石马庄家谱记载七世守住公和父亲璇公于明朝嘉靖年间(1524)迁居石马庄,卒后立碑时间是1573年,生年至少在1510年左右,而良富公是1560年左右迁居朱岭庄,迁徙时是携家人共同迁徙,年龄应在32岁左右,生年应该在1528年左右,相差18岁,良富公不可能是守住公的重孙,有可能为同辈人,综上所述两种说法都不可靠;此外,据石马庄魏恒启宗亲论述良富公的第六世孙魏贤迁居蒙阴草崮头,草崮头和石马庄是同一个乡镇,相隔不远,从祖辈上宗亲之间就有交往,贤公迁徙时间很早,谱序记载是清朝康熙年间,比石马庄的乾隆年间的谱碑还早,才几辈人,辈分相互论证不会弄错,大家都承认,即魏恒启的莱芜20世,给草崮头良富公的十三世孙怀字辈叫叔,由此可推出良富公为莱芜魏氏始祖才兴公第七世孙。良富公后裔发展较快,前沿已到19世。一世祖才兴公联谱世次为66世,始迁祖良富公(7世)联谱世次为66+6=72世;前沿(19)为72+18=90世。

根据全国联谱三对齐计算世次的方法计算结果是:以始迁祖为基准进行计算。从始迁祖良富公繁衍至今前沿已到19世,健在最长辈为12世,12世至19世8世同在,人口占比最多为15世,1528年至今492年增加18世人,平均约27年一世。1420年到1528年共108年应增加4世。

始迁祖良富公为68+4=72世;

前沿(19)为72+18=90世;

健在最长辈(12)为72+11=83世;

占比最高(15)联谱世次为72+14=86世。

24. 江西赣州市安远县下魏村晨光魏若飞支系

原江西赣州府安远县南水乡(濂南)太平堡鹤树村神(晨)光。开基一世祖为德铭公第五子文斌,1403年出生,目前最长辈分为14世,最前沿为26世,13世同在。614年增25世。平均代龄25年/世,以1420年计,600年增24世。

文斌公联谱世次为68-1=67世;

前沿(26)为67+25=92世;

健在最长辈(14)为67+13=80世;

占比最高为67+19=86世。

25. 山东莱芜魏洪强所在魏王许支系

1369年至今,前沿已至23世,649年增22世,平均代龄30年/世。健在最长辈17世,7世同在,20世占比最高。1420年应有3世,至今增20世。

始迁祖联谱世次为68-2=66世;

前沿(23)为66+22=88世;

健在最长辈(17)为66+16=82世;

占比最高为66+19=85世。

26. 山东莱芜魏建修所在夹谷支系

万历十六年(1588年),六世学礼公(进士)撰谱序,时年55岁,生年在1533年。至今已至24世,16~24世,9世同在,485年增加18世。平均代龄27年/世。

按此代龄前推 5 代 135 年,始迁祖生年则为 1528 – 135 = 1393 年。

始迁祖联谱世次为 68 – 1 = 67 世;

前沿(24)联谱世次为 67 + 23 = 90 世;

健在最长辈(16)为 67 + 15 = 82 世;

占比最高(20)为 67 + 19 = 86 世。

27. 山东莱芜魏庆军所在山口支系

1278 年,至今前沿已至 27 世。740 年增 26 世,平均代龄为 28.5 年/世。

健在最长辈 19 世,19 ~ 27 世 9 世同在。1420 – 1278 = 142 年,其间增加 142/28.5 = 5 世。1420 年时已有 6 世人,至今 600 年增 21 世。

始迁祖联谱世次为 68 – 5 = 63 世;

前沿(27)联谱世次为 63 + 26 = 89 世;

健在最长辈(19)为 63 + 18 = 81 世;

占比最高为 63 + 22 = 85 世。

28. 湖北咸宁魏子珎所在支系

1193 年,至今前沿已至 31 世,825 年增 30 世,代龄 27.5 年/世。健在最长辈 24 世,8 世同在。1193—1420 年,227 年应增 8 世。1420 年已有 9 世,至今又增 22 世。

始迁祖联谱世次为 68 – 8 = 60 世;

前沿(31)联谱世次为 60 + 30 = 90 世;

健在最长辈(24)为 60 + 23 = 83 世;

占比最高为 60 + 26 = 86 世。

29. 浙江温州苍南魏乃旺所在支系

据浙江温州钜鹿宗谱记载:“唐长贤公为温州谱第一世祖(毕万第四十三世)。温州支系基本属第十四世祖(56 世)鸿公之后。”

温州苍南县和平阳县还有一支系,即魏乃旺所属支派,始迁祖桧公(28 世)和朋清公两堂兄弟,都属明末从福建永春为避战乱迁徙而来,定居苍南、平阳各地。

桧公生卒年不详,按其父魏逊(1525—1610)27 世计算,2018 年前沿至 46 世荣字辈。1525—2018 年,493 年增 19 世。代龄 26 年/世。现 37 ~ 46 世 10 世同在,人数占比最高的是 42 世忠字辈和 43 世良字辈。

分析:一世长贤公生于 518 年,27 世逊公生于 1525 年,1007 年只传 26 世,平均代龄为 39 年/世,严重偏离正常值 28 年/世!按照该支系实际代龄,长贤公至逊公之间至少缺了 10 代人。即使按元代之前平均 30 年/世计算,也缺失了 7 代人。故以长贤公为一世的世系到逊公的记载是存疑的,联谱世次评估只能以有确切生卒年的始迁祖之父逊公为一世进行计算。

1420—1525 年,105 年应传 4 世。1525—2018 年又增 19 世,1420—2018 年共增加 23 世。

一世逊公(27)联谱世次为 68 + 4 = 72 世;

始迁祖桧公(28)联谱世次为魏犨 73 世;

前沿(46)为 72 + 19 = 91 世;

健在最长辈(37)为 72 + 10 = 82 世;

占比最高(42)为 91 − 4 = 87 世。

30. 浙江温州逸公支系

据浙江温州《钜鹿魏氏宗谱》记载,唐长贤公为温州谱第一世祖(毕万第四十三世)。温州魏氏基本属第十四世祖(56 世)鸿公之后。

第二十世逸公(1349—1413)任温州府同知,任满居瓯城,为入温肇基始祖,其子师商公(1370—1431)于永乐二年(1404)由温州迁平阳岭后,为入迁平阳县、苍南县始祖,即魏伟(四十一世)所属支系始迁祖。从师商公(21 世)前沿 44 世职字辈,那么从 1420 年至今该支派已延续 23 世,平均每 26 年增一世,现八世同堂,人数占比最高是 42 世舜字辈和 43 世臣字辈。

分析:温州魏氏始迁祖逸公生于 1349 年,谱载为长贤公(518 年生)20 世,831 年只传 19 世,平均 44 年一世,比 1420 年以后的代龄(26 年/世)偏高 18 年!按 30 年/世计算,831 年也应增 28 世,在逸公之前至少缺失 9 代人。故逸公之上的世系存疑,不宜采信。应以逸公为一世入联。

始迁一世逸公,前沿已至 25 世。1349—1420 年,71 年,应增 3 世,即 1420 年时已有 4 世人,至今又增 21 世。

始迁祖逸公联谱世次为 68 − 3 = 65(一世魏犨);

前沿(25)联谱世次为 65 + 24 = 89 世;

占比最高(22)为 65 + 21 = 86 世;

健在最长辈(18)为 65 + 17 = 82 世。

31. 湖北赤壁魏群波支系

始迁祖福公(福大与福一、福二、福三系同父异母兄弟),于元末明初从江西迁楚,据其长子兴宗的生年 1319 年及其父亲必初公生年 1260 年推知,福大公应当生于 1290 年前后,前沿已至 28 世,健在最长辈为 17 世。1290—2018 年,728 年,传 27 世,代龄为 27 年/世。17 ~ 28 世 12 世同在,主要分布于湖北的赤壁、崇阳、嘉鱼、洪湖、通城,湖南临湘、四川、陕西等地。

1290—1420 年,130 年应增 4~5 世,1420 年已有 5 世,近 600 年增 23 世。

福大公联谱世次为 68 - 4 = 64 世;

前沿(28)联谱世次为 64 + 27 = 91 世;

健在最长辈(17)为 64 + 16 = 80 世;

占比最高(22)为 64 + 21 = 85 世。

32. 安徽肥东县大魏支系

始迁祖(名讳失考)于明初洪武年间自江苏句容迁来的(家谱记载从山西芮城到江苏句容龙潭魏到肥东大魏),在崇祯年间受兵燹之灾,家谱无存,世系中断,清初再续谱时有确切年代记录的是五世祖魏友瑶生于 1644 年,至 2012 年第十九世出生。现 8 世同村。从友瑶之后,370 年增 14 世,平均 26.4 年/世。

清初再续谱,谱记一世祖得千公生年约为 1644 - 26.4 × 4 = 1539 年,1539 - 1420 = 119,119 ÷ 26.4 = 4.5 世 ≈ 5 世。

清初再谱,谱记一世祖联谱世次为 68 + 5 = 73 世;

前沿(19)联谱世次为 73 + 18 = 91 世;

健在最长辈(12)联谱世次为 73 + 11 = 84 世;

占比最高(15)的联谱世次为 73 + 14 = 87 世。

33. 安徽寿南魏氏支系

始迁祖魏成(约1300年),1335 年从湖北襄阳迁到今安徽凤阳,再迁到今合肥市吴山庙魏老河,现增至 27 世。718 年增 26 世,代龄 27.6 年/世。1300—1420 年,120 年,应增 4 世,1420 年已有 5 世,后增 22 世。

始迁祖成公联谱世次为 68 - 4 = 64 世;

前沿(27)为 64 + 26 = 90 世;

健在最长辈(20)为 64 + 19 = 83 世;

占比最高(24)为 64 + 23 = 87 世。

34. 四川古蔺谢家岩后章所在支系

一世祖国良、国贤、国斌三兄弟,于万历十八年(1590)迁川,生于 1560 年前后,目前已至16世,9~16世8世同在,最长辈92岁,最晚辈2岁。448 年增 15 世。平均代龄 30 年/世。到 1420 年,140 年增 5 世,1420 年至今应有 21 世,增 20 世。

始迁祖国良、国贤、国斌联谱世次为 68 + 5 = 73 世;

前沿(16)为 73 + 15 = 88 世;

健在最长辈为 73 + 8 = 81 世;

占比最高为 73 + 11 = 84 世。

35. 湖南永州东安魏志达支系

始迁祖廖公字仕元,号坪洋,生卒年不详,明册封为南京直棣公爵,勤劳主事,居永州府东邑,携胞弟胜公(居宝庆府安化)随明朝沐国公(沐英册封明朝西南侯)于明洪武二年(1369 年)从江西吉安府庐陵县鹅颈大坵出征治滇(云南)为官 28 年后,于 1397 年弃官返乡途中择居永州府东邑三水乡凤形山岭脚村繁衍后裔子孙至我为 21 世,遍居全国各地(人口数万,22 世和 23 世人口最多),前沿达 27 世,18 世健在,10 世同在。其中,第二世祖伯九郎(名旻)官任明直隶徽州府正堂,第二叔祖伯十郎官任常德府都指挥使文都指挥使,第四世才旻公于明永乐丙戌年(1406 年)选贡出仕官任直隶徽州府同知。

1397 年做官 28 年弃官,即 1369 年为官,时年按 30 ~ 40 岁,其生年应为 1330 年前后。

1406 年四世做官,1420 年应已有 5 世人。之后的 600 年增加 22 世。

廖公联谱世次为 68 – 4 = 64 世;

前沿(27)联谱世次为 64 + 26 = 90 世;

健在最长辈为 64 + 17 = 81 世;

占比最高为 64 + 21 = 85 世。

36. 湖南株洲渌口区南洲镇横江村魏文所在支系

一世祖亨公 1273 年生,株洲始迁祖十三世惟章公 1644 年生,字品钰,明崇祯十六年癸未十一月十九日子时生,清雍正十一年癸丑四月初十巳时没,该公天性和乐,为人乐善好施,生子四株洲醴陵一带繁衍后裔子孙,至我 24 世,应 24 世人口最多,前沿 27 世,21 世健在,6 世同在,747 年增 26 世,平均约 29 年传一世。1273—1420 年,147 年应增 5 世,1420 年已有 6 世人,近 600 年增 21 世。

亨公联谱世次为 68 – 5 = 63 世;

前沿(27)为 63 + 26 = 89 世;

健在最长辈为 63 + 20 = 83 世;

占比最高为 63 + 23 = 86 世。

37. 安徽合肥肥西淝南(包河魏团)支系

始迁祖荣二公孑然一身于 1356 年自江右(今江西)寻游至淝南今三河滨湖魏大郢择地而居,生年约在 1336 年前后,前沿已至 27 世,684 年增 26 世,平均 26 年传一世。多数散居合肥、巢湖、六安等地。

1336—1420 年,84 年约增 3 世。1420 年已有 4 世人,近 600 年增 23 世。

始迁祖荣二公联谱世次为 68 - 3 = 65 世;

前沿(27)为 65 + 26 = 91 世;

健在最长辈(20)为 65 + 19 = 84 世;

占比最高(23)为 65 + 22 = 87 世。

38. 安徽泗县丁湖元广所在支系

始迁祖名讳、生年失考,据口传及考证,于 1371—1376 年迁自山西鹊窝。一世奇公生年失考,至 18 世廉字辈,只有世次字辈:奇→绍→成→景→凤→庭→希→允(邦、士)→殿(文、德)→广(祥)→元→庆→持→敬(国)→贤→礼→尚→廉,10 世广 ~ 18 世廉 9 世同在,12 世庆字辈占比最高。

不知一世祖生年,无法计算代龄,只有用平均代龄 27 年/世来计算世次。倒推 17 世,为 459 年。2018 - 459 = 1559,即奇公生年约为 1559 年。1420—1559 年,共 139 年,约传 5 世。

一世奇公联谱世次为 68 + 5 = 73 世;

始迁祖生年 1330—1340 年,至今约 680 年,应传 25 世,前沿应至 26 世;

1420 年应有 4 世人,至今又增 22 世;

始迁祖联谱世次为 68 - 3 = 65 世;

一世奇公联谱世次为 68 + 5 = 73 世;

前沿(26)联谱世次为 65 + 25 = 90 世;

占比最高为 85 世;

健在最长辈为 82 世。

39. 四川巴中市魏传能所在支系

始迁祖兴宗、兴贵(父亲福大与福一、福二、福三系同父异母的兄弟)。于明洪武四年(1371)从湖北麻城洗脚河,高坎堰(今麻城龙城办事处虎地形村)迁巴州,兴宗公生于元延祐六年己未(1319)。至今已至 28 世,代龄 26 年/世。

20 ~ 28 世 9 世同在。最长 94 岁,最幼几个月。

占比最高的是 23 世、24 世。

1319—1420 年,101 年约增 3 代。1420 年时已有 4 世人,近 600 年增 24 世。

始迁祖兴宗联谱世次为 68 - 3 = 65 世;

前沿(28)联谱世次为 65 + 27 = 92 世;

健在最长辈(20)为 65 + 19 = 84 世;

占比最高为 65 + 22 = 87 世。

40. 江苏无锡梁溪亲睦堂秋良所在支系

家谱以魏徵公为一世,历经第 10 世后周宰相魏仁浦(河南汲县人,今新乡卫辉)、11 世先祖北宋右卫将军魏咸信(宋太祖赵匡胤之婿),传至 18 世南宋抗金名将大刀魏胜(江苏宿迁人)1164 年在淮安阵亡后,其次子孝廉公魏昌将其葬于无锡惠山脚下,并在无锡定居。第 24 世魏思达再迁徙至玉西魏家宕。至今 41～49 世 9 世同在。43 世人数占比最高。

以始迁祖胜公为一世,胜公生于 1120 年,至今 898 年,又增 31 世,平均 29 年传一世。胜公第 24～32 世 9 世同在。28 世占比最高。

1120—1420 年,300 年约增 10 世,共 11 世,1420 年至今近 600 年增 21 世。

始迁祖胜公联谱世次为 68－10＝58 世;

前沿(32)联谱世次为 58＋31＝89 世;

占比最高为 58＋27＝85 世;

健在最长辈为 58＋23＝81 世。

41. 安徽濠州魏氏(凤阳府)

凤阳、淮南外窑、定远炉桥、青洛;长丰、寿县、怀远支系;始迁祖元公于元末落户于凤阳濠梁。元公五世升公迁往淮南外窑、定远炉桥、青洛、寿县、怀远、长丰等地,始迁祖元公生辰约 1330 年,现约 688 年,传 23 世,前沿 24 世,16 世至 24 世,9 世同堂。平均代龄约 30 年/世,1330—1420 年,已有 4 世,至今又增 20 世。

始迁一世祖元公联谱世次为 68－3＝65 世;

五世升公联谱世次为 65＋4＝69 世;

前沿(24)联谱世次为 65＋23＝88 世;

健在最长辈(16)联谱世次为 65＋15＝80 世;

占比最高(20)联谱世次为 65＋19＝84 世。

注:家元所在支系属于升公后裔,合并为一个支系。

42. 湖北荆楚魏氏魏章荣支系

一世三甫公(新甫,彦甫,乔甫)因避战乱于公元 1351 年从江苏常熟迁江西,1352 年从江西迁居湖北石首。始迁祖生年应在 1320 年前后。至今 700 年,前沿 26 世,传 25 世,平均代龄 27 年/世。16～26 世 11 世同在。占比最高为 20 世。

1320—1420 年,100 年应增 3 世。1420 年已有 4 世人,之后的 600 年又增 22 世。

新甫、彦甫、乔甫联谱世次为 68－3＝65 世;

前沿(26)为 65＋25＝90 世;

占比最高为 65 + 19 = 84 世;

健在最长辈为 65 + 15 = 80 世。

43. 济宁前海魏学成支系

一世祖失讳,约 1460 年生,大明弘治元年(1488 年)由沛县魏家村迁济宁,前沿至 21 世,距今约 560 年,增 20 世,平均代龄 28 年/世,16～21 世 6 世同在。占比最高为 18 世。

始迁祖为 68 + 1 = 69 世;

前沿(21)为 69 + 20 = 89 世;

占比最高为 69 + 17 = 86 世;

健在最长辈为 69 + 15 = 84 世。

44. 河南永城魏氏支系

始迁祖一世树公于明朝洪武初年,自原山左(今山东清州府淄川县 70 里石马镇盆泉村、现博山区)迁居永城。生年在 1338 年前后,现前沿已至 23 世。650 年增 22 世,平均代龄 30 年/世。

目前,人数占比最高为 19 世,15～23 世 9 世同在。

1420 年已有 3 世,此后 600 年增 20 世。

始迁祖树公为 68 − 2 = 66 世;

前沿(23)为 66 + 22 = 88 世;

占比最高(19)为 66 + 18 = 84 世;

健在最长辈(15)为 66 + 14 = 80 世。

45. 山东日照诸城魏本欣所在支系

始迁祖智公生年 1461 年前后,明朝天顺年间从连云港的海东迁移至碑廓的田家寨,从田家寨分支出去的有莒南、莒县、五莲、诸成、青州、青岛、阳谷、泰安、赣榆、东海等。至今前沿至 21 世,589 年增加 20 世,平均代龄 30 年/世。15～21 世 7 世同在。占比最高为 18 世。

始迁祖智公应为 68 + 1 = 69 世;

前沿(21)为 69 + 20 = 89 世;

占比最高为 69 + 17 = 86 世;

健在最长辈为 69 + 14 = 83 世。

46. 河南罗山明祥所在支系

河南罗山明祥所在支系,始迁祖智二公(字肖乔,1300 年左右生),于 1370 年从江右(江西)迁鄂,前沿至 27 世(2008 年出生),20～27 世 8 世同在。占比最高为 23 世。

1300 年至 2008 年,708 年增 26 代,平均代龄约 27 年/世。

1300 年到 1420 年,约增 5 世,1420 年已有 6 代人。

1420 年之后的 600 年又增 21 世。

始迁祖智二公联谱世次为 68 − 5 = 63 世;

前沿(27)联谱世次为 63 + 26 = 89 世;

占比最高为 63 + 22 = 85 世;

健在最长辈 63 + 19 = 82 世。

47. 山东任城平留祥其所在支系

一世始迁祖珍公由开州竹林寺(今东平长兴镇)迁居任城平留。1328 年三世德公(元代 1280 年人)为共祖父珍公立碑并撰文。

1280—2018 年,738 年增 27 世,前沿至 30 世,代龄 27 年/世。

一世珍公生年在 1226 年前后。1226—1420 年,194 年应传 7 世。1420 年已有 8 世人。此后 600 年增 22 世。

始迁祖珍公联谱世次为 68 − 7 = 61 世;

前沿(30)为 61 + 29 = 90 世;

健在最长辈(24)为 61 + 23 = 84 世;

占比最高(27)为 87 世。

48. 湖北洪湖市螺山镇朱家峰村魏昌祥所在支系

旧谱庄名为王家堡庄,男丁 243,人口 430。始迁祖魏绍山,字文子,号清甫,1260 年 5 月生,1302 年(42 岁)由江西南昌迁湖南岳阳,1334 年落根湖北通城马港镇九岭门,享年 74 岁。

共生三子,长子福一(我二世祖)先迁往湖北洪湖竹林湾,最后落根湖北赤壁。健在最长辈 18 世,最前沿至 28 世,11 世同在。当前人数占比最高为 22 世。758 年增 27 世,代龄 28 年/世。

1260—1420 年,160 年已有 6 代人,至今又增 22 世。

始迁祖绍山联谱世次为 68 − 5 = 63 世;

前沿(28)联谱世次为 63 + 27 = 90 世;

占比最高(22)为 63 + 21 = 84 世;

健在最长辈(18)为 63 + 17 = 80 世。

49. 湖北襄阳盛军所在支系

始迁祖至九世失记,十世金品公生于 1847 年,至 2013 年前沿到达 16 世,166

年增6世,代龄27.6年/世。11~16世6世同在,占比最高为14世。

始迁祖生年应在1599年左右,即1847-(27.6×9)=1599。

用中对齐法评估:

占比最高的14世为86世;

始迁祖联谱世次为86-13=73世;

金品公为86-4=82世;

健在最长辈为86-3=83世;

前沿(16)为86+2=88世。

50. 广西藤县支系

始迁祖学宣公,1770年从广东龙川县迁广西藤县,其长孙应龙公1770年出生,到2015年应龙(一世)已有十一世孙。238年传10世,平均代龄24年/世(异常值)。

该支属龙川一世祖魏德铭支系。魏德铭出生于1431年(江西安远记载为1372年),至2015年的585年,繁衍最前沿祖字辈为德铭27世。平均代龄22年/世(异常值)。20~27世8世同在,占比最高为23世。

编辑部认为,该支系上报资料与百支系繁衍规律统计调查结果差异太大,联谱世次异常,所以,德铭公生年按其出生地江西安远族谱记载1372年计,平均代龄25年一世,应为魏犨第65世。

前沿(27)联谱世次为65+26=91世;

占比最高为65+22=87世;

健在最长辈为65+19=84世。

51. 江西吉安、湖南安化启恩所在支系

始迁祖廷倚公,字树玉,号立斋,唐朝宰相魏元忠二十世孙,原籍南昌府新建县铁柱宫,由贡举任吉安府教谕,遂家于府城城皇阁侧,祥兴二年(1279年)创业于卢陵五十二都淳塘,生于1242年,殁于1312年。现前沿至31世,平均代龄26年/世,现23~31世9世同在。占比最高为26世、27世。

1242—1420年,178年,增7世。1420年已有8世。此后近600年增23世。

始迁祖廷倚公联谱世次为68-7=61世;

远祖魏元忠联谱世次为61-19=42世;

前沿(31)联谱世次为61+30=91世;

占比最高为87世。

52. 四川南江平岗支系

魏杞(1121—1184 年,字南夫,寿县人,葬奉化溪口)的第六世孙福大之子兴宗、兴贵、兴让、兴怀、兴德五公,于 1371 年分别迁居四川巴蜀、湖南长沙、福建等地。巴中始迁祖兴宗公(1319—1396 年)至 2018 年共 699 年,传 27 世至前沿 28 世(杞公 34 世),代龄 26 年/世。19 ~ 28 世 10 世同在。

1319—1420 年,101 年传 3 世,1420 年已有 4 世人,此后 600 年增 24 世。

兴宗公联谱世次为 68 – 3 = 65 世;

杞公联谱世次 65 – 6 = 59 世;

前沿(28)联谱世次为 65 + 27 = 92 世;

健在最长辈为 65 + 18 = 83 世;

占比最高为 65 + 22 = 87 世。

53. 重庆市朝端所在大竹、城口支系

入川始迁祖为江西安远受七公第十五世魏昭音(1656—?),生四子,第三子佳富 1708 年生人,于 1741 年迁居四川大竹、城口县治平乡阳河溪,至今前沿已至昭音公第十四世。

昭音公(1656)上至江西安远始迁祖受七公还有 14 代,下面至前沿有 13 代,合起来共 28 世人。健在最长辈是江西安远的 20 世,9 世同在。昭音公之后,至 2018 年,362 年传 13 世,平均代龄为 28 年/世。据此前推 14 世(392 年),得知受七公生年约为 1264 年,距 1420 年隔 156 年,约增 6 世人。受七公到 1420 年时已有 7 世人。至今 600 年增 21 世。

一世江西安远受七公联谱世次为 68 – 6 = 62 世;

按昭音公生年计算,1420 年到 1656 年,236 年应增 8 世。

始迁祖魏昭音联谱世次为 68 + 8 = 76 世;

前沿(28)为 62 + 27 = 89 世;

健在最长辈(20)联谱世次为 62 + 19 = 81 世;

占比最高是(25)联谱世次为 62 + 24 = 86 世。

54. 广东中山国秋所在支系

始迁为太始祖魏可用,南宋人,宋末元初迁奥南雄珠玑巷再迁南海。

一世祖魏孟颖(1304—1387),714 年至 26 世,增 25 世,代龄 29 年/世。

至 1420 年,116 年增 4 世,已有 5 世人,至今 600 年又增 21 世。

一世孟颖公联谱世次为 68 – 4 = 64 世;

前沿(26)联谱世次为 64 + 25 = 89 世;

健在最长辈(18)为 64 + 17 = 81 世；

占比最高(21、22)为 84 世、85 世。

55. 天津静海支系

始迁一世祖让公，自山西洪洞于明永乐北征年间(1403 年)迁移。至 2020 年已有 23 世。始迁祖生年约为 1380 年前后。640 年增 22 代，代龄 29 年/世。1420 年应有 2 世人，至今又增 21 世。

始迁祖联谱世次为 68 - 1 = 67 世；

前沿(23)联谱世次为 67 + 22 = 89 世；

健在最长辈(14)联谱世次为 67 + 13 = 80 世；

占比最高(18、19)联谱 84 世、85 世。

56. 山东胶州魏琦所在支系

始迁祖失讳，1428 年做官迁居胶州，生年约 1390 年。因自始迁祖曾孙明德公至今目前已繁衍至 21 世。即推出自始迁祖至今，前沿已到 24 世，630 年传 23 世，代龄 27 年/世。占比最高为 20 世。15 ~ 24 世 10 世同在。1420 年以来增 22 世。

始迁祖联谱世次为 68 - 1 = 67 世；

明德公为 67 + 3 = 70 世；

前沿(24)联谱世次为 67 + 23 = 90 世；

健在最长辈为 67 + 14 = 81 世；

占比最高为 86 世。

57. 湖北赤壁文斌所在支系

始迁一世祖念一公，生年不详。五世魏观生于 1305 年，卒于 1374 年。2018 年前沿至 29 世。713 年增 24 世，代龄 30 年/世。健在最长辈还有第 21 世。当前人口占比最高是 25 世、26 世。

1420 - 1305 = 115

115/30 ≈ 4(世)

即 1420 年已有 9 世人。至今 600 年又增 20 世。

始迁一世祖念一公联谱世次为 68 - 8 = 60 世；

前沿(29)联谱世次为 60 + 28 = 88 世；

占比最高为 25(26)，联谱世次 84 世、85 世；

健在最长辈为 60 + 20 = 80 世。

58. 河南邓州小兵所在支系

始迁祖好汉公生年 1202 年，至 2018 年前沿至 29 世，816 年增加了 28 世，代龄

29 年/世。

用此代龄去评估一世祖世传、世行、世宽三公生年：比好汉公晚 5 世，29×5 = 145 年，即 1202 + 145 = 1347 年前后。

1347—1420 年是 73 年，约传 2 世，1420 年时已有 3 世人。

1420 年至今 600 年又增 21 世。15～24 世，10 世同在。占比最高为 19 世。

一世祖世宽、世传、世行三公联谱世次应为 68 – 2 = 66 世；

前沿（24）联谱世次为 66 + 23 = 89 世；

占比最高为 66 + 18 = 84 世；

健在最长辈为 66 + 14 = 80 世。

辈字：国立昌明，仁厚家新，修正道德，全载天经同宗敦庆，世纪长存，基业永远，瑞集福增弘扬先贤，州泰民安，廉洁奉公，礼仪孝忠。

59. 山东临沂魏法德所在水田魏氏—吉乐庄支系

临沂水田魏氏，太祖生于约 1328 年，卒于 1386 年，由河南而金陵，明前（丙申年）在李总管麾下归附从军十有余年，在朱元璋侍卫军十七卫中任龙骧卫。洪武元年改任燕山护卫，十一年升中护卫，洪武十九年病故。二世徽祖役充父职，曾任燕山右护卫，副千户，指挥金事，指挥同知，永乐十一年病故。徽祖共生三子，刚、广、清，广公和清公居住北京，三世刚祖充任父职，进赠昭勇将军，宣德元年（1426年）在沂州府留守，遇达贼侵犯入境，刚祖奋斗之际，不幸英灵归天，坟墓葬于城西南后岗头之东南湖。四世晟祖冕祖补父职沂州卫，世袭指挥同知，五世聪祖官游京师，诰封怀远将军，世袭沂州卫，指挥同知，坟墓葬于城西水田村之阳。后至第十世去世皆葬此林内有碑证，明末清初为避乱而迁居他乡，皆属"水田魏"，临沂水田魏氏共有吉乐庄支系、清福庄支系、魏家三岗支系、魏家荒支系、西关支系、小官路支系、峰山支系、甘林庄支系、白衣庄魏石埠支系、毛庄支系、桃园支系、西单支系、西石埠支系、小塘子支系、谢家宅支系等 15 个支系，参加联谱的支系有 7 个。2018 年前沿 25 世，18～25 世，8 世同在，平均代龄 29 年/世，1420 年已有 4 世，600年再增 21 世。一世祖太公联谱世次 65 世。前沿 25 世，全国联谱为 65 + 24 = 89世；占比最高为 21 世，全国联谱为 85 世；健在最长辈为 18 世，全国联谱为 82 世。吉乐庄支系始祖讳成顺公系临沂水田堂人氏，太祖第九世孙，约于公元 1628 年前后出生，由清朝顺治年间从兰山县水田堂迁居安庆庄。病逝在方城镇朱满村，并葬于诸满茔地，于 2014 年清明迁回小吉乐庄村，葬于小吉乐庄老茔地并立碑以怀念祖恩，其子国泰公后因做工方便由安庆庄迁居小吉乐庄村，迄今已有约 400 年历史，历经十六世，人口发展较快，分布在小吉乐庄、东朱汪、东东蒋、中徕庄、毛沟、努力庄、神牛栏、沂水县大崮前村、东北三省等全国各地。

一世祖太公联谱世次为 68 - 3 = 65 世；

始迁祖成顺公为水田 9 世、全国联谱为 73 世；

前沿(16)为 73 + 15 = 88 世；

占比最高为 73 + 12 = 85 世；

健在最长辈为 73 + 9 = 82 世。

60. 山东临沂魏永贵所在魏家三岗支系碗窑分支系

碗窑支系是魏家三岗支系的一个分支，始迁祖易公乃水田太祖第十世孙献海(1650—1735 年)公之次子，由清朝康熙年间从临沂水田堂迁入罗庄区双月湖魏三岗村居住，易公后裔太祖第十五世孙魏果等率族众又从罗庄区盛庄镇魏家三岗村迁居探沂镇汤家屯村，后来魏果的后裔振启迁居探沂镇碗窑村，殿和迁居南京。以后又有很多宗亲族众迁居东北三省。本支系宗亲共分布在魏家三岗、芩石、庄坞西高尧村、汤家屯、碗窑、前岗头等村庄。此外根据水田族谱，第十二世绍琦公碑，汤家屯 1962 年老谱记载，此支系的世次最准确，不存在断谱现象，但是基于某些原因，导致了世次不准，现在由于族众思想不够统一故本次续谱没有能够纠错，深表遗憾，留待后人解决。

一世祖太公联谱世次为 65 世；

始迁祖易公为水田 11 世，全国联谱为 75 世；

前沿(14)为 75 + 13 = 88 世；

占比最高为 75 + 10 = 85 世；

健在最长辈为 75 + 8 = 83 世。

61. 山东临沂魏志国所在前岗头支系

公元 1800 年左右，临沂南郊前岗头(今临沂火车站附近)魏氏家族在此经营土陶制品为生，由于饥荒及形势动乱不定，很多魏氏族人前往多地以经营土陶制品接济生活。其中一支魏昆江于 1879 年春流落至枣庄市老峄县南、夹坊村一带。其叔伯兄弟魏昆海曾在此北洛村做过陶器，其间有来往，故就再次北夹坊落地生根、繁衍生息。魏氏家族不断壮大，窑屋魏氏家族自迁入至今，已繁衍流芳八世生生不息，目前临沂前岗头村魏氏已发展到约 100 人，枣庄夹坊魏氏已扩展到 300 多人，随着形势发展，人口流动遍及省内外。据传该支系应该属于魏家三岗支系。

一世祖太公联谱世次为 68 - 3 = 65 世；

始迁祖昆江(昆太)、昆河为水田 16 世，全国联谱为 80 世；

前沿(9)为 80 + 8 = 88 世；

占比最高为 80 + 5 = 85 世;

健在最长辈为 80 + 3 = 83 世。

62. 山东临沂魏连玉所在清福庄支系

始迁祖起敏、起胜兄弟二人由临沂水田桥迁至清福庄约 200 年历史,繁衍至今,历经十世,始迁祖起敏、起胜为水田太祖第十五世孙。健在最长辈第 4 世,人口占比最多第 7 世,4～10 世 7 世同在。

一世祖太公联谱世次为 68 - 3 = 65 世;

始迁祖起敏、起胜为水田 15 世、全国联谱为 79 世;

前沿(10)为 79 + 9 = 88 世;

占比最高为 79 + 6 = 85 世;

健在最长辈为 79 + 3 = 82 世。

63. 山东临沂魏连田所在魏家荒支系

该支系始迁祖成然公系临沂水田太祖第十一世孙,于清朝康熙年间迁居现临沂市兰山区方城镇东石桥村,迄今人口发展达数千余人,现分布于临沂市兰山区方城镇的魏家荒村、东石桥村、西朱汪村、宋家唐庄村,临沂市费县探沂镇的高家岭村、薛庄镇(原方城镇)的昌国庄村,临沂市兰山区汪沟镇的田家庄村、沂南县青驼镇陈家寨村、杨家庄村、双堠镇磊石沟村等数个村庄。十七世祖永昌迁居吉林省临江市;十七世祖永桂于清朝末期迁居现在的临沂市兰山区方城镇宋家唐庄村,为宋家唐庄村魏氏支系始祖;前沿已到 14 世,健在最长辈为 9 世,人口占比最高为 11 世。9～14 世 6 世同在。

一世祖太公联谱世次为 68 - 3 = 65 世;

始迁祖成然公为水田 11 世、全国联谱为 75 世;

前沿(14)为 75 + 13 = 88 世;

占比最高为 75 + 10 = 85 世;

健在最长辈为 75 + 8 = 83 世。

64. 山东临沂魏建玉所在谢家宅支系新安岭分支系

新安岭支系为谢家宅支系的分支系,1962 年老谱记载水田太祖十一世孙(2004 年临沂修谱改为八世)有德公字养性,由沂州水田迁居河西角沂庄,后又迁至临沂城北谢家宅村。自从有德公迁至谢家宅村距今约 400 余年。有德公生四子,长九甫,次九贤,三九思,四九成,九甫、九贤公迁至桥顶村。九思公生帮纯,帮纯公生荣芝,荣芝公生二子,长俚、次仲。仲公迁至大朱夏村。九成公生邦辅,邦辅公生四子,长坤芝、次资芝、三彦芝、四钦芝。坤芝公迁至洪家店村。有德公的第八世孙魏公(失讳)迁居新安岭,长子名德公在此居住,次子二公携4子迁居青岛。前沿已到18世,健在最长辈为11世,人口占比最高为15世。11~18世8世同在。

一世祖太公联谱世次为68-3=65世;

有德公为水田太祖8世,全国联谱为72世;

前沿为65+24=89世;

占比最高为86世;

健在最长辈为82世。

65. 山东临沂魏荣振所在甘林庄支系

据魏士保老人的追忆叙述,李自成起义,天火不断,我支系先祖由临沂水田迁到玉泉庄,几年后,又从玉泉庄搬迁到甘林庄,其中长支起龙公留住本村,二支起凤公迁居马庄乡卸甲水,至今约有300年的历史。始迁祖大公失讳,在临沂续谱时,为水田太祖第十一世孙,前沿已到24世,19~24世6世同在,21世占比最高。

一世祖太公联谱世次为68-3=65世;

始迁祖大公为水田11世,全国联谱为75世;

起龙、起凤二公联谱世次为76世;

前沿(24)为65+23=88世;

占比最高为65+20=85世;

健在最长辈为65+18=83世。

66. 山东临沂魏广宝所在洪沟魏氏—康家庄支系

始祖魏再仪,汾州人,卒于官,生年失考,始祖母携幼子在诸满安家。四世祖魏公济于正德九年(1514年)中进士,历任湖广辰州、浙江湖州知府,卒后葬于费县洪沟村前,有碑记。六世长支照公后裔,据传迁居齐河(今济南齐河县)或热河(1914—1955年,含今河北承德,内蒙古赤峰、通辽,辽宁阜新、朝阳、葫芦岛建昌等)煦公后裔迁康家庄定居;杰公后裔失考;炎公后裔迁居薛家村、墩头等地。现今最前沿到达26世,18~26世9世同在,22世、23世人口占比最多。一世再仪公生年应为1370年前后,至2018年,648年传25世,代龄约26年/世。1370—1420年,50年约传2世。1420年至今又传23世。一世再仪公联谱世次为68-2=66世。前沿(26)联谱世次为66+25=91世;健在最长辈(18)联谱世次为66+17=83世;占比最高(22)联谱世次为66+21=87世。康家庄支系始迁祖魏乾为洪沟魏氏再仪公第十世孙(原断代谱为十一世孙)。据全国联谱"三对齐"原则和谱中所述"五十余年约有二代失考",应为第十世),六世祖二公煦祖的第五世孙,乾公后裔人口众多,族人主要分布在费县薛庄镇康庄、阳口、石岚、龙雨庄、安定庄、杏埠、白埠、古城、凤凰崖、南长行、孙家庄等30多个村庄,前沿已到17世。11~17世7世同在,14世人口占比最高,健在最长辈11世。

一世再仪公联谱世次为68-2=66世;

乾公联谱世次为66+9=75世;

前沿(17)联谱世次为75+16=91世;

健在最长辈为75+10=85世;

占比最高为75+13=88世。

67. 山东临沂魏殿宽所在墩头支系

墩头村始祖圣瑞公为六世四公炎祖的第十一世孙(原断代谱为十二世孙。据全国联谱"三对齐"原则和谱中所述"五十余年约有二代失考",应为第十一世孙),炎公始迁薛庄镇城阳,炎公后裔十一世孙圣瑞公约1668年出生,于康熙二十五年(1686)迁居墩头村居住,已有300多年历史,历经十四世,人口众多,分布在墩头、大戈庄、刘官庄等村,探沂镇薛家村魏氏同为炎公后裔。8~14世7世同在,11世人口占比最高。

一世再仪公联谱世次为68-2=66世;

圣瑞公联谱世次为66+10=76世;

前沿(14)联谱世次为76+13=89世;

健在最长辈为76+7=83世;

占比最高为76+10=86世。

68. 山东临沂魏军峰所在薛家村支系

薛村魏氏为洪沟魏氏三世祖瓛公之后,第六世魏炎迁薛庄城阳居住,七世兄弟两人(失讳),后又迁到探沂镇薛家村,已有近500年历史,本支系近支炎公其他族众分散到墩头等地,因种种历史原因导致家谱缺失以致中间几世老祖名讳失传,根据人类繁衍规律及现在发展状况,经过多方考察综合考证殿字辈殿兴公应为再仪公第十六世孙,薛家村第十六世两位祖先于160年前迁居朱保镇东单村居住,十八世明新公又从东单迁居英疃居住。从薛村迁去兖州、潍坊、烟台、东北四支现在无联系。前沿已到17世,13~17世5世同在,15世人口占比最高。

一世再仪公联谱世次为68-2=66世;

始迁祖二公为再仪公七世,联谱世次为66+6=72世;

第十六世殿兴公联谱世次为66+15=81世;

前沿(17)联谱世次为72+16=88世;

健在最长辈为 72 + 12 = 84 世。

占比最高为 72 + 14 = 86 世。

69. 山东临沂魏福来所在斗立庄支系

一世祖名讳、生年失考,四世祖生于 1860 年。6~10 世 5 世同在,8 世人口占比最高。代龄 27 年/世。本支系少于 12 世,按中对齐方法处理,即占比最高的第 8 世与所有入联支系最高占比的平均值 86 世对齐为同一世。

始迁一世祖联谱世次为 86 - 7 = 79 世;

前沿(10)为 79 + 9 = 88 世;

健在最长辈为 79 + 5 = 84 世;

占比最高为 79 + 7 = 86 世。

70. 山东临沂王府魏永昌所在的安徽省太和县支系

始迁祖失讳,由山东枣林庄迁居安徽,据 1962 年谱记载,一世祖天字辈,约 1695 年出生,前沿已到 13 世,5~13 世 9 世同在,9 世占比最高。323 年传 12 世,代龄 27 年/世。

1695 - 1420 = 275,约传 10 世。

一世祖联谱世次为 68 + 10 = 78 世;

前沿(13)为 78 + 12 = 90 世;

占比最高为 78 + 8 = 86 世;

健在最长辈为 78 + 4 = 82 世。

71. 湖北武汉汉阳支系

始迁祖思泰公圣国初因经商移居汉阳,有仲昆同迁,后寄籍天门、沲山等地,两支孝友忠厚已有十余世。至 2019 年前沿到 21 世,旧谱康熙庚申年毁于回禄,始迁祖至五世祖生年失考。谱中最早有生年记载的是五世祖伯秀公次子尚益公生于清顺治十五年(1658 年),卒于康熙五十五年(1716 年),由此可以推知长子尚卿公(六世)生年应该在 1650 年左右,五世伯秀公生年应在 1620 年左右。从六世祖尚卿公至今约 2019 - 1650 = 369 年,6 世至 21 世,增加了 15 世,该段平均代龄约 25 年/世。按照百余支系平均代龄 27.5 年一世计算,思泰公至六世尚卿公差 5 代人约需 140 年,这样思泰公生年应当在 1510 年前后,该支系整体繁衍平均代龄约 26 年/世,1510 年距 1420 年是 90 年,应增 3 世。

思泰公联谱世次为 68 + 3 = 71 世;

前沿(21)联谱世次为 71 + 20 = 91 世;

健在最长辈(14)联谱世次为 71 + 13 = 84 世;

人口占比最高的联谱世次为 71 + 16 = 87 世。

72. 四川宜宾兴阳所在支系

一世祖曰元公,四世安公生于 1372 年,至今前沿已至 28 世。20 ~ 28 世 9 世同在。2018 - 1372 = 646 年,增加了 24 世,代龄 27 年/世。据此代龄上推 3 世(81 年),曰元公生年为 1291 年。1291—1420 年,129 年,约增 5 世,1420 年已有 6 世,至今 600 年又增 22 世。

曰元公联谱世次(攀公一世)为 68 - 5 = 63 世;

前沿(28)联谱世次为 63 + 27 = 90 世;

健在最长辈(20)联谱世次为 63 + 19 = 82 世;

占比最高为 63 + 23 = 86 世。

73. 云南昭通银雄所在支系

始迁一世祖曰元公(1276?),至今前沿已至 29 世,19 ~ 29 世 11 世同在,22 世、23 世占比最高,742 年传 28 世,代龄 26.5 年/世。

1276—1420 年,144 年,应传 144 ÷ 26.5 ≈ 5 世。

即 1420 年时已有 6 世人,至今 600 年又增 23 世。

曰元公联谱世次为 68 - 5 = 63 世;

前沿(29)联谱世次为 63 + 28 = 91 世;

占比最高为 23 + 63 = 86 世;

健在最长辈为 63 + 18 = 81 世。

74. 安徽天长直纯堂支系

始迁祖失讳,生于 1340 年(元朝至元六年庚辰)。据传,于明朝洪武三年(1370)从山东省潘远县九都十八甲迁至凤阳府天长便益(今安徽省天长市大通镇便西村)。

一世师公,九世殿公,前沿至 15 世。9 ~ 15 世 7 世同在。始迁祖至师公世次失考。用平均代龄 27 年估算师公及前沿世次。

1340—2018 年,共 678 年,应传 25 世,前沿应至 26 世。

1340—1420 年,计 80 年,约传 3 世。1420 年时已有 4 世,至今又传 22 世。

始迁祖联谱世次应为 65 世;

前沿(25)联谱世次为 68 + 21 = 89 世;

师公(11)联谱世次为 65 + 10 = 75 世;

健在最长辈为 83 世;

占比最高为 87 世。

75. 河北邯郸永年魏庄支系

始迁祖魏良甫生于1370年之前,于明成祖年间(1402—1424年)迁自山西榆次县,至今前沿已至26世,现19~26世8世同在,19世仅余一人,23世占比最高。约648年增25世,代龄26年/世。

1420年时应增2世人,至今又增23世。

良甫公排行第三。同时迁移的还有次兄(迁移至河北省邢台市柏乡县,村名待考),其长兄留原籍,当初分别时将一座木塔分为三截,以作为日后相认之证物。塔底由长兄收藏,塔身由次兄收藏,塔顶由良甫公收藏,现在我村保存完好。

始迁祖良甫公联谱世次为68－2＝66世;

前沿(26)联谱世次为66＋25＝91世;

占比最高为66＋22＝88世;

健在最长辈为66＋18＝84世。

76. 山东枣庄市山亭区北庄镇魏山头支系

始迁祖大公(约1635年生)于顺治年(1650年前后)从峄县裴桥村迁出,至今已有14世人,在世长辈是第7世,7~14世,8世同在。占比最高的是10世。383年传13世,代龄29年/世。1420—1635年,215年约增7世人。

支系世系:一世大;二世庭;三世兴;四世景;五世天;六世云;七世连;八世宪;九世成;十世富;十一世启;十二世勤;十三世华;十四世才。

据峄县族人口传,峄县城北裴桥村原有魏氏大户,林地数亩,明朝时的官员。改朝换代时政治避难,四散逃命。从此,该村魏氏一人未留,只留下林地牌坊及参天松树。20世纪80年代修206国道时,该魏氏老林无人迁坟,祖墓被埋于路基之下。

始迁祖大公联谱世次为68＋7＝75世;

前沿(14)联谱世次为75＋13＝88世;

占比最高为75＋9＝84世;

健在最长辈为75＋6＝81世。

(注:该支系在20世纪90年代被振江主编合入滕阳支系,大公被列为七公第十七世。)

77. 安徽阜阳志云所在支系

据考证,始迁祖系山东峄县(今枣庄市)王庄乡(今榴园镇)西魏楼人,属于滕阳魏七公四子后裔,为七公第十八世,生年在1660年前后。1668年山东郯城大地震之后,鲁南地区连续多年遭遇洪灾、旱灾、蝗灾、疫病,民不聊生,百姓四散逃命。

1700年前后,始迁祖逃荒来到阜阳。至今已有13世,7~13世,7世同在,358年增12世,代龄约30年/世。

1420—1660年,240年应传8世。

始迁祖联谱世次为68+8=76世;

前沿(13)联谱世次为76+12=88世;

健在最长辈(7)为76+6=82世;

占比最高(10)为76+9=85世。

78. 山东滕州魏子乾所在支系

咸丰七年碑载,世居任城,始迁祖名讳、生年失考,康熙中(1695年前后)迁滕,卜居东郭村,推算其生年在1660—1680年。至今约350年,增12世,8~13世,6世同在。平均代龄29年/世。10世占比最高。本支世次较少,应采取中对齐法入联。

本支第10世占比最高,应为86世;

始迁祖联谱世次为86-9=77世;

前沿(13)联谱世次为86+3=89世;

健在最长辈为86-2=84世。

79. 河南邓州十林魏寨支系

始迁祖魏禄仁(约生于1340年前后)元末参加反元义军被击溃逃山西晋南避难。明洪武年间(1368—1398),禄仁公之子二世祖品国、品增(约生于1370年前后)由原籍方城县博望遣返邓州市十林镇魏寨村。辈字:

克修中天永,振兴道德传,礼让可善行,家法宜从先。

前沿已至25世,678年增24世,代龄28年/世,16~25世,10世同在。19世占比最高。1340—1420年为80年,约增2.5世。考虑到占比最高一世的合理性,取增2世。1420年后又增22世。

始迁祖禄仁公联谱世次为68-2=66世;

二世品国、品增二公联谱世次为67世;

前沿(25)为66+24=90世;

占比最高为84世;

健在最长辈为66+15=81世。

80. 河南邓州腰店夏楼支系

始迁祖魏崇德(约生于1620年前后)被崇祯皇帝1640年征召入营,定居邓州市腰店乡夏楼村。字辈:成唐辅国士,丕泽毓大文,建业荣先世,修德应后昆。

1620年至今前沿14世,398年增加13世,代龄30年/世。7～14世,8世同在,10世占比最高。1420—1620年共200年约传7世。

用中对齐法:占比最高的10世联谱世次为86世。

崇德公联谱世次为86-9=77世。

前沿(14)联谱世次为86+4=90世。

健在最长辈为86-3=83世。

81. 河南邓州黄龙庙支系

始迁一世祖魏焕(约生于1620年),1660年携家人迁邓州市黄龙庙(裴营乡常营村),三个儿子:长子魏显(约生于1658年)居黄龙庙,后裔分布:裴营乡、张村镇、龙堰乡、杨营乡、桑庄镇、彭桥镇、文渠乡、九龙镇、罗庄镇、赵集镇。次子魏策迁上蔡县。三子魏勇移居山东某县失联。辈字:洪廷世超元,喜学振文言,绅厚尔家齐,子大本始源。

2018年前沿至15世,398年增14世,平均代龄28年/世。8～15世,8世同在,12世占比最高。1420—1620年共200年,约传7世。

焕公联谱世次为68+7=75世;

前沿(15)联谱世次为75+14=89世;

占比最高为75+11=86世;

健在最长辈为75+7=82世。

82. 河南商丘柘城献华所在支系

始迁一世祖魏二公,明初其父跟随常玉春作战阵亡。二公参军因功被封为锦衣卫指挥使,后被贬迁居柘城,2018年已至24世,17世尚在,20世占比最高。二公生年约为1358年前后。到2018年,660年增23世,代龄约29年/世。1358—1420年共62年,约传2世,到2018年又增21世。

二公联谱世次为68-2=66世;

前沿(24)联谱世次为66+23=89世;

占比最高为66+19=85世;

健在最长辈为66+16=82世。

83. 河北邯郸魏县魏城镇王营村张姓支系

魏忠贤所在支系,始迁祖及众(约生于1590年),原籍保定府清苑县魏家庄,为魏氏,于天启七年(1627),遭魏忠贤之变,为免受牵连迫害,携其子魏堂由保定府清苑县魏家庄迁居广平县王家营村,遂改魏氏为张氏。

一世堂公生年约为1600年前后。

咸丰三年(1853 年)创修族谱时已有九世民惠公作序,此时应有十世人,253 年传 9 世,平均 28 年/世。前沿已至 17 世,11～17 世,7 世同在。14 世占比最高。418 年增 16 世,平均代龄 26 年/世。

1420—1600 年,共 180 年,应传 6 世。

一世堂公魏氏联谱世次为 68 + 6 = 74 世;

前沿(17)联谱世次为 74 + 16 = 90 世;

占比最高为 74 + 13 = 87 世;

健在最长辈为 74 + 10 = 84 世。

84. 四川宜宾珙县支系

据四川宜宾珙县孝儿小溪村古墓碑文所记,吾祖来自武昌府蒲圻县洪山寺三个塘。入川始祖为三兄弟:魏启雲、魏启华、魏启虞。

魏启雲父亲魏开智生年不详,母亲廖氏生于康熙丙子年七月六日,卒于乾隆乙酉年七月十二日。

魏启华父亲魏开灵(日灵)康熙甲戌年八月二日生。

启字辈为一世,其父辈生于 1694 年,至 2018 又增 13 世,7～13 世,7 世同在。10 世占比最高。代龄 27 年/世。以 1694 年上推至 1420 年,274 年,约传 10 世。

通过世次对接,宜宾珙县支系已与湖北赤壁支系合谱。

一世启字辈为赤壁支系始迁祖念一公(魏犨第 60 世)第十七世孙(魏犨第 76 世)。

前沿(13)联谱世次为 76 + 12 = 88 世;

健在最长辈联谱世次为 76 + 6 = 82 世;

占比最高为 76 + 9 = 85 世。

85. 安徽五河良喜所在世系

始迁祖天荣公于乾隆年间(约 1760)迁徙到五河,至今已繁衍生息到第 10 世前沿,健在最长辈是 6 世,6～10 世 5 世同在,占比最高是 8 世。

2018 – 1740 = 278 年增 9 世,代龄 278/9 = 30/世。

1740 – 1420 = 320 年,约传 11 世。

始迁祖天荣公联谱世次为 68 + 11 = 79 世;

前沿(10)为 79 + 9 = 88 世;

占比最高为 79 + 7 = 86 世;

健在最长辈为 79 + 5 = 84 世。

86. 河北邯郸魏县鸿儒所在支系

据家传古谱记载,始迁祖登云公于明永乐年间从山西省平原府洪洞县老鸹窝大槐树迁至直隶(河北)省大名府魏县。谱载登云公生于明洪武年间,当在1390年前后。到2018年,前沿已至22世,628年传21世,代龄约30年/世,今17世至22世6世同在。20世占比最高。1420年后增20世。

始迁祖联谱世次为68 − 1 = 67世;

前沿(22)联谱世次为67 + 21 = 88世;

占比最高为67 + 19 = 86世;

健在最长辈为67 + 16 = 83世。

87. 山西柳林支系

始祖魏小楼,李自成姐夫,前沿16世,11 ~ 16世6世同在,14世占比最高。根据李自成生年参考,小楼生年1595年左右。

2018 − 1595 = 423,增15世,代龄28年/世。

1595 − 1420 = 175,175年应增6世。用中对齐法入联:

占比最高14世为联谱86世;

始迁祖小楼联谱世次为86 − 13 = 73世;

前沿(16)联谱世次为86 + 2 = 88世;

健在最长辈(11)为86 − 3 = 83世。

88. 浙江温州瑞安善岳、余用、余读所在支系

始迁祖是一世宁吾公(原谱载为魏长贤21世),约生于1255年。至2018年前沿已至29世;23 ~ 29世7世同在,26世最多。763年传28世,平均代龄为27年/世。1255—1420年共165年约增6世。到1420年共7世,此后又增22世。

始迁祖宁吾公联谱世次为68 − 6 = 62世;

前沿(29)联谱世次为62 + 28 = 90世;

健在最长辈为62 + 22 = 84世;

占比最高为62 + 25 = 87世。

89. 湖南岳阳念藏公支系

始祖生年不详,第三世生于1370年,后面祖公生年均有详细记载。1370—2018年,648年增了24世,代龄为27年/世。健在最长辈是22世,人口占比最高是23世。22 ~ 27世6世同在。

可推知始迁祖的生年在1310年左右,至1420年为110年,约传4世。1420年至少已有5世人。至2018年又增22世。

始迁祖念藏公联谱世次为 68 − 4 = 64 世;

前沿(27)联谱世次为 64 + 26 = 90 世;

占比最高(23)为 64 + 22 = 86 世;

健在最长辈(22)为 64 + 21 = 85 世。

90. 河南宝丰县贯民、魏辉所在支系

始迁祖云公生卒年月不详,于康熙年间(1671—1681)从河南林州漳德府姚家村袁家坡迁入宝丰大营现居地。至今前沿已至 15 世,健在最长辈是 10 世,10 ~ 15 世有 6 世同在,占比最高人员是 12 世。云公的生年约是 1645 年前后,373 年传 14 世,代龄约 27 年/世。

1420—1645 年,共 225 年,应传 7 ~ 8 世。此处取增 7 世。

始迁祖云公联谱世次为 68 + 7 = 75 世;

前沿(15)为 75 + 14 = 89 世;

健在最长辈(10)联谱世次为 75 + 9 = 84 世;

占比最高(12)联谱世次为 75 + 11 = 86 世。

91. 山东峄县(今枣庄市)王庄魏楼支系

始迁祖一世失记,南宋时期迁居此地。据峄县坊上魏家庄残谱记载,宣统三年(1911 年),21 世魏思恭撰写谱序时记载:"始祖自峄西魏家楼迁居坊上,魏楼始迁一世祖已七百余岁(生年约为 1210 年),魏芬公为十四世,魏槐公为十五世。"至 1998 年,前沿已到 27 世,2018 年前沿已有 28 世。目前,21 ~ 28 世(炳召先宪丕绪庆常)8 代同在。占比最高为 25 世。

另据山东滕阳魏氏族谱记载:始祖七公生四子,四公后人迁居东海郡(后来的峄县、徐州等地)失联。据峄县志记载:魏和卿于 1245 年为元朝初期的进士,其生年约 1210 年前后,为迁峄一世祖。和卿生庭实、庭芳(女,峄县宏学老师),庭实生魏裕(1312 年任元朝东昌路总管),魏裕生可久(元末进士),可久生魏善(明初举人)。和卿公之父应是滕阳魏七公的第四子。1210—2018 年,共 808 年,传 27 世,平均代龄约为 30 年/世。1210—1420 年,210 年,应传 7 世。1420 年至今又增 20 世。

一世魏和卿联谱世次应为 68 − 7 = 61 世;

前沿(28)联谱世次为 61 + 27 = 88 世;

占比最高(25)为 61 + 24 = 85 世;

健在最长辈(21)为 61 + 20 = 81 世。

92. 山东台儿庄贤友所在的江苏邳州望山支系

江苏邳州望山支系,一世祖魏士忠(文恪公),相传于明朝洪武末年(1402)弃官迁居望山,二世洪公一人,三世臣、迪、坤、伯兄弟四人,四世七人,五世十三人,六世开始迁散,长房臣祖系下灯公一支迁居蜘蛛山(今魏家山);惠公一支迁居神庙、魏家楼。二房迪祖系下均公一支逃荒定居皖东泗县;址公一支迁居邳境宿羊山东南黄墩、水晶沟、汴塘、葛鞑埠、涧头集等地;均公一支迁居薄滩、过河索;三房坤祖系下应公一支迁居占城东北马墩、巨山西、猫窝、房顶;应麟公一支迁居碾庄东院上、黄泥湾等地。四房系下居望山。明朝崇祯己巳年创谱、建祠,家谱创修于1629年,由六世、七世牵头;乾隆五十八年(1793)三修,1994年五修时前沿已有23世勤字辈(天开宏庆泽承国征基雄继曰纯良美思云贤哲中勤俭黄),六修于2016年,由十六世魏思扬牵头,参与修谱者自16～20世共五代人。到2019年前沿已经到达23世。健在最长辈为15世,目前9世同在。占比最高为19世。一世士忠公生年应在1350—1360年。约660年传22世,平均30年一世。1402年迁徙时应已有2世人,1420年应有3代人,至今又增20世。

始迁祖魏士忠联谱世次为68－2＝66;

前沿(23)联谱世次为66＋22＝88世;

占比最高(19)为66＋18＝84世;

健在最长辈(15)为66＋14＝80世。

93. 辽宁瓦房店运鹏、俊文所在复县魏屯支系

始迁祖魏有功;生于1600年前后,于清初(1624)携子从山东蓬莱迁辽,迁徙原因失记,至2018年前沿已至15世,10～15世(运俊文洪福齐)6世同在,占比最高为13世。1420年传14世,代龄30年/世。1420—1624年,204年应传6世。

始迁一世祖有功联谱世次为68＋6＝74世;

前沿(15)联谱世次为74＋14＝88世;

占比最高(13)为74＋12＝86世;

健在最长辈(10)为74＋9＝83世。

94. 江西省广昌沫溪(株桥)魏氏

一世祖魏了翁,名华甫(父),号鹤山,谥文靖,南宋淳熙五年(1178年)六月初八生于四川蒲江县城,庆元五年(1199年)中殿试第三名——探花,随后恩赐状元。累官端明殿学士、同签书枢密院事、督视京湖军马、资政殿大学士,嘉熙元年(1237)三月二十二日,病逝于平江府(今江苏省苏州市),葬苏州金盆坞。该墓于1960年3月公布为苏州市重点文物保护单位。此外,在了翁公老家四川省蒲江县

鹤山镇潘沟村四组潘家山,也建有魏了翁墓(衣冠冢),始建年代不详,但见于明嘉靖二十年(1541)版的《四川志》中,2002年12月,四川省人民政府公布魏了翁墓为重点文物保护单位。

二世祖魏远四,字三承,生殁无考。洙溪魏谱载:公读先学士书,素有远志,以遭逢季世,不愿升朝。至南宋末期,蒙古兵日蹙京阙,时局动荡,公诸兄弟由苏州南迁避乱,公之伯仲或入闽中,而公则带着家人首徙南昌之西山,再徙抚州之赤塘,三徙南城之魏坊(今江西省南城县境)而定居,耕读于六台山下,公与继娶刘氏合葬于魏坊屋背象形艮山坤向。今有明天启五年(1625)重修墓碑为证,2009年冬至,洙溪魏氏宗亲复修了此墓。

三世祖魏二十,字启源,生殁无考。洙溪魏谱载:魏二十之父远四公定居魏坊之后,二十公又携母周氏,逆盱江而南移,抵于甘竹之洙溪(今江西省广昌县境内)而定居,二十公成为魏氏大本营之洙溪村的肇基之祖。

二十公娶饶氏,生五子,三房开族,其裔孙一部分落地生根,与甘竹居民一道创造了光辉灿烂的文明,另一部分又继续南迁至各地寻求更好的发展,迄今子孙已播迁至五湖四海,预计人口已逾数十万。目前,外迁族人已回洙溪魏祠寻根祭祖的有赣之石城、宁都、安远、南康、大余,闽之清流、长汀、上杭、建宁,以及川之古蔺、黔之仁怀等市县的魏氏宗亲。还有世界魏氏宗亲总会魏炳煌秘书长,率代表团一行前来洙溪魏祠寻根祭祖,康师傅控股有限公司创始人魏应州等魏氏四兄弟,也委派特使前来洙溪魏祠作寻根考察。

2018年4月发行的《洙溪魏氏十二修族谱》,证明这支魏氏不但人丁繁火,而且名人辈出,仅明、清两朝,就出有进士10名,举人32名,恩拔副岁优五贡49名。据不完全统计,近十余年在各高校毕业的硕士、博士研究生共16名,副高及以上高级职称获得者共6名。

该支系谱于1385年由九世魏卓领衔并创修,之后分别于1504、1617、1712、1754、1779、1854、1876、1920、1949、1992、2018年共续修11次。至今最前沿已到33世,健在最长辈是23世,11世同在,27世占比最高。七世祖祯公外迁福建省宁化县后迁清流县红丁人口有几十万之多。

先计算该支系代龄。1178—2018年,共840年,传32世,平均代龄26年/世。再评估了翁公合理世次。1178—1420年,242年,明朝之前按30年一世,应传8世,即1420年已有9世人,至今又增24世。

一世了翁公联谱世次为68-8=60世;

二十公为62世;

前沿(33)联谱世次为60+32=92世;

占比最高为 60 + 26 = 86 世；

健在最长辈（23）为 60 + 22 = 82 世。

95. 河南社旗支系

始迁祖世行公，生于 1420 年，598 年传 21 世，前沿至 22 世，代龄 28 年/世。16 ~ 22 世 7 世同在，19 世占比最高。

始迁祖世行公联谱世次为 68 世；

五世廷辅公为 72 世；

前沿（22）联谱世次为 68 + 21 = 89 世；

占比最高（19）为 68 + 18 = 86 世；

健在最长辈（16）为 68 + 15 = 83 世。

96. 山东济南承友所在聊城阳谷支系

据十九世相生公口述记载，始迁一世祖智公，字允明，元朝翰林，于明洪武二十二年（1389）与弟允忠携十子，由山西洪洞魏村迁居山东阳谷，环家挖河壕以防盗，故称魏家海子。十子各居一方，自成一支。迁徙时智公年龄当在 50 ~ 55 岁，其生年为 1334—1339 年。至 2018 年前沿已至 24 世，681 年增 23 世，代龄 29.6 ≈ 30 年/世，17 ~ 24 世，8 世同在，20 世占比最高。

1420 年应有 4 代人。此后 600 年又增 20 世。

始迁祖智公联谱世次为 68 - 3 = 65 世；

前沿（24）联谱世次为 65 + 23 = 88 世；

占比最高世次为 65 + 19 = 84 世；

健在最长辈（17）联谱世次为 65 + 16 = 81 世。

97. 安徽六安魏大国所在支系

始迁祖魏仁华、魏启华，因其父斌公讨贼阵亡，兄弟二人于洪武年间（1370）奉诏从山东移居安徽六安淠（pi）河西岸，后人渐成皋城望族。斌公在山东老谱世系图中为第六世（铄→彧→瑚→祖显→迎修→斌）。启华、仁华移民时应在 20 ~ 40 岁，其生年应为 1330—1350 年。至今 668 年传 25 世，前沿到达 26 世，代龄约为 27 年/世。1340 年到 1420 年，共 80 年，应传 3 世。

始迁祖仁华、启华二公联谱世次为 68 - 3 = 65 世；

前沿（26）联谱世次为 65 + 25 = 90 世；

占比最高（23）为 65 + 22 = 87 世；

健在最长辈（20）为 65 + 19 = 84 世。

98. 四川泸州魏国所在支系

始迁祖魏廷銮生年失考,于明朝嘉靖年间入川,始迁地江西南昌丰城永寿桥魏家村七郎祠。至今已至十七世,占比最高的是十五世仁字辈,健在最长辈是先字辈,最小辈分是清字辈,14～17 世 4 世同在。迁徙时间应在 1538 年前后。480 年传 16 世,代龄 30 年/世。因该支系世次偏少,不宜采用前对齐法,故采用中对齐法计算入联世次,即该支的占比最高的 15 世与入联支系占比最高的平均值 86 世对齐。

一世廷銮公联谱世次为 86 - 14 = 72 世;

前沿(17)联谱世次为 72 + 16 = 88 世;

健在最长辈(14)联谱世次为 72 + 13 = 85 世。

99. 安徽六安魏永明所在支系

始迁祖胤昌公生于明朝万历二十九年(1601 年),于 1621 年从山东枣林冈迁居安徽六安西北乡火星庙村,其弟永昌留居山东老家。至今前沿已至 16 世,418 年传 15 世,代龄 28 年/世。1420—1601 年,181 年,应传 6 世。

始迁祖胤昌公联谱世次应为 68 + 6 = 74 世;

前沿(16)联谱世次为 74 + 15 = 89 世;

占比最高(14)为 74 + 13 = 87 世;

健在最长辈(11)为 74 + 10 = 84 世。

100. 河北邢台柏乡驻驾铺魏永利所在支系

一世祖失记,四世祖于嘉庆五年(1800 年)买地(有地契),四世祖生年应为 1720—1760 年。现取 1720 年,从 4～15 世(2017 年生),约 297 年增加 11 世,代龄为 27 年/世。目前,10～16 世,7 世同在,占比最高为 12 世。始迁一世祖生年应为 1640 年前后。因该支系世次偏少,不宜采用 1420 年 68 世的计算方法。故采用中对齐法予以入联。

占比最高的 12 联谱世次为 86 世;

一世祖联谱世次为 86 - 11 = 75 世;

前沿(16)联谱世次为 75 + 15 = 90 世;

健在最长辈(10)联谱世次为 75 + 9 = 84 世。

101. 河南洛阳负图村魏文乾所在支系

始迁一世祖魏一蛟,于清顺治十六年(1659 年),为避黄河洪水,从洛阳府东关小石桥于古图村,定居于图河东岸两孔窑。估算其生年为 1630—1640 年,至今 380—390 年,传 13 世,前沿到达 14 世,平均代龄约 30 年/世。目前,8～14 世 7 世同在。1420—1635 年,215 年,应增 7 世人。

始迁祖一蛟公联谱世次为 68 + 7 = 75 世;

前沿(14)联谱世次为 75 + 13 = 88 世;

健在最长辈(8)联谱世次为 75 + 7 = 82 世;

占比最高为 75 + 10 = 85 世。

102. 安徽萧县魏庵支系

始迁祖魏洪公,1335 年生,于元末明初从山西大槐树喜鹊窝顺黄河东迁至萧县开基建业魏庵(安)村居住,繁衍生息至今前沿至 24 世,健在最长辈 17 世,占比最高为 20 ~ 21 世,8 世同堂健在。1335—2019 年 684 年增 23 世,平均 30 年一世;1335—1420 年 85 年增 3 世;1420 年已有 4 世;1420 年之后的 600 年又增 20 世。

始迁祖魏洪公联谱世次为 68 − 3 = 65 世;

前沿(24)联谱世次为 65 + 23 = 88 世;

健在最长辈(17)联谱世次为 65 + 16 = 81 世;

占比最高为 84 世。

103. 广东茂名魏振良所在支系

始迁一世祖明公生于明朝弘治丙辰年(1496),至 2018 年前沿已到 19 世,健在最长辈是 14 世(家字辈),6 世同在。16 ~ 17 世占比最高。523 年增 18 世,平均 29 年/世。

1420 年距 1496 年是 76 年,应增 2 世,应有 3 世人。

始迁祖明公联谱世次为 68 + 2 = 70 世;

前沿(19)联谱世次为 70 + 18 = 88 世;

健在最长辈联谱世次为 70 + 13 = 83 世;

占比最高为 85 世。

104. 天津赤土、河北黄骅魏家庄耀恩所在泰联堂支系

始迁祖泰诠、泰潮、泰臣、泰庭兄弟四人,于永乐初年率子侄同迁赤土、盐山县,现在的黄骅市魏家庄。泰庭居昌黎县,一侄住盐山魏家郭庄,二侄住无棣(今海兴)魏家庄。其二侄长门前沿已到 23 世。

泰字辈祖父(福字)率其父(灵字)于 1368 年,由山西平阳举家移民迁居河南卫辉县。从此可以判断,四泰公生于 1368 年迁徙之后。四兄弟老大的生年按 1370 年计算,至永乐元年(1403)迁居黄骅时,两位二世也只是幼年。到 1420 年前后(1410—1430 年),可能第三世已出生。泰诠、泰朝末房最长辈有 15 世健在。目前 9 世人同在。

至 1420 年应有 3 世人。至今 600 年又增 20 世,平均 30 年/世。

始迁祖泰字辈联谱世次(魏犨一世)为 68 - 2 = 66 世;

前沿(23)联谱世次为 66 + 22 = 88 世;

健在最长辈(15)为 66 + 14 = 80 世;

占比最高(19)联谱世次为 66 + 18 = 84 世。

105. 潍坊峡山区魏家屯永宁公支系

祖籍为山西省洪洞县龙山魏,始迁祖魏永宁迁延至今 18 世,13~18 世 6 世同在,健在最长辈为 13 世(年长者为 94 岁),占比最高为 15 世。

始迁祖永宁公生年无记载,根据谱载,首次修谱 1763 年,其中谱中记载七世祖 1707 年生,根据七世祖生年前后推断,始迁祖生年应为 1540 年左右,312 年增 11 世,系平均代龄 28 年/世。1420—1540 年,120 年应增 4 代人。

始迁祖联谱世次为 68 + 4 = 72 世;

前沿(18)联谱世次为 72 + 17 = 89 世;

健在最长辈为 72 + 12 = 84 世;

占比最高为 72 + 14 = 86 世。

106. 四川省隆昌县魏氏绍钦堂达义公支系

达义公清顺治二年乙酉岁(1645)八月二十五日至康熙四十二年癸未岁(1703)九月初五日该支系是达义公长子帮广公同弟侄共六人,在清康熙五十九年庚子岁(1720)自江西省赣州府安远县太平堡鹤树迁徙入川,驻地四川省敍州府(今宜宾市)隆昌县域南朱家边。到清光绪十二年(1886),达义公七世八世孙首次立谱,并立祠名绍钦堂。绍钦堂五世祖名讳明瑾字重龙又名登云号倬堂,清嘉庆六年辛酉科举人,嘉庆二十四年己卯六月授选四川成都府崇宁教教谕,主教育并从教教学工作。绍钦堂八世祖名讳永声原名永家字建亭,清同治四年乙丑岁(1865)十月十八日至民国二十八年(1939)己卯岁冬月二十二日。清光绪二十九年(1903)癸卯恩科舉人,由吏部"注册拣选知县"。宣统二年(1910)春再参庚午戊科礼部会试(拔萃考试)名列二等,吏部签分陕西西布政大使,次年辛亥革命清室退位,故未实授。即由西安回归故里,民国后建亭公专心教书育人,乃隆昌县知名大儒,县高等小学堂(后改为隆昌县立中学)校长教教习。

据绍钦堂谱载并查阅江西省安远县鹤树文斌公谱记,达义公系文斌公十一世孙,鹤树十世汤臣公(生 1615 年)次子。文斌公(生 1403 年)在入联信息中已确定联谱世次为魏氏联谱的 67 世,增自帮广公入川后,以达义公为一世祖,该支系前沿已到 13 世,从 1645 年至今增 12 世,文斌公至今平均代龄为(2018 - 1403)/23 =

27 年/世。

达义公联谱世次为 67 + 10 = 77 世；

前沿(13)联谱世次为 77 + 12 = 89 世；

健在最长辈(10)联谱世次为 77 + 9 = 86 世；

占比最高(12)联谱世次为 77 + 11 = 88 世。

107. 河南省南乐县魏氏良兴公支系

始祖魏公讳良兴公(生年不详)于明朝永乐二年(1404)朝廷大迁民，由山西省洪洞县迁至河南省南乐县利固村，至今已传 25 世。

据传自二世祖谦公始，就有家谱记载。二世祖谦曾任山西芮城知县，现存芮城城隍庙系谦祖于明景泰六年(1455)主持所修，县志均有记载。

六世祖魏公失讳，生于约明嘉靖正德元年(1506)，卒于明万历三十四年(1606)。官至青州通判，朝廷在南乐原籍为其立"人瑞百龄坊"。

根据有明确生年记载的六世祖(1506—1606)推知，该支系平均代龄为(2019 − 1506)/19 = 27 年/世。推知良兴公生年约为 1370 年。该生年的推断与芮城县志查到的二世祖在芮城任知县时，于 1455 年修城隍庙时(二世祖 40 多岁)的年龄也是吻合的。

1370—1420 年应有 3 代人。1370—2019 年增 24 世，平均代龄 27 年/世。

始迁祖良兴公联谱世次为 68 − 2 = 66 世；

前沿(25)联谱世次为 66 + 24 = 90 世；

健在最长辈(18)为 66 + 17 = 83 世。

占比最高为 66 + 20 = 86 世(本支系 21 世)。

108. 江苏泗洪传瑾、传治所在支系

始迁一世祖魏长一，明朝秀才，生于 1560 年前后。族谱始修于 1962 年，记载长支十一世魏耀荣生于 1891 年，卒于 1961 年。主编是第九世。目前 11 ~ 16 世 6 世同在。前沿 16 世为书字辈。451 年增加 15 世，平均 30 年传一世。目前占比最高是 13 世、14 世。

始迁一世祖魏长一联谱世次为 68 + 5 = 73 世；

前沿(16)联谱世次为 73 + 15 = 88 世；

健在最长辈(11)为 73 + 10 = 83 世；

占比最高(13)为 73 + 12 = 85 世。

109. 山西平定夏庄魏氏支系

自明代中期从昔阳迁居本村，至今已有近 500 年历史。一世祖名讳失考，自

二世祖同、朋二兄弟至今均有明确记载,老谱毁于六七十年代,在本族有识之士们的多年努力下重修族谱,于 2014 年终于完成。由于早期先祖无一世有明确生卒年记载,无法准确计算该支系世次繁衍平均代龄,所以采用本次魏氏联谱百余支系统计的平均代龄,28 年一世的方法计算。

本支系至 2014 年,13 ~ 19 世,7 世同在。占比最高为 15 世。因此,始迁祖(名失考)生年为:2014 - 28 × 18 = 1510 年左右(明正德年间),与修谱时推断的年代(明中期)是吻合的。

1420 年至 1510 年共 90 年,约增 3 代人。

始迁祖联谱世次为 68 + 3 = 71 世;

前沿(19)联谱世次为 71 + 18 = 89 世;

该支系人口占比最高(15)联谱世次为 71 + 14 = 85 世;

健在最长辈(13)联谱世次为 71 + 12 = 83 世。

110. 四川泸州合江小槽支系

入川始祖登尚公生于 1603 年,为明德公第十三世,自登尚公至 2019 年,前沿到达 15 世,416 年增 14 世,平均代龄约 30 年/世。以入川始祖登尚公为联谱一世祖,1420—1603 年共 183 年,增 6 世。10 ~ 15 世,6 世同在。

始迁祖登尚公联谱世次应为 68 + 6 = 74 世;

前沿(15)世次为 74 + 14 = 88 世;

明德公应为 74 - 12 = 62 世;

健在最长辈(10)联谱世次为 74 + 9 = 83 世;

人口占比最高(13)联谱世次为 74 + 12 = 86 世。

111. 河北文安魏张各庄裕昆公支系

始迁祖裕昆公山西洪洞县老郭务村人士,于明永乐二年(1404 年)随燕王从洪洞县郭家务村兄弟三人迁出,一祖安居赤盐滩,一祖失联,裕昆祖迁居文邑(文安)城北魏张各庄安居,至 2019 年已繁衍至 24 世。由于始迁祖裕昆公生年失考,根据明永乐二年随燕王北征,年龄应在 20 ~ 30 岁,因此裕昆祖生年在 1370 年左右,至今约 649 年。该支系前沿到达 24 世,17 ~ 24 世 8 世同在。平均代龄约 28 年一世。1370—1420 年 50 年左右,应有 3 代人存在。

始迁祖裕昆公联谱世次为 68 - 2 = 66 世;

前沿(24)联谱世次为 66 + 23 = 89 世;

健在最长辈(17)联谱世次为 66 + 16 = 82 世。

在世人口占比最高(21)联谱世次为 66 + 20 = 86 世。

112. 湖南衡山沙泉支系

始迁祖善缘公,为江西南昌新建县令魏德建(原籍金陵溧阳)公之六代孙,于明朝永乐年间(1403—1424)由江西南昌新建县迁居衡山沙泉。善缘公生三子琼、琏、瑾,瑾公后裔迁居衡阳畲塘另立一支,琏公后裔远徙无考,唯琼公守旧传至1998年五修家谱时已有24代,到2018年已有25代人。始迁祖生年为1370—1380年。18~25世8世同在。650年增加24世,平均代龄为27年/世。如果迁徙时有2代人同迁,到1420年前后可能有3代人,则该支始迁祖一世善缘公联谱世次为68-2=66世;

前沿(25)联谱世次为66+24=90世;

健在最长辈(18)联谱世次为66+17=83世;

人口占比最高(21)联谱世次为66+20=86世。

113. 四川合江魏家祠村支系

一世祖朝仁公生年不详,前沿世次到达16世,崇德公生于1679年,为朝仁公第四世,从崇德公到2019年,340年增12世。11~16世6世同在。

本支系平均代龄约28年/世。一世祖朝仁公生年约1590年,1420年至1590年170年,应增6世。

一世祖朝仁公联谱世次为68+6=74世;

前沿世次(16)为74+15=89世;

健在最长辈(11)联谱世次为74+10=84世;

人口占比最高(13)联谱世次为74+12=86世。

114. 山东临沂平邑白彦魏伟所在支系

该支系始迁祖失讳,于清朝康熙末年从河南(又一说济南)迁入山东平邑县白彦镇,距今有300多年,前沿已到14世,1~6世失记,健在最长辈第8世,8~14世7世同在,人口占比最高第11世,600年约增23世,约26年传一世,由于本支系世次较少,可按照中对齐方法计算入联:

占比最高的11世联谱世次为86世;

始迁祖联谱世次为86-10=76世;

前沿(14)联谱世次为86+3=89世;

健在最长辈为86-3=83世。

115. 四川自贡魏太平所在支系

始迁祖长年公约于清朝顺治三年(1646)张献忠交四川过后从湖北省孝感乡迁居四川省自贡市富顺县兜山镇瓦窑村,迁徙时间约1650年,长年公生年约为

1630 年,距今约 390 年了,人口已达 600 多人,前沿已到 14 世,390 年增加 13 世,约 30 年一世,健在最长辈第 9 世,9～14 世 6 世同在,11 世人口占比最高。1420—1630 年,210 年/30＝7(世)。

始迁祖长年公联谱为 68＋7＝75 世;

前沿(14)联谱为 75＋13＝88 世;

占比最高(11)联谱为 75＋10＝85 世;

健在最长辈(9)联谱为 75＋8＝83 世。

116. 安徽省安庆市太湖县支系

安徽省安庆市太湖县魏氏系祖籍江西都昌盐田畈,先祖续宗、夫人吴氏共生四子,富一字兆源、富二字开源、富三、富四兄弟四人。元末明初由于战乱,长子富一、次子富二率先迁徙至安徽太湖县寺前河地区安居,为迁居安徽太湖魏氏支系之一世祖,后富三、富四也相继迁居太湖县。

本支系首次立谱于大清嘉庆十四年岁次乙巳仲冬月(1809 年),由十七世裔孙朝彦公(生于乾隆己亥四十四年即 1779 年)

1. 2019 年,该支系前沿世次已到 26 世(仲字辈)

2. 健在最长辈第 19 世(荣字辈)

3. 人口占比最高世次 23 世(大字辈)

从谱中唯一有准确生卒年的十七世祖朝彦公(1779—1838 年)推知,朝彦公至今增 9 世,该段平均代龄约 27 年/世,富一公至今增 25 世约 675 年,推知富一公生年为 2019－675＝1344 年左右,谱序中记载,由于元末明初战乱,富一、富二兄弟俩率先自都昌盐畈迁太邑寺(太湖)立业安居,说明富一、富二于 1368 年左右迁徙时,均已成年,因此富一公生于 1344 年左右的推断是正确的。

1344—1420 年共 80 年左右,增了 3 代人,至 1420 年左右已有 4 代人存在。

始迁祖富一公的联谱世次为 68－3＝65 世;

前沿(26)联谱世次为 65＋25＝90 世;

健在最长辈联谱世次为 65＋18＝83 世;

人口占比最高联谱世次为 65＋22＝87 世。

117. 河南夏邑魏楼魏氏支系

始迁祖魏固,生卒年不详。家谱记载只知从山西平阳迁山东东平,再迁河南鹿邑,又迁夏邑。谱记第十二世魏明德。1870 年,13～18 世 6 世人共同为明德公立碑。十一世乾,十二世明德,十三世久存,十四世可则,十五世知琴,十六世高柱,十七世景章,十八世朝纪。1870 年为十二世明德公立碑,6 世人共同参与说明当时应已有 19 世出生。按平均 29 年一世前推 18 代约 520 年。一世固公生年约为 1350 年前后。17～24 世 8 世同在,占比最高为 20 世。

至 1420 年增 2 世人。此后又增 21 世。

一世魏固应为魏犨第 68 − 2 = 66 世;

前沿(24)联谱世次为 66 + 23 = 89 世;

健在最长辈(17)联谱世次为 66 + 16 = 82 世;

占比最高(20)联谱世次为 66 + 19 = 85 世。

注:河南商丘夏邑魏楼魏晖来电表示,光绪年间创修魏氏家谱,是魏楼村支系自行修建的家谱。1990 年,虞城来访,(魏固公下分支)协商合谱,夏邑魏楼分支辈分太高,合谱有难度,因此,魏楼村专门召集宗族修续谱班子开会,为了合谱,经协商一致同意,在原有班辈基础上,下调五辈。此次参加全国魏氏联谱,编辑部发现并指出该支系世系存在五世之错,要求校正。为此,近日支系开了专门会议,决定以夏邑魏楼光绪年间修续谱为依据参加魏氏联谱。拜托编辑部给予论证入联。

118. 河南巩义魏宏展所在的乾沟魏氏支系

始祖敏公字好学,世居河南府,巩邑城郭,洪武二十一年(1388)荣登进士,随帝居官应天府,任吏科给事中,因处事公允,累仕皇封通政使,因燕王之乱,靖难之争,恐累及族人,世谱秘而不传,然其百年已过,失音数世代,今有长兄口述其二,一曰:乾沟魏家顶,白云寺上下,均为先祖敏公之后裔,始为一家。

根据嘉靖三十八年(1559)家谱年序记载分析,魏江(迪公三世)生年应在 1535—1536 年(白云禅寺功德碑有记),为迪公之孙,魏江至 2019 年增 18 世,代龄约 27 年/世,可知迪公应该是 1470 年左右的人。

敏公为洪武二十一年进士,明朝进士录档案及史料均有记载,其生年应在 1358 年左右,至 1420 年,敏公至迪公增 112/27 = 4 约 4 世人。从而可知,迪公应为敏公五世孙,该计算与本支新修谱世次排列一致。

先祖魏敏后三世名讳不详,从敏公算前沿 25 世,占比最大 22 世、23 世,健在敏公 19 世(迪公 15 世),7 世同在,以敏公始迁祖为一世,1358—1420 年 62 年,至 1420 年左右应增 2 世。

敏公联谱世次为 68 − 2 = 66 世;

健在最长辈(19)的联谱世次为 66 + 18 = 84 世;

人口占比最高世次为 66 + 21 = 87 世;

前沿世次为 66 + 24 = 90 世。

119. 河南省潢川县(光州)来龙乡魏开来支系

始迁祖一世魏葛泰,魏可成,明朝万历年间人,生于 1600 年前后,八世魏鸿勋

1842年生,魏鸿翔(六品军功),魏鸿业(从九品),魏庚吉(辛亥举人);十一世魏广良1883年生;最前沿16世。目前11世与16世同在。占比最高为13世。

支系字辈:泰秀振修廷鸿卿沅广炳(文)昌华杰;

另外字辈:文家新建永华世守;

用倒推法,评估始迁祖生年:11世生年1883年,16世生年2016年,133年,增加5世,平均27年/世。1~11世,增加10世,约270年,始迁祖葛泰生年约在1883-270=1613年前后。为明朝万历四十一年前后。1613-1420=193年,约传6.5世人。

葛泰公联谱世次为68+6=74世(魏犨为一世);

前沿(16)为74+15=89世;

健在最长辈(11)为74+10=84世;

占比最高(13)为74+12=86世。

120. 大名堂分堂三鉴堂、鄂陂信八公豫光支系

光山信八公支系,信八公名兴号无疆,字乔公之子,生年无记载,自明洪武三年(1370)随成乔、肖乔二叔始迁新洲枣茨林,后迁现黄陂县高邑乡白荆村城墩社下,自六世祖明、祖安、祖福三公开始分家,分别居上分、下分、西分。三公后裔现主要居住在黄陂、光山等地。

本支魏氏源自大元江右抚山路敦教邑刘云村,根据老谱残片谱序信息得知,始祖智二公、字肖乔,于元明鼎革之时,年方50余岁,其先妣许氏卒于元至正壬寅年(1362),时其子信六公年25岁、信七公17岁,可知信六公生于1337年、信七公生于1345年,肖乔公生年应在1300年左右,字乔公、成乔公生年应在1290—1300年,光山支系是字乔公后裔,至2019年前沿已达29世,健在最长世次是第20世,人口占比最高是第25世。

一世字乔公自1290年至2019年约729年传29世,增28世,该支繁衍平均代龄约26年一世,至1420年约130年,130/26=5,增5世人,1420年左右已经有6代人。

字乔公的联谱世次为(魏犨公为联谱一世)68-5=63世;

健在最长辈(20)联谱世次为63+19=82世;

人口占比最高世次(25)联谱世次为63+24=87世;

前沿世次(29)联谱世次为63+28=91世。

121. 山东临沂魏景新所在水田魏氏—峰山支系

峰山支系属于临沂水田魏氏,太祖生于约1328年,卒于1386年。临沂水田魏

氏共有吉乐庄支系、清福庄支系、魏家三岗支系、前岗头支系、魏家荒支系、西关支系、小官路支系、峰山支系、甘林庄支系、白衣庄魏石埠支系、毛庄支系、桃园支系、西单支系、西石埠支系、小塘子支系、谢家宅支系等 16 个支系,参加联谱的支系有 8 个。2018 年前沿 25 世,18～25 世,8 世同在,平均代龄 29 年一世,1420 年已有 4 世,600 年再增 21 世。一世祖太公联谱世次 65 世。前沿 25 世,全国联谱为 65 + 24 = 89 世。占比最高为 21 世,全国联谱为 85 世;健在最长辈 18 世,全国联谱为 82 世。

峰山支系魏氏宗亲为三省公后裔,据 1962 年老谱记载,三省公系太祖第九世孙。

一世祖太公联谱世次为 68 - 3 = 65 世;

始迁祖承诏公为水田 6 世,全国联谱 70 世;

前沿为 65 + 24 = 89 世;

占比最高为 65 + 20 = 85 世;

健在最长辈为 65 + 17 = 82 世。

联谱世次说明

(一)联谱公共世次的确定。以 100 个明朝谱样本世系,抽样调查、统计结果为依据。其统计、分析结果是(以魏犨为魏氏一世祖):

1. 1420 年以来,平均增加 22 世,范围区间:20～24 世。

2. 平均代龄为 28 年/世,范围区间:25～30 年。

3. 平均 8 世同在,范围区间:6～13 世。

4. 目前健在最长辈联谱世次,平均在 80～84 世。

5. 目前占比最高的联谱世次,平均值为 86 世。

6. 目前前沿世次,平均值为 88～92 世。个别出现 94 世、95 世。

(二)联谱公共世系、世次节点

1. 以毕万(公元前 710 年)为魏氏奠基始祖,魏犨(公元前 680 年)为魏氏开宗一世祖(公共一世)。

2. 以魏斯(公元前 472 年),为公共九世。

3. 以魏无知(公元前 245 年),为公共十六世。

4. 以魏征(公元 580 年),为参照四十世。

5. 从 580—1420 年,家谱世系缺失期的世次推算,主要依据以下六个方面的基本规律,初步确定 840 年间,缺失的世次为 28 世。

一是抽样考察了有关家谱世系的历史文献、族谱记载的世次,初步得出了 840 年应缺失 28 世的结论。

二是参照历代史学家研究得出的,关于明朝以前中国人的平均繁衍规律为30年/世的结果,得出了在这840年间应当缺失28世的基本结论。即1420年前后,各支系前沿世次,应当以40+28=68世为主。

三是某支系的真实可考的繁衍规律(创谱以来的平均代龄)。

四是相同地域、相同时期、相同社会环境下各个姓氏、各个支系的繁衍规律,应当是相同的。即各个平行支系之间,繁衍最快的与最快的相比、最慢的与最慢的相比,应当是基本一致的(快与快,世次对齐;慢与慢也应对齐,误差应在正负1世之间);各平行支系中,在世人员占比最高的那一世,应当为同一世人。

五是在抽样的100个支系中,真实可靠的家谱世次统计、调查、研究结果显示:明初至今约600年内,平均增加了22世,平均代龄为28年/世。依此往前推算,确定各支系始迁祖的生年。各支系始迁祖联谱世次的推定,是以1420年68世为参照点,再根据各支系始迁祖生年,用该支系的实际代龄、前沿世次、健在最长辈世次,来调整确定起始迁祖的合理世次。

六是各支系前沿世次,以90世为主,基本范围在88~92世。若前沿世次出现超出此范围的情况,则放弃前沿对齐的方法,选用始迁祖对齐和中对齐的方法。

6. 1420年之前的世系,多属对世系缺失期的追溯,本次联谱没有采用。

7. 目前家谱世次少于13世的、同时在世的世次少于6世的支系,实际操作中采用中对齐的方法,即同在的人员中占比最高的,应当为同一世。

8. 联谱世次统一后,入联各支系的原谱,就产生了两个世次。一是新的联谱公共世次,称为魏氏联谱世次;二是原家谱世次,称为支系家谱世次。本支系之间,家谱世次,继续在支系内部沿用。参联的支系之间,通用联谱世次。入联支系的宗亲之间,应以联谱魏犨第×世(毕万第×世减去一世)相称。

9. 联谱目标:逐步实现族史、世次、族训、辈字、堂号五个统一。

10. 本世次对接方案是严格依据支系所传报的家谱信息、采用"三对齐联谱理论"以及百支系繁衍规律统计调查结果,对各支系始迁祖及其所有后裔的生殁年情况进行评估确定。结果的准确性取决于各支系传报信息以及支系家谱的准确性。故编辑部无法保证本方案结果绝对准确无误,仅供入联支系之间参照使用。如果将来发现明显的错误,可以在适当时候印发勘误表予以校正。

十二、入联支系联谱世次对照表

支系名称	始迁祖及生年	迁徙时间	前沿世次	最长辈世次	近600年增加世次	占比最高的世次	平均代龄	始迁祖世次	前沿世次
江西南昌	蕢公793	858	45	36	21	40	28	45	89
山东滕阳	七公1110	1129	32	22	22	27	29	59	90
甘肃伏羌	龙公1345		24	17	20	20	29	65	88
甘肃金城	贵公1358	1390	27	17	23	22	26	65	91
临沂兰陵	金城1450	1500	22	14	21	17	27	68	89
临沂太白庄	家增、家臣	康熙	14	8	21	10	27	75	88
广东普宁	公1420		22	16	21	19	28	68	89
山东巨野	瞬公1310	1368	28	17	23	22	26	64	91
山东聊城	从道1340	1368	26	18	22	22	27	65	90
山东德州	明公1381	1404	27	18	24	22	25	66	92
河南河顺	怀公1340	1371	26	19	22	22	27	65	90
河北百官	通公1230		27	20	20	23	30	62	88
山东古滕	维礼1310	1394	27	20	21	23	27	63	89
福建清流	积德1087		32	27	23	29	27	57	88
福建清流	保二1210	1244	28	22	21	25	29	62	89
湖南平江	庆公860	875	41	36	21	38	29	49	89
莱芜大故事	馥公	1588	23	18	24	20	26	71	88
淄博沂源	志昌、祚昌	康熙	24	18	24	21	26	76	89
临沂东平邑	海公	1500	27	16	24	22	26	69	92

支系名称	始迁祖及生年	迁徙时间	前沿世次	最长辈世次	近600年增加世次	占比最高的世次	平均代龄	始迁祖世次	前沿世次
平邑鲁埠	泉公	1500	25	16	24	22	26	69	90
平邑魏刘庄	曰璡公	1701	25	16	24	22	26	77	90
临沂蒙阴	璇公	1524	21	13	24	16	26	71	91
临沂费县	良富	1560	19	12	22	15	27	72	90
江西安远	文斌 1403		26	14	24	20	25	67	92
莱芜魏王许	公 1369		23	17	20	20	30	66	88
莱芜夹谷	公		24	16	20	22	27	67	90
莱芜山口	公 1278		27	19	21	23	28	63	89
湖北咸宁	公		31	24	22	27	27	60	90
温州苍南	逊公 1525	明末	20	11	23	16	26	72	91
浙江温州	逸公 1349		25	18	21	22	28	65	89
湖北赤壁	福大 1290	明初	28	17	23	22	27	64	91
安徽肥东	始千 1539		19	12	22	15	27	73	91
安徽寿南	成公 1300	1335	27	20	22	24	27	64	90
四川古蔺	三国 1560	1590	16	9	22	12	30	73	88
湖南永州	廖公 1330	1397	27	18	22	22	26	64	90
湖南株洲	亨公 1273		27	21	21	24	29	63	89
安徽肥西	荣二 1336	1356	27	20	23	23	26	65	91
安徽泗县	奇公 1559		18	10	22	13	27	73	90
四川巴中	兴宗 1319	1371	28	20	24	23	26	65	92
江苏梁溪	胜公 1120	1164	32	24	21	28	29	58	89
安徽濠州	元公 1330	1387	24	16	20	20	30	65	88
湖北荆楚	三甫 1310	1352	26	16	22	20	27	65	90
济宁前海	公 1460	1488	21	16	21	18	28	69	89
河南永城	树公 1338	1375	23	15	20	19	30	66	88
山东日照	智公 1461	1485	21	15	21	18	30	69	89

续表

支系名称	始迁祖及生年	迁徙时间	前沿世次	最长辈世次	近600年增加世次	占比最高的世次	平均代龄	始迁祖世次	前沿世次
河南罗山	智二1300	1370	27	20	21	23	27	63	89
山东平留	珍公1226		30	24	22	26	27	61	90
洪湖螺山	绍山1260	1302	28	18	22	22	28	63	90
湖北襄阳	公1599	1640	16	11	21	14	28	73	88
广西藤县	德铭1372		27	20	23	23	25	65	91
吉安安化	廷倚1242	1279	31	23	23	26	26	61	91
四川平岗	兴宗1319	1371	28	19	24	23	26	65	92
重庆城口	昭音1656	1741	14	8	21	11	28	76	89
广东中山	孟頫1304	1278	26	18	21	21	29	64	89
天津静海	让公1380	1403	23	14	21	18	29	67	89
山东胶州	公1390	1428	24	15	22	19	27	67	90
湖北赤壁	念一		29	21	20	25	30	60	88
河南邓州	世宽1347		24	15	21	19	29	66	89
临沂吉乐庄	成顺1628	1648	16	10	21	13	26	73	88
临沂魏三岗	易公	康熙	14	9	21	11	27	75	88
临沂前岗头	昆江	1879	9	4	21	6	27	80	88
临沂清福庄	起敏	1820	10	4	21	7	27	79	88
临沂魏家荒	成然	康熙	14	9	21	11	27	75	88
临沂谢家宅	有德	天启	18	11	21	14	27	72	89
临沂甘林庄	大公	明末	24	19	21	21	27	75	88
临沂康家庄	乾公		17	11	23	14	26	75	91
临沂墩头	圣瑞1668	1686	14	8	21	11	28	76	89
临沂薛家村	公		17	13	21	15	29	72	88
临沂斗立庄	公		10	6	22	8	27	79	88
临沂王府	天公1695		13	5	22	9	27	78	90
武汉汉阳	思泰1510		21	14	23	17	26	71	91

支系名称	始迁祖及生年	迁徙时间	前沿世次	最长辈世次	近600年增加世次	占比最高的世次	平均代龄	始迁祖世次	前沿世次
四川宜宾	曰元 1291		28	20	22	24	27	63	90
云南昭通	曰元 1276		29	19	23	23	27	63	91
安徽天长	公 1340	1370	25	19	21	22	28	65	89
河北邯郸	良甫 1370	1402	26	19	23	23	26	66	91
山东北庄	大公 1635	1650	14	7	20	10	29	75	88
安徽阜阳	公	1700	13	7	21	10	30	76	88
滕州东郭	朝相 1670	1698	13	8	22	10	29	77	89
邓州十林	禄仁 1340	1368	25	16	22	20	28	66	90
邓州腰店	崇德 1620	1640	14	7	20	10	30	77	90
邓州黄龙庙	焕公 1620	1660	15	8	21	12	28	75	89
河南柘城	二公 1358	1378	24	17	21	19	30	66	89
冀魏县王营	堂公 1600	1627	17	11	23	14	26	74	90
四川珙县	启 1725		13	7	22	10	27	76	88
安徽五河	天荣 1730	1760	10	6	20	8	30	79	88
河北魏县	登云 1390	1423	22	17	20	20	30	67	88
山西柳林	小楼 1595		16	11	21	14	28	73	88
浙江瑞安	宁吾 1255		29	23	22	26	27	62	90
湖南岳阳	念藏 1315		27	22	22	24	27	64	90
河南宝丰	云公 1645	1675	15	10	22	12	27	75	89
山东西魏楼	和卿 1210	1245	28	21	20	25	30	61	88
苏睢宁望山	士忠 1345	1368	23	15	20	19	30	66	88
辽宁瓦房店	有功 1590	1624	15	10	21	13	30	74	88
赣广昌洙溪	了翁 1178		33	23	24	27	26	60	92
河南社旗	世行 1420		22	16	21	19	28	68	89
山东阳谷	智公 1335	1389	24	17	20	20	30	65	88
安徽六安	启华 1350	1370	26	20	22	23	27	65	90

续表

支系名称	始迁祖及生年	迁徙时间	前沿世次	最长辈世次	近600年增加世次	占比最高的世次	平均代龄	始迁祖世次	前沿世次
四川泸州	廷銮	1538	17	14	20	15	30	72	88
安徽六安	胤昌 1601	1621	16	11	20	14	28	74	89
河北邢台	公 1640		16	10	23	13	27	75	90
河南洛阳	一蛟 1635	1659	14	8	20	11	30	75	88
安徽萧县	洪公 1335	1365	24	17	20	20	30	65	88
广东茂名	明公 1496		19	14	21	16	29	70	88
河北黄骅	四泰 1370	1368	23	15	20	19	30	66	88
山东潍坊	永宁 1540		18	13	21	15	28	72	89
四川隆昌	达义 1645	1720	13	10	21	12	28	77	90
河南南乐	良兴 1370	1404	25	18	22	21	27	66	90
江苏泗洪	长一 1560	明后期	16	11	21	13	30	73	88
晋平定夏庄	公 1510	明中期	19	13	22	15	28	71	89
四川泸州	登尚 1603		15	10	20	13	30	74	88
冀魏张各庄	裕昆	1403	24	17	21	21	28	66	89
湘衡山沙泉	善缘 1375	永乐	25	18	22	21	27	66	90
四川合江	朝仁 1590		16	11	21	13	28	74	89
临沂白彦	公	康熙	14	8	22	11	27	76	89
四川自贡	长年 1630	1650	14	9	21	11	30	75	88
安徽太湖	富一 1344	1368	26	19	22	23	27	65	90
河南夏邑	魏固 1350		24	17	21	20	29	66	89
河南巩义	魏敏 1358		24	19	21	21	27	66	89
河南光州	葛泰 1613		16	11	22	13	27	74	89
河南光山	字乔 1290		29	20	23	25	26	63	91
临沂峰山	承诏	弘治	20	13	21	16	29	70	89

十三、世系评估报告联谱世次对照图、繁衍规律图、魏氏联谱树干截面模型图

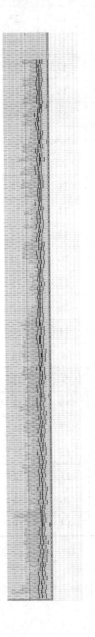

世次对照统计图

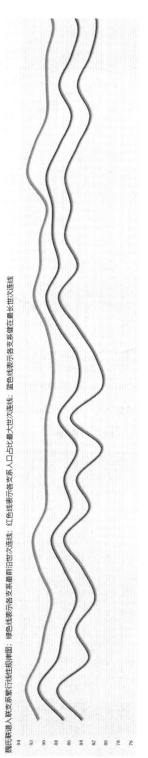

魏氏联谱入联支系繁衍规律性图：绿色线表示各支系繁衍沿世次连线；红色线表示各支系人口占比最大世次连线；蓝色线表示各支系健在最长世次连线

繁衍规律线性图

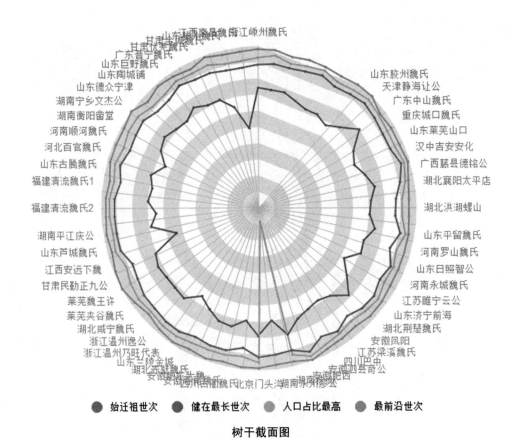

树干截面图

十四、《魏氏文化源流研究》编委志愿者团队主要人员名单

2020 年 5 月新冠肺炎疫情缓解封城令解除后,十三位志愿者重新集结,自发组建了《魏氏文化源流研究》编委会,分成文字编辑工作组和再发动宣传工作组,使本书编辑工作得以进行。《魏氏文化源流研究》宣传发动志愿者和主编们废寝忘食、争分夺秒、不辞辛苦开展工作,2020 年,本书编辑工作取得了历史性突破。

1.《魏氏文化源流研究》编委会文字编写工作组(6 人):

总主编:魏成刚

常务副总编:魏亮(北京)、魏利生(山东临沂)

副总编:魏允秀(山东滕州)、魏奇巽(甘肃伏羌)、魏延福(山东滕阳),分工负责魏氏文化源流研究各部分内容的资料征集、整理、分析、审核、核对工作。

2.《魏氏文化源流研究》编委会决策、协调、发动工作组(7 人):

魏广信(顾问,河南郑州)、魏亮(贵州遵义)、魏长洲(安徽濠州)、魏国华(福建清流)、魏俊文(辽宁瓦房店)、魏东(山东枣庄)、魏宏展(河南巩义),负责《魏氏文化源流研究》编辑的决策制定、联谱再动员、三对齐理论的广泛宣传解释及整体协调等工作。

3.《魏氏文化源流研究》编委会主编团队成员(支系谱主编)排名次序按照入联支系提交资料顺序编号:

魏玉成	魏延启	魏奇巽	魏立鹏	魏广平
魏云营	魏秀明	魏俊法	魏振勇	魏希林
魏俊峰	魏太元	魏允秀	魏文钦	魏国华
魏宏图	魏兰平	魏述胜	魏昌来	魏新国
魏巍	魏恒启	魏茂剑	魏若飞	魏洪强
魏建修	魏庆军	魏焰山	魏乃旺	魏文斌
魏旭	魏长洲	魏登洪	魏芳足	魏文

魏宏开	魏元广	魏传能	魏林初	魏俊武
魏章荣	魏子正	魏启福	魏本欣	魏明祥
魏祥琪	魏昌祥	魏德海	魏德禄	魏启恩
魏代球	魏德礼	魏朝端	魏国秋	魏立秋
魏琦	魏群波	魏厚栋	魏法德	魏永贵
魏志国	魏连玉	魏连田	魏建玉	魏相和
魏广宝	魏殿宽	魏军峰	魏福来	魏永昌
魏啓才	魏兴阳	魏银雄	魏为英	魏军国
魏成刚	魏志云	魏子乾	魏小兵	魏献华
张海亮	魏先恒	魏良喜	魏鸿儒	魏锦前
魏金刚	魏松逸	魏辉	魏大伟	魏思扬
魏运鹏	魏如峰	魏学勤	魏承业	魏大国
魏其国	魏永明	魏永利	魏文乾	魏化立
魏振良	魏耀恩	魏振良	魏居藤	魏兴治
魏普钦	魏传治	魏启沁	欧明容	魏成书
魏法其	魏周平	魏伟	魏明德	魏国胜
魏祥米	魏云彬	魏前举	魏德恩	魏敬杰
魏鹏程	魏家柱	魏振球	魏运波	魏树辉
魏太平	魏晖	魏宏展	魏开来	魏泽才

十五、《魏氏文化源流研究》撰写贡献突出人员情况简介

魏成刚:本书总主编。山东枣庄市人,山亭北庄支系第九世、与滕阳支系合谱第二十五世、中华魏氏联谱魏犨第八十三世,1958年6月15日生,汉族,1982年毕业于曲阜师范大学化学系,历任山东省枣庄市卫生防疫站主管检验师,市卫生局党委秘书,枣庄市委秘书、文秘科长、市委办公室副主任,市港航局党委书记,市地方铁路局长兼交通局党委副书记和副局长,退休前任山东省枣庄市人大城环委主任,正教授级政工师。自1997年开始,业余时间致力于家谱世系缺失期姓氏繁衍规律的研究,撰写了《论世界魏氏合谱联谱必须解决的十三个重大问题》《103个明朝魏氏支系世次统计调查报告》《世系缺失期中华魏氏公共世系及参照世次》;创立了《姓氏联谱合谱三对齐实用方法》(已经申报知识产权保护),策划组织了四次全国魏氏修谱联谱专门会议,成立了山东魏氏文化研究会,当选为会长。策划成立了魏氏文化源流研究编委会。编辑出版了《鲁南苏北地区魏氏宗谱》《全国魏氏源流》,使三分之二全国魏氏统一了世次。

魏亮:魏氏文化源流研究编委会常务副总编,《伏羌魏氏族谱》审编。甘肃伏羌支系二十世,犨公八十四世,在北京从事研究工作。《魏氏文化源流研究》构架的形成至编撰完成,面对不同时期的艰难局面,始终坚定不移,废寝忘食,义务贡献,得到了魏氏宗亲的大力支持与肯定。《魏氏文化源流研究》编撰初期,编辑工作人手极度缺少,便集中精力与成刚总编一起,专注于《魏氏文化源流研究》编撰的各项常务工作。按照编撰大纲要求,收集整理编辑了大部分联谱支系资料,在三对齐联谱理论的基础上,首次将大数据技术运用在总谱数据的统计、分析之中,并在数据处理过程中有了新的发现,通过不断优化,最终创作了《支系世次对照综合图》《繁衍规律线性规律图》《大数据树干截面全图》,这些应用原创的发明,使理论在数据化、规律化、模型化、直观可视易理解等方面有了全新的科技层面的提升,并开创了姓氏联谱、合谱、人类世次繁衍规律等领域大数据范畴的首次应用,

该科学数据模型的创作成果,也成了对世次联谱成果进行科学、精准校对的有力工具,在编辑部屡次审稿中,将人工审核很难发现的错误,利用数据模型图,使错误率降到了最低。

该创作的确立和完善,除了可视易懂,也为其他姓氏联谱、合谱提供了一个科学的数据模型实操方法,也成为矫正检验各支族谱数据是否有误,联谱数据精确与否的科学工具,从而也提升了《魏氏总谱》的科技含金量,成为总谱编辑部精准校稿的得力工具,并得到了各支系主编、社会各界姓氏文化研究者的高度认可。

创作成果已和三对齐理论一体,并以魏成刚总编为第一作者,魏亮常务副总编为第二作者,联合申报了国家知识产权局《版权专利保护》。

魏利生:魏氏文化源流研究编委会常务副总编,山东省临沂市兰山区方城镇东东蒋村人,吉乐庄支系成顺祖第十一世,临沂水田魏氏太祖第十九世,中华魏氏联谱魏犨公第八十三世,1969年11月生,中学高级化学教师,市级教学能手,在本支系中担任监事长,《新桥魏氏》主编,临沂《费兰魏氏大成谱》主编,2010年发动宣传组织吉乐庄支系续修家谱,2014年组织本支系宗亲给一世祖、二世祖立碑,曾联系发动20多个支系参与全国联谱,帮助薛家村、墩头、清福庄、前岗头、后岗头、康家庄等多个支系续修家谱。在北京会议之后就参加了全国联谱,两年多的时间所有的节假日、周末休息时间都投入联谱活动中,面对不同时期的艰难局面,始终坚定不移,废寝忘食,义务贡献,为联谱总谱第一部做了大量的工作,特别是本书编撰后期,对于整个书稿进行了全面校对、审核、编辑,重点对世次审核报告、世次对照表、骨干世系表、突出贡献者简介、入联谱序、入联家训等做了详细修正。得到了魏氏宗亲的大力支持与肯定。对《魏氏文化源流研究》最后的成功出版发挥了巨大的不可磨灭的历史性作用。

魏允秀:魏氏文化源流研究编委会副总编,男,1962年生,山东省滕州市人,中华魏氏联谱魏犨第八十四世,滕州市公安局治安办主任(正科待遇,一级警督警衔),全国联谱审查小组成员,山东枣庄魏氏文化研究会执行会长。修续了本支系新谱,并促成本支系联谱成功,及时召开联谱认可会议忽略会议纪要,为全国其他支系联谱起到示范引领作用。在魏氏联谱工作最困难的时候义无反顾地主动加入编辑部六人小组,对联谱最后的成功发挥了巨大的历史性作用。

魏延福:魏氏文化源流研究编委会副总编。山东省枣庄市滕州市张汪镇渊子崖村人,滕阳支系七公第二十四世、联谱魏犨第八十二世,1957年2月生,1976年加入中国人民解放军野战67军201师603团3营8连,1978年荣立三等功一次,任模范班长。积极参与山东魏徵墓整修和本支系修谱;在全国联谱中,圆满完成了协助河北百官,安徽天长、合肥、潇县、五河,四川泸州,河南宝丰,浙江瑞安,广东茂名等支系资料整理入联工作。在魏氏联谱工作最困难的时候义无反顾地主动加入编辑部六人小组,对联谱最后的成功发挥了巨大的历史性作用。

魏奇异:魏氏文化源流研究编委会副总编。字可立,1965年生,甘肃甘谷县人,中专学历。中华魏氏联谱始祖魏犨公第八十四世孙。伏羌魏氏迁始祖明武略将军龙公第二十世孙。1984年受命族内长辈之嘱,收集整理家族谱牒资料。研究考证地方文化史30余年。自幼受文宾公庭训,诵读经史,研习书法,传承中医。近年来完成伏羌龙公支系《魏氏宗谱》编撰并上报入联《全国魏氏总谱》。在魏氏联谱工作最困难的时候义无反顾地主动加入编辑部六人小组,对联谱最后的成功发挥了巨大的历史性作用。

魏东:山东莘县人,本科学历,1970年11月出生,现为山东福临门家居装饰股份有限公司董事长,山东省枣庄市魏氏文化研究会常务副会长兼秘书长,二十几年来一直为魏氏一家亲做贡献,尤其是在《魏氏文化源流研究》即将出版之际,对该书的出版、印刷、征订、宣传做了大量工作,使得《魏氏文化源流研究》能够顺利出版发行。

魏伟高:1965年9月出生于广东省梅州市兴宁市黄槐镇,元亨利贞支系之亨公后裔。1983年高中毕业于兴宁黄陂中学,1988年本科毕业于湖南湘潭矿业学院(今湖南科技大学)地质勘探专业。从事矿业地质和测量、水上乐园成套水处理和娱乐设备、温泉景区规划设计建造、漂流河规划设计建造、旅游景区开发等工作。积极参与全国联谱的宣传工作,着重关注广义的魏姓氏的一世祖问题,为了便于大家的理解,提出"首魏祖"等概念。恭盼家人全方位团结携手共谋发展。

魏传能:魏氏文化源流研究编委会副主编。男,四川省巴中市人,出生于1954年12月。全国魏氏联谱工作组成员,《中华魏氏》副主编,巴中市魏氏宗亲会会长,《巴中魏氏族谱》编修委员会主任、主编,巴中魏氏清明理事会会长,现又担任福一公支系《川黔魏氏族谱》主编。

魏本欣:魏氏修谱联谱编修工作委员会副主编。山东诸城市人,联谱魏犨第八十六世,1955年12月19日出生,汉族,中共党员,大专学历,工程师。积极支持参与魏氏全国联谱,助资一万元购置联谱办公设备。

魏家元:魏氏文化源流研究编委会副主编。安徽省合肥市长丰县水湖镇前魏村人,1958年4月出生,2004年开始做安徽省魏氏统一联谱工作,从2007年连任三届安徽省魏氏理事总会长,积极参与中华魏氏联谱工作,任编修委督导部长。

魏丑顺:魏氏文化源流研究编委会副主编。河北百官村支系二十三世(支谱记载为徽公下续50世),中华魏氏联谱魏犨第八十四世,1955年3月出生,百官村魏氏祠堂恢复重修暨修谱发起人。

魏如峰:魏氏文化源流研究编委会副主编。魏氏修谱联谱编修工作委员会工作人员之一。江西省抚州市广昌县甘竹镇洙溪(株桥)村人,魏了翁公第二十八世,1962年7月出生。积极参与各地联谱对谱工作,完满完成我地全国联谱工作中有关资料整理及入联工作。

魏立秋:魏氏文化源流研究编委会副主编。男,天津市静海区王口镇南茁头村。生于1970年7月10日,中共党员,高中学历。家谱信息:始祖魏让,约1403年,迁自山西霍州洪洞县。因永乐北征,我祖尊法随銮,昼夜相随,博居顺天府平舒郡茁儿头(现天津市静海区南茁头村)。谱记:我六世祖(道裁)亡后,当日突然起死回生,问其故,曰:先人有灵命,予以其造谱之大事,于是取所闻而转述之,自始祖起至五世祖,各详其讳,叙其而论。言毕,撒手归西,自此子子孙孙分支派别延续至今。

魏永贵:山东省临沂市费县探沂镇碗窑村人,1962年生,临沂魏氏宗亲会副会长,临沂水田魏氏魏家三岗支系宗亲会会长,1962年老谱记载为水田魏氏太祖第二十世(临沂2005年续谱十九世),全国联谱魏犨公八十四世(八十三世)。现任永贵钢结构公司经理,一直热衷于家族事业,曾多次向临沂魏氏宗亲会捐款续谱、修建祠堂。兄弟六人团结和睦,深受乡亲好评,其故事非常感人,可以写成书,拍成电视剧。大力支持地域联谱和全国魏氏大联谱。

魏连田:临沂水田魏氏魏家荒支系宗亲本次联谱的联系人。临沂市兰山区方城镇东石桥村人,水田魏氏太祖第二十世孙,全国联谱魏犨第八十四世。1965年十二月生,本科,中共党员,曾在新桥初级中学和探沂初级中学任教。1992年7月至2011年11月在探沂镇政府工作,2011年12月至2006年7月任朱田镇党委委员武装部长,2006年7月至2008年2月在南张庄乡人大工作,2008年2月去胡阳镇人大工作。本人积极参与家谱续修工作,并大力支持地域联谱和全国魏氏大联谱。

魏法德:男,1965年生,本科,高级教师,1984年参加工作,多次获优秀教师和优秀教学奖等多项荣誉称号。临沂水田魏氏吉乐庄支系宗亲会会长,本支系十二世,水田魏氏太祖第二十世孙,全国联谱魏犨第八十四世。2010年续修《新桥魏氏》主要领导人,2019年吉乐庄支系续修宗谱主编,2019年续修《费兰魏氏大成谱》协修小组副组长,本人积极参与家谱续修工作,并大力支持地域联谱和全国魏氏大联谱。

魏顺德:男,1967年5月生,临沂水田魏氏吉乐庄支系成顺祖第十二世孙,太祖第二十世,全国联谱魏犨八十四世,吉乐庄支系宗亲理事会常务理事,积极参加家族事务,为人豪爽大气,从不计较个人得失,为了宣传全国联谱曾自费驱车奔赴魏氏各地联系宗亲动员参加全国联谱,并推动本支系参加全国联谱。曾参加河南郑州的全国联谱大会,坚决支持魏成刚总编的工作,为全国联谱做出了不可磨灭的贡献。

魏军德:1973 年生,毕业于山东财经大学会计系。任费县金融局党支部书记,副局长,工会主席,金融中心副主任,山东省农担公司费县办事处主任。善剪纸艺术,好文化体育,曾获 2008 年费县登山冠军。吉乐庄支系宗亲会秘书长,本支系十二世,水田魏氏太祖第二十世孙,全国联谱魏犨第八十四世。大力支持本支系参加全国联谱。

魏秀岐:枣庄市台儿庄区夹坊村人,1966 年 4 月 25 出生,前岗头支系监事长。水田支系二十世,全国联谱魏犨公八十四世,曾在政府机关工作多年,现在台儿庄古城经商。热衷于家族事业,积极参加并主持完成了本支系的创谱工作,曾协助完成《费兰魏氏大成谱》,大力支持全国联谱。

魏志国:临沂市兰山区前岗头村人,1978 年 6 月 12 日出生,前岗头支系宗亲会会长,水田魏氏第二十世。全国联谱魏犨公八十四世,2005 年创办临沂志国保温防腐材料有限公司,热情参与家族公益事业,曾向临沂魏氏宗亲会捐款修建魏氏祠堂。

魏云旭:男,汉族,1974 年 2 月生,山东省枣庄市台儿庄区阳春里家园,水田魏氏第二十一世,全国联谱魏犨公八十五世,做沙石建材生意,为人豪爽大气,热衷于家族事业,前岗头支系副会长,积极参加本支系的创谱工作,大力支持全国联谱。

魏连玉:男,汉族,1989 年 10 月生,山东省临沂市兰山区方城镇清福庄人,为人和气,团结乡亲,深受宗亲好评,本支系第七世,临沂水田魏氏太祖二十一世,全国联谱魏犨八十五世,清福庄支系宗亲会秘书长,热衷于家族事业,积极参加并主持完成了本支系的创谱工作,曾协助魏利生完成《费兰魏氏大成谱》,大力支持全国联谱。

魏连坤:临沂水田魏氏魏家荒支系宋家唐庄分支联系人,1972 年生,山东省临沂市兰山区方城镇宋家唐庄村人。水田太祖第二十世,全国联谱魏犨公八十四世。1994 年进入费县化肥厂工作,于 2017 年考取国家注册安全工程师,2020 年经临沂市应急管理局评定为安全生产专家;经临沂市卫生健康委员会评定为职业健康专家。积极参加本支系续谱活动,大力支持全国联谱。

魏广宝:山东省临沂洪沟魏氏康家庄支系宗亲理事会会长,费县薛庄镇石岚村人,1970 年生,本科,1991 年参加工作,费县二中高级物理教师。曾荣获市级优秀教学奖和市级优秀班主任,多次获评县优秀教师、县优秀班主任,2009 年被评为全县行业职业道德"十佳"标兵,同年获振兴费县劳动奖章等。作为康家庄支系宗亲理事会会长,利用闲暇休息时间,对续修家族谱牒工作认真负责,亲力亲为,以强烈的责任感和使命感,组织完成了本次续修家族谱牒工作,积极参与全国联谱。

魏超:山东省临沂洪沟魏氏康家庄直系宗亲理事会秘书长,1974年出生于东蒙镇龙雨庄。1995年参加工作,本科,中学一级语文教师,目前就职于县杏坛学校,教师发展中心主任。多次获市县讲课比赛一等奖、教学成绩奖,县教学能手、优秀教师、模范班主任。积极参与族谱续修工作,大力支持本支系参与全国魏氏联谱。

魏殿宽:山东省临沂市兰山区方城镇墩头村人,1962年8月出生。洪沟魏氏墩头支系圣瑞公第九世孙,全国联谱魏犨公八十四世,个体工商户,热衷于家族事业,积极参与家族事务,喜好魏氏家谱研究,大力支持地域联谱和全国联谱。

魏百富:1959年7月生,男,山东省临沂市兰山区义堂镇东单村人,洪沟魏氏薛家村支系宗亲会副会长,本支系十四世,全国联谱魏犨公八十五世,木材加工厂董事长兼总经理,为人豪爽大气,积极参与家族事务,支持本支系参与全国联谱。

魏述胜:生于1965年,山东省沂源县鲁村镇鲁村二村人,济南市钢城区(原属莱芜市)辛庄镇芦城魏氏二十世。1984年毕业于山东银行学校(今齐鲁工业大学财政金融学院),先后就职于中国人民银行沂源县支行、中国工商银行沂源县支行、中国银行沂源县支行,曾任中国银行沂源县支行副行长,现在一家村镇银行工作。1995年被中国银行山东省分行命名为"全省最佳文明行员"。2008年参加莱芜芦城魏氏第七次修谱,起草了《宗约》《辈字谱》和《姬姓及其分支魏氏的起源和发展简介》等文稿。

魏昌来:山东莱芜芦城魏氏二十一世,1954年生于山东省平邑县东平邑村,今平邑街办蒙阳居。曾任蒙阳居委会党组成员、会计。2007年参与修缮芦城魏氏平邑祠堂,并撰写《重修祠堂记》。2008年赴芦城老家参与芦城魏氏第七次续谱工作。2018年至2019年平邑祠堂主事人之一,并任理事会常务副会长。

魏新国:芦城魏氏十八世,1952年生于保太镇鲁埠村,多年担任村支部书记,参与鲁埠1997续谱主事人之一。

魏巍:山东莱芜芦城魏氏二十二世。1976年腊月生于山东省平邑县保太镇魏刘庄,本科学历,中学一级教师。2018年清明节组织芦城魏氏平邑分支50余人赴芦城老家参加祭祖活动,并代表平邑分支作典型发言。2018年至2019年参与芦城魏氏平邑祠堂修缮策划和落成典礼,并任秘书长。2019年参与魏刘庄谱碑创修及芦城魏氏十二世祖曰珽支谱创修事宜,撰写《谱碑创修碑记》和《曰珽支谱序》及《谱碑和软谱创修后记》,并任理事会常务副会长。多次为魏氏家族撰写祭文和碑文。

魏恒启:山东省临沂市蒙阴县垛庄镇石马庄村人,1953 年 7 月生,中共党员,中学校长退休,莱芜魏氏二十世,热衷于家族事务,多次自费寻访失联族亲,曾帮助魏茂剑寻亲问祖,积极支持全国联谱。

魏茂剑:山东省临沂市费县汤家屯村人,1983 年生,大专学历,中共党员,注册会计师,木业有限公司总经理,费县综合行政执法局工作人员。热爱家族事业,于 2016 年至 2018 年主持发起莱芜魏氏蒙阴支系朱岭庄分支系良富公后裔的修谱活动,三年时间内无数次义务出车走访宗亲,多次亲自开车前去蒙阴县垛庄镇石马庄察看老谱碑,考证先祖良富公的祖根世次,花费了大量资金。为人大方豪爽,广结善缘,曾向朱岭庄宗亲理事会捐资近万元修谱,曾向临沂魏氏祠堂捐款修建祠堂,平邑祠堂落成典礼捐款;深受各位宗亲好评。在本支系中担任宗亲理事会秘书长,莱芜魏氏第二十一世。大力支持本支系参与地域联谱并捐助大量资金给予支持,排除各种干扰,积极参加全国魏氏联谱。

魏永昌:男,安徽省太和县坟台镇张寨村人,1979 年 11 月生,魏腰村支系联谱联系人,全国联谱魏犨公八十四。浩迪管业有限公司运输工人,热衷于家族事业,大力支持全国联谱。

魏福来:1969 年 5 月 15 日出生,山东省费县探沂镇斗立庄村人,中共党员,2002 年至今在村委工作,曾任村支部书记。

魏伟:男,汉族,1985 年出生于山东省临沂市平邑县白彦镇农村,中专毕业,曾经从事汽车备件工作十余载,2016 年自己独自创业至今,现在主要从事运输行业,空闲时从事老酒回收销售。

魏广平:魏氏文化源流研究编委会副主编。山东兰陵金城魏氏十八世,全国联谱魏犨第八十二世,1972 年 2 月生,大专文凭,企业董事长。十几年来始终关心支持寻根修谱联谱,捐资数十万元支持临沂魏氏宗亲、山东宗亲、兰州宗亲组织联谱联谊活动,被选为山东兰陵魏氏宗亲会长、山东魏氏文化研究会常务副会长、炎黄魏氏修谱联谱编修委副主任。促成了山东兰陵金城魏氏与兰州金城魏氏的成功合谱。

魏云瑞:山东省费县东蒙镇太白庄村人,1964 年 11 月生,太白庄支系宗亲会会长,兰陵金城魏氏十九世,全国联谱魏犨第八十三世,木板厂工人,热爱家族事业,积极参加并主持本支系的续谱工作,并积极响应地域联谱和全国联谱。

魏云营:山东省费县东蒙镇太白庄村人,1970 年 3 月生,太白庄支系宗亲会监事长,兰陵金城魏氏十九世,全国联谱魏犨第八十三世,造纸厂工人,热爱家族事业,积极参加本支系的续谱工作,并积极响应地域联谱和全国联谱。

魏太平:1971年8月生,四川省富顺县兜山镇瓦窑村人,初中毕业,在本支系十世,全国联谱魏犨公八十四世,父亲是族长,曾主编本支系家谱,积极参加全国联谱。

魏运鹏:《魏氏族谱史》主编、传承人,魏屯楼比支人,守国防建海疆18载光荣负伤,1958年3月入伍,被分配到海防前哨外长山要塞一营一连,曾历任战士、班长、排长、连长。主要任务是守海防建设海防。在18年海防建设中,光荣负伤,部队评为二等乙级军残。虽然负伤,仍坚持带领连队完成国防施工任务。荣立三等功一次,五好战士嘉奖数次。1975年转业到瓦房店监狱任警察,军警生涯40余年,现已退休。

魏俊文:辽宁瓦房店市(原复县)魏屯大院里支人,1956年10月生,出生于佳木斯市。大专学历、经济师、科长、中南区经理。2016年10月退休。2019年4月参加魏氏总谱宣传发动工作。注重家族文化,研学事业,尽心尽力,寻根问祖,奔走数省千里之遥,不辞辛苦。大力支持全国联谱。

魏运波:1956出生于辽宁省新宾县永陵镇老城村。曾任大队党总支副书记。1977年高考进入沈阳财经学校,高级会计师、注册会计师。参加过上市并购,国家电网审计、工信部家电下乡等国家项目的审计。2016—2020年退休后返聘到正宜会计师事务所继续工作至今。自2004年巨鹿恳亲会上关心了解魏氏家族联谊联谱事业。主编了《中华魏氏通讯录》,与魏成刚会长一起发起为魏辉龙治病捐赠活动,收集记载了辽宁魏氏支系家谱,与瓦房店支系家谱总编魏运鹏一起探讨本支系源泉。与俊文亲参加了北京联谊联谱会议并对总谱联谱总动员支持。

魏运高:1934年生人,辽宁省瓦房店市驼山乡人。大专文化,中共党员。退休前任瓦房店市第三十六中学校长,曾获大连市优秀教育工作者称号。退休后(2013年)不计年事已高编辑魏氏宗谱,传承家族魏氏文化。热心社会公益事业,荣获大连市慈爱奖,大连市关心下一代先进工作者和大连市老年体协先进工作者称号;荣获辽宁省关心下一代先进工作者和驼山优秀共产党员荣誉称号,撰写有《车过青石岑》《驼山传奇》等著作。特别编著:《爱国人士魏运衡英雄传奇》。广为流传!

魏文明(嘉晨):1983年4月出生,佳木斯人,原籍辽宁复县(瓦房店市)魏志清(永湛)后裔孙。2002年以后就读于黑龙江工程学院读大学,毕业后定居哈尔滨市,从事资产评估行业。热爱家族事业,多次参加魏氏文化研究会、家族联谊会议。统计和补遗漏编宗亲人口编辑工作。并得到了运鹏会长首肯和多次表扬,为宗亲工作奉献力量。不忘初心,牢记祖训;倡导孝亲文化,研读魏氏文化。

魏文武:1986年出生,黑龙江省林口县人,原籍贯辽宁瓦房店市(复县)魏永润后裔孙。本科毕业,就职于北京中软国际信息技术有限公司,高级软件开发工程师。热爱魏氏家族文化,崇尚民族英雄,智勇双全。研读魏氏文化,爱国爱魏氏家族。积极参加《联谱志》编辑工作。虚心学习,传播孝道文化。谨记祖训:愿为魏氏联谱联谊发一份光和热!

魏凤全:山东省诸城人,1956年11月出生。原籍潍坊市诸城县皇华公社大庄村,魏成后裔孙。1957年随父迁徙至黑龙江省佳木斯市向阳区38委员会居住。1973—2016年佳木斯市粮食局工作至退休。曾任职管理员、股长、副科长、科长、副处长。2017—2019年热心于公益事业,任职于旭日弘文化教育集团副总裁。寻根问祖:访宗亲找祖源,多次电联家谱下落,动员劝说家族人联亲联谊。

魏和海:赤土、黄骅(泰联堂)理事会会长,族长,津赤土人,1954年出生,学历为高中,经济师,始迁祖第十五世孙,为支谱、联谱踊跃贡献。

魏耀恩:本支主编,(泰联堂)黄骅理事会秘书长,黄骅市魏孙村人,学历为高中,本村务农,历任十届村长,本支第十九世孙。

魏仲凯:(泰联堂)赤土理事会秘书长,津赤土人,1968年出生,学历为高中,职业经理,本支第十七世孙。

四川合江参与联谱骨干成员简介:

魏宏荣:族委会会员。

魏辉宗:族委会会员。

魏伯良:族委会会员。

魏永庆:族委会会长。

魏岑樵:族委会会员。

魏启荣:上任族委会会长。

魏辉德:族委会会员。

魏成书:族委会副会长、水利工程师、入联资料主编。

魏居腾:1955年1月9日生人,籍贯山东潍坊峡山魏家屯,大学本科学历,在本分支为十四世。2017年主持修续了本支系族谱(任主编),现任本分支系家族委员会会长。负责本分支系联谱材料的编写上报工作。

魏万生:良兴公支系家谱主编,良兴公第二十世孙,男,1943年出生,中共党员,大学学历,中小学一级教师,已退休,2000年以来,一直致力于家谱续谱、联谱以及魏氏文化研究工作。现在正在主持最新修谱,现任河南省濮阳市南乐县魏氏宗亲文化研究中心主任。

魏普钦:良兴公第十九世孙,男,1950年出生,中共党员,退休后致力于主持家族联谊、参与修谱联谱工作等事宜,现任河南省魏姓文化研究会副会长,河南省濮阳市魏姓理事会会长。

魏国强:良兴公第二十世孙,男,1959年出生,已退休。曾任南乐县人民医院麻醉手术科主任。退休后,一直从事家族文化研究、参与修谱联谱工作。现任河南省濮阳市魏姓理事会秘书长。

魏允桂:魏氏文化源流研究编委会副主编。1955年生,高中学历。山东省滕州市大坞镇大市庄村人。山东省滕州市古滕魏氏修谱主修。山东省滕州市魏氏文化研究会成员。本支系五修谱监修。

魏正权:1963年生,高中文化,山东省滕州市建筑二公司项目经理。山东省枣庄市魏氏文化研究会副会长,滕州市魏氏文化研究会成员。

朱围魏氏支系参与联谱者:魏泽仁,魏四胜,魏连明,魏新全。

魏从坤:安徽肥东大魏村支系第十四世孙,生于1949年10月。肥东县教体局退休干部,小学特级教师,中学高级教师,享受国家特殊津贴。近些年热心参与魏氏家族和全国联谱公益事业。

魏少明(兆字辈):安徽肥东县大魏村支系第十五世孙,生于1962年10月,中专文化。2003年以来,一直活跃在安徽魏氏家族的公益事业的队伍之中,2018年4月20日参加北京全国魏氏编修委第一次代表大会,当选为副秘书长。

魏旭(兆字辈):魏氏文化源流研究编委会副主编。安徽肥东大魏村支系十五世孙,魏犨公第八十七世裔,出生于1968年9月。大专学历。2004年参与本支系五修宗谱,并任编委,近几年积极参与本支系全国入联相关工作。

魏传治:魏氏文化源流研究编委会副主编。男,1969年11月出生,法律本科,曾协助江苏省泗洪县魏氏三鉴堂族谱编修工作,并任编撰委员会主任,同时对骨干支系族谱资料进行统筹汇总整理等相关工作。

魏继善:魏氏"三鉴堂"泗州(江苏泗洪)支族谱续修编撰委员会主任。江苏泗洪县陈圩乡郁咀村人,长一公第十一世、三省公第十八世孙。全国联谱魏犨公第八十四世。1949年8月20日生,汉族,2006年由本人和魏传治、魏展云、魏传谨等同志组织对我支系由1632年修续谱以来300多年间没有修续谱的工作,重新进行走访,采编,历时五年,在同族宗亲大力支持下于2011年告成。在全国魏氏联谱工作中积极支持联谱工作,先后参加临沂、枣庄等联谱会议,对我支系资料进行研究整理入联工作。

魏传谨:魏氏"三鉴堂"4州(江苏泗洪)支族谱续修编撰委员会委员,江苏省宿迁市泗洪县陈圩中心小学教师。长一公第十二世孙、三省公第十九世孙,全国联谱魏犨公第八十五世。1961年3月15日生,汉族,2006年起,本人积极参与本支系修谱续谱工作,在全国联谱工作中积极支持并参与其中,使本支系谱在全国联谱中入联。

魏振勇:魏氏文化源流研究编委会副主编。男,汉族,生于1967年8月,山东省聊城市阳谷县阿城镇后铺村人。自 1990 年从事乡医工作至今。业余时间热心家族事务,这次入联担任本支系主编。曾参与了 2014 年陶城铺魏氏祠堂的建设,并撰写了祭祖文和本支魏氏族训。2018 年参与了全国魏氏父亲节的筹备和主办工作。

其他参与本次全国联谱并做出贡献的人员有魏翊生、魏绪田、魏庆芝,这三位族长都是陶城铺魏氏家族的核心领导,对家族事务尽心尽力,不辞辛苦,做出了巨大贡献。

魏至公:男,汉族,甘肃省兰州市皋兰县什川镇人,生于 1946 年 10 月,甘肃金城魏氏川大房十九世,大专学历,中共党员,曾任皋兰县政治部、宣传部、办公室部长、主任,榆中县委副书记,政府副县长,城关区委副书记、区长,甘肃省绿化办副主任等职务,2008 年主持发起、领导筹备、成立兰州市魏氏文化研究会,2012 年 11 月至今担任兰州市魏氏文化研究会会长。在此期间,组织、领导、策划、出台了具有 10 万之众、10 个房头、600 多年历史的甘肃《金城魏氏总谱编修实施方案(试行)》,并亲自督促落实川大房家谱编修工作的开展。积极支持、热心参与中华魏氏联谱工作。

魏列杰:男,汉族,甘肃省兰州市皋兰县什川镇人,生于 1948 年 7 月,甘肃金城魏氏川三房二十世,本科学历,中共党员,2009 年 4 月退休。2008 年开始发起、筹备、成立兰州市魏氏文化研究会,2012 年 11 月至今担任兰州市魏氏文化研究会副会长兼秘书长。协助会长积极组织策划出台了甘肃《金城魏氏总谱编修实施方案(试行)》,组织启动落实川三房家谱编修工作,担任川三房家谱编修委主任。积极倡导、全力支持、热心参与中华魏氏联谱工作。

魏国万:男,汉族,甘肃省兰州市皋兰县西岔镇人,生于 1956 年 11 月,甘肃金城魏氏川五房二十世,本科学历,2017 年 2 月退休。2012 年 11 月至今担任兰州市魏氏文化研究会理事、副秘书长。在此期间,在研究会办公室义务坐班长达六年之久,无任何报酬,一如既往,积极参与研究会的各项活动,尽最大努力为研究会出力、做事。积极支持、热心参与中华魏氏联谱工作,2019 年 12 月 28—29 日受研究会委派,参加了在河南郑州召开的中华魏氏联谱研讨会。

魏立鹏:男,汉族,甘肃省兰州市皋兰县什川镇人,生于 1968 年农历四月十七日,甘肃金城魏氏川二房二十二世,大专学历,就职于甘肃华鹭铝业公司(原白银铝厂)。担任 2008 年出版的金城魏氏川二房总谱编修委员会副总编;编撰完成了甘肃金城魏氏长房分支家谱 2 部,三房分支家谱 2 部,四房分支家谱 3 部,五房分支家谱 1 部,王氏分支家谱 2 部;刘氏分支家谱 1 部;曹氏分支家谱 1 部。2012 年以来,先后受邀担任金城魏氏川四房、川三房、川长房总家谱副总编、常务副总编。现为兰州市魏氏文化研究会理事、文史研修部副部长、金城魏氏总谱副总编、魏园管理部副部长、白银工作站副站长、金城魏氏网副站长等职务。为甘肃金城魏园建设捐款11000元。2018年中华魏氏联谱工作启动以来,一直积极、热心参与中华魏氏联谱工作,受研究会委派先后在北京、郑州两次参加中华魏氏联谱会议。

魏公平:男,生于1946年,本科学历,甘肃省兰州市皋兰县什川中学高级教师,兰州魏氏文化研究会理事,金城魏氏总谱编撰委员会副总编。

魏焰山:男,汉族,现年60岁,1960年11月8日出生,家住湖北省咸宁市通城县隽水镇旭红路391号,2010年参加通城魏氏宗亲会,同年参加续修通城魏氏宗谱,2011年通城魏氏宗祠建设发起人之一,2012年当选通城县魏氏宗亲会会长,2013年率领宗亲会参加山东省枣庄市全国魏氏联谱倡议工作会,2013年12月15日参加在临沂召开的中华魏氏联谊会成立大会,2018年4月20日参加北京全国魏氏联谱修谱工作会,2019年参加河南省郑州市全国魏氏宗谱出版工作会,任湖北省全国联谱宣传员。

魏周平:男,汉族,中共党员,1959年11月22日生,住湖北省咸宁市通城县隽水镇秀水大道386号,2011年加入通城魏氏宗亲会,2011年通城魏氏宗祠修建发起人之一,主修筹备策划祠堂建设工作,圆满成功。2012年任通城县魏氏宗亲会副会长至今,本着爱国爱党爱族爱家的宗旨,在全族开展敬祖爱宗各项活动。

魏洪登:籍贯四川古蔺,古蔺谢家岩始迁祖国贤、国良、国斌三兄弟支系。在本支系中第十三世,魏氏联谱魏犨第八十五世。出生于1958年4月,中师学历,高级教师。在全国联谱开展以来,本人积极支持入联工作,在本支系中积极组织宣传,收集、整理编写资料,并按要求上交资料。

魏宗强:男,出生于1940年5月,入川始祖魏国良祖支系,入川始祖第十世,入联第八十三世。古蔺谢家岩支系。全国联谱工作开展以来,积极响应入联,支持配合魏洪登的工作,特别是在本支系审议入联"三对齐和认定世系代龄"会议时,自己在医院做换膝关节的手术下不了床,在病床上都把会议的工作安排好,在病床上用电话询问关心,使这次会议能圆满成功。在整个入联工作中没有一分钱的报酬,并和魏洪登一起出钱支付入联的费用,已经80岁的老人了还在为我们家族入联忙前忙后,还在为我们的族人做贡献。

魏冬:男,本次修谱发起人和全国联谱负责人。1964年11月20日出生,籍贯安徽泗县西南大魏村,中共党员。

魏元广:原籍安徽泗县西南大魏村,大专文化,1964年出生,幸福生活的探索者、开拓者,本次修谱的发起人之一和全国联谱负责人。

魏元民:籍贯安徽泗县西南大魏村,1950年出生,1969年泗县中学毕业,1971年2月入教,中共党员,小教高级,先后任大魏小学教师、校长及韩圩小学校长等职务,本次修谱中司职总务,同为全国联谱负责人。

魏元伦:籍贯安徽泗县西南大魏村,1943年出生,本次修谱中负责大魏庄本部采访登记,为主修人之一和全国联谱负责人。

魏祥米:男,安徽省定远人。生于1963年2月,高中毕业,农民。濠州魏氏十六世,全国联谱魏犨公八十世。热衷于魏氏家族事业,参与濠州魏氏入联等各项事务。负责主持2019年10月3号濠州魏氏"盛世国庆"宗亲交流会,管理濠州魏氏微信公众平台,现被推选为濠州魏氏负责人。

魏长洲:安徽省寿县板桥镇王楼村街西队,濠州魏氏十七世,全国联谱魏犨公八十一世,1955年10月1日出生,1978年高中毕业,回大队任共青团书记,三年后转为中共党员,任大队党支部书记,工作多年,改革开放后1986年携全家到河南郑州经商,在此期间始终不忘家族,参加魏氏宗亲会多场,跑遍很多地方,现被推选为濠州魏氏负责人。

魏林邓:男,安徽省定远人,1963年12月生,本支系十七世,全国联谱魏犨公八十一世。初中文化,中共党员,第十五届县人大代表,现任河北魏村支部书记、安徽华瓴公司项目经理,热衷于魏氏家族事业,百忙之中积极参与濠州魏氏入联等各项事务,现被推选为濠州魏氏负责人。

魏宝成(程):1966年生,汉族,男,初中,职业商人,从业30余年,濠州魏氏(定远县人)。濠州魏氏十九世,魏犨公八十三世。2005年参与本支系简谱整理,2006年加入安徽魏氏修谱续谱工作,服务至今,参加过全国各地、多次修谱续谱交流会议,2018年被选举为安徽魏氏宗亲会、副会长,2019年2月,个人组织了"濠州魏氏"部分支系宗亲代表,修谱联谱交流、对接会议,于当年8月成立了"濠州魏氏驿站",现成功地接待了全国各地来我地修谱续谱的宗亲,并提供吃、住免费服务。现被推选为濠州魏氏负责人。

魏东亚:男,安徽省定远县人,1971年生。1991年退伍军人,大专学历,1989年入党,现任自然资源管理所所长。曾于2006年参与魏氏家族联谱,濠州魏氏十九世,全国联谱魏犨公八十三世。现推选为濠州魏氏负责人。

魏国光:男,安徽省凤阳县人。1972年3月20日生,初中文化,自由职业。濠州魏氏十九世,全国联谱魏犨公八十三世。参加修谱、联谱时间不长,虚心向其他家人学习,现被推选为濠州魏氏负责人。

魏明德:男,安徽凤阳人。生于1951年8月,中共党员。濠州魏氏十八世,全国联谱魏犨公八十二世。师范毕业,小学高级教师;历任小学校长、党支部书记。2006年参加续谱联谱,后任华东魏氏联合总会副秘书长。现被推选为濠州魏氏主编。

魏明礼:男,安徽定远人,生于1970年7月,濠州魏氏十八世,全国联谱魏犨公八十二世。大专文化,中共党员,现从事于社区文职工作。无私奉献魏氏家族修谱联谱事业,管理和维护濠州魏氏微信公众平台,积极宣传濠州魏氏文化,现被推选为濠州魏氏副主编。

魏其玉:男,安徽定远人。生于1976年6月。濠州魏氏十八世,全国联谱魏犨公八十二世。高中毕业,1999年退伍,中共党员。农民工,自学英语于广东外企工作16年。2019年年初参与联谱工作,自谦并无多少建树,但有赤诚努力之心。现被推选为濠州魏氏副主编。

魏国胜:男,安徽省凤阳县人,生于1957年。濠州魏氏十九世,全国联谱魏犨公八十三世。华东师范大学毕业,中学高级教师。2006年开始参与续谱联谱工作,现被推选为濠州魏氏副主编。

魏树辉:男,安徽省淮南市人,1979年生。大学学历,现为中学教师。2006年参与魏氏家族联谱,为联谱工作尽了绵薄之力。现为全国联谱魏犨公八十五世,濠州魏氏二十一世,现被推选为濠州魏氏副主编。

湖北荆楚支系人员:

姓名	籍贯	所属支系	在本支系世次	联谱魏犨世次	出生年份	在宗亲组织中任何职务	工作单位及职务
魏五团	湖北汉川	汉川石剅	二十一世	八十五世	1959	荆楚魏氏宗亲会会长	汉川鑫胜硅酸盐制品有限公司董事长 兰州钜麓物流有限公司董事长
魏天衡	湖北天门	天门龙河	二十世	八十四世	1946	荆楚魏氏宗亲会名誉会长	天门市卢市镇镇长(已退休)
魏章荣	湖北仙桃	仙桃鸡头排湖	十九世	八十三世	1946	名誉会长、荆楚魏氏三甫公联谱主修兼副主编	退休教师
魏槐章	湖北汉川	汉川石剅	十八世	八十四世	1946	荆楚魏氏宗亲会副会长、财务主管	汉川市沉湖农村信用社主任(已退休)
魏天正	湖北天门	天门龙河	十九世	八十五世	1942	荆楚魏氏宗亲会秘书长、荆楚魏氏联谱主编	

续表

姓名	籍贯	所属支系	在本支系世次	联谱魏犫世次	出生年份	在宗亲组织中任何职务	工作单位及职务
魏荒苟	湖北汉川	汉川城隍	十九世	八十五世	1954	穆公支系宗亲会会长、荆楚魏氏宗亲会副会长	
魏天钦	湖北公安	公安支系	十九世	八十五世	1960	副会长	荆州市工商行政管理局纪委书记
魏文学	湖北江陵	江陵支系	二十一世	八十七世	1951	副会长	
魏文栋	湖北江陵	支系	二十二世	八十六世	1960	副会长	历任江陵县秦市乡社区书记兼主任
魏大兵	湖北天门	华湖支系	二十三世	八十七世	1952	副会长	
魏志新	天门	天冠盖	二十一世	八十五世	1947	副会长	
魏天松	湖北公安	公安支系	二十一世	八十五世	1960	荆楚魏氏宗亲会副会长	

魏时发:河南罗山人,出生于1949年4月15日,在本支系处二十三世,在全国联谱中处魏犫八十七世,任罗山县魏氏宗谱委员会名誉副主任,为主创人之一,能积极带头参与全国魏氏联谱,带病亲赴北京参加联谱会议,并认真组织传达贯彻全国魏氏联谱会议精神,为本支创谱和全国联谱做出了重要贡献。

魏明祥:河南罗山人,出生于1955年正月初八,在本支系处二十四世,在全国联谱中处魏犫八十八世;任罗山魏氏宗谱编委会主编,积极推进本支系参加全国魏氏联谱工作,尽心尽力为宗亲族人办事,热爱谱事工作,支持编修委工作,维护全国编修委权威,通过网上协助魏氏修谱联谱编修委主编成刚校对审核全国各地上报的联谱资料,并在全国联谱编修委第三次会议上增补为编修委主编助理。

魏庭略:河南罗山人,出生于1965年10月22日,在本支系处二十五世,在全国联谱中处魏犫八十九世,大专文化,工商管理专业,职业经理人,任罗山县魏氏宗谱委员会委员,主管财务工作。不仅诚信经营奉献社会,还热心于魏氏家族公益事业和谱事工作,积极参与罗山魏氏宗谱创修和全国联谱工作,认真组织,献计献策并提供良好的后勤服务和保障工作。

魏德海:湖北省襄阳市襄州区,生于1962年8月30日,湖北省襄阳市樊城区太平店支系第十三世,魏氏联谱魏犨第八十六世,在本支系修谱中担任续谱筹委会副主任委员;在《襄阳太平店魏氏族谱》编委会中任主任、主编。

魏盛军:湖北省襄阳市襄州区人,生于1973年10月16日,湖北省襄阳市樊城区太平店支系第十五世,魏氏联谱魏犨第八十八世,本科学历,在本支系修谱中任联络员,续谱校对工作。

魏启恩:廷倚公二十七世孙,陕西洵阳县人,理学硕士。从事高等学校数学专业概率论与数理统计、多元统计分析、时间序列建模与分析等教学与科研30余年。曾任陕西理工大学数学系副主任、副教授。著有《概率论与数理统计》《半群上的序与拓扑》等多部著作。2014年起开始关注家族传统文化的继承发扬和教育。历时三年,于2018年年底终于完成了湖南安化《魏氏族族谱》共计19卷宣纸线装本的出版工程。推动恢复建立中断了数百年的廷倚公派下的江西吉安祖居地、湖南安化朝魁公、邵阳隆回高坪超化公、湖北荆州石首朝宾公四地嗣孙宗亲联系工作。唯惦记徙居湖北武汉江夏的望道公支系尚未取得联系,需继续努力寻找。

魏代球:生于1955年3月28日,廷倚公二十六世孙,湖南安化人。中学一级教师,从事中学物理学教学38年。安化魏氏七修族谱俨房主修主编,修谱中摒弃各种杂念,坚持实事求是的基本原则,为保证谱稿的质量,不顾劳累三易其稿,认真校对。

魏小兵:世传、世行、世宽公支系第十八世,男,1973年4月出生,河南省邓州市构林镇魏家集村人。高中文化,中共党员。邓州博泰建筑工程有限公司法人、家谱编修师、河南家谱文化研究院研究员。任南阳副会长,邓州市魏氏文化研究会秘书长、主编职务。2017年投入修谱工作中,其间严格遵守"不收、不拿、少打扰"的制度,白天走访宗亲,整理家族资料及文化研究,晚上学习电脑知识进行家谱排版,持续为修谱工作做出贡献。通过两年来坚持不懈的努力和全市宗亲的积极配合,终于完成了体量庞大的全市魏氏修谱工作。

魏子乾:滕州市魏氏文化研究会副会长,后村红白理事会理事长,热衷于家族事务,为广大群众排忧解难,在本地有良好口碑。

魏子良:滕州魏氏文化研究会理事,长期从事村领导工作,热心为村民及本族办事。受到村民一致好评。

魏子尧:滕州魏氏文化研究会会员,高中学历;曾任村小学教师,其弟魏锋清华大学毕业。多年来为村民操办红白事,值得大家信赖。

魏家华:男,生于1951年2月12日。籍贯安徽天长市大通镇便西村,新庄生产组。本支系为二十二世、犨裔八十六世,1966届初中毕业生,1967年回乡做知青。2019年元月,天长魏氏参与全国联谱事务中,提供了洪武赶汉时,从山东潘远县九都十八甲来到凤阳府天长县治便益重要信息。同时提供了祠堂、堂名直纯堂、建房九十九间半、接官亭、接圣旨的地方叫修改香堂修改,现是香堂村。状元戴兰芬送镏金贺匾内容:师官卯学正,文武尚天池,传家延士信,尔乃敬圣之修改和先祖以其内容为字辈谱字辈。

魏明:男:生于1955年7月25日。共产党员。中专学历。畜牧兽医专业。2019年元月,天长魏氏参与全国联谱事务中,积极收集资料,寻找家亲入群入联;提供先国公1946年参军升至地处干部,提供先祖武魁公、天才公牌位照片。寻找池字辈与状元戴兰芬妻子戴魏氏直系后人魏传有,同时得知,传友祖父天仁公是清朝秀才;魏家华曾祖父天寿公也是秀才。协助撰写本支系明朝简介和整理部分需要的资料。

魏为英:女,1949年10月14日生。籍贯安徽天长市天长街道。本支系二十一世、全国联谱魏犨八十五世。大专学历,职工教育管理专业,校办公室主任。中学二级教师(高中)。天长中学(原天长县立初级中学,民国十七年创办)"老三届"(1966年初中毕业生)下放知青。2019年元月起,是天长魏氏参与全国联谱发起人。承担信息传递,与《魏氏大家庭》群员和《皖天长魏氏》群员同《中华魏氏宗谱》联谱。将群中重要信息归纳、整理、用三对齐计算世次,成为入联需要的数据,在山东魏延福宗长鼎力协助下,成文上报,经编委验算核对,顺利接龙入联。本着团结、尊重、平等、公平、公正、公开、知情权、集体讨论议定事项的精神,办理联谱各项事务。

魏荫洙:1976年11月生,登云公第二十世,本支系家谱副编、秘书,专科学历,魏县人大代表,工程师,企业家,邯郸市润田建材有限公司、内蒙古润田工程机械有限公司总经理。2018年,在百忙之中抽时间参加修续谱工作,协助主编跑郑州联系家谱出版事宜,为家谱出版做了大量工作。

魏鸿儒:1956年10月生,登云公第十八世,大专学历,中学教师,高级职称。本支系家谱主编。2018年依据家传族谱组织领导本支系家谱组收集、整理本族新增世系,撰写前言、序文、对联等内容,经过一年多时间的努力工作,高质量地完成了本支系家谱的续谱修谱工作,出版了完整的支系家谱。

浙江温州瑞安市仙降镇下林魏氏支系参与这次全国联谱的人员名单:

瑞安仙降下林支系魏氏宗亲会长魏学锡。

仙降镇下林村成员代表魏益福、魏善国、魏博良。

陶山镇磨岩村成员代表魏善岳、魏金刚。

平阳坑镇上河头成员代表魏余用、魏余进、魏余读、魏余煌。

飞云镇霞砀村成员代表魏玉贤、魏玉环。

仙降镇涨岙村成员代表魏绍安。

仙降镇塘角村成员代表魏贤金。

仙降镇上洋村成员代表魏余北、魏余文。

魏化立:安徽萧县魏安村人。支系二十世。1952年出生,退伍军人,中共党员,小学高级教师,2013年退休。在本支系担任《魏氏族谱·新续》的编辑。入联工作所需的材料,他认真搜索整理,严格把关,达到准确无误。

魏业华:安徽萧县魏安村人,支系二十一世。1973年3月出生,民营企业董事长,现为我支系掌门人。对于入联的各项材料整理精心细致。思路敏捷,工作效率高。信息上传下达及时、准确、到位,为入联工作做出了突出的贡献。

魏兴园:安徽萧县魏安村人,支系二十世。1971年6月出生,中共党员,民营企业老板。他十分热爱家族事业,倾心为家族服务,密切宗亲的广泛联系,推动家谱事业的有序进展。与联谱编辑部的宗亲积极配合,为我支系顺利入联创造了有利条件。

山东阳谷城南魏海修谱联谱功臣:

魏海村:魏汝来、魏承星。

魏老楼村:魏洪玉。

魏庄村:魏承业。

西魏海村:魏承斌。

金斗营东金村:魏士武。

子路堤村:魏景州。

陶城铺:魏绪田。

东金:魏法山、魏承友。

魏永明:男,汉族,1983年10月18生,中共党员,退役军人,曾在中共裕安区安监局执法大队任大队长,消防大队任政府专职消防员等职,现为安徽省书法家协会会员,六安市书法家协会理事,六安市民间艺术家协会理事,安徽省希岸酒店有限公司总经理,六安市华魏商务宾馆总经理。

魏永庆:六安市魏氏家族理事会副会长,某路桥公司董事长。

魏永君:六安魏氏家族理事会副会长,某食品公司厂长。

魏渝庆:良兴公第二十一世孙,男,1974年出生,中共党员,大学学历,中小学一级教师。南乐县魏氏宗亲文化研究中心研究员。热衷于家族文化研究与传播，利用节假日参与家谱修谱、联谱工作。

四川合江小槽支系参与联谱骨干人员简介:魏仕位(第二任),族委会会长,现族委成员;魏仕义(第三任),族委会会长,现族委成员;魏俊超,现任族委会会长;魏仕金族委会成员,入联资料副主编;欧明容(媳)族委会秘书长,本支系二十四代孙魏仕金之妻,入联资料主编。

魏振岱:男,1946年12月出生,滕州市官桥镇前掌大村人。历任济宁地委组织部干事,滕县县委组织部科长,滕县党山乡党委书记,滕州市南沙河镇党委书记,滕州市委组织部部长、市委副书记,1998—2001年任滕州市人民政府市长,2006年年底在滕州市人大常委会主任岗位退休。为官清廉,深受群众爱戴,为滕州地方经济发展做出突出贡献。

魏延信:男,1955年2月出生,山东省滕州市官桥镇西王庄村人。1974年12月入伍,曾任军医、卫生所所长、主治医师、卫生队队长。1979年2月参加对越自卫反击战,四次荣立三等功。1989年10月被广州军区表彰为卫生建设先进个人标兵。

魏延顺:男,1962年8月出生,山东省滕州市官桥镇西王庄村人。1982年毕业于山东省菏泽粮食学校,曾任山亭区粮管所所长、粮食局局长、经贸委主任、人民政府副区长,枣庄市戒毒所政委(正县级)。1984年和1993年分别被省政府和商业部授予科技进步奖和先进工作者称号。

魏延文:山东省滕州市官桥镇前掌大村,1974年1月6日出生,男,2000年在本村任村支部书记,兼村主任,在本支系中任枣庄魏氏宗亲会副会长、滕州市魏氏宗亲会副会长,一直组织宗亲会工作,走访迁出宗亲,据谱载查询外迁四方的宗族后裔,以寻找到部分宗亲合谱。在全国联谱组织中积极协助宗亲查询相关的信息,整理本支系家谱资料入联。在家积极接待来访寻根问祖的宗亲。

魏钟田:1968年8月出生,山东省济宁市嘉祥县卧龙山街道黄庄村人,弘璧公后裔之二十一代孙。农民,高中文化,为人耿直厚道,勤俭持家,竭力培育后代,为家族兴旺、民族繁华而尽力。2017年和2018年开车走访四省80个市计300多个村庄的信息,不辞劳苦,忘我工作,一心为巨野魏氏大名堂家族修谱、编辑和全国魏氏首届母亲节做出应有贡献,并为家族修谱工作捐款一万元。被巨野魏氏理事会授予会长助理。

魏守平:1951年2月7日生,高级工程师,徐州市北区西南岗村。祖籍山东省菏泽市巨野县弘璧祖公后裔,祖上是郓城县火头洼魏楼人,十三世,传至其是十九世。民兵营长,武装民兵排长,兼任大队治安保卫主任,1974年至1977年大连工学院(大连理工大学)港口及航道工程专业求学。2007年10月26日参加了在河北省巨鹿县举行的世界魏氏第四届宗亲会,会议期间,见到了台湾魏三郎会长,魏鸿灯监事长及中国台湾、中国香港、东南亚等宗亲,上海宗长,同山东省枣庄市魏成刚宗亲一起,进行寻祖、联谱、合谱等宗亲会及活动。成立了徐州魏氏宗亲会,邀请了上海魏传照、魏佟文萍两宗长,沭阳宗亲,山东枣庄宗亲,临沂宗亲,安徽宗亲,连云港宗亲,沭阳县宗亲,郑州宗亲,永城宗亲等。多年来,参加了临沂宗亲会、枣庄宗亲会、台儿庄宗亲会、诸城市宗亲会、苍山县宗亲会、连云港宗亲会、安徽省宗亲会、太湖县宗亲会、河南郑州宗亲会、固始县宗亲会及西南六省湖广四省在遵义召开的全国联谱合谱对谱大会。参加了江西吉安举办的全国宗亲会,并多次去永丰县魏家村,与魏雄辉宗亲捐建的祠堂进行设计联络。在故宫博物院,在魏殿松宗亲和魏雄辉宗亲两家人带领下参观了博物院藏字画。其间,参加徐州各县市宗亲会、祭祖活动,还举办了西南岗首次祭祖会,邀请了徐州市各市县宗亲、山东宗亲、河南宗亲、安徽宗亲参加。还帮陕西省咸阳市魏景山宗亲联系了十堰宗亲,寻找到了祖源,帮安徽砀山县魏向前支找到了祖源郓城县宗亲。问宗寻祖,找到了祖上的家乡,与祖哥哥的后人有了联系,现在正在重新编辑本支分谱。

魏承友:祖籍阳谷金斗营镇东金二村人,在济南做生意,有缘参加了魏氏宗亲团队,参与在北京成刚宗长主持的全国联谱大会,深受很多魏氏宗亲启发,其实50岁没见过家谱什么样,就找本村族长请教见到祖谱,看到老族长把祖谱包装得好几层,才领会到祖谱传承的重要性,感觉今生能参与全国联谱很幸运,开始想办法联系各村懂谱宗长,请他们参与这项为魏氏宗亲,没有任何报酬无私奉献的工作,虽然有难度,但是内心很舒服。

魏朝端:中学教师,重庆城口魏氏家族。祖籍是江西省赣州市安远县受七公之后。约1719年迁徙到四川大竹县牛心山,约1741年又迁居城口县修齐镇,治平乡居住,而今约已279年,家谱是手抄录来的。1946年后,家族人员发展迁徙变化情况无人记载,从2005年开始,挤时间自觉地进行了支系资料的收集整理工作。2012年7月,两次到万州区将城口大竹谱书装订成册。8月将谱书发家族成员中,历时八年时间,历尽艰辛终于完成了夙愿,为魏氏家族做了一件有意义的事。2019年又挨门挨户对魏氏家族人员进行了统计整修改,等全国各地魏氏家族联谱成功后,装订成册。

魏厚栋:男,汉族,1948年农历三月生,河南省南阳市卧龙区陆营镇小营村人。全国魏姓联谱魏犨始祖第八十六世,河南南阳魏姓先祖魏世行十八代世孙。河南省家谱文化研究院家谱编修师、姓氏文化研究员,现任河南省魏姓文化研究会副会长,南阳市魏姓文化研究会副会长、家谱主编。1996年,镇平县卢医镇大魏营村发起南阳续修家谱热潮,被选为家谱编委和副主编。在当时各种条件都相对滞后的情况下,克服种种困难,出色地完成了续谱工作。2014 年南阳魏氏文化研究会成立后被选为副会长、家谱主编。多次代表南阳地区参加省里和全国举办的各种会议。

魏学勤:男,生于 1957 年 7 月,中共党员,全国联谱魏犨始祖第八十六世。河南南阳魏姓先祖魏世行十八代世孙。现已退休。近年来积极参与全国魏姓联谱工作,坚持宗亲为重家谱为先,不辞辛劳甘于奉献,认真组织当地魏姓续谱联谱和族谱编修事宜。2019 年成为河南省家谱文化研究院研究员,家谱编修师。现任河南省魏姓文化研究会副会长、南阳市魏姓文化研究会副会长、社旗县魏姓文化研究会会长、社旗魏姓族谱主编。2019 年 5 月应韩国魏氏文化研究会邀请,参加中韩魏姓文化交流活动,彰显了“天下魏氏一家亲”的深刻内涵。

魏东:男,1978 年 6 月出生,河南省方城县广阳镇高沟村荞麦山人士,本科学历,任南阳市方城县魏氏文化研究会会长、主编。全国魏姓联谱魏犨始祖第八十九世。2018 年 9 月投入修谱工作中,对方城魏氏修谱工作的改善起到关键作用。

魏天一:男,汉族,生于 1953 年 10 月,全国魏姓联谱魏犨始祖第八十六世。中共党员,中学物理教师。退休后,受南阳魏氏协会委托,担任内乡魏氏协会总编,负责录入和编写工作。

魏启达:男,汉族,1989 年 6 月 2 日生,中共党员,本科学历,河南省南阳市唐河县古城乡魏庄村人。全国魏姓联谱魏犨始祖第八十八世,河南南阳魏姓先祖魏渐高十三世孙。河南省家谱文化研究院家谱文化研究员,2014 年加入南阳魏氏宗亲会,现任南阳姓氏文化研究会魏姓委员会副秘书长,主要负责南阳魏氏文化研究会家谱编修室十三县区魏姓家谱世系表编撰、打印、校对等续谱联谱工作,家族观念强,愿意为全国魏氏续谱联谱工作奉献自己的一份微薄之力。

魏立峰:男,汉族,1964 年 10 月出生,全国魏姓联谱魏犨始祖第八十六世。淅川县荆紫关镇码头村人,2019 年 6 月成立淅川魏氏文化研究会,被推选为副秘书长。魏氏联谱修谱工作开展得晚,其感到责任重大,积极参与淅川魏氏续谱工作,与魏清平会长一起迎风雪、冒酷暑,深入乡镇村组,到魏姓宗亲家里走访、收集、整理资料;经常向南阳市魏姓文化研究会、邓州市魏氏文化研究会、内乡县魏氏文化研究会家谱主编请教学习。尽快完成淅川魏氏的修谱、续谱工作,弘扬魏氏文化,讲好魏氏故事,为魏氏宗族繁荣昌盛做出应有的贡献。

魏俊法:山东巨野县魏集支系,自 2014 年被魏氏家族宗亲推选上了族正之后,为魏氏家族尽心尽力,日夜操劳,几年来,为家族的兴旺发达、团结友爱做了大量工作,在续谱工作中,先后亲自奔赴东北、内蒙、新疆及南方诸省,大江南北、黄河两岸,白山黑水都留有他的足迹,在校对时,经常在编辑校阅室里指导工作。几年来,先后捐款捐物累计达18万元之多,修建了家庙,申办魏氏家祠,为县级以上文物保护单位打下了坚实的基础。个人出资成功地举办了中国山东2018年中华魏氏母亲节,受到各地魏氏高度评价。积极支持并参加全国联谱。

河南夏邑县魏楼魏氏支系:

魏文朋:本支系负责人,1975年10月18日生,现任魏楼村支部书记。热爱公益事业、热心为村民及魏氏宗族操心,多次参与魏氏文化传播。

魏晖:本支系主编,1963年3月生,现工作于河南省冶金研究所,热心魏氏文化传播,先祖房勋、宏勋参与光绪十四年族谱编辑,先父魏景聚主持了1990年魏氏族谱修订,其多次参与魏民联谱事业。

魏玉生:本支系副主编,1953年11月生,现任魏楼村村主任,对魏氏宗亲修谱联谱热心参与并积极宣传魏氏文化。

魏福振:本支系常务理事,生于1945年9月,德高望重,积极参与魏氏文化传播,并于1990年参与修订魏氏族谱,并去山东、山西寻根。

魏宏展:字茂林,文厚公次子,金升公子孙,1969年9月生,河南省巩义市回郭镇乾沟村人,乾沟迪公后裔十七世,巩县敏公后裔二十一世;毕业于东北师范大学法学系专业,幼小受祖父熏陶,对其家族事务、家族文化传承,有浓厚的爱好,潜心研究家族的传承文化和历史。因认知太少知识尝浅,并于2012年3月进修于清华大学文博院,有幸拜中国故宫博物院原副院长杨伯达老先生为师,经过自身刻苦努力学习,并在老师谆谆不孜的教导下,学会了对古时候石刻器物及老物件和古书善本的鉴别。对以后研究古家谱、修家谱和续家谱打下了良好的基础,同年结业获得了国家级鉴定师资格,并由中国文物学会玉器研究会会长杨伯达老先生亲颁证书。爱好文学,从业于新闻行业多年。2015年担任中国交警杂志社华中分社D2新闻中心主任,兼任人民日报人民交警周刊五部副主任,在2019年由中组部下发文件,经中宣部核选,进入清华大学新闻与传播学院部级媒体干部研修班学习,经过考核成绩优异。获中宣部副部长李军和新闻总署署长柳斌杰亲颁证书。后任国务院新闻办互联网新闻中心四大网站之一——《中国网》创新中国新闻中心主任,并任河南省魏氏研究会执行会长至今。经过多年多方面学习,对以后修谱续谱提升了一个更高的层次。多次参加本村及周边魏氏家族修谱联谱,南至港澳,北至东北,西到新疆,东到山东等地,为了魏氏家族事业,团结所有魏氏家族人,奉献正能量,做一个无私奉献的人。

魏成璞:字贵石,1957年生,鸿旭之子,迪公后裔十八世,敏公后裔二十二世,中国北控集团营养免疫学专业毕业,工商管理硕士学位,自小热爱书法,偏读优秀传统食疗养生文化科学理论,中外著名大师周世泰的学生,民间玄学食疗养生专家;主编干沟村志《魏氏族谱》重修编撰出版工作。1979 年任企业会计,厂长,村经济联合社商业公司经理,巩义市民政局救灾扶贫互助会副会长,现任中国北控集团食品营养师,中国植物开发集团华中地区业管会主任。

魏开来:本支系主编,河南省魏氏文化研究会副会长。河南省信阳市潢川县来龙乡人。1966 年生,雕塑家,编辑,文旅策划,地方、歌曲 MV 制作、音乐人,园林设计,运营豫宛园林绿化公司。热爱史志民俗文化,2017 年参加河南省魏氏文化研究会,并首次祭拜魏惠王。2019 年任河南省魏氏文化研究会副会长,再次祭拜魏惠王,并修缮魏惠王纪念碑。努力方向:逐渐收集整理信阳市各支系旅谱,编辑网络版。联络团结好信阳市魏氏宗亲,让在外乡的信阳市魏氏子孙,通过网络找到自己在信阳的根亲。关注固始魏敬公园魏氏祠堂。初步拜访各县区宗亲带头人,在潢川县进行了入户普查调研。

魏广信:永城魏氏第十七世、犨裔八十二世,1949 年 6 月 11 日生于河南省永城市新桥乡曹桥村,大专文化,1968 年 3 月入伍参加中国人民解放军,1987 年 10 月转业到河南省委组织部老干部局工作,2003 年到河南省政府机关事务局工作。2009 年退休后致力于魏氏文化研究,参加全国各地魏氏文化研究活动。现任华夏魏氏文化研究会及河南魏氏文化研究会副会长兼秘书长。在郑州先后两次主持召开了全国魏氏联谱会议,赞成"三对齐"联谱方法,特别是 2020 年新冠肺炎疫情暴发后在全国魏氏联谱陷入无人过问、无钱做事的情况下,主动与总编魏成刚联系,代表河南魏氏文化研究会魏杰会长表示,将从人力、物力和舆论上对魏氏三对齐联谱提供全方位支持,将全国魏氏大联谱坚定不移地向前推进,同时组建了一个联谱自愿者工作群,在《魏氏文化源流研究》一书的策划、组织和编撰出版中发挥了至关重要的核心作用。

魏启福:永城魏氏第十八世、犨裔八十三世,1949 年 9 月 9 日生于河南省永城市龙岗镇魏楼村,现定居江苏省徐州市,中共党员,大专文化,政工师,国家土地拍卖师,中国矿业大学客座教授,退休后牵头组建永城魏氏文化研究院、魏氏宗亲联谊会,带头捐款 6 万元并主持续修了《永城魏氏宗谱》,规划重建永城魏氏"三公书院"。积极支持参与魏氏大联谱工作,开展走访调查,传报了永城魏氏的详细资料。

十六、魏氏文化源流研究研讨言论（节选）

源流研讨言论实录之一：

论魏氏联谱亟待解决的若干问题

（魏成刚 2014 年 1 月）

在实现世界魏氏大合谱之前，我们还面临一些亟待解决的难题。例如，一世祖应当是谁？多少年繁衍一世人？一世祖是哪年出生、距今有多少年了？魏氏前沿应当到了多少世了？目前共同在世的一般是几代人？没有历史资料可查的支系如何续谱？……这些难题不解决，世界魏氏联谱就是一个空想。归纳起来，主要有以下几个问题。

（一）魏姓一世祖应当是谁

现在，一些有关魏氏起源的文字资料把魏氏一世祖定为"毕万"。例如，世界魏氏宗会秘长魏炳煌编著的《大唐名相先祖魏徵公之家谱》、中国魏徵学会和河北省晋州市魏徵研究会编撰的《中华魏徵家族史载历代名人和一百三十八世系概况简述》以及江苏沛县魏以伦编著的《魏氏文化源流研究》里面，都把毕万定为魏氏一世祖，把没有事迹记载、尚有争议的"芒季"定为二世祖，把魏犨定为三世祖。我对此有不同意见。我认为，把魏武子（犨）定为魏氏一世祖更加合理。理由有二。

第一，魏氏一世祖应当从第一位以魏为姓的即叫作魏×的开始。从本人目前所查阅的结果看：魏犨即魏武子是有资料记载的第一位姓魏的人。

西汉司马迁在《史记·魏世家》里面写道：

"毕万封十一年，晋献公卒，四子争更立，晋乱。而毕万之世弥大，从其国名为魏氏。生武子。魏武子以魏诸子事晋公子重耳。晋献公之二十一年，武子从重耳出亡，十九年反，重耳立为晋文公，而令魏武子袭魏氏之后封列为大夫。治于魏。生悼子。"

唐代郑樵在《通志·氏族略》中写道：

"魏氏，始祖毕公高。封于毕，为毕氏。献公十六年，赵夙为御，毕万为右，以伐霍、耿、魏三国而灭之，以魏封毕万为大夫。生魏犨，从公子重耳出奔，及重耳立，治于魏。武子之后，世为晋卿。生悼子，徙治霍，今晋州霍邑市也。生魏绛，晋悼公曰：自我用魏绛，八年之间，九合诸侯，和戎翟，绛之力也。赐之乐，是为庄子，徙治安邑，今为县，隶解州。"

综上所述，史书中记载的第一位以魏姓做名字的人无疑应是魏武子（犨），而不是毕万。

虽然毕万是魏氏的祖先，但毕万并没有改名为魏万，不应当算作魏氏一世祖。如果他算一世，那么他的父亲、祖父算几世？照此推理，毕公高甚至周文王姬昌是否也都应改名为"魏公高"和"魏昌"？所以，魏犨作为一世祖更加合理。有的宗亲把"毕万"的名字改为"魏万"，把"芒季"的名字改为"魏芒季"，显然是作者强加给这两位祖先的名字。

第二，把魏犨定为一世祖，可以回避芒季问题的困扰。查阅战国时期的《左传》《国语》，汉代司马迁的《史记》和唐代林宝的《元和姓纂》、郑樵的《通志·氏族略》《新唐书宰相世系表》《世本》和当代徐玉清的《百家姓·魏氏》，均未查到"魏万"和"魏芒季"的记载，只在《世本》里面有"毕万"和"芒季"，而且，尚未发现有关"芒季"的任何事迹记载，不能不令人怀疑"芒季"属于莫须有的一代。即使历史上确有其人，也不能排除他是魏犨的兄弟的可能性。

芒季是一个有争议的人，如果把毕万定为一世祖，芒季的问题就无法回避，魏犨以下的人就不好确定是几世了。然而，芒季的真实性问题目前又无法考证。这就使我们魏氏的世次确定工作陷入了困境。如果把魏犨定为一世祖，就能回避芒季问题的困扰。不论芒季与魏犨是什么关系，都不会妨碍魏犨以下的族人世口的排定。

因此，魏氏的一世祖应当是魏犨，而不应当是毕万。

（二）魏犨是毕万之子，不应是毕万之孙

司马迁在《史记·魏世家》中称魏犨是毕万之子。但后人所引《系本》中记载"毕万生芒季，芒季生武仲州"，后学多认为武仲州就是魏犨，把魏犨当作毕万的孙子。其实，这分明是一种不合理的猜测。现代的史学家也大多跟着人云亦云。真实情况虽然已经很渺茫了，但笔者认为：魏犨只可能是毕万之子，而绝非其孙。

我们来计算一下他们之间的年龄关系，就能看出问题。

关于毕万的生年，《春秋左传》记载：毕万在公元前661年还能够与晋太子申

生并肩,在晋献公的率领下攻打霍、耿、魏三个小国,是一员能够冲锋陷阵的猛将,其时最多也就 60 岁,毕万的出生时间应当在公元前 720 年之后。

讨论魏犨的生年,必须讨论晋文公重耳的生年;讨论重耳的生年,必须讨论其同父异母兄弟太子申生的生年。

关于太子申生的生年,公元前 661 年,太子申生能够带领一路大军作战,其时至少也得 20 岁。如果说申生生于公元前 671 年前后,到公元前 661 年才仅仅 10 岁,如何能够带兵打仗? 所以,申生至少应当生于公元前 680 年。由于重耳是太子申生的兄长(另一说重耳比申生小一岁),重耳至少应当生于公元前 680 年。

关于晋文公重耳的生年,史料有两种说法:一说是《国语》及《左传》认为,重耳生于周惠王六年、献公六年(前 671),17 岁流亡,其间 19 年,36 岁归国即位,44 岁卒;另一说,司马迁在《史记》中特别强调了晋文公重耳生于公元前 697 年。司马迁强调,重耳生于周桓王二十三年,晋(翼)侯缗八年,曲沃武公十九年(前 697),43 岁流亡,其间 19 年,62 归国即位,70 岁卒。通过综合对比考证,我认为司马迁的观点更加合理,即重耳生于公元前 697 年。

关于毕万与魏犨的关系,司马迁在《史记》中,专门做了校正,去掉了莫须有的芒季一世,认为毕万生武子魏犨。

关于魏犨的生年,在重耳 17 岁时就以魏诸子的身份成为重耳的贴身助手,追随重耳终生,这说明魏犨与重耳是同龄人。通过综合对比,我认为,魏犨应当生于公元前 680 年前后。

综上所述,毕万与魏犨年龄相差仅在 20～30 年之间,只能是父子关系,不可能是祖孙关系。因此,个人还是支持《史记》的观点,即魏犨应是毕万之子。

(三)关于《世界魏氏公谱》中毕万生年的错误

魏犨的出生时间,大约是公元前 680 年,至今也应当有 2700 多年历史。炳煌秘书长参考《史记》推算的毕万的出生年代为公元前 621 年应当是错误的。因为,武子在公元前 654 年就随同重耳流亡了,说武子的前辈毕万生于 33 年后的公元前 621 年,岂不是天大的笑话?

(四)关于多少年传一世人

魏氏从魏犨(前 690)开始到魏假(公元前 224 年被灭时已经有子),共 463 年,繁衍了 16 代人,平均 29 年繁衍一世人。据山东滕阳魏氏宗谱的完整记载,从宋末至今的 880 年的时间,繁衍了 29 代人,平均 30 年繁衍一世。2700 年统算起来,应当达到 90 世左右。

孔子出生至今已经约2550年,共繁衍了83世,平均31年繁衍一世人。笔者认为,按照30年一代,应当少了2～3代人,前沿应当到达85～86世才合理。孔子出生比魏犨晚140年,应当比魏氏少4～5代人。

经查证,"三十年一世人"出自孔子的《论语》。清代段玉裁《说文解字注》:"三十年为一世。论语。如有王者。必世而后仁。孔曰:三十年曰世。按父子相继曰世。"中国人各姓氏都有规定,即族谱要30年一修。就是说,一世人要修一次。炳皇秘书长的30年一世,应当是正确的,这是一个普遍规律。

(五)魏氏前沿应当达到多少世

按30年一世计算,近2700年的时间,目前应当至少繁衍90世,前沿达到90世左右。

(六)同时在世的人一般都有几代

本人考证了孙、王、朱、魏等几个家族的谱系,发现了一个规律,就是同时活在世上的,一般7～8代。如果超过了8代人,就说明世口排定存在一定的问题。

(七)要防止道听途说、牵强附会的现象

除江苏沛县魏以伦在《魏氏文化源流研究》中自称沛地魏氏是魏冉后裔之外,几乎所有其他魏氏族人都自称是魏徵的后裔。我认为这个观点不可靠。

中国人都喜欢攀高枝,即都想找一名人作为自己的祖宗。朱元璋也曾经想认朱熹做祖宗。其实,他并非朱熹的后裔。连明代皇帝朱元璋都不例外。所以,各姓修谱时,都牵强附会地硬往历史名人上靠,不管是不是自己的祖宗,反正是一个姓,认个祖宗也没有大错。这样的族谱中对历史的考证结果,基本上不可靠。目前,全国许多地方的魏氏宗亲,都在争魏徵老祖。到底谁真谁假?必须认真分析其证据,不能以讹传讹,给子孙后代造成困惑。必须警惕和防止以人多势众压人,强词夺理,硬把自己的观点强加于人,甚至任意篡改家谱等不良现象的发生。

(八)资料不全的宗亲会世口如何对接

合谱并谱的关键环节就是世口的对接。确定了一世祖先,确定了平均30年繁衍一世人,确定了前沿世口不低于90世,再确定目前同时在世的一般是7～8代人,这就有了计算世口的基础。如果知道那个分支的祖先的生年,就可以采用正推的方法,推算出前沿应当达到的世口,看看最前沿的是否是90世。如果不知道祖先的生年,也可以假定本支系的前沿为90世,按照30年一世,往前倒推。再

看看同时在世的人是否是7～8世。如果能吻合起来，就完全可以认为这个对接是正确的，是可以相信的。这样的推算误差最大不会超过一代人。本人曾经于1999年在鲁、苏交界地区六个支系的魏氏合谱工作中进行了推算尝试，取得了出乎意料的成功。

今天借机向各位宗长汇报这种计算方法，旨在在更大的范围内实现魏氏家谱的大合并中发挥重要的作用。不论是哪个堂的，不论是巨鹿魏歆之后，任城魏汉（与魏歆同属魏无知之玄孙）之后，还是馆陶魏珉之后，不论是否是魏徵的后裔，反正我们都是魏姓子孙，都有一个共同的祖先魏犨，只要有了科学的计算方法，我们就不难算清楚我们每人所对应的世口，有了大家共同认可的世口，我们就能形成统一的《世界魏氏族谱》。

源流研讨言论实录之二：

魏氏开宗一世始祖之我见

余自髫龄之年受曾祖行三公及伯祖文宾公庭诵经史，及长，得邑名儒李承明先生之教。尝读太史公《史记·魏世家》之章，好奇征询魏氏始祖，诸公教曰，开宗者，魏武子犨公也。今逢全魏联修总谱，溯源分流，复闻成刚总编倡明一世犨公，又闻伟高首魏犨公之言，与余不谋而合，力呼于宗亲之间。而全国魏氏支系族谱主编皆能明辨源流，秩序昭穆。但有少数宗亲言魏武子为魏氏开宗之祖，非也！应为毕万公之祖也。

读《史记·魏世家》之文，首先破题，题曰魏世家，是知太史公为魏氏所撰世家之文已明。既为世家，必有宗庙，宗庙奉祖，必有开宗之始，诸侯宗庙，其庙制不越五庙之奉。文侯分晋，魏国名立，诸侯世家，追奉先祖，亦当立五庙而不僭越礼制，自魏武子至文侯历代先祖，虽有功有谥者世迁五代，魏国开国之初，于宗庙之上，只能以功德立五庙之奉，即始于魏武子，依次悼子、昭子、献子、桓子五位先祖祀于宗庙。细考未立毕万公，太史公列于魏世家之章铁证昭载史册。并将源流两分，为后世立谱溯源分流，率先垂范。天下皆知，毕万公为毕公，姬高之后，魏之先，魏氏之源，然渊源一而分流几者，毕氏、魏氏、万氏也。非太史公弃毕万，而实尊毕万奉承毕氏宗祀，亦开源魏氏、万氏也。又见《左传》称曰魏犨，魏武子之名讳于先，《史记》正订于后，足见其证不孤。左丘明《左传》春秋三传之一。太史公《史记》历朝钦定国史。后世何人敢言不遵乎？今数人信野史之传，遵族谱一家之言，犹以斑珠乱玉，珍鱼目为宝珠，岂可推倒太史公、左丘明经传国史之言乎？

由是可知魏氏之源自毕万公以上，魏氏分流自犨公以降！此千古不易之理也。凡彰昭经史，已历年之久矣。知此，则魏氏开宗始祖犨公名位之确立。其可需辩乎？

甘肃伏羌　魏奇异

源流研讨言论实录之三：

论首魏祖

顾名思义，首魏，就是第一个魏，首魏祖就是第一个姓魏（或氏魏）的祖先。魏，始于首魏，首魏祖是真正的广义的魏姓氏的一世祖。其他不姓魏的异姓祖先，比如姬姓祖、毕姓祖，他们是魏的异姓先祖。异姓先祖不应该占据魏的一世祖的位置，因为他不姓魏。魏姓家人也本应该尊魏爱魏尊拜首魏祖，因为大家是跟着首魏祖姓魏而姓魏的。尊拜首魏祖，这是真孝，而不是让别人真笑！比如，"不尊首魏而只拜尾毕"。所有先祖都必须尊拜，即既要尊首魏祖也要尊异姓先祖，先祖们各自的尊位必须正确。

寻找首魏祖：1. 可以在所有史料中去寻找；2. 可以在所有家谱中去寻找；3. 可以在常识常理中去寻找。

远古留下来的历史资料，比如，《竹书纪年》《侯马盟书》《世本》《左传》《史记》《元和姓纂》及至《新唐书》等都是可以参考和学习分辨的。查阅已知的所有史料，就会发现跟"魏姓氏"相关联的有文字明确记载"魏"的第一个历史人物是魏犨（魏武子）。《左传》和《史记》都同时有文字记载"魏犨"即"魏武子"。魏犨生活的年代，公元前 661 年（做节点年份），距今有 2681 年。《左传》的成书时间是公元前 453 年至公元前 386 年，距今有 2473 年至 2406 年，距毕万魏犨（节点年份为公元前 661 年）有 208 年至 275 年。《史记·魏世家》的成书时间是公元前 104 年至公元前 91 年，距今有 2124 年至 2111 年，距毕万魏犨（节点年）有 557 年至 570 年。《新唐书》的成书时间是 1060 年，距今有 960 年，距毕万魏犨（节点年）有 1721 年。

《史记》里记载的魏世家，是显赫的魏氏的世家：记载有源头，然后从首魏（魏武子）开始，代传世袭，发生、发展、强盛、式微。它是记载同一个魏氏家族的历史，而不是多个家族组成的"氏"族历史。最全最早专述魏氏家族历史的史料，就是国史《史记》里的《魏世家》。这里略做解读《史记·魏世家》开篇内容：1.《史记·魏世家》的开篇文章里，明显有两条时间线。一条是"魏之先"的时间线，也即是魏世家的"源"线。古代对于"出身"是很重视的，所以文章里它重墨介绍了"毕万"的事迹。毕万是毕姓，是魏世家的异姓先祖。另一条时间线是魏世家的"流"线。"流"线从首魏开始叙述，从时间上去看，是有些"倒叙"的形式，因为这件事从"首魏"开头，也就必须是从"首魏"开始述事。比如，"生武子"，其"出生"的时间本应该在"毕万封十一年"之前就发生了的。但文章里,是先叙述"毕万封十一年……"的事,再叙述"生武子。魏武子……"的事,时间上是倒过来叙述的,属于第二条时间线的开始。2. 司马迁叙述"魏世家"事件的第一条时间线(源线):《史记·魏世家》(原文):"魏之先,毕公高之后也。毕公高与周同姓。武王之伐纣,而高封于毕,于是为毕姓。其后绝封,为庶人,或在中国,或在夷狄。其苗裔曰毕万,事晋献公。献公之十六年,赵夙为御,毕万为右,以伐霍、耿、魏,灭之。以耿封赵夙,以魏封毕万,为大夫。卜偃曰:'……'初,毕万卜事晋,遇屯之比。辛廖占之,曰:'……'毕万封十一年,晋献公卒。四子争更立,晋乱。而毕万之世弥大,从其国名为魏氏。"以上是"魏之先"、魏之源,最后一句是概述魏的由来、是引子、是序幕。3. 司马迁叙述"魏世家"事件的第二条时间线(流线):《魏世家》(原文):"生武子。魏武子以魏诸子事晋公子重耳。晋献公之二十一年,武子从重耳出亡。十九年反,重耳立为晋文公,而令魏武子袭魏氏之后封,列为大夫,治于魏。生悼子。魏悼子徙治霍。生魏绛。魏绛事晋悼公。……"这是从始一开始的,全是"魏"氏的真正的"魏世家"人物的出场,以及往后的发展和式微。

文章中"而令魏武子袭魏氏之后封,列为大夫"中的"袭",是令魏武子"袭"他(武子)本家族前人的"后封",而武子都称"魏氏"了,当然,他本家族前人的"后封",就应当属"武子他本人魏氏"的家族前人的"后封"了。这与前面的"魏诸子"的记述相同,都是魏氏化记述的现象,每个句子前面的"武子"都特意强调加上了"魏"的"魏武子"。

在家谱中寻找首魏祖。所有的家谱中,都一定存在首魏的;所有有通天谱的家谱中,就一定有通天的首魏的。只要你认真去查阅家里的家谱,无论是否"通天"的谱,家谱中都一定有一位第一个姓魏的祖先,这第一个姓魏的祖先,就是"首魏祖"。已有通天谱的魏姓家谱中,绝大多数的谱中记载的,第一个姓魏的魏姓祖公(首魏祖),都是魏犨魏武子,少部分谱中记载的是魏万公或魏毕万公。而如果你家的家谱里,连第一个姓魏的祖先都找不到的话,那应该建议把它烧了,因为它不可能是魏氏族谱。没有魏的第一世,就不可能有魏的第二世、第三世……缺失了魏的第一世魏某某的族谱,不能算作魏氏族谱。比如,一世祖为毕某某的家谱,应该算是毕氏(毕姓)家谱,如果标题上写着是魏氏族谱,那也只能算作毕魏混谱,有点挂魏氏卖毕氏的味道,没有区别姓氏的不同,把"魏,始于首魏",错认为是"魏,始于尾毕"。

在常识常理中寻找首魏祖。1. 魏,始于首魏。而魏,(血源)也源于毕也源于姬。这是常识常理。2. 一世祖为毕某某的,其后裔是毕姓子孙。一世祖为魏某某的,其后裔是魏姓子孙。3. 魏的一世,只能生魏的二世,或者生别姓的一世(他改姓了);毕的一世,也只能生毕的二世,或者生魏的一世(改姓了);如果毕的一世直接生魏的二世(或生魏的三世),这是有问题的,这是不能代生代劳的。从姓氏的角度看,不同姓氏了就不同姓氏了,父子或兄弟都不例外。新姓氏的世次起算,是从第一位新姓氏者(首姓者)为始一起算的。

结论:首魏祖魏犨,是广义的魏姓氏的一世祖。

广东兴宁　魏伟高

2020.11.15

十七、各入联支系主干世系及辈字表

1. 江西南昌主干世系字辈及世次排列表

世次排列	主干世系字辈	犨公为一世
第一世	暮公	第四十五世
第二世		第四十六世
第三世		第四十七世
第四世		第四十八世
第五世		第四十九世
第六世		第五十世
第七世	瑾	第五十一世
第八世	贡	第五十二世
第九世	郘	第五十三世
第十世	裔	第五十四世
第十一世	夒	第五十五世
第十二世	守宣	第五十六世
第十三世	世珍	第五十七世
第十四世	文质	第五十八世
第十五世	任鑑	第五十九世
第十六世	登	第六十世
第十七世	元捷	第六十一世
第十八世	实中	第六十二世
第十九世	天福	第六十三世

350

世次排列	主干世系字辈	犨公为一世
第二十世	秉仁	第六十四世
第二十一世	孟宣	第六十五世
第二十二世	子才	第六十六世
第二十三世	经	第六十七世
第二十四世	潘献	第六十八世
第二十五世		第六十九世
第二十六世		第七十世
第二十七世		第七十一世
第二十八世		第七十二世
第二十九世		第七十三世
第三十世		第七十四世
第三十一世		第七十五世
第三十二世		第七十六世
第三十三世		第七十七世
第三十四世		第七十八世
第三十五世		第七十九世
第三十六世		第八十世
第三十七世		第八十一世
第三十八世		第八十二世
第三十九世		第八十三世
第四十世		第八十四世
第四十一世		第八十五世
第四十二世		第八十六世
第四十三世		第八十七世
第四十四世		第八十八世
第四十五世		第八十九世

2. 山东滕阳支系主干世系字辈及世次排列表

世次排列	主干世系字辈				犨公为一世
第一世	七公				第五十九世
第二世	德(三公)				第六十世
第三世	安	成	斌		第六十一世
第四世	仲温				第六十二世
第五世	珍				第六十三世
第六世	希圣				第六十四世
第七世	伯顺				第六十五世
第八世	镂				第六十六世
第九世	宁				第六十七世
第十世	卿				第六十八世
第十一世	亢	見	先		第六十九世
第十二世	迁南昌	迁睢州	鸣钟		第七十世
第十三世			化民		第七十一世
第十四世			谈		第七十二世
第十五世			公愉	公恂	第七十三世
第十六世				绍闻	第七十四世
第十七世			南迁	怀禮	第七十五世
第十八世				效周	第七十六世
第十九世				松	第七十七世
第二十世				耕雲	詹雲	第七十八世
第二十一世					凤仪	第七十九世
第二十二世					廣聚	第八十世
第二十三世					振昇	第八十一世
第二十四世					延昌	第八十二世
第二十五世					永修	第八十三世
第二十六世					传	第八十四世
第二十七世					慎	第八十五世
第二十八世					垂	第八十六世
第二十九世					裕	第八十七世
第三十世					厚	第八十八世
第三十一世					昆	第八十九世
第三十二世					长	第九十世
第三十三世					硕	第九十一世
第三十四世					德	第九十二世
第三十五世					维	第九十三世
第三十六世					培	第九十四世
第三十七世					佑	第九十五世
第三十八世					令	第九十六世

3. 甘肃伏羌魏氏主干世系字辈及世次排列表

世次排列	主干世系字辈	犨公为一世
第一世	魏龍	第六十五世
第二世	運坤	第六十六世
第三世	昌斌	第六十七世
第四世	盛	第六十八世
第五世	肇祥	第六十九世
第六世	汉臣	第七十世
第七世	承业	第七十一世
第八世	容贤	第七十二世
第九世	蔚	第七十三世
第十世	士	第七十四世
第十一世	一	第七十五世
第十二世	凤	第七十六世
第十三世	德	第七十七世
第十四世	秀	第七十八世
第十五世	正	第七十九世
第十六世	树	第八十世
第十七世	涵	第八十一世
第十八世	鸿	第八十二世
第十九世	学	第八十三世
第二十世	奇	第八十四世
第二十一世	知	第八十五世
第二十二世	祖	第八十六世
第二十三世	相	第八十七世
第二十四世	辅	第八十八世
第二十五世	兴	第八十九世
第二十六世	邦	第九十世
第二十七世	治	第九十一世
第二十八世	世	第九十二世
第二十九世	崇	第九十三世
第三十世	礼	第九十四世
第三十一世	尚	第九十五世
第三十二世	信	第九十六世
第三十三世	华	第九十七世
第三十四世	章	第九十八世
第三十五世	传	第九十九世
第三十六世	家	第一百世
第三十七世	本	第一百零一世
第三十八世	立	第一百零二世

4. 甘肃金城魏氏主干世系字辈及世次排列表

世次排列	主干世系字辈									犨公为一世
第一世	贵公									第六十五世
第二世	坤				乾					第六十六世
第三世	红	颜	常	作	对	白	首	永	成 双	第六十七世
第四世						毓定	毓安	毓邦	毓定 毓国	第六十八世
第五世						演	魏演	魏岳	魏禹	第六十九世
第六世						友	友仁	友义		第七十世
第七世						成	成虎	成美	成士 成纪	第七十一世
第八世						孟	孟山	孟川		第七十二世
第九世						思玩				第七十三世
第十世						一领				第七十四世
第十一世						时中				第七十五世
第十二世						长	长康	长庆	长庚 长荫	第七十六世
第十三世						居	居丕、居臣			第七十七世
第十四世						荣	荣福、荣惠			第七十八世
第十五世						华宁				第七十九世
第十六世						富	富昌	富元	富官	第八十世
第十七世						贵义	贵州	贵义	贵杨	第八十一世
第十八世						学廉	学重	学廉		第八十二世
第十九世						至玉	至俊	至川	至玉	第八十三世
第二十世						周鼎	周鼎	周蒲	周栋 周梁	第八十四世
第二十一世						孔英				第八十五世
第二十二世						万贯				第八十六世
第二十三世						世江	世江	世河	世泉 世源	第八十七世
第二十四世						相忠				第八十八世
第二十五世						子博				第八十九世
第二十六世						礼				第九十世
第二十七世						乐				第九十一世
第二十八世						文				第九十二世
第二十九世						章				第九十三世
第三十世										第九十四世

5. 临沂兰陵金城魏氏支系主干世系字辈及世次排列表

世次排列	主干世系字辈	犨公为一世
第一世	金城	第六十八世
第二世	连吉	第六十九世
第三世	子仲	第七十世
第四世	孝	第七十一世
第五世	可	第七十二世
第六世	文	第七十三世
第七世	玉	第七十四世
第八世	郡	第七十五世
第九世	国	第七十六世
第十世	庭	第七十七世
第十一世	朝	第七十八世
第十二世	克	第七十九世
第十三世	志	第八十世
第十四世	玉	第八十一世
第十五世	景	第八十二世
第十六世	秀	第八十三世
第十七世	云	第八十四世
第十八世	光	第八十五世
第十九世	昌	第八十六世
第二十世	龙	第八十七世
第二十一世	春	第八十八世
第二十二世	华	第八十九世
第二十三世		第九十世
第二十四世		第九十一世
第二十五世		第九十二世
第二十六世		第九十三世

6. 山东临沂太白庄支系主干世系字辈及世次排列表

世次排列	主干世系字辈	犨公为一世
第一世	家	第七十五世
第二世	魁	第七十六世
第三世	士	第七十七世
第四世	天（文）	第七十八世
第五世	学（元）	第七十九世
第六世	光	第八十世
第七世	玉（锡）	第八十一世
第八世	振	第八十二世
第九世	其（云）	第八十三世
第十世	廷	第八十四世
第十一世	凡（昌）	第八十五世
第十二世	自（子）	第八十六世
第十三世	英（春）	第八十七世
第十四世	毅	第八十八世
第十五世	守	第八十九世
第十六世	敏	第九十世
第十七世	康	第九十一世
第十八世	孝	第九十二世
第十九世	友	第九十三世
第二十世	继	第九十四世
第二十一世	世	第九十五世
第二十二世	长	第九十六世
第二十三世	丹	第九十七世
第二十四世	桂	第九十八世
第二十五世	延	第九十九世
第二十六世	传	第一百世

7. 广东普宁主干世系字辈及世次排列表

世次排列	主干世系字辈	犨公为一世
第一世	公	第六十八世
第二世		第六十九世
第三世		第七十世
第四世		第七十一世
第五世		第七十二世
第六世		第七十三世
第七世		第七十四世
第八世		第七十五世
第九世		第七十六世
第十世		第七十七世
第十一世		第七十八世
第十二世		第七十九世
第十三世		第八十世
第十四世		第八十一世
第十五世		第八十二世
第十六世		第八十三世
第十七世		第八十四世
第十八世		第八十五世
第十九世		第八十六世
第二十世		第八十七世
第二十一世		第八十八世
第二十二世		第八十九世
第二十三世		第九十世
第二十四世		第九十一世
第二十五世		第九十二世
第二十六世		第九十三世
第二十七世		第九十四世
第二十八世		第九十五世
第二十九世		第九十六世
第三十世		第九十七世
第三十一世		第九十八世
第三十二世		第九十九世
第三十三世		第一百世
第三十四世		第一百零一世
第三十五世		第一百零二世
第三十六世		第一百零三世

8. 山东巨野支系主干世系字辈及世次排列表

世次排列	主干世系字辈				犨公为一世
第一世	舜	让	谦	常	第六十四世
第二世	朝宗	德昭			第六十五世
第三世	政敏安	真云			第六十六世
第四世	思守	唯			第六十七世
第五世	景至				第六十八世
第六世	尚崇				第六十九世
第七世	子应				第七十世
第八世	国养				第七十一世
第九世	世中				第七十二世
第十世	廷秉	新			第七十三世
第十一世	建世	建			第七十四世
第十二世	天志	天			第七十五世
第十三世	金起	成			第七十六世
第十四世	文延	延			第七十七世
第十五世	木振	世			第七十八世
第十六世	世兴	克			第七十九世
第十七世	效肇	效			第八十世
第十八世	良乃	乃			第八十一世
第十九世	昌				第八十二世
第二十世	钟				第八十三世
第二十一世	毓				第八十四世
第二十二世	衍				第八十五世
第二十三世	祥				第八十六世
第二十四世	庆				第八十七世
第二十五世	垂				第八十八世
第二十六世	绪				第八十九世
第二十七世	式				第九十世
第二十八世	法				第九十一世
第二十九世					第九十二世

9. 山东聊城陶城铺支系主干世系字辈及世次排列表

世次排列	主干世系字辈			鼙公为一世
第一世	从道			第六十五世
第二世	钦			第六十六世
第三世		莹		第六十七世
第四世		失考		第六十八世
第五世		失考		第六十九世
第六世		失考		第七十世
第七世		诏		第七十一世
第八世		绍胤	（五）	第七十二世
第九世		存省	（三）	第七十三世
第十世		怀奇	（次）	第七十四世
第十一世		录	（次）	第七十五世
第十二世		方		第七十六世
第十三世		延		第七十七世
第十四世		毓		第七十八世
第十五世		光		第七十九世
第十六世		懋		第八十世
第十七世		培		第八十一世
第十八世		尚		第八十二世
第十九世		翊		第八十三世
第二十世		绪		第八十四世
第二十一世		庆		第八十五世
第二十二世		传		第八十六世
第二十三世		振		第八十七世
第二十四世		世		第八十八世
第二十五世		继	禄祖支前沿	第八十九世
第二十六世		中	东平魏河前沿	第九十世
第二十七世				第九十一世
第二十八世				第九十二世

10. 山东德州宁津白菜支系主干世系字辈及世次排列表

世次排列	主干世系字辈	犨公为一世
第一世	明、圣、贤、诚	第六十六世
第二世		第六十七世
第三世		第六十八世
第四世		第六十九世
第五世		第七十世
第六世		第七十一世
第七世		第七十二世
第八世		第七十三世
第九世		第七十四世
第十世		第七十五世
第十一世		第七十六世
第十二世		第七十七世
第十三世		第七十八世
第十四世		第七十九世
第十五世		第八十世
第十六世		第八十一世
第十七世		第八十二世
第十八世		第八十三世
第十九世		第八十四世
第二十世		第八十五世
第二十一世		第八十六世
第二十二世		第八十七世
第二十三世		第八十八世
第二十四世		第八十九世
第二十五世		第九十世
第二十六世		第九十一世
第二十七世		第九十二世
第二十八世		第九十三世
第二十九世		第九十四世
第三十世		第九十五世
第三十一世		第九十六世

11. 河南林州河顺支系主干世系字辈及世次排列表

世次排列	主干世系字辈	犨公为一世
第一世	怀公	第六十五世
第二世		第六十六世
第三世		第六十七世
第四世		第六十八世
第五世		第六十九世
第六世		第七十世
第七世		第七十一世
第八世		第七十二世
第九世		第七十三世
第十世		第七十四世
第十一世		第七十五世
第十二世		第七十六世
第十三世		第七十七世
第十四世		第七十八世
第十五世		第七十九世
第十六世		第八十世
第十七世		第八十一世
第十八世		第八十二世
第十九世		第八十三世
第二十世		第八十四世
第二十一世		第八十五世
第二十二世		第八十六世
第二十三世		第八十七世
第二十四世		第八十八世
第二十五世		第八十九世
第二十六世		第九十世
第二十七世		第九十一世
第二十八世		第九十二世
第二十九世		第九十三世
第三十世		第九十四世
第三十一世		第九十五世

12. 河北百官支系主干世系字辈及世次排列表

世次排列	主干世系字辈	犨公为一世
第一世	通公	第六十二世
第二世		第六十三世
第三世		第六十四世
第四世		第六十五世
第五世		第六十六世
第六世		第六十七世
第七世		第六十八世
第八世		第六十九世
第九世		第七十世
第十世		第七十一世
第十一世		第七十二世
第十二世		第七十三世
第十三世		第七十四世
第十四世		第七十五世
第十五世		第七十六世
第十六世		第七十七世
第十七世		第七十八世
第十八世		第七十九世
第十九世		第八十世
第二十世		第八十一世
第二十一世		第八十二世
第二十二世		第八十三世
第二十三世		第八十四世
第二十四世		第八十五世
第二十五世		第八十六世
第二十六世		第八十七世
第二十七世		第八十八世
第二十八世		第八十九世
第二十九世		第九十世
第三十世		第九十一世
第三十一世		第九十二世

13. 山东古滕联谱支系主干世系字辈及世次排列表

世次排列	主干世系字辈				犫公为一世
第一世	维				第六十三世
第二世	贤				第六十四世
第三世	通				第六十五世
第四世	忠				第六十六世
第五世	永				第六十七世
第六世	文				第六十八世
第七世	武				第六十九世
第八世	志				第七十世
第九世	绍			朝	第七十一世
第十世	从、高		从	秀	第七十二世
第十一世	玉		玉	珍	第七十三世
第十二世	贞		贞	木	第七十四世
第十三世	天	遵	其	继	第七十五世
第十四世	作	作	萬	学	第七十六世
第十五世	恒	恒	克	啟	第七十七世
第十六世	金	金	嘉	章	第七十八世
第十七世	清	清	美	尚	第七十九世
第十八世	林	林	廷	兴	第八十世
第十九世	斯	斯	斯	玉	第八十一世
第二十世	致	致	致	致	第八十二世
第二十一世	宗	宗	宗	宗	第八十三世
第二十二世	允	允	允	允	第八十四世
第二十三世	正	正	正	正	第八十五世
第二十四世	向	向	向	向	第八十六世
第二十五世	慎	慎	慎	慎	第八十七世
第二十六世	啟	啟	啟	啟	第八十八世
第二十七世	文	文	文	文	第八十九世
第二十八世	明	明	明	明	第九十世
第二十九世	淑	淑	淑	淑	第九十一世
第三十世	承	承	承	承	第九十二世
第三十一世	光	光	光	光	第九十三世
第三十二世	宜	宜	宜	宜	第九十四世
第三十三世	裕	裕	裕	裕	第九十五世
第三十四世	昭	昭	昭	昭	第九十六世
第三十五世	宪	宪	宪	宪	第九十七世
第三十六世	士	士	士	士	第九十八世
第三十七世	永	永	永	永	第九十九世
第三十八世	兴	兴	兴	兴	第一百世

14. 福建清流主干世系字辈及世次排列表

世次排列	主干世系字辈	犨公为一世
第一世	积德	第五十七世
第二世	三八郎	第五十八世
第三世	四六郎	第五十九世
第四世	七益郎	第六十世
第五世	章实郎	第六十一世
第六世	六大郎	第六十二世
第七世	千二郎	第六十三世
第八世	阿四郎	第六十四世
第九世	岳孙	第六十五世
第十世	四七郎	第六十六世
第十一世	文生	第六十七世
第十二世	五四	第六十八世
第十三世	牛孙	第六十九世
第十四世	胜发	第七十世
第十五世	隆祖	第七十一世
第十六世	永贵	第七十二世
第十七世	长延	第七十三世
第十八世	南景	第七十四世
第十九世	应诚	第七十五世
第二十世	兴苑	第七十六世
第二十一世	仁瑞	第七十七世
第二十二世	来钟	第七十八世
第二十三世	福明	第七十九世
第二十四世	天云	第八十世
第二十五世	邦祥	第八十一世
第二十六世	合球	第八十二世
第二十七世	正松	第八十三世
第二十八世	国华	第八十四世
第二十九世	镇西	第八十五世
第三十世	？	第八十六世
第三十一世	？	第八十七世
第三十二世	？	第八十八世

15. 福建清流九郡主干世系字辈及世次排列表

世次排列	主干世系字辈	犨公为一世
第一世	保二郎	第六十二世
第二世		第六十三世
第三世		第六十四世
第四世		第六十五世
第五世		第六十六世
第六世		第六十七世
第七世		第六十八世
第八世		第六十九世
第九世		第七十世
第十世		第七十一世
第十一世		第七十二世
第十二世		第七十三世
第十三世		第七十四世
第十四世		第七十五世
第十五世		第七十六世
第十六世		第七十七世
第十七世		第七十八世
第十八世		第七十九世
第十九世		第八十世
第二十世		第八十一世
第二十一世		第八十二世
第二十二世		第八十三世
第二十三世		第八十四世
第二十四世		第八十五世
第二十五世		第八十六世
第二十六世		第八十七世
第二十七世		第八十八世
第二十八世		第八十九世
第二十九世		第九十世
第三十世		第九十一世
第三十一世		第九十二世
第三十二世		第九十三世

16. 湖南平江青分、洞口、桃源支系主干世系字辈及世次排列表

世次排列	主干世系字辈	犨公为一世
第一世	庆公	第四十九世
第二世		第五十世
第三世		第五十一世
第四世		第五十二世
第五世		第五十三世
第六世		第五十四世
第七世		第五十五世
第八世		第五十六世
第九世		第五十七世
第十世		第五十八世
第十一世		第五十九世
第十二世		第六十世
第十三世		第六十一世
第十四世		第六十二世
第十五世		第六十三世
第十六世		第六十四世
第十七世		第六十五世
第十八世		第六十六世
第十九世		第六十七世
第二十世		第六十八世
第二十一世		第六十九世
第二十二世		第七十世
第二十三世		第七十一世
第二十四世		第七十二世
第二十五世		第七十三世
第二十六世		第七十四世
第二十七世		第七十五世

续表

世次排列	主干世系字辈	犨公为一世
第二十八世		第七十六世
第二十九世		第七十七世
第三十世		第七十八世
第三十一世		第七十九世
第三十二世		第八十世
第三十三世		第八十一世
第三十四世		第八十二世
第三十五世		第八十三世
第三十六世		第八十四世
第三十七世		第八十五世
第三十八世		第八十六世
第三十九世		第八十七世
第四十世		第八十八世
第四十一世		第八十九世

17. 山东芦城魏氏大故事支系主干世系字辈及世次排列表

世次排列	主干世系字辈	犨公为一世
第一世	才兴	第六十六世
第二世	伯	第六十七世
第三世	魏端	第六十八世
第四世	良	第六十九世
第五世	魏爱	第七十世
第六世	魏馥	第七十一世
第七世	大	第七十二世
第八世	允	第七十三世
第九世	国	第七十四世
第十世	王字旁	第七十五世
第十一世	永	第七十六世

续表

世次排列	主干世系字辈	犨公为一世
第十二世	士	第七十七世
第十三世	显	第七十八世
第十四世	卄	第七十九世
第十五世	儒	第八十世
第十六世	成	第八十一世
第十七世	来	第八十二世
第十八世	育	第八十三世
第十九世	兰	第八十四世
第二十世	述	第八十五世
第二十一世	光	第八十六世
第二十二世	列	第八十七世
第二十三世	成	第八十八世
第二十四世	志	第八十九世
第二十五世	愿	第九十世
第二十六世	德	第九十一世
第二十七世	锋	第九十二世
第二十八世	久	第九十三世
第二十九世	征	第九十四世
第三十世	先	第九十五世
第三十一世	增	第九十六世
第三十二世	合	第九十七世

18. 山东芦城魏氏鲁村支系主干世系字辈及世次排列表

世次排列	主干世系字辈	犨公为一世
第一世	魏才兴	第六十六世
第二世	魏伯通	第六十七世
第三世	魏端	第六十八世
第四世	魏良臣	第六十九世
第五世	魏习	第七十世

续表

世次排列	主干世系字辈	犨公为一世
第六世	魏佐	第七十一世
第七世	魏思贤	第七十二世
第八世	魏芳声	第七十三世
第九世	魏运启	第七十四世
第十世	魏学周	第七十五世
第十一世	魏祚昌	第七十六世
第十二世	魏材	第七十七世
第十三世	魏自持	第七十八世
第十四世	魏珮	第七十九世
第十五世	魏风和	第八十世
第十六世	魏春山	第八十一世
第十七世	魏元亨	第八十二世
第十八世	魏佐德	第八十三世
第十九世	魏绍伦	第八十四世
第二十世	义、旭、述	第八十五世
第二十一世	光	第八十六世
第二十二世	列	第八十七世
第二十三世	成	第八十八世
第二十四世	志	第八十九世
第二十五世	愿	第九十世
第二十六世	德	第九十一世
第二十七世	锋	第九十二世
第二十八世	久	第九十三世
第二十九世	征	第九十四世
第三十世	先	第九十五世
第三十一世	增	第九十六世
第三十二世	合	第九十七世

19. 山东芦城魏氏东平邑支系主干世系字辈及世次排列表

世次排列	主干世系字辈	犨公为一世
第一世	才兴	第六十六世
第二世	伯	第六十七世
第三世	二	第六十八世
第四世	魏海	第六十九世
第五世	魏杲　魏号	第七十世
第六世	懂泗　恺心	第七十一世
第七世		第七十二世
第八世		第七十三世
第九世	邦	第七十四世
第十世	王	第七十五世
第十一世	世	第七十六世
第十二世		第七十七世
第十三世	天	第七十八世
第十四世		第七十九世
第十五世	起	第八十世
第十六世	永	第八十一世
第十七世	演	第八十二世
第十八世	光	第八十三世
第十九世	宗	第八十四世
第二十世	道　耀	第八十五世
第二十一世	宏　昌	第八十六世
第二十二世	福　运	第八十七世
第二十三世	绵　丕	第八十八世
第二十四世	远　开	第八十九世
第二十五世	会	第九十世
第二十六世	际	第九十一世
第二十七世	凤	第九十二世
第二十八世	来	第九十三世
第二十九世		第九十四世
第三十世		第九十五世
第三十一世		第九十六世
第三十二世		第九十七世

20. 山东芦城魏氏鲁埠支系主干世系字辈及世次排列表

世次排列	主干世系字辈	犨公为一世
第一世	才兴	第六十六世
第二世	伯	第六十七世
第三世	弘	第六十八世
第四世	魏泉　魏真	第六十九世
第五世	魏枋　魏现　魏职	第七十世
第六世	兴恭　梁端　梁臣　梁贤	第七十一世
第七世	国	第七十二世
第八世	善	第七十三世
第九世	民	第七十四世
第十世	三	第七十五世
第十一世	其	第七十六世
第十二世	曰	第七十七世
第十三世	子	第七十八世
第十四世	世天	第七十九世
第十五世	永	第八十世
第十六世	肇振	第八十一世
第十七世	凤连锡	第八十二世
第十八世	太恒希　昌　新	第八十三世
第十九世	长　殿　开	第八十四世
第二十世	有	第八十五世
第二十一世	益	第八十六世
第二十二世	统	第八十七世
第二十三世	绪	第八十八世
第二十四世	德	第八十九世
第二十五世	立	第九十世
第二十六世	本	第九十一世
第二十七世	怀	第九十二世
第二十八世	志	第九十三世
第二十九世	嗣	第九十四世
第三十世	宗	第九十五世
第三十一世	贤	第九十六世
第三十二世	居	第九十七世

21. 芦城魏氏平邑魏刘庄支系主干世系字辈及世次排列表

世次排列	主干世系字辈	犨公为一世
第一世	才兴	第六十六世
第二世	伯	第六十七世
第三世	二	第六十八世
第四世	魏真	第六十九世
第五世	二	第七十世
第六世	二	第七十一世
第七世	国	第七十二世
第八世	善	第七十三世
第九世	民	第七十四世
第十世	三	第七十五世
第十一世	其	第七十六世
第十二世	曰	第七十七世
第十三世	子	第七十八世
第十四世	世	第七十九世
第十五世	永	第八十世
第十六世	振	第八十一世
第十七世	连	第八十二世
第十八世	太恒	第八十三世
第十九世	长	第八十四世
第二十世	有	第八十五世
第二十一世	益	第八十六世
第二十二世	统	第八十七世
第二十三世	绪	第八十八世
第二十四世	德	第八十九世
第二十五世	立	第九十世
第二十六世	本	第九十一世
第二十七世	怀	第九十二世
第二十八世	志	第九十三世
第二十九世	嗣	第九十四世
第三十世	宗	第九十五世
第三十一世	贤	第九十六世

22. 蒙阴石马庄支系主干世系字辈及世次排列表

世次排列	主干世系字辈	犫公为一世
第一世	才兴	第六十六世
第二世	伯	第六十七世
第三世	二	第六十八世
第四世	木	第六十九世
第五世	二	第七十世
第六世	二	第七十一世
第七世	守住	第七十二世
第八世	得福	第七十三世
第九世	可基	第七十四世
第十世	文昌	第七十五世
第十一世	魏太	第七十六世
第十二世	朝俊	第七十七世
第十三世	魏官	第七十八世
第十四世	起龙	第七十九世
第十五世	魏美	第八十世
第十六世	元	第八十一世
第十七世	大	第八十二世
第十八世	肇	第八十三世
第十九世	宗	第八十四世
第二十世	恒	第八十五世
第二十一世	善	第八十六世
第二十二世	嘉	第八十七世
第二十三世	祥	第八十八世
第二十四世	敬	第八十九世
第二十五世	尊	第九十世
第二十六世	礼	第九十一世
第二十七世	法	第九十二世
第二十八世	永	第九十三世
第二十九世	呈	第九十四世
第三十世	意	第九十五世
第三十一世	方	第九十六世
第三十二世	秉	第九十七世
第三十三世	欣	第九十八世
第三十四世	信	第九十九世

23. 山东临沂朱岭庄支系主干世系字辈及世次排列表

世次排列	主干世系字辈	犨公为一世
第一世	才兴	第六十六世
第二世	伯	第六十七世
第三世	二	第六十八世
第四世	木	第六十九世
第五世	二	第七十世
第六世	二	第七十一世
第七世	良富	第七十二世
第八世	二	第七十三世
第九世	大	第七十四世
第十世	二	第七十五世
第十一世	学	第七十六世
第十二世	二	第七十七世
第十三世	海	第七十八世
第十四世	二	第七十九世
第十五世	兴	第八十世
第十六世	二	第八十一世
第十七世	秉	第八十二世
第十八世	毓	第八十三世
第十九世	西	第八十四世
第二十世	文（志）	第八十五世
第二十一世	京（茂）	第八十六世
第二十二世	洪（德、国）	第八十七世
第二十三世	同（文、忠）	第八十八世
第二十四世	明（孝）	第八十九世
第二十五世	礼（立）	第九十世
第二十六世	貌（朝）	第九十一世
第二十七世	勤（端）	第九十二世
第二十八世	俭（方）	第九十三世
第二十九世	智（正）	第九十四世
第三十世	善（直）	第九十五世
第三十一世	利（尊）	第九十六世

24. 江西赣州安远县下魏村主干世系字辈及世次排列表

世次排列	主干世系字辈	犨公为一世
第一世	文斌	第六十七世
第二世		第六十八世
第三世		第六十九世
第四世		第七十世
第五世		第七十一世
第六世		第七十二世
第七世		第七十三世
第八世		第七十四世
第九世		第七十五世
第十世		第七十六世
第十一世		第七十七世
第十二世		第七十八世
第十三世		第七十九世
第十四世		第八十世
第十五世		第八十一世
第十六世		第八十二世
第十七世		第八十三世
第十八世		第八十四世
第十九世		第八十五世
第二十世		第八十六世
第二十一世		第八十七世
第二十二世		第八十八世
第二十三世		第八十九世
第二十四世		第九十世
第二十五世		第九十一世
第二十六世		第九十二世
第二十七世		第九十三世
第二十八世		第九十四世
第二十九世		第九十五世
第三十世		第九十六世
第三十一世		第九十七世
第三十二世		第九十八世

25. 山东莱芜魏王许支系主干世系字辈及世次排列表

世次排列	主干世系字辈	犨公为一世
第一世	公	第六十六世
第二世		第六十七世
第三世		第六十八世
第四世		第六十九世
第五世		第七十世
第六世		第七十一世
第七世		第七十二世
第八世		第七十三世
第九世		第七十四世
第十世		第七十五世
第十一世		第七十六世
第十二世		第七十七世
第十三世		第七十八世
第十四世		第七十九世
第十五世		第八十世
第十六世		第八十一世
第十七世		第八十二世
第十八世		第八十三世
第十九世		第八十四世
第二十世		第八十五世
第二十一世		第八十六世
第二十二世		第八十七世
第二十三世		第八十八世
第二十四世		第八十九世
第二十五世		第九十世
第二十六世		第九十一世
第二十七世		第九十二世
第二十八世		第九十三世
第二十九世		第九十四世
第三十世		第九十五世
第三十一世		第九十六世
第三十二世		第九十七世

26. 山东莱芜夹谷支系主干世系字辈及世次排列表

世次排列	主干世系字辈	犨公为一世
第一世	敬芳	第六十七世
第二世	良辰	第六十八世
第三世	昭	第六十九世
第四世	琮	第七十世
第五世	绅	第七十一世
第六世	学礼	第七十二世
第七世	年	第七十三世
第八世	似	第七十四世
第九世	祚	第七十五世
第十世	木	第七十六世
第十一世	品	第七十七世
第十二世	水（田）	第七十八世
第十三世	毓	第七十九世
第十四世	守	第八十世
第十五世	先	第八十一世
第十六世	业	第八十二世
第十七世	佑	第八十三世
第十八世	培	第八十四世
第十九世	丕	第八十五世
第二十世	吉	第八十六世
第二十一世	亿	第八十七世
第二十二世	万	第八十八世
第二十三世	肆	第八十九世
第二十四世	载	第九十世
第二十五世	受	第九十一世
第二十六世	天	第九十二世
第二十七世	之	第九十三世
第二十八世	祉	第九十四世
第二十九世	承	第九十五世
第三十世	源	第九十六世
第三十一世	修	第九十七世
第三十二世	德	第九十八世

27. 山东莱芜山口支系主干世系字辈及世次排列表

世次排列	主干世系字辈	犨公为一世
第一世	公	第六十三世
第二世		第六十四世
第三世		第六十五世
第四世		第六十六世
第五世		第六十七世
第六世		第六十八世
第七世		第六十九世
第八世		第七十世
第九世		第七十一世
第十世		第七十二世
第十一世		第七十三世
第十二世		第七十四世
第十三世		第七十五世
第十四世		第七十六世
第十五世		第七十七世
第十六世		第七十八世
第十七世		第七十九世
第十八世		第八十世
第十九世		第八十一世
第二十世		第八十二世
第二十一世		第八十三世
第二十二世		第八十四世
第二十三世		第八十五世
第二十四世		第八十六世
第二十五世		第八十七世
第二十六世		第八十八世
第二十七世		第八十九世
第二十八世		第九十世
第二十九世		第九十一世
第三十世		第九十二世
第三十一世		第九十三世
第三十二世		第九十四世

28. 湖北咸宁支系主干世系字辈及世次排列表

世次排列	主干世系字辈	犨公为一世
第一世	公	第六十世
第二世		第六十一世
第三世		第六十二世
第四世		第六十三世
第五世		第六十四世
第六世		第六十五世
第七世		第六十六世
第八世		第六十七世
第九世		第六十八世
第十世		第六十九世
第十一世		第七十世
第十二世		第七十一世
第十三世		第七十二世
第十四世		第七十三世
第十五世		第七十四世
第十六世		第七十五世
第十七世		第七十六世
第十八世		第七十七世
第十九世		第七十八世
第二十世		第七十九世
第二十一世		第八十世
第二十二世		第八十一世
第二十三世		第八十二世
第二十四世		第八十三世
第二十五世		第八十四世
第二十六世		第八十五世
第二十七世		第八十六世
第二十八世		第八十七世
第二十九世		第八十八世
第三十世		第八十九世
第三十一世		第九十世
第三十二世		第九十一世

29. 浙江温州苍南支系主干世系字辈及世次排列表

世次排列	主干世系字辈	犨公为一世
第一世	桧公	第七十三世
第二世		第七十四世
第三世		第七十五世
第四世		第七十六世
第五世		第七十七世
第六世		第七十八世
第七世		第七十九世
第八世		第八十世
第九世		第八十一世
第十世		第八十二世
第十一世		第八十三世
第十二世		第八十四世
第十三世		第八十五世
第十四世		第八十六世
第十五世		第八十七世
第十六世		第八十八世
第十七世		第八十九世
第十八世		第九十世
第十九世		第九十一世
第二十世		第九十二世
第二十一世		第九十三世
第二十二世		第九十四世
第二十三世		第九十五世
第二十四世		第九十六世
第二十五世		第九十七世
第二十六世		第九十八世
第二十七世		第九十九世
第二十八世		第一百世
第二十九世		第一百零一世
第三十世		第一百零二世
第三十一世		第一百零三世
第三十二世		第一百零四世

30. 浙江温州支系主干世系字辈及世次排列表

世次排列	主干世系字辈	犨公为一世
第一世	逸公	第六十五世
第二世		第六十六世
第三世		第六十七世
第四世		第六十八世
第五世		第六十九世
第六世		第七十世
第七世		第七十一世
第八世		第七十二世
第九世		第七十三世
第十世		第七十四世
第十一世		第七十五世
第十二世		第七十六世
第十三世		第七十七世
第十四世		第七十八世
第十五世		第七十九世
第十六世		第八十世
第十七世		第八十一世
第十八世		第八十二世
第十九世		第八十三世
第二十世		第八十四世
第二十一世		第八十五世
第二十二世		第八十六世
第二十三世		第八十七世
第二十四世		第八十八世
第二十五世		第八十九世
第二十六世		第九十世
第二十七世		第九十一世
第二十八世		第九十二世
第二十九世		第九十三世
第三十世		第九十四世
第三十一世		第九十五世
第三十二世		第九十六世

31. 湖北赤壁洪湖嘉鱼支系主干世系字辈及世次排列表

世次排列	主干世系字辈			犨公为一世
第一世:始迁祖	福一	福二	千三	第六十四世
第二世	庚一　庚六 庚七　庚八	必贵		第六十五世
第三世	…保七…	恒性恂		第六十六世
第四世	…先三 先七…	碧璡瑗		第六十七世
第五世	…祥二 祥九…	浤浚溶		第六十八世
第六世	崇礼　崇义　崇彬 崇仁　崇谦…	正言　正时　正蒙		第六十九世
第七世	淳岗　淳英　淳渊 淳修…	神农裳		第七十世
第八世	泗	纶如　焕如　彬如		第七十一世
第九世	道源	诒谨说		第七十二世
第十世	廷昶　延昱	方字辈		第七十三世
第十一世	清	国字辈		第七十四世
第十二世	象还	木(木部名)		第七十五世
第十三世	之杰　之邦	熙字辈		第七十六世
第十四世	天贵　天福	增字辈		第七十七世
第十五世	以锦　以鑑　以铎	锡字辈		第七十八世
第十六世	人字辈	治字辈	啓	第七十九世
第十七世	伦字辈	本字辈	前	第八十世
第十八世	定字辈	光字辈	松	第八十一世
第十九世	善字辈	均字辈	传	第八十二世
第二十世	家字辈	钜字辈	家	第八十三世
第二十一世	肇字辈	肇字辈 (连百字辈)	以	第八十四世

世次排列	主干世系字辈			犨公为一世
第二十二世	启	启	德	第八十五世
第二十三世	昌	昌	人	第八十六世
第二十四世	明	明	文	第八十七世
第二十五世	象	象	大	第八十八世
第二十六世	同	同		第八十九世
第二十七世	宗	宗		第九十世
第二十八世	会	会		第九十一世
第二十九世	萃	萃		第九十二世
第三十世	时	时		第九十三世
第三十一世				第九十四世
第三十二世				第九十五世

32. 安徽肥东大魏支系主干世系字辈及世次排列表

世次排列	主干世系字辈	犨公为一世
第一世	海公	第六十六世
第二世	失考	第六十七世
第三世	失考	第六十八世
第四世	失考	第六十九世
第五世	失考	第七十世
第六世	失考	第七十一世
第七世	失考	第七十二世
第八世	得千	第七十三世
第九世	佐公	第七十四世
第十世	大护	第七十五世
第十一世	振趾	第七十六世
第十二世	琦公	第七十七世
第十三世	之智	第七十八世
第十四世	绍恩	第七十九世

383

续表

世次排列	主干世系字辈	犨公为一世
第十五世	日莘	第八十世
第十六世	宗德	第八十一世
第十七世	联科	第八十二世
第十八世	作霖	第八十三世
第十九世	其正	第八十四世
第二十世	先初	第八十五世
第二十一世	克艮	第八十六世
第二十二世	兆德	第八十七世
第二十三世	邦	第八十八世
第二十四世	贤	第八十九世
第二十五世	志	第九十世
第二十六世	存	第九十一世
第二十七世		第九十二世
第二十八世		第九十三世
第二十九世		第九十四世
第三十世		第九十五世
第三十一世		第九十六世

33. 安徽寿南魏氏支系主干世系字辈及世次排列表

世次排列	主干世系字辈	犨公为一世
第一世	成公	第六十四世
第二世		第六十五世
第三世		第六十六世
第四世		第六十七世
第五世		第六十八世
第六世		第六十九世
第七世		第七十世

续表

世次排列	主干世系字辈	犨公为一世
第八世		第七十一世
第九世		第七十二世
第十世		第七十三世
第十一世		第七十四世
第十二世		第七十五世
第十三世		第七十六世
第十四世		第七十七世
第十五世		第七十八世
第十六世		第七十九世
第十七世		第八十世
第十八世		第八十一世
第十九世		第八十二世
第二十世		第八十三世
第二十一世		第八十四世
第二十二世		第八十五世
第二十三世		第八十六世
第二十四世		第八十七世
第二十五世		第八十八世
第二十六世		第八十九世
第二十七世		第九十世
第二十八世		第九十一世
第二十九世		第九十二世
第三十世		第九十三世
第三十一世		第九十四世
第三十二世		第九十五世

34. 四川古蔺谢家岩支系主干世系字辈及世次排列表

世次排列	主干世系字辈	犨公为一世
第一世	国	第七十三世
第二世	朝	第七十四世
第三世	绍	第七十五世
第四世	二	第七十六世
第五世	正	第七十七世
第六世	思	第七十八世
第七世	良	第七十九世
第八世	啟	第八十世
第九世	我	第八十一世
第十世	先	第八十二世
第十一世	后	第八十三世
第十二世	来	第八十四世
第十三世	宏	第八十五世
第十四世	登	第八十六世
第十五世	现	第八十七世
第十六世	科	第八十八世
第十七世		第八十九世
第十八世		第九十世
第十九世		第九十一世
第二十世		第九十二世
第二十一世		第九十三世
第二十二世		第九十四世
第二十三世		第九十五世
第二十四世		第九十六世
第二十五世		第九十七世

35. 湖南永州东安支系主干世系字辈及世次排列表

世次排列	主干世系字辈	犨公为一世
第一世	廖公	第六十四世
第二世		第六十五世
第三世		第六十六世
第四世		第六十七世
第五世		第六十八世
第六世		第六十九世
第七世		第七十世
第八世		第七十一世
第九世		第七十二世
第十世		第七十三世
第十一世		第七十四世
第十二世		第七十五世
第十三世		第七十六世
第十四世		第七十七世
第十五世		第七十八世
第十六世		第七十九世
第十七世		第八十世
第十八世		第八十一世
第十九世		第八十二世
第二十世		第八十三世
第二十一世		第八十四世
第二十二世		第八十五世
第二十三世		第八十六世
第二十四世		第八十七世
第二十五世		第八十八世
第二十六世		第八十九世
第二十七世		第九十世
第二十八世		第九十一世
第二十九世		第九十二世
第三十世		第九十三世
第三十一世		第九十四世
第三十二世		第九十五世

36. 湖南株洲渌口区南洲镇横江主干世系字辈及世次排列表

世次排列	主干世系字辈	犨公为一世
第一世	亨公	第六十三世
第二世		第六十四世
第三世		第六十五世
第四世		第六十六世
第五世		第六十七世
第六世		第六十八世
第七世		第六十九世
第八世		第七十世
第九世		第七十一世
第十世		第七十二世
第十一世		第七十三世
第十二世		第七十四世
第十三世		第七十五世
第十四世		第七十六世
第十五世		第七十七世
第十六世		第七十八世
第十七世		第七十九世
第十八世		第八十世
第十九世		第八十一世
第二十世		第八十二世
第二十一世		第八十三世
第二十二世		第八十四世
第二十三世		第八十五世
第二十四世		第八十六世
第二十五世		第八十七世
第二十六世		第八十八世
第二十七世		第八十九世
第二十八世		第九十世
第二十九世		第九十一世
第三十世		第九十二世
第三十一世		第九十三世
第三十二世		第九十四世

37. 安徽合肥肥西浥南(包河魏团)主干世系字辈及世次排列表

世次排列	主干世系字辈	犨公为一世
第一世	荣二	第六十五世
第二世		第六十六世
第三世		第六十七世
第四世		第六十八世
第五世		第六十九世
第六世		第七十世
第七世		第七十一世
第八世		第七十二世
第九世		第七十三世
第十世		第七十四世
第十一世		第七十五世
第十二世		第七十六世
第十三世		第七十七世
第十四世		第七十八世
第十五世		第七十九世
第十六世		第八十世
第十七世		第八十一世
第十八世		第八十二世
第十九世		第八十三世
第二十世		第八十四世
第二十一世		第八十五世
第二十二世		第八十六世
第二十三世		第八十七世
第二十四世		第八十八世
第二十五世		第八十九世
第二十六世		第九十世
第二十七世		第九十一世
第二十八世		第九十二世
第二十九世		第九十三世
第三十世		第九十四世
第三十一世		第九十五世
第三十二世		第九十六世

38. 安徽泗县丁湖支系主干世系字辈及世次排列表

世次排列	主干世系字辈	犨公为一世
第一世	失记	第六十五世
第二世	失记	第六十六世
第三世	失记	第六十七世
第四世	失记	第六十八世
第五世	失记	第六十九世
第六世	失记	第七十世
第七世	失记	第七十一世
第八世	失记	第七十二世
第九世	奇	第七十三世
第十世	绍	第七十四世
第十一世	成	第七十五世
第十二世	景	第七十六世
第十三世	凤	第七十七世
第十四世	庭	第七十八世
第十五世	希	第七十九世
第十六世	允(邦、世)	第八十世
第十七世	殿(文、德)	第八十一世
第十八世	广(祥)	第八十二世
第十九世	元	第八十三世
第二十世	庆	第八十四世
第二十一世	持	第八十五世
第二十二世	敬(国)	第八十六世
第二十三世	贤	第八十七世
第二十四世	礼	第八十八世
第二十五世	尚	第八十九世
第二十六世	廉	第九十世
第二十七世		第九十一世

世次排列	主干世系字辈	犨公为一世
第二十八世		第九十二世
第二十九世		第九十三世
第三十世		第九十四世
第三十一世		第九十五世
第三十二世		第九十六世
第三十三世		第九十七世
第三十四世		第九十八世

39. 四川巴中支系主干世系字辈及世次排列表

世次排列	主干世系字辈	犨公为一世
第一世	兴宗	第六十五世
第二世		第六十六世
第三世		第六十七世
第四世		第六十八世
第五世		第六十九世
第六世		第七十世
第七世		第七十一世
第八世		第七十二世
第九世		第七十三世
第十世		第七十四世
第十一世		第七十五世
第十二世		第七十六世
第十三世		第七十七世
第十四世		第七十八世
第十五世		第七十九世
第十六世		第八十世
第十七世		第八十一世
第十八世		第八十二世

世次排列	主干世系字辈	犨公为一世
第十九世		第八十三世
第二十世		第八十四世
第二十一世		第八十五世
第二十二世		第八十六世
第二十三世		第八十七世
第二十四世		第八十八世
第二十五世		第八十九世
第二十六世		第九十世
第二十七世		第九十一世
第二十八世		第九十二世
第二十九世		第九十三世
第三十世		第九十四世
第三十一世		第九十五世
第三十二世		第九十六世

40. 江苏无锡梁溪亲睦堂支系主干世系字辈及世次排列表

世次排列	主干世系字辈	犨公为一世
第一世	胜公	第五十八世
第二世	昌	第五十九世
第三世	翁	第六十世
第四世	先仁	第六十一世
第五世	提领	定62世
第六世	均宝	第六十三世
第七世	思达	第六十四世
第八世	安俨	第六十五世
第九世	庭	第六十六世
第十世	宗	第六十七世
第十一世	肇	第六十八世

世次排列	主干世系字辈	犨公为一世
第十二世	朝	第六十九世
第十三世	瀛	第七十世
第十四世	文杲	第七十一世
第十五世	果维	第七十二世
第十六世	士达	第七十三世
第十七世	廷材	第七十四世
第十八世	体光	第七十五世
第十九世	汉从	第七十六世
第二十世	方泰	第七十七世
第二十一世	应祥	第七十八世
第二十二世	士进	第七十九世
第二十三世	大成	第八十世
第二十四世	永春	第八十一世
第二十五世	廷玉	第八十二世
第二十六世	茂盛	第八十三世
第二十七世	珏如	第八十四世
第二十八世	双根	第八十五世
第二十九世	德新	第八十六世
第三十世	兴福	第八十七世
第三十一世	军锋	第八十八世
第三十二世	熠劼	第八十九世

41. 安徽濠州魏氏支系主干世系字辈及世次排列表

世次排列	主干世系字辈	犨公为一世
第一世	元	第六十五世
第二世	光辉	第六十六世
第三世	祖山	第六十七世
第四世	耀崇	第六十八世
第五世	昇	第六十九世
第六世	思凤	第七十世
第七世	鹬明	第七十一世

续表

世次排列	主干世系字辈	犨公为一世
第八世	文国世	第七十二世
第九世	玉占会	第七十三世
第十世	从邦	第七十四世
第十一世	志秉荣	第七十五世
第十二世	大松兆	第七十六世
第十三世	国庭文	第七十七世
第十四世	正绍金	第七十八世
第十五世	堂兴	第七十九世
第十六世	夕祥	第八十世
第十七世	舜林	第八十一世
第十八世	延明敏	第八十二世
第十九世	修宽	第八十三世
第二十世	胜圣	第八十四世
第二十一世	贤	第八十五世
第二十二世	树	第八十六世
第二十三世	幼	第八十七世
第二十四世	晓	第八十八世
第二十五世		第八十九世
第二十六世		第九十世
第二十七世		第九十一世
第二十八世		第九十二世
第二十九世		第九十三世
第三十世		第九十四世
第三十一世		第九十五世
第三十二世		第九十六世
第三十三世		第九十七世
第三十四世		第九十八世
第三十五世		第九十九世
第三十六世		第一百世
第三十七世		第一百零一世
第三十八世		第一百零二世

42. 湖北荆楚魏氏支系主干世系字辈及世次排列表

世次排列	主干世系字辈			犨公为一世
始祖	程			第六十四世
迁鄂初祖	新甫	彦甫	乔甫	第六十五世
第一世	继常			第六十六世
第二世	深			第六十七世
第三世	以宁			第六十八世
第四世	必中			第六十九世
第五世	兴旺			第七十世
第六世	兴旺			第七十一世
第七世	本梁			第七十二世
第八世	廷彬			第七十三世
第九世	朝			第七十四世
第十世	仁			第七十五世
第十一世	文杲			第七十六世
第十二世	光			第七十七世
第十三世	明			第七十八世
第十四世	正			第七十九世
第十五世	大			第八十世
第十六世	顺			第八十一世
第十七世	理			第八十二世
第十八世	成			第八十三世
第十九世	章			第八十四世
第二十世	天			第八十五世
第二十一世	开			第八十六世
第二十二世	文			第八十七世
第二十三世	运			第八十八世
第二十四世	百			第八十九世
第二十五世	世			第九十世

续表

世次排列	主干世系字辈			犨公为一世
第二十六世	留			第九十一世
第二十七世	芳			第九十二世
第二十八世	祖			第九十三世
第二十九世	德			第九十四世
第三十世	宗			第九十五世
第三十一世	功			第九十六世
第三十二世	山			第九十七世
第三十三世	高			第九十八世
第三十四世	水			第九十九世
第三十五世	长			第一百世
第三十六世				第一百零一世

43. 济宁前海支系主干世系字辈及世次排列表

世次排列	主干世系字辈	犨公为一世
第一世	公	第六十九世
第二世		第七十世
第三世		第七十一世
第四世		第七十二世
第五世		第七十三世
第六世		第七十四世
第七世		第七十五世
第八世		第七十六世
第九世		第七十七世
第十世		第七十八世
第十一世		第七十九世
第十二世		第八十世
第十三世		第八十一世
第十四世		第八十二世

世次排列	主干世系字辈	犨公为一世
第十五世		第八十三世
第十六世		第八十四世
第十七世		第八十五世
第十八世		第八十六世
第十九世		第八十七世
第二十世		第八十八世
第二十一世		第八十九世
第二十二世		第九十世
第二十三世		第九十一世
第二十四世		第九十二世
第二十五世		第九十三世
第二十六世		第九十四世
第二十七世		第九十五世
第二十八世		第九十六世
第二十九世		第九十七世
第三十世		第九十八世
第三十一世		第九十九世
第三十二世		第一百世

44. 河南永城魏氏支系主干世系字辈及世次排列表

世次排列	主干世系字辈	犨公为一世
第一世	树公	第六十六世
第二世		第六十七世
第三世		第六十八世
第四世		第六十九世
第五世		第七十世
第六世		第七十一世

续表

世次排列	主干世系字辈	犨公为一世
第七世		第七十二世
第八世		第七十三世
第九世		第七十四世
第十世		第七十五世
第十一世		第七十六世
第十二世		第七十七世
第十三世		第七十八世
第十四世		第七十九世
第十五世		第八十世
第十六世		第八十一世
第十七世		第八十二世
第十八世		第八十三世
第十九世		第八十四世
第二十世		第八十五世
第二十一世		第八十六世
第二十二世		第八十七世
第二十三世		第八十八世
第二十四世		第八十九世
第二十五世		第九十世
第二十六世		第九十一世
第二十七世		第九十二世
第二十八世		第九十三世
第二十九世		第九十四世
第三十世		第九十五世
第三十一世		第九十六世
第三十二世		第九十七世

45. 山东日照诸城支系主干世系字辈及世次排列表

世次排列	主干世系字辈	犨公为一世
第一世	智公	第六十九世
第二世		第七十世
第三世		第七十一世
第四世		第七十二世
第五世		第七十三世
第六世		第七十四世
第七世		第七十五世
第八世		第七十六世
第九世		第七十七世
第十世		第七十八世
第十一世		第七十九世
第十二世		第八十世
第十三世		第八十一世
第十四世		第八十二世
第十五世		第八十三世
第十六世		第八十四世
第十七世		第八十五世
第十八世		第八十六世
第十九世		第八十七世
第二十世		第八十八世
第二十一世		第八十九世
第二十二世		第九十世
第二十三世		第九十一世
第二十四世		第九十二世
第二十五世		第九十三世
第二十六世		第九十四世
第二十七世		第九十五世
第二十八世		第九十六世
第二十九世		第九十七世
第三十世		第九十八世
第三十一世		第九十九世
第三十二世		第一百世

46. 河南罗山支系主干世系字辈及世次排列表

世次排列	主干世系字辈		犨公为一世
第一世	智二	字肖乔（居鄂）	第六十三世
第二世	信二公		第六十四世
第三世	德		第六十五世
第四世	必		第六十六世
第五世	元		第六十七世
第六世	以		第六十八世
第七世	失考		第六十九世
第八世	失考		第七十世
第九世	失考		第七十一世
第十世	失考		第七十二世
第十一世	失考		第七十三世
第十二世	失考		第七十四世
第十三世	失考		第七十五世
第十四世	失考		第七十六世
第十五世	失考		第七十七世
第十六世	失考		第七十八世
第十七世	失考		第七十九世
第十八世	失考		第八十世
第十九世	失考		第八十一世
第二十世	于斌		第八十二世
第二十一世	广德		第八十三世
第二十二世	立成		第八十四世
第二十三世	时连		第八十五世
第二十四世	明德		第八十六世
第二十五世	庭略		第八十七世
第二十六世	世东		第八十八世
第二十七世			第八十九世

世次排列	主干世系字辈		鼙公为一世
第二十八世			第九十世
第二十九世			第九十一世
第三十世			第九十二世
第三十一世			第九十三世
第三十二世			第九十四世
第三十三世			第九十五世
第三十四世			第九十六世
第三十五世			第九十七世
第三十六世			第九十八世
第三十七世			第九十九世
第三十八世			第一百世

47. 山东任城平留支系主干世系字辈及世次排列表

世次排列	主干世系字辈	鼙公为一世
第一世	珍公	第六十一世
第二世		第六十二世
第三世		第六十三世
第四世		第六十四世
第五世		第六十五世
第六世		第六十六世
第七世		第六十七世
第八世		第六十八世
第九世		第六十九世
第十世		第七十世
第十一世		第七十一世
第十二世		第七十二世
第十三世		第七十三世
第十四世		第七十四世

续表

世次排列	主干世系字辈	犨公为一世
第十五世		第七十五世
第十六世		第七十六世
第十七世		第七十七世
第十八世		第七十八世
第十九世		第七十九世
第二十世		第八十世
第二十一世		第八十一世
第二十二世		第八十二世
第二十三世		第八十三世
第二十四世		第八十四世
第二十五世		第八十五世
第二十六世		第八十六世
第二十七世		第八十七世
第二十八世		第八十八世
第二十九世		第八十九世
第三十世		第九十世
第三十一世		第九十一世
第三十二世		第九十二世

48. 湖北洪湖市螺山镇朱家峰支系主干世系字辈及世次排列表

世次排列	主干世系字辈	犨公为一世
第一世	绍山	第六十三世
第二世		第六十四世
第三世		第六十五世
第四世		第六十六世
第五世		第六十七世
第六世		第六十八世

世次排列	主干世系字辈	犨公为一世
第七世		第六十九世
第八世		第七十世
第九世		第七十一世
第十世		第七十二世
第十一世		第七十三世
第十二世		第七十四世
第十三世		第七十五世
第十四世		第七十六世
第十五世		第七十七世
第十六世		第七十八世
第十七世		第七十九世
第十八世		第八十世
第十九世		第八十一世
第二十世		第八十二世
第二十一世		第八十三世
第二十二世		第八十四世
第二十三世		第八十五世
第二十四世		第八十六世
第二十五世		第八十七世
第二十六世		第八十八世
第二十七世		第八十九世
第二十八世		第九十世
第二十九世		第九十一世
第三十世		第九十二世
第三十一世		第九十三世
第三十二世		第九十四世

49. 湖北襄阳支系主干世系字辈及世次排列表

世次排列	主干世系字辈	犨公为一世
第一世	良	第七十三世
第二世	国	第七十四世
第三世	廷	第七十五世
第四世	文	第七十六世
第五世	世	第七十七世
第六世	有	第七十八世
第七世	志	第七十九世
第八世	玉	第八十世
第九世	全	第八十一世
第十世	金	第八十二世
第十一世	家	第八十三世
第十二世	修	第八十四世
第十三世	德	第八十五世
第十四世	茂	第八十六世
第十五世	盛	第八十七世
第十六世	明	第八十八世
第十七世	成	第八十九世
第十八世	治	第九十世
第十九世		第九十一世
第二十世		第九十二世
第二十一世		第九十三世
第二十二世		第九十四世
第二十三世		第九十五世
第二十四世		第九十六世
第二十五世		第九十七世
第二十六世		第九十八世
第二十七世		第九十九世
第二十八世		第一百世
第二十九世		第一百零一世
第三十世		第一百零二世

50. 广西藤县支系主干世系字辈及世次排列表

世次排列	主干世系字辈	犟公为一世
第一世	德铭	第六十五世
第二世		第六十六世
第三世		第六十七世
第四世		第六十八世
第五世		第六十九世
第六世		第七十世
第七世		第七十一世
第八世		第七十二世
第九世		第七十三世
第十世		第七十四世
第十一世		第七十五世
第十二世		第七十六世
第十三世		第七十七世
第十四世		第七十八世
第十五世		第七十九世
第十六世		第八十世
第十七世	应龙	第八十一世
第十八世		第八十二世
第十九世		第八十三世
第二十世		第八十四世
第二十一世		第八十五世
第二十二世		第八十六世
第二十三世		第八十七世
第二十四世		第八十八世
第二十五世		第八十九世
第二十六世		第九十世
第二十七世		第九十一世
第二十八世		第九十二世
第二十九世		第九十三世
第三十世		第九十四世
第三十一世		第九十五世
第三十二世		第九十六世

51. 江西吉安、湖南安化支系主干世系字辈及世次排列表

世次排列	主干世系字辈	犨公为一世
第一世	廷倚	第六十一世
第二世		第六十二世
第三世		第六十三世
第四世		第六十四世
第五世		第六十五世
第六世		第六十六世
第七世		第六十七世
第八世		第六十八世
第九世		第六十九世
第十世		第七十世
第十一世		第七十一世
第十二世		第七十二世
第十三世		第七十三世
第十四世		第七十四世
第十五世		第七十五世
第十六世		第七十六世
第十七世		第七十七世
第十八世		第七十八世
第十九世		第七十九世
第二十世		第八十世
第二十一世		第八十一世
第二十二世		第八十二世
第二十三世		第八十三世
第二十四世		第八十四世
第二十五世		第八十五世
第二十六世		第八十六世
第二十七世		第八十七世
第二十八世		第八十八世
第二十九世		第八十九世
第三十世		第九十世
第三十一世		第九十一世
第三十二世		第九十二世

406

52. 四川南江平岗支系主干世系字辈及世次排列表

世次排列	主干世系字辈	犨公为一世
第一世:始迁祖	兴宗	第六十五世
第二世	了缘	第六十六世
第三世	宁参	第六十七世
第四世	添禄	第六十八世
第五世	智	第六十九世
第六世	洪	第七十世
第七世	万凤	第七十一世
第八世	文甲	第七十二世
第九世	仲召(字景春)	第七十三世
第十世	三阳	第七十四世
第十一世	现吾	第七十五世
第十二世	逢春	第七十六世
第十三世	成凤	第七十七世
第十四世	林晋	第七十八世
第十五世	国	第七十九世
第十六世	正	第八十世
第十七世	天	第八十一世
第十八世	文	第八十二世
第十九世	忠	第八十三世
第二十世	大	第八十四世
第二十一世	廷	第八十五世
第二十二世	德	第八十六世
第二十三世	学	第八十七世
第二十四世	通	第八十八世
第二十五世	光	第八十九世
第二十六世	明	第九十世
第二十七世	昌	第九十一世

世次排列	主干世系字辈	犨公为一世
第二十八世	作	第九十二世
第二十九世	锡	第九十三世
第三十世	世	第九十四世
第三十一世	代	第九十五世
第三十二世	永	第九十六世
第三十三世	承	第九十七世
第三十四世	宗	第九十八世
第三十五世	清	第九十九世
第三十六世	新	第一百世
第三十七世	开	第一百零一世
第三十八世	书	第一百零二世

53. 四川大竹县、重庆市城口县支系主干世系字辈及世次排列表

世次排列	主干世系字辈	犨公为一世
第一世	受七	第六十二世
第二世	满二	第六十三世
第三世	贵二	第六十四世
第四世	富泗	第六十五世
第五世	宗明	第六十六世
第六世	文亮	第六十七世
第七世	启源	第六十八世
第八世	世恢	第六十九世
第九世	思舜	第七十世
第十世	国宸	第七十一世
第十一世	从春	第七十二世
第十二世	达贤	第七十三世
第十三世	魏显	第七十四世
第十四世	宪倘	第七十五世

续表

世次排列	主干世系字辈	犫公为一世
第十五世	昭音	第七十六世
第十六世	佳富	第七十七世
第十七世	俊朝	第七十八世
第十八世	享	第七十九世
第十九世	荣	第八十世
第二十世	爵	第八十一世
第二十一世	宣	第八十二世
第二十二世	敷	第八十三世
第二十三世	佐	第八十四世
第二十四世	盛	第八十五世
第二十五世	朝	第八十六世
第二十六世	芳	第八十七世
第二十七世	名	第八十八世
第二十八世	传	第八十九世
第二十九世	德	第九十世
第三十世	义	第九十一世
第三十一世		第九十二世
第三十二世		第九十三世
第三十三世		第九十四世
第三十四世		第九十五世
第三十五世		第九十六世

54. 广东中山支系主干世系字辈及世次排列表

世次排列	主干世系字辈	犫公为一世
第一世	孟频	第六十四世
第二世		第六十五世
第三世		第六十六世
第四世		第六十七世

续表

世次排列	主干世系字辈	犫公为一世
第五世		第六十八世
第六世		第六十九世
第七世		第七十世
第八世		第七十一世
第九世		第七十二世
第十世		第七十三世
第十一世		第七十四世
第十二世		第七十五世
第十三世		第七十六世
第十四世		第七十七世
第十五世		第七十八世
第十六世		第七十九世
第十七世		第八十世
第十八世		第八十一世
第十九世		第八十二世
第二十世		第八十三世
第二十一世		第八十四世
第二十二世		第八十五世
第二十三世		第八十六世
第二十四世		第八十七世
第二十五世		第八十八世
第二十六世		第八十九世
第二十七世		第九十世
第二十八世		第九十一世
第二十九世		第九十二世
第三十世		第九十三世
第三十一世		第九十四世
第三十二世		第九十五世

55. 天津静海(南茁头)支系主干世系字辈及世次排列表

世次排列	主干世系字辈		犨公为一世
第一世:始迁祖	讓		第六十七世
第二世	志		第六十八世
第三世	柏		第六十九世
第四世	棟		第七十世
第五世	從		第七十一世
第六世	道		第七十二世
第七世	守		第七十三世
第八世	民		第七十四世
第九世	士	可	第七十五世
第十世	广	易	第七十六世
第十一世	永		第七十七世
第十二世	得		第七十八世
第十三世	长		第七十九世
第十四世	明		第八十世
第十五世	同		第八十一世
第十六世	鸿		第八十二世
第十七世	立		第八十三世
第十八世	济		第八十四世
第十九世	良		第八十五世
第二十世	惠		第八十六世
第二十一世	福		第八十七世
第二十二世	新		第八十八世
第二十三世	安		第八十九世
第二十四世	帮		第九十世
第二十五世	英		第九十一世
第二十六世	世		第九十二世
第二十七世	昌		第九十三世

世次排列	主干世系字辈		犨公为一世
第二十八世	春		第九十四世
第二十九世	秋		第九十五世
第三十世	裕		第九十六世
第三十一世	嘉		第九十七世
第三十二世	祥		第九十八世
第三十三世			第九十九世
第三十四世			第一百世

56. 山东胶州支系主干世系字辈及世次排列表

世次排列	主干世系字辈	犨公为一世
第一世	公	第六十七世
第二世		第六十八世
第三世		第六十九世
第四世	明德	第七十世
第五世		第七十一世
第六世		第七十二世
第七世		第七十三世
第八世		第七十四世
第九世		第七十五世
第十世		第七十六世
第十一世		第七十七世
第十二世		第七十八世
第十三世		第七十九世
第十四世		第八十世
第十五世		第八十一世
第十六世		第八十二世
第十七世		第八十三世
第十八世		第八十四世

世次排列	主干世系字辈	犫公为一世
第十九世		第八十五世
第二十世		第八十六世
第二十一世		第八十七世
第二十二世		第八十八世
第二十三世		第八十九世
第二十四世		第九十世
第二十五世		第九十一世
第二十六世		第九十二世
第二十七世		第九十三世
第二十八世		第九十四世
第二十九世		第九十五世
第三十世		第九十六世
第三十一世		第九十七世
第三十二世		第九十八世

57. 湖北赤壁念一公支系主干世系字辈及世次排列表

世次排列	主干世系字辈					犫公为一世
第一世	念一					第六十世
第二世	南金	南麟	南寿			第六十一世
第三世			千三	千四		第六十二世
第四世			雲龙	雲瑞		第六十三世
第五世			虎孙	已孙	法孙	魏观	第六十四世
第六世			子			第六十五世
第七世			公			第六十六世
第八世			羊			第六十七世
第九世			页(旁)			第六十八世
第十世			世	(西分)		第六十九世

413

世次排列	主干世系字辈				犨公为一世
第十一世			佐		第七十世
第十二世			廷和		第七十一世
第十三世			洲		第七十二世
第十四世			绍彦		第七十三世
第十五世			恒善		第七十四世
第十六世			愈新		第七十五世
第十七世			开智		第七十六世
第十八世			启荣		第七十七世
第十九世			光前		第七十八世
第二十世			松培		第七十九世
第二十一世			传象		第八十世
第二十二世			家祥		第八十一世
第二十三世			以富		第八十二世
第二十四世			德英		第八十三世
第二十五世			人和		第八十四世
第二十六世			文清		第八十五世
第二十七世			大发		第八十六世
第二十八世			昌其		第八十七世
第二十九世			学邦		第八十八世
第三十世					第八十九世

58. 河南南阳邓州支系主干世系字辈及世次排列表

世次排列	主干世系字辈			犨公为一世
第一世	世宽	世传	世行	第六十六世
第二世	绅			第六十七世
第三世	秉			第六十八世
第四世	倚			第六十九世
第五世	天			第七十世

续表

世次排列	主干世系字辈			鼙公为一世
第六世	良			第七十一世
第七世	行			第七十二世
第八世	玉			第七十三世
第九世	荣			第七十四世
第十世	爾			第七十五世
第十一世	进			第七十六世
第十二世	元			第七十七世
第十三世	铭			第七十八世
第十四世	国			第七十九世
第十五世	立			第八十世
第十六世	昌			第八十一世
第十七世	明			第八十二世
第十八世	仁			第八十三世
第十九世	厚			第八十四世
第二十世	家			第八十五世
第二十一世	新			第八十六世
第二十二世	修			第八十七世
第二十三世	正			第八十八世
第二十四世	道			第八十九世
第二十五世				第九十世
第二十六世				第九十一世
第二十七世				第九十二世
第二十八世				第九十三世
第二十九世				第九十四世
第三十世				第九十五世
第三十一世				第九十六世
第三十二世				第九十七世

59. 临沂吉乐庄支系主干世系字辈及世次排列表

世次排列	主干世系字辈				犫公为一世
第一世:始迁祖	成顺				第七十三世
第二世	国泰				第七十四世
第三世	俊	倬	傑	便	第七十五世
第四世	光				第七十六世
第五世	钅				第七十七世
第六世	怀				第七十八世
第七世	木				第七十九世
第八世	魁				第八十世
第九世	宗(昭)				第八十一世
第十世	龙				第八十二世
第十一世	茂(自)				第八十三世
第十二世	德				第八十四世
第十三世	同				第八十五世
第十四世	思				第八十六世
第十五世	继				第八十七世
第十六世	永				第八十八世
第十七世	元				第八十九世
第十八世	克				第九十世
第十九世	象	相			第九十一世
第二十世	宪	现			第九十二世
第二十一世	春				第九十三世
第二十二世	景				第九十四世
第二十三世	连				第九十五世
第二十四世	荣				第九十六世
第二十五世	贵				第九十七世
第二十六世	宝				第九十八世
第二十七世	玉				第九十九世
第二十八世	敏				第一百世
第二十九世	起				第一百零一世
第三十世	发				第一百零二世
第三十一世	祥				第一百零三世

60. 临沂魏家三岗支系主干世系字辈及世次排列表

世次排列	主干世系字辈	犨公为一世
第一世	魏易	第七十五世
第二世	绍	第七十六世
第三世	火	第七十七世
第四世	元	第七十八世
第五世	木	第七十九世
第六世	峰	第八十世
第七世	庆	第八十一世
第八世	天	第八十二世
第九世	振(继)	第八十三世
第十世	永	第八十四世
第十一世	荣	第八十五世
第十二世	乃(元)	第八十六世
第十三世	可	第八十七世
第十四世	敬	第八十八世
第十五世	德	第八十九世
第十六世	修	第九十世
第十七世	本	第九十一世
第十八世	自	第九十二世
第十九世	明	第九十三世
第二十世	忠	第九十四世
第二十一世	厚	第九十五世
第二十二世	传	第九十六世
第二十三世	家	第九十七世
第二十四世	远	第九十八世
第二十五世	书	第九十九世
第二十六世	香	第一百世
第二十七世	昭	第一百零一世
第二十八世	家	第一百零二世
第二十九世	发	第一百零三世
第三十世	鸿	第一百零四世
第三十一世	凤	第一百零五世

61. 临沂前岗头支系主干世系字辈及世次排列表

世次排列	主干世系字辈	犨公为一世
第一世	昆江	第八十世
第二世	连	第八十一世
第三世	帮	第八十二世
第四世	言（延）	第八十三世
第五世	志（秀）	第八十四世
第六世	云	第八十五世
第七世	光（艺）	第八十六世
第八世	春	第八十七世
第九世	敬	第八十八世
第十世	新	第八十九世
第十一世	良	第九十世
第十二世	繁	第九十一世
第十三世	秋	第九十二世
第十四世	现	第九十三世
第十五世	忠	第九十四世
第十六世	厚	第九十五世
第十七世	祥	第九十六世
第十八世	世	第九十七世
第十九世	远	第九十八世
第二十世	书	第九十九世
第二十一世	香	第一百世
第二十二世	昭	第一百零一世
第二十三世	家	第一百零二世
第二十四世	发	第一百零三世
第二十五世	鸿	第一百零四世
第二十六世	凤	第一百零五世
第二十七世	阳	第一百零六世
第二十八世		第一百零七世
第二十九世		第一百零八世
第三十世		第一百零九世

62. 临沂清福庄支系主干世系字辈及世次排列表

世次排列	主干世系字辈	犨公为一世
第一世	起敏　起胜	第七十九世
第二世	兰　斌　太　玉	第八十世
第三世	华	第八十一世
第四世	德(常)	第八十二世
第五世	学	第八十三世
第六世	佃	第八十四世
第七世	连	第八十五世
第八世	继	第八十六世
第九世	春	第八十七世
第十世	敬	第八十八世
第十一世	新	第八十九世
第十二世	良	第九十世
第十三世	繁	第九十一世
第十四世	秋	第九十二世
第十五世	现	第九十三世
第十六世	忠	第九十四世
第十七世	厚	第九十五世
第十八世	祥	第九十六世
第十九世	世	第九十七世
第二十世	远	第九十八世
第二十一世	书	第九十九世
第二十二世	香	第一百世
第二十三世	昭	第一百零一世
第二十四世	家	第一百零二世
第二十五世	发	第一百零三世
第二十六世	鸿	第一百零四世
第二十七世	凤	第一百零五世
第二十八世	阳	第一百零六世

63. 临沂魏家荒支系主干世系字辈及世次排列表

世次排列	主干世系字辈	犨公为一世
第一世	成然	第七十五世
第二世	瑧 坤 乾 相	第七十六世
第三世	兴	第七十七世
第四世	清	第七十八世
第五世	兆(殿、起)	第七十九世
第六世	学(清、有)	第八十世
第七世	永(宣、立)	第八十一世
第八世	玉(传、永)	第八十二世
第九世	同(现)	第八十三世
第十世	连	第八十四世
第十一世	茂	第八十五世
第十二世	现(健)	第八十六世
第十三世	国(春)	第八十七世
第十四世	敬	第八十八世
第十五世	新	第八十九世
第十六世	良	第九十世
第十七世	繁	第九十一世
第十八世	秋	第九十二世
第十九世	现	第九十三世
第二十世	忠	第九十四世
第二十一世	厚	第九十五世
第二十二世	祥	第九十六世
第二十三世	世	第九十七世
第二十四世	远	第九十八世
第二十五世	书	第九十九世
第二十六世	香	第一百世
第二十七世	昭	第一百零一世
第二十八世	家	第一百零二世
第二十九世	发	第一百零三世
第三十世	鸿	第一百零四世
第三十一世	凤	第一百零五世

64. 临沂谢家宅支系新安岭分支系主干世系字辈及世次排列表

世次排列	主干世系字辈	犨公为一世
第一世	有德	第七十二世
第二世	九甫	第七十三世
第三世	邦兴	第七十四世
第四世	延芝	第七十五世
第五世	健	第七十六世
第六世	天	第七十七世
第七世	兆	第七十八世
第八世	常	第七十九世
第九世	明德	第八十世
第十世	保林	第八十一世
第十一世	殿	第八十二世
第十二世	建占	第八十三世
第十三世	富玉	第八十四世
第十四世	骏阳	第八十五世
第十五世	元	第八十六世
第十六世	春	第八十七世
第十七世	敬	第八十八世
第十八世	新	第八十九世
第十九世	良	第九十世
第二十世	繁	第九十一世
第二十一世	秋	第九十二世
第二十二世	现	第九十三世
第二十三世	忠	第九十四世
第二十四世	厚	第九十五世
第二十五世	祥	第九十六世
第二十六世	世	第九十七世

世次排列	主干世系字辈	鼙公为一世
第二十七世	远	第九十八世
第二十八世	书	第九十九世
第二十九世	香	第一百世
第三十世	昭	第一百零一世
第三十一世	家	第一百零二世
第三十二世	发	第一百零三世
第三十三世	鸿	第一百零四世
第三十四世	凤	第一百零五世

65. 临沂水田甘林庄支系主干世系字辈及世次排列表

世次排列	主干世系字辈	鼙公为一世
第一世	太公	第六十五世
第二世	徽公	第六十六世
第三世	刚公	第六十七世
第四世	晟公 冕公 旻公	第六十八世
第五世	聪公 文公	第六十九世
第六世	失考	第七十世
第七世	失考	第七十一世
第八世	失考	第七十二世
第九世	失考	第七十三世
第十世	失考	第七十四世
第十一世	失考	第七十五世
第十二世	起龙 起凤	第七十六世
第十三世	廷珍	第七十七世
第十四世	秉聪 秉恒	第七十八世
第十五世	永	第七十九世
第十六世	殿	第八十世

世次排列	主干世系字辈	犨公为一世
第十七世	兆	第八十一世
第十八世	东	第八十二世
第十九世	士	第八十三世
第二十世	荣	第八十四世
第二十一世	乃	第八十五世
第二十二世	可	第八十六世
第二十三世	春	第八十七世
第二十四世	敬	第八十八世
第二十五世	新	第八十九世
第二十六世	良	第九十世
第二十七世	繁	第九十一世
第二十八世	秋	第九十二世
第二十九世	现	第九十三世
第三十世	忠	第九十四世
第三十一世	厚	第九十五世
第三十二世	祥	第九十六世

66. 临沂康家庄支系主干世系字辈及世次排列表

世次排列	主干世系字辈		犨公为一世
第一世	乾公		第七十五世
第二世	广		第七十六世
第三世	隆		第七十七世
第四世	平		第七十八世
第五世	二		第七十九世
第六世	之		第八十世
第七世	殿		第八十一世
第八世	连		第八十二世

续表

世次排列	主干世系字辈			犨公为一世
第九世	德			第八十三世
第十世	秀	继	长	第八十四世
第十一世	秉	登		第八十五世
第十二世	宗	洪		第八十六世
第十三世	生	兴		第八十七世
第十四世	广	运		第八十八世
第十五世	祥			第八十九世
第十六世	忠			第九十世
第十七世	厚			第九十一世
第十八世	传			第九十二世
第十九世	家			第九十三世
第二十世	远			第九十四世
第二十一世	信			第九十五世
第二十二世	永			第九十六世
第二十三世	治			第九十七世
第二十四世	邦			第九十八世
第二十五世	良			第九十九世
第二十六世	兆			第一百世
第二十七世	庆			第一百零一世
第二十八世	福			第一百零二世
第二十九世	成			第一百零三世
第三十世	发			第一百零四世
第三十一世	道			第一百零五世
第三十二世	明			第一百零六世
第三十三世	玉			第一百零七世
第三十四世	恒			第一百零八世
第三十五世	堂			第一百零九世

67. 临沂墩头支系主干世系字辈及世次排列表

世次排列	主干世系字辈	犨公为一世
第一世	圣瑞	第七十六世
第二世	士	第七十七世
第三世	二	第七十八世
第四世	大	第七十九世
第五世	二	第八十世
第六世	廷	第八十一世
第七世	凤	第八十二世
第八世	景	第八十三世
第九世	殿	第八十四世
第十世	连	第八十五世
第十一世	桂	第八十六世
第十二世	升	第八十七世
第十三世	荣	第八十八世
第十四世	祥	第八十九世
第十五世	忠	第九十世
第十六世	厚	第九十一世
第十七世	传	第九十二世
第十八世	家	第九十三世
第十九世	远	第九十四世
第二十世	信	第九十五世
第二十一世	永	第九十六世
第二十二世	治	第九十七世
第二十三世	邦	第九十八世
第二十四世	良	第九十九世
第二十五世	兆	第一百世
第二十六世	庆	第一百零一世
第二十七世	福	第一百零二世
第二十八世	成	第一百零三世
第二十九世	发	第一百零四世
第三十世	道	第一百零五世
第三十一世	明	第一百零六世
第三十二世	玉	第一百零七世
第三十三世	恒	第一百零八世
第三十四世	堂	第一百零九世

68. 临沂薛家村支系主干世系字辈及世次排列表

世次排列	主干世系字辈	犨公为一世
第一世	舟恒	第七十二世
第二世	廷	第七十三世
第三世	失考	第七十四世
第四世	失考	第七十五世
第五世	失考	第七十六世
第六世	失考	第七十七世
第七世	失考	第七十八世
第八世	失考	第七十九世
第九世	失考	第八十世
第十世	殿	第八十一世
第十一世	可	第八十二世
第十二世	福(明)	第八十三世
第十三世	士	第八十四世
第十四世	百(秉)	第八十五世
第十五世	军(兴、长)	第八十六世
第十六世	嘉(子)	第八十七世
第十七世	广	第八十八世
第十八世	祥	第八十九世
第十九世	忠	第九十世
第二十世	厚	第九十一世
第二十一世	传	第九十二世
第二十二世	家	第九十三世
第二十三世	远	第九十四世
第二十四世	信	第九十五世
第二十五世	永	第九十六世
第二十六世	治	第九十七世
第二十七世	邦	第九十八世
第二十八世	良	第九十九世

世次排列	主干世系字辈	鼍公为一世
第二十九世	兆	第一百世
第三十世	庆	第一百零一世
第三十一世	福	第一百零二世
第三十二世	成	第一百零三世
第三十三世	发	第一百零四世
第三十四世	道	第一百零五世
第三十五世	明	第一百零六世

69. 临沂斗立庄支系主干世系字辈及世次排列表

世次排列	主干世系字辈	鼍公为一世
第一世	失考	第七十九世
第二世	失考	第八十世
第三世	永	第八十一世
第四世	二	第八十二世
第五世	成	第八十三世
第六世	凤	第八十四世
第七世	福	第八十五世
第八世	振	第八十六世
第九世	国(春)	第八十七世
第十世	明(敬)	第八十八世
第十一世	开(新)	第八十九世
第十二世	良	第九十世
第十三世	繁	第九十一世
第十四世	秋	第九十二世
第十五世	现	第九十三世
第十六世	忠	第九十四世
第十七世	厚	第九十五世
第十八世	祥	第九十六世
第十九世	世	第九十七世

续表

世次排列	主干世系字辈	犨公为一世
第二十世	远	第九十八世
第二十一世	书	第九十九世
第二十二世	香	第一百世
第二十三世	昭	第一百零一世
第二十四世	家	第一百零二世
第二十五世	发	第一百零三世
第二十六世	鸿	第一百零四世
第二十七世	凤	第一百零五世
第二十八世	阳	第一百零六世
第二十九世	良	第一百零七世
第三十世	繁	第一百零八世
第三十一世	秋	第一百零九世
第三十二世	现	第一百一十世
第三十三世		第一百一十一世

70. 安徽太和魏腰支系主干世系字辈及世次排列表

世次排列	主干世系字辈	犨公为一世
第一世	天	第七十八世
第二世	学	第七十九世
第三世	应	第八十世
第四世	有	第八十一世
第五世	宗	第八十二世
第六世	中	第八十三世
第七世	永	第八十四世
第八世	本	第八十五世
第九世	道	第八十六世
第十世	从	第八十七世
第十一世	师	第八十八世
第十二世	景	第八十九世

续表

世次排列	主干世系字辈	犨公为一世
第十三世	兴	第九十世
第十四世	万	第九十一世
第十五世	善	第九十二世
第十六世	礼	第九十三世
第十七世	纪	第九十四世
第十八世	定	第九十五世
第十九世	太	第九十六世
第二十世	平	第九十七世
第二十一世	唐	第九十八世
第二十二世	虞	第九十九世
第二十三世		第一百世
第二十四世		第一百零一世
第二十五世		第一百零二世
第二十六世		第一百零三世
第二十七世		第一百零四世
第二十八世		第一百零五世
第二十九世		第一百零六世

71. 武汉汉阳思泰公支系主干世系字辈及世次排列表

世次排列	主干世系字辈	犨公为一世
第一世	思泰	第七十一世
第二世	源	第七十二世
第三世	澄	第七十三世
第四世	本	第七十四世
第五世	伯	第七十五世
第六世	昌	第七十六世
第七世	名	第七十七世
第八世	啓	第七十八世
第九世	明	第七十九世

续表

世次排列	主干世系字辈	犨公为一世
第十世	修	第八十世
第十一世	德	第八十一世
第十二世	辉	第八十二世
第十三世	光	第八十三世
第十四世	绪	第八十四世
第十五世	培	第八十五世
第十六世	仁	第八十六世
第十七世	启	第八十七世
第十八世	世	第八十八世
第十九世	昌	第八十九世
第二十世	忠	第九十世
第二十一世		第九十一世
第二十二世		第九十二世
第二十三世		第九十三世
第二十四世		第九十四世
第二十五世		第九十五世
第二十六世		第九十六世
第二十七世		第九十七世
第二十八世		第九十八世

72. 四川省宜宾支系主干世系字辈及世次排列表

世次排列	主干世系字辈	犨公为一世
第一世	曰	第六十三世
第二世	言	第六十四世
第三世	赵	第六十五世
第四世	安	第六十六世
第五世	祥	第六十七世
第六世	宾	第六十八世
第七世	崇	第六十九世

续表

世次排列	主干世系字辈	犨公为一世
第八世	水	第七十世
第九世	益	第七十一世
第十世	奇	第七十二世
第十一世	儒	第七十三世
第十二世	锡	第七十四世
第十三世	大	第七十五世
第十四世	凤	第七十六世
第十五世	德	第七十七世
第十六世	世	第七十八世
第十七世	星	第七十九世
第十八世	勋	第八十世
第十九世	仕	第八十一世
第二十世	善	第八十二世
第二十一世	天	第八十三世
第二十二世	启	第八十四世
第二十三世	大	第八十五世
第二十四世	名	第八十六世
第二十五世	兆	第八十七世
第二十六世	吉	第八十八世
第二十七世	昌	第八十九世
第二十八世	信	第九十世
第二十九世	陵	第九十一世
第三十世	建	第九十二世
第三十一世	立	第九十三世
第三十二世	德	第九十四世
第三十三世	绵	第九十五世
第三十四世	长	第九十六世
第三十五世	忠	第九十七世
第三十六世	贞	第九十八世
第三十七世	克	第九十九世
第三十八世		第一百世

73. 云南昭通支系主干世系字辈及世次排列表

世次排列	主干世系字辈	犨公为一世
第一世	日元	第六十三世
第二世		第六十四世
第三世		第六十五世
第四世		第六十六世
第五世		第六十七世
第六世		第六十八世
第七世		第六十九世
第八世		第七十世
第九世		第七十一世
第十世		第七十二世
第十一世		第七十三世
第十二世		第七十四世
第十三世		第七十五世
第十四世		第七十六世
第十五世		第七十七世
第十六世		第七十八世
第十七世		第七十九世
第十八世		第八十世
第十九世		第八十一世
第二十世		第八十二世
第二十一世		第八十三世
第二十二世		第八十四世
第二十三世		第八十五世
第二十四世		第八十六世
第二十五世		第八十七世
第二十六世		第八十八世
第二十七世		第八十九世
第二十八世		第九十世
第二十九世		第九十一世
第三十世		第九十二世
第三十一世		第九十三世
第三十二世		第九十四世

74. 安徽天长支系主干世系字辈及世次排列表

世次排列	主干世系字辈					龔公为一世
第一世	待考					第六十五世
第二世	待考					第六十六世
第三世	待考					第六十七世
第四世	待考					第六十八世
第五世	待考					第六十九世
第六世	待考					第七十世
第七世	待考					第七十一世
第八世	待考					第七十二世
第九世	待考					第七十三世
第十世	待考					第七十四世
第十一世	师					第七十五世
第十二世	官					第七十六世
第十三世	卯					第七十七世
第十四世	学					第七十八世
第十五世	正					第七十九世
第十六世	文					第八十世
第十七世	武					第八十一世
第十八世	上、尚					第八十二世
第十九世	殿、天					第八十三世
第二十世	廷（池）、浩					第八十四世
第二十一世	为	雪	文	维	程	第八十五世
第二十二世	政（家）	韬	沛	志	洁 辰	第八十六世
第二十三世	心（延）	晨	明	悦	若 侯	第八十七世
第二十四世	士	存				第八十八世
第二十五世	庆	德				第八十九世
第二十六世	文（未出世）					第九十世
第二十七世	学					第九十一世

世次排列	主干世系字辈						犨公为一世
第二十八世	传						第九十二世
第二十九世	家						第九十三世
第三十世	绪						第九十四世
第三十一世	必						第九十五世
第三十二世	昌						第九十六世
第三十三世							第九十七世
第三十四世							第九十八世
第三十五世							第九十九世

75. 河北邯郸魏庄支系主干世系字辈及世次排列表

世次排列	主干世系字辈	犨公为一世
第一世	良甫	第六十六世
第二世		第六十七世
第三世		第六十八世
第四世		第六十九世
第五世		第七十世
第六世		第七十一世
第七世		第七十二世
第八世		第七十三世
第九世		第七十四世
第十世		第七十五世
第十一世		第七十六世
第十二世		第七十七世
第十三世		第七十八世
第十四世		第七十九世
第十五世		第八十世
第十六世		第八十一世
第十七世		第八十二世

世次排列	主干世系字辈	犨公为一世
第十八世		第八十三世
第十九世		第八十四世
第二十世		第八十五世
第二十一世		第八十六世
第二十二世		第八十七世
第二十三世		第八十八世
第二十四世		第八十九世
第二十五世		第九十世
第二十六世		第九十一世
第二十七世		第九十二世
第二十八世		第九十三世
第二十九世		第九十四世
第三十世		第九十五世
第三十一世		第九十六世
第三十二世		第九十七世

76. 山东枣庄山亭区魏山头支系主干世系字辈及世次排列表

世次排列	主干世系字辈	犨公为一世
第一世	大公	第七十五世
第二世	庭	第七十六世
第三世	兴	第七十七世
第四世	景	第七十八世
第五世	天	第七十九世
第六世	云	第八十世
第七世	连	第八十一世
第八世	宪	第八十二世
第九世	成	第八十三世
第十世	富	第八十四世

世次排列	主干世系字辈	犨公为一世
第十一世	启	第八十五世
第十二世	勤(春)	第八十六世
第十三世	华	第八十七世
第十四世	才	第八十八世
第十五世	茂	第八十九世
第十六世	繁	第九十世
第十七世	秋	第九十一世
第十八世	硕	第九十二世
第十九世	浩	第九十三世
第二十世	欣	第九十四世
第二十一世	荣	第九十五世
第二十二世	世	第九十六世
第二十三世	泰	第九十七世
第二十四世	恒	第九十八世
第二十五世	瑞	第九十九世
第二十六世	昌	第一百世
第二十七世	家	第一百零一世
第二十八世	和	第一百零二世
第二十九世	鸿	第一百零三世
第三十世	运	第一百零四世
第三十一世	盛	第一百零五世
第三十二世		

77. 安徽阜阳支系主干世系字辈及世次排列表

世次排列	主干世系字辈	犨公为一世
第一世	大公	第七十六世
第二世		第七十七世
第三世		第七十八世
第四世		第七十九世

续表

世次排列	主干世系字辈	鞶公为一世
第五世		第八十世
第六世		第八十一世
第七世		第八十二世
第八世		第八十三世
第九世		第八十四世
第十世		第八十五世
第十一世		第八十六世
第十二世		第八十七世
第十三世		第八十八世
第十四世		第八十九世
第十五世		第九十世
第十六世		第九十一世
第十七世		第九十二世
第十八世		第九十三世
第十九世		第九十四世
第二十世		第九十五世
第二十一世		第九十六世
第二十二世		第九十七世
第二十三世		第九十八世
第二十四世		第九十九世
第二十五世		第一百世
第二十六世		第一百零一世
第二十七世		第一百零二世
第二十八世		第一百零三世
第二十九世		第一百零四世
第三十世		第一百零五世
第三十一世		第一百零六世
第三十二世		第一百零七世

78. 滕州东郭支系主干世系字辈及世次排列表

世次排列	主干世系字辈		犨公为一世
第一世	朝	朝相	第七十七世
第二世	镇		第七十八世
第三世	章	宪章	第七十九世
第四世	功		第八十世
第五世	元	志元	第八十一世
第六世	允	允义	第八十二世
第七世	星	星炳	第八十三世
第八世	锡	锡坦	第八十四世
第九世	洪		第八十五世
第十世	子		第八十六世
第十一世	有		第八十七世
第十二世	文		第八十八世
第十三世	秀		第八十九世
第十四世			第九十世
第十五世			第九十一世
第十六世			第九十二世
第十七世			第九十三世
第十八世			第九十四世
第十九世			第九十五世
第二十世			第九十六世
第二十一世			第九十七世
第二十二世			第九十八世
第二十三世			第九十九世
第二十四世			第一百世
第二十五世			第一百零一世
第二十六世			第一百零二世
第二十七世			第一百零三世
第二十八世			第一百零四世
第二十九世			第一百零五世
第三十世			第一百零六世

79. 河南邓州十林魏寨支系主干世系字辈及世次排列表

世次排列	主干世系字辈	犨公为一世
第一世	禄仁	第六十六世
第二世	品国　品增	第六十七世
第三世		第六十八世
第四世		第六十九世
第五世		第七十世
第六世		第七十一世
第七世		第七十二世
第八世		第七十三世
第九世		第七十四世
第十世		第七十五世
第十一世		第七十六世
第十二世		第七十七世
第十三世		第七十八世
第十四世		第七十九世
第十五世		第八十世
第十六世		第八十一世
第十七世		第八十二世
第十八世		第八十三世
第十九世		第八十四世
第二十世		第八十五世
第二十一世		第八十六世
第二十二世		第八十七世
第二十三世		第八十八世
第二十四世		第八十九世
第二十五世		第九十世
第二十六世		第九十一世
第二十七世		第九十二世
第二十八世		第九十三世
第二十九世		第九十四世
第三十世		第九十五世
第三十一世		第九十六世
第三十二世		第九十七世

80. 河南邓州腰店夏楼支系主干世系字辈及世次排列表

世次排列	主干世系字辈	犨公为一世
第一世	崇德	第七十七世
第二世		第七十八世
第三世		第七十九世
第四世		第八十世
第五世		第八十一世
第六世		第八十二世
第七世		第八十三世
第八世		第八十四世
第九世		第八十五世
第十世		第八十六世
第十一世		第八十七世
第十二世		第八十八世
第十三世		第八十九世
第十四世		第九十世
第十五世		第九十一世
第十六世		第九十二世
第十七世		第九十三世
第十八世		第九十四世
第十九世		第九十五世
第二十世		第九十六世
第二十一世		第九十七世
第二十二世		第九十八世
第二十三世		第九十九世
第二十四世		第一百世
第二十五世		第一百零一世
第二十六世		第一百零二世
第二十七世		第一百零三世
第二十八世		第一百零四世
第二十九世		第一百零五世
第三十世		第一百零六世
第三十一世		第一百零七世
第三十二世		第一百零八世

81. 河南邓州黄龙庙支系主干世系字辈及世次排列表

世次排列	主干世系字辈	鞏公为一世
第一世	焕公	第七十五世
第二世		第七十六世
第三世		第七十七世
第四世		第七十八世
第五世		第七十九世
第六世		第八十世
第七世		第八十一世
第八世		第八十二世
第九世		第八十三世
第十世		第八十四世
第十一世		第八十五世
第十二世		第八十六世
第十三世		第八十七世
第十四世		第八十八世
第十五世		第八十九世
第十六世		第九十世
第十七世		第九十一世
第十八世		第九十二世
第十九世		第九十三世
第二十世		第九十四世
第二十一世		第九十五世
第二十二世		第九十六世
第二十三世		第九十七世
第二十四世		第九十八世
第二十五世		第九十九世
第二十六世		第一百世
第二十七世		第一百零一世
第二十八世		第一百零二世
第二十九世		第一百零三世
第三十世		第一百零四世
第三十一世		第一百零五世
第三十二世		第一百零六世

82. 河南商丘柘城支系主干世系字辈及世次排列表

世次排列	主干世系字辈	犨公为一世
第一世	二公	第六十六世
第二世		第六十七世
第三世		第六十八世
第四世		第六十九世
第五世		第七十世
第六世		第七十一世
第七世		第七十二世
第八世		第七十三世
第九世		第七十四世
第十世		第七十五世
第十一世		第七十六世
第十二世		第七十七世
第十三世		第七十八世
第十四世		第七十九世
第十五世		第八十世
第十六世		第八十一世
第十七世		第八十二世
第十八世		第八十三世
第十九世		第八十四世
第二十世		第八十五世
第二十一世		第八十六世
第二十二世		第八十七世
第二十三世		第八十八世
第二十四世		第八十九世
第二十五世		第九十世
第二十六世		第九十一世
第二十七世		第九十二世
第二十八世		第九十三世
第二十九世		第九十四世
第三十世		第九十五世
第三十一世		第九十六世
第三十二世		第九十七世

83. 河北邯郸魏县魏城镇王营村张姓支系主干世系字辈及世次排列表

世次排列	主干世系字辈	犨公为一世
第一世	堂公	第七十四世
第二世		第七十五世
第三世		第七十六世
第四世		第七十七世
第五世		第七十八世
第六世		第七十九世
第七世		第八十世
第八世		第八十一世
第九世		第八十二世
第十世		第八十三世
第十一世		第八十四世
第十二世		第八十五世
第十三世		第八十六世
第十四世		第八十七世
第十五世		第八十八世
第十六世		第八十九世
第十七世		第九十世
第十八世		第九十一世
第十九世		第九十二世
第二十世		第九十三世
第二十一世		第九十四世
第二十二世		第九十五世
第二十三世		第九十六世
第二十四世		第九十七世
第二十五世		第九十八世
第二十六世		第九十九世
第二十七世		第一百世
第二十八世		第一百零一世
第二十九世		第一百零二世
第三十世		第一百零三世
第三十一世		第一百零四世
第三十二世		第一百零五世

84. 四川宜宾珙县支系主干世系字辈及世次排列表

世次排列	主干世系字辈	犨公为一世
第一世	启云　启华　启虞	第七十六世
第二世		第七十七世
第三世		第七十八世
第四世		第七十九世
第五世		第八十世
第六世		第八十一世
第七世		第八十二世
第八世		第八十三世
第九世		第八十四世
第十世		第八十五世
第十一世		第八十六世
第十二世		第八十七世
第十三世		第八十八世
第十四世		第八十九世
第十五世		第九十世
第十六世		第九十一世
第十七世		第九十二世
第十八世		第九十三世
第十九世		第九十四世
第二十世		第九十五世
第二十一世		第九十六世
第二十二世		第九十七世
第二十三世		第九十八世
第二十四世		第九十九世
第二十五世		第一百世
第二十六世		第一百零一世
第二十七世		第一百零二世
第二十八世		第一百零三世
第二十九世		第一百零四世
第三十世		第一百零五世
第三十一世		第一百零六世
第三十二世		第一百零七世

85. 安徽五河沙窝支系主干世系字辈及世次排列表

世次排列	主干世系字辈	犨公为一世
第一世	天	第七十九世
第二世	盛	第八十世
第三世	啟	第八十一世
第四世	邦	第八十二世
第五世	学	第八十三世
第六世	兆	第八十四世
第七世	明	第八十五世
第八世	良	第八十六世
第九世	庆	第八十七世
第十世	元	第八十八世
第十一世	振	第八十九世
第十二世	作	第九十世
第十三世	思	第九十一世
第十四世	泽	第九十二世
第十五世	绪锦	第九十三世
第十六世		第九十四世
第十七世		第九十五世
第十八世		第九十六世
第十九世		第九十七世
第二十世		第九十八世
第二十一世		第九十九世
第二十二世		第一百世
第二十三世		第一百零一世
第二十四世		第一百零二世
第二十五世		第一百零三世
第二十六世		第一百零四世

世次排列	主干世系字辈	犨公为一世
第二十七世		第一百零五世
第二十八世		第一百零六世
第二十九世		第一百零七世
第三十世		第一百零八世
第三十一世		第一百零九世
第三十二世		第一百一十世
第三十三世		第一百一十一世
第三十四世		第一百一十二世
第三十五世		第一百一十三世
第三十六世		第一百一十四世
第三十七世		第一百一十五世
第三十八世		第一百一十六世

86. 河北邯郸魏县支系主干世系字辈及世次排列表

世次排列	主干世系字辈	犨公为一世
第一世	登云	第六十七世
第二世	失考	第六十八世
第三世	失考	第六十九世
第四世	失考	第七十世
第五世	失考	第七十一世
第六世	失考	第七十二世
第七世	失考	第七十三世
第八世	安	第七十四世
第九世	起明	第七十五世
第十世	圣言	第七十六世
第十一世	尔学	第七十七世
第十二世	勋	第七十八世

世次排列	主干世系字辈	犨公为一世
第十三世	国用	第七十九世
第十四世	均	第八十世
第十五世	五奎	第八十一世
第十六世	昇	第八十二世
第十七世	孟元	第八十三世
第十八世	鹤鸣	第八十四世
第十九世	普同	第八十五世
第二十世	荫林	第八十六世
第二十一世	焕勇	第八十七世
第二十二世	伦荣	第八十八世
第二十三世		第八十九世
第二十四世		第九十世
第二十五世		第九十一世
第二十六世		第九十二世
第二十七世		第九十三世
第二十八世		第九十四世
第二十九世		第九十五世
第三十世		第九十六世
第三十一世		第九十七世
第三十二世		第九十八世
第三十三世		第九十九世
第三十四世		第一百世
第三十五世		第一百零一世
第三十六世		第一百零二世
第三十七世		第一百零三世
第三十八世		第一百零四世

87. 山西省柳林支系主干世系字辈及世次排列表

世次排列	主干世系字辈					犨公为一世
第一世	小楼					第七十三世
第二世	近	远	通	达		第七十四世
第三世	金					第七十五世
第四世	顺	恭	良	周	官　齐	第七十六世
第五世	文					第七十七世
第六世	朝	宝	贵	开	兴　起	第七十八世
第七世	子	子	子	子	子	第七十九世
第八世	治	治	治	长	长	第八十世
第九世	士	成	见	步	步	第八十一世
第十世	应	应	应	生	生	第八十二世
第十一世	作	端	有	天	贵	第八十三世
第十二世	世	世	世			第八十四世
第十三世	锦	锦	海			第八十五世
第十四世	光	玉	志			第八十六世
第十五世	瑜					第八十七世
第十六世						第八十八世
第十七世						第八十九世
第十八世						第九十世
第十九世						第九十一世
第二十世						第九十二世
第二十一世						第九十三世
第二十二世						第九十四世
第二十三世						第九十五世
第二十四世						第九十六世
第二十五世						第九十七世
第二十六世						第九十八世
第二十七世						第九十九世
第二十八世						第一百世

世次排列	主干世系字辈					鬶公为一世
第二十九世						第一百零一世
第三十世						第一百零二世
第三十一世						第一百零三世
第三十二世						第一百零四世
第三十三世						第一百零五世
第三十四世						第一百零六世
第三十五世						第一百零七世
第三十六世						第一百零八世
第三十七世						第一百零九世
第三十八世						第一百一十世

88. 浙江温州瑞安主干世系字辈及世次排列表

世次排列	主干世系字辈	鬶公为一世
第一世	宁吾	第六十二世
第二世		第六十三世
第三世		第六十四世
第四世		第六十五世
第五世		第六十六世
第六世		第六十七世
第七世		第六十八世
第八世		第六十九世
第九世		第七十世
第十世		第七十一世
第十一世		第七十二世
第十二世		第七十三世
第十三世		第七十四世
第十四世		第七十五世
第十五世		第七十六世

世次排列	主干世系字辈	犨公为一世
第十六世		第七十七世
第十七世		第七十八世
第十八世		第七十九世
第十九世		第八十世
第二十世		第八十一世
第二十一世		第八十二世
第二十二世		第八十三世
第二十三世		第八十四世
第二十四世		第八十五世
第二十五世		第八十六世
第二十六世		第八十七世
第二十七世		第八十八世
第二十八世		第八十九世
第二十九世		第九十世
第三十世		第九十一世
第三十一世		第九十二世
第三十二世		第九十三世

89. 湖南岳阳念藏公支系主干世系字辈及世次排列表

世次排列	主干世系字辈	犨公为一世
第一世	念藏	第六十四世
第二世		第六十五世
第三世		第六十六世
第四世		第六十七世
第五世		第六十八世
第六世		第六十九世
第七世		第七十世
第八世		第七十一世

世次排列	主干世系字辈	犨公为一世
第九世		第七十二世
第十世		第七十三世
第十一世		第七十四世
第十二世		第七十五世
第十三世		第七十六世
第十四世		第七十七世
第十五世		第七十八世
第十六世		第七十九世
第十七世		第八十世
第十八世		第八十一世
第十九世		第八十二世
第二十世		第八十三世
第二十一世		第八十四世
第二十二世		第八十五世
第二十三世		第八十六世
第二十四世		第八十七世
第二十五世		第八十八世
第二十六世		第八十九世
第二十七世		第九十世
第二十八世		第九十一世
第二十九世		第九十二世
第三十世		第九十三世
第三十一世		第九十四世
第三十二世		第九十五世

90. 河南宝丰县主干世系字辈及世次排列表

世次排列	主干世系字辈	犨公为一世
第一世	云公	第七十五世
第二世		第七十六世

续表

世次排列	主干世系字辈	犫公为一世
第三世		第七十七世
第四世		第七十八世
第五世		第七十九世
第六世		第八十世
第七世		第八十一世
第八世		第八十二世
第九世		第八十三世
第十世		第八十四世
第十一世		第八十五世
第十二世		第八十六世
第十三世		第八十七世
第十四世		第八十八世
第十五世		第八十九世
第十六世		第九十世
第十七世		第九十一世
第十八世		第九十二世
第十九世		第九十三世
第二十世		第九十四世
第二十一世		第九十五世
第二十二世		第九十六世
第二十三世		第九十七世
第二十四世		第九十八世
第二十五世		第九十九世
第二十六世		第一百世
第二十七世		第一百零一世
第二十八世		第一百零二世
第二十九世		第一百零三世
第三十世		第一百零四世
第三十一世		第一百零五世
第三十二世		第一百零六世

91. 山东峄县支系主干世系字辈及世次排列表

世次排列	主干世系字辈	犨公为一世
第一世	和卿	第六十一世
第二世	庭实	第六十二世
第三世	裕	第六十三世
第四世	可久	第六十四世
第五世	善	第六十五世
第六世	失考	第六十六世
第七世	失考	第六十七世
第八世	失考	第六十八世
第九世	失考	第六十九世
第十世	失考	第七十世
第十一世	失考	第七十一世
第十二世	失考	第七十二世
第十三世	失考	第七十三世
第十四世	芬	第七十四世
第十五世	槐	第七十五世
第十六世	大	第七十六世
第十七世	庭	第七十七世
第十八世	本	第七十八世
第十九世	邦	第七十九世
第二十世	建	第八十世
第二十一世	秉	第八十一世
第二十二世	昭	第八十二世
第二十三世	先	第八十三世
第二十四世	宪	第八十四世
第二十五世	丕	第八十五世
第二十六世	绪	第八十六世
第二十七世	庆	第八十七世

世次排列	主干世系字辈	犨公为一世
第二十八世	华	第八十八世
第二十九世		第八十九世
第三十世		第九十世
第三十一世		第九十一世
第三十二世		第九十二世
第三十三世		第九十三世
第三十四世		第九十四世
第三十五世		第九十五世
第三十六世		第九十六世
第三十七世		第九十七世
第三十八世		第九十八世

92. 山东台儿庄江苏邳州望山支系主干世系字辈及世次排列表

世次排列	主干世系字辈	犨公为一世
第一世	天	第六十六世
第二世	开	第六十七世
第三世	洪	第六十八世
第四世	庆	第六十九世
第五世	泽	第七十世
第六世	承	第七十一世
第七世	国	第七十二世
第八世	征	第七十三世
第九世	基	第七十四世
第十世	雄	第七十五世
第十一世	继	第七十六世
第十二世	曰	第七十七世
第十三世	纯	第七十八世
第十四世	良	第七十九世

续表

世次排列	主干世系字辈	犨公为一世
第十五世	美	第八十世
第十六世	思	第八十一世
第十七世	云	第八十二世
第十八世	贤	第八十三世
第十九世	哲	第八十四世
第二十世	中	第八十五世
第二十一世	勤	第八十六世
第二十二世	俭	第八十七世
第二十三世	黄	第八十八世
第二十四世		第八十九世
第二十五世		第九十世
第二十六世		第九十一世
第二十七世		第九十二世
第二十八世		第九十三世
第二十九世		第九十四世
第三十世		第九十五世
第三十一世		第九十六世
第三十二世		第九十七世
第三十三世		第九十八世
第三十四世		第九十九世
第三十五世		第一百世
第三十六世		第一百零一世
第三十七世		第一百零二世
第三十八世		第一百零三世

93. 辽宁瓦房店支系主干世系字辈及世次排列表

世次排列	主干世系字辈	犨公为一世
第一世	有恭(功)	第七十四世
第二世	成举　成汉	第七十五世

世次排列	主干世系字辈	犨公为一世
第三世	玉	第七十六世
第四世	思	第七十七世
第五世	人	第七十八世
第六世	宗	第七十九世
第七世	世	第八十世
第八世	元	第八十一世
第九世	永	第八十二世
第十世	运	第八十三世
第十一世	俊	第八十四世
第十二世	文	第八十五世
第十三世	洪	第八十六世
第十四世	福	第八十七世
第十五世	齐	第八十八世
第十六世	天	第八十九世
第十七世	正	第九十世
第十八世	大	第九十一世
第十九世	光	第九十二世
第二十世	明	第九十三世
第二十一世	仁	第九十四世
第二十二世	义	第九十五世
第二十三世	连	第九十六世
第二十四世	传	第九十七世
第二十五世		第九十八世
第二十六世		第九十九世
第二十七世		第一百世
第二十八世		第一百零一世
第二十九世		第一百零二世
第三十世		第一百零三世
第三十一世		第一百零四世
第三十二世		第一百零五世

94. 江西广昌洙溪支系主干世系字辈及世次排列表

世次排列	主干世系字辈								犟公为一世
第一世	了翁								第六十世
第二世	远四								第六十一世
第三世	二十	字启源							第六十二世
第四世	大公	二公	三公	四公	五公				第六十三世
第五世	念五	念六	念七	念八	念九	千三	千七	孟	第六十四世
第六世	重一	、、、						卯	第六十五世
第七世	三一	、、、						贞	第六十六世
第八世	至善	、、、						伯达	第六十七世
第九世	元迪	、、、						彩	第六十八世
第十世	至	、、、						裡	第六十九世
第十一世	鸿	、、、					文光	有光	第七十世
第十二世	毛	、、、						细龙	第七十一世
第十三世	迟	、、、						用金	第七十二世
第十四世	正兴	、、、							第七十三世
第十五世	祖	、、、							第七十四世
第十六世	失考								第七十五世
第十七世	失考								第七十六世
第十八世	世	之							第七十七世
第十九世	汝	所							第七十八世
第二十世	代	为							第七十九世
第二十一世	来	志							第八十世
第二十二世	常								第八十一世
第二十三世	若								第八十二世
第二十四世	其								第八十三世
第二十五世	生								第八十四世
第二十六世	心								第八十五世
第二十七世	一								第八十六世

世次排列	主干世系字辈							鼙公为一世
第二十八世	如							第八十七世
第二十九世	必							第八十八世
第三十世	大							第八十九世
第三十一世	于							第九十世
第三十二世	先							第九十一世
第三十三世	后							第九十二世
第三十四世	启							第九十三世
第三十五世								第九十四世

95. 河南社旗支系主干世系字辈及世次排列表

世次排列	主干世系字辈	鼙公为一世
第一世	世行	第六十八世
第二世		第六十九世
第三世		第七十世
第四世		第七十一世
第五世	廷辅	第七十二世
第六世		第七十三世
第七世		第七十四世
第八世		第七十五世
第九世		第七十六世
第十世		第七十七世
第十一世		第七十八世
第十二世		第七十九世
第十三世		第八十世
第十四世		第八十一世
第十五世		第八十二世
第十六世		第八十三世
第十七世		第八十四世

续表

世次排列	主干世系字辈	雔公为一世
第十八世		第八十五世
第十九世		第八十六世
第二十世		第八十七世
第二十一世		第八十八世
第二十二世		第八十九世
第二十三世		第九十世
第二十四世		第九十一世
第二十五世		第九十二世
第二十六世		第九十三世
第二十七世		第九十四世
第二十八世		第九十五世
第二十九世		第九十六世
第三十世		第九十七世
第三十一世		第九十八世
第三十二世		第九十九世

96. 山东聊城阳谷支系主干世系字辈及世次排列表

世次排列	主干世系字辈				雔公为一世
第一世	智				第六十五世
第二世	清				第六十六世
第三世	解				第六十七世
第四世	国				第六十八世
第五世	来				第六十九世
第六世	宏				第七十世
第七世	玿	瓛	玖		第七十一世
第八世	鼎	汭	海	超	第七十二世
第九世	江				第七十三世
第十世	五				第七十四世

世次排列	主干世系字辈				犨公为一世
第十一世	允				第七十五世
第十二世	鸣				第七十六世
第十三世	兴				第七十七世
第十四世	振				第七十八世
第十五世	玉				第七十九世
第十六世	法				第八十世
第十七世	茂				第八十一世
第十八世	承				第八十二世
第十九世	汝				第八十三世
第二十世	全				第八十四世
第二十一世	奕				第八十五世
第二十二世	良				第八十六世
第二十三世	守				第八十七世
第二十四世	序				第八十八世
第二十五世	宗				第八十九世
第二十六世	家				第九十世
第二十七世	德				第九十一世
第二十八世	正				第九十二世
第二十九世	昭				第九十三世
第三十世	仰				第九十四世
第三十一世	龙				第九十五世
第三十二世	光				第九十六世
第三十三世					第九十七世
第三十四世					第九十八世
第三十五世					第九十九世
第三十六世					第一百世
第三十七世					第一百零一世
第三十八世					第一百零二世

97. 安徽六安淠河主干世系字辈及世次排列表

世次排列	主干世系字辈	辇公为一世
第一世	鈇	第五十九世
第二世	彧	第六十世
第三世	瑚	第六十一世
第四世	祖顕	第六十二世
第五世	迎修	第六十三世
第六世	斌公	第六十四世
第七世	啟华、仁华	第六十五世
第八世		第六十六世
第九世		第六十七世
第十世		第六十八世
第十一世		第六十九世
第十二世		第七十世
第十三世		第七十一世
第十四世		第七十二世
第十五世		第七十三世
第十六世		第七十四世
第十七世		第七十五世
第十八世		第七十六世
第十九世		第七十七世
第二十世		第七十八世
第二十一世		第七十九世
第二十二世		第八十世
第二十三世		第八十一世
第二十四世		第八十二世
第二十五世		第八十三世
第二十六世		第八十四世
第二十七世		第八十五世
第二十八世		第八十六世
第二十九世		第八十七世
第三十世		第八十八世
第三十一世		第八十九世
第三十二世		第九十世

98. 四川泸州主干世系字辈及世次排列表

世次排列	主干世系字辈	犨公为一世
第一世	廷銮	第七十二世
第二世		第七十三世
第三世		第七十四世
第四世		第七十五世
第五世		第七十六世
第六世		第七十七世
第七世		第七十八世
第八世		第七十九世
第九世		第八十世
第十世		第八十一世
第十一世		第八十二世
第十二世		第八十三世
第十三世		第八十四世
第十四世		第八十五世
第十五世		第八十六世
第十六世		第八十七世
第十七世		第八十八世
第十八世		第八十九世
第十九世		第九十世
第二十世		第九十一世
第二十一世		第九十二世
第二十二世		第九十三世
第二十三世		第九十四世
第二十四世		第九十五世
第二十五世		第九十六世
第二十六世		第九十七世
第二十七世		第九十八世
第二十八世		第九十九世
第二十九世		第一百世
第三十世		第一百零一世
第三十一世		第一百零二世
第三十二世		第一百零三世

99. 安徽六安西北乡火星庙主干世系字辈及世次排列表

世次排列	主干世系字辈	犫公为一世
第一世	胤昌	第七十四世
第二世		第七十五世
第三世		第七十六世
第四世		第七十七世
第五世		第七十八世
第六世		第七十九世
第七世		第八十世
第八世		第八十一世
第九世		第八十二世
第十世		第八十三世
第十一世		第八十四世
第十二世		第八十五世
第十三世		第八十六世
第十四世		第八十七世
第十五世		第八十八世
第十六世		第八十九世
第十七世		第九十世
第十八世		第九十一世
第十九世		第九十二世
第二十世		第九十三世
第二十一世		第九十四世
第二十二世		第九十五世
第二十三世		第九十六世
第二十四世		第九十七世
第二十五世		第九十八世
第二十六世		第九十九世
第二十七世		第一百世
第二十八世		第一百零一世
第二十九世		第一百零二世
第三十世		第一百零三世
第三十一世		第一百零四世
第三十二世		第一百零五世

100. 河北邢台柏乡驻驾铺主干世系字辈及世次排列表

世次排列	主干世系字辈	犨公为一世
第一世	公	第七十五世
第二世		第七十六世
第三世		第七十七世
第四世		第七十八世
第五世		第七十九世
第六世		第八十世
第七世		第八十一世
第八世		第八十二世
第九世		第八十三世
第十世		第八十四世
第十一世		第八十五世
第十二世		第八十六世
第十三世		第八十七世
第十四世		第八十八世
第十五世		第八十九世
第十六世		第九十世
第十七世		第九十一世
第十八世		第九十二世
第十九世		第九十三世
第二十世		第九十四世
第二十一世		第九十五世
第二十二世		第九十六世
第二十三世		第九十七世
第二十四世		第九十八世
第二十五世		第九十九世
第二十六世		第一百世
第二十七世		第一百零一世
第二十八世		第一百零二世
第二十九世		第一百零三世
第三十世		第一百零四世
第三十一世		第一百零五世
第三十二世		第一百零六世

101. 河南洛阳负图村支系主干世系字辈及世次排列表

世次排列	主干世系字辈	犨公为一世
第一世	一蛟	第七十五世
第二世		第七十六世
第三世		第七十七世
第四世		第七十八世
第五世		第七十九世
第六世		第八十世
第七世		第八十一世
第八世		第八十二世
第九世		第八十三世
第十世		第八十四世
第十一世		第八十五世
第十二世		第八十六世
第十三世		第八十七世
第十四世		第八十八世
第十五世		第八十九世
第十六世		第九十世
第十七世		第九十一世
第十八世		第九十二世
第十九世		第九十三世
第二十世		第九十四世
第二十一世		第九十五世
第二十二世		第九十六世
第二十三世		第九十七世
第二十四世		第九十八世
第二十五世		第九十九世
第二十六世		第一百世
第二十七世		第一百零一世
第二十八世		第一百零二世
第二十九世		第一百零三世
第三十世		第一百零四世
第三十一世		第一百零五世
第三十二世		第一百零六世

102. 安徽萧县支系主干世系字辈及世次排列表

世次排列	主干世系字辈			犨公为一世
第一世	洪公			第六十五世
第二世	失考			第六十六世
第三世	失考			第六十七世
第四世	失考			第六十八世
第五世	失考			第六十九世
第六世	失考			第七十世
第七世	失考			第七十一世
第八世	失考			第七十二世
第九世	失考			第七十三世
第十世	失考			第七十四世
第十一世	庭			第七十五世
第十二世	国			第七十六世
第十三世	永			第七十七世
第十四世	大			第七十八世
第十五世	山			第七十九世
第十六世	敏			第八十世
第十七世	广			第八十一世
第十八世	继	克		第八十二世
第十九世	世	良		第八十三世
第二十世	成	兴	化	第八十四世
第二十一世	守	学	业	第八十五世
第二十二世	庆			第八十六世
第二十三世	来			第八十七世
第二十四世	恒			第八十八世
第二十五世				第八十九世
第二十六世				第九十世
第二十七世				第九十一世
第二十八世				第九十二世

世次排列	主干世系字辈			犨公为一世
第二十九世				第九十三世
第三十世				第九十四世
第三十一世				第九十五世
第三十二世				第九十六世
第三十三世				第九十七世
第三十四世				第九十八世
第三十五世				第九十九世
第三十六世				第一百世
第三十七世				第一百零一世
第三十八世				第一百零二世

103. 广东茂名主干世系字辈及世次排列表

世次排列	主干世系字辈	犨公为一世
第一世	明公	第七十世
第二世		第七十一世
第三世		第七十二世
第四世		第七十三世
第五世		第七十四世
第六世		第七十五世
第七世		第七十六世
第八世		第七十七世
第九世		第七十八世
第十世		第七十九世
第十一世		第八十世
第十二世		第八十一世
第十三世		第八十二世
第十四世		第八十三世
第十五世		第八十四世
第十六世		第八十五世

续表

世次排列	主干世系字辈	犨公为一世
第十七世		第八十六世
第十八世		第八十七世
第十九世		第八十八世
第二十世		第八十九世
第二十一世		第九十世
第二十二世		第九十一世
第二十三世		第九十二世
第二十四世		第九十三世
第二十五世		第九十四世
第二十六世		第九十五世
第二十七世		第九十六世
第二十八世		第九十七世
第二十九世		第九十八世
第三十世		第九十九世
第三十一世		第一百世
第三十二世		第一百零一世

104. 天津赤土、黄骅支系主干世系字辈及世次排列表

世次排列	主干世系字辈				犨公为一世
第一世	泰诠	泰潮	泰臣	泰庭	第六十六世
第二世	彭殿				第六十七世
第三世	河明				第六十八世
第四世	良辰				第六十九世
第五世	天周				第七十世
第六世	思全				第七十一世
第七世	国全				第七十二世
第八世	应德				第七十三世
第九世	良龙				第七十四世

续表

世次排列	主干世系字辈				鬓公为一世
第十世	之忠				第七十五世
第十一世	继大				第七十六世
第十二世	廷江				第七十七世
第十三世	元	光	希		第七十八世
第十四世	慎东				第七十九世
第十五世	和章				第八十世
第十六世	荣元				第八十一世
第十七世	仲登				第八十二世
第十八世	东庆				第八十三世
第十九世	顺耀凤				第八十四世
第二十世	西宗建				第八十五世
第二十一世	平弘文				第八十六世
第二十二世	总瑞				第八十七世
第二十三世	长祥				第八十八世
第二十四世					第八十九世
第二十五世					第九十世
第二十六世					第九十一世
第二十七世					第九十二世
第二十八世					第九十三世
第二十九世					第九十四世
第三十世					第九十五世
第三十一世					第九十六世
第三十二世					第九十七世
第三十三世					第九十八世
第三十四世					第九十九世
第三十五世					第一百世
第三十六世					第一百零一世
第三十七世					第一百零二世
第三十八世					第一百零三世

105. 山东潍坊峡山主干世系字辈及世次排列表

世次排列	主干世系字辈	犫公为一世
第一世	永	第七十二世
第二世	朝	第七十三世
第三世	勤 伦	第七十四世
第四世	良	第七十五世
第五世	奇	第七十六世
第六世	岳 岱	第七十七世
第七世	兆弘守	第七十八世
第八世	仁中	第七十九世
第九世	法思	第八十世
第十世	廷	第八十一世
第十一世	成龄清	第八十二世
第十二世	楼学阁台	第八十三世
第十三世	亭志修	第八十四世
第十四世	文新居	第八十五世
第十五世	林松森	第八十六世
第十六世	明德福	第八十七世
第十七世	堂昌子	第八十八世
第十八世	宗东	第八十九世
第十九世		第九十世
第二十世		第九十一世
第二十一世		第九十二世
第二十二世		第九十三世
第二十三世		第九十四世
第二十四世		第九十五世
第二十五世		第九十六世
第二十六世		第九十七世
第二十七世		第九十八世

世次排列	主干世系字辈	犨公为一世
第二十八世		第九十九世
第二十九世		第一百世
第三十世		第一百零一世
第三十一世		第一百零二世
第三十二世		第一百零三世
第三十三世		第一百零四世
第三十四世		第一百零五世
第三十五世		第一百零六世
第三十六世		第一百零七世
第三十七世		第一百零八世
第三十八世		第一百零九世

106. 四川隆昌绍钦堂支系主干世系字辈及世次排列表

世次排列	主干世系字辈	犨公为一世
第一世	達義　字志重	第七十七世
第二世	邦廣　字宏英	第七十八世
第三世	遇隆　字聖選	第七十九世
第四世	輔良　字超倫	第八十世
第五世	明瑾　字從龍	第八十一世
第六世	至暉　字汝吉	第八十二世
第七世	榮孟　字仲元	第八十三世
第八世	永聲　字建亭	第八十四世
第九世	全柯	第八十五世
第十世	興德	第八十六世
第十一世	万红	第八十七世
第十二世	家一	第八十八世
第十三世		第八十九世
第十四世		第九十世

世次排列	主干世系字辈	犨公为一世
第十五世		第九十一世
第十六世		第九十二世
第十七世		第九十三世
第十八世		第九十四世
第十九世		第九十五世
第二十世		第九十六世
第二十一世		第九十七世
第二十二世		第九十八世
第二十三世		第九十九世
第二十四世		第一百世
第二十五世		第一百零一世
第二十六世		第一百零二世
第二十七世		第一百零三世
第二十八世		第一百零四世
第二十九世		第一百零五世
第三十世		第一百零六世

107. 河南南乐县良兴公支系主干世系字辈及世次排列表

世次排列	主干世系字辈	犨公为一世
第一世	良兴	第六十六世
第二世	敬	第六十七世
第三世	友	第六十八世
第四世	林	第六十九世
第五世	彪	第七十世
第六世	凤	第七十一世
第七世	臣	第七十二世
第八世	卞	第七十三世
第九世	守元	第七十四世

世次排列	主干世系字辈	雠公为一世
第十世	之傑	第七十五世
第十一世	迪	第七十六世
第十二世	三苏	第七十七世
第十三世	备	第七十八世
第十四世	国樑	第七十九世
第十五世	德勋	第八十世
第十六世	清士	第八十一世
第十七世	仓	第八十二世
第十八世	义方	第八十三世
第十九世	普	第八十四世
第二十世	荫	第八十五世
第二十一世	焕	第八十六世
第二十二世	纶	第八十七世
第二十三世	泽	第八十八世
第二十四世	宪	第八十九世
第二十五世	诏	第九十世
第二十六世		第九十一世
第二十七世		第九十二世
第二十八世		第九十三世
第二十九世		第九十四世
第三十世		第九十五世
第三十一世		第九十六世
第三十二世		第九十七世
第三十三世		第九十八世
第三十四世		第九十九世
第三十五世		第一百世
第三十六世		第一百零一世
第三十七世		第一百零二世
第三十八世		第一百零三世

108. 江苏泗洪支系主干世系字辈及世次排列表

世次排列	主干世系字辈					犨公为一世
第一世	长一					第七十三世
第二世	三省	三才				第七十四世
第三世	宏	德	道	思	量	第七十五世
第四世	国	？				第七十六世
第五世	邦	邦				第七十七世
第六世	山	山				第七十八世
第七世	长	永				第七十九世
第八世	大	成				第八十世
第九世	文	光				第八十一世
第十世	光	仁				第八十二世
第十一世	耀	义				第八十三世
第十二世	继	德				第八十四世
第十三世	传	礼				第八十五世
第十四世	唯	纯				第八十六世
第十五世	有	尔				第八十七世
第十六世	书	兴				第八十八世
第十七世	百	十七世未启用				第八十九世
第十八世	世					第九十世
第十九世	润					第九十一世
第二十世	如					第九十二世
第二十一世	春					第九十三世
第二十二世						第九十四世
第二十三世						第九十五世
第二十四世						第九十六世
第二十五世						第九十七世
第二十六世						第九十八世
第二十七世						第九十九世

续表

世次排列	主干世系字辈					鼙公为一世
第二十八世						第一百世
第二十九世						第一百零一世
第三十世						第一百零二世
第三十一世						第一百零三世
第三十二世						第一百零四世
第三十三世						第一百零五世
第三十四世						第一百零六世
第三十五世						第一百零七世
第三十六世						第一百零八世
第三十七世						第一百零九世
第三十八世						第一百一十世

109. 山西平定夏庄支系主干世系字辈及世次排列表

世次排列	主干世系字辈						鼙公为一世
第一世	失考						第七十一世
第二世	同		同				第七十二世
第三世	廷喜			廷禄		廷清	第七十三世
第四世	官	宫	栋	琏	环	槐 安 宁	第七十四世
第五世	世明						第七十五世
第六世	海						第七十六世
第七世	金宝						第七十七世
第八世	库						第七十八世
第九世	元						第七十九世
第十世	党	魁					第八十世
第十一世	宁						第八十一世
第十二世	山						第八十二世
第十三世	锦						第八十三世
第十四世	春						第八十四世
第十五世	守						第八十五世

续表

世次排列	主干世系字辈							犨公为一世
第十六世	华							第八十六世
第十七世	建							第八十七世
第十八世	龙							第八十八世
第十九世								第八十九世
第二十世								第九十世
第二十一世								第九十一世
第二十二世								第九十二世
第二十三世								第九十三世
第二十四世								第九十四世
第二十五世								第九十五世
第二十六世								第九十六世
第二十七世								第九十七世
第二十八世								第九十八世
第二十九世								第九十九世
第三十世								第一百世
第三十一世								第一百零一世
第三十二世								第一百零二世
第三十三世								第一百零三世

110. 四川合江小漕支系主干世系字辈及世次排列表

世次排列	主干世系字辈	犨公为一世
第一世	明	第六十二世
第二世	在	第六十三世
第三世	奇	第六十四世
第四世	相	第六十五世
第五世	圣	第六十六世
第六世	文	第六十七世
第七世	元	第六十八世
第八世	宗	第六十九世

世次排列	主干世系字辈	犨公为一世
第九世	绍	第七十世
第十世	金	第七十一世
第十一世	壁	第七十二世
第十二世	新	第七十三世
第十三世	登	第七十四世
第十四世	佐	第七十五世
第十五世	朝	第七十六世
第十六世	月	第七十七世
第十七世	志	第七十八世
第十八世	国	第七十九世
第十九世	逢	第八十世
第二十世	世	第八十一世
第二十一世	洪	第八十二世
第二十二世	良	第八十三世
第二十三世	高	第八十四世
第二十四世	仕	第八十五世
第二十五世	俊	第八十六世
第二十六世	坤	第八十七世
第二十七世	玺	第八十八世
第二十八世		第八十九世
第二十九世		第九十世
第三十世		第九十一世
第三十一世		第九十二世
第三十二世		第九十三世
第三十三世		第九十四世
第三十四世		第九十五世
第三十五世		第九十六世
第三十六世		第九十七世
第三十七世		第九十八世
第三十八世		第九十九世

111. 河北文安魏张各庄主干世系字辈及世次排列表

世次排列	主干世系字辈	犨公为一世
第一世	裕昆	第六十六世
第二世		第六十七世
第三世		第六十八世
第四世		第六十九世
第五世		第七十世
第六世		第七十一世
第七世		第七十二世
第八世		第七十三世
第九世		第七十四世
第十世		第七十五世
第十一世		第七十六世
第十二世		第七十七世
第十三世		第七十八世
第十四世		第七十九世
第十五世		第八十世
第十六世		第八十一世
第十七世		第八十二世
第十八世		第八十三世
第十九世		第八十四世
第二十世		第八十五世
第二十一世		第八十六世
第二十二世		第八十七世
第二十三世		第八十八世
第二十四世		第八十九世
第二十五世		第九十世
第二十六世		第九十一世
第二十七世		第九十二世
第二十八世		第九十三世
第二十九世		第九十四世
第三十世		第九十五世
第三十一世		第九十六世
第三十二世		第九十七世

112. 湖南沙泉支系主干世系字辈及世次排列表

世次排列	主干世系字辈	鼙公为一世
第一世	善缘	第六十六世
第二世	失考	第六十七世
第三世	失考	第六十八世
第四世	失考	第六十九世
第五世	失考	第七十世
第六世	失考	第七十一世
第七世	失考	第七十二世
第八世	失考	第七十三世
第九世	失考	第七十四世
第十世	失考	第七十五世
第十一世	失考	第七十六世
第十二世	嗣	第七十七世
第十三世	绍	第七十八世
第十四世	先	第七十九世
第十五世	贤	第八十世
第十六世	学	第八十一世
第十七世	述	第八十二世
第十八世	至	第八十三世
第十九世	正	第八十四世
第二十世	孝	第八十五世
第二十一世	友	第八十六世
第二十二世	诒	第八十七世
第二十三世	谋	第八十八世
第二十四世	诗	第八十九世
第二十五世	书	第九十世
第二十六世	积	第九十一世
第二十七世	庆	第九十二世

续表

世次排列	主干世系字辈	犨公为一世
第二十八世	培	第九十三世
第二十九世	植	第九十四世
第三十世	本	第九十五世
第三十一世	源	第九十六世
第三十二世	宗	第九十七世
第三十三世	枝	第九十八世
第三十四世	自	第九十九世
第三十五世	盛	第一百世

113. 四川合江魏家祠支系主干世系字辈及世次排列表

世次排列	主干世系字辈	犨公为一世
第一世	朝	第七十四世
第二世	世	第七十五世
第三世	文	第七十六世
第四世	崇	第七十七世
第五世	举	第七十八世
第六世	唐	第七十九世
第七世	纟	第八十世
第八世	其	第八十一世
第九世	龙	第八十二世
第十世	肇	第八十三世
第十一世	清	第八十四世
第十二世	辉	第八十五世
第十三世	永	第八十六世
第十四世	成	第八十七世
第十五世	英	第八十八世
第十六世	德	第八十九世
第十七世		第九十世

世次排列	主干世系字辈	犨公为一世
第十八世		第九十一世
第十九世		第九十二世
第二十世		第九十三世
第二十一世		第九十四世
第二十二世		第九十五世
第二十三世		第九十六世
第二十四世		第九十七世
第二十五世		第九十八世
第二十六世		第九十九世
第二十七世		第一百世
第二十八世		第一百零一世
第二十九世		第一百零二世
第三十世		第一百零三世
第三十一世		第一百零四世

114. 山东临沂平邑白彦主干世系字辈及世次排列表

世次排列	主干世系字辈	犨公为一世
第一世	公	第七十六世
第二世		第七十七世
第三世		第七十八世
第四世		第七十九世
第五世		第八十世
第六世		第八十一世
第七世		第八十二世
第八世		第八十三世
第九世		第八十四世
第十世		第八十五世
第十一世		第八十六世

续表

世次排列	主干世系字辈	犨公为一世
第十二世		第八十七世
第十三世		第八十八世
第十四世		第八十九世
第十五世		第九十世
第十六世		第九十一世
第十七世		第九十二世
第十八世		第九十三世
第十九世		第九十四世
第二十世		第九十五世
第二十一世		第九十六世
第二十二世		第九十七世
第二十三世		第九十八世
第二十四世		第九十九世
第二十五世		第一百世
第二十六世		第一百零一世
第二十七世		第一百零二世
第二十八世		第一百零三世
第二十九世		第一百零四世
第三十世		第一百零五世
第三十一世		第一百零六世
第三十二世		第一百零七世

115. 四川自贡主干世系字辈及世次排列表

世次排列	主干世系字辈	犨公为一世
第一世	长年	第七十五世
第二世		第七十六世
第三世		第七十七世
第四世		第七十八世

世次排列	主干世系字辈	犨公为一世
第五世		第七十九世
第六世		第八十世
第七世		第八十一世
第八世		第八十二世
第九世		第八十三世
第十世		第八十四世
第十一世		第八十五世
第十二世		第八十六世
第十三世		第八十七世
第十四世		第八十八世
第十五世		第八十九世
第十六世		第九十世
第十七世		第九十一世
第十八世		第九十二世
第十九世		第九十三世
第二十世		第九十四世
第二十一世		第九十五世
第二十二世		第九十六世
第二十三世		第九十七世
第二十四世		第九十八世
第二十五世		第九十九世
第二十六世		第一百世
第二十七世		第一百零一世
第二十八世		第一百零二世
第二十九世		第一百零三世
第三十世		第一百零四世
第三十一世		第一百零五世
第三十二世		第一百零六世

116. 安徽太湖支系主干世系字辈及世次排列表

世次排列	主干世系字辈			犨公为一世
第一世	富一	富二	（父：续宗、江西）	第六十五世
第二世	胜			第六十六世
第三世	文			第六十七世
第四世	思			第六十八世
第五世	永			第六十九世
第六世	伯			第七十世
第七世	启			第七十一世
第八世	子			第七十二世
第九世	绍			第七十三世
第十世	吉			第七十四世
第十一世	可			第七十五世
第十二世	尚			第七十六世
第十三世	学			第七十七世
第十四世	必			第七十八世
第十五世	国			第七十九世
第十六世	正			第八十世
第十七世	朝			第八十一世
第十八世	邦			第八十二世
第十九世	荣			第八十三世
第二十世	继			第八十四世
第二十一世	士			第八十五世
第二十二世	道			第八十六世
第二十三世	大			第八十七世
第二十四世	昌			第八十八世
第二十五世	明			第八十九世
第二十六世	忠			第九十世

世次排列	主干世系字辈			犫公为一世
第二十七世	厚			第九十一世
第二十八世	承			第九十二世
第二十九世	恩			第九十三世
第三十世	续			第九十四世
第三十一世				第九十五世
第三十二世				第九十六世
第三十三世				第九十七世
第三十四世				第九十八世
第三十五世				第九十九世
第三十六世				第一百世
第三十七世				第一百零一世
第三十八世				第一百零二世

117. 河南夏邑县魏楼支系主干世系字辈及世次排列表

世次排列	主干世系字辈	犫公为一世
第一世	魏固	第六十六世
第二世	魏恒	第六十七世
第三世	魏盈	第六十八世
第四世	魏顯	第六十九世
第五世	明善	第七十世
第六世	魏暹	第七十一世
第七世	登科	第七十二世
第八世	文英	第七十三世
第九世	居懋	第七十四世
第十世	太来	第七十五世
第十一世	魏承	第七十六世
第十二世	明德	第七十七世

续表

世次排列	主干世系字辈	犨公为一世
第十三世	起进	第七十八世
第十四世	可成	第七十九世
第十五世	文一	第八十世
第十六世	高太	第八十一世
第十七世	景祥	第八十二世
第十八世	朝正	第八十三世
第十九世	瑞明	第八十四世
第二十世	万	第八十五世
第二十一世	世	第八十六世
第二十二世	传	第八十七世
第二十三世	义	第八十八世
第二十四世	礼	第八十九世
第二十五世		第九十世
第二十六世		第九十一世
第二十七世		第九十二世
第二十八世		第九十三世
第二十九世		第九十四世
第三十世		第九十五世
第三十一世		第九十六世
第三十二世		第九十七世
第三十三世		第九十八世
第三十四世		第九十九世
第三十五世		第一百世
第三十六世		第一百零一世
第三十七世		第一百零二世
第三十八世		第一百零三世

118. 河南巩义乾沟魏氏支系主干世系字辈及世次排列表

世次排列	主干世系字辈	犨公为一世
第一世:始迁祖	敏公	第六十六世
第二世		第六十七世
第三世		第六十八世
第四世		第六十九世
第五世	迪公　西祠堂　东祠堂(楼院)	第七十世
第六世	景华(洲)系	第七十一世
第七世	洲公　江公	第七十二世
第八世	国聘　国和	第七十三世
第九世	应旌　应明	第七十四世
第十世	长庆　进庆	第七十五世
第十一世	三益　士秀	第七十六世
第十二世	恒祚　祚　永祚	第七十七世
第十三世	天培　继　天成	第七十八世
第十四世	世芥　生　世琮	第七十九世
第十五世	克勤　恩　登筵	第八十世
第十六世	玉林　林　维义	第八十一世
第十七世	西爵　新阳　朝宝	第八十二世
第十八世	有恩　晋和　有(福)	第八十三世
第十九世	振　守仁　金(声)	第八十四世
第二十世	文　凌云　文(奇)	第八十五世
第二十一世	鸿　风奇　宏	第八十六世
第二十二世	存　银安　存	第八十七世
第二十三世	明　林中　明	第八十八世
第二十四世	守　炳奥　守	第八十九世
第二十五世	敬　亦阳　敬	第九十世
第二十六世	宗　(尚未启用)	第九十一世
第二十七世	思	第九十二世
第二十八世	永	第九十三世
第二十九世	忠	第九十四世
第三十世	然	第九十五世
第三十一世	汝	第九十六世
第三十二世		第九十七世

119. 河南潢川县(光州)来龙乡支系主干世系字辈及世次排列表

世次排列	主干世系字辈	犨公为一世
第一世:始迁祖	葛泰	第七十四世
第二世	魏秀	第七十五世
第三世	振碧	第七十六世
第四世	魏府	第七十七世
第五世	平章	第七十八世
第六世	立修	第七十九世
第七世	廷飏　邦彦	第八十世
第八世	鸿勋　鸿翔　鸿业　庚吉	第八十一世
第九世	俊卿　曜卿　安卿　福卿	第八十二世
第十世	兴沅　金沅　亲沅	第八十三世
第十一世	广良	第八十四世
第十二世	文元	第八十五世
第十三世	保民	第八十六世
第十四世	开来	第八十七世
第十五世	春阳	第八十八世
第十六世	子航	第八十九世
第十七世		第九十世
第十八世		第九十一世
第十九世		第九十二世
第二十世		第九十三世
第二十一世		第九十四世
第二十二世		第九十五世
第二十三世		第九十六世
第二十四世		第九十七世
第二十五世		第九十八世
第二十六世		第九十九世
第二十七世		第一百世
第二十八世		第一百零一世
第二十九世		第一百零二世
第三十世		第一百零三世
第三十一世		第一百零四世

120. 大名堂分堂三鉴堂、鄂陂信八公豫光支系主干世系字辈及世次排列表

世次排列	主干世系字辈								犫公为一世
第一世	孝学　字淑宣　号字乔								第六十三世
第二世	信八公								第六十四世
第三世	和								第六十五世
第四世	孟麟								第六十六世
第五世	承								第六十七世
第六世	祖明								第六十八世
第七世	文崇								第六十九世
第八世	讳公								第七十世
第九世	天								第七十一世
第十世	大								第七十二世
第十一世	泮	梁	海	滔	宗	寅	容	延	第七十三世
第十二世	民								第七十四世
第十三世	晋								第七十五世
第十四世	应								第七十六世
第十五世	忠								第七十七世
第十六世	厚								第七十八世
第十七世	传								第七十九世
第十八世	家								第八十世
第十九世	古								第八十一世
第二十世	诗								第八十二世
第二十一世	书								第八十三世
第二十二世	世								第八十四世
第二十三世	泽								第八十五世
第二十四世	昌								第八十六世
第二十五世	经								第八十七世
第二十六世	纶								第八十八世
第二十七世	恒								第八十九世
第二十八世	致								第九十世
第二十九世	久								第九十一世

121. 临沂水田峰山支系主干世系字辈及世次排列表

世次排列	主干世系字辈	犨公为一世
第一世：始迁祖	承诏	第七十世
第二世	彦皋	第七十一世
第三世	汝	第七十二世
第四世	三省	第七十三世
第五世	君	第七十四世
第六世	国	第七十五世
第七世	学	第七十六世
第八世	秉	第七十七世
第九世	氵	第七十八世
第十世	相	第七十九世
第十一世	凤	第八十世
第十二世	起	第八十一世
第十三世	传	第八十二世
第十四世	应	第八十三世
第十五世	景	第八十四世
第十六世	宝	第八十五世
第十七世	元	第八十六世
第十八世	善(春)	第八十七世
第十九世	开(敬)	第八十八世
第二十世	新	第八十九世
第二十一世	良	第九十世
第二十二世	繁	第九十一世
第二十三世	秋	第九十二世
第二十四世	现	第九十三世
第二十五世	忠	第九十四世
第二十六世	厚	第九十五世
第二十七世	祥	第九十六世
第二十八世	世	第九十七世
第二十九世	远	第九十八世
第三十世	书	第九十九世

十八、魏氏历史名人传记

（一）春秋战国时期的魏氏祖先

1. 魏氏开宗一世祖先——魏武子（犨）

据《左传》《史记》记载，魏犨，生于约公元前680年，卒于约公元前594年，谥魏武子，毕万家族魏氏第一任领袖，第一位受封谥的魏氏祖先，被奉为魏氏开宗一世祖先。

魏武子（犨）的父亲是周文王第15子姬高毕公（周武王的弟弟）的裔孙毕万。

晋献公元年（前676），年幼的犨（魏氏诞生后的魏犨）随父亲毕万入晋。

晋献公十六年（前661）毕万升为车右将军，因战功受赐古魏国为食邑，被封为大夫。此间，魏武子（犨）也随父亲入住晋国都城曲沃，成为贵族子弟，有机会与晋献公二儿子重耳一起度过童年，成为重耳的五个好友之一，为日后升迁打下了基础。

晋献公二十一年（前656），晋室争立太子。晋献公为了立小儿子奚齐为太子，先杀死了大儿子太子申生，又欲杀二儿子重耳和三儿子夷吾。重耳在舅舅狐偃的精心策划下成功出逃，流亡异国他乡长达19年。魏武子（犨）对重耳忠心耿耿，与赵衰、狐偃、贾佗、先轸、介子推等一起追随陪伴重耳流亡列国，不离不弃。

在魏武子（犨）陪同重耳流亡五年之后的公元前651年（晋献公二十六年），"晋献公卒，四子争更立，晋乱。而毕万之世弥大，从其国名为魏氏"。此处，太史公交代了魏氏诞生的时间、政治背景、历史条件。魏氏诞生的时间是公元前651年之后。毕万之世弥大指的是什么？毕万之世的国名是指什么？令人迷惑。

为了说明"毕万之世弥大"，接下来太史公用倒叙的方式讲述了魏武子（犨）的生平。

"生武子"。谁生了武子？上文的主语是毕万，当指毕万生武子，出生时间不详。但是,可以从重耳出生的时间及魏武子(犨)从重耳出亡的时间来推知,武子应生于公元前680年前后。此时,魏氏尚未诞生,他的姓氏仍为毕氏,名犨。"武子"只是他去世后的封谥,"魏"是左丘明所加。

"魏武子以魏诸子事晋公子重耳。"这里说的是魏武子一生追随晋公子重耳,其职务是"诸子"(专职管理国子事务司士级别的下大夫)。"魏诸子"是指后来改称魏氏的诸子。应当指出:魏武子及魏诸子的"魏"是《左传》作者冠在犨公的谥号"武子"及职务"诸子"之前的。事重耳时,由于魏氏尚未诞生,根本不存在魏××。《左传》成书于公元前403年至公元前396年,正值新的诸侯国魏国建立之初,作者为了避免对新任国君魏文侯的不尊,有意回避了"犨"这个名字,而是使用了谥称"魏武子(犨)"和官职"魏诸子"来指代犨这个人。

为何"魏诸子"的"诸子"不是指魏家诸多儿子的意思而是指官职?据《汉语大词典》,"诸子"一词最先始于西周。第一种解释,在《周礼·夏官·叙官》中,"诸子"是与司士平级的官员,位列司士之后作为司士专门负责国子事务的副手,是专掌国子们的戒令与教治、辨国子之等、正国子之位的官员。第二种解释,在《周礼·地官·司徒》中,"诸子"是指作为公、侯、伯、子、男五爵中的子们。目前网上又出现了脑洞大开的第三种猜测:"魏诸子"是古魏国宫廷中遗留的诸子。

如果按第二种解释,"魏诸子"为公、侯、伯、子、男五爵中的子们,由于毕万至多是大夫将军,不是爵位,其子们再多也不属于诸子,所以不能成立。

如果按第三种猜测,"魏诸子"是被晋献公和毕万所灭古魏国的遗留诸子,则更不能成立。晋献公的公子重耳岂敢将古魏国的诸子仇人弄到身边当护卫?

所以,事重耳的"魏诸子"只能做第一种解释:后来受赐魏氏的在重耳身边担任"诸子"的那位先生。

太史公接着讲述了魏武子于公元前656年随重耳出逃至公元前637年返回晋国、重新受赐魏邑、受封治魏权和右戎大夫的时间经过。

从上下文的衔接来看,"毕万之世弥大",绝不是指毕万家族的人多势众。自公元前676年毕万入晋至公元前651年,仅25年时间,即使毕万父子再能生育也增添不了几口人,至多增加一代人,而且都是少年儿童,怎么能成为毕万之世改毕为魏氏的资格?

所以,毕万之世就是指毕万的"世子、宗子"或者指毕万父子的势力和地位。这个"世子"就是指魏武子(犨)。"弥大"就是毕万家族的势力地位日益增大。此时晋国掌权的将军大夫里克准备迎接重耳回国执政,而魏武子(犨)的权势地位也随之日增。"魏诸子"的官职虽然不算大,但是已经成为重耳之家有威望、有影响力的人物。这个以邑为魏氏且弥大的毕万之世,除了毕万,在《左传》和《史记》里面只有魏武子(犨)而没有其他人。由此可知,是魏武子(犨)以其国名(封邑)为魏氏。应当指出,这里的国名不能排除是战国初期的诸侯国魏国。

在成书于战国初期的《左传》中,第一个"魏"字出现于记述公元前656年发生的重耳出亡事件。作者左丘明在书中称"魏武子"来指代犨公,但"武子"只是后来的封谥而不是名字。记述晋文公于公元前634年攻打曹国的故事时,左丘明没有再使用魏武子,而是启用魏犨这个名字了。为什么作者在讲述陪侍重耳出亡的魏犨时,没有使用犨,也没有使用魏犨,而是使用了后来的封谥魏武子?《左传》作者左丘明和《史记》作者司马迁为何都不使用姓名而使用谥称,是因为公元前656年魏氏尚未出现,还没有魏犨这个名字,而作者又忌讳使用犨,只好用后来的封谥"魏武子"来尊称当时的犨公。

犨何时改为魏犨的?最大的可能应当是公元前636年。此时,为毕氏的犨公已经因功被晋文公封大夫、封治魏权、赐魏邑、赐魏氏。这才算得上"毕万之世弥大"。《左传》作者左丘明和《史记》作者司马迁记述公元前636年以前涉及犨公的事件时都使用"魏武子",记述公元前636年之后发生的事件时都是使用"魏犨"。由此可见,公元前636年就是魏氏诞生的时间。

根据《左传》记载魏颗执行魏犨遗嘱让父妾另嫁的时间来判断,魏犨约逝世于公元前594年,享年80余岁。魏犨一生历经晋献公、晋文公、晋襄公、晋灵公、晋成公、晋景公六朝君主,去世前四世同堂、子孙人才辈出,魏寿余、魏锜、魏颗、魏绛、魏相(吕相)、魏颉(令狐颉)等都是景公时期担任要职的杰出人物,为后世魏诸侯国的诞生奠定了坚实基础。

"令魏武子(犨)袭魏氏之后封。""令"是"给予"而不是命令,"袭"为"重复、再一次"而不是继承;"魏氏"为犨所改的魏氏,"后封"为魏氏诞生之后魏犨所得到的封赏。全句之意应是:给予犨"魏武子"这个称号,是他受赐魏邑、受赐魏氏、受封治魏大夫以后得到的又一次封赐。

谁封的"武子"这个谥?应当有两种可能。首先,根据西周谥法,大夫功臣去世后一般由君主依据功绩给予封谥,也有子侄、兄弟或者后世所赠。魏武子首先应当为晋文公所封。其次,是魏国君主魏文侯所赠。从春秋战国时期的谥法看,诸侯封谥只许封五庙,《史记·魏世家》中记载,魏文侯斯祖先有封谥的魏氏卿大夫正好有五庙:武子、悼子、昭子、献子、桓子。所以,"魏武子(犨)"这个谥称不能排除就是魏国首位君主魏文侯给予他第一代魏氏祖先的封赠。魏武子(犨)成为第一位受封谥的魏氏祖先。

在晋室争权杀戮的许多年间,晋献公前妻齐姜所生的太子申生被晋献公二夫人骊姬谋杀;拥立新君主骊姬之子奚齐和卓子的大夫国相荀息以及骊姬、奚齐、卓子都被拥立重耳(狐姬所生)、夷吾(狐女小戎子所生)的将军里克所杀;将军大夫里克被自己拥立的新君主晋惠公夷吾所杀;为保护重耳不被重耳的侄子晋怀公所害的狐突(狐毛、狐偃之父,重耳和夷吾的外公)被重外孙晋怀公所杀;追杀伯父重耳未遂的晋怀公子圉被新君主晋文公重耳所杀;追随重耳出亡的颠颉因与魏犫一起火烧僖负羁而被晋文公重耳所杀,而魏犫凭借自己的机智逃过了一死;原晋军统帅吕甥和郤芮被晋文公诱杀;晋怀公下令重耳的追随者返晋而未返者的家族族长多数受到迫害。在这种残酷的政治背景下,魏犫从开始做出服侍重耳的政治选择,到能够成功逃过死劫,为魏氏留下了生命火种,这一切都证明:魏犫绝对不是头脑简单的一介武夫,而是足智多谋、深谋远虑、文武兼备的时代精英。完全可以说,如果没有魏犫,根本不存在后来的魏诸侯国,也就不会有魏世家!

毋庸置疑,魏武子(犫)是改毕称魏第一人、魏氏分支第一代领袖、当之无愧的魏氏开宗一世祖先。

魏武子(犫)生有三子:魏悼子(寿余)、魏颗、魏锜。

2. 春秋时期继承魏氏基业、有谥无名的魏悼子和有名无谥的魏寿余

魏悼子,春秋时晋国大夫,魏氏最早出人头地的先人魏武子犫长子,在《史记》里有谥无名。其儿子魏昭子(绛)的后代继承了魏氏家族的荣耀和领地。魏之先世毕万以军功封于魏(今芮城县境内),是魏悼子承上启下徙居于霍(今霍州市境内)。前562年,魏昭子始居安邑,即今禹王城。到战国时,魏惠王三十一年(前339)才迁居大梁,其间安邑作为魏都共计223年。该支系是魏氏家族联谱的核心公共世系。

司马迁的《史记·魏世家·第十四》对魏悼子没有过多的记载:"魏武子袭魏氏之后封,列为大夫,治于魏,生悼子。魏悼子徙治霍,生魏绛。"其他古书中也查不到魏悼子的名字。《世本·居篇》记载:"武子(魏犫)居魏。悼子(?)徙霍。昭子(魏绛)徙安邑。"魏悼子能与毕万和魏犫一样享受被赐予新的封地(霍国)的待遇,肯定是功绩卓著的一代魏氏。古时的"悼"就是"卓"的意思,悼子是谥号。司马迁在《史记》中只说魏悼子是魏犫之子,而没有说魏悼子叫什么名字。根据从政时间及社会地位判断,不排除魏悼子就是魏寿余的可能。魏悼子作为春秋时晋国大夫,承上启下将魏封地迁居霍(今山西霍县西南),为"魏"发达做出了贡献。

魏寿余,公元前614年以"苦肉计诈降"而著名的晋国人物,其事迹记载于《左传·文公十三年》《史记·秦本纪》《史记·晋世家》中。城濮之战后,晋国政治中心已经长久不见魏家人的身影了。公元前614年,赵盾主持的晋国内阁出现危机。由于内部政治斗争,狐偃之子贾季出奔于狄,能臣士会流亡于秦,两人为敌国

出力,给晋国带来不少麻烦。经过商议,赵盾决定迎士会回国。但士会在秦国已经颇受重用,自己待得也相当满意,似乎并没有回来的意愿,看来只有用计将其赚回。这个任务就落在了魏寿余的身上。

魏寿余与赵盾商定——似乎应该是魏寿余献的计——施一出苦肉计。赵盾公开宣称,魏寿余阴谋叛国投秦,罪大恶极,并将其连同家小押解到都城。随后又安排魏寿余连夜"逃脱",亡命来到秦国。秦康公正与晋国热战,自然欢迎。魏寿余向康公献计:其实我早想投秦,并且已经把魏家基本说服了,现在请让我再过河(魏地在黄河东岸)去,连人带城给您都争取过来。康公心花怒放,立即批准。趁人不注意,寿余悄悄踩了下士会的脚,士会何等精明,立马会意。

为了迎接魏地归降,秦康公亲自率兵来到黄河西岸,对岸的魏人已经聚集在岸边,似乎马上就要过来投诚了。寿余请示康公:"请您派一个能够与魏地几位官员说上话的河东人,和臣先过去交涉妥当。"康公抬眼看见士会:"那你就辛苦一趟吧?"这时士会却诚恳推辞:"晋人,虎狼也!如果他们说话不算数,臣过去会被晋国人杀死,臣的家小在这边也要丧命,这样对您也没什么好处,到时候您后悔就来不及了!"而现在秦康公眼里只有对岸的土地:"万一他们违背了原先的话把你扣下,我如果不归还你的家小,必受河神惩罚!"寿余、士会两人满心欢悦向河边走去。秦臣绕朝看得真切,将一条马鞭赠给士会,幽幽道:"您不要以为秦国无人,只是国君不听我的意见罢了!"

二人渡过黄河,东岸的魏人一见大功告成,立刻喧呼着回去了。康公懊丧不已,但还是恪守诺言,把士会的家小送还晋国。至此,魏寿余的苦肉计完满谢幕。

魏寿余,具体身份和辈分不详,考察其参政活动时间,魏犨于公元前655年陪同重耳流亡,魏寿余实施苦肉计的出场时间是公元前614年,相差41年。魏寿余可能就是魏犨儿子——有谥无名的魏悼子。

3. 名标青史的晋国大将军——魏颗

魏犨次子魏颗,被封于令狐(今山西临猗西),是令狐氏家族的开基始祖。魏颗为人明礼敦厚,晋将军,。公元前594年,晋将魏颗领兵对驻于辅氏的秦军发起攻击,大败敌军,俘获秦大力士杜回。秦桓公被迫率军撤走。晋景公把令狐赏作封邑。故魏颗成了令狐姓的得姓开基祖先,魏与令狐一脉相连。"以邑为氏"而姓的令狐氏至今已有2300多年的历史。此后10余年,晋、秦两国之间争战不断,互有胜负。至晋景公六年(周定王十三年)夏,楚国已从晋国手中夺取中原霸权。令狐氏在汉代世居太原,为望族。王莽杀令狐迈后,族人大多避居敦煌。

关于魏武子和魏颗还有一个有趣的故事。据说魏武子得病的时候要魏颗在他死后将他的一个爱妾改嫁,但是病重快死时又要魏颗将这个妾殉葬。魏武子死后,魏颗让这个妾改嫁了,他说:"病重了就昏乱了,应该听从他清醒时的话。"后来在鲁宣公十五年,魏颗在辅氏这个地方和秦军作战,他看到一个老人将草打成结把秦将杜回绊倒,让魏颗俘虏了杜回。夜里他梦见这个老人说他是那个改嫁的魏武子的妾的父亲,特来报答他。后来人们常说报答别人要"结草衔环",其中"结草"指的就是这件事。

4. 射杀楚共王的晋将魏锜

魏犨三子魏锜,姬姓,魏氏,名锜,谥武。春秋时晋国大夫,魏犨之子,魏颗之弟(生卒年不详)。因为被封于吕、厨二邑,以邑为氏,别为吕氏、厨氏。也被称为厨武子、吕武子、厨子、吕锜。

晋景公三年(前597),荀林父任中军元帅率师与楚进行邲之战,魏锜为求当公族大夫未成而生气,想让晋军失败。先行请战被拒,再请求为使向楚求和,却向楚军挑拨与晋交战。楚将潘党追杀他到荥泽,魏锜看见六头麋鹿,便射杀一头献给潘党得以脱身。最后晋军在此战中大败。

晋厉公六年(前575),晋楚鄢陵之战中,魏锜梦中预测到自己会射伤楚共王。开战之时,果然射中楚王眼睛。共王便召唤养由基赐二箭,命令他射魏锜。养由基一箭射中魏锜颈项,魏锜伏在弓袋上死去。养由基交回一箭复命。

魏锜以自己的牺牲换来了家族的重大荣誉。公元前573年,晋悼公即位,任命魏锜之子魏相为卿,担任下军将,魏氏从此跨入了卿的行列。悼公在任命魏相时说:"邲之战,魏锜在上军(应为下军)做荀首的助手,俘获了楚国的公子穀臣和连尹襄老,换回了被俘的荀罃。鄢陵之战,他亲手射伤楚王,晋军因此战败楚军,晋国得以安定。而他的后人居然地位不显,现在一定要给他们高贵的地位。"

魏锜生子魏相,又称吕相,曾受晋厉公之命出使秦国去绝交,后被晋悼公任命为下军将,是魏氏第一个担任六卿的成员。

魏武子的三个儿子都没有做到卿的位子。但是他们也都为晋国立下了一些功劳,所以后来晋悼公起用旧族的时候,他们的儿子分别做了卿[魏相(魏锜之子)、魏颉(魏颗之子)]和中军司马[魏绛(魏悼子之子)]。其中魏绛后来成了魏氏之中最为著名的人物。

5. 八年九合诸侯的晋国卿——魏昭子(庄子)

魏绛即魏庄子,魏悼子之子,卒后谥为昭子,是春秋大名鼎鼎、八年九合诸侯的晋卿。据《春秋左氏传》,晋悼公元年(前573)魏绛为司马,执掌军法。

魏绛在晋国历史上的重要贡献,是他提出并实施的和戎之策。魏绛恳切地向晋悼公陈述了和戎的"五利"：第一,"戎狄荐居,贵货易土,土可贾焉",可以利用游牧民族轻视土地,重视财货的习俗,发展对戎狄的贸易;第二,"边鄙不耸,民押其野,穑人成功",没有战争,人民安居乐业,利于发展农业生产;第三,"戎狄事晋,四邻震动,诸侯威怀",诸侯争霸中有威慑作用;第四,"以德绥戎,师徒不勤,甲兵不顿",维持和平局面,军队得到休息,军备物资不需消耗,可以保存晋国的实力;第五,"鉴于后羿,而用德度,远至迩安",借鉴历史的经验,只有采用以德服人的办法,才能保持长久的安宁和睦局面。经过他详细地解释和戎的益处,终于说服了晋悼公,悼公使魏绛和戎。魏绛从国家大局出发,冲破传统偏见的束缚,积极主张和戎,开创了我国历史上汉族争取团结少数民族的先例。和戎政策实施后大见成效,到晋悼公十二年(前562),仅短短的八年时间内,便取得了晋国与戎狄和睦相处的局面。魏绛不但在执法上严毅方正,而且在政治上具有远见卓识,是一位善于领兵作战的将领。

魏绛为忠于晋国,冒死戮杨干之仆。此举震动当时,魏绛名声远扬。事后晋侯非常恼怒,认为魏绛羞辱杨干,就是侮辱自己,破坏自己的声望,故一定要杀魏绛。魏绛执法时已预见到后果的严重性,但为了整肃军纪,将自身利害置之度外。执法完毕,上书陈述行刑的理由,说"军师不武,执事不敬,罪莫大焉";出了杨干这样的事,说明军纪松弛,自己身为司马,应负责任。尤其在诸侯会盟这样的重要场合,如不执行军法,后果将不堪设想。对杨干之仆行刑,确实是迫不得已。自己一向未能尽职尽责,愿以一死谢过。呈书以后,魏绛即要自杀,为人阻挡。晋悼公阅书后大受感动,匆忙间赤足出外,向魏绛道歉。后又专门设宴与魏绛欢叙,并擢升其为新军将佐,予以重任。魏绛居功不傲,不但八年之中九合诸侯不居功,且带兵打仗多有战功,仍甘为赵武之佐。他曾请悼公赈济贫民,以安军心,解民困。所有这些,都是难得的品德和识见。魏绛因功改封在安邑(今属山西运城)。卒后谥为昭子。

6. 著名军事改革家政治家——魏献子

魏舒(?—前509)即魏献子,名荼。春秋后期楚国大夫,著名的军事改革家、军事家、政治家。晋名将魏昭子绛之孙,晋军步战的创始者。在军事史上最重要的贡献就是由车战向步战的转移,仅此一件,就足以使他名垂青史。魏舒方阵的出现是春秋军事史上的大事,是我国车战向步战转变的划时代的标志。魏舒方阵早于古希腊的多立斯(Dorian)伊菲克拉特方阵110年,是当时世界上最先进的步兵方阵。

晋顷公十二年(前514),执政的韩宣子告老,遂让位于魏舒。魏献子主持国政。魏氏从此成为晋国主要的家族。

魏舒在晋国执政六年,展尽才华,奠定了日后三家分晋魏国的基础,使魏军成为当时的一支劲旅,六卿各自采取革新措施,以期发展实力。韩、赵、魏的改革尤为彻底。后来赵又灭范氏、中行氏,迫使他们逃出晋国。春秋末年,智氏最强,赵联合韩、魏消灭智氏。晋长期的卿大夫兼并战争告一段落,三家被周威烈王册封为诸侯。

公元前376年,韩、赵、魏废除晋国的最后国君——晋静公,最终完成三家分晋的历程。三家分晋是以新旧势力斗争为表现形式的晋国社会变革的结果,是中国古代历史从春秋时代进入战国时代的重要标志之一。

晋定公三年(前509),魏舒合诸侯之大夫于狄泉(泉名,今河南洛阳)为成周筑修城墙。他把事情交给了韩献子和原寿过,自己跑到大陵泽(今河南获佳县西北)去打猎,放火烧荒,回来后死在宁(今河南获佳县西)。

7."三家分晋"奠定魏氏基业——魏桓子

魏桓子(姬驹)乃魏侈之孙。智家的大夫智伯瑶想侵占赵、魏、韩三家的土地,对三家大夫赵襄子、魏桓子、韩康子说:"晋国本来是中原霸主,后来被吴、越夺去了霸主地位。为了使晋国强大起来,我主张每家都拿出100里土地和户口来归给公家。"

三家大夫都知道智伯瑶存心不良,想以公家的名义来压他们交出土地。韩康子家臣段规,知智伯向韩康子索要土地,韩康子十分气愤。段规冷静地分析了敌我力量强弱悬殊,提出了割地纵骄、静观事态发展,等待时机消灭智伯的长远战略。这是一条知己知彼,耐心觅机的策略。韩康子先于魏、赵,把土地和1万家户口割让给智家。

魏桓子家臣任章,与段规一样,向魏桓子献计,割地纵骄、伺机灭敌。魏桓子高瞻远瞩,同样把土地和户口割让给智家。智伯瑶又向赵襄子要土地,赵襄子可不答应,说:"土地是上代留下来的产业,说什么也不送人。"

智伯瑶气得火冒三丈,马上命令韩、魏两家一起发兵攻打赵家。公元前455年,智伯瑶自己率领中军,韩家的军队担任右路,魏家的军队担任左路,三队人马直奔赵家。赵襄子自知寡不敌众,就带着赵家兵马退守晋阳(今山西太原市)。没有多少日子,智伯瑶率领的三家人马已经把晋阳城团团围住。赵襄子吩咐将士们坚决守城,不许交战。逢到三家兵士攻城的时候,城头上的箭好像飞蝗似的落下来,使三家人马没法前进一步。晋阳城凭着弓箭死守了两年多。三家兵马始终没能把它攻下来。有一天,智伯瑶到城外察看地形,看到晋阳城东北的那条晋水,忽然想出了一个主意:晋水绕过晋阳城往下流去,要是把晋水引到西南边来,晋阳城不就淹了吗?他就吩咐兵士在晋水旁边另外挖一条河,一直通到晋阳,又在上游筑起坝,拦住上游的水。这时候正赶上雨季,水坝上的水满了。智伯瑶命令兵士在水坝上开了个豁口。这样,大水就直冲晋阳,灌到城里去了。城里的房子被淹了,老百姓不得不跑到房顶上去避难,灶头也被淹没在水里,人们不得不把锅子挂起来做饭。可是,晋阳城的老百姓恨透了智伯瑶,宁可淹死,也不肯投降。

智伯瑶约韩康子、魏桓子一起去察看水势。他指着晋阳城得意地对他们两人说:"你们看,晋阳不是就快完了吗?早先我还以为晋水像城墙一样能拦住敌人,现在才知道大水也能灭掉一个国家呢。"

韩康子和魏桓子表面上顺从地答应,心里暗暗吃惊。原来魏家的封邑安邑(今山西夏县西北)、韩家的封邑平阳(今山西临汾西南)旁边各有一条河道。智伯瑶的话正好提醒了他们,晋水既能淹晋阳,说不定哪一天安邑和平阳也会遭到晋阳同样的命运呢。

晋阳被大水淹了之后,城里的情况越来越困难了。赵襄子非常着急,对他的门客张孟谈说:"民心固然没变,可要是水势再涨起来,全城也就保不住了。"张孟谈说:"我看韩家和魏家把土地割让给智伯瑶,是不会心甘情愿的,我想办法找他们两家说说去。"

当天晚上,赵襄子就派张孟谈偷偷地出城,先找到了韩康子,再找到魏桓子,约他们反过来一起攻打智伯瑶。韩、魏两家正在犹豫,给张孟谈一说,自然都同意了。

第二天夜里,过了三更,智伯瑶正在自己的营里睡着,猛然间听见一片喊杀的声音。他连忙从卧榻上爬起来,发现衣裳和被子全没了,再定睛一看,兵营里全是水。他开始还以为大概是堤坝决口,大水灌到自己营里来了,赶紧叫兵士们去抢修。但是不一会儿,水势越来越大,把兵营全淹了。智伯瑶正在惊慌不定,一霎时,四面八方响起了战鼓。赵、韩、魏家的士兵驾着小船、木筏一齐冲杀过来。智家的兵士,被砍死的和淹死在水里的不计其数。智伯瑶全军覆没,他自己也被三家的人马逮住杀了。

赵襄子行事英明,故能派出心腹张孟谈成功地瓦解了智伯同盟,并为共同利益与韩魏两家结成统一战线,从而一举击败智伯军队,杀掉智伯及其全族,奠定了三家分晋局面的基础。

公元前403年,韩、赵、魏派使者上洛邑见周威烈王,周天子把三家封为诸侯。以后,韩(都城在今河南禹县,后迁至今河南郑)、赵(都城在今山西太原东南,后迁至今河北邯郸)、魏(都城在今山西夏县西北,后迁至今河南开封)成为中原大国,加上秦、齐、楚、燕四国,史称"战国七雄"。

8. 战国时著名政治家、开国雄主——魏文侯

魏文侯(? —前387),姬姓,魏氏,名斯,一曰都,魏驹之子,中国战国时期魏国的建立者。魏斯为魏绛的七世孙,是春秋时晋国魏氏家族又一位显赫人物。公元前445年,继魏桓子即位。公元前403年,韩、赵、魏被周王与各诸侯国正式承认为诸侯,成为封建国家。魏文侯是战国初期魏国的建立者和历史上杰出的国君,对历史的重大贡献,是大胆起用法家人物,如吴起、西门豹、北门可、李悝等,魏国遂成为战国时代的首强,一度称雄于中原。

魏文侯作为战国初期魏国的建立者和历史上杰出的国君,现可见到的资料却很少,只能从《史记》《新序》《说苑》等书中得知大概的情况。

周威烈王二年(前424),也就是秦灵公元年,魏文侯立,这一年为魏文侯元年。早在晋顷公时,其祖魏献子与赵简子、范献子等并为晋卿。后来魏桓子与赵襄子、韩康子共灭智伯而分其地,势力更加强大,给魏文侯提供了施展政治才能的条件。

魏文侯五年(前420),魏诛晋幽公,立幽公的弟弟为晋君。从这件事可以看出,当时魏文侯的势力已经强大到诛、立晋君的地步。以后他不断施展抱负,扩大势力。六年(前419),在少梁筑城。十三年(前412)派其子击围繁、庞二地,迁徙当地人民。十六年(前409),伐秦,于临晋、元里修筑城池。十七年(前408),伐中山,又伐秦,于洛阳、合阳修筑城池。二十二年(前403),魏与韩、赵共列为诸侯,从此取得了与晋侯一样的地位。二十四年(前401),秦伐魏,两军战于阻狐一带。此后七八年未有战事记载。三十二年(前393),伐郑,在酸枣筑城。至三十八年(前387)卒,在位38年的政治生涯中,他为魏国的发展和我国奴隶制向封建制的转变起了很大的作用,从而成为历史上一位著名的政治家。

魏文侯是儒家道德所标榜的榜样。司马迁在《史记》中将魏文侯归于《儒林列传》,并推崇说:"是时独魏文侯好学。"所谓好学,是指对儒家学说的尊崇,对儒家道德的恪守。他十分注意自身道德的修养,不但在当时极出名,在中国历史上也是少见的。《史记》多次记载了他向当时名儒孔子的弟子子夏请教礼乐和经艺之事。子夏替他分析了古乐与新乐之别,以乐喻道,借谈乐向他灌输儒家思想,传授为君之道。田子方、段干木等都出于子夏之门,为孔子的再传弟子,《史记》《淮南子》《说苑》等书都记载了魏文侯拜田子方、段干木为师的事迹。魏文侯一次与田子方饮酒,席间乐人奏钟乐,他听出钟声不协,指出左边音高。田子方由此批评他不该将心思才智用于音乐,而应当专心致力于治理国家,并严肃地指出:"君今审

于声,臣恐君之聋于宫也。"

魏文侯虚心地接受了田子方的批评。魏文侯之子也常受教于田子方,曾将田子方所说的富贵者不得骄人的话告诉了魏文侯,魏文侯感叹地说:如果不是因为你,我哪能听到这样的贤者之言。

魏文侯同段干木的一段故事,更成为我国历史上国君礼贤下士的一段佳话。段干木为当时有才能的儒者,不愿做官。魏文侯欲见他,他竟翻墙而走,不见魏文侯。魏文侯每路过段干木住的地方,总要俯身伏在车轼,以表示敬重。魏文侯再三求见,段干木才与他会面,谈话时,魏文侯一直站着,站倦了也不肯坐,简直如毕恭毕敬的小学生。

魏文侯还能闻过则喜。伐中山后封他的儿子于中山,翟黄指责他不封弟而封子,算不得仁君。他起初很不高兴,随后省悟翟黄说得有理,又喜欢他能直言,便拜为上卿。魏文侯的好学、礼贤、善纳雅言,是一般人尤其是国君很难做到的。这些美德,使他成为当时有名的贤君。

作为以贤明著称的国君,魏文侯还善于用人,用而不疑。人们说吴起贪而好色,但在用兵打仗上很有才能,魏文侯便以吴起为将,进攻秦国,连拔五城,为西河守,一方为安。乐羊率领军队攻打中山国,很多人怀疑、攻击他,诬告信装满了一箱子,但魏文侯信而不疑,终使乐羊大功告成。此外以西门豹为邺令,以北门可为酸枣令,以翟黄为上卿,这些人努力建功立业,为魏国的发达强盛做出了贡献。

魏文侯对历史的重大贡献,是大胆起用法家人物,在魏国实行变法。吴起、西门豹、北门可等,都是法家人物,魏文侯重用的李悝,更是一个法家代表人物。魏国的变法,便是在魏文侯的支持下,由李悝实施的。魏文侯和李悝把"食有劳而禄有功,使有能而赏必行,罚必当"作为一项普遍原则付诸实施,这是社会制度上的一项具有深远意义的重要改革。另依靠吴起、西门豹等在操练军队、破除迷信、兴修水利等方面也都取得了显著的成效,使魏国政令统一,军力强大,农业生产迅速发展,魏国遂成为战国时代的首强,一度称雄于中原,成为战国初期的富强之国。

为了保护变法成果,魏文侯公布了李悝制定的旨在维护新兴地主阶级利益的《法经》,用法律的形式巩固变法的成果。魏文侯以改革家胆略,大胆任用法家人物,支持和领导了这场变法,反映了他的雄才大略及思想的进步性。魏国的变法,开中国历史上变法之先河,开创了战国时期各国相继变法的局面,对我国社会历史的发展,做出了积极的贡献。

在中国历史上,儒家和法家是迥不相同的两个学派。魏文侯是一个集儒家思想和法家思想于一身的较为复杂的历史人物。他既具有儒家思想又具有法家思想的原因所在,主要是讲求实际的求实精神。他根据自己治理国家的需要,根据当时社会发展的需要,对儒、法两家思想择善而从。他礼贤下士、知人善任、闻过则喜,是因为这样对自己治理国家有好处。任用李悝为相,率先大胆地在魏国实行变法,对旧的社会制度进行改革,是因为看到依靠变法可使国家富强,社会进步。

魏文侯是我国历史上一个不多见的贤君,一个有作为的政治家,一个具有儒家思想品德同时又具有法家思想的改革家。尽管关于他的史料不多,但他在历史上的地位是非常重要的。历史将永远记着这样一个伟大的改革家。

魏文侯三十七年(前406)时,魏国疆域的大致范围是:①西部区域:西境在渭水以南有武都、武下、阴晋,渭水北岸洛水及黄河以西有洛阴、临晋、元里、合阳、少梁、庞、皮氏、雕阴、肤施、漆垣、广衍等地与秦为界。北境有榆次、阳邑、平周、蒲阳与赵相接。东境有绛、曲沃、垣等地与韩接壤。南境大体以黄河为界,有黄河北岸的阳晋、封陵、焦、阳狐等地。②东部区域:西境有曲阳、温、怀、卷、酸枣、衍、密、华阳等地与韩为界。北境有棘浦、黄城、宁新中、朝歌、汲、山阳等地与赵为邻。另外,魏越过赵界还控制有中山国领土,东境有观津、观、平阳、济阳等地,东南境有襄城等地。

9. 雄武过人的战国著名政治家——魏武侯

魏武侯,名击,魏文侯斯之子。历史上名声虽不及其父显赫,但在魏国史上仍占有极其重要地位。战国时期魏国文侯、武侯霸业,武侯是继任人和创建者,是位雄武过人的国君。三家灭晋,武侯完成了文侯的未竟事业。魏武侯为太子时,受父亲魏文侯和田子方等儒家名流的教导和影响,遂成为一个明理识道也很注意自身道德修养的人,曾为魏国立下赫赫战功。公元前400年和公元前391年,三晋联军多次击败楚国。魏国盛极一时。

魏武侯在经国大业上,是魏文侯的得力助手,据《史记·魏世家》载,魏文侯十三年(前412),魏击奉父命率军围攻繁、庞二地(属何国及今地俱不详),将当地百姓迁入魏国。十七年(前408),魏伐中山,使魏击守之。说明魏击有统军才能,军事方面为魏国立下赫赫战功。

魏文侯三十八年(前387),文侯卒,魏击即位,是为魏武侯(次年为魏武侯元年)。魏武侯不是只守父业,而是希望干出一番更大的事业。元年,即助赵公子朔袭赵的邯郸。二年在安邑、五垣筑城。七年,又发动伐齐之役进军至桑丘(在今河北徐水县,本是燕地,为齐所占),九年又伐齐,进军至灵丘(据《通鉴》胡注,在今河北清河县)。

魏武侯在用人方面,与其父相差甚远。文侯之世,魏国人才济济,为诸侯所侧目。文侯"师子夏,友田子方,礼段干木";又有李悝(又作克)、吴起、西门豹等名臣名将,各司其职,文武相济,魏国大治,开疆拓土,盛极一时。魏武侯承继基业,老臣犹在,但控御无道,致使人才流失。他任田文为相,吴起以功高与田文相争,他不能妥善安置吴起,失之于前,后又任公叔痤为相,还听信公叔痤谗言,怀疑吴起,吴起惧诛逃往楚国,再失之于后。至于礼贤下士,招引人才,则更无从谈起。故武侯之世,文侯时"贤人是礼,国人称仁,上下和合"的局面已不复存在。

公元前4世纪初,魏文侯的一番变革,使魏国像服用了兴奋剂一样,迅速成为战国首强。一天,继任人魏武侯和大臣们乘船在西河上游玩,魏武侯赞叹道:"河山这样的险峻,边防难道不是很坚固吗?"大臣王钟在旁边陪坐,说:"这就是晋国强大的原因。如果再修明政治,那么我们魏国称霸天下的条件就具备了。"吴起回答说:"我们君主的话,是危国言论;可是你又来附和,这就更加危险了。"武侯很气愤地说:"你这话是什么道理?"吴起回答说:"河山的险是不能依靠的,霸业从不在河山险要处产生。过去三苗居住的地方,左有彭蠡湖,右有洞庭湖,岐山居北面,衡山处南面。虽然有这些天险依仗,可是政事治理不好,结果大禹赶走了他们。夏桀的国家,左面是天门山的北麓,右边是天溪山的南边,庐山和峄山在二山北部,伊水、洛水流经它的南面。有这样的天险,但是没有治理好国政,结果被商汤攻破了。殷纣的国家,左边有孟门山,右边有漳水和滏水,前面对着黄河,后面靠着山。虽有这样的天险,然而国家治理不好,遭到周武王的讨伐。再说您曾经亲自率领我们占领、攻陷了多少城邑,那些城的墙不是不高,人不是不多,然而能够攻破它们,那还不是因为他们政治腐败吗?由此看来,靠着地形险峻,怎么能成就霸业呢?"武侯说:"好啊。我今天终于听到明哲的政论了!西河的政务,就全托付给您了。"

吴起的话里,描述了夏、商两代衰败的起因。但明眼人都知道,吴起接下来的日子是不会好过了。魏武侯一改文侯任人唯贤的原则,回到任人唯亲的老路,让政治上迂腐的田文为相。魏国辟土四面,拓地千里,吴起有不可磨灭的功勋,田文只是出身显贵罢了。田文自己承认,在带领三军、鼓阵成列方面,治理四境、教训万民、充实府库、变易习俗方面,都不如吴起。魏武侯之所以用他,是因为他出身显贵。

吴起惧诛逃往楚国,有其必然性:限制使用能人,特别是异姓能人,避免他们窥伺君权,这是统治者加强君权的必然,就像限制以前的卿大夫家族一样。战国时期的著名能臣如商鞅、孙膑、张仪,最后都落得兔死狗烹的下场。

魏武侯一生中为魏国做出的重大贡献,是十一年(前376)与韩、赵共灭晋而分其地。这就是历史上有名的"三家分晋"故事的最后一幕,三家灭晋,魏武侯完成了魏文侯的未竟事业,使魏国的地盘更大,国力更强,成为战国七雄之一。

魏武侯在位16年,完成分晋大业后的第五年即周烈王五年(前371)卒。卒前,还发动了伐楚之役,攻占鲁阳(今河南鲁山)。魏武侯在文侯十三年(前412)即率军出征,当时即使很年轻,也当在20岁以上。由此推断,魏武侯享年在69岁以上。

魏国的国力在君主魏文侯、魏武侯时达至顶峰。魏文侯尊子夏、田子方、段干木等儒门学者为师,命乐羊为将攻取中山国,吴起为西河郡守,西门豹为邺县令。又任用李悝进行变法,"尽地力之教",巩固了经济。李悝还撰写了中国古代第一部成文法典《法经》。公元前413年至公元前409年,魏国连年进攻秦国,夺取了河西之地,秦国被迫退守洛水以西。公元前408年魏国攻取中山国。公元前405年至公元前404年,魏国联合赵国、韩国进攻齐国,掠入齐长城。公元前400年和公元前391年,三晋联军又多次击败楚国。魏国盛极一时。都城安邑。

10. 战国雄心勃勃的魏主——魏惠王

魏惠王(姬罃)(前400—前319)战国时魏国国君。魏武侯击之子,又称魏(梁)惠王,公元前369—前319年在位。为巩固霸业,增强同中原诸国的联系,魏惠王九年(前361),将国都从安邑(今山西西南)迁至大梁(今河南开封)。惠王二十七年(前344),逢泽(今河南开封东南)会盟,魏国盛极一时。率诸侯朝见周天子,仍具有相当威望。公子无忌出现,并于公元前247年与其他五国联军,对秦国的侵攻军迎头痛击。魏惠王低调处事,在外交上取得突破,遏制了魏国连续下滑的国势。

魏国自魏文侯任用李悝实行变法,开始强盛。到惠王时,进一步实行改革,国力进一步强大。改革主要有:①兴修水利,开发川泽。开凿鸿沟,从黄河开凿运河,再开沟渠引水灌田。②开创选拔"武卒"的制度。采用按一定标准考选的办法来选拔"武卒",并免除全户赋役和田宅赋税。③控制交通和修筑长城。此外,他还招纳贤人,锐意整军。任用著名的思想家惠施(约前370—前310)为相;任用著名的经济思想家白圭理财,使庞涓整军,魏国一度人才济济。

随着魏国军事上的强大,魏惠王接连不断对外用兵。公元前368年,即魏惠王二年,魏军败赵军于怀县(今河南武陟西南),败韩军于马陵。魏惠王三年,齐军在观城打败魏军。前365年,魏又伐宋;前362年魏军又败韩、赵军于浍(今山西翼城东南),不久被秦军打败。前354年,魏军又被秦军大败于元里,并失少梁(今陕西韩城南)。次年,魏惠王使庞涓率军攻赵国、围邯郸,后被齐国田忌、孙膑败于桂陵(今河南长垣西北)。

公元前352年,诸侯军将魏军包围于襄陵(今河南睢县)。

魏国地处中原四战之地,夹于秦、齐、楚大国之间,却不断四处用兵,军事上的失败是必然的。

魏西临强秦,为了防备秦国的军事进攻,魏惠王于公元前358年开始派龙贾率师修筑长城。这条长城从黄河边的卷(今河南原阳西)开始,东到阳武(今原阳县东南),折往西南行,到达密(今河南密县东北)。公元前352年,魏惠王再次修筑长城。

魏国国力削弱,但军事上还保持着强盛的声势。前344年,魏惠王听从卫鞅的游说,去侯称王,同时召集逢泽之会,邀宋、卫、邹、鲁等国国君及秦公子少官会盟,而后共同朝见周天子。逢泽之会遭到了韩国等大国的抵制。

公元前342年,魏国向韩进攻。韩向齐求救。同年,齐、魏军大战于马陵(今山东范县西南),魏军大败,主帅庞涓身亡,太子申被俘。次年,魏国又受齐、秦、赵三国三面进攻。

公元前340年,魏惠王三十年,秦、赵、齐一起进攻魏国,秦将商鞅诈骗并俘虏了魏国将军公子印,然后又袭击夺取了他的军队,打败了魏军。秦国任用商鞅,东边的领土到了黄河,而齐国、赵国又屡次打败魏国。

早在春秋末年,韩、赵、魏三家分晋,魏文侯任用李悝为相,进行变法,使魏国很快成为战国七雄之一。魏武侯时,继续拓展文侯的事业,向南发展,取得了郑、宋、楚三国的大片土地,并占据了大梁,从此魏国在黄河以南占有了广大的土地,使魏国初具霸主规模。

为巩固霸业,增强同中原诸国联系,魏惠王九年(前361),将国都从安邑(今山西西南)迁至大梁(今河南开封),这也是开封有史可考的第一次建都。当时的大梁城东西长达10里,人口30万,是与秦都咸阳、楚都郢城、齐都临淄、赵都邯郸齐名的大都城,可谓中原"万家之都"。

魏惠王二十年(前343),逢泽会盟,魏国盛极一时。率诸侯朝见周天子,仍具有相当威望。

魏惠王由于在秦、齐等国夹击中不断惨败,于公元前334年不得不采用相国惠施"以魏合于齐楚以按兵"的建议,率韩国等小国国君赴徐州(今山东滕县东南)朝见齐威正,同时齐威王亦承认魏惠王的王号。魏、齐接近,使齐停止了进攻,但秦国以魏为"腹心疾",还是不断攻魏。

公元前330年,秦军大败魏军于雕阴(今陕西甘泉南),迫使魏惠王献出河西之地。次年,秦军又攻占魏国的汾阴(今山西万荣西南)、皮氏(今陕西河津西)、焦(今河南三门峡西)、曲沃(今河南三门峡西南)等地。

为联合他国抗秦,公元前 325 年,魏惠王又和韩威侯相会于巫沙,并尊韩威侯为王(韩宜惠王)。同年,他又与韩宣惠王带太子入朝于赵。次年,魏惠王又和齐威王相会于甄(今山东鄄城北)。魏惠王两次会齐威王,都是卑躬屈膝的。但这并不能制止强秦的进攻。

同时南面的楚国为了逼魏惠王废太子赫,送流亡在楚的魏公子高为太子,于公元前 323 年败魏军于襄陵,夺取八个邑。

次年,秦国又攻取了魏国的曲沃、平周(今山西介休)等地。有感于惠施联齐、楚抗秦策略的失败,魏惠王不得不采用秦相张仪"欲以秦、韩与魏之势伐齐、荆(楚)"的策略,逐惠施,起用张仪为相。而张仪的真正目的是"欲令魏先事秦而诸侯效之",即其连横策略。

公元前 319 年,魏惠王又在齐、楚、燕、赵、韩五国支持下,逐张仪,任用倡导合纵的公孙衍为相。公元前 323 年,魏将公孙衍发起了魏、赵、韩、燕、中山五国相王,以求合纵反秦,结果失败了。在公元前 293 年的伊阙之战中,秦国的军事力量打败了魏国和韩国联军。两国此后再也没有力量单独向秦国发起挑战。之后由于秦国不断的压迫,局势越来越严峻。这时,公子无忌出现,并于公元前 247 年与其他五国联军,对秦国的侵攻军迎头痛击。

魏国经过魏文侯、魏武侯和魏惠王前期长达近百年的霸业后,在魏惠王后期公元前 353 年的桂陵之战和公元前 341 年的马陵之战中两败于齐国,在军事上连续失利。幸亏魏惠王斗争经验十分丰富,改变国际定位,低调处事,在外交上取得突破,遏制了魏国连续下滑的国势,逃离了遭受围攻的危险境地。

在西方,经过商鞅变法从而逐渐强盛起来的秦国夺取了西河地区(一个位于现在陕西、山西边界黄河西岸的畜牧和战略要地),此后魏国不断受到秦国的侵扰。

"三十四年,魏惠成王三十六年,改元称一年。"至十六年(前 319)而惠成王卒,襄王魏赫即位。

11. 战国中期的政治家、魏国君主——魏襄王

魏襄王(姬赫,公元前 319—前 297 年在位),又为梁襄王(因魏国迁都大梁,即今河南开封,所以别称"梁"),魏惠王罃之子,即《史记》中记载的哀王。魏襄王在位 23 年,社会矛盾激烈,战争频繁。魏国在国力上有所恢复,魏襄王在斗争策略上向韩国学习,结果大获成功。通过不断地变换盟友,魏、韩两国先后在对齐、对楚、对秦的大胜中连续得到丰硕的胜利果实,在当时的国际竞争中处于不败之地。魏襄王时期的魏国外战策略是十分成功的,魏国虽然不是最出风头的国家,

却是获利最多的一个。

12. 战国时图谋中兴的魏国君主——魏昭王

魏昭王姬遬(公元前297—前276年在位),魏襄王之子。赵武灵王复辟失败。秦军青年将领白起败魏、韩联军。白起斩首24万,俘魏军名将公孙喜,魏割地400里于秦。燕昭王去世,燕惠王夺乐毅的兵权,用骑劫为将,被齐国即墨大夫田单反攻得手,一举收复齐国70余城,燕国势力退出了齐国,魏国成为破齐战争中最大的赢家。魏国由于占领了宋地和卫国,从而控制了中原地区的核心区域,国势大增,大有中兴之势。

魏昭王即位之际,当时最强大的赵国也发生了赵武灵王复辟失败、困死沙丘宫的内乱,魏昭王觉得魏国中兴的时机到来了。

早在魏昭王还是太子的时候,就与田文相识而且私交不错。对于田文的来投,魏昭王非常高兴,认为田文为魏国的扩张可以贡献力量。

魏昭王的图强大业遭到日后名冠华夏的秦军青年将领白起的当头一棒。魏昭王三年,魏、韩联军在伊阙战役惨败,被秦将白起斩首24万,魏军名将公孙喜也被秦军俘虏。魏昭王六年,魏国把河东400里土地割让给秦国。魏昭王七年,秦军白起一举攻下魏国大小城邑61处。魏昭王九年,秦军攻克魏国新垣、曲阳两城。魏昭王被迫一面向秦国割地求和,一面与刚刚恢复国内秩序的赵国建立联系。

田文在魏国与赵国的联盟中发挥了相当重要的作用,与年轻的赵惠文王和赵国的大臣们相处得很好。赵惠文王对田文很欣赏,还把赵国的武城封给了田文。

田文推荐芒卯为将,进一步把自己的势力深入军中。芒卯因善用诡诈之计被魏国重用。田文在魏国很快就成为最具实力的强臣。

田文入魏后,就一直积极主张攻齐。田文主张攻齐虽然有泄私愤、保护薛地安全的成分,但也有齐闵王强力扩张对魏国造成极大威胁的实际情况。尤其是在齐闵王灭宋、并卫后,齐国就像一座大山一样向魏国压了过来,魏国的紧张形势几乎让人喘不过气来。由于魏国与齐国的战争不可避免,魏昭王听从田文的意见,收留了宋康王,但没过多久,宋康王就死在了温,让魏昭王和田文都感到很遗憾。就在这个时候,齐国也发生了一件惊天动地的大事。齐闵王中了燕昭王的间谍苏秦的反间计,杀死了齐军最优秀的将领田穰苴。田穰苴曾经亲自指挥过破秦、败燕、攻楚、灭宋等大战,屡战屡胜,是那个时代最著名的将领之一,是齐国安全的守护神。齐闵王这一自毁长城的做法,很快就遭到了报应。燕、赵、秦、韩、魏五国合纵攻齐,燕将乐毅指挥联军在济西、临淄城外两次大败齐军主力,攻入临淄,齐闵王逃跑。

齐国被攻破后,田文的封地薛一度无所依,成了一个独立国家。在对庞大的齐国进行瓜分时,田文建议魏昭王不要顾及其他国家的感受,迅速占领宋地和卫国,在破齐战争中获得了非常多的利益。尽管魏国触犯了早就把卫国当成自己战利品的赵国的利益,魏国和赵国打了几仗,失去了赵国这个朋友,但魏昭王还是为自己得到的实惠而高兴不已。

不久,燕昭王去世,燕惠王夺了乐毅的兵权,用骑劫为将,被齐国即墨大夫田单反攻得手,一举收复齐国70余城,燕国势力退出了齐国,魏国成为破齐战争中最大的赢家。

这个时期,魏国由于占领了宋地和卫国,从而控制了中原地区的核心区域,国势大增,魏人的自豪感又蓬勃起来,魏国大有中兴之势。但是,好景不长,中年即位的魏昭王经过了22年的国君生涯,在个人的荣誉达到巅峰时去世了。

13. 战国后期政治家、魏国君主——魏安釐王

魏安釐王(? —前243),姬姓,魏氏,名圉,魏昭王之子,魏国第六代国君,公元前276—前243年在位。魏昭王去世后,安釐王即位。为牵制孟尝君田文,封弟公子无忌为信陵君(今河南宁陵)。公元前273年,白起进攻魏国,孟尝君田文举荐芒卯为主帅,白起在华阳大败魏军,芒卯战败而逃,田文失势后,他的许多门客投奔魏无忌门下。

公元前257年,秦国的军队包围了赵国的都城邯郸,赵国形势危急。赵国平原君的妻子是魏无忌的姐姐,平原君请求魏国救援,魏安釐王惧怕秦国,不敢进军。魏无忌请求如姬从魏安釐王的卧室内窃出晋鄙的兵符,晋鄙见了兵符,表示怀疑,随行的朱亥用铁椎杀死晋鄙,强行夺权,以精兵八万开赴前线,一举击溃秦国,解除了邯郸之围。魏安釐王任命魏无忌为上将军,在黄河以南大败秦军。公元前243年魏安釐王与魏无忌同年病死。

据《辉县市志》记载:魏安釐王冢位于占城镇大梁冢村北,俗称大梁冢,高二丈余,方圆数十亩。大梁冢,古之汲冢也(晋属汲郡),晋太康二年(281),为汲郡人不准(人名)盗发,得竹书数十部,后人多次整理成不同版本的《竹书纪年》。《竹书纪年》记夏代以来至魏襄王二十年事,所传大梁冢为魏安釐王墓冢与史实相符。故大梁冢又称为汲冢,竹书则称为《汲冢书》。

《史记·魏世家》对安釐王的记述,从不同的角度揭示了安釐王的严重失策。通过苏代对安釐王的批评指出了"以地事秦,譬犹抱薪救火"的道理;通过秦国大臣中旗对形势的分析指出,魏如能与韩联合起来,其力量是不可轻视的;最后记述

了无忌反对魏王伐韩的谈话,这段谈话长约千言,对亲秦之害、存韩之利的分析极为精辟。魏安釐王三十年,魏无忌返魏,率五国军队攻秦,赶跑秦将蒙骜。

魏安釐王元年(前276),秦军攻下魏国两座城。二年,又攻下魏国两座城,陈兵大梁城下,韩国派兵来援救,把温邑让给秦国求和。三年,秦军攻下魏国四座城,斩杀4万人。

魏安釐王四年(前273),秦军打败魏军、韩军、赵军,秦将白起、胡阳在华阳大败田文保荐的魏将芒卯,斩首联军15万,其中魏军13万,进而围攻魏都大梁,魏将段干子请求把南阳让给秦国求和。魏安釐王割南阳向秦昭王求和。

由于芒卯的丧师辱国,魏安釐王顺理成章地免掉了大力举荐芒卯的田文。田文被迫退回到了自己的封地薛。田文退居薛后,知道自己年事已高,恐怕很难东山再起了,不禁抑郁,没多久就死了。他的儿子们相互争斗,薛爆发了严重的内乱,齐国和魏国趁机发兵灭掉了薛这个泗上小霸王。

事后苏代对魏王说:"想升官的是段干子,想得到土地的是秦国。如今大王让想得土地的人控制官印,让想升官的人控制土地,魏国的土地不送光了就不会终结。况且用土地侍奉秦国,就好像抱着干柴去救火,柴不烧完,火是不会灭的。"

魏王说:"那是当然了,尽管如此,可是事情已经开始实行,不能更改了。"苏代回答说:"大王没见过玩博戏的人所以特别看重枭子的缘故,是由于有利就可以吃掉对方的子,无利就停下来。如今大王说'事情已经开始实行,不能更改了',大王使用智谋怎么还不如博戏时的用枭呢?"

魏安釐王九年,秦军攻下魏国怀邑。十年,在魏国做人质的秦国太子死了。十一年,秦军攻下魏国的郪丘。

秦昭王对左右侍臣说:"现在的韩、魏和他们初起时比,哪个阶段强?"回答说:"不如初起时强。"秦王说:"现在的如耳、魏齐和从前的孟尝君、芒卯相比,谁更贤能?"回答说:"如耳、魏齐不如孟尝君和芒卯。"秦王说:"靠孟尝君和芒卯的贤能,率领韩、魏的强兵来进攻秦国,还未能把寡人怎么样呢。如今由无能的如耳、魏齐率领疲弱的韩、魏军队来攻打秦国,他们不可能把寡人怎么样也是很明显的了。"左右侍臣都说:"太对了。"中旗倚着琴却回答说:"大王对天下形势的估计错了。"

齐、楚两国联合起来攻魏,魏国派人到秦国求救,使臣络绎不绝,可是秦国的救兵却不来。

魏国有个叫唐雎的人,90多岁了,对魏王说:"老臣请求到西方去游说秦王,一定让秦国的军队在我离秦之前出发。"魏王再拜,就准备好车辆派他前去。唐雎到秦国,入宫拜见秦王。

秦王说:"老人家疲惫不堪地远路来到秦国,太辛苦了!魏国来求救已是多次了,寡人知道魏国的危急了。"

唐雎回答说:"大王既然已经知道魏国的危急却不发救兵,我私下以为是出谋划策之臣无能。魏国是有万辆战车的大国,之所以向西侍奉秦国,称为东方藩属,接受秦国赐给的衣冠,春秋两季都向秦国送祭品,是由于秦国的强大足以成为盟国。如今齐、楚的军队已经在魏都的郊外会合,可是秦国还不发救兵,也就是依仗魏国还不太危急吧。假如到了特别危急的时候,它就要割地来加入合纵集团,大王您还去救什么呢?一定要等到危急了才去救它,这是失去东边一个作为藩属的魏国,而增强了齐和楚两个敌国,那么大王您有什么利益呢?"

于是秦昭王马上就发兵援救魏国,魏国才恢复了安定。

赵国派人对魏王说:"为我杀了范痤,我们愿意献出70里土地。"魏王说:"好。"于是派官吏去逮捕范痤,包围了他的家但还没有杀他。范痤因而上了屋顶骑在屋脊上,对使臣说:"与其用死范痤去做交易,不如用活范痤去做交易。如果把我范痤杀死了,赵国却不给大王土地,那么大王将怎么办呢?所以不如与赵国先把割让的土地划定了,然后再杀我。"

魏王说:"很好。"范痤于是给信陵君上书说:"范痤是过去魏国免职的宰相,赵国用割地为条件要求杀我,而魏王竟听从了,如果强秦沿用赵国的办法对待您,那么您将怎么办?"信陵君向赵王进谏之后范痤被释放了。

魏王因为秦国曾经援救,想要亲近秦国,攻伐韩国,以便收回原来的土地。

信陵君无忌对魏王说:秦人和狄戎的习俗相同,有虎狼一样的心肠,贪婪凶狠,好利而不讲信用,不懂得礼义德行。如果有利,连亲戚兄弟也不顾,好像禽兽一样,这是天下人都知道的,他们不曾施厚恩,积大德。所以太后本是秦王的母亲,却由于忧愁而死去,穰侯是秦王的舅父,功劳没有比他大的,可是竟然把他驱逐了;秦王两个弟弟没有罪过,却一再被削夺封地。对亲戚尚且如此,何况对仇敌之国呢?如今大王与秦国共同攻伐韩国就会更加接近秦国的祸害,臣特别感到迷惑不解。大王不懂此理就是不明,君臣没有来向您奏闻此理就是不忠。如今韩国靠一个女人辅佐一个幼弱的君主,国内有大乱,外边要与秦魏的强兵交战,大王以为它还会不亡吗?韩国灭亡后,秦国将要占有原来郑国的土地,与大梁相邻,大王以为能安宁吗?大王想得到原来的土地,就要依靠和强秦的亲近,大王以为这会有利吗?

秦国不是一个安分的国家,韩国灭亡后必将另起事端,另起事端必定要找容易的和有利的目标,找容易的和有利的目标必定不去找楚国和赵国。这是为什么呢?如果越大山跨黄河,穿过韩国的上党去进攻强大的赵国,这是重复阏与那一仗的失败,秦国一定不会这样的。如果取道河内,背向邺城和朝歌,横渡漳水、滏水,与赵军决战于邯郸郊外,这就会遇到知伯那样的灾祸,秦国又不敢这样做。进攻楚国,要取道涉谷,行军3000里,去攻打冥厄关塞,走的路太远,攻打的地方太难,秦国也不会这样做的。如果取道河外,背向大梁,右边是上蔡、召陵,与楚军在陈城郊外决战,秦国又不敢。所以说秦国一定不会进攻楚国和赵国,更不会进攻卫国和齐国了。韩国灭亡之后,秦国出兵的时候,除去魏国就没有可进攻的了。秦国本来已占有怀邑、茅邑、邢丘,如在垝津筑城逼近河内,河内的共城、汲邑必定危险;秦国据有郑国故地,得到垣雍城,决开荥泽,水淹大梁,大梁必定失陷。大王的使臣去秦已成过失,而又在秦国毁谤安陵氏,秦国早就想诛灭它了。秦国的叶阳、昆阳与魏国的舞阳相邻,听任使臣毁谤安陵氏,听任安陵氏被灭亡,秦军就会绕过舞阳北边,从东边逼近许国故地,这样南方一定危急,这对魏国无害吗?不爱南方那就错了。

从前,秦国在河西晋国故地,离大梁有千里之远,有黄河及高山阻挡,有周与韩把它隔开。自从林乡一战到现在,秦国七次进攻魏国,五次攻入圈中,边境城邑都被攻陷,文台被毁,垂都被烧,林木被砍伐,麋鹿被猎尽,国都接着被围。秦军又长驱到大梁以北,东边打到陶、卫两城的郊外,北边打到平监。丧失给秦国的,有山南山北,河外河内,大县几十个,名都几百个。秦国还在河西晋国故地,离大梁1000里的时候,祸患就已经如此了。又何况让秦国灭了韩国,据有郑国故地,没有黄河大山阻拦它,没有周和韩间隔它,离大梁只有100里,大祸必定是由此开始的。

从前,合纵罕有成功,是由于楚、魏互相猜疑,而韩国又不可能参加盟约。如今韩国遭受战祸已有三年,秦国使它屈从同它媾和,韩国知道要亡了可是不肯听从,反而送人质到赵国,表示愿做天下诸侯的先锋与秦国死战。楚国、赵国必定集结军队,他们都知道秦国的贪欲是无穷的,除非把天下各诸侯国完全灭亡,使海内之民都臣服于秦,否则它是绝不会罢休的。因此臣愿意用合纵的主张报效大王,大王应尽快接受楚国和赵国的盟约,挟持韩国的人质来保全韩国,然后再索取个地,韩国一定会送还。这样做军民不受劳苦就可重回旧地,其功效要超过与秦国一起去进攻韩国,而且没有与强秦为邻的祸害。保存韩国、安定魏国而有利于天下,这也是上天赐给大王的良机。开通共城、宁邑到韩国上党的道路,让这条路经过安成,进出的商贾都要纳税,这就等于魏国又把韩国的上党作为抵押。如果有了这些税收就足能使国家富足。韩国必定要感激魏国、爱戴魏国、尊崇魏国、惧怕魏国,韩国一定不敢反叛魏国,这样,韩国就成为魏国的郡县了。魏国得到韩国作为郡县,卫、大梁、河外必然能安定。如果不保存韩国,东西二周、安陵必定危险,楚国、赵国大败之后,卫国、齐国就很害怕,天下诸侯都向西奔赴秦国去朝拜称臣的日子没多久了。

魏安釐王二十年,秦军围困邯郸,信陵君无忌假传王命夺得将军晋鄙的军队去救援赵国,赵国得到保全,无忌也因此留在赵国。

魏安釐王二十六年,秦昭王去世。

魏安釐王三十年,无忌返回魏国,率领五国军队进攻秦国,在河外打败秦军,赶跑了秦将蒙骜。

那时魏国太子增在秦国做人质,秦王发怒,要囚禁魏太子增。有人替太子增对秦王说:"公孙喜本来对魏相说过:'请用魏军快速攻秦国,秦王一怒,必定要囚禁太子增。这又会使魏王发怒,再攻打秦国,秦国必定要伤害太子增。'现在大王要囚禁太子增,这是公孙喜的计谋得逞了。所以不如厚待太子增而与魏国交好,让齐国、韩国去猜疑魏国。"秦王这才取消了囚禁太子增的打算。

魏安釐王三十一年(前246),秦王政开始即位。

魏安釐王三十四年,安釐王去世,太子增即位,这就是景湣王。信陵君无忌也于同年去世。

《史记·魏世家》对安釐王的记述篇幅较长,将近全文的三分之一。主要内容不在记事,而是用不同的方式,从不同的角度揭示了安釐王的严重失策。

首先是通过苏代对安釐王的批评指出了"以地事秦,譬犹抱薪救火"的道理。

其次是通过秦国大臣中旗对形势的分析指出,魏如能与韩联合起来,其力量是不可轻视的。

最后记述了无忌反对魏王伐韩的谈话,这段谈话长约千言,对亲秦之害、存韩之利的分析极为精辟。

三段谈话虽然出自不同人之口,但联系起来恰似一篇完整的谈话,层层深入地揭示了问题的要害。

14. 魏国公子,昭王、安釐王时期丞相——魏齐

魏齐,战国魏国公子,魏昭王、安釐王时丞相。

魏国大夫须贾带门客范雎出使齐国,齐王见范雎极有才干,十分敬重。

回国后,须贾嫉妒,在丞相魏齐面前诬告范雎私通齐国。魏齐怒吼而鞭打范雎。

范雎死而复苏,多亏好友郑安平相救,后随秦使王稽去秦。范雎化名为张禄,深得秦王敬重,被拜为丞相。

须贾使秦,张禄故扮贫穷相拜见,须贾怜他落魄,天寒衣单,赠绨袍一件。后须贾知张禄就是范雎,大惊失色,叩头请罪。范雎念他尚有旧情,免他一死,当众

羞辱了一番,命他回去告知魏王,速斩魏齐首级来见。

当时秦国强大,隐隐已有并吞六国之势。当了丞相的范雎就对魏国人说:"快把你们丞相的头斩下送来,否则就要灭你魏国了!"魏齐听了害怕,逃到赵国,后又逃回魏国。魏国竟无人敢见他。魏齐怒而自杀。结果头被赵国人拿走交给秦国。堂堂魏国,无力保护自己宰相,而任他的头被人拿去献与敌国,已是一大奇事。

魏齐逃亡赵国,但因强秦出兵威胁魏、赵二国,不得已而自杀。秦昭襄王采纳、实行范雎的"远交近攻"策略,使国势日益强盛起来。

史书上说,魏齐的死,是由于信陵君一时的犹豫,魏齐觉得自己很没面子,自尊心受到了伤害,干脆抹脖子了——大约贵族都是这种脾气,好面子。项羽也是这样。换了布衣就不会这样。人家明明已经来接了,干吗还要自杀而死啊。

布衣百姓,生长于市井之间,习惯于苟且,于是比较柔巧,不太讲原则,所谓"蝇营狗苟"——比喻为了能活着,可以像苍蝇和狗那样凑合,甚至放弃尊严,于是就不会这么干脆,这么容易被激死。项羽和刘邦,就分别代表了这两类人。刘邦这类布衣往往由于生命力顽强,能够忍辱、变通原则而成功(被归纳为所谓的"厚黑",为了追求名利,不顾廉耻)。而贵族太刚强,太原则,太爱个性尊严和面子(也就是不够"厚黑"),所以往往失败。

然而,贵族这种精神风格,却是优美的,折服人的。他们的刚烈直猛,宁折不弯,个性独立,强调尊严,正是春秋时代人的特色。由于春秋时代是贵族政治,所以贵族就格外多。春秋时代那些慨而慷的故事,多是这些贵族子弟的事迹。春秋的舞台,主要是他们在上面跳舞(当然,战国的舞台,是布衣士人的舞台)。他们把那个时代(春秋时代)渲染成了一个慷慨激烈的质朴美好时代。

随着时光的流逝,战国以后开始向皇权专制过渡,分封制下的贵族政治最终随着六国的灭亡而破产了,中国历史上的贵族时代也就过去了(我们所谓的青铜时代——夏商西周春秋战国),那种关心个性尊严,刚烈质朴,没有市井气的春秋时代人的气质(这种时代气质,主要是由春秋时代的贵族所牵动和塑造的,并被我们形容为青铜气质),也就一去不返了。

虽然贵族们的能力才干,与战国时代开始拥入政坛的布衣政客相比,贵族多半显得庸碌不堪(如魏齐者流),但其坚持个性尊严,不惜一切代价,从不为之苟且,不自欺自辱以活,不牺牲原则的高傲精神,是值得后来的人学习的。特别是那些世俗之人,活得无可无不可、没有原则之人,更应该学习。田横五百壮士(田横也是贵族)之死,亦出乎此类也。

15. 战国名声显赫的信陵君、上将军——魏无忌

信陵君魏无忌(前340—前243),战国七雄魏惠王之曾孙,魏安釐王魏圉之同

父异母弟(魏昭王魏遬之王庶子),其姐为赵国公子平原君夫人。信陵君极富政治远见和军事才能。是战国时期著名的政治家和军事家。与赵国平原君、齐国孟尝君、楚国春申君并称战国四公子,声誉却远在其他三公子之上。曾设法窃得兵符,击杀将军晋鄙,夺取兵权,援赵胜秦,解邯郸之围,名扬天下。后为魏上将军,率五国联军大败秦将蒙骜。秦王深忌信陵君掌兵,密使人持万金收买晋鄙门客向魏王进馋,施离间计。

司马迁曾赞道:"天下诸公子亦有喜士者矣,然信陵君之接岩穴隐者,不耻下交,有以也。名冠诸侯,不虚耳。"说信陵君的声名能够盖在当时诸侯之上,确有他实在的道理,并非浪得虚名。正如茅坤说:"信陵君是太史公胸中得意人,故本传亦太史公得意文。"司马迁就是用这样的凝情之笔,写下了《信陵君列传》。

公元前295年,魏安釐王即位,封无忌为信陵君,食邑封土,成为魏国境内的一方诸侯。

信陵君贵为公子,却不以贵胄傲慢待人,他大开侯门,礼贤下士,广泛结交天下英才。信陵君的交游,不问血缘世系,不问财富职位,看重的是个人的能力技艺,上自经邦治国,下至鸡鸣狗盗,都是有所用的一技之长。风闻传说之下,各国有能力的人士,纷纷慕名前往,争投于门下,极盛时期,信陵君门下的食客,号称三千之众。

信陵君的一生中,最为脍炙人口的故事,也是对历史影响最大的事件,就是窃符救赵。

公元前260年,秦国与赵国大战于长平(现山西高平),赵国战败,40万赵军投降,被秦将白起活埋。

长平之战后,秦军乘胜围困赵国首都邯郸,赵国存亡生死,危在旦夕。时赵王为年轻的孝成王,平原君赵胜是孝成王的叔父、赵国的丞相,他的夫人,就是信陵君无忌的姐姐。

为了解救赵国,平原君亲自前往楚国求救,平原君夫人不断派遣使者前往魏国求援。

魏国是平原君夫人的娘家,魏安釐王是她的哥哥,信陵君是她的弟弟,赵国与魏国,同出于晋,同样面对秦国的侵攻蚕食,是一脉相连、唇亡齿寒的邻国。

魏安釐王派遣大将晋鄙领军救赵,10万魏军开拔出境,抵达邯郸南部的邺城,临漳水与秦军对峙。

秦昭王派遣使者警告魏王:"赵国即将被攻灭,诸侯各国胆敢有救援赵国者,待我灭赵以后,马上移师攻击。"魏安釐王害怕了,迅速派人前往军中,命令晋鄙停驻邺城,持两端观望秦赵间军事形势的发展。

邯郸被围困已经有八九个月,赵国君臣上下,男女老幼,一体同心抗秦,平原君家的妻妾妇人,人人都在军中什伍之间,为士兵炊事缝补,同仇敌忾,无有贵贱。赵国军民之所有能够殊死撑持,是因为心中有援军到来的希望。魏军停止不前,平原君不断派遣使者催促,信陵君多次请求魏王,魏王始终惶恐犹豫,不愿进兵。

信陵君度量魏王最终不会接受自己的请求,悲愤感慨之下,豪侠情义之中,不愿苟且偷生,坐看亲姐无助哭泣,赵国绝援灭亡,他决定以个人的可能之力,领三千门下宾客,发车骑百余乘,誓死奔赴邯郸,与赵国同死共亡。

信陵君是重情义的人,虽然决断仓促,但出发之前,他没有忘了去见多年深交的上客——自己视为师友的隐士侯生。

信陵君见到侯生,将赴死秦军的事情缘由详细相告,彼此多年朋友一场,如今离国赴死他乡,特来做最后的辞别。不料侯生淡淡无言,末了只有一句话:"公子勉为努力,恕老臣不能陪同从行。"信陵君心中好生不快。

侯生姓侯名赢,本是魏国都城大梁东边的城门即夷门的看门人,尽管家境贫穷,在江湖社会,游侠民间,却有贤达之名。信陵君听说侯生的声名时,侯生已经70多岁了。信陵君以厚礼邀请侯生,被侯生婉言谢绝。

信陵君在府邸置酒大宴宾客,待客人入席坐定以后,信陵君备马车,空坐席,亲自执辔驾驭,由侍从骑士跟随,一行浩浩荡荡,前往夷门迎接侯生。

侯生闻到信陵君前来,着平常衣冠,也不谦让多礼,径直登车就座,注意信陵君做何反应。信陵君宛若迎客的车御,奉客人就座,执辔驾车越发恭敬小心。侯生看在眼里,又对信陵君说道:"小臣有友人住在商街的屠宰场中,望车骑绕道经过稍做停留。"信陵君驾车引导,车骑一行进入商街闹市。

侯生下车见其朋友屠户朱亥,二人亲密久谈,旁若无人,几乎不往等待的车骑方向留意过一眼。

时信陵君府上,魏国的将相大臣、宗室贵人云集满座,只等信陵君回来举杯开筵。大梁商街屠市上,庶人商贩围观,稀奇魏公子车骑入市,执辔待客。跟随信陵君的侍从骑士,人人低声窃骂,只有信陵君始终和颜愉色,毫无焦急愠怒的流露。久等之后,侯生终于结束谈话,辞别朱亥坐上车来。

车骑回到信陵君府上,信陵君引侯生就座高堂上席,向久等的宾客们一一做了介绍,满座惊奇,人人诧异。

酒宴酣畅中,信陵君起身离座,到侯生座前敬酒祝寿。

侯生这才对信陵君说道:"小臣侯赢,今日为公子满足了。侯赢本是夷门看门人,公子驾车从骑,亲自迎接小臣于大庭广众之中,本来不应当再生枝节,却故意又去访问朋友。不过,小臣今天让公子车骑久在商街等待,是有意成就公子的名声。来往过客观望之下，小臣倨傲无礼，公子谦恭有度，人人皆以为侯嬴是小人，人人皆以为公子是长者，能够礼贤下士。"信陵君也豁然，与侯生举杯快饮，从此以后，奉侯生为上等宾客，尊为亲近师友。

话说信陵君告别侯生，已经走了几里地，始终闷闷不乐，若有所失，他自言自语道："我礼遇厚待侯生，可谓完备无虞，天下贵贱，家喻户晓，如今我赴死在即而侯生没有一言半语相送，难道是我有所过失不成？"越想越觉得不安，于是命令掉转车头，再到侯生家中。

侯生笑脸相迎，引信陵君入座说道："小臣知道公子一定会回来的。"信陵君惊奇不解，侯生继续说道："公子喜士好客，名闻天下，如今赵国有难，牵动魏国，公子不计量，无端引领数千宾客奔赴数十万秦军，如此行事，宛若以鲜肉投掷饿虎，会有什么功用，如何对得起宾客？公子厚遇小臣，专程前来辞行，小臣失礼不送，知道公子一定会不平归来。"信陵君知道侯生对于时局已经有所考虑，再次施礼请教。

侯生示意信陵君让左右退出，低声凑近说道："小臣听说，魏国的兵符存放在魏王的卧室里面，如姬是魏王的宠妾，受宠幸经常出入卧室内外，窃取兵符最为便利。听说如姬的父亲被仇人杀害，如姬请求魏王，举国追究凶手三年，毫无结果。如姬无可奈何，涕泣请求公子，公子使手下宾客杀死仇人，将斩下的头颅献送如姬。如姬感恩图报，为公子不惜一死，只是没有机会而已。公子有所请求，如姬定会许诺。为天下大事计，请公子求如姬窃得兵符，公子持兵符矫王命夺晋鄙军，北向救赵，西向退秦，如此可以成就春秋五霸的功业。"

战国时代，军权集中在王。国王调兵遣将，用兵符作为凭证。兵符用铜制作，多铸成虎形，逢中左右一分为二，左半符授予领兵出征的大将，右半符留在王的手中。国王调遣命令军队时，书拟王命，同右半符一道交付使者，使者至军中宣读王命，将所持右符与将军所持的左符合符验证生效。侯生是通达社会上下的贤达，对于魏国的政情军情以至王室隐私了如指掌，窃符救赵的办法，他自有精心的策划。

信陵君接受了侯生的建议，请求如姬盗得魏王的兵符。

信陵君持兵符，引宾客再次到夷门与侯生辞行。侯生告诫信陵君说："将在外，君命有所不受，是便于国家的成例。公子至军合符，如果晋鄙不受命，再次遣使请求魏王复核，事情就危险了。小臣的友人，屠户朱亥是位力士，公子可请他一同前往。晋鄙听命，大好事，不听命，由朱亥击杀他。"信陵君当即潸然泪下。

侯生问道："公子为何哭泣，难道是怕死不成？"信陵君答道："晋鄙是魏国元勋宿将，功高老成，怕是不会听从，不得不击杀了。我是为此痛心，岂有怕死的事情。"

信陵君请得朱亥同行,一行昼夜兼程,抵达邺城晋鄙军中,以兵符传令取代晋鄙。晋鄙合符以后,怀疑不信。他举手持符,直视信陵君说:"如今我受王命,统领10万之众停驻于国境之上,魏军精锐悉数在此。换将进兵,如此军国大事,公子携虎符单车而来,没有魏王的命书节仗,如何说得过去?"完全如侯生所预料,晋鄙拒绝移交兵权,准备再次请示魏王。

早有准备的朱亥,将20斤重的铁锤藏在衣袖当中,在信陵君一声令下,当即出锤击杀晋鄙。

信陵君夺得兵权,整军宣布王命和晋鄙罪状,下令军中:"父子俱在军中的,父亲归家;兄弟俱在军中的,兄长归家;独自一人的,归家奉养父母。"由此选得精兵8万人,誓师进军击秦救赵。

时楚国的军队在将军景阳的统领下已经出动,楚国和赵国国土不相连,中间隔着魏国,不得不观望等待魏军的动向。信陵君通告楚军,统领魏军急速渡过漳水,越过赵长城,与楚军合作,一举击破围困邯郸的秦军。

秦将郑安平被魏楚赵联军反包围,领部下2万人投降。进攻赵国的另一名秦军将领王龁西向溃退,信陵君指挥魏楚赵联军步步紧追,在河东汾城再次大败秦军,为魏国收复了河东的部分失地。

在魏楚赵联军对秦的乘胜攻击中,韩国也加入合纵的联军阵营,趁机收复被秦所蚕食的领土。

信陵君击破秦师,遂解邯郸之围,于是名扬天下。但因窃符杀将之罪无法返魏,留居赵国。

公元前247年,秦将蒙骜伐魏,连陷数城,魏王忧惧,只好派人请回信陵君,魏王任命他为上将军,率兵抗秦。诸侯听说信陵君为将,皆遣师援魏。信陵君率五国联军大败蒙骜,秦师驻扎函谷关之后不敢出战。秦王深忌信陵君掌兵,密使人持万金收买晋鄙门客向魏王进谗,施离间计,魏王剥夺了信陵君的兵权,使其赋闲,他壮志难酬,遂于公元前243年抑郁而死。

秦闻公子死,派蒙骜率兵攻魏,克二十城,开始设置东郡。此后,开始蚕食魏国。公子死后18年,即公元前225年,秦兵俘魏王假,屠大梁城,在魏东部地区设置砀郡。

16. 战国秦时著名政治家、军事奇才——魏冉

魏冉,战国时著名的政治家和军事家。秦昭襄王母宣太后异父弟。司马迁在《史记·穰侯列传》中说"秦所以东益地,弱诸侯,尝称帝于天下,天下皆为两乡稽

首者,穰侯之功也"。魏冉少年成名,军功显赫,为秦名将。长期掌握秦国的军权,秦国的高级将领如司马错和任鄙都出自魏冉门下。魏冉长期担任秦国相国,五次为相。著名军事家白起也是在魏冉的提拔下,取得了对东方各国作战的一系列辉煌胜利。魏冉原为楚人,芈姓,后改姓魏;形成以封地陶居住的另一魏姓分支。

《史记·穰侯列传》载:冉乃秦昭襄王母宣太后之弟,昭襄王年幼即位,宣太后临朝决政,冉深得宣太后的信任,用魏冉为丞相,并摄国政。秦昭襄王十六年(前291)封魏冉于穰邑(今河南郑州东南),后又封陶,号为穰侯。秦昭襄王三十六年(前271)秦王从范雎说,免去魏冉丞相之职,使旧其封邑,后"率于陶,而因葬焉"。

我国古代的历史学家司马迁对魏冉有相当高的评价,他在《史记·穰侯列传》中说"秦所以东益地,弱诸侯,尝称帝子天下,天下皆为两乡稽首者,穰侯之功也"。可见魏冉这位封建社会地主阶级的政治家,在完成秦王朝统一中国的事业中所起的作用。

魏冉臂力过人,豪爽猛断。武王即位后,在自己熟悉的亲戚中选拔大臣,尤其重视军事人才。尽管魏冉是武王的挂名舅舅,但两人实际年龄相差不多,性情相投。且魏冉矫健力大,与好力的武王终日在一起习武。魏冉与武王的另一位重要大臣、武王的叔叔里疾的私人交情也不错。在魏冉的帮助下,里疾挤走了位在自己之上的甘茂。甘茂是惠文王和武王重用的楚籍名臣。

武王好力,养有大批力士。魏冉不仅力大,军事素质过人,且精通兵法,善于统兵打仗。在秦武王四年(前307),秦国开始设置武官的最高职——将军。魏冉因为战功卓著,成了秦国历史上第一位将军。

武王素有逐鹿中原,问鼎周天子之志。周王又恐又怒,命人取龙文赤鼎,激武王举鼎。武王度之可举,想以举鼎之威震慑周王。力士孟说附和,愿与武王一比。武王先举,不想周王使诈,龙文赤鼎含有大量黄金,比普通青铜鼎要重很多。武王虽奋力举起,但终因为龙文赤鼎过重,武王绝膑而死。

武王突然死去,秦国顿时大乱。惠王后和武王后要立公子壮,宣太后要立公子市。魏冉坚决站在自己的姐姐一边,对抗惠王后。宣太后说服樗里疾保持中立,魏冉调集军队与惠王后和公子壮的支持者开战。由于魏冉的出色指挥,惠王后的支持者们很快就被击败了。宣太后有魏冉的支持得以战胜惠王后。

昭王即位后,魏冉继续担任将军,拱卫咸阳,稳定局面。

秦昭王七年(前300),宣太后与魏冉除掉樗里疾。此后魏冉五次出任秦国相邦(丞相)。魏昭王二六年(前291),魏冉被封为穰侯。秦昭王二十六年(前281),又加封陶(今山东定陶)。陶本属宋国,是战国时最繁华的商业大都市,历来为各国所垂涎。齐泯王灭宋后,被齐国所占领。乐毅率燕秦韩赵魏五国联军攻破齐国后,秦将斯离占领了陶,宣太后把陶封给了魏冉。

魏冉对姐姐宣太后十分尊敬。在宣太后主持秦国国政几十年中,能够很好地配合宣太后的内外政策。魏冉先后五次为相,五次罢相,没有怨言。

宣太后和昭王对政事很勤奋,秦国的相邦实际上是一个荣誉头衔。魏冉亲自出任相邦,使相邦这个职位荣耀无比。

宣太后把秦国的相邦职位作为实行内外政策的最高礼帽,根据不断变化的政治需要,戴在不同人的身上。赵国强大,就任命赵国派来的楼缓为相,表明秦赵两国友好;齐国强大,对秦有威胁,秦就重金聘请齐国的孟尝君为相;为安抚秦国的客卿,就拜秦的客卿寿烛为相;为强化昭王的权威,就让与昭王少年同衣、成年同车的向寿为相。尽管秦相这一职位没有什么实权,且用人频繁,但由于魏冉的不断出任,秦相的荣誉价值有增无减,一直是秦国群臣中最高身份的象征。宣太后用这个办法出色地安抚了国内各种政治势力,稳定了与国际盟友的关系。

魏冉少年成名,军功显赫,为秦国名将。被封为穰侯后,仍经常带兵打仗。秦昭王十八年(前289),魏冉率兵攻魏,魏国割400里地(今山西西南部)。拔魏之河内,取城大小60余(今河南济源、阳一带)。秦昭王三十二年(前275),魏冉将兵攻魏,打败魏国名将芒卯,入北宅,围魏都大梁(今河南开封)。魏国求和。秦昭王三十三年(前274),魏国背秦,与齐结盟。魏冉伐魏,斩首4万,击败从韩国投奔魏国的名将暴,得魏三县。秦昭王三十四年(前273),魏冉与白起,客卿胡阳攻魏。取华阳、卷、蔡阳、长社、观津。魏冉将观津还给赵国,与赵国结成盟国,共同伐齐。齐王求和。

魏冉长期掌握秦国的军权,秦国的高级将领多出自魏冉门下。惠文王朝的司马错和武王朝的任鄙都是秦国的重要将领,也都投靠了魏冉,在与惠文后的斗争中发挥了重要作用。

在魏冉提拔的大批青年将领中,白起是最出色的一个。由于魏冉的悉心培养,白起很快成为可以独当一面的青年将领。在伊阙之战前,魏冉力荐白起为将,而昭王要重用自己的亲信向寿。魏冉说服了宣太后,昭王让白起代向寿为将。

魏冉在多年的军事生涯中,早明白军事将领越是出名越是没有好下场,不是让敌人杀死,就是让自己人害死。魏冉长期主持秦国的军事工作,既有攻韩魏的大胜,也有被攻破函谷关的大败。魏冉在秦国已经是最尊贵的大臣了,到了无以复加的程度。而战争必然会有胜负,胜则无益,败则影响魏冉的声誉。于是让白起出任主将,这样标志着魏冉仍掌握军权,不必因战绩影响自己的富贵。

在魏冉早期的国际战略构想中,是实行远交近攻。与远方的齐国结盟,攻击秦国的危险邻居们韩赵魏楚。齐国非常狡猾,表面答应秦国,暗中却将自己的策略调整为远攻近交,与韩赵魏楚结盟,挑唆他们进攻秦国,齐国成了攻击秦国的策源地。

在魏冉执政期间,最严重的一次惨败是齐国联合韩魏攻进了秦国的函谷关。秦昭王十一年(前296),秦与齐韩魏联军打了三年后,秦以割地求和。

秦昭王十九年(前288)十月,魏冉与齐国再次结盟,继续推行远交近攻策略,齐称东帝,秦称西帝,夹击三晋和楚。

十二月,齐听苏秦计,自动取消帝号,联络赵魏韩楚再次攻秦。秦昭王二十年,苏秦、李兑组织齐赵魏韩楚五国联军攻秦。尽管这时白起已名声显赫,魏冉老谋深算,其被动局面也无法改变,秦再次割地求和。

魏冉从军事惨败中谋划策略,认识到远方的齐国是秦在国际上的最大威胁。秦昭王二十二年(前285),秦昭王与楚顷襄王在宛相会;和赵惠文王在中阳相会;秦主谋攻齐。秦昭王二十三年(前284),秦昭王和魏昭王在宜阳相会;和韩王在新城相会。请赵惠文王联络燕昭王五国攻齐谋成。

五国联军由名将乐毅带领攻齐,齐国被攻破。秦尉斯离攻取齐国先前占领的宋国陶地。陶像一个楔子一样揳在赵魏齐楚之间,秦国决定把陶变成插入敌后的根据地,形成秦、陶两面夹攻韩赵魏楚的战略局面。

宣太后把陶封给魏冉,认为只有魏冉才能守住这个四面受敌的敌后根据地。陶是当时最大的工商业城市,经济上足以自给,魏冉给陶又增添了不少秦国的精锐部队,使根据地更加牢固。

齐国被攻破后,田单虽然复国,但其实力已严重削弱,无力拔除这颗钉子。魏冉封陶后,七国形势已发生很大变化。秦国出现了统一六国的先机。

魏冉长期担任秦国相国,五次为相,有功于秦。当初的齐王地裂身死,就与魏冉的设计运动有关。著名军事家白起也是在魏冉的提拔下,取得了对东方各国作战的一系列辉煌胜利。

17. 战国后期魏国君主、政治家——魏景湣王

魏景湣王(?—前228),姬增(公元前242—前228年在位),魏安釐王姬之子。

景湣王元年(前242),秦拔魏酸枣(今河南延津西南)、燕(今河南延津东北)、虚(今河南延津东)、长平(今河南西华东北)、雍丘(今河南杞县)、山阳(今河南焦作东南)等20城,随后即建立了东郡。

景湣王二年(前241),魏朝歌(今河南淇县)为秦所取。魏国在秦国连续进攻之下,丧失大片土地。魏景湣王感到单凭魏国,难以抵挡秦军。接受大臣建议,遣

人出使赵国,与其结盟,并提出再建抗秦合纵。通过外交活动,得到各国响应。六年,除齐附秦外,赵、韩、魏、楚、燕组成联军,共推赵将庞煖为帅。庞煖认为,攻秦之师屡向西进攻,均在函谷关(今河南灵宝北)被阻,不如绕道蒲阪(今山西永济西南),南渡河水(今黄河),迂回至函谷关后,可以出其不意。五国联军分路出蒲阪,进展顺利,至蕞时与吕不韦所率秦军相遇。吕不韦分析联军情况,楚军远来,军士疲惫,战斗力不强,但楚为大国,影响较大,如楚军战败,则联军必不战自溃。遂决定先以精锐部队,乘联军夜间疏于防范之机,突袭楚营。楚军侦知,自行东撤。四国军队闻楚军先退,军心动摇。诸将皆请退军,庞煖只好应允。于是,韩、魏、燕之军先回国。庞煖怒齐独附秦,率军攻取齐国饶安(今河北盐山东南)后,才回赵国。

蕞之战是战国时期最后一次合纵攻秦行动。尽管庞煖富智谋,善纵横,但联军同床异梦,协同不力,终于无功而返。从此,六国更无法抵御秦国兼并。

魏景湣王三年,魏汲被秦国所攻取。魏安釐王二十九年(前248),秦已从魏国手中夺取了汲,此时又复取,当是汲在公元前248年后又复属魏之故。

魏景湣王四年,魏将邺给了赵国。

魏景湣王五年,秦将杨端和攻魏,夺取了魏的三城:垣(今河南长垣东北)、蒲阳(今河南封丘)、衍(今河南郑州北)。随后,秦军又先后攻占了魏的仁(当今平丘)、平丘(今河南长垣西南)、小黄(今河南开封东北)、济阳(今河南兰考东北)、甄城(今山东甄城北)等地。

景湣王处于战国七雄割据的末期,国力减弱,兼并战争中屡战屡败,西秦强掳,魏逐成弱国。

战争是战国时期社会政治生活中的主旋律,与之相应,就是英雄辈出,名将如云。若就骁勇善战这一点来讲,战国后期似乎应首推白起。他是秦国的第一号骁将。当时秦国要"振长策而御宇内",东出函谷,席卷天下,首先要控制天下中枢——韩、魏,从而占有战略上的最大主动与优势,这一步,白起通过伊阙一战,杀韩、魏联军24万有生力量予以实现。魏在国势上大大削弱。

魏景湣王十五年,景湣王去世,儿子魏王假即位。

18. 战国时魏国末代君主、政治家——魏王假

魏王(姬)假(?—前225),公元前228—前225年在位,魏景湣王之子。秦王政在位时期,国力富强。公元前236年,秦王政乘赵攻燕、国内空虚之际,兵分两路大举攻赵,拉开了统一战争的帷幕。公元前225年,秦将王贲率军突然进袭魏国,包围了魏都大梁(今河南开封)。魏军依托城防工事,拼死防守。秦军强攻无效,遂引黄河、鸿沟之水灌城。三个月后,大梁城坏。魏王假以城民百姓为上,出

降,魏国亡。魏王(姬)假作为战国诸侯国七雄魏国的亡国君主,出降后,其魏氏王族遭到了灭顶灾难。信陵君无忌公之 14 子因远离国都幸免于难,全数逃往山西太行山躲藏,改姓为"王"。

秦国经过数年连续攻赵,极大地削弱了赵国实力,但一时无力灭亡赵国。秦国转攻韩国,公元前 231 年,攻下韩国南阳,次年,秦内史滕率军北上,攻占韩国都城阳翟(今河南禹州),俘虏韩王安,在韩地设置颍川郡,韩国灭亡。

公元前 229 年,秦大举攻赵,名将王翦率军由上党(今山西长治)出井陉(今河北井陉),端和由河内进攻赵都邯郸。赵国派大将李牧迎战,双方屡有胜负,陷入僵局,相持一年之久。后来赵王中了秦的反间计,撤换李牧,由于临阵易将,赵军士气受挫,失去了相持能力。公元前 228 年,王翦向赵国发起总攻,秦军很快攻占了邯郸,俘虏赵王迁,残部败逃,赵国灭亡。

秦国在攻赵的同时,兵临燕境。燕国无力抵抗,太子丹企图以刺杀秦王的办法挽回败局。公元前 227 年,燕丹派荆轲以进献燕国地图为名,谋刺秦王政,结果阴谋败露,被秦国处死。秦王政以此为借口,派王翦率兵攻打燕国,秦军在易水(今河北易县境内)大败燕军。次年 10 月,王翦攻陷燕国都蓟(今北京),燕王喜与太子丹率残部逃到辽东(今辽宁辽阳),苟延残喘,燕国名存实亡。

秦国灭掉韩赵、重创燕国以后,北方大部分地区已为秦有,只有地处中原的魏国,孤立无援。

秦国取得北方决定性胜利的同时,将主攻方向转向南方。

派名将王翦之子王贲率军进攻楚北部地区(今河南南部)占领十余城。再予以一定打击,使其不敢轻举妄动,保障了攻魏秦军的侧背安全后,即回军北上。

公元前 225 年(魏王假三年),秦将王贲率军突然进袭魏国,包围了魏都大梁(今河南开封)。

魏军依托城防工事,拼死防守。秦军强攻无效,遂引黄河、鸿沟之水灌城。三个月后,大梁城坏。魏王假以城民百姓为上,出降,魏亡。秦在魏东部地区设置砀郡。

早在秦军攻取燕都时,秦国已把进攻目标转向楚国。公元前 226 年,秦王政问诸将攻楚需要多少兵力,老将王翦认为楚国地广兵强,必须有 60 万军队才能伐楚,而李信则说只用 20 万军队就能攻下楚国。秦王以为王翦因年老怯战,没有听取他的意见,派李信和蒙恬率军 20 万攻打楚国。公元前 225 年秦军南下攻楚,楚将项燕率军抵抗。秦军开始进军顺利,在平舆(今河南汝南东南)和寝(今河南沈丘东南)击败楚军,进兵到城父(今河南宝丰东)。项燕率军反击,在城父大败秦军,李信败逃回国。公元前 224 年,秦王政亲自向王翦赔礼,命他率 60 万大军再次伐楚,双方在陈(今河南淮阳)相遇,王翦按兵不动,以逸待劳,楚军屡次挑战,秦军不与交战,项燕只好率兵东归。王翦乘楚军退兵之机,挥师追击,在蕲(今安徽宿州)大败楚军,杀楚将项燕。次年,秦军乘胜进兵,俘虏楚王负刍,攻占楚都郢(今湖北荆州),设置郢郡,楚国灭亡。

五国灭亡后,只剩下东方的齐国和燕赵残余势力。公元前222年,秦将王贲率军歼灭了辽东燕军,俘虏燕王喜,回师途中又在代北(今山西代县)俘获赵国余部代王嘉,然后由燕地乘虚直逼齐国。齐王建慌忙在西线集结军队,准备抵抗。公元前221年,秦军避开西线齐军主力,从北面直插齐国都城临淄(今山东淄博市)。在秦国大兵压境的形势下,齐王建不战而降,齐国灭亡。

秦统一六国战争的胜利,是由于秦国在战争中战略战术运用得当。秦王政在位时期,国力富强,有足够的人力物力供应战争,在战略上处于进攻态势,势如破竹,摧枯拉朽,相继灭掉诸国。在战术上,秦国执行了由近及远、先弱后强的方针,首先灭掉了毗邻的弱国韩赵,然后中央突破,攻燕灭魏,解除了北方的后顾之忧。最后消灭两翼的强敌齐楚。

秦统一六国的战争,既是战国末期最后一场诸侯兼并战争,又是中国历史上最早的一场封建统一战争。结束了春秋以来长达500余年的诸侯割据纷争的战乱局面,建立了中国历史上第一个中央集权统一国家。

秦始皇统一六国后,曾"徙天下豪富于咸阳十二万户",魏氏有部分人迁至今陕西省境内。

(二)汉代至中华民国时期魏氏名人

1. 汉初高梁侯魏无知

魏无知是魏公子无忌之孙,汉初(前206)被封为高梁侯。魏无知之子是魏城和魏均。魏均的曾孙魏歆,汉成帝时(前34—前7)为巨鹿太守,初居下曲阳(今属河北晋州)。

据《玉融魏氏迁省族谱》记载:魏无知生魏城,魏城的二十四代孙就是唐代郑国公魏徵。汉高祖起家之时,陈平投奔刘邦并受到重用,汉王老臣便生出谣言,凭空造出陈平贪金盗嫂的故事,刘邦开始信以为真。魏无知力荐陈平,成为后世佳话。

由此可见:魏城和魏均都是魏无知之子,魏城是魏徵的祖宗,魏均是魏歆的祖宗,而魏无知及其祖上才是魏徵和魏歆的同一祖先。

对于魏无知这一历史人物,在《史记》和《汉书》中均未见其传记,无法查出其本人及其亲子嫡孙定居何处。

2. 秦末武装起义首领、汉初西魏王——魏豹

魏豹,战国时魏国公子。其兄魏咎,原魏国宁陵君。秦灭魏,被放逐外地废作平民。陈胜起义称王,魏咎前往追随。陈王派魏国人周市带兵夺取原魏国土地,周市拥魏咎为王。秦国大将章邯打败陈王不久,进兵临济攻击魏王。章邯击败齐、楚援军,杀死了周市,魏咎顾百姓安危,降服自焚而死。魏豹逃往楚国,集合旧部,连克20多座城池。项羽封魏豹为西魏王。汉王回师平定了三秦,魏豹归属汉王,攻打彭城。汉王战败,魏豹反叛……

陈胜起义称王,魏咎前往追随。陈王派魏国人周市带兵夺取原魏国土地,魏地被攻占后,大家互相商量,想要拥立周市为魏王,周市说:"天下混乱,忠臣才能显现出来。现在天下都背叛秦国,从道义上讲,一定要拥立魏王的后代才可以。"齐国、赵国各派战车50辆,协助周市做魏王。

周市辞谢不肯接受,却到陈国迎接魏咎。往返五次,陈王答应把魏咎放回去立为魏王。

秦国大将章邯打败陈王不久,于是进兵临济攻击魏王,魏王派相国周市到齐国、楚国请求救兵。

齐、楚派遣项它、田巴带领着军队跟随周市援救魏国。章邯击败援军,杀死了周市,包围了临济。

魏咎为了他的百姓身家性命的安危,提出降服的条件。谈判成功,魏咎自焚而死。

魏豹逃往楚国,楚怀王给了魏豹几千人马,回去夺取魏地。

这时项羽已经打败了秦军,降服了章邯。

魏豹接连攻克了20多座城池。项羽就封魏豹做了魏王。魏豹率领着精锐部队跟着项羽入关了。

汉元年,项羽分封诸侯,自己打算占有梁地,就把魏王豹迁往河东,建都平阳,封为西魏王。

汉王回师平定了三秦,从临晋率兵横渡黄河,魏豹把整个国家归属于汉王,于是跟随着汉王攻打彭城。

汉王战败,回师荥阳,魏豹请假回家探望老人病情,回国后,就马上断绝了黄河渡口,背叛了汉王。

汉王虽然听到魏豹反叛的消息,可是正在忧虑东边的楚国,来不及攻打他,就对郦食其说:"你去替我婉言劝说魏豹,如果能说服他,我就封你为万户侯。"郦食

其就前去游说魏豹。

魏豹婉转地拒绝说:"人生一世是非常短促的,就像日影透过墙壁的空隙那样迅速。如今汉王对人傲慢,侮辱、责骂诸侯群臣如同责骂奴仆一样,一点也没有上下的礼节,我没法忍耐着去见他。"魏豹在跟随刘邦攻打项羽时,与刘邦相处中看出了刘邦的性格为人。

作为六国时代的魏国的贵族,当然不能忍受刘邦这样的言行,所以他借故离开荥阳,封杜河津,就是想避开刘邦。魏豹与其兄魏咎的相同处,就是要维护人格尊严。

郦食其前去游说,没有成功。刘邦封韩信为左丞相,和曹参、灌婴一起攻打魏国。

郦食其回来后,刘邦问他:"魏国的大将军是谁做啊?"郦食其说:"柏直。"

刘邦说:"这小子乳臭未干,不是韩信的对手。谁是骑兵将军呢?"郦食其告诉他:"是冯敬。"

刘邦说:"嗯,原来是秦将冯无择的儿子,虽然有点本事,不过也不敌灌婴。谁是步兵将军?"郦食其说:"项它。"

刘邦说:"这家伙打不过曹参。看来没什么好担心的了。"

九月,韩信等人果然大胜,魏豹被俘。

汉王把魏豹原有的国土改制为郡,命令魏豹驻守荥阳。项羽围攻荥阳时,周苛认为魏豹曾反叛过汉,不放心,就把魏豹杀了。

3. 西汉时期封侯魏不害

魏不害,魏无知曾孙、魏城之孙,汉武帝征和三年(前90),公孙勇与客胡傅等谋反,诈称光禄大夫、使督盗贼。淮阳太守田广明发兵击讨。公孙通衣绣、乘驷马车至围,围守尉魏不害等诛之,封不害等四人侯,魏不害为当涂侯。

4. 西汉宣帝时中兴名相御史大夫——魏相

魏相(?—前59),魏不害之孙、魏舍之子,字弱翁,济阴郡定陶县(今山东菏泽定陶)人,西汉政治家。魏相先后任茂陵令、扬州刺史、谏大夫、河南太守等职。他治郡有方,深得民心。汉宣帝即位后,征魏相为大司农,后任御史大夫。官至丞相,封高平侯。魏相为人严毅,刚正不阿。在任相期间,他整顿吏治,抑制豪强,选贤任能,平昭冤狱。并要求各地官吏省诸用,宽赋税,奖励百姓开荒种田,积粮解困。他与丙吉同心辅政,使君臣交泰,人民安乐。神爵三年(前59),魏相去世,获"宪"。有集两卷。汉宣帝甘露三年(前51),画功臣霍光、张安世、韩增、赵充国、魏相、丙吉、杜延年、刘德、梁丘贺、萧望之、苏武11人图像于麒麟阁,魏相位列,以彰其功。

5. 东汉道教丹鼎派著名理论家——魏伯阳

魏伯阳(约100—170),东汉著名炼丹家,道教丹鼎派著名理论家。一说名翱,号云牙子,会稽上虞人(今属浙江)人,为高门望族之子。世袭簪缨,唯魏伯阳生性好道,不肯仕宦,闲居养性,时人莫知之。

魏伯阳作《周易参同契》,五行相类,共三卷,是流传至今的丹鼎派最早的理论著作。该书思想来源于《周易》的纳甲说、十二消息说和卦气说,并参考古炼丹术及炼丹古书,假借爻象,以论做丹之意。作者由于"恐泄天之符(天机)",故行文多恍惚之词、类比之喻,文字古奥难懂,不易捉摸。《周易参同契》奠定了道教丹鼎学说的理论基础,被后世奉为"丹经之祖"。

魏伯阳的思想对道教的炼丹术影响极大,历来对《周易参同契》的注释不断,由于该书主要谈外丹,兼及内丹,故《周易参同契》的注释分内、外丹两大派。是现存世界讨论炼丹术的最早文献,曾被英译,刊载在1932年出版的文化史杂志"*Isis*"上。被世界公认为留有著作的一位最早的炼丹家。《周易参同契》是一部炼丹的科学著作,由于化学起源于炼丹术,故此书在世界科技史上具有重要地位。英国著名学者李约瑟博士在其名著《中国科学技术史》中,对它的内容做了专门的探讨,称之为"全球第一本这方面的书籍"。

魏伯阳月体纳甲说的创立。传统意义上的纳甲说,始创于西汉著名易学家京房。至东汉魏伯阳著《周易参同契》,在运用《周易》原理探讨道家炼丹之术的过程中,将京房纳甲说与月象有规律的盈虚变化结合起来,从而创立了月体纳甲说。

《周易参同契》说:"三日出为爽,震庚受西方;八日兑受丁,上弦平如绳;十五乾体就,盛满甲东方。蟾蜍与兔魄,日月气双明。蟾蜍视卦节,兔者吐生光。七八道已讫,屈折低下降。十六转受统,巽辛见平明;艮直于丙南,下弦二十三;坤乙三十日,东方丧其明。节尽相禅与,继体复生龙。壬癸配甲乙,乾坤括始终。"依京氏纳甲说,乾纳甲壬,坤纳乙癸,震纳庚,巽纳辛,坎纳戊,离纳己,艮纳丙,兑纳丁。天干又具方位,甲乙为东,丙丁为南,庚辛为西,壬癸为北,戊己为中。而月亮在一个月的时间内,月象在各个不同的方位,又呈现出圆缺盈虚有规律地变化。魏伯阳对此非常重视,认为不同时间不同方位的月象,恰恰与京房纳甲所说的卦象特别相似,上文所引即是他对此的论述。他认为:初三,月亮微明,出现在西方庚位,震纳庚,而此时月亮正像震卦一阳生于下。月亮本身不发光,而是借太阳之光反射而发光。因此,每月朔日后三日,月方生明,此是指由前一月之晦暗而生明,亦即阴极而阳生。此即其所谓"三日出为爽,震受庚西方"。至初八日,月象上缺一半,其平如绳,出现在南方丁位。兑纳丁,此时月象如同兑卦之象,阳由震初进至二为兑,故月明之半。此即其所谓"八日兑受丁,上弦平如绳"。至十五日,月满圆,出现在东方甲位。乾纳甲,乾三爻均为阳,此时月满圆极明之象,如同乾卦三爻阳极之象。此即其所谓"十五乾体就,盛满甲东方"。"七八"即指十五日,十五日月形象乾卦,阳道已尽极,阳极则生阴,此即其所谓"七八道已讫,屈折低下降"。至十六日,阳道开始消退,而受统治于阴,即阴进阳退,阴始用事。这体现在月象上,则为十六日月亮退现在西方辛位。巽纳辛,此时月象由十五满明出现亏虚,此象如同巽卦一阴初生于下。此即其所谓"十六转受统,巽辛见平明"。至二十三日月缺下半为下弦,而出现在南方丙位。艮纳丙,此时月象如同艮卦二阴生于一阳之下。此即其所谓"艮直于丙南,下弦二十三"。至三十日,月完全丧明于东方乙位。坤纳乙,此时月丧明之象,如同坤三爻均为阴,阴极之象。此即其所谓"坤乙三十日,东方丧其明"。

魏伯阳将一月三十日分为六节,每节五日,各以一卦主之。自朔旦至第五日为第一节,属震;六日至十日为第二节,属兑;十一日至十五日为第三节,属乾;十六日至二十日为第四节,属巽;二十一日至二十五日为第五节,属艮;二十六日至三十日为第六节,属坤。至三十日,六节既尽,则日月合朔之后,坤阴极(月丧明于乙)则阳生,即晦去朔来,阳受阴之禅,复变为初三之震,震一阳动于下,此即乾初九"潜龙"。月象盈亏之变化,如此循环往复,以至无穷。故称为"节尽相禅与,继体复生龙"。乾纳甲壬,坤纳乙癸,十干始于甲乙,终于壬癸。此即所谓"壬癸配甲乙,乾坤括始终"。"蟾蜍"即月之精,"兔魄"即日之光。日明于昼,日出则月没,月出则日没,此即其所谓"蟾蜍与兔魄,日月气双明"。一月分为六节,分属六卦,又月本无光,受日之光而发光。此即其所谓"蟾蜍视卦节,兔者吐生光"。

《周易》中最为重要的两卦是乾坤,此无须多论。但自东汉京房提出乾坤为阴阳之根本,坎离为阴阳之性命之后,以至东汉末年,人们对坎离的重要性,似乎比前代尤为关注。这一点在《周易参同契》中,表现得尤为突出。应当说,人们对乾坤尤其是坎离重要性的进一步认识,乃是魏氏创造性地提出月体纳甲说的关键理论依据之一。《周易参同契》说:"乾坤,易之门户,众卦之父母。坎离匡郭,运毂正轴。"又说:"天地设位,而《易》行乎其中矣。天地者,乾坤也。设位者,列阴阳配合之位也。《易》谓坎离,坎离者,乾坤二用。二用无爻位,周流行六虚,往来既不定,上下亦无常。"又说:"坎戊月精,离己日光,日月为《易》,则柔相当,土王四季,罗络始终,青赤白黑,各居一方,皆禀中宫戊己之功。"此是说,乾天坤地,坎月离日,乾坤定位于上下,而坎离则运行升降于其间。天为上,地为下,日出东,月出西,此即先天八卦方位中的乾南坤北离东坎西。朱熹《参同契考异》说:"其象如垣郭之形,其升降则中车轴之贯毂,以远轮,一下而一上也。"天地生日月,日月运行而形成四季,从而产生了万物。此说明了在乾坤定位之后,坎离则充分地体现了乾坤之用。就"易"字而言,坎为月,离为日,日月合之则为古之"易"字,故魏伯阳认为"坎离为易"。就纳甲而言,乾纳甲壬,坤纳乙癸,震纳庚,巽纳辛,艮纳丙,兑纳丁,此六卦均有定位。坎纳戊,离纳己,居于中宫。但中宫为土,土主四季,四方四行皆禀受坎离阴阳之气。从这种意义上讲,坎离无定位,这就如同乾坤用九用六无固定爻位一样。

魏氏月体纳甲说是易学中的纳甲说在炼丹及天文历法自然科学领域中的进一步发展和具体表现。魏伯阳援易入丹道,创立月体纳甲说的目的在于说明其丹道之术合乎《易》道。

魏伯阳何时撰写了《周易参同契》已无从查考。据有关资料推断:这本书完成于东汉顺帝和桓帝之际(126—147)。中国科协主席、著名科学家钱学森说:"魏伯阳著《周易参同契》初见于142年"。

魏伯阳把书取名为《周易参同契》,是以《周易》为立论根据,贯通《周易》、黄老、炼丹三学的一部书典。

钱学森认为,由于现代化学毕竟大大超出古代化学的成就,用炼外丹的观点读《周易参同契》,只在研究中国化学的历史,对现代科学技术的可能贡献不大,如果以炼内丹的观点看《周易参同契》,把《周易参同契》的研究与现代科学的前沿"人体科学"结合起来,就具有很高的学术价值,为《周易参同契》的研究指明了方向。

有的研究者进而认为,魏伯阳的《周易参同契》"揭示了人体生命现象与天地阴阳或整个自然界的相似性和合节律性,反映了人类在征服衰老过程中所取得的卓越成就"。

魏伯阳所著的《周易参同契》,从身心修养的实验科学精义,而说出心性的形而上道,与形而下质变的精神魂魄等问题,是综合道家科学的学术与儒家哲学的思想,融化汇聚在丹道的炉鼎之中,其被誉为千古丹经道书的始祖,实非为过。

关于魏伯阳的传奇,据《神仙传》《逍遥虚经》记载,魏伯阳修真潜默,养志虚无,博瞻文辞,从阴长生得受金丹大道,后与弟子三人入山炼神丹。丹成,知弟子中有守道未笃者,乃以丹喂白犬,白犬暂死,谓弟子曰:"作丹未成无乃未得神明意耶,服之恐如犬,奈何?"于是,自服丹暂死,以试弟子,独有一虞姓弟子说"吾师非凡人也,服丹而死,将无有意耶",也服丹暂死,余二弟子不肯服食而出山去。二人去后,魏伯阳即起,将所服丹纳死弟子及白犬口中,都活了过来,一起仙去。因逢人入山伐木,乃作书与乡里,寄谢二弟子,二人方乃懊悔不已。

6. 东汉兖州刺史、三国曹魏吏部郎魏衡

魏衡,约比魏舒年长40岁,生卒年代在168年至256年,任城樊(今属山东宁市)人。汉建安年间(196—220),曾一度膺任兖州刺史,220年汉亡,其即回到故里任城闲居。三国时期,曹魏诏令其为吏部郎(按:三国曹魏始有吏部谓),未赴任,终正寝,卒于家。

在唐太宗御撰的《晋书·魏舒传》中记载:"魏舒字阳元,任城樊人也。少孤……迟钝质朴;不为乡亲所重。从叔父吏部郎衡,有名当世,亦不之知,使守水碓。"《晋书》中这一记载,充分体现了太宗皇帝对其爱臣魏征九世祖魏衡的褒扬,特意称其"有名当世"。这一记载表明:魏衡居家期间,曾将孤侄魏舒收养,"使守水碓"。其时,当在魏文帝黄初年间(220—226)。此时,魏衡已是年过半百,将至耳顺,魏舒则已岁过十五,行将弱冠。通过魏舒感叹"舒堪数百户长,我愿毕矣"这句话,可以看出魏衡对魏舒颇有恨铁不成钢之意,真正是语重心长,叔侄情深。这一记载表明:山东济宁这个地方,不但现在水利条件优越,而且早在汉、魏之际就已经使用水碓碾米了。很显然,魏衡家族属于任城魏氏。

7. 晋司徒魏舒

魏舒,在唐太宗御撰的《晋书·魏舒传》中可见一斑:"魏舒字阳元,任城樊人也。少孤……迟钝质朴;不为乡亲所重。从叔父吏部郎衡,有名当世,亦不之知,使守水碓。每叹曰:舒堪数百户长,我愿毕矣。及山涛薨,以舒领司徒。……太熙元年(290)薨,时年八十二。"即:魏舒,生于公元208年,卒于公元290年。

魏舒是个孤儿,他不得不寄食于舅舅家,曾经有风水先生在他舅舅家看宅子时说:"这座宅子应出一贵甥。"魏舒因此很高兴,他逢人便说:"我当为舅家成就这个宅相。"魏舒长大后从舅舅家出来单独居住,生得身长八尺二寸,容貌秀伟。他为人不拘小节,喜欢骑射,以渔猎为生。堂叔吏部郎魏衡,在当代很有名望,也不是很理解魏舒,让他看守碾米的水碓。魏衡常常慨叹说:"魏舒如果能管理几百户人家,我的心愿就满足了。"魏舒也不介意。魏舒不修常人之节,不做沽名钓誉之事,总是宽容他人,始终不揭别人的短处。只有太原王对魏舒说:"您终当任职台辅,可是现在没能让妻儿免于饥寒,我应该帮您经营。"太原王常常在他匮乏时赈济他,魏舒接受而不推辞……山涛去世后,让魏舒兼任司徒。

有一天魏舒打猎到了远处,天黑回不了家,投宿到一户人家,半夜里忽然听到那户人家外面隐隐有车马声传来,因此惊醒。

他听到那车马声在门外停了下来,接着有人问道:"这家今晚生的是男是女?"只听另一个人答道:"是男。"那第一个人又说道:"记下来,是男的话,这个孩子十

五岁当死于兵刃。"过了一会儿,又有人问道:"这里借宿的人是谁?"回答道:"是大公魏舒。"说完这话,那车马声又辚辚而去,最终杳不可闻。魏舒第二天一早迫不及待地就去找这家主人询问,这家昨夜果然生下一个儿子。既然外面说话的人有如此神通(却不知是哪路神仙),那是不是就是说自己将来一定会位至三公呢?魏舒将信将疑,牢牢地记住这件事离开了。

一晃过去了15年,魏舒还是贫穷如故,没有起色,他记起当年的故事,于是又一次去探访那家主人。魏舒到了地方,问主人道:"你的那个儿子呢?"那家主人黯然道:"他出去砍柴,被斧子所伤,伤重不治,死了。"如此一来这还不是板上钉钉吗?魏舒因此想到自己已经老大不小,还没有任何进展,如果再不知道发愤图强,用心学习,又怎么能得到一个进身?于是从此以后开始头悬梁锥刺股,居然一天就能熟悉一经,不过一个月就学有所成。

这才是真正的好好学习天天向上啊,这当然是扯淡,有能天天向上到这种程度的吗?但由这个传说可以知道,魏舒这个人一定是非常聪明的,聪明绝顶。魏舒因此得以郡试成功,得了功名,其后仕途顺遂,官至尚书,又在山涛后面做了司徒。魏舒很有才能见识,而且道德也不差,处事明决,又节俭勤于政事,乐善好施,他的名望跟山涛在伯仲之间。太康年间虽然司马炎荒淫,三杨弄权,但是因为有魏舒和卫瓘这两个有能力又忠心的人辅助朝政,极力维持,因此晋朝还不至于立刻生乱。

但是魏舒也死了,290年魏舒82岁,他因为三个老婆先后死去,要回老家安葬,便坚持辞了官,不久后就去了异世。

8. 天下第一女道士魏华存

魏华存(251—334),女,字贤安,任城(今山东济宁)人,西晋司徒文康公魏舒之女。幼而好道,常服气辟谷,摄生修静,志慕神仙。24岁适南阳掾刘文,生二子刘璞、刘瑕。其心期幽隐,更求神书秘籍,斋于别寝,谨修道法。西晋建兴五年(317)夏天,来到南岳衡山集贤峰下紫虚阁修道,凡16年,为湖南最早的传播道教者。道家之《元始大洞真经》三卷、《元始大洞玉经疏要十二义》一卷、《大洞玉经坛仪》一卷和《总论》一卷,均属魏华存所疏义。东晋咸和九年(334),在黄庭观侧的一块大石头上白日飞升,其石尚在,称"飞升石"。历代南岳志和衡阳地方志都对魏华存的事迹有所记载,陶弘景著《真诰》中称魏华存为"魏夫人",后世习惯称魏华存为"南岳夫人"。李白《送女道士褚三清往南岳诗》中有"倦寻向南岳,应见魏夫人"句,杜甫《望岳》中亦有"恭闻魏夫人,群仙夹翱翔"句。宋仁宗赐魏华存"紫虚元君"称号,故又称魏元君。宋哲宗封其为"高元宸照紫虚元道真君"。她还擅长书法,黄庭观墙壁上刻有其亲笔所书《上清黄庭内景经》。《黄庭经》为道教修持内丹的重要经典之一,在中国道教史上有极其重要的地位,直接促成了中国道教上清派的产生。

9. 东汉光禄大夫、上党太守、骑都尉——魏应

魏应,字君伯,东汉任城人。自幼好学,光武帝建武元年(25),受业于博士,攻读《鲁诗》,他专心致志,"闭门诵习,不交僚党",不事结党交游,受到京城学界称誉。荐举明经科,任济阴国(今山东定陶)文学官。"除济阴王文学。"因病免官之后,便授徒讲学,弟子常数百人。汉明帝永平初年任博士,升侍中。明帝永平十三年任大鸿胪,十八年,拜光禄大夫。汉章帝建初四年(79),拜五官中郎将。入宫教授千乘王刘伉。第二年,出为上党太守,诏拜骑都尉,死于任上。

魏应立身严谨,操行素著,传授儒业,身体力行,弟子自远方慕名而来的有数千人之多。曾多次受明帝、章帝召见,讨论经术,"论难于前",为朝廷赞许,并"特受赏赐"。

建初四年,章帝在白虎观会集京师名儒,讲论"五经"同异。以效法西汉宣帝时在石渠阁召集当时著名学者论定"五经"的故事。令魏应专掌问难之事。

《白虎通德论》(亦称《白虎通义》或《白虎通》)便是在此基础上写成的。这部书记录章帝时在白虎观经学辩论的结果。因为自古文经传出现之后,在文字、思想和师说各方面都同今文经学家展开激烈的斗争,今文经学派感到有必要通过皇帝制成定论,以便保持其思想上的统治地位。而《白虎通》的思想是董仲舒以来今文经学派唯心主义和神秘主义者思想的延伸和扩大,也是今文经学政治学说的提要。这次会议,得到章帝的认同。也是在这一年,魏应还受诏入宫传授儒业,教授皇室子弟。

10. 三国蜀汉名将、征西大将军、南郑侯——魏延

魏延(174—234),字文长,义阳新野(今河南桐柏)人。三国时期蜀汉历史上真正的第五虎将。曾跟随刘备入蜀,在攻占四川的战斗中数有战功,获得刘备的赏识,对其十分重用。

据《三国志》记载,刘备曾对他破格提升:"先主为汉中王,迁至成都,当得重将以镇汉川,众论以为必在张飞,飞亦以心自许。先主乃拔延为督汉中镇远将军,领汉中太守,一军尽惊。先主大会群臣,问延曰:'今委卿以重任,卿居之欲云何?'延对曰:'若曹操举天下而来,请为大王拒之;偏将十万之众至,请为大王吞之。'先主称善,众咸壮其言。"在魏延镇守汉中的六年时间里,不管是张郃还是曹真,都不敢正视汉中一眼。

魏延在刘备麾下历任牙门将军、镇远将军兼汉中太守、丞相司马、凉州刺史，后迁为前军师征西大将军，进封南郑侯。在关羽、张飞、黄忠、马超、赵云相继谢世后，更以功绩和能力成为当时蜀国的头号将领，为外御强敌立下了赫赫战功。魏延一生中所打最精彩的仗，当属建兴八年(230)率部与魏方的雍州刺史郭淮及后将军费耀之战。这一战魏延以少胜多，在阳溪将郭淮打得溃不成军。

再看封侯，魏延是刘备在世时钦封的。在三国蜀汉政权里，共有12位有功之臣身后得到了追谥。除法正是刘备亲赐的谥号，其余11人都是后主刘禅钦定的。谥号作为一种荣誉象征，代表了蜀汉政权盖棺论定的评价。对于谥号，刘禅的理解是"存有令问，则亡加美谥"，意思是活着时有美好名声的人，那么去世后就给他加上美好的谥号。而赫赫有名的关张马黄赵五虎将的谥号却是在最后一个批次被刘禅赐予，而且谥号的称谓又是那么耐人寻味。

被后世捧上天的关二爷被追谥为壮缪侯。这个谥号值得玩味。从史料分析，这里的"壮"含有勇武有力、武而不遂的意思，"缪"则是名与实爽，连起来就意味着盛名之下其实难副。按照美谥、平谥、恶谥三分法，关羽的谥号不算恶谥也基本差不多了。关羽被东吴算计死的时候，阿斗还是个13岁的孩子，立为太子不过一年的时间。一个征战在外，一个长于深宫；一个只对老大忠心不贰，一个但求嬉戏游乐；一个高傲自重，一个懵懂无知，所以两人不存在交往上的必要和利害上的冲突。少年阿斗不会在意关羽的作为与性格，但帝王阿斗会在意。蜀汉政权衰弱的直接诱因是关羽丢失荆州兵败身死。他的死又连带了张飞的遇刺身亡和刘备的中道崩殂。在刘禅执政的40多年里，孔明和姜维的多次北伐而未功成，正是缺少了荆州这块战略要冲。从蜀汉的国策和国运来看，关羽实在功不抵过。所以阿斗认为关羽能力与职务不成正比，基本是个花架子。

张飞的两个闺女都嫁给了阿斗。对这位老泰山，阿斗给出了桓侯的谥号。桓者，辟土服远也。意思就是承认了张飞在政权建立过程中开拓疆土的征战之功。在这个貌似实事求是的谥号背后，仍然隐藏了一些东西，那就是他们的特殊关系。221年三月，张飞被人害死，五月阿斗荣升皇太子，紧接着迎娶张飞的大闺女为太子妃。不是阿斗看中了张大闺女，而是他的父亲把对张家的垂怀之情转化成了儿女亲事。对于这桩政治婚姻，阿斗的心里是有想法的。我们不知道这位张大闺女的容貌和年龄，不过可以肯定的是阿斗并不喜欢她。他喜欢上的是陪伴张大闺女一起入宫的王侍女，并与她珠胎暗结，生了个儿子，就是后来被立为太子的刘璿。可见阿斗对张大闺女并没有情分，对已故的岳父就更缺乏感情了。张大闺女嫁入刘门16年后，郁郁而终。在她尸骨未寒之际，阿斗又看上了她那美貌的妹妹，公然将其纳为贵人后册立为皇后。当时，相父诸葛亮已经去世，阿斗更加理所当然地为所欲为了。也许正是看在张二闺女的面上,阿斗给了张飞一个看上去很美的谥号。

马超是在走投无路的情况下投奔了刘氏集团。这位威震西凉响当当的汉子,任何人都不能小觑。刘备同意接受马超的时候,他正在成都围攻刘璋数月而不下。马超率兵直接抵达成都城下向刘备请降,城里刘璋的人马看到马超来了,十分震怖,立马放弃抵抗,举手投降。马超的刚猛威武由此可见一斑。刘禅看重马超这股劲,赐谥威侯。威侯的"威"还有执正无邪的寓意,刘禅对马超的评价还是中肯的。这个起因于马超及时打了一个欲图不轨的人的小报告。这个人叫彭羕,他有点才华,但自视甚高,得意时很张狂,失意时很能发牢骚。诸葛亮认为品德不好,建议刘备疏远他,还准备把他从京官下到地方。彭羕听到这个消息,心底愤恨,思谋着马超是个外来户,于是找到马超说咱们来个里应外合,天下可定了。马超自来到蜀汉一直谨小慎微,听了这话,半天没吭声。随后他将彭羕来访的具体经过详细呈报上去,彭羕因涉嫌谋反而被诛杀。刘禅就是从这件事上判断马超是个不玩阴谋诡计的人。

老将黄忠自归顺刘备以后,表现一直很抢眼。每次打仗他都带头冲锋陷阵,勇毅冠绝三军。刘禅赐他刚侯谥号,是恰如其分的。刚者,威武不屈,利禄不惑,老迈不服。看来,刘禅的确是黄忠的一个知音。

五虎将里数赵云的人缘好,人气最旺,后世喜欢、敬仰、崇拜他的人远远超出其他四位。赵云相貌俊美,智勇双全,品行高贵。对这位救命恩人,刘禅追封了顺平侯的谥号。慈和遍服曰顺,执事有制曰平。阿斗充分肯定了赵云做事规矩、待人亲和的品质。赵云在长阪坡血染战袍救下了阿斗的小命,在大江之中截追孙夫人改变了阿斗的命运,两次相救让刘氏父子不能不对他另眼相看。但赵云在蜀主面前,从不恃恩而骄,始终表现了一个臣子的本色。在蜀汉政权以刘禅为首的君权和以诸葛亮为首的相权两股势力暗流涌动的形势中,赵云坚定地跟随在诸葛亮的身后,为诸葛亮治国大略的有序展开贡献着自己的力量。他倾向于诸葛亮,是清醒地认识到只有诸葛亮才能让国家长治久安。这也是他执事有制的一种信念上的选择吧。赵云作为元老级人物,不搞拉帮结派,不分亲疏远近,对每件事都按规矩出牌,对每个人都用公心对待。在互相倾轧、斗争激烈的蜀汉集团内部,赵云可谓出尘不染,被当时的舆论推崇为温良恭俭让的典范。

《三国演义》中魏延的第一次出现,正值刘备携民渡江败走襄阳之时。此刻的刘备可谓是一败涂地、狼狈万分,身边兵不过上千疲卒,将不过张飞、赵云。后有曹操雄师追击,前有蔡瑁、张允刁难,可说是进退无路、存亡未卜。在这危亡时刻,挺身而出的是原本与敌对双方基本无干的魏延,凭着一颗男儿的血性之心,为搭救刘备君臣和数十万百姓,才不惜得罪蔡瑁、张允这些奸佞诌媚之辈,在襄阳城下与名将文聘大战数十回合,最后落得家人被杀、只身投奔长沙的下场。然而,令魏延与世人始料不及的是,正是这种完全发自内心的仗义之举,后来却成为诸葛亮认定其"脑后有反骨"的最初起因。

魏延的第二次出场,是在赤壁大战之后,刘备攻略汉上九郡之时。当时,不可一世的关羽率兵袭取长沙,遭到了老将黄忠的顽强阻击,处于进退两难的尴尬之地,又是心高气傲、血性方刚的魏延为其解了围。

为报答战场上关羽的不斩之恩,三箭虚射的老将黄忠受到了太守韩玄的误解,被绑赴刑场即将斩决。千钧一发之际,又是魏延激于义愤振臂而呼"黄汉升乃长沙保障,杀汉升即杀长沙百姓也",拔剑而起,斩了轻于杀戮的昏聩之辈韩玄,打开城门,迎接刘备大军进入长沙。

孰料,诸葛先生一到,首先下令的就是要斩有功无过的魏延,其理由是"居其土而献其地是不忠也,食其禄而弑其主是不义也"。刘备不失为创业、明智之主,念忆旧恩从诸葛先生刀下救了魏延。从此,刘备的帐下又多了一员面如重枣、目若朗星、五绺长髯、威风凛凛、执刀跨马、冲锋突阵、东挡西杀、威风八面的猛将,魏延也得以在刘备帐下大显身手施展自己的才华,数十年间冲锋陷阵屡立奇功:取西川与黄忠共为先锋,尽败蜀中名将;战东川助张飞屡破曹兵,箭射曹操面门;退蛮兵渡泸水破孟获苦战数年,成就了诸葛先生七擒七纵之举;出陈仓震魏将斩王双历任前锋,效尽了跋山涉水先出后回之责……

终于,一代猛将辅弼明君成就了王霸之业,使昔日无寸土之地的刘备坐上了两川之主蜀中之王的宝座,延续了后汉60余年的西隅江山。同时,一代明君帮助猛将遂却了建功之志,使当年孤身投主的魏延完成了即将封侯吐气扬眉的心愿,成为坐镇汉中,独守一方的南郑侯、汉中太守、征西大将军。刘备的慧眼识人与魏延的得遇明主相得益彰。

在蜀国的诸多将领中,魏延的性格和结局都很另类。刘备未曾想到,魏延也未曾想到,无论将军的功劳多大,那一句主观臆断的"脑后有反骨",最终造成了猛将魏延一生的悲剧,而这悲剧的策划者和导演者恰恰是那位被刘备待之如师、为众将奉之如神的著名贤相诸葛亮。

为了证明自己的预言没有错,这位昔日南阳的卧龙先生、今天蜀汉的武乡侯,在刘备死后自己被刘禅尊为相父的十几年中,运用手中所掌握的统军大权,采取了一系列隐秘晦暗的手段,对魏延的正确建议与行动进行了多次的掣肘与压制,使其在多年战争中积累的丰富作战经验根本无法得到发挥。

首出祁山,魏延根据形势,大胆倡议,由自己带精兵取道子午谷直插魏国的重镇长安,这在当时的情况下,绝对不失为一条出奇制胜的妙计,因为此时镇守长安与蜀军对垒的既不是久历戎行的大将军曹真,也不是老奸巨猾的都督司马懿,而是根本不知军事的纨绔子弟夏侯楙,时机千载难逢。可惜,魏延的建议根本未被诸葛先生采纳,假如诸葛先生采纳了这条建议,也许三国的历史就会重写。

战守街亭,事关北伐的胜败,无论是作为统率全军的主帅诸葛先生,还是担任破敌掠阵的先锋大将魏延,均明白此仗的分量。因此,当诸葛先生首发军令的时候,魏延当先讨令,愿去街亭大战司马懿和张合,对于当时的蜀军来说,前军众将中除去老将赵云,就只有魏延有这个资格与本事讨要这支分量极重、关系极大的令箭。

然而,魏延又一次地被诸葛亮手中的权力所压制,先锋大将只落得个在山后扎寨负责接应的差事,派去守卫胜败关键所在、此战咽喉要道街亭的,竟然是那个早已被刘备看透,说明其言过其实不可大用的庸才马谡。何必如此安排?原因非常简单,就是因为此君乃是孔明的心腹,为卧龙先生一手提拔,所以镇守街亭如此大的功劳,无论如何孔明先生也是不会让那勇猛善战、自信自傲的魏文长染指。

可惜,这位马谡将军实在是不争气,为人刚愎自用,自以为熟知兵法,结果一上战场只会照搬硬套,屯兵于山顶,一厢情愿地幻想着以高击低势如破竹,结果根本行不通,水道被断造成军心大乱,只好收拾残兵拼死突围,多亏魏延接应,才算逃了一命,不仅丢失了军事重镇街亭,还让诸葛先生受了天大的惊吓,被迫唱了一出提心吊胆的空城计。

街亭之战大败,蜀军的损失、统帅的失策,无疑使魏延这位久经沙场的猛将极其失望。即便是卧龙先生挥泪斩了爱将马谡,也无法在魏延的心目中重新树立起对孔明先生用兵如神的信任。自此,对于诸葛先生所发的将令,魏延的态度开始发生了变化,由过去的毫不怀疑变成了今日的将信将疑,甚至出言给予讥讽,这就更犯了诸葛先生的大忌。在先生眼中,"反骨之说"开始化为现实。

在牵制掣肘的基础上,诸葛先生开始用一种近似于无耻的手段对付这个不听话的魏延,必置其于死地而后快。

为了完成此举,先生开始了深谋远虑的计划,上方谷一战,诸葛亮在安排火攻的时候,其实是计划将司马懿父子连同诱敌的魏延一起烧死在山谷中的,这一点连罗贯中先生也不得不承认,只是人算不如天算,瓢泼大雨不仅救了司马懿父子,也使诸葛亮置魏延于死地的计划破了产,故此,先生只能是无奈地仰天而长叹。

后人读《三国演义》,多数不理解这位诸葛先生,为什么只是认准了出祁山这条路,是平稳持重还是骨子里胆小?这不得而知,但六次北伐均是无功而返是不争的事实。前后数十年的征战,耗费了大量的人力物力财力,蜀国不但未能取得魏国的寸土之地,最后就连自己的统帅也被拖死在了五丈原秋风萧瑟的寒夜里。随着司马懿坚守不战策略的逐步成功,困扎在渭河之滨五丈原上的诸葛先生日渐计穷,蜀军的锐气被慢慢地拖光,先生的生命也开始走向结束。

就是在这样一种情况下,诸葛先生还是没有放弃除掉魏延的念头,他不但强撑病体密切地注视着魏延的一举一动,而且,开始悄悄地寻找、扶持帮助自己实现这个愿望的党羽与帮凶。于是,杨仪,这个不见其功的普通幕僚被委以了统军重任;马岱,这个蜀营当中的一勇之夫被密授了锦囊妙计,先生在去世之前,通过这一系列见不得人的小动作,终于完成了除掉这块哽噎在心口上数十年的"反骨"的最后部署。

魏延死后,蜀国上下朝堂之中确实少了一位桀骜不驯的人物,文臣武将之间确实保持了一种无争无斗的短暂平和。但是,因此而造成的严重后果也是如此显而易见……

从此,蜀国再没出现过像魏文长般勇猛无敌冲锋陷阵的栋梁之材,再也没有了昔日那威震汉中独当一面的征西大将军,面对强大的魏军,面对昏庸的刘禅,面对凋零的将校,面对衰落的蜀国,统率大军的姜维只能默默地咽下"蜀中无大将,廖化作先锋"的苦酒,勉为其难地独自支撑着诸葛先生遗留下来的尴尬局面与残破江山,不禁为蜀汉与魏延一悲!

好在上天是公正的,所谓离地三尺有神明,种种事实证明,无论是诸葛先生如何先入为主地断定魏延脑有反骨日后必反,还是杨仪这些平庸之辈如何绞尽脑汁网罗罪证编织罪名,毕竟还是证据不足,底气有亏,无法服人。一代名将,未倒在九死一生的战场上,却亡在了自己人背后挥起的刀下,这种不公的结局,足令天下有志之人哀之惜之恸之惋之。

颇具讽刺意味的,倒是那个被诸葛亮委以重任的杨仪,在权力欲得不到满足的时候曾经言道:早知若此,当初丞相死时,吾若以全军投魏,何至有今日耶? 这一番话倒是真正地告诉了九泉之下的诸葛先生,到底是谁的脑后真的有反骨!

历史上的魏延和《三国演义》里写的完全就是两个人。蜀汉历史上真正的第五虎将,反而被骂作脑后生有反骨。魏延如果九泉下有知,怕是哭也哭不出来了。但蜀汉后主刘禅在这场内讧中,显然是站在魏延这一边的,这点从他后来贬杨仪为庶人就不难看出。

11. 北齐时代刚直不阿的著作郎——魏长贤

魏长贤(550—624),巨鹿郡下曲阳人,迁居相州内黄。祖父魏显义为北魏时义阳太守和陵江将军;父亲魏彦为北魏骠骑、史和光州刺史;与温子升、邢邵齐名,世称"三才",又称"邢魏"。贤生子魏徵,为大唐一代名相。

长贤博涉经史,辞藻清华。初举秀才。魏时任汝南王悦参军。入齐,平阳王淹征召为法曹参军,转著作佐郎。继承父亲(名彦,字惠卿)遗志,更撰《晋书》,编纂国史。

北齐河清年间(562—565),魏长贤给武成帝写信讥讽当时的政策,大大触犯了幸臣,被贬为上党屯留(今山西屯留)县令。亲戚朋友劝诫或来信责备他不审度时机而上书,惹火烧身。长贤回信,抒建功立业忠于朝廷之志,表怀才不遇愤世嫉俗之情:"大臣尸位素餐没有一个进谏言,小官害怕干犯宪则不敢讲,徒然痛心朝廷的危难,白白哀叹君王的耻辱,'有犯无隐',没有见过那样的人。""何况我的祖先,世代以讲学为业,用做儿女的道理教诲我、侍奉君主的礼节劝勉我呢?""居官低下而毁谤在上的,希望有所裨益反而招致损失。我委实不才,以致造成亲近人的耻辱,无声无息地苟且容忍下去,又不是平生的志向。因此,希望能够锄掉那茅草,驱逐这鸟雀,铲除一恶,树立一善,这样没有违背先人的旨趣,以泯没于九泉之下。求仁得仁,难道能怨恨谁吗?""言与不言在我,用与不用在时,若国道方屯,时不我与,以忠获罪,以信见疑,贝锦成章,青蝇变色,良田败于邪径,黄金铄于众口,穷达运也,其如命何!"

这封信发出后,人们都为他的遭遇不平,而他则心底平静,处之怡然。其刚直不阿的浩然正气在世人中留有声望。

武平年间,因病辞职,不复仕。

北周武帝宇文邕征服齐朝,多次征召,他都以患病辞谢。卒74岁。唐贞观七年(633)被追赠定州刺史。

12. 北魏时誉满京师的尚书右丞——魏季景

魏季景(生卒年不详),巨鹿下曲阳(今河北晋州)人,父鸾,字双和。季景少孤,清苦自力,博学有文才,20岁时便名于京师,与魏收相亚,洛中称"二魏"。子魏澹。

天平初年(534),因迁都,遂居柏人(今河北隆尧)西山,内怀忧悔写下《择居赋》。

魏孝庄帝时为中书侍郎,节闵帝时任尚书右丞。兼任给事黄门侍郎,后兼散骑常侍,曾出使梁国。后任大司农卿、魏郡尹。著有《魏季景集》一卷,文章200余篇。魏季景侄魏收,北齐史学家。名列三才太学博士,时任中书令兼著作郎,曾奉诏编纂《魏书》,后累官至尚书右仆射,监修国史。

元象初年(538),兼任给事黄门侍郎,后兼散骑常侍,曾出使梁国。后历任大司农卿、魏郡尹。

《北史·卷五十六·列传·第四十四》记载:"魏季景,收族叔也。父鸾字双和,为魏文赐名。有器干,体貌魁伟,以有容仪,为奉车都尉。曾升辂车,触毁金翼,敛容请罪。帝笑曰:'卿体貌过人,素不便习,何足惧也?'车驾南征汉阳,除鸾统军。帝历幸其营,叹赏之。及在马圈不豫,敕兼武卫将军,领宿卫左右。景明中,六辅之废,鸾颇预其事。后除光州刺史,更满还朝,卒。谥曰夷。子季景少孤,清苦自立,博学有文才,弱冠有名京师。时邢子明称有才学,殆与子才相侔,季景与收相亚,洛中号两邢二魏。庄帝时,为中书侍郎。普泰中,为尚书右丞。季景善附会,宰要当朝,必先事其左右。尔朱世隆特赏爱之。于时才名甚盛,颇过其实。太昌中,位给事黄门侍郎,甚见信待,除定州大中正。孝武帝释奠,季景与温子升、李业兴、窦瑗等俱为摘句。天平初,因迁都,遂居柏人西山。内怀忧悔,乃为《择居赋》。元象初,兼给事黄门侍郎,后兼散骑常侍,使梁。还,历大司农卿、魏郡尹。卒,家无余财,遗命薄葬,赠散骑常侍、卫尉卿。所著文笔二百余篇。子澹知名。"

13. 北齐史学家、三才、太学博士——魏收

魏收(507—572),南北朝时期大臣,历史学家、文学家。字伯起,小字佛助,北齐巨鹿下曲阳人。魏收机警善文,与温子升、邢子才号称"北地三才"。他15岁已能属文,显露才华。入仕后,曾任太学博士等职。26岁迁散骑侍郎,典起居注,并修国史,兼中书侍郎。在东魏,官至秘书监,兼著作郎,定州大中正。入北齐,任中书令,兼著作郎。天保二年至五年(551—554),奉命编成《魏书》130卷,《魏书》记载了鲜卑拓跋部早期至550年东魏被北齐取代这一阶段的历史。历来为人所诟病处在于其矫饰之过,但作为研究北魏历史的重要著作,仍有其不容忽视的价值。《魏书》被列为现今的二十四史之一。此后历任要职,加开府仪同三司,累迁尚书右仆射。追赠司空尚书左仆射。

在魏、齐之际,魏收是最有名气的学者。初以父功,任北魏太学博士。东魏时任中书侍郎,转秘书监。后北齐,官至尚书右仆射。齐文宣帝天保二年(551),以中书侍郎的身份奉命著《魏书》,齐武成帝时,任开府中书监。

在我国文学史上,北朝的文学是黯然失色的,远逊于蓬勃而有活气的南朝文学。但是,到了北朝后期,随着文网的放宽,汉文学的复苏,南朝文学的输入,这时,在北朝文坛上,有了初步的繁荣景象,涌现了一批较有影响的诗赋文人,魏收就是其中一个代表。

据《北齐书》记载,魏收少年时的志向并不属意于舞文弄墨。他是北魏骠骑大将军魏子建子,少时,他随父亲到边防,很喜欢骑马射箭,留恋于马上功夫。当时,

有一位长辈郑伯和他开玩笑说:"魏郎弄戟几何?"有道是说者无心,听者有意。从这句也许是不经意的玩笑话,他却品咂出了取笑他的意味:舞枪弄戟,你能摆弄几个回合? 他很感惭愧,从此逐鞍马,藏弓箭,一心一意苦读诗书。炎热的夏天,白天到树凉下吟诵,晚上仍在月下坐板床攻读。史传说:"积年,板床为之锐减,而精力不辍。"功夫不负有心人,他终于成为文章大手笔。后来明人张溥说起这一段往事,还感慨地说:"魏伯起少时惭于弄戟,终至免于逐兔,成为文章大手,是被一句调笑话激成的,郑伯实在有功啊。"可也是,一句玩笑话,少了一个挽弓撵兔子的人,多了一位文章高手,也算一段文坛佳话。

魏收机警善文,北魏中兴元年(531)曾以散骑侍郎典起居注,并修国史。东魏时期一直参与修国史。北齐受魏禅后,魏收任中书令,仍兼著作郎。天保二年受诏纂魏史。四年任魏尹,但不理郡事,专力于魏史的修纂。五年三月奏上本纪、列传,十一月奏上十志。自北魏末经东魏到北齐,魏收参与修史达20余年。前后协助其修史的,有房延祐、辛元植、刁柔、裴昂之、高孝干、綦毋怀文、眭仲让等,"博总斟酌",所援引的房、辛等多非史才,只用三年多的时间,纂成《魏书》130卷。魏收自认为是"勒成一代大典"的盛事。

魏收从天保四年专任史职,到次年奏上全部《魏书》,不过年余,这是因为北魏修国史和起居注的工作,自魏道武帝拓跋珪以来始终未断。从开国到孝明帝末年部分,魏收都有所凭借,沿用旧史。只有北魏末和东魏共约20年间的事迹,需重新收集编写。至于东晋和十六国各传,是利用了崔鸿《十六国春秋》、孙盛《晋阳秋》、檀道鸾《续晋阳秋》等。沈约《宋书》和萧子显《南齐书》,魏收都可能得见,但宋齐时代相去不远,史实易于稽考,他又蔑视南朝文人,所以岛夷刘裕、萧道成传完全看不见袭用南朝沈、萧著作的痕迹。

魏晋以后,佛教逐渐兴盛,影响深入中国社会、思想、文化之中。道教也在政治、社会方面起相当作用,都在史书中有所反映。但魏收之前的裴松之注《三国志》,以佛家事附于《东夷传》。沈约《宋书》附于《蛮夷传》。《魏书》中始设《释老志》,不能不目为卓识创举。北魏时鲜卑部族繁衍,太和以后又有改鲜卑姓为汉姓之举。魏收师汉人氏族谱牒之意,结合北方民族部落族姓的风习,设官氏志,于百官之外兼志氏族,是适应时代特征的处理方法,为后人研究北魏历史提供了极大方便。《魏书》本纪、列传相连,而志列在最后,符合刘知几《史通》所谓:"本纪所书,资传乃显,表志异体,不必相涉。"列传的类列和次第,也都各有其意义。书中收录的诏令奏议,大都关系政治,其他文章,也足供考察作者身世和为人。而当时流行的轻浮诗文,所取极少。这些都是《魏书》的显著优点。

《魏书》记载了鲜卑拓跋部早期至550年东魏被北齐取代这一阶段的历史。

共124卷,本纪12卷,列传92卷,志20卷,因有些本纪、列传和志篇幅过长,又分为上、下或上、中、下三卷,实共130卷。举凡政治、经济、文化、军事等社会生活各个领域的情况,书中都有比较详尽的交代。其20卷志尤有价值,从东汉初班固修《汉书》到唐初修《五代史志》近600年间,《魏书》以外的各纪传体史书中或根本没有书志部分,或虽有书志,但缺少刑法、食货等重要内容,《魏书》弥补了这方面的不足,《官氏志》针对北魏政权的特殊情况记录北魏官制,兼及拓跋部所属各部原有姓氏与所改的汉姓。《刑罚志》记载北魏政权司法制度,对于北魏各族人民对统治者的反抗斗争做了如实报道,据不完全统计,见于《魏书》的各族人民起义达130余次之多。《食货志》对于北魏的均田制有详细记述,为后人研究北魏的土地制度提供了可贵的材料。《释老志》是《魏书》首创,记载了佛道两教在中原地区的传播及其变革,对于佛教发展的记述尤详,可看作一部中国佛教简史。

魏收在北齐时修魏史,北齐继承东魏,不得不以东魏为正统,因有不少挂漏,对高欢也多溢美。例如,《地形志》以文书散佚为理由,不依据北魏最盛的宣武帝延昌年间版图,反而采用偏安的东魏武定之世为标准,给后代研究北魏历史造成很大困难。魏收为人恃才傲物,利用修史凌侮别人,"迁怒所至,毁及高曾"。因而申诉其不公平者百有余人,称其书为"秽史"。实际上,作为封建史家,在政治上的荦荦大端,魏收的观点和当时统治阶级公认的看法是相一致的。例如,传说他因受金而为尔朱荣作佳传,但《魏书·尔朱荣传》中对他的专横残暴以及给魏朝统治带来的祸害,都有充分的描述和足够的谴责。"秽史"之说,只是一些门阀士族斤斤计较于自己祖先在书中的反映,并不完全符合事实。

《魏书》是记述北朝拓跋氏所建立的北魏及东魏历史的纪传体史书。北齐魏收撰,含本纪12卷,列传92卷,志20卷,共124卷。原分为131卷,北宋时,例目一卷和纪传志中的29卷已亡佚。今本卷三《太宗纪》和《天象志》的三、四两卷,是宋人分别用隋魏澹《魏书》和唐张太素《魏书》所补。其余各卷乃用《北史》、高峻《小史》(亦称《高氏小史》)、《修文殿御览》所补。另有29卷中也还有缺文。中华书局1974年出版有点校本。

北齐时,国事诏命、军国文诰皆为他所作。史载:"收为檄,五十余纸,不日而就。""初夜执笔,三更便成,文过七纸。"故文襄王善赞其文:"在朝今有魏收,便是国之光彩。"北齐武平三年(572)魏收去世,赠司空尚书左仆射,谥曰文贞。

魏收的操守人品多遭人诟病。他虽以文才显,然品性褊狭,每当在路上碰见权贵,就以言色取悦。在洛阳的时候,行动轻薄,人号为"惊蛱蝶"。曾出使梁地,与部下各买婢置馆中,遍行奸秽。史称魏收纂《魏书》时挟私妄为,前后颠倒,贿赂成书。但魏收处于王朝政权变更之际,由东魏入北齐,其所处的人际关系十分复杂。而且此书并非仅出自魏收一人之手,合作者中有几个不但史才史识不能与魏收相比,甚至连起码的编辑水平也欠缺,直接影响了《魏书》的质量。

客观地说,魏收修纂的《魏书》,在南北朝诸史中,总的来讲,还是比较好的一部史书。隋代是从西魏、北周继承下来的,因此,隋文帝开皇年间,命著作郎魏澹(魏收的族弟)等,以西魏为正统,重修《魏书》。魏澹成书92卷,无志。但这部新修成的《魏书》,还不如魏收所撰写的《魏书》,以后也没有流传下来。隋末唐初还曾两次重修过魏史,也都未成功。结果还是魏收的《魏书》保存下来,列为现今的二十四史之一,成为研究魏史的最原始的著作。

《魏书》不仅具有较高的史料价值,而且在编纂体例方面也有可取之处。唐初史学家李百药、李延寿等人对《魏书》的评价,基本上都是肯定的。李延寿所撰《北史》,其中北魏部分基本上是《魏书》的节录。这就表明了《魏书》的史学价值。

《魏书》帝纪的首卷是《序纪》,叙述了道武帝拓跋珪建立魏国以前的情况。从黄帝少子昌意受封北土,一直写到拓跋珪的祖父什翼键,从中可以大致窥见鲜卑拓跋部发展的源流,提供了由氏族、部落到国家发展过程的史料。这样,既写出了拓跋氏的先祖,又与帝纪有所区别,是一种较好的处理方法,这在史书帝纪的体例上是一种创新。

魏收在帝纪的分卷上也有所侧重,把北魏诸帝中两个杰出、有作为的皇帝太武帝拓跋焘和孝文帝元宏分为上、下两卷,不惜笔墨,详细叙述他们的业绩。把东魏的皇帝元善见列为帝纪的最后一卷。因为魏收是北齐人,视东魏为正统,而把西魏文帝元宝炬排斥在帝纪之外,只附见在列传中,记载也非常简略,以表示不承认西魏政权,可谓用心良苦。

《魏书》的列传共98卷,有些列传是一种家谱式的史传,价值不大。有些列传如《李安世传》载有请均田疏,《张普惠传》载有论长尺大斗和赋税疏等,颇有史料价值。有些列传所载文章诗赋,为后人收集北魏诗文提供了资料。关于国内少数民族和外国的列传,大都根据当时使节和商贩的口传写成,其中虽然有一些侮辱性的记述和传闻失实之处,但对当时东北和西北地区少数民族与中原地区的联系,对中外经济和文化的交流情况,还是提供了不少历史资料,有助于后世的历史研究工作。

《魏书》的志也有自己的特色,其中的《释老志》不仅前史所无,而且后代的史志中也再未列这个志目。它是魏收根据北魏的历史特点新创的一个独特的志目。佛教和道教在北魏时进一步发展,社会影响很大,两教之间的斗争也很尖锐复杂。《释老志》详细记载了佛教和道教的源流和发展变化,以及佛经的翻译、佛寺的营建、佛像的塑造等,对研究中国宗教发展史具有重要价值。志中还反映了世俗地主经济和寺院地主经济的矛盾,尤其是反映了寺院占有的奴仆和依附的人口所遭受的地租、高利贷的剥削情况,是了解当时社会制度的重要资料。《官氏志》在别的史书中称《职官志》或《百官志》,魏收却别具匠心改名为《官氏志》。志中记载了官制,省略了官府部门和官吏职司,突出了拓跋氏的变化,从氏族姓氏和元宏所改汉姓的变化,反映了当时汉族和少数民族融合的情况。《食货志》详细记载了北魏太和九年(485)的均田令和与此相关的三长制、租调制,是后世研究均田制的重要原始材料。关于货币的记载也有助于了解北魏所辖地域的社会经济情况。其他各志也有可取之处,如《灵征志》记载了北魏建国以来150年间各地所发生的地震,是很宝贵的资料。

魏收的文学才能也值得肯定。魏收的诗作今存13首,其中不乏对仗工整、巧构形似、清新可读之作。

14. 北魏左光禄大夫、骠骑大将军——魏子建

魏子建(474—533),字敬忠,巨鹿下曲阳人。

起初任奉朝请。屡次升迁,任任太尉从事中郎。北魏宣武帝时,征服了氐人,于武兴建镇,后改称东益州(今陕西略阳县)。镇将和刺史失掉人心,众氐人作乱。魏子建任东益州刺史。他恩慈信实,使全州安然无事。

对于魏子建的人品,《北史·魏收传》上有这样一则有趣的记载:前军将军魏子建官运不佳,十年不曾升官。魏子建并不着急,闲暇时,便与吏部尚书李韶和李韶的弟弟李延下棋。当时,人们都以为他下棋入了迷,不再盼顾其他,其实谁也不知他的心。魏子建后来说:"围棋可以加深一个人的品德修养,况且我现在不受重用,没有什么事,下下围棋不碍事。"以后,魏子建被调到边境上打仗,这一去,竟有五年没动一粒棋子。

北魏正光五年(524年)至六年,羌人莫折大提领导关陇(今陕西、甘肃一带)地区各族人民反抗北魏统治的起义。五年六月,当六镇起义蓬勃发展之时,北魏秦州(今甘肃天水)人薛珍等聚众起义,擒杀刺史李彦,推羌人莫折大提为帅,大提遂自称秦王。南秦州(今甘肃成县西)人张长命等杀刺史崔游,响应大提。大提遣将攻克高平(今宁夏固原),杀镇将赫连略和行台高元荣。不久,大提卒,其子莫折念生继之,自称天子,置百官,年号天建。七月,魏孝明帝元诩以吏部尚书元修义为西道行台,率诸将讨伐莫折念生。念生遣都督杨伯军攻仇鸠、河池(均在今陕西凤县境)二戍,遭北魏东益州刺史魏子建部将伊祥部反击,受挫。众官认为在本州筑城人强劲勇敢,应先没收其器械。子建认为:安抚可利用,逼迫会作乱。于是,召来筑城人中的老壮年,晓之以理,并上书孝明帝,请求为筑城人全部免罪。北魏

孝明帝听其意见,东益州获得保全。

子建多次请求回京。于是,朝廷派刺史唐永代替他。子建还京时,氐人眷恋不舍,接连拦截道路,不让他离任进京。过了一个月才出发上路。官吏赠送财物,他一件不收。

子建回京后,屡次升迁,任常侍、卫尉卿。元颢内逼,孝庄帝北逃,其举家退居洛南。颢平,复还。后来,他患中风病,便上书辞职,特许任右光禄大夫。后历任左光禄大夫,加散骑常侍、骠骑大将军。

魏子建几次出任外藩长官,管理富饶地区,为官多年,正直不阿。家人衣食常不周赡,但他从不贪分文,终生清白。他病重临终时,告诫两个儿子:"死生大分,含气所同。世有厚葬,吾平生不取;裸身,又非吾意。气绝之后,敛以时服……当顺吾心,勿令吾有遗恨。"

永熙二年(533)春,魏子建在洛阳孝义里住所去世。又封赠仪同三司、定州刺史,谥文静。

15. 西魏车骑大将军、尚书右仆射——魏兰根

魏兰根(486—545),巨鹿下曲阳人。仪貌奇伟,聪悟博学。

历任司徒掾、本郡太守。孝昌元年(525),任岐州(今陕西凤翔县南)刺史,隋萧宝寅破宛州(今陕西宝鸡东)。萧俘获宛州人为奴婢,赐兰根美女10人。兰根辞曰:"今当寒者衣之,饥者食之,奈何将充仆隶乎?"尽遣归。

后朝廷以兰根得西土人心,加持节,授平西将军,都督泾(今甘肃泾川北)、岐、东秦(今陕西陇县)、南岐(今陕西凤县)四州诸军事,兼四州行台尚书。不久任光禄大夫。

孝昌三年(527),兰根外甥邢杲谋反,他劝降不下,随军讨之,还,任安东将军、中书令。

中兴元年(531),任车骑大将军、尚书右仆射。

当时高欢废立未定,令兰根观察节闵帝(废帝)神采。兰根固请废之。欢遂拥立孝武帝。

太昌元年(532),加任侍中、开府仪同三司,封巨鹿县侯、永兴县侯。兰根虽以功名自立,然善附会,出处之际,多以计数为先,废帝素有德业,为其构毁,深为时论所非。

高乾死,其忧惧,乃以疾归乡。卒谥文宣。

唐李百药《北齐书·列传·第十五》载:

"**魏兰根**,巨鹿下曲阳人也。父伯成,魏中山太守。兰根身长八尺,仪貌奇伟,

泛览群书,诵《左氏传》《周易》,机警有识悟。起家北海王国侍郎,历定州长流参军。丁母忧,居丧有孝称。将葬常山郡境,先有董卓祠,祠有柏树。兰根以卓凶逆无道,不应遗祠至今,乃伐柏以为椁材。人或劝之不伐,兰根尽取之,了无疑惧。遭父丧,庐于墓侧,负土成坟,忧毁殆于灭性。后为司空、司徒二府记室参军,转夏州平北府长史,入为司徒掾,出除本郡太守,并有当官之能。

"正光末,尚书令李崇为本郡都督,率众讨茹茹,以兰根为长史。因说崇曰:'缘边诸镇,控摄长远。昔时初置,地广人稀,或征发中原强宗子弟,或国之肺腑,寄以爪牙。中年以来,有司乖实,号曰府户,役同厮养,官婚班齿,致失清流。而本宗旧类,各各荣显,顾瞻彼此,理当愤怨。更张琴瑟,今也其时,静境宁边,事之大者。宜改镇立州,分置郡县,凡是府户,悉免为民,入仕次叙,一准其旧,文武兼用,威恩并施。此计若行,国家庶无北顾之虑矣。'崇以奏闻,事寝不报。军还,除冠军将军,转司徒右长史,假节,行豫州事。

"孝昌初,转岐州刺史。从行台萧宝寅讨破宛川,俘其民人为奴婢,以美女十人赏兰根。兰根辞曰:'此县界于强虏,皇威未接,无所适从,故成背叛。今当寒者衣之,饥者食之,奈何将充仆隶乎?'尽以归其父兄。部内麦多五穗,邻州田鼠为灾,犬牙不入岐境。属秦陇反叛,萧宝寅败于泾州,高平虏贼逼岐州,州城民逼囚兰根降贼。宝寅至雍州,收辑散亡,兵威复振,城民复斩贼刺史侯莫陈仲和,推兰根复任。朝廷以兰根得西土人心,加持节、假平西将军、都督泾岐东秦南岐四州军事,兼四州行台尚书。寻入拜光禄大夫。

"孝昌末,河北流人南渡,以兰根兼尚书,使齐、济、二兖四州安抚,并置郡县。河间邢杲反于青、兖之间,杲,兰根之甥也,复诏兰根衔命慰劳。杲不下,仍随元天穆讨之。还,除太府卿,辞不拜。转安东将军、中书令。

"庄帝之将诛尔朱荣也,兰根闻其计,遂密告尔朱世隆。荣死,兰根恐庄帝知之,忧惧不知所出。时应诏王道习见信于庄帝,兰根乃托附之,求得在外立功。道习为启闻,乃以兰根为河北行台,于定州率募乡曲,欲防井陉。时尔朱荣将侯深自范阳趣中山,兰根与战,大败,走依渤海高乾。属乾兄弟举义,因在其中。高祖至,以兰根宿望,深礼遇之。中兴初,加车骑大将军、尚书右仆射。及高祖将入洛阳,遣兰根先至京师。时废立未决,令兰根观察魏前废帝。帝神采高明,兰根恐于后难测,遂与高乾兄弟及黄门崔?同心固请于高祖,言废帝本是胡贼所推,今若仍立,于理不允。高祖不得已,遂立武帝。废帝素有德业,而为兰根等构毁,深为时论所非。

"太昌初,除仪同三司,寻加开府,封巨鹿县侯,邑七百户。启授兄子同达。兰根既预义勋,位居端揆,至是始叙复岐州勋,封永兴县侯,邑千户。高乾之死,兰根惧,去宅,避于寺。武帝大加谴责,兰根忧怖,乃移病解仆射。天平初,以病笃上表求还乡里。魏帝遣舍人石长宣就家劳问,犹以开府仪同,门施行马,归于本乡。二年卒,时年六十一。赠冀定殷三州军事、定州刺史、司徒公、侍中,谥曰文宣。兰根虽以功名自立,然善附会,出处之际,多以计数为先,是以不为清论所许。"

16. 隋著作郎、著名史学家、太子学士——魏澹

魏澹(580—645),字彦深,巨鹿下曲阳人。祖鸾,魏光州刺史。父季景,齐大司农卿,称为著姓,世以文学自业。15 岁成孤儿,博涉经史,善属文,词采赡逸。

齐博陵王济闻其名,引为记室。及琅玡王俨为京畿大都督,以澹为铠曹参军,转殿中侍御史。寻与尚书左仆射魏收、吏部尚书阳休之、国子博士熊安生同修《五礼》。又与诸学士撰《御览》,书成,除殿中郎中、中书舍人。复与李德林俱修国史。

周武帝平齐,授纳言中士。及高祖受禅,出为行台礼部侍郎。寻为散骑常侍、聘陈主使。还除太子舍人。又与李德林同修国史。

入隋,任行台礼部侍郎,不久任散骑常侍,聘陈主使。归来,任太子舍人。注《庾信集》,撰《笑苑》《词林集》。世称其博物。数年后,迁著作郎,仍为太子学士。

隋文帝以魏收所撰《魏书》褒贬失实,平绘为《中兴书》事不伦序,诏澹别成《魏史》。澹自道武下及恭帝,为 12 纪,78 传,别为史论及例 1 卷,并《目录》合 92 卷。所著义例与魏收不同。简明扼要,文帝看后颇为喜欢。魏澹卒年 65 岁。有文集 30 卷。

《隋书》载澹之义例与魏收多所不同:

其一曰,臣闻天子者,继天立极,终始绝名。《春秋》《礼记》,太子必书名,天王不言出。此仲尼之褒贬,皇王之称谓,非当时与异代遂为优劣也。班固、范晔、陈寿、王隐、沈约参差不同,尊卑失序。至于魏收,讳储君之名,书天子之字,过又甚焉。今所撰史,讳皇帝名,书太子字,欲以尊君卑臣,依《春秋》之义也。

其二曰,五帝之圣,三代之英,积德累功,乃文乃武,贤圣相承,莫过周室,名器不及后稷,追谥止于三王,此即前代之茂实,后人之龟镜也。魏氏平文以前,部落之君长耳。太祖远追二十八帝,并极崇高,违尧舜宪章,越周公典礼。但道武出自结绳,未师典诰,当须南、董直笔,裁而正之。

其三曰,臣以为南巢桀亡,牧野纣灭,斩以黄钺,悬首白旗,幽王死于骊山,厉王出奔于彘,未尝隐讳,直笔书之,欲以劝善惩恶,贻诫将来者也。而太武、献文并皆非命,前史立纪,不异天年,言论之间,颇露首尾。杀主害君,莫知名姓,逆臣贼子,何所惧哉! 君子之过,如日月之食,圆首方足,孰不瞻仰? 况复兵交御坐,矢及王屋,而可隐没者乎! 今所撰史,分明直书,不敢回避。

其四曰,周道陵迟,不胜其敝,楚子亲问九鼎,吴人来征百牢,无君之心,实彰行路,夫子刊经,皆书曰卒。自晋德不竞,宇宙分崩,或帝或王,各自署置。

其五曰,壶遂发问,司马迁答之,义已尽矣。后之述者,仍未领悟。董仲舒、司马迁之意,本云《尚书》者,隆平之典,《春秋》者,拨乱之法,兴衰理异,制作亦殊。治定则直叙钦明,世乱则辞兼显晦,分路命家,不相依放。故云"周道废,《春秋》作焉,尧、舜盛,《尚书》载之"是也。"汉兴以来,改正朔,易服色,臣力诵圣德,仍不能尽,余所谓述故事,而君比之《春秋》,谬哉。"然则纪传之体出自《尚书》,不学《春秋》,明矣。魏收云:"鲁史既修,达者贻则,子长自拘纪传,不存师表,盖泉源所由,地非企及。"虽复逊辞畏圣,亦未思纪传所由来也。

澹又以为司马迁创立纪传以来,述者非一,人无善恶,皆为立论。计在身行迹,具在正书,事既无奇,不足惩劝。

17. 隋代末河北农民起义军领袖——魏刀儿

魏刀儿(?—618),刀一作刁。隋末河北农民起义军领袖。大业十一年(615)与上谷(今河北易县)人王须拔同时起义,部众发展到10余万人,自称历山飞。武德元年,窦建德与魏刀儿火并,擒杀魏刀儿。魏刀儿结义兄弟宋金刚往援,亦败。

大业十二年,魏刀儿遣部将甄翟儿率军10万攻打太原,(今太原西南),大败隋将军潘长文和慕容罗喉军,杀死隋将潘长文,严重威胁隋战略要地太原。隋炀帝杨广为消灭起义军,加强太原守备,于该年十二月,命李渊为太原留守,虎贲郎将王威、虎牙郎将高君雅为其副将,率领河东太原兵马6000余人,进剿甄翟儿起义军。双方相遇于雀鼠谷。甄翟儿率义军2万余人,布阵10余里,首尾相继,抗拒李渊军。李渊却布为二阵:以羸弱之兵居中,多张旗帜,全部辎重继后,为大阵;自率精骑数百分左右队,为小阵。并舍弃些辎重物资,以诱起义军中计。交战时,王威领大阵居前进击,甄翟儿误认为是李渊所在,便率义军精锐迎战。义军战士见官军辎驮,舍鞍争相取物。李渊遂率左、右二队,突然进击,义军大乱。李渊步骑兵乘势纵击,大败甄翟儿部,俘获甚多。不久,王须拔再攻幽州时,中流矢死亡,部众归魏刀儿统率。占据深泽(今河北深泽),活动于冀(今河北冀县)、定(今河北定县)二州之间,称魏帝。

18. 唐太宗时期名相、著名政治家——魏徵

魏徵(580—643)字玄成,我国初唐时期伟大的政治家、思想家和杰出的历史学家。魏徵的直系先人远祖魏衡、天祖魏珉、高祖魏处、曾祖魏钊、祖魏彦、父魏长贤,加上魏徵,被后人誉为"千秋金鉴,三代遗直"。族兄魏收、魏澹,后人魏谟、魏玄同等都是鼎鼎大名的魏氏先人。魏徵先为太子李建成东宫僚属,"玄武门事变"

后,辅佐唐太宗17年,以"犯颜直谏"而闻名。开创了中国封建史上辉煌的一页——"贞观之治"。魏徵文采飞扬,主持编纂了一部资政大典《群书治要》。主持编写《隋书》《周书》《梁书》《陈书》《齐书》(时称五代史)。魏徵的一生无论为人还是为官都堪称楷模。

魏徵幼年丧父,家道中落。家庭的不幸遭遇并没有使他意志消沉,反而更加激发了他攻读儒家经典,锐意进取的决心。他潜心研究历史、洞察社会现实,等待时机大展宏图。正如史书所载:"魏徵,少孤贫,落拓有大志,不事生业。好读书,多所通涉。"

隋末农民起义爆发后,魏徵为躲避战乱,出家当了道士,一段时间内,博览群书,颇有雄才大略。隋大业末年,魏徵被隋武阳郡(今河北大名东北)丞元宝藏任为书记。武阳郡丞元宝藏起兵归附瓦岗军,魏徵也立即投笔从戎,参加了农民起义军瓦岗军,从此登上了隋末风云变幻的政治舞台。

魏徵参加瓦岗农民起义以后,一直积极参与谋划,他上书向李密献策,提出"西取魏郡(今河北临漳),南取黎阳仓(今河南浚县西南)"的主张,李密按照其建议,瓦岗军很快夺取了黎阳仓,连同以前夺取的洛口仓、回洛仓,隋在中原的三大粮仓,已全部被瓦岗军控制。这样,就使隋军陷入缺粮的困境,自然也解决了起义军的粮食供给问题,加之他们开仓赈济,又扩大了瓦岗军的影响,壮大了起义队伍,河南一带的起义军大多归附了瓦岗军。李密非常欣赏魏徵,就召他为行军元帅府的文学参军,主管军中文书。

随后,魏徵随李密降唐,自愿去安抚山东地区,被提拔为秘书丞。当时,李勣还在为李密守黎阳,魏徵写信给他说:"当初魏公由叛逆者而起兵,振臂大呼,四方响应,有部下数十万,势力所及半个中国,然而,一失败就再也振作不起来,最后终于归附唐代,因此知道天命已有所属。现今您处于兵家必争之地,如果自己不及早谋划,那么大事就会无可挽回!"李勣得到信,终于定计归附唐代,并开仓发粮,赠给唐淮安王军队。同时,魏徵也说服元宝藏归顺了唐代,为唐的统一做出了贡献。

武德二年(619)十月,魏徵还没有回到长安,河北的窦建德攻陷黎阳,抓获了魏徵,让他担任起居舍人。

武德四年,窦建德在武牢关被李世民打败,魏徵与裴矩西行入渲关。唐太子李建成欣赏魏徵才华,让他担任太子洗马,主管东宫的经籍图书。

武德五年,河北刘黑闼再次起兵,十月李元吉出兵河北,被刘军打败。十一月,太子李建成请求平定河北,他采纳了魏徵的建议,利用人心思安的情绪,释放俘虏,动之以情,晓之以理,没费多大劲,就平定了河北,使唐在河北、山东一带的统治稳定下来。魏徵在随李建成的河北之行中,表现出超人的才干,从而很受李唐统治者的重视,李世民也不例外。魏徵见秦王李世民功高,曾暗中劝说太子早定对策,但李建成迟迟不能下定决心。

武德九年六月四日,秦王李世民先发制人,发动了血染萧墙的"玄武门事变",诛杀太子李建成和齐王李元吉。作为先太子的僚属,面对李世民的厉声喝问和殿前武士的巨斧利刃,魏徵毫不畏惧,慷慨陈词:如果先太子听从我的劝告就不会出现今天的结局。这不能不让人在赞叹他的忠贞耿介之心的同时,也强烈地感受到了他对自己怀才不遇、壮志未酬的愤懑和遗憾。也恰恰是这一点,赢得了李世民的激赏和垂爱,不仅赦免了他,而且委以重任,由此拉开了君臣之间"契协云龙,义均鱼水"历史奇观的序幕。

秦王即位后,拜魏徵为谏议大夫,封巨鹿县男。这时,河北州县过去侍奉隐太子、巢王元吉的人都自觉不安全,往往成群藏匿思谋作乱,魏徵禀告太宗说:"不向天下人显示天子至公无私,灾祸不能解除。"太宗说:"你去安抚和开导一下河北的人。"

魏徵在出使河北途中,遇到太子千牛李志安、齐王元吉府护军李思行被解往京师,他就说:"正好有诏令,前东宫、齐王府的旧人一律免罪,现在又解送志安等人,谁心里不怀疑? 我们虽前去传达天子的旨意,人们一定不会相信。"立即赦免志安等人而后上报天子。出使回来后,太宗非常高兴,对魏徵日益亲近,拜为侍中,一直留在太宗身边"参与朝政",成为太宗的重臣之一。

玄武门之变以后,李世民非常器重魏徵的胆识才能,非但没有怪罪于他,还把他任为谏官之职,并经常引入内廷,询问政事得失。魏徵喜逢知己之主,竭诚辅佐,知无不言,言无不尽。加之性格耿直,往往据理抗争,从不委曲求全。

有一次,唐太宗曾向魏徵问道:"何谓明君、暗君?"魏徵回答说:"君之所以明者,兼听也;君之所以暗者,偏信也。以前秦二世居住深宫,不见大臣,只是偏信宦官赵高,直到天下大乱以后,自己还被蒙在鼓里;隋炀帝偏信虞世基,天下郡县多已失守,自己也不得而知。"太宗对这番话深表赞同。

贞观元年(627),魏徵被升任尚书左丞。这时,有人奏告他私自提拔亲戚做官,唐太宗立即派御史大夫温彦博调查此事。结果,查无证据,纯属诬告。但唐太宗仍派人转告魏徵说:"今后要远避嫌疑,不要再惹出这样的麻烦。"魏徵当即面奏说:"我听说君臣之间,相互协助,义同一体。如果不讲秉公办事,只讲远避嫌疑,那么国家兴亡,或未可知。"并请求太宗要使自己做良臣而不要做忠臣。太宗询问忠臣和良臣有何区别,魏徵答道:"使自己身获美名,使君主成为明君,子孙相继,福禄无疆,是为良臣;使自己身受杀戮,使君主沦为暴君,家国并丧,空有其名,是为忠臣。以此而言,二者相去甚远。"太宗点头称是。

贞观二年(628),魏徵被授秘书监,并参掌朝政。不久,长孙皇后听说一位姓郑的官员有一位年仅十六七岁的女儿,才貌出众,京城之内,绝无仅有,便告诉了太宗,请求将其纳入宫中,备为嫔妃。太宗便下诏将这一女子聘为妃子。魏徵听说这位女子已经许配陆家,便立即入宫进谏:"陛下为人父母,抚爱百姓,当忧其所忧,乐其所乐。居住在宫室台榭之中,要想到百姓都有屋宇之安;吃着山珍海味,要想到百姓无饥寒之患;嫔妃满院,要想到百姓有室家之欢。现在郑民之女,早已许配陆家,陛下未加详细查问,便将她纳入宫中,如果传闻出去,难道是为民父母的道理吗?"太宗听后大惊,当即深表内疚,并决定收回成命。但房玄龄等人认为郑氏许人之事,子虚乌有,坚持诏令有效。陆家也派人递上表章,声明以前虽有资财往来,并无定亲之事。这使唐太宗半信半疑,又招来魏徵询问。魏徵直截了当地说:"陆家之所以否认此事,是害怕陛下以后借此加害于他。其中缘故十分清楚,不足为怪。"太宗这才恍然大悟,便坚决地收回了诏令。

魏徵犯颜直谏,即使太宗在大怒之际,他也敢面折廷争,从不退让,所以,唐太宗有时对他也会产生敬畏之心。有一次,唐太宗想要去秦岭山中打猎取乐,行装都已准备停当,却迟迟未能成行。后来,魏徵问及此事,太宗笑着答道:"当初确有这个想法,但害怕你又要直言进谏,所以很快又打消了这个念头。"还有一次太宗得到了一只上好的鹞鹰,把它放在自己的肩膀上,很是得意。但当他看见魏徵远远地向他走来时,便赶紧把鸟藏在怀中。魏徵故意奏事很久,致使鹞鹰闷死在太宗怀中。

贞观六年(632),群臣都请求太宗去泰山封禅,借以炫耀功德和国家富强,只有魏徵表示反对。唐太宗觉得奇怪,便向魏徵问道:"你不主张进行封禅,是认为我的功劳不高、德行不尊、中国未安、四夷未服、年谷未丰、祥瑞未至吗?"魏徵回答说:"陛下虽有以上六德,但自从隋末天下大乱以来,直到现在,户口并未恢复,仓库尚为空虚,而车驾东巡,千骑万乘,耗费巨大,沿途百姓承受不了。况且陛下封禅,必然万国咸集,远夷君长也要扈从。而如今中原一带,人烟稀少,灌木丛生,万国使者和远夷君长看到中国如此虚弱,岂不产生轻视之心? 如果赏赐不周,就不会满足这些远人的欲望;免除赋役,也远远不能报偿百姓的破费。如此仅图虚名而受实害的事,陛下为什么要干呢?"不久,正逢中原数州暴发了洪水,封禅之事从此停止。

贞观七年(633),魏徵代王珪为侍中。同年年底,中牟县丞皇甫德参向太宗上书说:"修建洛阳宫,劳弊百姓;收取地租,数量太多;妇女喜梳高髻,宫中所化。"太宗接书大怒,对宰相们说:"德参想让国家不役一人,不收地租,富人无发,才符合他的心意。"想治皇甫德参诽谤之罪。魏徵谏道："自古上书不偏激,不能触动人主之心。所谓狂夫之言,圣人择善而从。请陛下想想这个道理。"最后还强调说："陛下最近不爱听直言,虽勉强包涵,已不像从前那样豁达自然。"唐太宗觉得魏徵说得入情入理,便转怒为喜,不但没有对皇甫德参治罪,还把他提升为监察御史。

贞观十年(636),魏徵奉命主持编写的《隋书》《周书》《梁书》《陈书》《齐书》(时称五代史)等,历时七年,至此完稿。其中《隋书》的绪论、《梁书》《陈书》和《齐书》的总论都是魏徵所撰,时称良史。同年六月,魏徵因患眼疾,请求解除侍中之职。唐太宗虽将其任为特进这一散职,但仍让其主管门下省事务,其俸禄、赏赐等一切待遇都与侍中完全相同。

贞观十二年(638),魏徵看到唐太宗逐渐怠惰,懒于政事,追求奢靡,便奏上著名的《十渐不克终疏》,列举了唐太宗执政初到当前为政态度的10个变化。他还向太宗上了"十思",即"见可欲则思知足,将兴缮则思知止,处高危则思谦降,临满盈则思挹损,遇逸乐则思撙节,在宴安则思后患,防拥蔽则思延纳,疾谗邪则思正己,行爵赏则思因喜而僭,施刑罚则思因怒而滥"。

贞观十六年(642),魏徵染病卧床,唐太宗所遣探视的中使道路相望。魏徵一生节俭,家无正寝,唐太宗立即下令把为自己修建小殿的材料,全部为魏徵营构大屋。不久,魏徵病逝于家中。太宗亲临吊唁,痛哭失声,并说:"夫以铜为镜,可以正衣冠;以古为镜,可以知兴替;以人为镜,可以知得失。我常保此三镜,以防己过。今魏徵殂逝,遂亡一镜矣。"

魏徵是我国初唐时期伟大的政治家、思想家和杰出的历史学家。辅佐唐太宗17年,以"犯颜直谏"而闻名。他那种"上不负时主,下不阿权贵,中不侈亲戚,外不为朋党,不以逢时改节,不以图位卖忠"的精神,千百年来,一直被传为佳话。开创了中国封建史上辉煌的一页——"贞观之治"。

魏徵文采飞扬,从贞观初年开始,魏徵呕心沥血历时五年多,主持编纂了一部资政大典《群书治要》。此书上自三皇五帝,下至晋代末年,既有明君治国的经验,也有庸主败政的教训;既有先贤辅国的故事,也有奸臣欺主的实录。李世民看了都情不自禁地击节叫好,并指示抄给诸子百官,以传后嗣。与此同时,魏徵奉命开始了历时七年的《隋书》等史籍的编纂工作。撰写《隋书本纪列传》《类礼》20卷,受到唐太宗的重视,命藏之秘府,奉为国宝。其间他不知度过了多少不眠之夜,熬掉了多少青丝与白发。

魏徵的一生无论为人还是为官都堪称楷模。特别是他直言敢谏的可贵品格和辅国治世的深刻见解,从某种意义上讲,已经成为历史发展进程中的一个文化坐标和鲜明符号,为后人提供了宝贵借鉴,其深远的历史意义将为越来越多的人所发现、所发展,从而为伟大的民族精神不断注入新的生机和活力。

19. 唐宣宗户部尚书、吏部尚书、宰相——魏谟

魏谟(794—859),字申之。魏徵之五世孙。唐宣宗宰相。

唐文宗大和七年(833)中进士。先后历仕唐宪宗、穆宗、敬宗、文宗、武宗、宣宗六帝。唐文宗读魏徵《贞观政要》,怀念徵公贤能,诏同州(今陕西大荔一带)刺史、长春宫巡官杨汝士访徵公后,魏谟被荐为右拾遗。屡有献纳,有先祖之风,极善谏,帝嘉之。经略使董昌龄诬陷处死一录事参军,唐文宗怜惜昌龄,宽免其罪,任他当峡州(今湖北宜昌市)刺史。谟据理力谏,文宗改任昌龄为洪州(今江西南昌)别驾。御史中丞李孝本为皇族,因谋杀宦官,秘密泄露,被杀。李孝本两个女儿被收入宫中。谟进谏文宗不要沉湎于音乐美女,何况孝本女儿和皇帝是同宗,更不能乱伦。文宗立即放孝本女儿出宫。迁右补阙后,任起居舍人、谏议大夫、判弘文馆事。文宗要看《起居注》,魏谟劝阻:"陛下做得好,不用担心不写上;做得不好,全国百姓也会记下来。"唐文宗不再看《起居注》了。

武宗登基后,魏谟因和李珏、杨嗣复同党受牵连,被放逐任汾州(今山西汾阳)刺史。

魏谟仪容魁伟,言论切直,说言无所畏避,唐宣宗李忱每曰其绰有遗风。宣宗登帝位后,历任给事中、御史中丞,兼户部侍郎。不久,进同中书门下平章事,兼集贤大学士。谟辅政,议事帝前,言事直切,无年畏避。他揭发驸马都尉杜中立(唐文宗之女真源公主之婿)奸诈贪贿的罪恶,权贵皇戚收敛了嚣张气焰。累迁门下侍郎,兼户部尚书。

大中九年(855),兼礼部尚书。大中十年(856)以平章事领剑南节度使。谟上书恳请派他人代替自己。宣宗召见魏谟任他为吏部尚书,检校尚书右仆射,太子少保,封邓国公。《太平广记卷·第四百九十八·杂录六》记载了这样一则故事,颇具意味:

太和初年,李回任京兆府参军,主持考试,没有送魏谟,魏谟嫉恨回。会昌年间,李回任刑部侍郎,魏谟任御史中丞,常和地位较低的三个等候应对的官,在内阁等候传唤。魏谟说:"前些年官府举荐我入京考试,承蒙您不送我。有什么事今天都聚集在这里?"李回应声说道:"估计今天你也不会送我。"魏谟闻语,脸色陡变,耿耿于怀。李回被贬为建州刺史,魏谟高升。凡是李回有诉状,魏谟都不接受。不久李回怒责一个衙官,处以杖刑并勒令停用。建州衙官,能够使人躲避劳役,请求在他们手下登记,花费数十万。那衙官并不恨怨受了杖刑,只恨停止了他的职务,就逃到京城,找宰相申冤。各宰相都不过问。赶上正午,衙官在槐荫下休

息,脸色憔悴。旁人见他像有事的样子,就询问他。衙官就详述了事情本末。那人告诉他:"建阳相公和中书相公一向有仇,你为什么不去找中书相公呢?"刚说完,就看见魏谟的前行随从从中书省出来。衙官带着诉状,按那人指点的,望尘而拜。随从问他,他说:"建州百姓要诉冤。"魏谟一听,倒拿拂尘,敲敲马鞍命令停下。看那诉状,共列 20 多条。第一条为把同姓子女娶入家中。于是,魏谟极力判成重案。当时李回已被调任邓州刺史,途中住宿九江时,遇到御史审讯案件,又被退回建阳,竟无故被贬为抚州司马,死在贬所。

魏谟去世后,唐天子赠司徒。魏谟辅政,白发其端,朝议归重。魏谟为宰相,议事天子前,他相或委抑规讽,唯其谠切,无所回畏。故而唐宣宗曾赞言:"谟名臣孙,有祖风,朕心惮之。"《新唐书》赞曰:"谟之论议挺挺,有祖风烈,《诗》所谓'是以似之'者欤!"著有《唐文宗实录》等 70 卷。今存诗《和重阳锡宴御制诗》一首:"四方无事去,宸豫秒秋来。八水寒光起,千山霁色开。"著有《魏氏手略》20 卷、《文集》10 卷传世。

魏谟之刚正为首相令狐绹所忌,谗罢之,唐宣宗大中十一年(857)贬四川,出任西川节度使。大中十二年(858),魏谟弃官,举家南迁,隐居于南昌城东之长定乡谢埠,为居赣始祖。立祖祠郑公(徵公)祠于谢埠(后被废),以祭祀徵公,庙侧有古冢,云为魏徵墓,以是立庙祀焉。在豫章(南昌)购置田业多处。令狐绹被懿宗罢职后,懿宗曾三次召魏谟回朝复官,均予推辞。

魏谟再迁往钟陵镇(现江西进贤)以北三里许之尧城山,隐名为魏徵士,创办徵士书院,壁间尝有诗句曰"魏公学馆",遂居其地。书院旁有一水塘,蛙声喧杂。相传,魏徵士读书时厌其晤耳,掷砚止之,池蛙绝闹,至今不鸣,池水墨蓝,后人称之为"墨池"。(据考,池水墨蓝之原因,是池塘内有一泉眼通往鄱阳湖。)在书院原址仍保存有用一米二见方,高 60 厘米的整体花岗岩凿成的石盆和能抑蛙声之墨池,书院原址已建成佛寺,曰"能仁寺"。至今,香火鼎盛,有求必应。寺内建有三座大殿,徵士书院已改成关王殿,并且传说喝一口石盆内盛的天然水,不会肚子痛。20 世纪六七十年代时,有人抡大锤企图砸烂石盆,说是破"四旧",结果用力过猛,反将自己手臂折断,于是再也无人敢砸石盆。

唐僖宗乾符二年(875),魏谟回老家祭扫祖墓,辛苦疾逝,葬于蒲州治南四十里。谟公夫人高氏殁后葬于钟陵归仁乡。僖宗念谟公贤能,诏赐衣冠,拔内帑,迁谟公夫妇枢合葬于南昌城东 30 里的乌龙湾喇叭巷口桂花树下,墓长 47 寻,广 49 寻(八尺为一寻),后被废。宋徽宗崇宁三年(1104),县令张公绥请于朝,以魏徵士之贤而改钟陵镇为进贤县。邑中有驿,亦以徵士更名,曰魏亭驿。唐同平章刘瞻撰有《魏谟墓志》,元进士南昌县丞庐陵彭仕奇撰有《徵士祠》,元皇庆二年

(1313)将仕郎江西等处儒学副提举蜀西陈黄裳撰有《唐魏郑公祠碑记》。

2002年,离乌龙湾三里的沙溪魏家倡议迁修祖墓,兴建谟公陵园,各支派鼎力资助,2003年冬至日,谟公及其夫人高氏合葬之墓和谟公陵园在沙溪魏家竣工,并在陵园东侧兴建了徵公祠。

魏谟之长子潜,一曰京,又曰宪,翰林学士,在赣安葬父母之后,复归相州(魏州)做官。

魏谟之三子虞,一曰亨,唐昭宗时出镇南京淮安府宿迁县,遂居其地。宋代抗金大将魏胜为其后裔。之后,又有后裔复迁回进贤尧城山,在江西繁衍有进贤北门、沙田、南昌白沙等魏氏村庄。

魏谟之三世孙魏森,字行列,号怀仁,唐武进士,镇守雁门关20年,升都督,祖居进贤县长山晏杜舍(后属临汝县,续又属进贤县),在赣抚地域繁衍,有丰城袁渡鹅陇月口(今魏家垱)、舒坊、牛溪、崇仁航埠枧上、进贤大路(杨树塘)、临川石洋、进贤文港湖潭、抚州市正觉寺右与唐古庙及五皇殿、东乡圩上桥濂溪、进贤长山晏山里、岭下、铁山、临川罗针桥头、丰城袁渡晏滩、进贤张公藕塘、临川三桥塘头以及山前、万坊、下坊、许湾、园城、上岗林、南丰、玉山、广丰、余干、乐平等魏氏村庄和徙居江苏、浙江、福建、广东、台湾等省。余为崇仁航埠枧上魏家之后裔。

魏谟之七世孙魏贡,字尧夫,登进士,宋真宗天禧二年(1018)授江南安抚制置使,知洪州,思祖祠墓在,仕致遂隐南昌朝封乡太平里,名乌龙湾,为南昌地区始祖。生子五,曰邰、鄂、郁、邰、郹,在南昌地区繁衍魏氏村庄上百村,如沙溪、肖桥、鲁溪、石泉、桥西、厚田、水南、白泽渡、南山、大垄、院上、北山、竹山、桥堆、魏溪、吴固、梅岗、棠溪、桂坊、塘南、溪城、青桥、坝溪、瀛上、城岗、施尧、巷南、田湖、锡古潭、甘泉、安泰、穴口、刘坊、店前、官塘、柏岗、泰浦、观背、彭坊、浇江、口湖、郑埂、佘山、弼溪、涂埠、木山、策塘、百岁坊、柏梅、桃竹、涪塘、官溪、生米、幽兰、艾溪、罗舍、北冈、东塘、白沙、冈背、黄溪渡、黄溪、蛟溪、汪山、竹桥、新溪、万溪、五里岗、东溪、白溪、郭上、钢领、芳州、水巷、北翠、东岗、梧岗、岗前、新坊、何坊、葛埂、温塘、游湖、槎江、黄溪店、鲇石淄、南城行房、南城信房。同时还有外迁到景德镇、丰城、吉安、抚州、上饶等地,以及辽东宁州、广西、苏州、南洋等省。

魏谟之六世孙魏清,居南昌灌城乡龙沙里,任峡州刺史,其子魏京,登宋真宗天禧三年王整榜进士第六名,理学文章卓冠,任长安秘书郎,归筠阳(江西高安),时人称魏夫子,创儒荣坊,称为儒荣一世,繁衍有新建白田、新塘、杉林、横塘、石塘、茅岗、鸟城、杨林、石马、罗湖、舍前、黄溪、乌岚港、寺西桥头、哲里、石埠、西岗、南岸、西历、泗沅、洪田岗、黄土、港口、洲上、牛岭、赤岗、小港、赤岸、尚里、桥亭、蛟溪和抚州、九江、广昌等地以及云南、贵州、湖广、福建、广东等省。魏谟为魏氏江西南迁之始祖。

20. 几经沉浮威武不屈的唐宰相——魏元忠

魏元忠,名真宰,宋城(今河南商丘)人,庶民出身,初为太学生。先后相武则天(684—705)和唐中宗李显(707),几经沉浮。神龙二年(706),他和武三思等编撰《则天皇后实录》20卷,编次《文集》120卷,中宗称善,赐物千段,并封其子魏卫为任城县男。

《资治通鉴卷·第二百零七》记载:久视元年(700),宰相魏元忠因得罪了武则天的宠臣张易之、张昌宗,被贬为高要(今广东肇庆)尉,司礼丞高戬、凤阁舍人张说都因此事受到牵连,也被流放到岭南。魏元忠素以忠正著称于世,因此王晙上奏武则天,为魏元忠申辩。凤阁舍人宋璟急忙相劝:"魏公且全矣,子须威严而坐理,恐子之狼狈也。"王晙大义凛然地说:"魏公忠而获罪,晙为义所激,颠沛无恨。"王晙的一席话使宋璟非常惭愧,自愧不如,慨叹道:"璟不能申魏公之枉,深负朝廷矣。"

狄仁杰死了以后,魏元忠当了宰相。那时候,武则天宠幸两个官员,叫张昌宗、张易之。这两个人权势大得不得了,满朝文武官员见到两张,都让他们三分。可是,宰相魏元忠就不把他们放在眼里。魏元忠是个有名的硬汉,在周兴、来俊臣得势的时候,他三次被诬陷遭到流放,有一次差点被处死。但是他始终没有屈服过。后来他担任洛州刺史的时候,张易之的仆人在洛阳大街上仗势闹事,欺压百姓。洛阳官员因为闹事的是张府里的人,不敢奈何他。这件事传到魏元忠那里,魏元忠把那个仆人抓了起来,一顿板子打死了。

魏元忠做了宰相后,武则天想把张易之的弟弟张昌期任命为长史,一些大臣迎合武则天的意思,都称赞张昌期能干。魏元忠却说张昌期年轻不懂事,干不了这样的大事。这件事就只好搁了下来。为了这些事,张昌宗、张易之两人把魏元忠恨得要死,千方百计想把魏元忠除掉。他们在太后面前诬告魏元忠,说魏元忠在背后议论:太后老了,不如跟太子靠得住。武则天一听就火了,把魏元忠打进了监牢,准备亲自审讯,并且要张昌宗他们两人当面揭发。张昌宗恐怕辩不过魏元忠,就偷偷地去找魏元忠部下官员张说(yuè),要张说做伪证,并且说,只要张说答应,将来就提拔他。第二天,武则天上朝,召集太子和宰相,让张昌宗和魏元忠当面对质。魏元忠说什么也不承认有这回事。两人争论了半天,没有结果。张昌宗说:"张说亲耳听到魏元忠说过这些话,可以找他来做证。"武则天立刻传令张说进宫。跟张说一起的官员听说他要上朝做证,知道发生了什么事,一个官员宋璟对张说说:"一个人的名誉是最可贵的。千万不要为了保全自己,去附和奸臣,陷害好人啊！为这个得罪了朝廷，被流放出去，脸上也无光彩。"史官刘知几也在旁边提醒张说说："不要玷污你的历史，连累后代子孙啊！"张说明知魏元忠冤枉，但是又害怕两张的权势，思想斗争得挺厉害，头上直冒汗，听了宋璟他们的一番话，才觉得胆子壮了些。张说进了朝堂。武则天问他说："你听到魏元忠诽谤朝廷的话了吗？"魏元忠一见张说进来，就高声叫喊起来说："张说，你想跟张昌宗一起诬陷人吗？"张说回过头来哼了一声说："魏公枉做宰相，竟说出这种不懂道理的话来。"张昌宗一看张说的话不对头，就在旁边催促他，说："你别去管他，快来做证。"张说向武则天说："陛下请看，在陛下面前，他还这样胁迫我，可以想象他在宫外是怎样作威作福了。现在我不能不实说，我确实没听魏元忠说过反对陛下的话，只是张昌宗逼我做伪证罢了。"张昌宗一见张说变了卦，气急败坏地叫了起来："张说这小子是魏元忠的同谋犯。"武则天是个聪明人，听了张说的答话，知道魏元忠的确冤枉，但是她又不愿给张昌宗他们下不了台阶，就骂张说说："你真是反复无常的小人。"说着，就命令侍从把张说抓起来。以后，武则天又派人审讯张说。张说横下一条心，咬定他没有听到魏元忠说过谋反的话。长安三年（703），宰相魏元忠、凤阁舍人张说为张易之兄弟所构陷，下狱将被处死，正谏大夫（谏议大夫）朱敬则在众宰相无人敢言的情况下，"独抗疏申理"，使之"乃得减死"。武则天没有抓到魏元忠谋反的证据，但还是撤了魏元忠宰相职务，又把张说判了流放罪。705年，武则天病重，她的侄儿武三思和张昌宗、张易之勾结起来，把持政权。宰相张柬之和一些官员趁武则天病重，夺取禁卫军军权，把两张逮捕起来杀了，迎接唐中宗复位。唐中宗李显重新登上皇位，国号也改回为唐，但政局显然比武周时期乱得多。魏元忠至中宗时已是三朝元老，又是李显在东宫时所倚重之人，往日更以清严著称，许多人都将肃政的希望寄托在魏元忠上。魏元忠先后任陇右道、萧关道、灵武道诸军大使，抵御吐蕃和突厥。"元忠在军，唯持重自守，竟无所克获，然亦未尝败失。"也许是魏元忠不再愿意去当那只供人熬汤的鹿，也许他真的厌倦了无休无止的争斗，从而选择了急流勇退。但是，争斗没有忘记他。唐中宗景龙元年（707），魏元忠因受太子重俊一事牵连，多次被宗楚客等人劾奏，下大理寺狱，先贬渠州司马，再贬务川尉，行至涪陵而卒，时年70岁。景龙四年（710），中宗念其功，追赠宰相魏元忠为尚书左仆射，封齐国公。

21. 唐武周时期刚正不阿的名相——魏玄同

魏玄同，定州鼓城人，魏徵家族原籍后裔之一，魏玄同的巨鹿始祖为巨鹿太守魏歆，魏玄同曾被封为巨鹿县男。举进士，累转司列大夫。因与上官仪文章属和配流岭外。上元初赦还。工部尚书刘审礼荐玄同有时务之才，拜岐州长史。累迁至吏部侍郎。高宗、武周两朝宰相。后魏玄同被周兴诬陷,太后赐死于家。

曾上疏论选举,对贵戚子弟例早求官,对门荫入仕的亲贵子弟"课试既浅,艺能亦薄,而门阀有素,资望自高",对"刀笔以量才,按薄书而察行",对以文学进身的庶民出身的官吏不得升迁,表示了强烈的不满(见《旧唐书·卷八七·魏玄同传》)。仪凤三年(678),太学生魏元忠上封事,指出"当今朝廷用人,类取将门子弟,亦有死士之家而蒙抽擢者",认为这样不利于真正地选拔人才,并指出"有志之士,在富贵之与贫贱,皆思立于功名,冀传芳于竹帛"。这就是说,当时各阶层中都有有才能的人,他们都想要建立功名,名垂青史。这一呼声,突出地反映了一般士人的迫切要求。三大酷吏之一的周兴,是新州长安人。和索元礼、来俊臣两人比,他是唯一的一个在职官吏。他年幼时聪明好学,很有学识和才华,特别熟悉法律知识。开始任职为尚书都事,后来很快升任孟州河阳县令。周兴很有才干的消息,不久后传到朝廷和高宗耳中。高宗曾召见过他,并且很赏识,准备提拔他。周兴听说后觉得很有把握,就去京城里等待正式任命的消息。没想到竟遭到内流官中有的人反对,理由是他非内流官出身。体分内流、外流两种。内流官包括三品以上的公卿,四五品的大夫,六到九品的贵族子弟。在这以下等级的就是外流官了。周兴当时就属于外流官,由于高宗没有坚持提拔他,所以,这件事就告吹了。但是,也没有谁想告诉他这个消息。宰相魏玄同出于同情心,看他可怜,可是又不能泄露朝廷的机密,就对他说:"周明府(明府是唐代时对县令的一种称呼),你该回县里去了。"岂知,好心没有好报。周兴是个官瘾很大,嫉妒心、疑心又很强的人,竟怀疑起魏玄同来,以为是这位宰相从中作梗,反对提拔他。从此以后,他决心有朝一日,向这位宰相报复,并向那些瞧不起他的内流官进行挑战。这也是不得志、出身贫贱的小官对那些压抑他们的门第高贵的大官一种很容易引起的反感、不满和怨恨心理。不过,对周兴这个心胸狭隘的人来说,就更为突出了,怨恨变成了仇恨,报复转化成残酷。所以,在他成为酷吏以后,就专门把那些享有特权的大官作为他的主要打击目标,而且手段极其残忍。他加入酷吏的行列与前两人不同,不是白手起家,平步青云,但有一点和来俊臣一样,就是有"冒死"精神。朝廷明令,官吏是不准书在铜匦告密的,他受索元礼突然高升的鼓舞,冒着很大的风险,写了一篇有关监狱方面的文章,投了进去。武则天欣赏他这种勇气,不但没降罪于他,反而任用他掌管狱制,后来又由司刑少卿提为秋官侍郎,成为酷吏之首,死前数月,还位居尚书省左仆射,是酷吏中为数不多的"佼佼者"之一。

后来魏玄同被周兴诬陷,太后赐死于家,监刑御史房济谓玄同曰:"丈人何不告密,冀得召见,可以自证!"玄同叹曰:"人杀鬼杀,亦复何殊,岂能作告密人邪!"乃就死。

《资治通鉴》并非完全漆黑一团,其中有不少星星点点的微光。魏玄同临终前掷地有声的话"人杀鬼杀,亦复何殊,岂能作告密人邪!"如一颗流星,划破历史黑暗的天幕。尽管是瞬间的明亮,那明亮也是如许的美丽动人。可以说,与谭嗣同"我自横刀向天笑"的绝笔相映生辉。

22. 大唐睿宗、玄宗时期两朝宰相——魏知古

魏知古(646—715),深州陆泽县(今河北深州)人。方直有雅才。20岁中进士,为著作郎,兼修国史。历任凤阁舍人,卫尉少卿。兼检校相王府司马。神龙元年(705),任吏部侍郎,不久升任银青光禄大夫。景云二年(711)任右散骑常侍,同平章事。不久迁户部尚书。知古是睿宗、玄宗时期两朝宰相,于开元二年(714)被姚阴加谗毁,贬为工部尚书,罢知政事。去世后,赠幽州都督,谥忠。撰《齐书》(今名《妇比齐书》),并留有《魏知古忠公集》20卷。今存诗5首。

翌年母丧去职,期满后任晋州刺史。睿宗继位,以藩邸故吏,召拜黄门侍郎,迁散骑常侍,同平章事。景云二年魏知古任右散骑常侍时,睿宗之女金仙、玉真二公主入道,睿宗下令为她们各修一观。时值盛夏,工程严促,营作不止。魏知古一次上疏阻止不成,再次进谏,睿宗皇帝赞赏其正直敢谏,授左散骑常侍同中书门下三品,不久迁户部尚书。先天元年(712),其随玄宗到渭川打猎,献诗讽谏"此欲诚难纵,兹游不可常"。玄宗手制褒答,并赐其帛50段。翌年,窦怀贞等诡谋乱国,知古秘奏其事,怀贞伏诛,赐实封200户、帛500百段。魏知古与姚崇,论功劳、地位、声望,不相上下。他原是姚崇所引荐,后来与姚崇并列相位,姚崇渐渐地瞧不起他,把知古排挤到东都洛阳去专管那里的吏部事务。魏知古心怀不满。姚崇有两个儿子在东都做官,知道魏知古是自己父亲提拔过的,就走魏知古的后门,谋取私利。魏知古到长安时,将他们的所作所为,都报告给了玄宗。有一天,玄宗与姚崇闲谈,顺便问道:"你的儿子才能与品德怎样? 现在做什么官?"姚崇十分机敏,一下子就猜透玄宗的话中有话,就采取主动,答道:"我有三个儿子,两个在东都,为人贪欲而又不谨慎,必定会走魏知古的门路,不过我还没有来得及问他们。"玄宗原以为姚崇要为儿子隐瞒,在听了姚崇道出真情后,很是高兴。玄宗又问姚崇,他是怎么知道的。姚崇说:"在魏知古社会地位很低时,我保护过他,提拔过他;我的儿子蠢得很,以为魏知古必定因为感激我而容忍他们为非作歹,故而去走他的门路。"玄宗听了,认为姚崇为人高尚,而鄙薄魏知古,觉得他有负于姚崇,要罢他的官。姚崇请求玄宗说:"我儿子胡闹,犯了法,陛下赦免他们的罪已是很万幸了,若是因为这件事而罢魏知古的官,天下必定以为陛下出于对我的私人感情而这样做,这就会连累到陛下的声誉。"然而,魏知古还是被姚阴加谗毁,于开元二年被贬

为工部尚书,罢知政事。开元三年卒,年69岁。宋璟闻而叹曰:"叔向古遗直,子产古遗爱,兼之者其魏公乎!"

23. 中唐时代宣宗时兵部侍郎宰相——魏扶

魏扶,大和四年(830)进士第。大中三年(849),为宣宗正议大夫,行兵部侍郎、判户部事。封上柱国、巨鹿县开国男;赐紫金鱼袋,魏扶守本官、同中门下平章事始任宰相,至大中十一年二月辛巳,方以检校户部尚书、平章事为西川节度使。

《新唐书·卷七二·宰相世系表》,魏氏宰相六人,唐以后只有魏扶、魏謩二人。同书《卷六三·宰相表下》记大中三年四月乙酉以"兵部侍郎、判户部事魏扶守本官、同中门下平章事",至次年六月戊申薨。

魏扶、魏謩两位宰相的任职都是在宣宗大中一朝,并且任相前都是中央官。

宣宗大中元年,礼部侍郎魏扶上奏,以所放进士23人之外的封彦卿、崔琢、郑延休三人,"皆以文艺为众所知,其父皆在重任,不敢选"。重试合格后,宣宗下敕文:"有司考试,只合在公,如涉徇私,自有典刑……"

魏扶颇具文采。有诗流传于世。

宣宗年间,魏扶考中进士当了主考官,曾在考馆的墙上题诗一首,以明心志:"梧桐叶落满庭阴,缲闭朱门试院深。曾是昔日辛苦地,不将今日负前心。"可其实际行为违背了自己的诺言,于是有士子将其诗的每句前面两个字去掉,变成了意义相反的一首诗:"叶落满庭阴,朱门试院深。昔日辛苦地,今日负前心。"这就是后世得以流传的"剥皮诗","剥皮诗"也称"拟古诗",这种诗通常以前人较有名气的诗为基础,运用删节、增添、颠倒、改动或仿拟的手法,使所得的诗产生与原诗对比鲜明的新意,以及嬉笑怒骂、诙谐幽默的效果,为人们喜闻乐见。

愁

迥野,深秋

生枕上,起眉头

闺阁危坐,风尘远游

巴猿啼不住,谷水咽还流

送客泊舟入浦,思乡望月登楼

烟波早晚长羁旅,弦管终年乐五侯

——魏扶《赋愁》

魏扶的这首双塔对峙诗,按形状来排,左与右的塔只是半座塔,在我国诗歌海洋里,其意境与韵味,回味无穷。

24. 中唐时代宣宗时刑部侍郎、宰相——魏謩

魏謩,于大中五年(851)十月戊辰(《旧唐书·卷一八下·宣宗纪》在五月)以

户部侍郎判户部"守本官,同中书门下平章事"始任宰相,至大中11年2月辛巳,方以检校户部尚书、平章事为西川节度使。

文宗博览群书,见识很是渊博。他经常就经书诗赋中的名物询问大臣,结果宰相经常被他问住,回答不上来。有时候,他不仅读古典,也很了解当代人的诗文。有一次,他在内殿赏花,就问身边的人:"现在京城传唱牡丹诗,谁写得最佳?"前朝刘禹锡的"唯有牡丹真国色,花开时节动京师"是很有名的,侍臣告诉他中书舍人李正封的"国色朝酣酒,天香夜染衣"句极佳,文宗听了很是赞叹。

文宗平时尤喜读史书,对于历史上的名君贤臣羡慕不已。因喜欢读《贞观政要》而仰慕魏徵,就下诏寻访到魏徵的后人五世孙魏謩,并把魏謩任命为右拾遗,属于可对皇帝进谏的言官。

安史之乱后,全国陷入内战之中。原来设于边疆地区的节度使也设在了内地。节度使同时又领观察处置使之衔,拥有军事、行政、监察及财政诸权,原来的监察道,逐渐演变为州、县之上的一级行政单位,形成了"今县宰之权,受制于州牧;州牧之政,取则于使司"的局面。这样,观察使的监察作用也日渐被行政事务淹没,成为单纯的行政事务机构,甚至在司法审判活动中,成为州之上的一级上诉机构。武宗时,韦温为宣歙观察使,"池州人讼郡守,温按之无状,杖杀之"。涉及郡守(刺史)的案件是向观察使起诉。

宣宗大中四年(850),刑部侍郎、御史大夫魏謩奏:

"诸道州府百姓诣台诉事,多差御史推勘,臣恐烦劳州县,先请差度支、户部、盐铁院官带宪衔者推勘。又各得三司使申称,院官人数不多,例专掌院务,课绩不办。今诸道观察使幕中判官,少不下五六人,请于其中带宪衔者委令推勘。如累推有劳,能雪冤滞,御史台阙官,便令奏用。"

这份奏章得到宣宗批准,实际上是肯定了观察使成为州之上、御史台之下的一级诉讼机关。唐后期,观察使府自辟僚佐。因观察使是朝廷委派的监察地方的官员,故观察使本人带有检校御史中丞,甚至检校御史大夫的"宪衔";而其所辟之僚佐,也相应地带有检校监察御史或检校侍御史的"宪衔"。魏謩建议将百姓向朝廷御史台的申诉下放到观察使府,由观察使府代为行使御史台对地方司法的监督权,有功者可提拔到御史台,成为正式的御史。

唐代中央政府形成了立法、行政、司法三重监督机关,同时对司法行使监督权,而地方也有常驻与巡察这两种对司法进行监督的方式,从而构成了一张较完善的监察网络。这是唐王朝兴盛在制度上的保障,而这一制度被统治者自身破坏,正是导致唐王朝覆灭的重要原因之一。

宰相魏謩,监修国史,修成《文宗实录》40卷。

25. 唐刑部尚书、赵国公、太子太师——魏少游

《新唐书·列传·第六十六》记载:"魏少游,字少游,邢州钜鹿人,以吏干称。天宝末,累迁朔方水陆转运副使。肃宗幸灵武,杜鸿渐等奉迎,而留少游缮治宫室。少游大为殿宇幄帟,皆象宫阙,诸王、公主悉有次舍,供拟穷水陆。又有千余骑,铠帜光鲜,振旅以入。帝见宫殿,不悦曰:'我至此欲就大事,安用是为?'稍命去之。除左司郎中。两京平,封钜鹿县侯,迁陕州刺史。王师溃于邺,河、洛震骇,少游镇守自若。擢京兆尹。李辅国以其不附己,改卫尉卿。会率群臣马助军,少游与汉中王瑀持异,帝怒,贬渠州长史。复为京兆尹,始请:'中书门下省五品、尚书省四品、诸司正员三品、诸王、驸马期以上亲及婿若甥,不得任京兆官。'诏可。大历二年,为江西观察使,进刑部尚书,改封赵国公。六年卒,赠太子太师。

"少游四为京兆,虽无赫赫名,然善任人,缘饰规检,有足称者。"

关于魏少游的为人处世,今天只能从一些零碎的史料略知一点。

"唐西观察使魏少游,表柳浑为判官。州僧有夜饮火其庐者,归罪暗奴,军候受财不诘,狱具。浑与其僚崔甫白奴冤,少游趣讯僧,僧首服。因厚谢二人。"(《唐书浑传》)按:"僧饮酒失火,二罪俱发,而谓失火者奴耳,且掩其饮酒之迹也。若非军候受财不诘,则此狱岂难辨乎?唯上下相蒙,不以狱事为意,故莫之辨耳!浑与甫一代英贤,而白其冤;少游能听用之,故趣讯僧服,斯可称也。"唐代的西观察使魏少游上书推荐柳浑任判官。州里有个在夜里喝酒、烧着了房子的僧人,把失火的罪过推到哑巴仆人身上,军候接受了僧人的钱财后也不进行查问,就结了案。柳浑和他的同事崔佑甫向魏少游说明了哑巴仆人的冤情,魏少游就赶快审问僧人,僧人承认了罪行。于是魏少游重谢了柳浑、崔佑甫二人。

天宝十四年(755),安禄山同部将史思明在范阳(今北京一带)发生叛乱,率兵15万,号称20万,南下进攻唐王朝。

唐玄宗毫无应变准备,五月,潼关失守后,唐玄宗慌忙逃往成都,太子李亨留守长安。

叛军攻陷长安前夕,太子听从广平王俶的建议,于天宝十五年(756)六月十五日,携随从人马,夜驰300余里,至宁州彭原郡。其途经新平郡(今陕西邠县)、安定郡(今甘肃泾川)之时,太守薛羽、徐毂均弃城逃亡,李亨怒斩二守。而至此,彭原郡太守李遵率士卒出迎,并献衣物、食物,精心安排饮食与歇息,随招募甲兵数百人。

六月十八日,李亨旋往平凉,七月初到达宁夏灵武,在朔方留后杜鸿渐、六城水陆运使魏少游、节度判官崔漪、支度判官卢简金、盐池判官李涵及河西司马裴冕

等人的劝告下,登基于灵武城南楼,改元至德,是为唐肃宗。

两月之后,肃宗为集各路救兵收复长安,于九月十七日离开灵武,自顺化复回宁州彭原郡驻跸。在此见到了玄宗从成都派来的使者韦见素、房琯、崔涣等人,接受了其父册封为皇帝的官册和玉玺。另外在宁州停留期间,肃宗处理了许多复国讨逆的军政要务。

一是选派王承宷、石定番出使回纥,以求其发兵讨逆。两使者至回纥后,可汗将其女嫁承宷为妻,他们返回宁州彭原郡后,肃宗待遇甚厚,封回纥公主为毗伽公主。后来,回纥太子也护率4000余兵朝见肃宗,助国讨逆。

二是在宁州彭原郡接受朝贺,提高了皇帝的威望。757年正月,肃宗在宁州彭原郡接受百官朝贺,并"通表入蜀贺上皇",上皇"令崔园浩赴彭原"。肃宗的威望得以提高,帝位巩固。

三是采取坚决措施,为平息叛乱做准备。如第五琦在宁州彭原郡朝见肃宗,请求把江淮一带的租庸及货物逆水而上运至洋川,再由汉中王瑀陆运扶风,支援讨逆的军队。肃宗采纳了他的建议,并破格封其为山南等五道度支使,专门负责财政收支及平叛的后勤保障。再如,肃宗命第五琦新做榷盐法,经营和开发盐业,为军用筹资,也使老百姓受益,这对平叛复国都有重要的意义。

四是网罗人才,重用谋臣。京兆(今西安)人李泌,才智过人,肃宗一直很敬重他。在宁州彭原郡时,肃宗即派人招李泌到此,言听计从,"事无大小皆咨之",并封为侍谋军国、元帅府行军长史。房琯在玄宗时任宰相,自从房琯在宁州见到肃宗后就被留了下来,官以天下为己任,知无不言,很受肃宗器重。河北将领郭子仪率5万兵士朝见肃宗,肃宗即封郭为武都尚书、灵武长史,同为章事。其他如杜鸿渐、崔漪、魏少游、卢简金、李涵、李遵、李光弼等都一一加以重用,这些人在以后的平叛中多起过重要作用。

永泰二年(766)江西节度使魏少游表荐甄济为著作兼御史。

甄济(?—766)何许人也?字孟成,唐代定州无极县人,自幼丧父,性沉静好学,住青岩山十余载,人皆以文士相赞。天宝十年(751),以左拾遗征召不就,安禄山入朝向玄宗请求授其范阳掌书记,并亲赴卫州遣太守进山拜甄济。甄济不得已就赴仕途,在衙中论议正直,秉公办事。后发现安密谋反唐,便告知卫令齐纪,同时暗自备下羊血,托词身患重症,意欲归里。安言明"即使不能前来,也要取回首级",派节度使蔡希德挈领刀斧手探听虚实。入室,甄济泰然自若,用左手写下"去不得"三字,刀斧手持刀相逼,甄济无惧色,伸长脖子等候就义。蔡见状,唏嘘嗟叹退走,如实报安禄山。肃宗即位后,令曾附逆安禄山的官员参拜甄济,以愧其心。诏甄济进驻三司衙门,晋封秘书郎,后加封为太子舍人。

26. 后周、大宋两代代枢密使、宰相——魏仁浦

魏仁浦(911—969),字道济,汲县(今河南卫辉)人。

后晋末任枢密院刀笔吏,晋亡随众北迁,逃归,后汉初补旧职,时郭威任枢密使,魏仁浦以干练闻,升兵房主事,成为郭威心腹。

乾祐三年(950)四月,郭威以枢密使任邺都留守,魏仁浦从行。

同年十一月,后汉隐帝密诏李弘义、郭崇杀王殷、郭威,李弘义以密诏告王殷,王殷与李弘义遣使将密诏给郭威,郭威即"召枢密使院吏魏仁浦谋于卧内","仁浦曰:公有大功于朝廷,握强兵临重镇,以谗见疑,岂可坐而待死","教威倒用留守司印",重写诏书,申言隐帝要郭威诛杀诸将校以激怒部属。

后周建立,魏仁浦任枢密副承旨,随后又升为承旨。后周太祖郭威临死前,对柴荣嘱咐:"魏仁浦勿使离枢密院。"

显德元年(954)正月,柴荣即位,魏仁浦升任枢密副使。

同年三月,世宗亲征抗击北汉,魏仁浦从征,高平之战,后周军阵东已溃败,"魏仁浦劝世宗出阵西殊死战",因而击败北汉军。

同年七月,魏仁浦升任枢密使。

显德六年六月,魏仁浦升任宰相,依前充枢密使,"议者以仁浦不由科第,不可为相"。世宗说:"自古用文武才略为辅佐,岂尽由科第邪。"《资治通鉴》称魏仁浦"虽处权要而能谦谨","虽起刀笔吏,致位宰相,时人不以为忝"。

入宋,魏仁浦仍任宰相(集贤相、末相),但解除所兼枢密使,一再以疾乞免相,不许,乾德二年(964)正月,与首相范质、次相王溥同日罢相,守尚书右仆射。

开宝二年(969)赵匡胤亲征北汉,魏仁浦从行,以疾回,病死,终年59岁,后谥宣懿。

开宝五年,子魏咸信娶宋太宗之女永庆公主。

魏仁浦历经后晋、后汉、后周、大宋朝代,一生颇为传奇。《宋史·列传·第八》载:

"魏仁浦字道济,卫州汲人。幼孤贫,母为假黄缣制暑服,仁浦年十三,叹曰:'为人子不克供养,乃使慈母求贷以衣我,我能安乎!'因慷慨泣下。辞母诣洛阳,济河沉衣中流,誓曰:'不贵达,不复渡此!'晋末,隶枢密院为小史,任职端谨,侪辈不能及。契丹入中原,仁浦随众北迁。会契丹主殂于真定,仁浦得脱归。魏帅杜重威素知仁浦谨厚,善书计,欲留补牙职。仁浦以重威降将,不愿事之,遂遁去。重威遣骑追之,不及。汉祖起太原,次巩县,仁浦迎谒道左,即补旧职。

"时周祖掌枢密,召仁浦问阙下兵数,仁浦悉能记之,手疏六万人。周祖喜曰:

'天下事不足忧也。'迁兵房主事，从周祖镇邺。

"乾祐末，隐帝用武德使李邺等谋，诛大臣杨邠、史弘肇等，密诏澶帅李洪义杀骑将王殷，令郭崇害周祖。洪义知事不济，与殷谋，遣副使陈光穗继诏示周祖。周祖惧，召仁浦入计，且示以诏曰：'朝廷将杀我，我死不惧，独不念麾下将士乎？'仁浦曰：'侍中握强兵临重镇，有功朝廷，君上信谗，图害忠良，虽欲割心自明，奚可得也，事将奈何。今诏始下，外无知者，莫若易诏以尽诛将士为名，激其怒心，非徒自免，亦可为杨、史雪冤。'周祖纳其言，倒用留守印，易诏书以示诸将。众惧且怒，遂长驱渡河。及即位，以仁浦为枢密副承旨，俄迁右羽林将军，充承旨。

"周祖尝问仁浦诸州屯兵之数及将校名氏，令检簿视之。仁浦曰：'臣能记之。'遂手疏于纸，校簿无差，周祖尤倚重焉。广顺末，太原刘崇寇晋州，仁浦居母丧，而宅迩宫城，周祖步登宽仁门，密遣小黄门召仁浦计事。明日，起复卓职。周祖大渐，谓世宗曰：'李洪义长兴节镇，魏仁浦无遗违禁密。'

"世宗即位，授右监门卫大将军、枢密副使。从征高平，周师不利，东偏已溃，仁浦劝世宗出阵西殊死战，遂克之。师还，拜检校太保、枢密使。故事，惟宰相生辰赐器币鞍马，世宗特以赐仁浦。从平寿春，加检校太傅，进爵邑，迁中书侍郎、平章事、集贤殿大学士兼枢密使。世宗欲命仁浦为禁止，议者以其不由科第，世宗曰：'古人为宰禁止者，尽由科第耶？'遂决意用之。恭帝嗣位，加刑部尚书。

"宋初，进位右仆射，以疾在告。太祖幸其第，赐黄金器二百两、钱二百万。再上表乞骸骨，不许。乾德初，罢守本官。开宝二年春宴，太祖笑谓仁浦曰：'何不劝我一杯酒？'仁浦奉觞上寿，帝密谓之曰：'朕欲亲征太原，如何？'仁浦曰：'欲速不达，惟陛下慎之。'宴罢，就第，复赐上尊酒十石、御膳羊百口。从征太原，中途遇疾。还，至梁侯驿卒，年五十九，赠侍中。

"仁浦性宽厚，接士大夫有礼，务以德报怨。后汉乾祐中，有郑元昭者，开封浚仪人，为安邑、解县两池榷盐使，迁解州刺史。会诏以仁浦妇翁李温玉为榷盐使管两池，元昭不得专其利。仁浦方为枢密院主事，元昭意仁浦必庇温玉，会李守贞以河中叛，温玉子在城中，元昭即系温玉以变闻。时周祖总枢务，知其有间，置而不问。显德中，仁浦为枢密院，元昭永自安。及代归阙，道洛都，以情告仁浦弟仁涤，仁涤曰：'公第去，可无忧。我兄素宽仁有度，虽公事不欲伤于人，岂念私隙乎？'元昭至京师，仁浦果不介意，白周祖授元昭庆州刺史。汉献帝宠作坊使买延徽，延徽与仁浦并居，欲并其第，屡谮仁浦，几至不测。及周祖入汴，有擒延徽授仁浦者，仁浦谢曰：'因兵戈以报怨，不忍为也。'力保全之。当时称其长者。世宗朝近侍有改忤上至死者，仁浦力救之，全活者众。淮南之役，获贼数千人，仁浦从容上言，俾隶诸军，军中无滥杀者。"

赵匡胤以大宋王朝取代后周,从历史发展上说,既是必然的,也具有重大的历史意义。他结束了五代时期混乱争斗的局面,使得中原地区进入一个和平稳定的发展时期,百姓得以从频仍的战火兵燹中解脱出来,过上正常的生活。

以范质为昭文相、王溥为史馆相、魏仁浦为集贤相,三相并设,而不设副宰相。上述三人皆后周旧臣,太祖对他们自然有防范心理。同年又以心腹赵普为枢密副使,两年后迁枢密使,朝廷大政实际上操纵在太祖和赵普等人手中。枢密院作为宋家天子控制和调动军队的核心机构,魏仁浦以文职官员进入宋太祖枢密院任枢密使,其组织内部便明显地存在着"以文驭武"方针的烙印。

后周的枢密院长官中,仍以王朝创建期的元从功臣为多。世宗时,郑仁海、魏仁浦、王朴、吴廷祚先后担任枢密使,或太祖旧臣,或世宗故吏。

与宋初数年中书门下班子大体未动形成鲜明对照的,是对枢密院长官次第渐进的调整。周世宗临终前特地安排"参知枢密院事"的宰相范质、王溥,赵宋开国即不再参知枢密院事。留任的两位枢密使,魏仁浦兼任,吴廷祚专任。

《涑水纪闻》卷一载:"太祖初登极时,杜太后尚康宁,常与上议军国事,犹呼赵普为书记。尝抚劳之曰:'赵书记且为尽心,吾儿未更事也。'太祖宠待赵韩王如左右手。"军国大事,大都是太祖与赵普等商议而定。

宋代制度也大都是赵普创立,《容斋随笔》卷七称:"赵韩王佐艺祖,监方镇之势,削支郡以损其强,置转运、通判使掌钱谷以夺其富,参名京官知州事以分其党,禄诸大功臣于环卫而不付以兵,收天下骁锐于殿岩而不使外重。建法立制,审官用人,一切施为,至于今是赖。"这时候,中央机构的运作还不是一种正常态,宰相们并没有总文武之大政,只是起处理一般政务的辅助作用。换句话说,赵普等此时所发挥的是类似宰相的作用,而范质等人所起的作用则类似副宰相。

宰相制度的健全,是太祖开国四年之后的事情。乾德二年(964)正月,范质、王溥、魏仁浦三相并罢,完成了从后周到赵宋的宰相人选过渡期。同月,赵普拜相,"上视若左右手,事无大小,悉咨决焉"(《宋史·赵普传》)。一直到开宝六年(973)八月,太祖对赵普信任有加,中书只有赵普独相,这段时间持续将近10年。

赵匡胤心里总觉得有些对不起石守信等人。石守信、王审琦(包括高怀德等)等人为赵匡胤最终能够君临天下可以说是立下了汗马功劳,可是,在赵普的建议下,赵匡胤一招"杯酒释兵权"使得石守信、王审琦等人显赫全无。

范质、王溥和魏仁浦三人虽然称不上大宋的开国功臣,但在赵匡胤建宋之初,也为宋代的稳定和发展做了许多功不可没的事情,而最终,赵匡胤却以年事已高为借口,让范质等人告老还乡了。所以,赵匡胤就想对石守信等人做些补偿。恰好,石守信、王审琦和魏仁浦三人在来汴梁的时候,分别把自己的儿子石保吉、王承衍、魏咸信也带了来。赵匡胤就灵机一动,当即决定把自己的三个女儿分别下嫁给石守信、王审琦和魏仁浦的儿子。

对赵匡胤的这个决定,石守信和魏仁浦了无意见,因为他们的儿子尚未婚娶,能成为皇亲国戚自然不是一件坏事。

27. 北宋作坊副使、代州刺史、作坊使——魏丕

魏丕,生卒年不详。北宋建国后,自始至终北方与西北游牧民族入侵的威胁未曾间断(契丹、西夏、女真接踵而兴)。太祖初即位,即以"魏丕为作坊副使",负责军器的监制与改良工作。为北宋精于设计的机械人才。经过他改良后的床子弩,射程"增至千步"。在魏丕的操作下,北宋的武器改良有了良好的开端,奠定了火药被大量用于武器制作方面的环境因素。后任代州刺史,兼领作坊使,为火药及火药武器在军事科学领域的应用,防御外族侵略,维护中华各民族统一,做出了贡献。后裔魏定国,宋凌州团练使,精熟火攻法,上阵专用火器取人,人称"神火将军"。后归顺梁山。

28. 北宋真宗时期著名诗人、著作郎——魏野

魏野(960—1019),宋初诗人。字仲先,号草堂居士。原为蜀地人,后迁居陕州(今河南三门峡陕县)。自筑草堂于陕州东郊,常在泉林间弹琴赋诗。北宋景德三年(1006),寇准罢相,出任陕州知州。得知魏野文才,常去拜访,二人结为好友。魏野的诗效法姚合、贾岛,苦力求工。《宋史·艺文志》著录其《草堂集》2 卷,《巨鹿东观集》10 卷。天禧三年(1019)十二月,魏野卒,陕州令报朝廷,次年正月,皇帝下昭旌表,称他"陕州处士",追赠为秘书省著作郎。曾祀奉于原陕州乡贤祠。他居住过的草堂山庄被誉为陕州八景之一——"草堂春晓"。

29. 南宋孝宗枢察使、丞相、鲁国公——魏杞

魏杞(1121—1184),字南夫,一字道弼,寿春(今安徽寿县)人。幼时受学来鄞,居鄞县小溪镇。宋绍兴十一年(1141)中进士,历官县尉、县令,后朝臣推荐为太傅寺小簿、宋正少卿。隆兴二年(1164)金国进犯,宋孝宗授假吏部尚书,为金国通问使。魏杞出使,不辱使命,取得"一正名、二退师、三减岁币、四不发归附人"的外交成就。还朝后,宋孝宗以魏杞"使金不辱使命"赏赐丰厚,迁给事中同知枢察院,进参知政事右仆射兼枢察使,"繇庶官一岁至相位"成为一时重臣。

魏杞的官宦前途毕竟还算得意的。他最后以资政殿大学士告老还乡,移居鄞县小溪,"筑碧溪庵于石为觞咏地"。淳熙十一年(1184)卒,享年 64 岁。嘉泰年间,追封鲁国公,谥文节。次年择葬于奉化飞凤山。

魏杞的爱国精神和坚贞不渝的气节为后人所敬仰。

30. 南宋参政知事、建康郡开国侯——魏良臣

魏良臣,字道弼,高淳崇教乡南塘人。宣和二年(1120)考取了进士,初拟任为丹徒县尉。后调任严州寿昌令。魏良臣因政绩被皇帝召见,直接任命为吏部郎。加升左右史检出使金国。金兀术采取各种手段进行威胁,魏良臣大义凛然,用他特有的气质和辩驳能力折服了金兀术,迄定初议,维护了南宋的利益。在参政知事的位置上,他纠正冤假错案,起用被奸臣打击压制的有用之才,整顿朝纲、厉行节约。晚年魏良臣历知绍兴、宣、潭、泗四郡,享年 69 岁,赠光禄大夫建康郡开国侯,谥敏肃。

31. 南宋著名理学家尚书秦国公——魏了翁

魏了翁(1178—1237),字华父,号鹤山,邛州蒲江人,是南宋后期著名的理学家和进步的思想家。

南宋庆元五年(1199)己未科进士,嘉熙元年(1237)以校书郎出知嘉定府,累官工部侍郎、礼部尚书、端明殿学士、资政殿大学士等职。曾于两淮力主抗金,献边防十策。后为奸臣黜退,领其四子随宋南宗子南迁泉州,卜居白鹤山下,著书立说,开馆讲学,称鹤山先生。

三子魏国佐,字延龄,淳祐元年(1241)辛丑科进士,任漳州军事推官,后升任川滇粤等五军都统制,与元军三战于江西,于淳祐十年(1250),为国捐躯。延龄子魏天中,赐进士出身,德祐元年(1275)任御史,后奉调以文职兼武衔入宫,任皇帝侍卫,景炎年间随端宗皇帝南逃,至漳州以南九龙岭下,被元兵围困,元将阿利罕逼端宗皇帝饮鸩自杀。魏天忠为解宋主之危,便暗中换穿帝服,代帝饮鸩而殉难。明洪武元年(1368),朝廷为表彰魏氏一门忠烈,特在福建晋江县修建嘉应庙,并追谥为"九龙三公"。

32. 享誉南宋的"果斋先生"、知州——魏文翁

魏文翁(1180—1231),字嘉父,南宋蒲江人。终年 51 岁。父魏孝寿,淳熙十三年(1186)中丙午科举人。堂兄魏了翁,字华父,号鹤山。累官工部侍郎、礼部尚书、端明殿学士、资政殿大学士等职。南宋理学大师。魏文翁生平著作有《读书日记》20 卷、《中庸大学讲义》2 卷、《杂稿》10 卷等。魏文翁立身处世重在务实,提倡知行合一,见义必为。享誉南宋,学者称他为"果斋先生"。

魏文翁早年从学于临邛郡名儒李坤臣。李双目失明,他躬亲扶持不稍懈怠,勤学好问,受师教益甚深。

宋宁宗嘉定 4 年(1211)考取进士,时年 31 岁。旋任四川制置司干办、上津县令、新繁县令、成都通判职。在诸任中,简政薄赋,多有政声,后升调叙州知州。

33. 南宋时抗金名将、都统制、节度使——魏胜

魏胜（1120—1164），字彦威，淮阳军宿迁县人，南宋抗金名将。出身农家，早年曾为弓箭手。胆略过人，骁勇善战。绍兴三十一年（1161）七月，魏胜探知金军大举进攻，遂乘机聚宿迁忠义军起义。收复州辖怀仁、朐山、东海、沭阳诸县，声势大震。魏胜先后任海州、楚州知州，山东忠义军都统制。淮阴征战中，魏胜援绝箭尽，依岗列阵，顽强抗击，中箭落马，终年45岁。朝廷赠保宁军节度使，谥忠壮。史学家章颖将他列入"南渡四将"，誉为"山东忠义之冠"。

南宋绍兴三十一年至隆兴二年（金正隆六年至大定四年，1161—1164），在南宋军民抗金战争中，宋忠义军将领魏胜率部据海州（治朐山，今江苏连云港西南海州镇），抗击金军进攻的作战。绍兴二十九年（1159），金海陵王完颜亮恃累世强盛，决意兴师攻宋，施行虐政，激起各地军民反抗。三十一年七月，魏胜探知金军大举进攻，遂乘机聚宿迁（治今江苏宿迁西南古城）忠义军起义。八月初一，北渡淮河，攻克涟水军（今江苏涟水），乘势进抵海州。金将高文富闭城自守，魏胜乃施疑兵计，令军多张旗帜，大举烟火，以诈攻取州城，杀抗拒者千余人。继收复州辖怀仁、朐山、东海、沭阳诸县，声势大震。

隆兴二年，因宋金议和，改命魏胜为楚州知州，专守楚州西南的清河口，淮东安抚使刘宝守楚州。金将徒单克宁进攻魏胜于淮阴东十八里口，"魏胜取敝舟凿其底，贯以大木列植水中，别以船载巨石贯以铁锁，沉之水底，以塞十八里口及淮渡舟路"。魏胜抗击金军，"自卯至申，胜负未决"，金军又增派援军，魏胜全力抗战，并向李宝求援。"李宝在楚州，相距四十里，坚谓方讲和，决无战事，迄不发一兵"，魏胜援绝箭尽，仍依土岗列阵，坚苦抗击。以步兵列前，骑兵殿后，魏胜中箭落马而死，终年45岁。赠保宁军节度使，谥忠壮。

34. 金世宗时工部侍郎、参知政事——魏子平

魏子平，字仲均，弘州人。登进士第，调五台主簿，累除为尚书省令史，除大理丞，历左司都事，同知中都转运使事，太府监。正隆三年（1158），为贺宋主生日副使。世宗即位，任户部侍郎。大定二年（1162），进户部尚书。大定六年（1166），复为贺宋主生日使，拜参知政事。大定十一年（1171），罢为南京留守。大定十五年（1175），起为平阳尹。大定二十六年（1186）年，魏子平薨于家。

35. 元顺帝时左榜状元、翰林史修撰——魏元礼

魏元礼，又名魏礼，字廷训。河北肃宁人。生卒年不详。元至正二十年（1360）左榜状元，授翰林国史院修纂。《大明一统志》第二卷第45页中记载："魏礼，肃宁人。笃信好学，庚子廷试第一，授翰林修纂，陞礼部侍郎。"后与张起岩、泰

不华、忽都达而、宋本、李黼、李齐七人位列四品官员。魏元礼为汉人,能在科举制度被弄得奄奄一息的元至正二十中左榜状元,授翰林国史院修纂,在当时是一件了不起的事。

36. 大明万历、泰昌、天启三世九卿——魏应嘉

魏应嘉,字宾吾,万历三十二年(1604)进士,历官汝南府推官、兵、刑、吏科给事中、主内计、太常卿、大理卿、太仆寺卿至兵部左侍郎。自万历至天启初,为官清廉正直,被称为"铁面"。因其历官明代万历、泰昌、天启三朝(世),先后担任九种官职(卿),故被誉为"三世九卿"(卿,指高官,非指九卿之卿。),于天启年间立坊于城隍庙桥南(今文林小学巷北),其坊与南去的大学士吴姓"清朝侍御"坊、知州袁孟龙一门"父子兄弟科第"坊及南城门呈直线南北贯行。今皆圮。后立匾悬四牌楼上,匾曰"右省名卿"。"右省"即指兵部。源于唐宋设尚书省,下辖六部,左丞辖吏、户、礼,称为左省;右丞辖兵、刑、工,称为右省,故名。

37. 明代右金都御史、兵部右侍郎——魏允贞

魏允贞(1542—1606)字懋忠,明南乐人。其弟魏允中、魏允孚同中进士,人称"三凤"。万历五年(1577)进士,授荆州推官。以治绩征授御史,弹劾不避权贵,疏陈张居正等辅臣,以权谋私,其子相继登科得举,为张四维、申时行所忌,出为许州判官。后累迁右通政。魏允贞在历史上以"忠诚清直"闻名,海瑞称其为"天下直言第一"。在他一生的仕途中,多次因为抨击时弊、谏言上疏而遭贬。

魏允贞抚晋10年,山西大治,百姓安居乐业,人称其青天神明。但是,为了山西黎民利益,魏允贞也得罪了一些不法官吏,特别是朝廷派到山西的矿税使,更是对魏允贞恨之入骨。他们不断在万历皇帝面前攻击魏允贞,诬陷他目无皇上,一意孤行。万历皇帝听信谗言,下诏让魏允贞离开山西。

魏允贞深感山西百姓厚爱,又知三晋困苦,从山西回乡,未取一草一木,为纪念10年在晋,在魏公池中取一壶清水,又装半车黄土,砖瓦几数,由老牛拉了,计划回南乐铺于家院,以示永远怀晋。此事被矿税奸恶小人知晓,诬魏允贞回乡,拉了满大车黄金。遂于道中劫之,见仅砖瓦黄土而已,无地自容。诘问魏允贞在晋10年,权倾山右,有何所得,魏允贞坦然答道:"一壶淡水,两袖清风。"言罢,拂袖而去。

魏允贞文采出众。河南辉县苏门山南麓的孔庙之下,崖壁上嵌着巨碑一块,上书"苏门山"三个大字。观其"苏门"二字,雄浑劲拔,纵逸豪放,一上一下,如龙盘虎踞,大气磅礴。"苏门"二字为魏允贞所书。岳阳楼有魏允贞《岳阳楼》诗题一首:"洞庭天下水,岳阳天下楼。谁为天下士,饮酒楼上头?"

38. 明吏科给事中"骨鲠之臣"——魏大中

魏大中,明万历四十四年(1616)进士,官至吏科给事中(吏部长官)。生性狷介刚毅,《静志居诗话》称其为"骨鲠之臣"。从小家贫,《明史》列传中说他"自为诸生,读书砥行","家酷贫,意豁如也"。为官后清廉正直,不计个人安危多次谏诤,与权臣斗争。与杨链、左光斗等坚持揭露魏忠贤罪恶,被狱卒酷刑拷打屈死狱中。魏大中父子文学很有造诣。今存《藏密斋集》24卷,收其诗文。子魏学洢(约1596—约1625),字子敬,明末散文作家。著有《茅檐集》,收入《四库全书》。其子侄后代中,魏学洙、魏学渠、魏允枚、魏允柟、魏允札、魏允桓等也都是诗人、词人。可谓一门忠烈,一门儒雅。

39. 明嘉靖时兵部尚书、太子少保——魏学曾

魏学曾,字惟贯,泾阳西关魏家壕人。明嘉靖三十二年(1553)进士。曾任辽东巡抚、山西巡抚,政绩卓著。1548年(明世宗嘉靖二十七年)云南薄城土族作乱,率军平定,遂升为光禄寺少卿,封金察院右金督御史,奉命巡抚辽东郡。招抚黄勇部,加封右副都御史,成为饮誉朝堂的名将。万历十一年(1583),率兵西征。兵临甘肃固原,三战三捷,加封太子少保。万历二十年(1592)二月,率兵进驻宁夏,平息波拜骚乱,百姓得以安居乐业。

40. 明嘉靖时太常寺卿、哲学家、学者——魏校

魏校,字子才,别号庄渠。明昆山人。弘治乙丑科二甲第九名进士。授南京刑部主事,历员外郎、郎中。后召为兵部郎,因疾归。嘉靖初,起广东提学副使,补江西兵备,改河南提学。嘉靖七年(1528)升太常寺少卿,转大理寺。次年,以太常寺卿掌祭酒事,寻致仕。明哲学家。认为,理、气、心,虽歧而为三,但天地间只有一气,其升降往来即所谓理,人得之以为心,故心亦气,气能自为主宰。强调"蕴蓄""涵养",认为古人蕴蓄深厚,故发越盛大,而今人易漏泄于外,故无由厚积而远施。著有《周礼沿革传》《周礼义疏》《大学指归》《奕世增光录》《官职会通》《体仁说》《魏庄渠粹言》《巷牖录》《庄渠遗书》《庄渠诗稿全编》等。

41. 跻身宦官政治顶峰的明九千岁——魏忠贤

魏忠贤(1568—1627),河间肃宁(今河北肃宁)人,原名进忠,曾从继父姓李。曾婚,妻冯氏,有个女儿,嫁于杨家。会些武功,左右手均能挽弓,箭法很准;家中贫穷,却喜欢赌博,赌运不佳,常常受到凌辱。史称他"猜狠自用,人多以傻子目之"。他的好赌习性和猜狠,后来在官场斗争中得到充分发挥。万历时净身入宫为宦官。先在司礼太监孙暹名下,后在甲子库办事。在一个皇帝(熹宗)、一个女人(客氏)、一帮吹鼓手的推波助调下,魏忠贤跻身宦官政治顶峰。厂臣、元臣、上

公、尚公、殿爷、祖爷、老祖爷、千岁、九千岁,甚至有人直呼九千九百岁,对其雕像行五拜三稽首之礼。崇祯定逆案,魏忠贤吊死于南行途中。

42. 明末诏表孝子、著名散文作家——魏学洢

魏学洢(1596—1625),字子敬,明末嘉善(今浙江省嘉兴县)人,明"骨鲠之臣"魏大中的长子。明代末年著名散文作家,著有《茅檐集》。被清代人张潮收入《虞初新志》的《核舟记》是一篇出色的状物杂记。杨涟等人弹劾魏忠贤,魏忠贤倡兴大狱,诬陷杨涟等六君子。魏大中被捕之时,魏学洢泣血号呼。魏大中惨死狱中。魏学洢被下浙江监狱,因病而死。弟魏学濂沥血上书,陈述父受冤狱,兄死孝之惨状。后魏大中被追谥为忠节,魏学洢也被下诏旌表为孝子。擅长散文,尤工于赋,著有《茅檐集》8 卷,内《核舟记》一文,至今仍为中学语文教材课文。

43. 明崇祯时钦定状元、首辅丞相——魏藻德

魏藻德(1605—1644),顺天通州人(今北京通州),字思令,号清躬。崇祯十三年(1640)庚辰科进士,钦定状元。崇祯十五年(1642),骤擢礼部右侍郎兼东阁大学士,入阁辅政。崇祯十七年(1644)二月,诏加兵部尚书兼工部尚书,文渊阁大学士,总督河道、屯田、练兵诸事。魏藻德很有口才,凡上书言事,无不迎合帝意,被由修谱直接提为礼部右侍郎,兼东阁大学士。后又提为兵部尚书,文渊阁大学士。国家危难,举措失当。义军攻破京城,迟疑不决。大顺军逮捕明勋戚、大臣、文武官 800 余人,刘宗敏、李牟等审讯迫赃助饷,受酷刑,脑裂致死。

44. 明戏曲音乐家、昆曲始祖、曲圣——魏良辅

魏良辅(1489—1566),字师召,号此斋,晚年号尚泉、上泉,又号玉峰,新建(今江西南昌)人,嘉靖五年(1526)进士,历官工部、户部主事、刑部员外郎、广西按察司副使。嘉靖三十一年(1552)擢山东左布政使,三年后致仕,流寓于江苏太仓。为嘉靖年间杰出的戏曲音乐家、戏曲革新家,昆曲(南曲)始祖。在熟谙南北曲的基础上,于嘉靖年间吸收了海盐腔、余姚腔以及江南民歌小调的某些特点,对旧的昆山腔进行了显著的改革创新,形成一种舒徐婉转的新腔,称为"昆腔",又称"水磨腔",对很多地方戏曲音乐的发展影响较大,被誉为"国工",后世奉之为昆腔始祖,艺坛尊为"曲圣"。著有《曲律》(一名《南词引正》)一书,是论述昆腔唱法及南北曲流派的重要著作。

45. 明崇祯太仆寺正卿、宣大总督——魏光绪

魏光绪(1594—1640),字孟韬,号元白,山西武乡人。父鳌,大明隆庆年间贡生,历官香河、府谷知县。魏光绪从小专心致志,万历四十年(1612)乡试夺魁,次年联捷中进士,授行人平命使。泰昌元年(1620),升任云南道御史。云南挺击案,

力排旁议,案件大白天下,人称铁面御史。天启三年(1623),补福建巡道,后巡案山东,声震海岳。同年,受魏忠贤逆党所嫉恨,被降职外用。崇祯元年(1628),还朝巡视京营,晋少京兆,升为太仆寺正卿。曾率军赴楚平叛。崇祯八年(1635)被罢官归田,救灾济贫。崇祯十四年(1641),埋头修纂武乡县志的魏光绪,被朝廷重新起用任命为宣(府)大(同)总督,未上任便已去世。著有《抚楚奏议》《西台封事》《南华诂字通》《家乘带草楼诗稿》《泰园谈纪》《邑乘公志》《潞水客谈》等著作。

46. 明万历御史、兵部右侍郎——魏云中

魏云中,字定远,号震彝,山西武乡魏家窑人。魏云中幼时天资聪颖,弱冠中进士,授项成知县。明万历四十年升任御史,到任数月,排挤礼部侍郎史继楷、南京兵部尚书黄克缵等九人。后为御史李若星、魏云中所劾,还家候命。居三年,始履任。魏云中即刻辞官神武门,归里10年,续皇积经世书,以承父志。天启二年(1622),起用为通州兵备道,遂诏为尚宝卿。天启三年冬,调升有捡都御史,巡抚宁夏军。天启四年(1624),魏忠贤专权,诬云中为东林党,被罢官还乡。崇祯元年,拜为兵部右侍郎,总督宣大三镇之师。有诗《秋游吴村》等流传。

47. 明代成化年间仙游抗倭首领、总捕头——魏升

魏升(1467—1517),字大临,福建仙游龙华金沙人,是当时金沙地域的名家子弟。少年习武,16岁曾一日射毙三虎,骁勇非凡。往谒总兵沐有戚,一试奇之,留习孙吴兵法及异僧三变不穷、三战不测之术,练就一身好武艺。明成化年间,组织乡间民勇抗击倭寇,人称为"魏家军"。魏升能文能武,见义勇为,被知县彭昭委为总捕,在兴泉近30年,历战20多次,平倭除寇。海门平倭获捷,拔为中军。明正德十二年(1517),魏升在与倭寇激战中身受重伤,为国捐躯,时年50岁。著有《金沙武略》一书。

48. 清初散文三大家之一、勺庭先生——魏禧

魏禧(1624—1681),清代散文家。字冰叔。一字叔子,号裕斋。宁都(今属江西)人。明末诸生,明亡后隐居翠微峰,所居之地名勺庭,人又称他为"勺庭先生"。清初,人称魏禧、侯方域、汪琬为散文三大家。魏禧尤重气节,束身砥行。文章多凌厉雄杰、刚劲慷慨之气。内容多表彰民族节义人士,叙事简洁,善议论。魏禧与其兄祥、弟礼,都能文章,世称"三魏"。他们的文集合编为《宁都三魏全集》。著有《魏叔子文集》22卷,《诗集》8卷,《日录》3卷,《左传经世》10卷,《兵谋》《兵法》各1卷,《兵记》12卷。

49. 清顺治太子太保、大学士、宰相——魏裔介

魏裔介,字石生,号贞庵,柏乡人。少年聪慧,15岁考中第五名秀才,26岁中举人。清顺治二年(1645)他31岁,进士及第,选庶吉士,授工部给事中。后升任都察院都御史,累官至太子太保、保和殿大学士。入阁办理国家大事时年仅40余岁,须发皆黑,历称乌头宰相。为官清廉,刚直不阿。魏裔介出身农家,比较关心民间疾苦。顺治十八年(1661),他上书皇帝要省刑法,减赋税,培国本,恤民力。康熙十七年(1678),柏乡,隆平,宁晋遭大水灾,那时魏裔介已辞朝还家闲居,为了解救人民困苦,他联合地方官把灾情详报户部,得旨准予免除一切差捐。在缓和满、汉民族矛盾上,他曾起到相当作用。他急流勇退,晚年以著书自娱,有《兼济堂文集》流传。

50. 清顺治、康熙时期都御史、刑部尚书——魏象枢

魏象枢(1617—1687),字环极(一作环溪),号庸斋,又号寒送,蔚州(今河北蔚县)人。其祖先曾任明远将军,其父曾在江西省新城任主薄六年。12岁时,“作文即能成篇”。清初著名的大臣和学者。顺治三年(1646)中进士,经殿试被选任为翰林院庶吉士。历任刑科、工科、吏科给事中,户部侍郎,左都御史,刑部尚书等职。顺治四年(1647),因涉案降职。康熙十一年(1672),授贵州道监察御史。康熙帝赐御书“寒松堂”,精辟概括了魏象枢的高风亮节。被史家誉为“清初直臣之冠”的魏象枢,是顺治、康熙两朝誉满朝野的人物。有《寒松堂集》行世。

魏象枢是一位“事事以百姓为念”、清正持法、奉公克己、才华出众的廉吏。尽管他的出发点是维护清王朝统治,但客观上有益于社会发展,有利于民生。他研究学问,重经世之学,同时以开拓的思想对传统之学进行反思,反对空谈义理,主张务实。这些使得他成为清初有重要地位的政治家和思想家。被史家称为“廉直謇謇,能规切用事大臣,尤言人所难言”。他还屡屡向朝廷举荐贤能,弹劾贪官污吏,被誉为清初直臣之冠。

51. 清乾隆时杰出的思想家史学家——魏源

魏源(1794—1857),原名远达,号良图,字默深、墨生、汉士,法名菩萨戒弟子魏承贯,清乾隆时湖南邵阳县人(今隆回)。中国近代杰出的爱国主义思想家。1845年,中进士,先后任江苏东台、兴化知县,两淮盐运司海州分司运判,高邮州知州等职。1853年,因迟误驿报而被革职。鸦片战争时,坚决支持禁烟,并在浙江亲自参加抗英战斗。

鸦片战争的失败,友人林则徐的贬谪,更激发了他的救国热情。他坚决主张变革,反对“闭关自守”,认为“变革愈尽,便民愈甚”。主张学习外国的先进科学

技术,提出了"师夷之长技以制夷"的策略。他开辟了中国近代向西方追求真理的时代新风,为此后忧国忧民的志士指出了寻找救国救民道路的方向。

魏源作为地理学家的最突出贡献就是撰写了《海国图志》这一巨著。关于《海国图志》的写作目的,魏源在"自序"中写道:"是书何以作?为以夷攻夷而作,为以夷款夷而作,为师夷之长技以制夷而作。"可见,魏源决心为人们指明御侮图强之道、兴国安邦之策。

魏源的好友林则徐在广州主持禁烟时,曾组织译员,根据1836年伦敦出版的慕瑞著《世界地理大全》等书,编译成《四洲志》,介绍世界上一些国家的历史和地理情况,全书约9万字。林则徐离粤以后,把多年收集的资料和《四洲志》的初稿交给魏源。魏源以《四洲志》为基础,大加增补,完成《海国图志》,初版(1842)50卷,近50万字;1847年增为60卷;1852年再增补成100卷,字数达90万字。

这部著作,倾注了魏源十多年的心血。他参阅了大量的资料,主要有三类:其一,历代史志,主要有《明史》《元史》《宋史》《梁书》等;其二,元明以来的域外地理志和国外闻见录,主要有周达观《真腊风土记》、谢清高《海录》、张燮《东西洋考》、黄衷《海语》、刘键《庭闻录》等;其三,外国人的著作,如艾儒略《职方外纪》、南怀仁《坤舆图说》、理哲《地球图说》等。注重吸收外国人的材料,是《海国图志》的特色之一,正如魏源所说:"何以异于昔人海图之书?曰,彼皆以中土人谈西洋,此则以西洋人谈西洋也。"

《海国图志》宏篇巨幅,内容非常丰富。它以介绍各国地理为主,但不局限于地理,广及历史、政治、技术等多方面,堪称一部世界知识百科全书。

《海国图志》是我国历史上较早系统介绍世界地理知识的名著。它的主要贡献是:第一,突破"中国是天下中心"的陈腐落后观念,代之以近代意义的世界观念。在地图的安排上,先地球全图,标明世界各国在地球上的位置;接着各洲总图;最后才是各国分图。这种层次分明的安排,完全突破"中土居大地之中"的旧观念。

首先从整体位置上展现了世界分布,科学地反映了中国在世界上的位置和大小。卷五至卷七十,则通过对世界各国地理位置、历史沿革、政治、经济、文化等方面的介绍以及物力、人力、军力的对比,帮助人们打破旧的"世界"观念。

第二,传播了近代地理知识。魏源在《海国图志·地球天文论》中,介绍了当时较为先进的世界知识,如地球形状、潮汐理论、雷电成因、地球经纬度、南北二极、四季成因等。这些内容是魏源根据传教士的论著编成的,但完全摒弃了其神学部分。这些丰富而新颖的地理知识,大大开阔了人们的眼界,改变了人们的宇宙观。

第三,介绍了全新的世界地理知识。魏源清楚地认识到:"儒者著书,惟知九州以内,至于塞外诸蕃,则若疑若昧;荒外诸服,则若有若无。"《海国图志》引用了不少国人所鲜见的材料,又坚持"以夷人谈夷地"的原则,从而展现了当时中国学术界最为先进的世界地理知识。如书中所用在香港的英国公司绘制的地图,"在当时实为最详尽之世界地图"。正如梁启超在《中国近三百年学术史》中讲的:"中国士大夫稍有世界地理知识,实自此(指《海国图志》和《瀛寰志略》)始。"

《海国图志》出版后,不仅在中国产生了重大影响,而且在世界上也有较大影响。《海国图志》曾传入俄国、英国、日本和朝鲜,并被译成日、英、俄等几种文字。而受《海国图志》影响最大的是日本。它是幕府末期传入日本的书籍中最著名的,在日本的翻刻本达20多种。促进了日本对世界的了解,对日本明治维新运动有一定影响。

魏源还是一位旅行家。他一生极喜游览名山大川,并写下了大量游山水的诗和游记。魏源"少年好远游,曾踞祝融之峰最上头",并发愿"从此芒鞋踏九州,到处山水呈真面"。一生中若得空闲,便出游,足迹踏遍大半个中国。东到定海普陀山,南到香港、澳门,西到甘肃嘉峪关,西南到四川,东北到山海关。他曾游历了庐山、泰山、恒山、华山、衡山、嵩山、黄山、天台山、雁荡山、普陀山、天目山、武夷山、九华山、五台山、太行山、中条山、盘山、王屋山、九龙山等名山,常徘徊于江湖之间,北尽黄渭、龙门,南游西江、阳朔,西溯嘉陵、三峡。55岁时,还做了一次半年之久、行程8000里的漫游,遍历南中国7个省区。魏源自谓:"州有九,游其八;岳有五,登其四。"他不仅知"游山乐",而且知"游山学"。在旅行中,他非常注意观览山川的形貌,并把它们进行对比。他在《衡岳吟》一诗中写道:"恒山如行,岱山如坐,华山如立,嵩山如卧,惟有南岳独如飞。"如果没有深入、细致地观察,是写不出如此生动的诗句的。

魏源的著作很多,内容也很丰富。除《海国图志》外,还有《元史新编》95卷,《圣武记》14卷,《屯防志》《凤凰厅志》等。此外,还主编了《皇朝经世文编》120卷。

清代乾隆五十九年三月二十四日(1794年4月23日),魏源诞生在湖南省一个偏远乡村。后来,他成为中国近代杰出的爱国主义思想家。青少年时代的生活环境和所受的家庭教育,对他的成长很有影响。

魏源生于湖南省邵阳县(今属隆回)金潭乡魏家塅。

邵阳县在湖南省西南部,当时属宝庆府(今邵阳市)管辖。那里有山有水,风景秀丽。据文献记载,有龙山、狮山、象山、白马山和望云山等。龙山在宝庆府东南肋里,秀峰很多,令人喜爱。狮山和象山横贯金潭乡,把魏家塅分成为上下两个村落,北曰上魏家塅,南曰下魏家塅。魏源的家就在上魏家塅金水河的沙洲上。

龙山顶上有一个龙池,从中不时涌出清澈的泉水。泉水流下山,汇成两条河流,一为涟水,进入湘乡;一为邵水,进入邵阳。邵阳县城就在邵水北面(后来县治迁到南岸)。这里还有一条资水又名资江,是从绥宁县经武冈州流到这里的,它在邵阳以北和邵水合流。

在邵水和资水合流的地方,有一处古迹,名叫双清亭。魏源青少年时代常到那里去游玩。后来他在道光十九年(1839)46 岁时,回到家乡重游此地,写了《归至资江重游双清亭》诗二首,诗中有这样两句:"屿扼双流合,江涵一郭烟。"描绘出双水合流,一城临江的秀丽景色。此外,笔架山、田螺山和将军山等处的风景也很好。村中还有石壁、象嘴、龙溪、花坞冲、麻绩桥、文昌阁、荷叶塘等名胜古迹。清末的大理寺少卿、乡人魏澧兰曾写过几首描写这里风光的律诗,可见一斑。其中一首是:"酒余潇洒倚花栏,醉眼频开仔细看。五色祥云横石壁,三更朗月照金潭。形排笔架呈青障。旋髻田螺拥翠峦。尤爱文昌高建阁,千秋胜迹壮奇观。"

诗中提到了石壁、金潭、笔架山、田螺山和文昌阁等名胜古迹。他认为,这是千秋胜迹,风景奇观。魏源就是在这样美丽的环境中长大的,使他自幼养成豁达开朗、宁静深邃的性格。魏源的祖先原是江西省太和县人。魏万一和弟万二为躲避元代末年的兵乱,迁居到湖南省善化县,明代永乐年间(1403—1424)又迁居到邵阳县金潭村,从此便定居下来。

如果以魏万一为第一世,那么到了魏源曾祖父魏大公就是第十二世了。魏大公,字席儒,家中富有,以孝顺母亲和好周济贫困著称。有一年,邵阳闹了天灾,粮食歉收,但官吏们照旧向农民征收钱粮,全县骚动,人心惶惶。魏大公看到这种情况,慷慨解囊,为本乡农民交纳了全部钱粮。县令赠给他"邵邑醇良"匾额,以为奖励。

魏源的祖父魏志顺,字孝立,仍然好周济贫穷,凡乡里有类似修桥补路的善举,他都要捐款资助。他有 10 个儿子,第五个儿子名叫魏邦鲁,就是魏源的父亲。这时魏氏家族由于人口日多,支出日大,家境开始衰落。

魏邦鲁,字钟豫,又字春煦,为人正直。他为生活所迫,到江苏嘉定、吴江等县去做一个巡检的小官。巡检的职务是捕捉盗贼,查诘奸宄,凡是州县关津险要的地方都要设置。魏邦鲁的收入虽然不多,但仍然经常救济有困难的人,受到当地人民的好评。

魏邦鲁官俸微薄,不能经常回家,家中只有他的妻子陈氏操持家务。她是一位贤淑的妇女,不但要纺线织布维持生计,还要服侍年老瘫痪的婆母和教育幼小的孩子,甚为劳苦。每天晚上点着油灯纺织操作。后来家境贫困,就点燃豆秸干活。生活虽这样艰苦，家庭中仍然恬静和谐，"母绩子读，欣然忘贫"。魏源就是在这样的环境中，养成了勤苦读书、自强不息的精神。

魏邦鲁工作不忘读书，而且喜欢游览，所到之处，必访问当地豪杰贤士。他历任嘉定诸翟、吴江平望司巡检。在任期间，调解民间诉讼，督课生童学习，颇有政绩，在荆溪张渚司、海州惠泽司时，尤为有名。因此上级叫他管理苏州钱局。魏邦鲁在海州闹灾时，曾开办粥厂救济贫民，而且和饥民在粥厂共同生活了数月之久，所以在他去任的时候，为他送行的人络绎不绝。苏州残局是个肥缺，魏邦鲁到任后，毫无所染。知府额腾伊对他的年终评语是："本员管局一年，实能弊绝风清。且破除旧习，不受陋规，洵佐杂中难得之员。"因此，连任五年之久。此后，他升任宝山县水利主薄，在办理漕粮海运时，又因工作出色而得到奖赏。魏邦鲁还擅长医术，在他工作的地方，诉讼案件刚刚审理完毕，又开始为等候在拥里的病人"审理"病情了。魏邦鲁是个好官，巡抚陶澍和历任布政使如林则徐、贺长龄等都很尊敬他，不因他是部下小吏而有所慢待。魏邦鲁生于乾隆三十三年（1768），卒于道光十一年（1831）。死后因家贫不能归葬湖南，张渚地方的人民听说了，怀念他过去的政绩，自愿将大贤山的一块土地捐出来，魏源遂将他父亲的尸体埋葬在那里。魏邦鲁的事迹由当地人民申报，载入《荆溪县志》书中，这在当时被看成一件颇为光荣的事。

魏源的儿孙和他的堂兄弟们也多是有才气的人。魏源有两个儿子，长子魏耆，原名儒耆，字英甫，号刚毅，道光元年（1821）生，在江苏南京居住（太平天国时期也是住在南京），候补同知，光绪六年（1880）卒，60岁。次子昌耆，早殇。魏耆对经、史都有研究，还擅长书法，尤精汉隶，深得友人赞许。杨葆光说，他曾见到过魏耆为金陵书局所写的"八分书"（汉隶），并作诗说："昔上飞霞阁，惊看妙墨新。香名动侪辈，公望得传人。同作山游客，相逢雪后尘。剪灯情话久，文字感前因。"汤贻汾也作诗说："我爱魏知古，抢才弱冠优。笔能书五凤，气可食千牛。沧海曾无恙，狂澜自可忧。且寻名教乐，不用看吴钩。"一个说"惊看妙墨新"，一个说"笔能书五凤"，可见魏耆是个能写字、有才华的人。魏源之后，可谓有"传人"了。不过，他甘于淡泊，不去追取"吴钩"宝刀，没有做官的愿望。后来虽然捐取个知县的虚名，却没有步入仕途。晚年和他的父亲一样，也从事佛教经典的研究，最后老死在家中。

魏耆有五个儿子：玺、桂、恒、翻、虎。玺与虎早殇，魏耆三个儿子中最有才华的是魏翻，写有许多诗文作品。

魏源还有一个女儿，但《魏氏族谱》中不记载她的名字。因此不详其事迹和生卒年。

魏源族中的兄弟很多,魏源曾有"群从多才俊,居家旧典型"一类赞颂族人、兄弟的话。族中兄弟中和他最好的是魏显达。魏显达,字杰南,号筠谷,是魏志正的孙子,魏邦修的儿子,比魏源大4岁。好读书,善于写诗,五言诗更是淡远有致。魏显达曾和友人邓显鹤同登泰山,二人在车中背诵杜甫有关齐鲁间的诗,几乎都背完了,又联句作诗。邓显鹤很佩服他的博学和记忆力。

魏源和魏显达常有诗歌唱和,如《夏斋读书呈筠谷兄》《春雨柬筠谷兄》《村居杂兴十四首呈筠谷兄》《秋试下第柬筠谷兄》等。从魏源的这些诗中,可以看出他们之间的关系,其中一首说:"篝灯哦制艺,隔壁偷余光。誓将拾芥效,偿此三余忙。夜闻促织声,伴影如在床。忽念南溪于,安得来共觞。呼童持一尊,送踏草桥霜。与君对溪酌,何异同一堂。"诗中说:晚上点着油灯阅读制艺(八股文),借着隔壁人家的余光,使屋内增加了亮光。我发誓要通过考试很容易地取得功名,来补偿甚至连"三余"的时间(冬者岁之余,夜者日之余,风雨者时之余)都用来读书的辛苦。夜间听到蟋蟀的叫声,就像陪伴着我的身影藏在我的床上一样。忽然想起了你,怎能来到这里一起喝一杯呢?我叫童子拿着一壶酒,踏着草桥上的寒霜给你送去,我和你对着门前溪水小酌,这和我们在一间屋里喝酒有什么两样呢?

魏源的另一个堂兄弟魏五达,是二伯父魏辅邦的儿子,和魏源也很好。五达字连福,号云轩,喜欢读书,文章典雅。他曾从江苏买了十几箱的书带回家乡去,供子侄们阅读。卒年71岁。

魏进达,字子莹,早岁能文。后来到江苏帮助魏源办理盐务,兴利除弊,很有成绩。但他不愿做官,愿意回家教育子孙,遂返回邵阳。他自奉俭约,但对老师很厚待,因此子侄辈有成就的很多。卒年81岁。

魏源的亲兄弟共四人,长兄名湖,原名达聪,字良弼,乾隆五十五年(1790)生,寄居江苏。魏源行二。三弟魏浚,原名达章,字子田,嘉庆元年(1796)生,寄居江苏,由监生捐巡检,卒年70岁。四弟魏淇,原名达实,字子实,嘉庆十年(1805)生,寄居江苏,由监生捐授盐运使司知事,分发两淮试用。

52. 乾隆安徽巡抚刑部右侍郎——魏定国

魏定国(1678—1755),字步于,号慎斋,江西广昌甘竹人。出生于仕宦之家。其父魏方泰,清康熙三十九年(1710)中进士,官至礼部侍郎。在查抄年羹尧家产时,唯魏方泰未送一物,雍正称他"惟忠惟贞,朕可信其始终不贰"。魏定国康熙四十五年(1706)中进士,五十三年(1714)任应城知县。魏定国清正廉明,秉公执法,勤政爱民,公正断案,惠政深入人心,赢得了应城百姓的拥戴,被尊称为"魏青天"。后历任河南按察使、吏部侍郎、陕西按察使、代理布政使,山东布政使、安徽布政使、安徽巡抚、致仕刑部右侍郎。乾隆十六年(1751),钦赐他"耆年清望"匾额,以示褒奖。生平著述甚富,有《记事诗文稿》《教养记》和《鹿洞讲义守令要览》等书行世。

53. 晚清政治军事外交一品重臣——魏光焘

魏光焘(1837—1915),字午庄,字光邴,晚号湖山老人。湖南省邵阳县(今隆回县)司门前镇金潭人。甲午(1894)中日战争爆发后,淮系海陆军屡战屡败。清廷决意起用湘军。1895年2月,魏光焘率武威军8营2哨抵田庄台,五次反攻海城。督战中,魏光焘乘马负伤,"三易坐骑",战至日没。次年,擢陕西巡抚。魏光焘是晚清政治、军事、外交上的重要历史人物。是我国新疆地区建省后的第一任布政使,第二任代理行政首长(巡抚),后来他又历任云贵、陕甘总督,后官至两江总督、南洋大臣、总理各国事务大臣。他与李鸿章、张之洞、刘坤一等同为19世纪八九十年代清政府的重臣(一品大官),是曾国藩湘军的继承者,左宗棠的重要助手。会铁良南下阅兵,尽劾罢魏光焘所用将领,乃调闽浙总督。铁良还京,奏魏光焘昏昧无能,魏光焘于1905年被罢官,回到家乡。1911年,辛亥革命爆发,有旨授湖广总督,未赴任。1915年3月5日卒于宝庆城东郊湖山别墅。

魏光焘是清杰出思想家、史学家魏源的族侄孙,儿孙辈亦大器显赫。子魏肇文曾被孙中山聘为大元帅府参议。新中国成立后,任湖南省文史研究馆馆员。长孙魏荣爵是中国科学院首届资深院士、声学家。

魏光焘曾出资刊印魏源的《海国图志》及其他多种著作。他本人亦有《勘定新疆记》(8卷)、《湖山老人自述》(家刻本)等著作传世。

54. 清道光丙午举人、幕僚、文学家——魏秀仁

魏秀仁(1818—1873),字伯肫,一字子安,又字子敦,号眠鹤主人、眠鹤道人,又号咄咄道人、不悔道人,清福建侯官(今福建福州)人。据《魏子安先生年谱》,他生于嘉庆二十三年(1918),卒于同治十二年(1873)。29岁考中道光丙午科举人,曾去陕西、山西、四川省官府做幕僚。著作除小说《花月痕》外,还有《石经考》《陇南山馆诗话》《陇南山馆诗集》《陇南山馆文录》。在中国小说史上,《花月痕》是第一部以妓女作为主要人物的长篇作品。从小说发展史的角度看,在《红楼梦》流行整整一个世纪之后,《花月痕》和其他"狭邪小说"及后来鸳鸯蝴蝶派小说的相继出现,似乎可以说是传统才子佳人小说的回光返照。无论是研究清代长篇小说的兴衰,还是研究传统才子佳人小说的发展、演变,《花月痕》都具有重要的参考价值。

父魏本唐,嘉庆己卯举人,曾任台湾县学训导、上杭县学教谕、汀州府学教授

等职,著有《读经札记》《爱卓斋集》。

55. 清末民初革命家、光复会领导人——魏兰

魏兰(1866—1828),清末民初革命家。字石生,浙江省云和县人。光复会领导人之一,辛亥革命时期浙江军政府咨议、都督府参谋长。1884 年,魏兰 19 岁,赴府考,不做命考之题,却在卷上信笔画了一幅"云和县全图"交差,不料巧遇考官知音,破格录取为秀才。1906 年夏,为筹募资金,魏兰只身奔走南洋。得爱国华侨叶朝晖先生热助,在中华学堂任总教习。1904 年从日本东京返国,会见蔡元培,共商江浙反清计划。魏兰与蔡元培、陶成章一起在上海创立光复会,创办利用实业织布学堂、云和习艺所,为推翻清朝建立共和,两次东渡日本,六载常驻南洋,西走长江,北上燕京,荡尽祖业,历尽艰险,开创实业,为振兴中华而鞠躬尽瘁。

56. 隋代身经百战屡建奇功巾帼英雄——魏木兰

魏木兰,安徽亳县人,隋代女英雄。隋代恭帝时期,异民族从北方入侵,朝廷出兵迎战。木兰因父亲已经年迈体衰,因此,她女扮男装代父从军。从军 12 年,身经百战,屡建奇功。凯旋之后,恭帝欲封她为尚书。木兰坚决推辞,重返女儿身。恭帝闻讯,欲收入后宫,木兰拒绝,自杀身亡。恭帝赠"孝烈将军"。民间传说中的花木兰就是此人。1989 年,出版发行的《中国妇女名人辞典》中对此作了说明。

花木兰其人其事见于汉乐府诗《木兰辞》(文学史上又称《木兰诗》)。一首古代民歌《木兰辞》,将花木兰女扮男装替父从军的传奇故事传唱至今。由之而来的是关于历史上是否确有花木兰其人、花木兰出生之时代、出生地等,历来聚颂不休,迄今亦无定论。如花木兰故里,就有湖北黄陂、河南商丘及渑池、安徽亳州、陕西延安诸地之争;生活时代有汉、三国(魏)、北朝、隋、唐诸说。花木兰史事正史缺载,稗史不录,其人其事仅见方志及口传文学,而论者所言,大抵未出《木兰辞》范围,是故争论在所难免。《木兰辞》原是口传民歌,亦含有口传历史成分,因此对《木兰辞》是不可尽信亦不可尽疑的。由于《木兰辞》产生年代久远,又由于历代文人对原诗的反复修改,加之记载原作的文字资料的缺乏,确认《木兰辞》所产生的时代和地域等是较为困难的。关于《木兰诗》产生的时代,关联到花木兰所生活的时代,花木兰必定生活在《木兰诗》产生之前,这应是毫无疑义的。《木兰诗》究竟产生在什么时代,自宋代以来一直歧见纷呈。今人多据宋代郭茂倩《乐府诗集》所引《古今乐录》推断《木兰诗》作于萧梁以前。有人又进一步论证它为北朝乐府民歌。目前,《木兰诗》产生在北朝的说法,似乎已为多数人接受。如 20 世纪 60 年代初中国科学院编三卷本《中国文学史》和游国恩等编四卷本《中国文学史》,

其中论述《木兰诗》部分，便都是以北朝说为准的。又如姚莹在《康輶纪行》中说她是北魏孝文帝至宣武帝时人；翦伯赞和范文澜先生认为木兰是北魏人。称《木兰诗》产生于隋唐者亦大有人在。如宋翔凤的《过庭禄》中则说她是隋恭帝时人；清朝学者阎若璩在《尚书古文疏证》（上海古籍出版社，1987）中，依据诗中所反映的职官、名物、制度加以考证，认为产生于唐代。程大冒的《演繁露》中则说她是唐初人。《木兰辞》被宋人郭茂倩收入所编的《乐府诗集鼓吹曲辞梁鼓角横吹曲》。《乐府诗集》称，《木兰辞》始见于《古今乐录》一书。王应麟《玉海》引《中兴书目》云："《古今乐录》，陈光大二年（568）僧智匠撰，起汉迄陈。"南朝陈后主光大二年时，释智匠已编成《古今乐录》，其中就收录有《木兰诗》篇目。因此，《木兰诗》当不致在568年以后产生，这从时间概念上否定了隋唐说。文学史上亦有主汉（曹）魏说者。如上文据王应麟《玉海》引《中兴书目》云："《古今乐录》，陈光大二年僧智匠撰，起汉迄陈。"王应麟认为《木兰诗》或产生于汉代至陈代之间。魏泰《临汉隐居诗话》云："古乐府中《木兰诗》《焦仲卿妻诗》，皆有高致。盖世传《木兰诗》为曹子建作，似矣。"可见北魏时颇有人持汉魏说。陈风情《古诗选》认为："'朔气'数语，固类唐人，然齐梁间人每为唐语，推唐人必不能为汉魏语，以此知其真古词也！"又云："木兰诗全篇甚古，当其淋漓，钮类汉魏岂得以唐调疑之？"陈氏认为，《木兰诗》甚古，为真古词，显然他也从汉魏说。河北完县（今更名为顺平县）有孝烈庙，又名木兰祠，相传为唐时所建。明万历年间御使何出光（自称明柱下史）主持重修木兰祠，并作《木兰祠赛神曲》十二首，其序曰："将军……魏氏女，汉文帝时，老上寇边，帝亲征，大括民兵，殆可空国。将军以父老迈，不任受甲，身伪其子以行……"花木兰生活时代已知为汉文帝时，即公元前179年至公元前157年。祠内另一通《汉孝烈将军记》碑云："汉世尝作《木兰词》。"据此，花木兰生活年代定在前汉，是有一定历史依据的。郭茂倩氏《乐府诗集》"木兰诗"里，引《古今乐录》"木兰不知名"句，这是颇为重要的一句话，正说明《木兰诗》出自民间而不是出自名家。《木兰诗》自汉世产生以来，在民间口耳相传，由近及远，且在流传过程中，可能经过隋唐文人的润色，以致掺杂有晋韵唐音或名物称谓等。就全诗而言，《木兰诗》仍保持着汉乐府民歌的特色。花木兰作为我国古代一位富有传奇色彩的巾帼英雄，千百年来备受敬仰。木兰虽不知名，然必实有其人；代父从军，亦必实有其事。花木兰的故事流播广远，1000多年以来有口皆碑，但对于她的姓氏、里居等仍是众说纷呈。据《河南通志》云："木兰，宋州人，姓魏氏……"；《归德府志》云："将军魏氏，本处子，名木兰……"；康熙《商丘县志列女》卷十一："［隋］木兰姓魏氏，本处子也。世传可汗募兵，木兰之父耄赢，弟妹皆稚呆。慨然代行，服甲胄箭囊。操戈跃马而往，历年一纪，阅十有八战，人莫识之。后凯还，天子嘉其功。

除尚书不受,恳奏省亲。及还家,释其戎服,衣其旧裳。同行者骇之,遂以事闻于朝。召复赴阙,欲纳诸宫中。木兰曰'臣无媲君之礼',以死誓拒之,迫之不从,遂自尽。帝惊悯,追赠将军,谥'孝烈'"。

对于木兰的姓氏,另传有朱姓、复姓木兰说,莫衷一是。木兰秉承父志,自幼习武。公元前166年,匈奴大举入塞,汉文帝征民戍边御敌。木兰怜其父老弟幼,即洗铅粉,脱梳珥,变戎服,贯甲胄,替父出征。她因作战勇敢,屡建奇功,由戍卒晋升为将军。"将军百战死,壮士十年归。"木兰凯旋,不受官爵,"脱我战时袍,著我旧时裳。当窗理云鬓,对镜贴花黄"。正如明代御史何出光《木兰祠赛神曲》所云:"汉家事业拓雄图,勇健娇娇媲丈夫。挥槊当关百战后,堂堂正气至今无。"崇敬古代英雄人物,是人类的心理特性。在中国历史长空,女英雄木兰为魏氏族人的骄傲,能历千年仍让后人扼腕唏嘘、尊崇敬仰的,是中华民族的精魂。在古,人们敬仰她的忠孝勇烈;在今,人们欣羡她的爱国主义精神。

57. 清乾隆内管领清泰女、孝仪纯皇后——魏佳

魏佳,满洲镶黄旗,内管领清泰之女,大清乾隆帝第三位皇后。魏佳小乾隆16岁,乾隆十年(1745)入宫,被封为魏贵人。同年十一月十七日册封为令嫔,十四年(1749)四月册封为令妃。二十一年(1756)七月十五日生皇七女固伦和静公主,二十二年(1757)生皇十四子永璐,二十三年(1758)十二月初七生皇九女和硕和恪公主,二十四年(1759)十二月十八日册封为令贵妃。二十五年(1760)十月生皇十五子永琰即嘉庆帝,二十七年(1762)生皇十六子。三十年(1765)六月十一册封为皇贵妃。三十一年(1766)生皇十七子庆僖亲王永璘,四十年(1775)正月二十九日逝世,享年49岁。在魏佳氏去世后乾隆令将皇贵妃魏佳氏的灵柩葬入裕陵地宫。从乾隆二十年到四十年长达20年的时间里,无论是在乾隆心中,还是在后宫中,最有影响的当属魏佳氏。

58. 孙中山大元帅府参议委员长——魏肇文

魏肇文(1884.7.19—1955),字芷畹,名武伯,号选廷,湖南邵阳金潭(今湖南隆回)人。晚清政治军事外交一品重臣魏光焘第三子,1884年7月19日出生于甘肃兰州,1955年卒于邵阳市。1899年奖国子监生,加员外郎衔,赏戴花翎。1902年留学日本东京成城陆军学校,加入同盟会。曾主办《开智报》,兼《醒报》编辑。1910年充漕仓司副司长。1922年应南京大总统孙中山邀,被推选为宝庆同盟会会长。1912年春,任宝庆府参事会参事。1913年5月,被推选为众议院议员。被孙中山聘为大元帅府参议。1918年被聘为军政府参议。1922年任军事委员会委员长。1936年任63师参议。新中国成立后,任湖南图书馆第一任总理(馆长)。

长子魏荣爵系中国科学院首届资深院士,著名声学家。

59. 辛亥陆军中将、中山卫戍司令——魏邦平

魏邦平,广东中山。青年时去日仕官学校学骑科。回国晋谒光绪皇帝,赐马兵科举人,充任广东督练公所编译员。后任广东讲武堂教官。辛亥革命时反正,任军政府陆军司令、参谋部长、督军府参谋长,授陆军中将,任第2师第3旅旅长。后晋京授将军府参军,因察袁世凯有称帝之心,乃回粤。1916 年,任护国第5军总司令,兼广东警察厅厅长,省警务处长,所辖军队 12 营。后任陈炯明部第3师师长。1922 年,孙中山任大总统,任命魏为卫戍司令。1923 年,桂、滇军入粤,孙中山任命魏为讨贼联军总司令。

魏邦平在家乡与新会黎女士结婚,生有三男三女。女均已结婚,定居香港。长子雄基,在日军侵华期间,留学美国航空工程,毕业归国,被日机轰炸殉职。次子雄量,留学德国飞机工程,日军投降后,毕业回国,曾在中国台湾飞机厂任工程师。后定居香港,在香港钢管厂任厂长兼总工程师;及后前往加拿大,在多伦多 ryerson 大学任教授。幼子雄峰,在香港开设汽车贸易公司和修理厂。

魏邦平 1935 年患病,在广州颐养园医治无效去世,终年 51 岁。

60. 民国外交次长国务院秘书长——魏宸组

魏宸组(1885—?),字注东,湖北江夏人。清法政通榜举人。光绪二十九年(1903)与吴禄贞、李书城等人在武昌花园山秘密聚会,从事反清活动。同年 12 月,由清政府选派赴比利时留学。1905 年孙中山游欧抵比利时,加入中国同盟会,与石瑛、吴稚晖同为欧洲同盟会骨干。1912 年 1 月中华民国南京临时政府成立,出任外交部次长。后任国务院秘书长。1912 年 11 月任驻荷兰公使。1919 年 1 月任驻比利时公使。1919 年魏宸组作为中国代表出席了巴黎和会,并拒绝在《凡尔赛对德和约》上签字。后任驻德国、波兰公使。

61. 民国时军事参议院中将参议——魏益三

魏益三(1987.2.25—1964.1.26),字友仁,河北藁城人。保定陆军军官学校第一期学员。1921 年随旅长褚其祥弃西北军投奉军,1921 年任奉军第3 混成旅参谋长,炮兵旅旅长;1926 年任国民军第4 军总司令;后投吴佩孚任 14 省联军第4 军总司令;投靠国民党后,任国民革命军第 30 军军长,随后调任军事参议院中将参议。1948 年 12 月在昆明参加起义。后任北京市人民政府专员室专员。1964 年 1 月 26 日在北京病逝。表弟郝梦龄,是抗日战争中我军牺牲的第一位军长。1937 年 12 月 6 日追赠陆军上将。

62. 民国司政外交部长、台省主席——魏道明

魏道明(1899—1978.5.18),中国国民党政治人物。字伯聪,江西德化人。父魏文希于民国初年任众议院议员。夫人郑毓秀。魏道明早年赴法留学,得巴黎大学法学博士学位。返国后在上海成为执业律师。魏道明1927年任国民政府司法部主席秘书。同年冬任司法部次长、代理部长兼建议委员会常务委员。28岁出任司法行政部首任部长,1930年调任南京特别市市长。1935年任《时事新报》《大陆报》《大晚报》三报总经理。抗战期间受命为行政院秘书长,1941年任驻法国大使。1942年任驻美国大使。

魏道明1971年辞去外交部长,转任总统府资政,后移居巴西,1978年5月18日在当地病逝,享年80岁。

第一任夫人郑毓秀(1891—1959),15岁加入同盟会,成为反清反封建的一员猛将。1910年,参与刺杀载沣。1912年,郑毓秀组织暗杀袁世凯,21岁时组织敢死队刺死大臣良弼。1919年"玫瑰枝事件",郑毓秀迫使中国首席代表陆征祥没在巴黎和约上签字,保留了中央政府收回山东的权利。1924年,郑毓秀获巴黎大学法学博士学位,曾任上海监察厅厅长、教育部副部长等职。1928年,郑毓秀被推举为"民法起草委员会"五委员之一。

1962年,魏道明续娶江苏无锡荣毅仁(荣德生之子,曾任中华人民共和国副主席)的妹妹荣辑芙女士为继室。

63. 魏景蒙

魏景蒙(1907.8—1982.10),中国国民党政治人物。浙江杭州人。毕业于燕京大学,获韩国汉阳大学名誉哲学博士学位。魏景蒙1982年10月7日病逝于台北。

64. 魏火曜

魏火曜(1908—1995),医学家,中国台北人,日本东京帝国大学医学士。1995年2月6日下午3时许,因大肠癌并发心脏衰竭,病逝于台北,享年89岁。

65. 抗日将领国民第十八绥靖区副司令中将——魏炳文

魏炳文(1904—1971),字朗轩,陕西长安人。祖辈务农,经济中等,有房地产。毕业于黄埔军校第一期,参加过东征北伐,曾任国民党军团长、师长、军参谋长;第36军及第16军副军长,北平警备司令部副司令,1949年任国民党第18绥靖区副司令官,中将。魏炳文病逝前,曾嘱咐家人保管好他抗战时期收藏的一把日军侵华屠杀中国107位同胞的罪恶军刀,不忘日本帝国主义侵略中国的罪恶历史,它是日军南京大屠杀血的见证。魏炳文将军及夫人魏常莲、子魏亮等声讨侵华日军

屠杀中国军民暴行所表现出的骨肉亲情,让我们深深地感动。

(三)中华人民共和国魏姓开国将军

1. 魏镇少将

魏镇(1895—1973),字屏藩,湖南省邵东县魏家桥长冲口人。1916 年考入武昌高等师范,1918 年入保定军官学校,保定军校第八期、陆军大学特三期毕业。直皖战争爆发后,任国民革命军中尉排长,参加过北伐战争。土地革命战争时期,1927 年后任国民革命军第 19 师第 4 团营长、团长。其时,红军第 4 师副师长宋涛,在海陆丰被粤军围击,逃往湖南,至魏处,被魏留任副团长。事发,魏掩护资助其走避香港。抗日战争时期,1937 年七七事变爆发,被调往广西 31 军 135 师任副师长,兼 405 旅旅长。次年台儿庄战役前夕,奉命率 405 旅离开广西,担任津浦路的正面战斗,与日军狄州立 13 师团对峙,组织三次伏击,消灭不少日军,为台儿庄战役的胜利做出了贡献。随后奉调武汉代理 135 师师长。8 月率部在霍邱、张家土旁等地与日军作战,突接"母逝、妻亡、女夭、速归"的电报,魏深感敌氛方炽,国难正殷,不以奔丧之私,贻误戎机,含悲率部激战获全胜。10 月与 138 师合编为 135 师,任师长,10 月 30 日奉令突围。任 188 师师长,奉调广西整训。1940 年 1 月 1 日,率师参加昆仑关战役,与日军激战四天,5 日在山墟与日军第 5 师一联队拼杀一昼夜,日军逃向南宁时,仅剩残兵 300 名左右。战后,当地建纪念碑以志其功。解放战争时期,1946 年蒋介石撕毁和平协定,重开内战,魏不愿同室操戈。时白崇禧委以第 48 军军长之职,魏置之不顾,即回邵阳,任湖南省第六行政督察区专员兼宝永警备司令部司令,邀宋涛任副司令。任内率警备部队清剿土匪,安定社会秩序,修建邵阳公医院,多方抑止国民党特务的猖獗活动,多次营救中共邵阳中心县工委书记龙仲,释放地下工作人员和进步人士;支持《劲报》的进步言论;向中心县工委提供军政情报,在司令部院内掩护中共地下党员开展活动。1949 年 8 月 5 日魏与宋涛在邵阳率部起义加入中国人民解放军。中华人民共和国成立后,任中国人民解放军第 21 兵团副司令员,第 55 军副军长。1950 年 12 月率部赴广西剿匪,胜利完成任务。1956 年 2 月转业,任湖南省人民委员会参事室副主任。是湖南省人民代表大会代表。1955 年被授予少将军衔。1973 年逝世,终年 78 岁。

2. 魏天禄少将

魏天禄(1908—),湖北省天门县人。1928 年加入中国共产党。1929 年参加中国工农红军。土地革命战争时期,任红 3 军 7 师 21 团连指导员,第 20 团政治委员,第 6 师 18 团政治委员。红 2、6 军团会师以前,红 3 军供给部部长是卢金山,红

2、6 军团会师后,卢金山逃跑,由范炳生继任 2 军团供给部部长。范炳生牺牲后,周佐汉继任 2 军团供给部部长。周在打下津市后搞腐化,而且 2 军团供给部会计科科长也因腐化堕落被枪毙。为了加强党对部队后勤工作的领导,红 2、6 军团供给部开始建立政治委员制度,魏天禄任红 2 军团供给部政治委员,红 2、6 军团组成红二方面军时,红 2 军团供给部改为红二方面军供给部,任政治委员。参加了湘鄂西、湘鄂川黔苏区反"围剿"和长征。1936 年入陕北红军大学学习。抗日战争时期,调到新四军,历任新四军第 1 支队 1 团政治处组织股股长,第 1 支队政治部组织科科长,第 2 团政治处主任,挺进纵队政治部主任,第 6 师 16 旅政治部主任。解放战争时期,任华中军区直属队政治部主任。参加了天目山、苏中、淮海、渡江等战役。中华人民共和国成立后,任华东军区海军后勤部政治委员,吴淞要塞区副政治委员,淞沪基地政治委员,中国人民解放军海军工程部政治委员。是中国人民政治协商会议第五届全国委员会委员。1955 年被授予少将军衔。荣获二级八一勋章、二级独立自由勋章、一级解放勋章。1988 年 7 月被军委授予中国人民解放军一级红星功勋荣誉章。

3. 魏传统少将

魏传统(1908—1996),四川省达县人。1926 年加入中国共产主义青年团,1927 年大革命失败,魏传统离开达县中学,到农村从事农民运动。1928 年由团员转为中国共产党党员。1933 年参加中国工农红军。土地革命战争时期,任红四方面军第 33 军政治部秘书长、宣传科科长,第 5 军政治部教育科科长,西路军政治部敌工科科长。参加了川陕苏区反"围剿"和长征。抗日战争时期,1938 年后任八路军总政治部宣传科科长兼干部教育科科长。解放战争时期,任四川省委秘书长,军委总政治部秘书长。中华人民共和国成立后,任中国人民解放军总政治部秘书长兼宣传部副部长,中国人民解放军政治学院政治部副主任,解放军艺术学院副院长兼副政治委员、院长,中朝友好协会副会长,中国文联四届委员,中国民间文艺研究会第二、第三届常务理事,中国书法家协会理事,总政治部宣传顾问,中国老年书法研究会常务会长,1984 年 11 月中国楹联学会成立时任首届会长。是中国人民政治协商会议第五届全国委员会委员,第六届全国政治协商会议常务委员会委员。1955 年被授予少将军衔。荣获二级八一勋章、二级独立自由勋章、一级解放勋章。1988 年 7 月被军委授予中国人民解放军一级红星功勋荣誉章。晚年常写五言、七言绝句,他写诗自称"八次过关未断头"。1996 年 8 月 24 日因病在北京逝世,享年 88 岁。著有诗选《追思集》等传世。

4. 魏佑铸少将

魏佑铸(1919—),山东省莱芜县人。就读于济南私立东鲁中学、北平市立一中。当时以"鼎九""鲁舟"的笔名在《北京晨报》发表爱国文章。1935年参加一二·九运动。1936年加入中华民族解放先锋队。1937年到苏鲁边区从事抗日工作,同年参加中国共产党。1938年参加八路军。抗日战争时期,任苏鲁边区抗日义勇总队政治指导员,苏鲁豫游击3支队政治教导员,苏鲁豫支队3大队营政治教导员。1940年任新四军3师7旅24团政治处副主任、主任。解放战争时期,任东北野战军6纵团政治委员,三下江南作战时与敌军坦克遭遇,部队不知所措。当即稳定队伍,指挥部队用手榴弹和炸药包将敌军坦克炸毁。1948年任6纵16师政治部副主任,1949年任第四野战军第47军127师政治部主任。参加了平津、广东、海南岛等战役。中华人民共和国成立后,因肺结核病离职休养,1953年任海南军区兼43军政治部副主任。1955年任广州军区政治部组织部部长。1956年任47军政治部主任,后升任军副政治委员。1961年任海南军区第二政治委员。1967年任广西军区第三政治委员,1968年任广西壮族自治区革命委员会副主任。1970年任广州军区政治部副主任,1975年任新疆军区政治部主任,1977年任新疆军区副政治委员,1980年任乌鲁木齐军区副政治委员,1982年任兰州军区副政治委员。1955年被授予大校军衔,1964年晋升为少将军衔。荣获二级独立自由勋章、二级解放勋章。1988年7月被军委授予中国人民解放军一级红星功勋荣誉章。

5. 魏国运少将

魏国运(1914—),湖北省监利县人。1931年加入中国共产主义青年团。1932年参加中国工农红军。1934年由团转入中国共产党。土地革命战争时期,任红3军4师12团排长,红2军团连政治指导员。参加了湘鄂西、湘鄂川黔苏区反"围剿"和长征。抗日战争时期,任八路军前方总指挥参谋处参谋,中国人民抗日军政大学第一分校队长,八路军前方总指挥部参谋处股长、科长,军委总参谋部1处5科副科长。解放战争时期,任新四军5师13旅参谋长,中原军区参谋处副处长,江汉军区鄂中军分区副司令员兼参谋长,湖北军区荆州军分区副司令员兼参谋长。参加了中原突围。中华人民共和国成立后,任湖北军区荆州军分区政治委员,空军师政治委员,广州军区空军指挥所政治部主任,武汉军区空军政治部主任,空军政治学校校长兼政治委员,空军工程部部长。1955年被授予大校军衔,1961年晋升为少将军衔。荣获二级八一勋章、二级独立自由勋章、二级解放勋章。1988年7月被军委授予中国人民解放军一级红星功勋荣誉章。

6. 魏洪亮少将

魏洪亮(1915—1990),江西省兴国县人。1930年加入中国共产主义青年团。

同年参加中国工农红军。1931 年由团转入中国共产党。土地革命战争时期,任彭
杨步兵学校政治营连政治指导员,红 1 军团政治部巡视员,无线电队政治委员,红
1 师 13 团总支书记。长征结束后,任红 1 军团红 1 师 13 团政治委员,参加了土地
革命战争的最后一战——山城堡战斗。这次战斗,红一方面军、红二方面军、红四
方面军和红 15 军团,均派部队参战。当时 13 团团长不在,13 团由魏洪亮指挥。
按部署,13 团于夜间两次突击均没有奏效。急得红 1 师师长陈赓跑到 13 团询问
情况。这时 3 连连长王茂全(后授少将衔)来报告,3 连有个司号员,在第二次突
击时一直摸到了敌人碉堡底下。陈赓立即命令这个司号员担任第三次突击的向
导。红 4 师 12 团团长邓克明(后授少将衔)带着三挺重机枪路过,听说魏洪亮两
次失利,主动让三挺重机枪配合进攻。几分钟之后,突击成功了,13 团在战斗中缴
获了九挺重机枪,俘敌 300 多人。抗日战争时期,任冀中军区第 33 大队政治委
员,第 23 团团长,第 9 军分区政治委员、司令员。任冀中军区第 9 军分区司令员
时,有一次日军来袭,其夫人携幼子躲入地道,因洞中黑暗,空气稀薄,幼子啼哭不
止,夫人为不暴露地道的位置,死死捂住幼子的嘴,幼子不幸窒息而亡。解放战争
时期,冀中军区独立第 8 旅旅长,1946 年漕河头战斗,华北易耀彩的野战军第 8 旅
和魏洪亮的独立第 8 旅,以奔袭的手段在一夜零半天的时间里,全歼敌第 3 总队
三个团和直属队 4600 多人,打了个漂亮的歼灭战,受到军委的嘉奖。1949 年任第
2 野战军第 18 军 54 师师长。中华人民共和国成立后,任江西军区政治部主任,中
南军区工程兵政治部主任,广州军区炮兵副司令员。1955 年被授予少将军衔。荣
获二级八一勋章、一级独立自由勋章、一级解放勋章。1988 年 7 月被军委授予中
国人民解放军一级红星功勋荣誉章。1990 年 5 月 24 日因病逝世,终年 75 岁。

(四)名列党史的魏姓人物

1. 魏文伯(1905—1987.11.15),原名魏去非。湖北省新洲县人。早年考入武
昌中华大学附属中学。1925 年 12 月加入中国共产主义青年团。1926 年 8 月加入
中国共产党。中学毕业后回乡开办小学。1927 年春任中共区委组织部部长兼共
青团区委书记,第一次大革命失败后,参加南昌起义,任革命委员会农工委员会宣
传科科员。起义军南下失败后,他转去鄂西任共青团宜昌县委组织部部长。1928
年春因组织遭破坏被迫转移到北平。1929 年考入北平郁文大学政治科,任该校中
共支部书记。1930 年 6 月任中共北平市委秘书长,其间因组织游行示威曾两次被
捕,未暴露身份被保释出狱。10 月被中央北方局派往山西参与重建省委的工作,
任中共山西省委宣传部部长兼秘书长,恢复整顿党的组织。1931 年春省委改为山
西特委,任组织部部长。6 月赴上海,在途经北平时被捕,关押于草岚子监狱。同

年11月因肺病恶化,经狱中难友斗争迫使当局同意假释就医。1933年去张家口参加察绥民众抗日同盟军,任军事委员会秘书、总司令部参议。同年冬同盟军失败后,他回北平时再次被捕,参加狱中党支部领导的斗争。1935年年底被组织营救获释。1936年秋到西安任中共东北军工作委员会宣传委员兼《西京民报》支部书记,以编辑身份进行抗日救国宣传和兵运工作。1937年春到三原中学任教,任支部书记兼城区区委书记。抗日战争爆发后,调往河南商城开辟工作。1939年任中共英山县委书记,中共英(山)、岳(西)、罗(田)、太(湖)四县中心县委书记,领导开展豫皖边群众抗日斗争。1940年任江北抗日根据地定远县县长,新四军津浦路西联防司令部司令员、津浦路西联防办事处副主任、中共皖东津浦路西区党委委员。1941年9月被选为津浦路西地区参议会议长。1943年后任津浦路东行政专员公署专员、皖中行政公署副主任等职。参加巩固发展皖中抗日根据地,坚持敌后抗日游击战争。解放战争时期先后任皖江行政公署副主任、主任,皖南行政公署副主任,中共中央华东局×部部长、秘书长等职。中华人民共和国成立后,历任最高人民检察署华东分署检察长,华东军政委员会政法委员会副主任,中央人民政府司法部副部长,中共上海市委书记处书记,中共中央华东局书记处候补书记兼秘书长,中共中央华东局书记等职。被选为第三届全国人大代表,中国政治法律学会理事。"文化大革命"中受到林彪、江青反革命集团的诬陷和迫害。1979年中共中央给予彻底平反,先后任中共中央纪律检查委员会副书记兼秘书长、国务院司法部部长。1983年被补选为中共中央顾问委员会委员。1987年11月15日因病在上海病逝。

2. 魏国元(1906—1960.5),又名魏光汉。北京市门头沟区青白口村人。门头沟区党的创建人之一。早年在县立师范读书,毕业后当小学教员。1930年参加中国共产党的外围组织反帝大同盟和革命互济会,曾领导家乡的抗捐税斗争。1932年与崔显芳合作创办青白口高小,以教学为掩护进行革命宣传。同年7月加入共青团,任团县委副书记。1933年转为中国共产党党员。此间曾开办"一元春"药铺为党的活动创造条件。同时在沿河城后山建立枪支修造所为武装斗争做准备。1934年以"勾结共匪、私造军火、包庇鸦片"的罪名被捕,判处两年半徒刑。1936年7月被释放后恢复了党的关系,任中共宛平县临时县委书记。1938年宛平县抗日民主政府成立后任第一任县长,后历任宣(化)涿(鹿)怀(来)联合县、房(山)涞(水)涿(县)联合县县长,平西专署秘书主任、副专员、专员等职。1949年随部队南下,先后任邵阳专署专员,湖南省民政厅厅长。1953年调回北京,先后任水利部办公厅副主任,农田水利局局长、研究室主任,水利出版社社长等职。1960年5月在北京病逝。

3. 魏野畴(1898—1928.4.9),原名魏凤标,号明轩,1898 年出生于陕西省兴平县板桥乡魏家村一个农民家庭。1917 年考入北京高等师范学校。1919 年参加五四运动,在陈独秀、李大钊等人的影响下,开始学习马克思列宁主义。1920 年参与创办《秦钟》杂志,宣传新文化。同年冬加入社会主义青年团。1921 年编写了《中国近世史》(1930 年出版)。同年夏毕业后回到陕西华县教书。1922 年夏赴北京,参与组织共进社,出版《共进》半月刊。1923 年年初经李大钊介绍加入中国共产党。同年春,应杜斌丞邀请,到榆林任教,在青年学生中广泛进行革命宣传。是年秋再次到北京,以共进社为阵地,继续进行革命活动。1924 年春到延安执教,这时他把主要精力放在领导群众革命运动和建立党团组织的工作上。同年夏建立了西安市第一个青年团支部。1925 年 5 月和 7 月,先后领导了驱逐直系军阀吴新田和反对教育界封建顽固势力的群众运动。接着又参与了国民党陕西省党部的筹建工作。这期间他所创办的《西安评论》成为当时陕西宣传革命思想、促进革命运动发展的重要阵地。9 月参与领导了西安共产主义青年团的整顿工作,担任中共西安特别支部委员。1926 年 1 月出席在广州召开的国民党二大。后任中共陕西省委军委书记,中共皖北临时特委书记。1928 年 4 月 8 日组织领导了皖北暴动,9 日在率领起义队伍转移途中被捕牺牲。

4. 魏拯民(1909.2.3—1941.3.8),稳重的政治将军。原名关有为,字伯张,又名魏民生、魏锄耕、李新良、张达、冯昆、冯康等。1909 年 2 月 3 日,生于山西省屯留县卫村一个农民家庭。1935 年 2 月,受中共满洲省委派遣,到东满(今延边地区)任中共东满特委书记。1936 年 7 月,东、南满党组织金川河里(今通化地区)合组中共南满省委,任省委书记。魏拯民是吉林省的第一任省委书记,曾先后兼任东北人民革命军第 2 军政委、东北抗日联军第 2 军政委、东北抗联第 1 路军副司令和总政治部主任等职。魏拯民 9 岁入本村私塾,13 岁入县立高小,16 岁考入省立太原第一中学。1926 年他参加了中国共产党领导的反对阎锡山军阀的革命活动,1929 年加入中国共产党。1932 年春,魏拯民来到哈尔滨,先后任中共哈尔滨市委组织部长、道外区委书记和哈尔滨市委书记,领导道外区人民抗击日本帝国主义争取民族独立的正义斗争,在道外区的抗日斗争中立下了不可磨灭的功绩。1935 年 5 月,东北人民革命第 2 军正式成立,王德泰任军长,魏拯民兼政委。1935 年 5 月,魏拯民奉派到莫斯科,参加共产国际第七次代表大会。此时,中共代表团已决定撤销满洲省委,成立东满、南满、吉东、松江四个省委,魏拯民被任命为东满省委书记。1936 年,杨靖宇、魏拯民再度会合,决定将 1、2 军合编为东北抗日联军第 1 路军,东南满党合组一个中共南满省委,统一领导 1、2 军和东、南满地区党的工作。魏拯民任省委书记,他不顾严重的心脏病、胃病等疾病的折磨,夜以继日地工作。同时还言传身教,鼓舞抗联将士的士气,坚定抗战胜利的信念,使征战在吉林境内的抗联第 1 路军成为东北抗联中战斗力最强、斗争意志最坚决的部队之一。1936 年,王德泰牺牲后,魏拯民承担起直接指挥作战的任务。在反日斗争中,魏拯民与金日成结下深厚友谊。1938 年,在魏拯民与杨靖宇共同主持下,召开了中共南满省委和抗联第 1 路军高级干部联席会议,即老岭会议。会议决定由魏拯民兼任第 1 路军副司令和总政治部主任。1940 年 3 月,魏拯民在桦甸县头道溜河召开省委扩大会议,将第 1 路军分为两部,主力向长图路北转移,他则率一部坚持原地斗争,攻打哈尔巴岭车站和消灭黄泥河子警察队。魏拯民抱病征战半年之后,无情的病魔迫使他离开部队,到桦甸县抗联密营休养。1941 年 3 月 8 日,因叛徒的告密,敌人集结重兵突然包围桦甸县四道沟抗联密营,重病之中的魏拯民率七名抗联战士奋起反击,在突围过程中被敌弹射中,壮烈殉国。1986 年,中共吉林人民政府做出决定,在吉林市风景秀丽的北山公园修建魏拯民烈士陵园,让魏拯民烈士安卧北山。

5. 魏长奎(1906—1938.7),东北抗日联军高级指挥员。又名魏长魁。山东德平(今属德州)人。1927 年到大连当印刷工人。1924 年参与发起成立大连市中华印刷职工联合会,先后任宣传干事、教育部部长。1925 年 4 月加入中国共产主义青年团,曾任共青团大连市委组织委员。1926 年转入中国共产党,任大连印刷职工联合会中共支部书记。同年春赴广州参加全国第三次劳动者代表大会,被选为全国总工会执行委员,随后曾组织大连印刷工人大罢工。1927 年 7 月被捕入狱,在狱中坚持斗争,1933 年出狱。1935 年被派到北满,任中共哈尔滨市道外区委书记、珠河县委组织部部长、苇河(今尚志)县委书记、哈东特委书记、北满临时省委委员兼组织部部长,领导开展抗日游击斗争。1938 年 5 月任东北抗日联军第 9 军政治部主任。7 月率部从依兰向铁力远征,途经苇河苇子沟时遭日伪军突然袭击,不幸身负重伤,生命垂危时将随身携带的文件烧毁后壮烈殉国。

6. 魏十篇(1911—1948.1),又名魏克仁,河北省唐河县人。1927 年加入中国共产党,曾任中共保定市育德中学支部书记、保定市委书记。1930 年年初,受党的派遣到豫北开辟革命阵地。他与马五江(又名马建民,著名作家杨沫爱人)、齐彭育等同学以在浚县赵岗教书为掩护,开展革命工作。1930 年 7 月,经直南特委批准,在淇、浚两县建立了奇(淇)训(浚)区委,魏任书记,马、齐分任组织委员和宣传委员。他们发展党、团组织,兴办平民夜校,广泛进行反帝、反国民党统治的宣传。后被地主武装驱逐出境。离淇后,历任北京大学党支部书记、山西陵川县长、华北民军 1 旅和冀鲁豫军区第 1、5 分区政治部副主任、冀鲁豫军区豫东纵队政委兼政治部主任。1946 年元月,在济宁战役中牺牲,后葬于晋冀豫烈士陵园。

7. 魏金水(1906.5.20—),曾用名吕在林。生于福建龙岩西山区条围乡。1929 年在家乡参加农民暴动和县赤卫团,同年 10 月加入中国共产党。1930 年参加中国工农红军。曾任红 12 军 100 团团部副官,龙岩独立第 3 团政治委员,福建军区第 2 分区政治部主任、独立第 8 团副政治委员兼政治部主任。中央苏区第五次反"围剿"中,曾随部在漳(州)龙(岩)公路两侧破坏交通线,狙击和牵制国民党军的"围剿"。后参加开辟龙(岩)漳(州)边游击区。中央红军主力长征后,任龙岩县军政委员会、龙(岩)南(靖)漳(平)军政委员会主席,在闽西坚持了极其艰苦的三年游击战争。抗日战争时期,任中共龙岩县委书记、闽粤赣省委组织部部长、闽西南特委书记。抗日战争胜利后,任中共闽粤赣边工委书记兼闽粤赣边总队政治委员,闽粤赣边区委员会书记。1949 年 1 月任闽粤赣边纵队政治委员,率部配合南下部队作战。1951 年入中共中央马列学院学习。1954 年起任中共福建省委常委、省委书记,福建省省长。1982 年被选为中共中央顾问委员会委员。

8. 魏今非,江苏省句容县(1967 年划归江宁县周岗镇)人。早在北伐战争时期就投身革命,1927 年加入中国共产党,从事党的秘密工作。抗日战争和解放战争时期曾任安徽定远县县长、鲁南三专署专员、中原财办秘书长,中原临时人民政府秘书长等职。新中国成立以后,历任中南军政委员会副秘书长、广东省委常委、候补书记,广东省副省长,国务院财贸办公室副主任,工商行政管理总局党组书记、局长,商业部顾问等职。中国共产党第十二次全国代表大会代表。魏今非参加革命半个多世纪以来,努力学习马列主义思想,忠心耿耿地为党为人民工作。在白色恐怖下,他机智勇敢地开展对敌斗争;在抗日战争和解放战争中,他积极动员群众、组织群众参加革命战争;新中国成立后,他长期从事财经工作,为社会主义经济建设做出了贡献。1983 年 10 月 17 日在北京逝世,终年 80 岁。

9. 魏人镜(1906—1928),字茂年,号复我,别号苏,湖北省汉川市马口镇丁集魏家湾人。1922 年参加革命,1924 年加入中国共产党,历任湘鄂区党委书记,湖北省委组织部长、代理省委书记等职,1928 年被捕英勇就义。父秀才,忧国事。魏 2 岁识字百余,3 岁入私塾读书。10 岁于纸扇上作画作诗,揭露袁世凯。14 岁,作文写道:"呜呼! 吾国商战之败至今已极,出口之值只一芥,转入之值倍万金,异舶接迹而来售,中人联肩以争取;中艘之出者无几,外人之购者亦不多,观此现象不无亡国之虑。"

10. 魏平(1904—1935),湖南平江人,又名卫平,原中国工农红军湘鄂赣军区参谋长。1927 年加入中国共产党。1928 年参加平江起义。后在湘鄂赣军区任团长。1934 年任红 16 师副师长。同年中央红军主力参加长征后,留在根据地坚持斗争。1935 年任湘鄂赣军区参谋长,参与领导湘鄂赣边游击战争。同年 12 月在江西铜鼓作战中牺牲。

11. 魏赤(1906—1935)，福建龙岩人。原中国工农红军江西军区参谋长。1929年加入中国共产党。同年参加中国工农红军。曾在红1军团12军任大队长。1932年后，任江西军区第4军分区指挥、粤赣军区第1作战分区司令员、江西军区第1军分区司令员、江西军区参谋长。1934年中央红军主力长征后，留在根据地参加组织开展当地游击战争。1935年春在江西赣南地区战斗中牺牲。参与建立秘密农会，领导减租抗租。因遭县署通缉，6月由党组织安排到武汉《楚光日报》社工作，并参与开办长江书店，以为地下工作联络点。

12. 魏孟贤(？—1931)，工农红军指挥员，山东人，1925年夏入黄埔军官学校学习，不久加入中国共产党。第一次国内革命战争失败后，被派往国民党军队中做兵运工作，任敌46师272团2营营长。1931年1月，敌46师"围剿"鄂豫皖革命根据地，遭红军歼灭性打击，残部退守六安城。他抓住敌军军心动摇、士兵厌战的时机，利用年关，组织士兵闹饷，发动武装起义，先后消灭敌两个旅部，打死敌旅长、旅参谋长、团长各一人；率两营起义军进入皖西革命根据地，被编入中国工农红军中央教导第2师，任师参谋长。同年夏，调任红4军12师参谋长兼36团团长，在粉碎敌人第二次"围剿"和南下蕲、黄、广地区的作战中，屡立战功。1931年10月，被张国焘杀害于河南光山县白雀园。

13. 魏云岭(？—1934.10)，工农红军淮北(苏皖)13师政委，江西省弋阳县人。出生于农民家庭。幼年受私塾教育，1922年，入本村初级小学。1924年，入占城高等小学。1926年，入睢宁初级中学，不久，加入中国共产党。1927年，被组织派到泗县开展党的活动。1928年春，任中共徐海蚌特委巡视员，帮助中共泗县县委组织农民抗租、抗粮斗争。1929年10月，参加刘少奇在泗县城后街杨氏客栈召开的泗(县)、灵(璧)、宿(县)等县委领导人会议后，秘密进入宿县，帮助中共宿县县委以"红枪会"名义组建工农武装。1930年7月初，同冷启英在宿县花庄、任桥一带联系灵璧县彭玉生领导的农民武装，召开两县党的骨干分子会议，部署水池浦和东三铺两地实施暴动计划，要求配合泗县农民武装攻打敌团防局，夺取胜利。7月7日，暴动成功后，两处起义队伍开到蔡老窑会师，正式成立了工农红军淮北(苏皖)13师，任政委。接着，同总队长戴文生率部参加了中共泗县县委领导的石梁河暴动。暴动胜利后，将土豪劣绅的粮食分给了贫苦农民。8月1日，宿、泗两县农民武装合编，正式打出了工农红军独立师的旗帜，仍任政治委员。1931年，被调任中共长淮特委军事委员。1933年，率工农红军第13师到洪泽湖进行军训。同年秋，江西苏区为重建新十军派唐在刚、匡东海来苏北，在淮阴与他们取得了联系，传达了方志敏的指示。他立即从地方上选拔党的骨干分子充实红13师。

之后,率领红13师2200多人,化装成国民党军队,在淮阴上船由运河入长江,经闽北,于10月间顺利到达赣东北,与方志敏胜利会师。随后红13师与地方赤色警卫师、独立团整编,组建了新七军团,任政委。不久,新七军团又改编为新十军,下辖83、85、87三个团,他任87团政委(师级)。整编后,部队开赴贵溪县崇地区进行集训。当时,国民党正集中兵力向我苏区进行大规模"围剿"与严密封锁。为解除苏区军民缺粮、缺盐、缺药物的困境,亲率红军将士一部,化装成国民党军队,巧妙地混进敌人重兵把守的景德镇,将我地下党组织筹备的各种物资转移到苏区,并带回数名医生,极大地鼓舞了苏区军民士气。接着,他和团长一起指挥87团击溃敌军一部,偷袭之后,遂与兄弟团密切配合击败了敌79师的猖狂进攻,并乘胜南下,打开了开化城。不久,投入反对蒋介石对苏区发动第五次"围剿"的战斗。

1934年,在弋阳、贵溪、万县三县交界的三县岭战斗中,不幸中弹负伤,被转送到贵溪周坊红军医院养伤。10月,敌人突然包围了闽浙赣边区政府驻地葛源,方志敏组织人员几次突围没有成功,处境险恶。他闻讯后,立即组织守护医院部队。亲自率人疾驰前去解围。在救出了方志敏等党政干部和机关工作人员后,返回响山庙红军医院。不料,医院又遭到了敌57师搜山部队的围攻。他带伤和战友一道进行了顽强的抵抗,终因寡不敌众,激战到弹尽粮绝,全部壮烈牺牲。

中华人民共和国成立后,烈士子女和当地政府根据烈士生前遗愿,于1983年将他的灵骨由弋阳县响山庙移至他的家乡邳县占城乡沟南村东山坡安葬。

14. 魏大光(1911—1939.8.26),八路军高级指挥员。河北霸县(今霸州)人。1935年到天津当搬运工,积极参加抗日救亡活动。1936年冬因破坏日商在天津开设工厂的配电装置而被捕入狱。在狱中他结识了不少革命难友,懂得了许多革命道理。他常对别人说:"我是在监狱里上的革命大学"。

1937年七七事变后,他破狱回乡组织起1000多人的抗日武装,曾指挥所部取得永清吴家场反日军包围战斗的胜利。1938年3月率部接受中国共产党的领导和整编,任华北人民抗日联军第27支队司令员。

为提高部队战斗力,他对部队进行整顿,制定了各种规章制度,加强了思想政治工作,并紧紧依靠人民群众的支持,使部队面貌焕然一新,迅速发展到6000余人。他指挥部队在武清、霸县一带进行英勇机智的抗日游击斗争,取得霸州王庄子村中亭堤伏击战、胜芳保卫战等战斗的胜利。他还经常派人潜入天津市区,破坏敌人输电线路等设施,搅得敌人惊恐不安。日军多次派遣特务打入27支队,均被粉碎。1938年11月,日军对津西地区进行第二次"扫荡",第27支队奉命向大清河南转移,开赴冀中。部队中一些人不愿离开家乡,产生离队思想。魏大光深入基层做艰苦细致的思想工作,反复阐明只有在党的直接领导下,才能发挥更大的作用。同月底,部队到达任丘青塔镇一带,改编为八路军第 3 纵队兼冀中军区独立 5 支队,魏大光任司令员。1939 年 4 月又改编为八路军第 120 师独立 2 旅,他任旅长。从此,这支部队进入野战军行列,成为中国人民抗日武装的一支主力军。随后,他率部参加了著名的齐会战斗。

5 月,贺龙派他回霸县、永清等地扩编抗日队伍。他不辞辛劳,与各地武装首领进行广泛接触,宣传中国共产党的抗日主张。至 8 月间,将霸县、安次、永清等十几支抗日武装千余人收拢起来,在永清刘靳各庄一带集中。26 日在霸县大宁口村北与日军遭遇,战斗中壮烈牺牲。独立第 2 旅副旅长廖汉生惋惜地说:"魏大光同志年仅 28 岁就牺牲了,这是我党我军的一个重大损失,人民将永远怀念他。"

15. 魏志明,直隶(今河北)文安人,原空军技术学院政委。1937 年参加八路军,次年加入中国共产党。曾任冀中军区独立 2 支队宣传科科长、营教导员、支队组织科科长,冀鲁豫军区、陕甘宁晋绥联防军团政委,西北野战军旅政治部主任。参加了延安保卫战和青化砭、羊马河、扶眉、兰州等战役。新中国成立后,历任军政治部副主任兼迪化军区政治部主任,空军师政委,军区空军政治部主任,空军技术学院政委,军区空军政委、顾问。是中共十二大代表。曾获二级独立自由勋章、二级解放勋章。

16. 魏季高(1909—),曾用名魏达尚,亦名魏一博,原煤炭部郑州煤矿机械厂党委书记,安徽省亳州市涡阳县人。1926 年加入中国共产党,为亳州市最早的中共党员。

北伐战争爆发后,魏季高回涡阳发展党组织。1926 年,涡阳党小组、党支部先后成立,由魏季高任书记。1927 年年初,为迎接北伐军,经中共宿县独立支部同意,国民党涡阳县党部以中共涡阳支部为核心成立,魏季高负责组织、主持工作。同年春,南京局势稳定,魏季高返回学校。1928 年 5 月,南京党组织遭到破坏,魏季高被通缉。他潜回家乡后引起了国民党涡阳县党部的注意,只好又躲避到宿县夹沟集以教书来掩盖身份。不久,他改名为李春明,考入中国大学哲学系读书。1932 年夏,因家庭经济拮据,魏季高辍学,先后到宿县建华中学、河南省濮县古云集小学任教。1936 年,考入山东省建设厅统计班。1937 年 7 月,魏季高毕业被分配到朝城工作。这时日军兵逼山东,形势吃紧,而国民党军队却消极抗日。魏季高和六七个同学决定投奔延安,并推荐他前往联系。到西安时,被介绍到安吴堡青训班受训。后奔赴延安,入抗大第四期学习。1938 年 10 月,魏季高抗大毕业,到杨虎城部 1058 团做后勤工作,先后活动于中条山和河南巩县一带。1942 年,他同部分党员接受重庆党组织的指示,打入伪军张岚峰部,做地下工作,被安排到张部教育团搞通信联络。开封市于 1948 年解放,魏季高调任市政府秘书。继后,又先后调到中南大区司法部、中南政法委、国际活动指导委员会东方组工作。1958年,他担任煤炭部机电安装公司副经理。同年9月,煤炭部郑州煤矿机械厂成立,魏季高调任党委书记。他在煤矿机械厂工作20余年,直到1984年离休。

17. 魏亮生(1904—1928.4),名以禄,化名杨仁清、郭佛。黄埔军校第四期,原中共鄂西特委委员兼秘书,革命烈士,湖北大悟人。出生于一个农民家庭。因家境贫寒,10余岁始入私塾读书。1925年,就读于汉口博学书院(英教会学校),时值五卅惨案发生,举国震怒,工人、学生、市民罢工、罢课、罢市,游行示威。博学书院当局为效忠其主子,竟封锁外界消息。他获悉后,当即站出来组织和领导该校学生进行反帝斗争。是年7月,愤然退学,到广州投考黄埔军校,被录入第四期政治大队学习。10月,随国民革命军东征,参加了攻克惠州、收复东江的战斗,在火线上,加入了中国共产党。1926年7月,随国民革命军北伐,进抵武汉,被任命为中共汉阳县委书记。任期内领导改组了国民党县党部,建立统一战线,发动工农群众同帝国主义、封建军阀和土豪劣绅做斗争。他四处奔走,常半夜三更回家。曾多次安慰其妻李惠莲说:"革命是会有牺牲的,我们要不怕牺牲。"1927年春,调任中共黄石地委委员和大冶县长。到任后,清查监狱,释放政治犯和无辜群众,镇压反动的公安局长,并积极为贺龙领导的国民革命军筹粮筹款。同年4月,蒋介石叛变革命。7月,宁汉合流后,随贺龙军去南昌,参加了南昌起义,任军政治部秘书科长。后辗转汕头、广州,旋又经香港到上海,找到了党中央,留在上海做党的地下工作。

1928年春,党中央派遣他到沙市,任中共鄂西特委委员兼秘书。农历四月上旬的一天,他在"四海春"酒楼开会,被国民党特务发现,不幸被捕。敌人对其严刑逼供,一无所获,终将其杀害。

(五)中国当代魏姓将军

1. 魏金山中将(1927.4.5—),山东省蓬莱县平畅乡魏家村人。1945年参加八路军。同年加入中国共产党。解放战争时期,任华东野战军连指导员、第三野战军师作战参谋。参加了莱芜、孟良崮、济南、淮海、渡江等战役。中华人民共和国成立后,1950年参加抗美援朝战争,任中国人民志愿军师作战训练科副科长。回国后,任华东军区军训处参谋,南京军区军训处科长,团长,师政治委员,军政治委员,南京军区政治部主任,总参谋部政治部主任,海军副政治委员、政治委员。1993年12月退役。是中国共产党第十二、第十三、第十四届中央委员,第五届全国人民代表大会代表。1955年被授予校官军衔。荣获三级解放勋章。1988年被授予海军中将军衔。

2. 魏凤和中将(1954.2—),山东省聊城市荏平县温陈乡人。1970年12月参加工作,中共党员,研究生学历。中将军衔,中共第十七届中央候补委员。历任第二炮兵54基地参谋长,第二炮兵53基地司令员,第二炮兵副参谋长。2006年12月任第二炮兵参谋长、第二炮兵党委常委。2003年7月晋升为少将军衔。2008年,晋升为中将军衔。中共十七大代表,2007年10月21日当选中国共产党第十七届中央委员会候补委员。

3. 魏治国少将(1928.11—),满族,松江省(今黑龙江省)巴彦县巴彦镇人。1946年初中毕业,同年参加东北民主抗日联军,入哈北军分区军政干部学校学习。1948年6月加入中国共产党。解放战争时期,历任东北野战军第12纵队146师宣传队分队长、副政治指导员,第四野战军第49军146师政治部保卫干事。参加了辽沈、平津、衡宝、广西等战役。中华人民共和国成立后,任中国人民解放军某部营副政治教导员,解放军某海军基地军训科副科长、海军舰队军训处科长。1958年入海军潜水艇学校指挥系学习,1960年10月毕业留校,历任教务科副科长、科长,训练部副部长。1978年秋回海军部队,先后任海军汕头水警区副司令员、司令员,驱逐第2支队政治委员。1981年起任海军广州基地副政治委员、政治委员;1985年8月—1990年6月任海军东海舰队副政治委员。在海军工作的38年间,到过祖国的所有海域,并两次率领编队航至南中国海最南端的曾母暗沙,一次到西太平洋组织水面舰艇、水下潜水艇与海军航空兵进行合同战术演练。1988年9月被授予海军少将军衔。

4. 魏长安少将(1938.3—),山东省临朐县人。1957年2月参加中国人民解放军,1959年加入中国共产党。大专文化。历任中国人民解放军某部战士、保密员、排长、政治指导员、师政治部保卫科干事、团政治处保卫股长、营政治教导员、团政治处主任、团副政治委员、团政治委员、师政治部主任、军副政治委员,1989年任江西省军区政治委员。现任江苏省军区政治委员。曾在解放军政治学院基本系学习深造。1988年9月被授予少将军衔。

5. 魏广坤少将(1941.12—),山东滕州人。1993年2月任总后勤部青藏兵站部部长,1997年10月任总后勤部生产管理部副部长。1996年晋升少将军衔。

6. 魏亮少将(1953.12—),江苏高淳人。2002年3月任陆军第12集团军副政委,2004年6月任江西省军区政委,2004年10月任陆军第26集团军政委,2009年6月任武警部队政治部主任。中共十七大代表。

7. 魏纪章少将(1946.11—),河南遂平人。1965年8月参加工作。陆军第54集团军副政治委员,政治委员,济南军区联勤部政治委员。

8. 魏殿礼少将,吉林省军区参谋长。1988年被授予少将军衔。

9. 魏士河少将,第二炮兵部队司令部副参谋长。

10. 魏斯晴少将(1944—),江西高安人,第二炮兵政治部副主任。

11. 魏斌少将,电子工程学院院长。1988 年被授予少将军衔。

12. 魏风少将,解放军艺术学院政治委员。

13. 魏东普少将,陆军第 63 集团军副政治委员,石家庄陆军学院政治委员,石家庄机械化步兵学院政治委员。2002 年晋升少将军衔。

14. 魏建忠少将(1948.9—),江苏溧水人。1968 年入伍。1973 年后任团政治处、军区政治部干事。1974 年入上海复旦大学国际政治系学习。1978 年调入南京陆军指挥学院,先后担任教学组长、教研室主任、政工系主任、经济学教授、教务部副教务长、训练部副部长、政治部主任、副院长。

15. 魏守钜少将,第三军医大学政委。

16. 魏子卿少将(1937.4.15—),河南省睢县人。解放军总参谋部测绘研究所卫星大地测量学家。测绘学院大地测量学与测量工程学教授、博士生导师。1960 年毕业于中国人民解放军测绘学院。现担任西安测绘研究所研究员。早期从事测绘专用电子计算机的研制。20 世纪 70 年代,从事海上大气折光修正研究,为我国首次洲际导弹实验提出折射修正方案。主持长测程气体激光测距仪的研制和测试。在我国首先开展卫星多普勒定位研究,提出我国卫星多普勒大地网布设方案,研制成功平差程序。主持完成全国多普勒网平差。20 世纪 80 年代,在国际上较早开展 GPS 研究;完成精密 GPS 绝对定位研究,提出单频数据消电离层定位模式,定位精度属国际先进水平。提出全国 GPS 大地网的布设方案,主持完成全国一级 GPS 网整体平差,制订"全国天文大地网和空间网联全平差"总体技术方案。主持制订广域差分 GPS 网技术方案,从事我国导航卫星系统的研究。作为主要完成人的研究成果"全国卫星多普勒网的布测和平差计算"和"全国 GPS 一级网的研究与建立",分别荣获 1990 年和 1996 年国家科技进步奖二等奖。1995 年当选为中国工程院院士。2001 年 3 月被授予文职少将军衔。

17. 魏正耀少将(1936—),慈溪人。信息技术专家,信息工程学院密码学教授、博士生导师,中国工程院院士。1955 年毕业于中国人民解放军外国语学院。现任总参谋部第 58 所研究员。长期从事信息技术研究工作,经验丰富,技术精湛,学术造诣深,在多项研究课题中具有重要作用,取得了一批具有国际国内先进水平的研究成果,获得 1985 年、1988 年国家科技进步奖一等奖各一项。1990 年被定为有突出贡献的中青年专家,1991 年获政府特殊津贴,1993 年晋升专业技术少将军衔。

18. 魏哲,武警少将,武警北京总队副总队长,武警湖北总队总队长。2005 年 7 月晋升武警少将警衔。

19. 魏刚,空军少将(1951.11—),原籍山东滕州,1973年毕业于华南理工大学机械制造专业。先后担任过飞机机械师、机务中队负责人、副部长、广州军区空军机关航空维修管理助理、飞行科长等职务。1988年任广州军区空军设备技术部副部长,济南军区空军装备部部长,空军装备部副部长,空军装备研究院院长,空军装备部部长。中国航空学会副理事长。

20. 魏仁义,空军少将,沈阳军区空军副参谋长。

21. 魏光修(1941—),空军少将,潍坊市人。1956—1959年在潍坊二中学习,同年应征入伍,1965年毕业于解放军航校。历任飞行员、中队长、副大队长、大队长、副团长、团长、副师长、师长、沈阳空军部队少将参谋长,空军西安基地司令员,兰州军区空军副司令员。1984年任空1师师长期间,带领飞行员超条件起飞,编成一个空中梯队,超条件通过天安门广场,接受党和国家领导人的检阅。曾因工作成绩突出,记二等功两次。

22. 魏晓晶,空军少将(1955—2004.8.3),北京市人。1970年12月参加中国人民解放军,1973年5月加入中国共产党。历任战士、班长、排长、学员、副指导员、指导员、干事、秘书、处长,空军政治部副秘书长、秘书长,空军指挥学院副政治委员。因病于2004年8月3日在北京市逝世,终年49岁。

23. 魏艾民,海军少将,海军政治学院政治委员。

24. 魏柏长,海军少将,海军装备技术部副部长。1988年被授予少将军衔。

25. 魏伯良(1935—),海军少将,四川仁寿人。1988年2月—1990年6月任海军广州基地政治委员。东海舰队副政治委员。1988年被授予少将军衔。

(六)中国两院魏姓院士(12人)

中国科学院院士:7人。

1. 魏宝文,核物理学家。河南禹州人。1957年毕业于北京大学物理系。中国科学院近代物理研究所研究员,中国科学院兰州分院院长、兰州重离子加速器国家实验室主任。主要从事核物理和加速器物理的理论与实验研究并获多项重要成果。20世纪80年代末,领导建成了我国第一台大型重离子加速器,开拓了我国中能重离子物理研究的新领域。主持实施了发展先进的ECR离子源计划,显著改进了加速器的性能。20世纪90年代中,提出了在兰州重离子加速器上开展放射性束物理研究和续建冷却存储环的大科学工程计划,完成了概念性设计,现已批准立项。1995年当选为中国科学院院士。

2. 魏荣爵,声学家。湖南邵阳人。1937年毕业于金陵大学。1950年获美国加利福尼亚大学物理学博士学位。南京大学教授,中国声学学会名誉理事长。中国声学事业的开创者之一。运用分子的驰豫吸收理论成功地解释了低频声波在水雾中的反常吸收,指出声能耗散原因并得出水雾吸声普适公式。首创雾滴计数器。首先开展语言声学研究,在国际上最早提出用现场语噪声方法测量汉语平均谱。对分子声学、微波声学、低温声学等进行了开创性研究。1985年以来在水槽孤子及混沌的研究中取得国际瞩目的成果。1980年当选为中国科学院院士(学部委员)。

3. 魏寿昆,冶金学及冶金物理化学专家。天津市人。1929年毕业于北洋大学,获学士学位。1935年获德国德累斯顿工业大学博士学位。北京科学技术大学教授。从事高等教学70年,培养了大量的冶金人才。在冶金热力学方面造诣较深。先后进行过钢铁脱硫、钢液脱磷、活度理论、选择性氧化、固体电解质电池定氧和冶金热力学在我国特有矿产综合提取金属中的应用等研究,取得了重要成果,并多次获奖。1980年当选为中国科学院院士(学部委员)。

4. 魏曦(1903.12.25—1989.5.20),医学微生物学家。1955年选聘为中国科学院院士(学部委员)。湖南巴陵(今岳阳)人。1921—1925年先后在雅礼、金陵大学和湘雅医学院学习。1933年上海医学院毕业,获博士学位。同年入上海雷氏德医学研究院,任副研究员、研究员。1937年赴美国哈佛大学医学院进修,1939年回国。历任上海医学院教授,大连医学院教授兼系主任,大连生物制品研究所副所长,中国医学科学院流行病学研究所副所长、流行病学微生物学研究所教授、名誉所长。1955年被聘为中国科学院生物学部委员。1982年加入中国共产党。是人畜共患病病原学专业委员会主任委员,中国医学科学院学术委员会委员,中国微生物学会副理事长,中华医学会常务理事,全国政协第五、第六届委员,民盟第二至第四届中央委员、顾问。长期致力于回归热螺旋体、支原体的研究,为中国人兽共患病和微生态学学科奠基人。30年代培养出斑疹伤寒立克次疫苗,获哈佛大学研究生院奖励;对"二战"期间滇缅英军中流行的"不时热"经确诊为恙虫病,获哈佛大学考察团授予的战时学术性功绩勋章;抗美援朝期间从美军投掷细菌武器中分离出鼠疫和霍乱菌,获朝鲜二级国旗勋章和中国国务院奖状;50年代提出了抗生素引起菌群失调的概念并率先开发了生态制剂,促进了"微生态学"学科的发展;从事诸多动物源病——人兽共患病调查研究,在中国首次判定弯曲菌。主编有《钩端螺旋体病学》《医用立克次体学》等,撰有《"促菌生"在菌群调整疗法中的作用》等论文100余篇。

5. 魏于全(1959.6—),四川南江县人。博士,教授。四川大学人类疾病生物治疗教育部重点实验室主任。肿瘤治疗及肿瘤免疫学家。1983年毕业于华西医科大学,1996年获日本京都大学医学博士学位。四川大学华西医院临床肿瘤学教授,人类疾病生物治疗教育部重点实验室主任。主要从事肿瘤生物治疗的基础研究、应用开发与临床医疗。研究了利用主动免疫抗肿瘤血管生成,为肿瘤疫苗及抗肿瘤血管生成治疗提供了新思路,并将异种同源基因与异种免疫排斥及自身免疫反应相结合,用于探讨肿瘤免疫基因治疗,可以克服自身抗原的耐受性。还对淋巴细胞在肿瘤微环境内杀伤自身癌细胞现象进行了观察,并对诱导及增强淋巴细胞杀伤自身癌细胞活性进行了研究。此外,发现了阻断 HSP70 表达,可诱导癌细胞凋亡。国家自然科学基金第七、第八届学科评审组成员,国家新药评审委员会评审专家,第五届教育部科学技术委员会委员,中国临床肿瘤学会常委委员,《癌症》杂志副主编、*Thalassotherapy* 副主编、《中华医学遗传学杂志》编委、《科学通报》《中国科学》等特邀审稿人。2003 年当选为中国科学院院士。

6. 魏江春,地衣真菌学家,中国科学院微生物研究所研究员。陕西咸阳人。1955 年毕业于西北农学院。1962 年毕业于苏联科学院研究生院并获苏联生物科学副博士。1995 年获俄罗斯生物科学博士。他对中国地衣分类与区系进行了广泛研究。在世界范围石耳科研究中,以多性状综合分析法论述的新二属系统得到国际学术界的承认并被收入 1993 年《世界子囊菌系统大纲》及 1995 年《世界菌物辞典》。通过石耳科地衣真菌核 DNA 的序列分析进一步支持了新二属系统。著有《亚洲石耳科》及《中国地衣纵览》等专著。《西藏地衣》作为青藏高原大型系列丛书之一获中国科学院 1986 年科技进步特等奖。在参加南极科学考察研究及主持南极陆地生态系统研究中分别获国家海洋局 1996 年科技进步特等奖和 1997 年科技进步二等奖。参与发起并组织协调全国孢子植物学家进行《中国孢子植物志》的编研。发表论文 60 余篇,专著 4 册。1997 年当选为中国科学院院士。

7. 魏奉思(1949.11—),空间物理学家。四川省绵阳人。中国科学院空间科学与应用研究中心研究员。1963 年 8 月毕业于中国科技大学。兼任中国空间科学学会理事,世界空间环境协调研究与培训中心执委会委员,国际日地系统气候和天气计划/空间天气专题委员会委员。从理论上得到了行星际激波在非均匀的运动介质中传播的解析解,预言太阳耀斑产生的激波可以传播到 10～20AU 以远而衰减不大,此结论为后来飞船观测所证实。提出耀斑激波传播的三维非对称物理模型,其结果可以解释相应地球物理效应的非对称性。发现行星际扰动在传播过程中将向赤道低纬电流片方向偏转、会聚,电流片阻碍行星际扰动的跨越传播,导致行星际扰动和地磁扰动的同侧效应。提出"东半球空间环境地面综合监测子午链"大科学工程,国家发改委于 2005 年正式批准立项。2005 年当选为中国科学院院士。

中国工程院院士:5 人

1. 魏子卿(1937.4.15—),河南省睢县人。总参测绘研究所研究员,中国测绘学会大地专业委员会委员。1960 年毕业于解放军测绘学院,1981 年任副研究员,

1984—1986 年在美国俄州大学进修卫星大地测量,1987 年晋升为研究员。长期从事科学研究工作,参与了多项国家级的重大课题攻关,是我国卫星大地测量学科的开拓者和学术带头人。1995 年当选为中国工程院院士。20 世纪 70 年代初,魏子卿主要研究海上大气折光修正,为远程导弹外弹道测量再入段提出折光修正公式和修正方案。此项研究成果获全国科学大会奖。20 世纪 70 年代中期后,魏子卿主要主持或参与我国卫星大地控制网的设计和布测。1975 年由他攻关的卫星多普勒定位技术,取得了我国 1954 年北京坐标系与地心坐标系的转换参数。这一转换参数的获得,标志着我国卫星大地测量事业开始走向应用阶段。1978年,他提出建立全国卫星多普勒大地网的建议和设想,创立了多普勒定位的数学模型和平差方法,研制出能够进行分期、分地区处理,具有重点定位和整体平差等多种功能的短弧和半短弧平差程序,圆满地获得了全国卫星多普勒观测数据的平差成果。这项成果填补了我国测绘领域空白,标志着我国卫星多普勒定位技术在大地测量中的应用达到了国际 20 世纪 80 年代的水平,获国家科技进步二等奖。1987 年,他提出并担任建立全国规模的 GPS 大地网课题总设计师,创造性地研究出大规模 GPS 大地网严密平差方案,应用这一成果对我国 GPS 一级网观测原始数据进行了整体平差。结果表明:用广播星历处理的相对精度达到万分之一,用精密星历则优于万万分之五,地心坐标的精度达到分米级。这一成果标志着我国的地心坐标系统达到了一个新阶段,标志着我国在大地测量领域应用 GPS 定位技术达到了国际先进水平。魏子卿,尽心尽力,从不松懈,为我国卫星大地测量做出了突出贡献。他的主要著作有《GPS 相对定位的数学模型》《海上大气折光修正》《多普勒网短弧法平差》《GPS 截波相位测量中电离层影响改正》等。

2. 魏正耀(1936.3.30—),信息技术专家。1936 年 3 月 30 日出生于上海市,浙江省慈溪市人。1955 年毕业于中国人民解放军外国语学院。现任总参第 58 所研究员。长期从事信息技术研究工作,经验丰富,技术精湛,学术造诣深,主持完成多个研究项目,发挥了关键作用,取得了一批具有国际国内先进水平的研究成果,获 1985 年、1998 年、1999 年、2001 年国家科技进步奖一等奖各一项。1999 年当选为中国工程院院士。

3. 魏可镁,中国工程院院士、福州大学教授,1939 年出生于日本九州。"二战"爆发,在日华侨生活艰难,再加上民族歧视、凌辱,能回国的华侨都回到自己的祖国。1944 年年底魏可镁的父亲带着妻儿举家回到中国。1965 年,魏可镁毕业于福州大学物理化学专业,并留校任教。祖国和人民给他一系列的崇高荣誉:1997 年被评为中国工程院院士,并获得全国首届杰出专业技术人才奖章;2000 年被国务院评为全国先进工作者,还当选第九届、十届全国人大代表。

4. 魏敦山(1933.5.30—),建筑设计专家。浙江省慈溪县人。1955 年上海同济大学本科毕业。曾任上海市建筑师学会副会长。现任上海建筑设计(集团)顾问总建筑师。长期从事民用建筑设计工作,获教授级高级建筑师、国家一级注册建筑师职称。1994 年荣获中国工程设计大师称号。20 世纪 70 年代设计的上海体育馆与 20 世纪 80 年代的上海游泳馆,先后获得市级及国家级优秀设计奖及国家科学技术进步奖三等奖。1988 年这两项设计作为新中国成立以来 43 座优秀建筑之二被载入英国出版的"世界建筑史"史册。同时其作为 16 位中国著名建筑师之一的最年轻建筑师也被载入该建筑史册。在国外主持设计埃及开罗国际会议中心,获国家优秀设计二等奖,市优秀设计一等奖,国家科技进步三等奖,上海市科技进步一等奖,并荣获埃及总统穆巴拉克亲自颁发的"埃及一级军事勋章"。1997 年完成的上海体育场工程,2000 年获全国第九届优秀工程设计金奖。2000 年 12 月获首届"梁思成建筑奖"。2001 年当选为中国工程院院士。

5. 魏复盛(1938.11.9—),生于四川省简阳县,1964 年于中国科技大学化学系毕业,留校任教。1983 年 5 月调入中国环境监测总站。先后曾任分析研究室主任,监测总站副站长、研究员、总工程师。魏复盛是十届全国人大常委。中国环境科学学会副理事长、全国环境监测专业委员会主任。他的研究方向是:(1)环境化学;(2)环境污染与健康;(3)环境监测分析技术与方法。他在 20 世纪 70 年代中期开始进行环境监测分析技术与方法的研究。20 世纪 80 年代中期领导并组织了全国按照"水和废水""空气和废气""土壤""固体废物"等要素进行监测分析方法的研究、统一验证和标准化,对建立和发展我国的环境监测技术与方法体系做出了重要贡献。他先后承担了国家一系列的重大科技攻关课题。近十年他关注环境污染与健康的研究,开展与美国的多项合作研究,如"空气污染对呼吸健康的影响研究""PA's 暴露量及其代谢物与肺癌风险评价研究""硼污染对男性生殖健康影响研究"等,取得了一系列重要成果。获国家科技进步二等奖两项(此两项也获得部级进步一等奖),获部级科技进步二等奖三项,获部级三等奖一项。出版专著 10 余部,发表论文 180 余篇。1997 年当选为中国工程院院士。

(七)魏氏杰出专门人才

人是知识的载体,科技与人才,将决定一个国家的竞争力。在创建和建设新中国的进程中,魏姓涌现了一大批卓有成效的杰出专家、科学家,为中华民族自立于世界民族之林做出了不可磨灭的贡献。

1. 魏宏森,1932 年 9 月生,江苏溧阳人。清华大学人文社会科学学院教授,科技与社会研究所所长。国家级有突出贡献专家,享受政府特殊津贴。兼任中国自然辩证法研究会常务理事、中国区域科学协会常务理事、北京系统工程学会副理事长,中国科学、技术、社会(SIS)研究会筹委会副主任,国际系统动力学学会中国分会副主任。

2. 魏绍善,男,1940 年 3 月生,山东省蒙阴县人。中共党员。山东海洋学院水产系毕业,大学本科。现任山东省海洋水产研究所调研员、研究员。曾任山东省海洋水产研究所所长,中国水产学会第四、第五届理事会理事,第三、第四、第五届水产(海洋)捕捞专业委员会委员,山东水产学会第二、第三届理事会理事、副秘书长。享受政府特殊津贴。

3. 魏青云,女,1935 年 11 月生,吉林抚松人。中国科学院地球物理研究所研究员。苏联列宁格勒大学物理系 1959 年大学毕业、1963 年研究生毕业,获苏联科学院数理科学副博士学位。主要从事考古磁学、磁性地层学、磁性大地构造学等方面的古磁研究工作。

4. 魏坚,男,1955 年 12 月生。研究员。中共党员。1982 年毕业于吉林大学历史系考古专业,现任内蒙古文物考古研究所副所长,兼任内蒙古考古博物馆学会副秘书长、中国蒙古史学会理事。1998 年被列为内蒙古有突出贡献的中青年专家,是我国文博事业的中青年带头人。

5. 魏成贵,男,1936 年 5 月生,辽宁义县人。辽宁省蚕业科学研究所研究员。1962 年毕业于沈阳农学院植保系,曾任辽宁省蚕业科学研究所研究员,辽宁省高级职称评委会委员,辽宁省政协第五、第六、第七届委员。1985 年被评为辽宁省有突出贡献专家,1988 年被评为国家级有突出贡献专家,享受政府特殊津贴。

6. 魏道南,女,1934 年 11 月生,福建福州人。社会科学院农村发展研究所研究员。1956 年 7 月毕业于沈阳农学院农业经济系。同年 8 月到中国科学院经济研究所从事科研工作。

7. 魏应新,1939 年 6 月生,广东五华人。高级工程师。毕业于华南理工大学。从事科研新产品开发、电子技术应用研究和工业自动化、仪器仪表等工作。1972 年参加(后来为主持)国防 718 工程中的子项目研制,完成了"LZ7—304XY 数字式函数记录仪"的研制,并于 1980 年 6 月在发射到太平洋上的洲际导弹时投入使用,获圆满成功。

8. 魏俊奇,1927 年 10 月出生,湖南永州人。教授级高级工程师。信息产业部离休干部。毕业于武汉大学化学系、北京大学外文系、北京理工大学无线电系。现任北京委息通环境测控技术中心经理。是中国电子学会敏感技术分会应用专业委员会主任委员,中国电子学会资深委员会专家。

9. 魏太忠,男,1937 年 5 月生,四川万县人。研究员。中共党员。毕业于西南农业大学农学系。曾任四川省凉山州农技推广站站长、推广研究员,中国农学会高级会员。政府特殊津贴享受者。

10. 魏文麟,1937年3月生,福建福州人。1960年毕业于福建农学院园艺系。福州市蔬菜科学研究所原所长,研究员。福建省国艺学会常务理事兼蔬菜部长,福建省科协第五届常务理事。

11. 魏元良,1931年生,江苏常州人。中共党员。1956年毕业于长春市白求恩医科大学。历任海军医学研究所实习研究员、助理研究员、副研究员等职。享受政府特殊津贴。

12. 魏正一,1936年出生,黑龙江省文博专家组成员,研究员。1961年兰州大学毕业,分配到博物馆工作。曾负责发掘和修复、装架恐龙、猛犸象、披毛犀、王氏水牛等大型古动物化石骨架13具,现分别陈列在武汉、长春、哈尔滨等地的博物馆。

13. 魏宜瑞,女,研究员。1945年出生,山西天镇人。1967年毕业于山西农学院。现任山西省科技发展战略研究所副所长。是山西省流动电脑培训中心教授。从事农业科技、科技情报研究、管理工作14年,1986年被评为全国科技情报系统先进工作者,受到国家科委表彰奖励。

14. 魏俊华,1961年出生,1982年毕业于哈尔滨工业大学,研究生学历,研究员,研究生导师,享受国务院政府特殊津贴。2002年被国防科工委批准为第一批"511人才工程"学术带头人。因在"神舟六号"载人航天飞行任务中有突出贡献,被中华全国总工会授予"全国五一劳动奖章"。

15. 魏文彦,男,1938年生,四川泸县人。1957年毕业于泸州化工学校。历任技术员、工程师、高级工程师、教授级高级工程师,第六届四川省人大代表,第七、第八届全国人大代表,化工部硫酸磷肥设计技术中心站技术委员等职,现任成都西星化工新技术开发有限公司总工程师,中国磷肥工业协会顾问。

16. 魏延明(1965.10—),研究员,1983年7月高中毕业于广灵一中67班,1987年中国人民解放军国防科技大学应用力学系毕业获学士学位,1990年中国空间技术研究院502所研究生毕业,获自动化仪表及装置工学硕士学位,2003年起担任中国"资源二号"卫星推进系统主任设计师并获得三颗卫星的连续成功。

17. 魏悦广(1950.1.21—),中科院力学所非线性力学国家重点实验室研究员。1992年6月,清华大学工程力学系固体力学专业博士学位;1992年6月—1994年年底,中国科学院力学研究所博士后、副研究员;1995年1月—1998年8月,美国哈佛大学博士后,美国加州大学客座研究员;2002年11月至今,中科院力学所非线性力学国家重点实验室研究员、博导。

18. 魏文博,1969年毕业于北京地质学院地球物理勘探系金属与非金属物探专业。中国地质大学(北京)教授、博士生导师,中国地质大学海洋地学研究中心副主任,教育部"地下信息探测技术与仪器"重点实验室主任,国家自然科学基金委地球物理学科评议组成员,中国地球物理学会地球电磁感应专业委员会副主任委员、编委。

19. 魏钟铨,遥感卫星一号总设计师,卫星专家。1958 年,复旦大学毕业,分配到北京中关村的中国科学院电子所。经他研制的电子管计算机,实现了数字式相关接收器的功能,被列为中科院重大科技成果。1997 年 6 月 12 日,将我国第一颗静止气象卫星送入距离地球 36000 公里的赤道上空。

20. 魏炳波(1964.4.12—),山东惠民县人。西北工业大学副校长。我国首批"长江学者"特聘教授,材料物理与化学博士导师。国家级有突出贡献专家。

21. 魏美才(1966.6—),中南林业科技大学生命科学学院教授,博士生导师,湖南省政协委员。江苏徐州人。魏美才是我国叶蜂研究的第一人,在国际上享有盛誉。从 1991 年在中国科学院动物研究所攻读博士学位开始,17 年来,魏美才一直从事叶蜂系统学研究。

22. 魏东涛(1966.11.30—),高级工程师,理学博士。甘肃省靖远县人。1989 年毕业于南京大学地球科学系,获理学学士学位。1994 年毕业于兰州大学地质学系,获理学硕士学位。2009 年毕业于南京大学地球科学系,获理学博士学位。现任中国石油勘探开发研究院西北分院西部勘探研究所主任工程师。

23. 魏波(1983—),公安部第一研究所系统分析师。湖南邵阳隆回人。参与安防"十一五"国家科技支撑计划项目"社会治安动态预警、综合防控技术体系研究与示范"课题 3,"社会治安动态监测、预警防范、综合处置系统集成平台应用技术研究与示范",主要负责研究开发城市监控报警联网系统中的地理信息系统。

24. 魏志义(1963.5—),中国科学院物理研究所研究员,中国科学院物理研究所计量测试高技术联合实验室主任、课题组长,兼任中国光学学会青年工作委员会副主任、863 神光Ⅲ前端责任专家组成员等职。

25. 魏志强(1969.12—),中国海洋大学计算机科学系主任,山东禹城人。中国海洋大学计算机科学系教授、博士生导师、系主任,中国海洋大学软件工程研究所所长,全国青联委员,青岛市政协委员,青岛市电子商务与现代物流专家组组长,中国计算机学会高级会员。

26. 魏利金(1960.12—),中国有色工程设计研究总院教授级高级工程师,陕西人。一直从事建筑、结构设计、审核工作,组织负责设计过多项大中型工程,对所从事的专业具有深入的研究和独到的见解,先后结合工程疑难问题,撰写并公开发表了 20 多篇有较高价值的学术论文。2001 年被中国世纪专家编委会授予

"中国世纪专家"称号。

27. 魏利军,中国安全生产科学研究院副总工程师。中国安全生产科学研究院副总工程师,兼危险化学品安全技术研究所所长。交通部中国海上搜救中心搜救咨询专家,国家核事故应急协调委员会专家咨询组成员。主要从事重大事故预防与控制、重大危险源辨识评价、安全规划、定量风险评价和安全评价等领域的研究工作。

28. 魏新,周口郸城人。博士。北大方正集团有限公司董事长、深圳方正微电子有限公司董事长、方正通信技术有限公司董事长、方正控股有限公司执行董事、方正数码(控股)有限公司执行董事等。全国高校设置评议委员会委员、中国教育经济学研究会常务理事,中国高等教育管理研究会理事,以及世界银行、欧盟、英国 DFID、亚洲开发银行的中国教育项目专家与顾问。

29. 魏振和(1933.11—),曾任鞍钢钢铁研究所钢材室副主任,金材高级工程师。辽宁鞍山人。

30. 魏建功(1901—1980.2.18),语言文字学家,笔名天行、文里(狸)、山鬼。江苏海安人。北京大学中文系教授,先后兼任中文系主任、北京大学副校长。第三、第四届全国人大代表。1955 年被聘为中国科学院哲学社会科学部委员。九三学社第三、第四、第五届中央常委。

31. 魏金枝(1900—1972.12.17),作家,原名义云,浙江嵊县人。新中国成立后曾任中国作协理事、作协上海分会副主席、《上海文学》《收获》副主编,兼任上海师院中文系主任,著有《妈妈》《时代的回声》等。并撰著儿童文学作品及评论、杂文集多种。1972 年 12 月 17 日卒于上海。

32. 魏巍(1920.1.16—2008.8.24),原名鸿杰,曾用笔名红杨树。当代诗人,著名散文作家、小说家。河南郑州人。1937 年抗战爆发后,即赴山西前线参加八路军,后转至延安,入抗日军政大学,毕业后至晋察冀边区,在部队中做宣传工作,曾任宣传干事、宣传科长、团政委等职。2008 年 8 月 24 日卒于北京。

33. 魏鹤龄(1907.1.14—1979.10.2),电影戏剧表演艺术家。

34. 魏明伦(1941—),中国当代九大剧作家之一,中国戏剧家协会副主席、一级编剧。四川内江人。魏明伦由于多方面成就,1987 年被新华社《半月谈》公布为中国当代九大剧作家之一。1988 年被天津《艺术家》评选为中国艺术界十大神秘人物之一。1993 年在武汉举行的中国现代戏曲研究会上,被湖北省艺术研究院等学术机构联合推选为新时期中国戏曲界四大怪杰之一。

35. 魏伯,原名王经川。河南郑州人。1939 年入延安鲁艺文学系学习,后历任宜川《西线文艺》编辑,陕西省米脂县县长,中共牡丹江县委书记,辽阳市市长,第四野战军南下工作团教育科长,柳州市委书记、市长,武钢生产经理,中南局计委副主任,中南局宣传部副部长,广东计委经委副主任,国防工办主任。中国文联副秘书长。1931 年开始发表作品。1979 年加入中国作家协会。

36. 魏猛克(1911. 10. 3—1984. 1. 3),左翼作家、画家。1954 年任湖南省文联主席、省人民委员会委员。1955 年任省文化局局长。省民盟副主委、省人大常委、湖南省文联顾问。湖南长沙人。

37. 魏钢焰(1922—1995),中国作家协会理事,现代作家。原名魏开诚,笔名岗岩、李冰,山西繁峙人。1946 年加入中国共产党。1937 年参加八路军,历任 18 集团军野政火星剧团团员,火星剧社文化教员,总政宣传部教育科员,抗大文工团团员,整风三队学员,新四旅宣传队分队长,音乐教员,6 军 17 师文化科长,西北宣政文工团协理员,中国作家协会西安分会《延河》副主编。中国作家协会理事,陕西作家协会名誉主席。1948 年开始发表作品。1957 年加入中国作家协会。

38. 魏积安,总政话剧团的艺术总监,总政话剧团国家一级演员。

39. 魏人,著名编剧、作家,擅长"公安题材"兼写别样的剧作才子。

40. 魏振甲(1948—),山东费县人。山东省作家协会会员、中国书画家协会常务理事。大专学历,中共党员。现任临沂市政府副秘书长兼法制局局长、临沂仲裁委员会主任。干好本职工作之余,从事理论和行政法制研究、诗歌书法创作,不辍笔耕,硕果累累。曾有多篇论文和调研文章在国家级刊物上发表,获省、市社会科学成果奖多项。

41. 魏敏学(1942. 3—),汉族。黑龙江汤原人。1966 年加入中国共产党。1966 年北京工业学院特种装备与控制系毕业。历任吉林五二四厂技术员、宣传干事、厂办秘书,吉林省国防工业办公室秘书、副处长、副总工程师,吉林省工具锻造厂厂长,吉林省计划经济委员会副秘书长、副总工程师,梅河口市(地级)委常委、常务副市长,吉林省乡镇企业局副局长,长春市副市长,中共吉林市委副书记,吉林市市长,吉林省省长助理。1993 年起任吉林省副省长。2002 年 3 月任政协吉林省委员会党组副书记、副主席。

42. 魏建章,直隶(今河北)涞源人。1938 年加入中国共产党。曾任中共满城、定兴县委书记,宣城市委书记兼市长。新中国成立后,历任安徽省监委副主任、中共安徽省纪委副书记、合肥市委书记、安徽省委统战部部长、安徽省第四政协副主席。是第四届全国人大代表、第五届全国政协委员。

43. 魏明初(1895—1958 年),又名魏元光,南乐县人。1918 年,毕业于天津工业专门学校应用化学科。后任天津直隶工业试验所技术员。1920 年至 1924 年,赴美留学,在西拉求斯大学攻读化学,获化学硕士学位。回国后在天津工业专门学校当教师,后出任该校校长。新中国成立后,历任平原省政协副主席、科普协会副主席、省政府委员会等职。

44. 魏鸣一,曾任电子工业副部长,中国共产党十二届中央委员会候补委员。

45. 魏震五,吉林辽源人。东北大学肄业。1933 年加入中国共产主义青年团。1937 年转入中国共产党。曾任中共阳城县委×部部长,平顺县县长,太岳二专署专员,辽北省建设厅厅长,东北行政委员会办公厅主任、农林局局长。新中国成立后,历任东北人民政府农业部副部长,东北国营农场管理局局长,农业部部长助理、副部长、顾问。

46. 魏蕴瑜,女。北京人。1955 年毕业于北京大学西语系。历任太原一中、山西大学教师,太原工业大学副教授,山西省第六、第七届人大常委会副主任。九三学社社员。

47. 魏钦公,山东单县人。1936 年加入中国共产党。曾任中共单县城关区委书记,单县县委宣传部部长、县委书记,华山、华砀、光罗、光山县委书记。新中国成立后,历任中共河南省委党校副校长、党委第二书记,中共许昌地委书记处书记,河南省委党校校长、党委书记,河南省第六届政协副主席。是中共十三大代表。主编有《马克思主义哲学读本》《领导科学纲要》等。

48. 魏礼群(1944.12—),江苏睢宁人。研究员,中国人民大学兼职教授、博士生导师。1968 年毕业于北京师范大学。1969 年至 1977 年在内蒙古牙克石林业管理局工作。1978 年至 1993 年在国家计划委员会工作,历任政策研究室副处长、处长、副主任、主任,国家计委副秘书长、秘书长、党组成员。1994 年 8 月任中央财经领导小组办公室副主任。1998 年 3 月任国务院研究室副主任、党组成员。2001 年 2 月起任国务院研究室党组书记、主任。中国共产党第十六、第十七届中央委员。

49. 魏家福(1950—),江苏人。中远集团总裁。2002 年 11 月 14 日,在中国共产党第十六届全国代表大会上,当选为中共中央纪律检查委员会委员。2007 年 10 月 21 日,当选为第十七届中国共产党中央纪律检查委员会委员。

50. 魏怀礼,陕西安定(今子长)人。1934 年加入中国共产党。曾任中山横山县委书记、陕西省委组织部巡视员、五寨县委书记、临县地委组织部部长。1943 年入延安中央党校学习。后任晋绥四地委、三地委副书记,晋南工委组织部部长。新中国成立后,历任中共甘肃省委组织部部长,陕西省人民检察院检察长,中共陕西省委常委、监委书记。

51. 魏宏(1954.5—),男,汉族,1954 年 5 月生,山东沂南人。1973 年 6 月加入中国共产党,1970 年 11 月参加工作。1997 年 1 月任四川省委组织部副部长。2000 年 8 月任四川省雅安地委书记。2000 年 12 月任四川省雅安市委书记。2002 年 8 月任四川省委组织部副部长(主持工作)。2002 年 9 月任四川省委组织部部长。

2002年12月任四川省委常委、组织部部长。2007年5月任四川省委常委,省人民政府常务副省长。中共十六大、十七大代表。四川省第十、第十一届人大代表。

52. **魏进德**,山西兴县人。1937年参加牺盟会。次年加入中国共产党。曾任中共兴县县委书记,中共中央晋绥分局第一地委秘书长、宣传部部长。新中国后,历任中共宝鸡地委宣传部部长、宝鸡专署专员、中共海北藏族自治州州委书记、青海省委组织部副部长兼省人事局局长、青海第六届人大常委会副主任。

53. **魏心一**(1918—),男,汉族,曾用名魏心义,山东定陶县定陶镇西关人。1970年任安徽工业大学革委会主任,该校改为安徽师范大学后任校长、书记。1976年任安徽省委大学科学部部长,不久调任徽州地委书记。1978年当选为安徽省副省长、第五届全国人民代表大会代表。1982年当选为省人大常委会副主任。

54. **魏文彬**(1950.1—),男,汉族,中共党员,湖南桃源人。湖南师范大学中文系毕业。2000年4月起任湖南省广播电视局党组书记、局长,同年12月兼任湖南广播影视集团董事长。2008年1月当选为湖南省政协副主席。

55. **魏伯亭**(1920.4—1993.10.11),又名魏俊凤,山东省潍县(今潍坊市)寒亭区人。1938年参加八路军鲁东游击队。同年加入中国共产党。1950年参加抗美援朝,任中国人民志愿军第26军77师政治委员。1983年离休。1993年10月11日逝世。1955年9月被授予大校军衔。曾获二级独立自由勋章、二级解放勋章。1988年7月被授予中国人民解放军独立功勋荣誉章。中共九大代表。

56. **魏庆同**(1935.10—),甘肃省科委主任、党组书记,教授。辽宁沈阳人。1955年至1960年先后在山东工学院和清华大学机械系学习。历任甘肃工业大学助教、教务科长、讲师、科研处长、副教授、校学术委员会秘书长;1984年任甘肃省科协第一副主席、党组书记,省科委副主任、党组成员;1988年任甘肃省人民政府副秘书长兼政府科教文卫办主任;是甘肃省第七、第八届人大代表,省第五届政协委员,中国科协第三届全国委员。

57. **魏昆梅**(1941.1—),女,北京市高级人民法院党组成员、副院长。毕业于北京政法学院,曾任北京市高级人民法院办公室副主任、研究室主任,现任北京市高级人民法院党组成员、副院长、审判委员会委员,在中共北京市第八次代表大会上被选为市纪律检查委员会委员,在北京市第十次妇女代表大会上被选为执行委员会委员。主要社会职务有北京市女法官协会会长,法庭内外杂志社社长。

58. **魏万进**(1945.11—),中共甘肃省国防工委书记、甘肃省政协常委,四川彭州人。1970年毕业于西安交通大学,高级工程师。

59. **魏玉德**(1924—),一级英雄,江苏沭阳人。1946年7月参加革命,中国共产党党员,志愿军第20军第60师第180团第8连排长。第2次战役攻击社仓里战斗中,他带领突击组连续炸毁 7 座敌人碉堡,他自己就炸毁两座;第 5 次战役攻击上海峰战斗中,他带领本排连克 5 个山头,缴获重机枪 3 挺、六〇炮 2 门、无后座力炮 1 门,歼敌近 30 人(内俘敌 7 人)。抗美援朝战争中,荣立一等功(两次),获一级英雄称号。

60. 魏金龙(1880—1911),福建省连江县丹阳镇朱山村人,近代民主革命烈士。自幼一眼失明,擅长打猎,弹无虚发,人称"独眼龙枪"。他与林西惠、陈发炎三人结拜为兄弟,与林西惠一起游猎,互相交流拳术枪法。并于 1906 年同时加入透堡"广福会"组织,后拥吴适为"大哥",改称"光复会",成为中国同盟会的一个革命团体。时常一起谈论政治时事,更加坚定革命信念,并以超群的拳术、枪法操练革命同志,共图革命大业。1911 年 4 月 27 日(宣统三年,辛亥三月二九日)参加广州起义(黄花岗之役),随黄兴攻打两广总督署,奋勇争先,随后转入巷战,不幸中弹牺牲,时年 32 岁。葬于广州黄花岗,为七十二烈士之一。

62. 魏纪中(1936.11—),教授,中国资深体育外交家,中国体育产业的开拓者和奠基人。中国体育产业的泰斗。浙江余姚人。先后担任过 12 年中国奥委会秘书长,中国排协副主席,北京奥组委高级顾问。1958 年,魏纪中由南京大学分配到国家体委国际司国际联络处工作,1986 年起担任中国奥委会秘书长。

63. 魏明(1921.7—),曾用名张丕业,原全国体总副主席,北京市顾问委员会委员。山西王寨人。1936 年 9 月参加牺牲救国同盟会,1937 年 1 月参加工作,1939 年 10 月加入中国共产党。魏明为中国革命事业和教育、体育事业做出了很大贡献。1958 年北京矿院被国家体委授予"全国体育运动红旗院"称号,由贺龙元帅授旗。

64. 魏伟杰,祖籍广东揭阳,马来西亚华裔,马来西亚世界华人收藏家协会主席,古瓷收藏家。

65. 魏中天(1908—),广东五华人。青年时期考进了黄埔军校第六期,毕业后回到家乡参加五华的大革命农民运动,任赤卫队小队长。历任广东省文史馆副馆长,留东同学会顾问,黄埔军校同学会理事,省政协委员,广东省海外联谊会理事,中美文化交流协会顾问。

66. 魏凤楼(1896—1987),是原西北军著名将领,曾任冯玉祥部第 3 军军长,参加过北伐战争。1937 年年底,由彭雪枫介绍加入中国共产党,成为特别党员。1945 年 8 月,在淮阳柳林率部起义,后任豫东纵队司令员,豫皖苏军区副司令员兼 2 分区司令员,北京军管会接管部副部长等职,为人民解放战争的胜利做出突出贡献。新中国成立后,转业到地方工作,为社会主义建设做出了新的贡献,曾任河南省政协常委。

67. 魏启瑞(1935.10—),男,辽宁沈阳人。中共党员。毕业于大连理工学院。曾任辽宁省大连市城乡规划局局长,辽宁省城市规划学术委员会副主任,大连市城市规划学术委员会主任,大连理工大学兼职教授。从事教学、科研和行政管理工作,曾被评为"大连理工学院先进工作者",并受到教育部和水电部的表扬。个人于1992年获得辽宁省政府颁发的科技进步奖。

68. 魏坚,河北束鹿人,1932年10月参加革命工作,1936年6月入党,1945年10月入伍。历任书记、队长、干事、科长、副教育长、空军军事科学研究部部长、空军司令部科研部部长等职。正军职离休干部、原空军工程学院顾问。2005年8月3日在北京逝世,享年90岁。

69. 魏小安(1952.4—),国内著名旅游专家、被誉为中国旅游规划界泰斗。湖南衡阳人。1952年4月生于小兴安岭。1978年3月于北京经济学院读书,2003年8月至今中国社会科学院旅游研究中心研究员。主要兼职:全国旅游标准化技术委员会副主任、中国科学院地理研究所研究员、上海社会科学院旅游研究中心教授、北京大学城市与环境科学系教授。

70. 魏富海,辽宁金县人。1949年加入中国共产党。历任大连化工厂处长,第一副厂长、代厂长,中共旅大市委书记,大连市委书记、副书记,大连市市长。

71. 魏连伟(1962.6—),男,汉族,河北乐亭人,教授级高级工程师,工学硕士、管理学博士。1984年9月加入中国共产党。1985年8月长春地质学院水工系水文地质专业毕业。1990年7月—1992年6月任北京市地矿局团委书记。1996年3月—1998年3月任北京市地质工程勘察院党委书记、院长兼北京市水文地质工程地质大队队长、北京市地质环境监测总站站长。2001年10月任北京市地质矿产勘查开发局党委副书记、副局长。2005年7月任北京市地质矿产勘查开发局局长,成为全国地勘系统首个竞争上岗的地勘局长。

72. 魏国权(1962.6—),男,内蒙古阿左旗人,蒙古族。包头钢铁学院汉语言文学专业毕业,大学文化,1982年7月参加工作,1990年11月加入中国共产党。2003年11月任阿左旗党委副书记、旗长,2006年1月任中共阿拉善右旗委员会书记。

73. 魏民洲(1956.8—),中共陕西省委常委、省委秘书长。陕西华阴人,1975年8月参加工作。研究生学历,工学学士,助理工程师。历任共青团河南省委统战部副部长,省青联秘书长,共青团陕西省委青工部副部长、部长,陕西青年旅行社总经理兼党支部书记,省青少年发展基金会秘书长,省希望工程办公室主任,共青团陕西省委副书记、党组成员,商洛地委副书记,商洛市委副书记、市长,现任中共商洛市委书记、市人大常委会主任、党组书记。2007年5月任中共陕西省委常委、商洛市委书记、市人大常委会主任。2007年12月任陕西省委常委、省委秘书长。陕西省第十、第十一次党代会代表,省第十届人大代表,第十届全国人大代表。中共十七大代表。

74. **魏坚毅**(1923.6—1992.7.12),原中共山东省顾问委员会常委、省顾委秘书长。山东省昌邑县人。1940年3月加入中国共产党,同时参加革命工作。中共昌南县委委员、副书记兼独立营政委,中共潍坊市委书记。1954年4月后,历任中共昌潍地委副书记、书记处书记、书记兼昌潍军分区政委,昌潍地革委主任。1978年2月至1984年7月,任中共济南市委书记兼济南警备区政委。其间还曾任市革委主任、市政协主席。1983年7月当选为中共山东省顾问委员会常委。1986年7月任省顾委秘书长。中共十一大、十二大代表,第六、第七届全国人大代表。1992年7月12日在济南病逝。

75. **魏秉奎**(1928.10—1999.6.4),曾任中共辽宁省委书记,1978年11月被撤销党内外一切职务。辽宁海城人。1953年3月加入中国共产党,1952年3月参加工作。1952年3月起为鞍山钢铁公司铸管厂工人。同年12月加入中国新民主主义青年团。1960年2月起任鞍山钢铁公司铸管厂车间党支部书记。1968年3月起任辽宁省鞍山市革委会副主任、中共鞍山市委副书记。1969年3月至1977年3月任辽宁省革委会副主任。1973年6月至1977年8月任辽宁省总工会主任,1975年1月当选为第四届全国人大常委会委员(任职至1977年3月)。1975年9月至1977年3月任中共辽宁省委书记。1999年6月4日在鞍山逝世。是中共第九、第十届中央委员。

76. **魏南金**(1914.11—),原中共海南区党委第二书记兼行政主任。广东龙川人。1936年参加革命,1938年加入共产党。从此,长期在党内工作,历任中共龙川县委常委兼宣传部部长,中共龙川县中心县委常委兼青年部长。中共广东省委机关联络员,省委直属南雄县委书记,中共连山县、阳山县中心县委书记。解放战争期间,参加指挥九连地区武装斗争,先后担任中共九连工委常委,中共九连地委书记兼解放军粤赣湘支队政委,粤赣湘纵队政治部主任。新中国成立后,兼任龙川县委书记、县长。1978年被选为全国人民代表大会第五届人大代表。

77. **魏梦龄**(1898—1973.9),又名宏年、锡筹,曾用名王伯萍、王乃鸢、王百评,红色特工,原中国机械进出口总公司副总经理。河南双柳魏淌人。1944年冬至延安,任中共中央军事委员会高参室副主任。解放战争时期,魏先后任晋冀鲁豫军区交际处处长、驻冀中办事处处长、太行军区解放军军官教导团团长,曾参与平津前线司令部处理委员会工作。新中国成立后,魏历任中共中央统战部交际处第三处长、全国政协委员会秘书处副处长、国务院对外贸易部交际处副处长、中国运输机械进口公司副经理、中国机械进出口总公司副总经理等职。1973年9月,因病于北京逝世。

78. 魏杰(1923—),原中国建筑科学研究院党委副书记。安徽舒城舒茶人。1940 年 2 月参加新四军,历任宣传员、干事、秘书、交通站长、淮南区党委交通科代科长、苏皖边区政府第三交通分局副局长。1946 年 8 月任东北民主联军坦克学校队员、政治指导员、组织股长、校政治处副主任、团政治处主任。1965 年,任建工部北京工业设计院党委书记、中国建筑科学研究院党委副书记。1984 年离休。

79. 魏大鹏,教授,留法博士,博士生导师,享受国务院政府特殊津贴。现任天津市人事局局长。1986 年毕业于南京化工大学,1988 年毕业于法国巴黎第九大学,获"管理科学"硕士学位,1992 年毕业于法国巴黎国家高等工业技术学院,获得工业系统工程博士学位。历任中国企业管理研究会常务理事,中国机械工程学会工业工程学会常务委员,天津技术经济和管理现代化研究会理事长,天津管理学会副会长,天津企业管理协会副会长,天津科技大学党委书记。

80. 魏国强(1964.11—),汉族,江苏丹阳人。江苏省第十届人大会常委、连云港市委副书记。大学学历,1990 年 5 月入党,1984 年 8 月参加工作。1991 年 3 月任丹阳市委组织部干部科科员、青干科副科长;1993 年 8 月起任丹阳团市委副书记、书记;1996 年 3 月任丹阳市界牌镇党委书记;1997 年 11 月任丹徒县副县长;1999 年 12 月任丹徒县委常委、纪委书记;2000 年 12 月任句容市委书记,2008 年 6 月任连云港市委副书记、组织部长(正厅级)。团的十五大代表,团第十五届中央委员。中共第十一届江苏省委委员,江苏省第十届人大会常委会委员。

81. 魏志勇,国家人事部中国高级公务员培训中心人力资源开发培训处处长、清华大学特聘教授。毕业于英国德蒙福特大学商学院,获英国 MBA 学位。曾赴瑞典、英国、美国、加拿大等十几个国家考察。魏志勇教授曾多次在北京、上海、天津、广州、深圳等几十座城市,农业部、经贸委、信息产业部、国家计委等几十个国家部委机关,中央党校、中国科学院、中国社会科学院、北大、清华等高等院校和工商管理课程培训机构讲座、讲课。因其卓越成绩,2002 年被评为"中国培训师 50强"。其"人力资源战略体系"一课也在中央电视台连续播放。其中国首部工商管理电视系列片《人力资源开发与管理》,为目前中国最具权威、最系统、最实用的工商管理培训资料。

82. 魏小鹏(1959.6—),辽宁大连人。辽宁省教育厅厅长。1982 年 9 月参加工作,1986 年 4 月加入中国共产党。大连理工大学计算力学专业毕业,在职研究生学历,工学博士学位,教授职称。历任大连理工大学基础部工程画教研室主任、副教授,机械工程系图形技术研究室主任、副教授,基础部工程画教研室教授,IBM计算机技术中心常务副主任,校科研处处长;大连大学副校长,校长。2001 年 6 月任大连市委常委。2008年3月任辽宁省教育厅厅长。

83. 魏泽颖(1921—1977.5)，湖南省农业厅办公室秘书、工业原料科长、湖南省农业厅教育处长、省立安江农校校长。又名介权、介船，1921年农历七月初六出生于湖南省长沙市一个知识分子家庭，1945年8月毕业于中央大学农学院，1946年9月加入中国共产党。1974年调湖南农学院工作。于1977年5月去世，时年56岁。

84. 魏春荣(1908—1990)，山东省冠县东古城镇尹固村人。师职老红军。1936年参加中国工农红军，同年加入中国共产党。先在红军野战总部任内卫班长，担负中央首长的警卫工作。抗日战争时期，抗日军政大学学习结业后，在八路军115师先后任排长、连长、副营长等职，抗美援朝战争中，为培养汽车驾驶员、支援前线做了大量工作。在长期从事的后勤领导工作中，他办事公道，工作勤奋，表现了一个老红军战士较高的思想觉悟。1961年8月，按师职干部待遇离休。曾荣获国家三级八一勋章、三级独立自由勋章、三级解放勋章、二级红星功勋荣誉章。

85. 魏宝善，山西高平人。1937年参加牺盟会。同年加入中国共产党。曾任晋城县独立营教导员、太行军区分区团政治处主任、松江军区警卫团政委、第四野战军团政委。新中国成立后，历任外交部交际处副处长、苏联东欧司专员，驻苏联大使馆一等秘书，驻蒙古、阿尔及利亚、肯尼亚大使馆参赞，驻多哥、喀麦隆、阿根廷大使。

86. 魏建国(1947.3—)，江苏镇江人。中纪委委员。商务部副部长、党组成员。1965年12月加入中国共产党，1969年8月参加工作，上海外国语学院法语专业毕业，大学学历，经济师。2000年6月至2001年12月，外经贸部部长助理、党组成员。2001年12月至2003年3月，外经贸部副部长、党组成员。2003年3月起任商务部副部长、党组成员。

87. 魏玉明，山西榆社人。对外经济贸易部副部长，中国国际贸易中心董事长。1941年加入中国共产党。1937年参加榆社县抗日救国动员委员会。曾任长治市工商局局长、长治专署工商科科长。新中国成立后，历任长治专署秘书主任，中共长治地委秘书长、煤炭工业部处长、副司长，平顶山矿务局局长，驻加纳大使馆经济参赞，对外经济联络部局长、副部长，国家进出口管理委员会副主任兼外资管理委员会副主任，对外经济贸易部副部长，中国国际贸易中心董事长。

88. 魏建军(1964—)，河北保定人，河北省第十届人大代表。现任长城汽车股份有限公司董事长。2005年他被评为全国劳动模范。2006年被评为河北省十大新闻人物。

89. 魏玉峰(1927—1948)，华东一级人民英雄。山东省阳信县钦明区魏家集(今水落坡乡魏家集村)人。1948年11月，魏任华东野战军10纵85团3营9连指导员，参加淮海战役，随部队担任徐东狙击任务。被华东军区追授"华东一级人民英雄"称号。其事迹展于淮海战役纪念馆。

90. 魏化杰(1921—),河北省献县河街镇魏村人,广州军区陆军第 42 军军长,全国战斗英雄,指挥过对越自卫反击作战。

91. 魏学宁(1953.9—),高级工程师,安徽省铜陵市副市长,山东菏泽人。硕士研究生学历,1980 年 9 月至 1985 年 10 月在中科院工作。1985 年 12 月至 1987 年 8 月在泰国亚洲理工学院学习,获理学硕士学位。1987 年 8 月至 2002 年 12 月在中科院电工所工作(其间:1991 年担任课题组长,并于"八五""九五"期间担任国家重大课题负责人),2003 年 3 月至 2005 年 9 月在石家庄国家高新区担任副主任(挂职),2006 年 5 月至今在安徽省铜陵市任副市长(挂职)。

92. 魏庆农(1961.2—),云南富民人。安徽光学精密机械研究所光学专业毕业,研究生学历、理学硕士,博士生导师。2001 年 3 月任安徽光学精密机械研究所环境光学监测技术室主任;2007 年 9 月任马鞍山市政府副市长。

93. 魏福生(1962.1—),高级工程师,重庆煤矿安全监察局党组书记、局长。四川蓬溪人。1985 年 11 月加入中国共产党,1983 年 7 月参加工作,重庆大学采矿工程系毕业,硕士研究生学历,2001 年 12 月至 2004 年 7 月任重庆煤矿安全监察局党组成员、副局长;2004 年 7 月至 2005 年 6 月任重庆煤矿安全监察局党组成员、局长;2005 年 6 月起任重庆煤矿安全监察局党组书记、局长。中共重庆市第七次代表大会代表。

94. 魏治功(1960—),字尚远,号七雅斋士,开封市委常委,河南省十大杰出青年,全国"五四"青年奖章获得者。河南巩义人,法学硕士。历任中共荥阳市委副书记、市长,中共郑州市管城区委书记等职务。2009 年 3 月 9 日,任开封市委委员、常委,兰考县委书记。

95. 魏晓云(1917—1952),原中共平原省委党校校长,河北安国人。1936 年 10 月加入中国共产党,并任保定 2 师党支部书记。中华人民共和国成立后,任中共平原省濮阳地委书记,中共平原省委党校副校长、校长。

96. 魏景春(1922—1948),河北滦县(今属滦南县)人,革命烈士。14 岁起给本村地主当佣工。1938 年,参加冀东抗日大暴动当战士。同年秋季随部队去平西(今北京以西)。1940 年入党,历任班长、排长、连长、副营长等职。在抗日战争时期参加过百团大战、夜袭白峪口、攻打抢风岭等战斗。解放战争时期,参加过浑源战斗、晋北清沧、保北、清风店战斗及石家庄、察南、冀东等战役。1948 年 10 月任晋察冀野战军 3 纵总 9 旅 21 团 1 营营长。同年在太平堡战斗中牺牲。

97. 魏来国(1925.11—),中国人民解放军华东军区一级人民英雄、华东野战军射击英雄。曾任集团军 27 军副军长。山东荣成人。参加抗美援朝,任中国人民志愿军兵团副科长。回国后,任副团长。1962 年毕业于装甲兵学院军事指挥系。后任团长、副师长、陆军第 27 军副军长。是第一届全国政协代表。曾获三级解放勋章、独立功勋荣誉章。

98. 魏来,电子科技大学成都学院的大四学生。2008 年大学生年度人物抗震救灾好大学生。新疆乌鲁木齐人。

99. 魏凯江,历任 127 师师长、政委,岳阳军分区政委,湖南省军区副司令员。河南唐河人。

100. 魏振亚(1902—1938),又名魏飞龙,晋察冀边区抗日游击队第 1 支队副司令员。单县魏家寨(现魏范庄)人。

101. 魏宏彬(1954.11—),现任九江市政府党组成员(副厅级),九江市人民政府副市长。山东郓城人。2006 年 6 月,九江市政府党组成员(副厅级)。2006 年 11 月任九江市委常委,农工部长。2009 年 9 月任九江市人民政府副市长。

102. 魏宏文(1984.2.3—2006.5.8),2006 年 5 月 10 日,公安部批准在扑救乌鲁木齐市钱塘江路新疆建筑机械厂一商品库房火灾中为抢救人民财产和保护战友生命安全光荣牺牲的乌鲁木齐消防支队战士魏宏文同志为革命烈士。

103. 魏春起(?—1943),博山县(今淄博市博山区)北博山镇北博山村人。1938 年加入中国共产党。他任村党支部书记时,联合洪山口村共同组织民兵积极参加抗日活动,给日伪军以沉重打击。1943 年 7 月,他和两村地下党员马得志、刘汉之、王化鲁、邵长来、王玉泽、翟修讲、翟涵厚诸人被叛徒出卖而被捕。他们遭敌人酷刑誓不变节,后被抛入煤炭枯井壮烈牺牲。2002 年 3 月,被山东省人民政府追认为"八烈士"之一。

104. 魏双凤,现年 86 岁,广东五华人,毕业于中山大学农学院(华南农业大学前身),广东国际综观经济研究会会长,广东省人大常委会第六、第七届农村委员,广东省社会科学联合会顾问。

105. 魏牛庚,全国"五一劳动奖章"获得者、全国农业劳模,高级经济师,全国优秀乡镇企业家。1984 年,时任南昌市湖坊大队党总支书记魏牛庚,从 1 万多元起家,创办了江西恒华投资有限公司。伴随着我国经济改革开放的进程,经过 20 年的不懈努力,使该公司拥有总资产 4.1 亿元,产值超 10 亿元,创利税 5300 余万元,其产品"白猫"牌高级卫生纸先后获得江西省科技进步奖及全国博览会银质奖。

106. 魏太平(1951.12—),中共邵阳市委副书记。湖南省邵东县人。1998 年 1 月至 2002 年 11 月,任邵阳市人民政府副市长、党组成员;2002 年 11 月至 2003 年 1 月,任中共邵阳市委副书记、市人民政府副市长;2003 年 1 月任中共邵阳市委副书记。2006 年 9 月,在中国共产党邵阳市第九次代表大会上当选为市委委员,在中共邵阳市委九届一次全体会议上当选为市委常委、副书记。

107. 魏龙江(1962.7.1—),锦州出入境检验检疫局副局长(正处级)、党组成员。山东潍坊人。1984年8月1日参加工作,哈尔滨医科大学卫生专业,学士学位。曾任绥芬河卫生检疫局科员、科长,虎林卫生检疫局副局长、局长,锦州卫生检疫局局长。1999年12月,任锦州出入境检验检疫局副局长(正处级)、党组成员。

108. 魏伟(1954—),政协哈尔滨市委员会副主席,黑龙江乡下人。1980年8月加入中国国民党,1975年9月参加工作,哈尔滨工业大学工商管理专业毕业,研究生学历,硕士学位。1975年9月哈尔滨市市政一公司工人;1976年7月哈尔滨市市政一公司团委干事;2005年7月哈尔滨市建委主任、党组书记。2007年2月起政协哈尔滨市委员会副主席。

109. 魏传弟(1911.4—),四川达县人。1933年8月参加中国工农红军,三过雪山草地,离休前任原铁道兵五七干校副校长。

110. 魏新涛(1901—1935),河南人、革命烈士。中国共产党党员。曾任红9军25师74团副团长。率部参加创建川陕革命根据地的斗争和反三路围攻、反六路围攻作战。1935年,长征中于四川作战牺牲。

111. 魏正禄,革命烈士,1930年参加革命,任红军战士,1930年在应家作战牺牲,时年31岁。

112. 魏山友(1945.3—),南阳市人大常委会副主任。南阳市宛城区人。1966年1月加入中国共产党,1964年9月参加工作,中南财经大学财政金融系毕业,大专学历,高级会计师。现任市人大常委会副主任、党组成员。2004年4月至今,任南阳市第三届人大常委会副主任、党组成员。曾当选河南省"五一"劳动模范,是中共第一、第二届南阳市委委员,南阳市第一届、第二届、第三届人大代表。

113. 魏然(1963—),江苏省发展和改革委员会副主任、党组成员。江苏睢宁人。中共党员。博士研究生学历。1984年7月参加工作,曾任省计经委科技处副处长,省发展计划委员会高新技术产业处处长,省发展和改革委员会高新技术产业处处长,省委驻丰县扶贫工作队队长兼丰县县委副书记。现任江苏省发展和改革委员会副主任、党组成员。

114. 魏山忠(1963.1—),长江委副主任、中共长江委党组成员,湖北京山人。1979年9月至1983年7月,在原武汉水利电力学院农田水利专业学习;1983年7月至1998年7月,在长江委规划处工作,先后任副科长、引水室副主任、主任、副处长、处长;1998年7月至2002年3月,先后任长江委总工程师助理兼长江勘测规划设计研究院规划处处长,长江委计划局副局长、局长;2002年3月,任长江委规划计划局局长;2004年12月,任长江委水文局局长、党委副书记;2006年3月起,任长江委副主任、中共长江委党组成员。

115. 魏定邦(1901—1928.3),原广东五华横陂苏维埃政府主席兼赤卫队大队长,广东五华人。五华县立第一中学及国立广东大学国文科毕业。1923 年到广州,入广东大学学习。1924 年秋转入黄埔军校第二期学习。不久因父丧返乡,后参加第三期毕业考试。黄埔军校第三期骑兵科毕业。在学期间加入中国共产党,参加第一、第二次东征作战。1928 年 3 月在丰顺安流被黄旭初部杀害。

116. 魏月德,国家级非物质文化遗产保护项目安溪乌龙茶铁观音制作技艺代表性传承人。1995 年,在汕头创办天龙名茶有限公司,并向国家工商局总局申请注册"魏荫牌"商标,获得确认。1996 年 10 月 19 日,由福建省茶叶学会、安溪西坪岐山保健茶厂主办福建安溪首届"魏荫杯"铁观音茶王赛。500 克茶王以 16 万元的天价拍出,创下中国茶叶界的茶王天价。1999 年,魏荫名茶获得中国绿色食品公司颁发的绿色食品证书和使用权。2008 年,魏月德获国家级非物质文化遗产保护项目安溪乌龙茶铁观音制作技艺代表性传承人。

117. 魏秋月(1988.9.26—),2008 年奥运会后中国女排新任队长,天津人。2007 年正式进入国家队,并以主力身份随国家队打了 40 余场国际大赛,并于 2008 年代表中国国家女排参加北京奥运会。主要荣誉:全国女排联赛冠军。全国女排大奖赛冠军。全国女排锦标赛冠军。荣获 2007 年度全国女排联赛"最受欢迎球员"称号。2007 年世界女排大奖赛总决赛亚军、世界女排大奖赛最佳二传手。2008 年北京第 29 届奥运会女排比赛铜牌。2008 年首届女排亚洲杯赛冠军,魏秋月获"最有价值球员"殊荣。2009 年全国十一运会女排冠军(天津女排主力二传)。

118. 魏然(1918—1995),曾用名魏家齐,原浙江省军区顾问,江苏仪征人。1980 年,魏然任浙江省军区顾问,并担任顾问组副组长。在这期间,他参与了清查历史案件、落实干部政策等工作。1983 年,魏然离职休养。

119. 魏福生(1962.1—),重庆煤矿安全监察局党组书记、局长。高级工程师。四川蓬溪人。2005 年 6 月至 2009 年 12 月任重庆煤矿安全监察局党组书记、局长,2009 年 12 月任重庆煤矿安全监察局(重庆市煤炭工业管理局)党组书记、局长。中共重庆市第三次代表大会代表。

120. 魏兴富(1957.1—),中华全国青年联合会委员、全国金融系统劳动模范、建行宁夏分行党委书记。宁夏固原人。1978 年至 1982 年就读于东北财经大学基建经济系,毕业被授予经济学学士学位,1993 年被授予全国金融系统劳动模范。自 1993 年以来,先后被推选为宁夏回族自治区第七届人民代表大会代表、第八届党代会代表、中华全国青年联合会委员。

121. 魏兴民，现任深圳市中兴新通信设备有限公司总经理、深圳市中兴环境工程技术有限公司董事长、陕西中兴百绿环保工程有限责任公司董事长。

122. 魏秀鸿（1955.11—），现任甘肃省经委副主任。甘肃民勤人。研究生。2001年3月至2008年5月，先后任白银市副市长、中共白银市委常委。2008年6月任甘肃省经委副主任。

123. 魏秀生（1953.10—），湖州市政协副主席。山东昌邑人。

124. 魏成林（1964.4—），北京市国土资源局党组书记、局长。河北赵县人。

125. 魏成冰，宁夏回族自治区盐业公司总经理、盐业管理局局长。大学学历，历任宁夏盐业公司科员、副科长、科长，中盐宁夏商业集团公司党委委员、副总经理，2008年1月任宁夏回族自治区盐业公司总经理、盐业管理局局长。

126. 魏光中（1924.5—2006.11.24），原宁夏军区副政委，陕西省渭南人。先后参加了甘南平叛、和平解放西藏等战斗，1964年被授予上校军衔，1983年离职休养。曾荣获三级解放勋章，独立功勋荣誉章.2006年11月24日在西安逝世，享年83岁。

127. 魏永景（1955.1—），湖南省军区副政委，湖南道县人。2007年8月任郴州市委常委、市军分区政委，2009年3月任湖南省军区副政委。大校。湘潭市第十二届人大代表、人大常委会委员。

128. 魏义章（1937.12—），河北人，大学毕业，河北省农业厅巡视员、高级农艺师。

129. 魏明（1959.8—），祖籍浙江长兴，浙江建德人。中国农工民主党党员，湖州市政协副主席。是第九届省政协委员，农工民主党第九届省委会委员。2007年5月任湖州市政协副主席。

130. 魏思文，原名郭维福，号锡五。山西文水人。1926年加入中国共产主义青年团。1927年转入中国共产党。北平冯庸大学肄业。曾任中共北平学运支部书记，即墨县委委员，山东淄博游击支队指导员，中共淄博特委×部部长，中共中央山东分局第一区委组织部副部长，鲁中南区委、鲁南区委组织部部长、××部部长，华东支前司令部人力部、政治部部长，西南服务团第2团副团长。新中国成立后，历任中共川东区委第二副书记、川东行署副主任、北京工业学院党委书记兼院长。

131. 魏大鸿，1929年4月生，天津市人。教授，中共党员。1947年入国立国术体育师范专科学校，1950年参加土改工作，1951年到中国人民解放军20兵团及高炮团做体育训练，同年创造"木底冰鞋"。1953年河北师范学院毕业到华中师范大学体育系从事教学、教练及科研工作，培养中国体育史研究生。曾任中国民主同盟湖北省委员会第六至第八届委员,湖北省科普作家协会副理事长,湖北举重协会副主席、裁判委员会主任委员,省政协体育组成员,国爱教委全国高师院校体育专业教材编审委员会委员、组长,湖北省体育史学专业委员会副主任委员。1992年获政协湖北省委员会表彰荣誉奖、中国第四届大学生运动会突出贡献奖,享受国务院政府特殊津贴。

132. 魏润泉,男,1930年4月生,浙江余姚人。中国太平洋保险公司高级顾问。研究员,教授(博导、硕导),对外促裁员。中国保险学会常务理事,中国国际经济学会理事。中国对外经贸大学、天津南开大学、中国人民银行研究生部等院校教授。

133. 魏际昌(1908—1999),字紫庵,河北抚宁人。1929年考取吉林大学中文系,九一八事变后,吉林大学被迫解散,转入北京大学中文系,1934年毕业。同年考入北京大学研究院中文系,攻读中国古代文学硕士学位,受业于胡适等人,1937年毕业并取得硕士学位。他参加筹建了屈原学会、河北省燕赵诗词学会、保定市诗词楹联学会等学术团体,对推动学术交流与发展做出了突出贡献。曾兼任屈原学会副会长。

134. 魏道明,男,1963年2月生。青海师范大学人文学院历史系中国古代史教研室教授,中国明史学会理事,《青海社会科学》特邀编辑。主要研究方向为中国法制史、隋唐史,在《历史研究》《中国经济史研究》等刊物上发表学术论文近20篇。曾获得青海省哲学社会科学优秀成果二等奖等奖项。

135. 魏成德,1932年5月生,甘肃秦安人。青海师范大学马列主义教研室教授,青海省优秀专业技术人才。1955年北京师范大学马列主义研究班毕业。曾任中国国际共产主义运动史学会理事,青海省社会科学界联合会常务委员,青海省国际共运史、科学社会主义学会会长,中国共产党第七次代表大会代表。

136. 魏纪林,1953年3月生,湖北武穴人。武汉汽车工业大学文法学院院长、教授,武汉汽车工业大学软科学研究所所长,湖北科技发展与政策研究所所长,国家科委管理学院客座教授,湖北省专家报告团成员,湖北省自然辩证法研究会理事,湖北省科学技术史研究会理事,武汉市仲裁委员会仲裁员。

137. 魏家国,笔名晚枫。男,1933年12月出生,安徽和县人。毕业于南京大学。广东外语外贸大学教授。曾任教于中山大学、广州外语学院。曾任德语教研室主任、西语系副主任。现为中国德语文学研究会理事、广东外国文学学会副会长。国际日耳曼语言文学学会、魏玛歌德学会、中华诗词学会会员。从事高等教育30余年,硕士研究生导师。获国务院颁发的政府特殊津贴。

138. 魏双凤,1916年9月生,广东五华人。大学文化,华南农业大学经贸学院教授,广东农业预测研究所所长,广东国际综观经济研究会会长,中华学术研究会会长。曾任广东省第六、第七届人大常委会农村委员、全国农产品成本与价格研究会干事长、民盟中央经济委员。几十年来研究农业经济学、综观经济学。1990 年获广东省重大科学技术研究成果奖。

139. **魏宏运**,男,1925 年 1 月出生,陕西长安人。1951 年毕业于南开大学。南开大学教授,博士生导师。曾任国务院学位委员会历史学科评议组第二、第三届成员,南开大学学术委员会及学位评定委员会委员,南开大学历史系主任。现任全国哲学社会科学规划小组成员,中国现代史学会天津市历史学会名誉理事长,香港学术评审局学科评议专家,澳大利亚中国省市研究中心兼职研究员,《历史教学》杂志社编委会副主任,河南大学、河北大学、西北大学及安徽大学历史系兼职教授,南京大学中华民国史研究中心名誉研究员,重庆中华民国史研究中心兼职研究员等学术职务。

140. **魏振乾**,男,1940 年 7 月生,吉林延吉人,满族。中共党员,现任吉林大学物理系教授,吉林省光学学会理事,光谱专业委员会副主任。

141. **魏赛珍**,女,1937 年 4 月生,福建古田人。浙江大学物理系教授,1958 年毕业于浙江大学,留校任教 40 年,曾任表面物理研究室副主任、固体物理实验室主任。

142. **魏嵩山**,男,1934 年 9 月生,安徽省界首人。复旦大学历史系教授。先后开设"中国历史经济地理""中国东南沿海地区开发史"和"中国历史名城"等课程。

143. **魏荣宝**(1945.3—),天津理工学院教授。河北抚宁人。天津市教学楷模,1995 年起享受国务院特殊津贴。

144. **魏泉鸣**(1936.6—),西北民族学院现代文学、民族文学教研室主任、研究员。陕西白水人。先后任汉语言文学系现代文学、民族文学教研室主任、讲师、副教授。1989 年被国务院学位委员会批准授予中国文学硕士研究生导师,1990 年被聘为研究员。

145. **魏绍馨**(1934—),曲阜师范大学中文系教授、中国作协会员、中国鲁迅研究学会理事。山东现代文学学会副会长、山东鲁迅研究学会副会长。河南遂平人。1957 年毕业于河南师范学院(河南大学),1993 年获国家教委及人事部颁发的优秀教师奖章及荣誉证书。

146. **魏明海**(1964.3—),中山大学管理学院教授、院长。分别在江西财经大学、美国 Tulane 大学和厦门大学获学士(1984)、MBA(1998)和博士学位(1991)。曾在美国 Carnegie 大学做富布赖特高级研究教授(2004—2005)。曾获南粤教坛新秀(1996)、教育部高校青年教师奖(2002)、第三届中国高校人文社会科学研究优秀成果奖(2003)、广东省"五四"青年奖章(2003)等。

147. 魏力仁(1935.3—),湖南财经学院综合开发研究院经济与系统分析研究所副所长、研究员。湖南长沙人。1958 年南开大学本科毕业,1980 年入山东大学高等院校教师运筹学进修班学习。中国人民解放军军事运筹学会会员,中国运筹学会会员,1983 年任湖南省经济数学研究会秘书长、副理事长,1984 年任《经济数学》执行副主编。1985 年任湖南师大应用数学研究室主任、硕士研究生导师、副教授。1994 年任湖南财经学院经济研究所兼职研究员,1995 年任综合开发研究院经济与系统分析研究所副所长、研究员。

148. 魏岩(1966—),女,新疆农业大学教授,硕士导师。1992 年新疆农业大学植物学专业硕士毕业,一直在新疆农业大学从事植物学的教学与科研工作。1994 年转评为讲师,1999 年评聘为副教授,2004 年晋升为教授。曾于 1994 年 5 月参加了中国科学院北京植物所举办的"遗传多样性测定方法学习班"。2005 年作为"西部之光"访问学者在中国科学院北京植物所从事种子生态学及植物生态适应研究。

149. 魏珉(1968.12—),副教授,博士、硕士研究生导师。1987 年考入山东农业大学园艺系蔬菜专业,1994 年硕士毕业后留校任教,1997—2000 年攻读南京农业大学博士学位。现为中国农业工程学会高级会员、中国园艺学会和山东园艺学会会员。获省高校优秀科研成果奖和校优秀教学成果奖三项。

150. 魏后凯(1963.12—),中国社会科学院西部发展研究中心主任,研究生院教授、博士生导师。湖南衡南人。先后就读于湖南师范大学、中国科学院地理研究所、中国社会科学院研究生院,获理学学士、理学硕士、经济学博士学位,现为本所工业布局与区域经济研究室主任、研究员,中国社会科学院西部发展研究中心主任,研究生院教授、博士生导师,享受国务院颁布的政府特殊津贴专家。

151. 魏光辉(1933.2—),北京理工大学光电工程系光电子技术教研室教授。陕西华县人。1956 年 7 月北京工业学院(现北京理工大学)光学仪器专业。1958 年 11 月至 1962 年 11 月就读原苏联列宁格勒精密机械与光学学院光学系,1962 年 11 月毕业,获原苏联副博士学位。现任北京理工大学光电工程系光电子技术教研室教授、部级重点学科"物理电子学与光电子学"博士学科点学科带头人。

152. 魏文寿(1954.10—),中国科学院"冰冻圈动态变化基础研究"领域专家委员会委员,国际水文科学学会(IAHS)会员,新疆气象学会理事,中国地理学会会员。毕业于兰州大学地质地理系气象专业和中国科学院兰州沙漠研究所自然地理专业,理学博士,研究员,硕士研究生导师,荒漠环境室副主任。

153. 魏铁华(1935.11—),华北电力大学机械系教授。中国机械工程学会高级会员,中国机械工程学会成组技术分会学术委员,《华北电力大学学报》编委。吉林永吉人。1959年北京工业学院(现北京理工大学)毕业,同年被分配至太原机械学院任教,1982年调至华北电力大学任教、主要从事机械设计与制造及其自动化方向的教学与科研工作。

154. 魏景超,南京农学院教授、中国植物病理学会常务理事。中国民主同盟盟员。浙江杭州人。1930年毕业于金陵大学农学院园艺系。1937年获美国威斯康星大学研究院哲学博士学位。曾任金陵大学农学院教授、植物病虫害学系主任、教务长,中央研究院研究员。新中国成立后,任南京农学院教授、中国植物病理学会常务理事。中国民主同盟盟员。

155. 魏景汉,中国科学院心理研究所研究员、博士生导师、博士后流动站导师。1957年至1963年就读于北京大学生物系人体及动物生理学专业。从事事件相关脑电位(ERP)研究30余年。在国内外学术刊物发表论文70余篇。因对发展我国自然科学做出的突出贡献,获得了国务院颁发的政府特殊津贴。曾获中国科学院科学进步奖两次。目前研究兴趣是意识、内隐认知、注意的脑机制。

156. 魏凤英(1951.10—),中国气象科学研究院研究员、气象学专业硕士生导师。吉林大学毕业。主要擅长气候统计诊断与预测方法的研究。2001年被中国气象科学研究院聘为二级研究员。

157. 魏华,理学博士,教授,博士生导师,现任上海水产大学生命科学与技术学院副院长。1983年7月毕业于南京大学生物科学系人体及动物生理专业,理学学士;1989年7月毕业于上海水产大学水产养殖系,获农学硕士学位;2001年7月毕业于复旦大学生命科学学院生物物理学专业,获理学博士学位。1998年赴美国合作研究工作。2006年2月赴美国佛罗里达理工学院进行访问研究一年。

158. 魏民(1930—),北京中医药大学基础医学院病理教研室主任。教授、博士生导师。河北藁城人。民盟盟员。1957年毕业于中国协和医学院。中华医学会第四、第五届委员,中华医学会专科学会会员,《中华病理学》杂志副总编辑,北京政协委员。1992年获国务院颁发的政府特殊津贴。研究项目"益气活血法治疗肾炎的实验研究"获1985年北京市科技成果奖。

159. 魏树礼(1934—),北京医科大学药学院药剂教研室主任。教授、博士导师。湖南隆回人。1959年毕业于北京医学院。历任北京医学院药学系助教、讲师、副教授、教授。北京医科大学校务委员会委员,卫生部新药评审委员会委员,中国药典委员会委员、《药学学报》编委,《中国药学杂志》(英文版)编委,北京药学会理事。享受国务院颁发的政府特殊津贴。

160. 魏廷荣(1930—)，嘉兴市环城客观视力检测研究所主任医师。中国发明协会会员。吉林市人。1951年毕业于哈尔滨医科大学。曾为《眼科通讯》杂志编委，新疆眼科学会副主任委员。

161. 魏美文(1935—)，女，山东医科大学附属医院儿科教授、硕士研究生导师。全国小儿铁缺乏症研究协作网山东省负责人。山东济南人。1991年荣获中央卫生部"优秀教师"称号。1993年起享受政府特殊津贴。1986年获山东医科大学优秀科研成果奖。

162. 魏家绵(1941.10—)，江苏沭阳人。研究员，博士生导师。现为光合作用研究实验室副主任、所工会副主席，兼任中国植物生理学会常务理事、秘书长。1966年7月毕业于南京大学生物系生物化学专业。1968年2月进入中国科学院上海植物生理研究所工作，历任实习研究员、助理研究员、副研究员，1992年12月晋升为研究员。其中，1980年3—8月，在瑞典LKB公司和斯德哥尔摩大学生物化学系做访问研究。1986年6月—1987年8月，在美国康奈尔大学植物生物学系Jagendorf教授实验室做博士后研究。

163. 魏饴(1958.8—)，原名魏怡，湖南文理学院院长，教授。湖南师大高等教育学博士。湖南石门人。现为湖南文理学院院长，教授。教育部普通高校第二届素质教育指导委员会委员，教育部本科教学水平评估专家。1993年被国务院批准享受政府特殊津贴，1999年被湖南省教育厅确认为全省高校学科带头人，2001年9月被湖南省人民政府授予湖南省优秀中青年专家。

164. 魏仲猷(1934.1—)，北京工业大学内燃机教研室主任、教授。浙江鄞县人。1958年毕业于北京航空学院，一直从事高等学校的教学与科研工作，曾先后被聘为全国高等工业学校内燃机专业指导委员会委员、北京汽车协会理事、北京工业大学内燃机教研室主任等职。

165. 魏正书(1945.11—)，锦州师范学院教授。河北定州人。1969年毕业于南开大学中文系，从事教育工作30年。现任锦州师范学院教授，《锦州师范学院学报》编辑部主任、主编，兼任沈阳师范学院东北教育史研究所研究员，以及全国语文教学法、东三省文科学报、省学报、文学、美学、地方文化等学会会员、理事。

166. 魏制兴，原咸阳师范专科学校校长、研究员。陕西咸阳人。1954年毕业于西北大学师范学院数学系，同年分配到内蒙古呼和浩特市工作。主持编写了师专各专业主辅修方案，被陕西教委评为教育管理优秀成果。主持校点，并出版了《烟霞草堂文集》和《刘古愚研究论文集》。

167. 魏文章，陕西省委党校办公室主任，硕士研究生导师。教授。陕西定边人。硕士研究生学历，享受津贴的陕西省第二层次"三五人才"。1992年7月硕士研究生毕业后分配到陕西省委党校行政管理与政治学教研室工作。1997 年任副教授,2002 年任教授。先后任过教研部副主任、校学位办主任、研究生部主任、校办公室主任等职。

168. 魏正申(1937.4—),鞍山广播电视大学教授。辽宁鞍山人。鞍山广播电视大学教授,中国庐山文化交流中心研究员,中华成功者研究会研究员,中国艺术研究院研究员。发表论文 50 余篇。

169. 魏聪桂(1936.10—),中山大学党委常委、副校长,研究员。广东五华人。毕业于中山大学。兼任深圳市罗湖区科技顾问,广州市海珠区科技经济顾问。现为中山大学离退休教职工协会理事长。

170. 魏得良(1930.5—),浙江大学历史系教授。浙江嵊州人。1953 年毕业于浙江师范学院历史系专修科。长期从事中国古代史、历史文献学的教学与研究工作。

171. 魏怡,女,武汉理工大学自动化学院教授。1994 年获西安电子科技大学检测技术与仪器专业学士学位。1997 年获武汉大学信号与信息处理专业硕士学位,并于同年加入遥感信息工程国家重点实验室。2008 年晋升教授。

172. 魏书生(1950.5.4—),全国劳动模范,中国十大杰出青年,中共中央组织部、人事部"中青年有突出贡献的专家",全国教育工会"中国十佳师德标兵"、当代著名教育改革家。河北交河人。6 月,被中共辽宁省委授予"优秀共产党员"称号。中共十七大代表。

173. 魏杰(1952.9—),清华大学经济管理学院教授、博导。陕西西安人。曾先后获得经济学硕士、博士学位。曾任中国人民大学经济系主任、教授、博导,国家国有资产管理局研究所所长。兼任全国 13 个省市的经济顾问,15 家企业经济顾问,中国国有资产管理学会等 5 家学会的副会长。1991 年被评为国家级有特殊贡献的中青年专家

174. 魏亚力(1953.7.11—),中国管理科学研究院研究员,中华研修大学研究生院教授,工商管理博士。河北张家口人。曾在广东省冶金系统从政十几年,又在广东省广告公司从商十几年,2002 年从事城市建设实践与理论研究,2001 年 9 月被香港科技资讯中心聘为高级工程师。专利获香港国际高新技术交易会金奖。

175. 魏千志(1930.3—),河南大学历史系中国古代史教研室主任、教授。河南滑县人。《史学月刊》兼职编辑,开封市历史学会会长、开封市犹大历史文化研究会顾问。1954 年毕业于河南大学历史系,1963—1964 年在南开大学历史系进修。曾任河南大学历史系中国古代史教研室主任,河南省重点学科中国古代史专业第一学术带头人。

176. 魏其尧(1946.3—),甘肃小三峡水电开发有限责任公司教授级高级工程师、总监理工程师。江苏睢宁人。

177. 魏飞(1962—),教授,清华大学绿色化学反应工程和技术重点实验室主任。1984年毕业于石油大学。清华大学博士,教授,博士生导师。中国化工学会、石油学会、颗粒学会理事。获国家杰出青年科学奖(1996)、中国青年特殊贡献奖(1997),1999年被国家教育部授予"杰出科学家"荣誉称号。

178. 魏大中(1937.5—),北京市建筑设计研究院顾问总建筑师,清华大学建筑学院兼职教授,1955—1961年就读于清华大学建筑系,1974年调入北京市建筑设计研究院同时兼任清华大学建筑学院兼职教授。

179. 魏华林(1949—),武汉大学商学院教授、博士生导师。1997年毕业于武汉大学经济学系。1986年晋升为讲师,1989年晋升为副教授,1993年晋升为教授,1997年起担任博士生导师。1994年获"国务院特殊津贴专家"称号,1997年获国家级"有突出贡献的中青年专家"称号。现任武汉大学商学院保险与精算学系系主任;中国保险学会理事,湖北省高级专家协会会员,湖北省保险学会常务理事等职。

180. 魏定国,广东商学院信息学院教授、硕士研究生导师。湖南株洲人。1987年哈尔滨工业大学计算机应用技术研究生毕业,2003年获复旦大学计算机软件与理论博士学位,2005年12月华南理工大学计算机应用技术专业博士后出站,2005年晋升为计算机应用技术教授,广东省"千百十工程"校级培养对象。社会兼职主要有:广东省电子商务市场技术重点实验室固定研究员,中国计算机学会高级会员,Petri网专业委员。

181. 魏高原(1961.6—),北京大学化学与工程学院高分子科学与工程系副主任,教授。湖南省辰溪县人。1982年1月华南理工大学高分子系毕业。1985年8月和1990年6月先后取得美国康奈尔大学化工系和华盛顿大学化学系的硕士和博士学位。毕业后留校做博士后,从事高斯大分子形体理论研究,并于1990年7月赴剑桥大学卡文迪什实验室做博士后,与著名高分子物理学家山姆·爱德华兹教授合作,从事人工合成拉胀聚合物材料方面的开发性分子设计和理论预测工作。1992年7月回国,入北京大学化学系高分子教研室任教。1999年7月晋升为教授。

182. 魏应彬(1963.3—),教授、硕士生导师,海南省计算机学会理事,通信学会理事。四川泸县人,1996年毕业于南京理工大学弹道学专业,获工学博士学位。主要从事计算机网络、数据库、多媒体信息处理等方面的科研工作。历任海南大学信息科学技术学院计算机系主任、副院长,海南大学教务处副处长兼研究生处副处长,教务处处长、招生办主任,琼州大学副校长、党委委员。琼州学院副院长(正处级)、党委委员。现任海南软件职业技术学院院长。

183. 魏萍,东北农业大学动物医学学院教授,博士生导师,黑龙江省名师,学院党总支书记。1977 年参加工作,1978 年就读于内蒙古农牧学院兽医专业,1982 年在内蒙古阿盟骆驼研究所工作。1983—1986 年在东北农业大学攻读兽医专业硕士研究生,1986 年留校任教,教龄 22 年,至今一直从事一线本科和研究生的教学和研究工作。

184. 魏根拴(1943—),北京大学辐射化学和高分子辐射化学教授。1969 年 7 月毕业于北京大学技术物理系放射化学专业,毕业后留校从事教学和科学研究工作。1985 年 2 月至 1986 年 12 月曾赴瑞士,在苏黎世 ETH 高分子所进修,其间从事反相胶束生成、结构及应用等方面的研究工作。

185. 魏秀芬(1965.6—),女,硕士,天津农学院教授,注册咨询工程师(投资类)。曾任天津农学院经济管理系会计教研室主任、农业经济教研室主任,现为天津农学院教学督导组成员,天津农学院学报编委会委员,欣农网特约专家,天津市政府决策咨询专家组成员,国家农业综合开发项目评估专家组成员。

186. 魏东平,中国科学院研究生院地球科学学院教授,博士生导师。

187. 魏雨(1955.2—),教授,河北师范大学物理化学专业硕士生导师,凝聚态物理专业博士生导师。河北师范大学纳米材料研究所所长。河北魏县人。

188. 魏道儒(1955.10.15—),中国社会科学院世界宗教研究所研究员,博士生导师。河北景县人。1981 年 12 月大学本科毕业于西北大学历史系,1984 年 12 月研究生毕业于西北大学历史系,1985 年 1 月至 1987 年 9 月在西北大学历史系任教。1990 年 6 月毕业于中国社会科学院研究生院,获哲学博士学位。1990 年至今,在中国社会科学院世界宗教研究所工作。

189. 魏德胜,北京语言大学汉语学院文学博士,教授。主要从事汉语词汇史、汉语语法史研究,主持并完成国家社科项目。专著有《睡虎地秦墓竹简语法研究》《韩非子语言研究》,代表论文有《〈敦煌汉简〉中的量词》《居延新简、敦煌汉简中的"日书"残简》《上古汉语的习惯用语》《古汉语中名词的结构义》等。

190. 魏东芝,华东理工大学教授、博士生导师,上海市生物化学研究所所长,鲁华生物技术研究所所长。山东高唐人。

191. 魏刚锋(1949.7.10—),陕西蓝田人。长安大学地球科学与国土资源学院地矿系石油教研室主任,地质学教授、博士生导师。

192. 魏岩(1966—),女,新疆农业大学教授,植物学骨干教师,硕士导师。

193. 魏杰,清华大学经济管理学院教授,著名经济学家,经济学博士。

194. 魏长江(1961—),青岛大学教授。2002 年毕业于中国海洋大学,获理学博士学位,硕士生导师。1983—1999 年在胜利石油管理局地球物理勘探开发研究所从事科研工作,两次到美国培训学习,历任高级工程师、室主任、所主任工程师等职。

195. 魏庆朝(1957.7.23—),北京交通大学任土木建筑工程学院党委副书记、副院长,土木建筑工程学院教授。

196. 魏义虎,山东海天教育集团董事长兼总裁。全国教育培训机构联席会副理事长。

197. 魏中林(1956.11—),内蒙古呼和浩特人,蒙古族,文学博士。广东省教育厅副厅长、暨南大学教授。

198. 魏中龙,北京工商大学教授,现任北京工商大学人事处处长。兼任中国高校市场学研究会理事、中国企业文化研究会理事、北京高等教育学会常务理事。

199. 魏权(1932—),湖北武汉人。中专文化,工程师。现任湖北省体育科学学会武术专业委员会委员、武汉市传统拳术发展委员会顾问等职。国家一级武术裁判,杨式太极拳第五代传人。

200. 魏英敏(1935.6—),满族,中国伦理学会副会长,中国社会科学院应用伦理研究中心理事、研究员。辽宁盖州人。

201. 魏明建(1957—),首都师范大学资源环境与旅游学院教授,陕西省安康市城关人。

202. 魏建新(1958.3—),博士,研究员,中国石油大学硕士生导师。江苏无锡人。1982年毕业于吉林大学物理系物理专业,获吉林大学物理专业理学学士,2004年获固体地球物理理学博士学位。

203. 魏正英(1967.9—),女,博士,西安交通大学先进制造技术研究所教授。

204. 魏明海(1964.3—),中山大学管理学院院长教授。

205. 魏海明(1963,10—),中国科学技术大学生命科学学院科学实验中心常务副主任、教授,研究生导师。

206. 魏尚进,美国哥伦比亚商学院金融学经济学教授。1986年获复旦大学世界经济专业学士,1988年获宾夕法尼亚州立大学经济学硕士学位,1991年获加州大学伯克利分校商业管理硕士(金融学),1992年获加州大学伯克利分校经济学博士学位。

207. 魏磊(1959—),现代佛教学者。曾任中国金融学院教授,中国佛学院客座教授。

208. 魏淑艳(1965—),女,满族,东北大学文法学院公共管理系教授,博士生导师。辽宁北镇人,1986年7月在东北师范大学历史系本科毕业,获历史学学士学位。1991年6月在东北师范大学历史系中国近代史专业硕士研究生毕业,获历史学硕士学位。2004—2006年在职攻读东北大学行政管理专业博士学位,2006年8月通过博士学位论文答辩,获管理学博士学位。2008年被评为教授,2009年被批准为行政管理专业博士生导师。中共党员。

209.魏长领,郑州大学公共管理学院教授,硕士研究生导师,哲学系主任,长期从事行政伦理学的教学与研究工作。为本科生、硕士研究生开设的主要课程有行政伦理学、伦理学原理等。魏长领教授在《马克思主义与现实》《郑州大学学报》(高教研究版)等期刊发表有近10篇教研论文。因教学成绩突出,曾两获郑州大学教学优秀奖、郑州大学中青年教师讲课大赛二等奖等奖项,并多次获得"学生最满意教师"称号。

210.魏娜,女,中国人民大学人文奥运研究中心副主任、教授、行政管理学博士、博士生导师。北京奥组委培训专家,北京志愿者协会常务理事,北京邮电大学兼职教授(文法学院),云南民族大学兼职教授。

211.魏一鸣(1968.3—),江西安远人,工学博士(1996)。北京理工大学管理与经济学院院长,北京理工大学能源与环境政策研究中心主任、教授。

212.魏远安,博士生导师广西大学化学化工学院教授、副校长。入选广西"十百千"人才第二层次人选,现担任《江苏食品与发酵》杂志、《广西科学》等杂志的编委。主要从事有机化学,特别是碳水化合物化学、糖酶生物化学及其应用方面的研究,在国内外有关专业杂志上发表论文30余篇。

213.魏福祥(1955.5—),河北科技大学环境科学与工程学院教授、硕士生导师。河北吴桥人。

214.魏福源,中国纺织信息中心副主任、中国纺织信息网络中心总工程师。

215.魏明孔(1958.9—),甘肃皋兰人,博士,现任中国社会科学院经济研究所研究员。

216.魏杰,蚌埠医学院教授、物理教研室主任。获蚌埠医学院"先进工作者""优秀教师""优秀教学工作者"称号多次。

217.魏敬森,中国政法大学民商经济法学院教授,财税金融法研究所副所长,硕士研究生导师。兼任广东省佛山市仲裁委员会仲裁员、惠州市仲裁委员会仲裁员,并在中央电视台、东方卫视、经济日报等多家新闻媒体上进行法律评说,1997年被评为北京市优秀教师。著有《金融法》等著作。

218.魏浩征,国内顶尖的劳动法与员工关系管理专家之一、首席咨询顾问,北京中关村IT协会劳动关系首席顾问,《法制日报》《环球时报》《经理人》《人力资源》等多家大型媒体特约点评嘉宾。出版专著:

219.魏治中(1936.7—),山西农业大学农学系作物育种教研室主任、教授。

河北徐水人。1961 年毕业于山西农学院(山西农大前身)。兼任山西省种子协会常务理事兼副秘书长,《中国烟草》杂志编委,全国烟草品种审定委员会委员,山西省青年基金评委成员。

220. 魏勋斌,美国 University California, Irvine 生物物理学博士。美国生物物理学会和美国光学生物医学工程学会会员。

221. 魏世民(1965.10—),博士,北京邮电大学自动化学院教授,黑龙江五常人。

222. 魏良弢(1933.8.3—),南京大学历史系研究员。山东昌邑龙池人。

223. 魏琏,博士研究生导师,著名的结构工程专家,1991 年享受政府特殊津贴专家。

224. 魏由庆(1938.8—),中国农业科学院土壤肥料研究所土壤改良研究室副主任,德州盐碱土改良实验站站长、研究员。湖南常德人。

225. 魏尔康(1938—),全国农业劳动模范、江苏省有突出贡献中青年专家,江苏南通人。

226. 魏宏杨,重庆大学建筑城规学院教授,建筑城规学院党委书记,全国高等学校建筑学专业教育评估委员会委员,中国建筑学会建筑防火与区划学术委员会副主任。

227. 魏道明(1963.2—),青海师范大学人文学院历史系中国古代史教研室教授,中国明史学会理事,《青海社会科学》特邀编辑。

228. 魏华,理学博士,教授,博士生导师,现任上海水产大学水产与生命学院副院长。

229. 魏义祥(1945.10—),清华大学教授,博士生导师,核技术研究所副所长,河北正定人。

230. 魏太保,西北师范大学教授、硕士生导师。1984—1988 年就读于西北师范大学化学系,获学士学位,1991 年获中科院兰州化物所硕士学位,2003 年在上海高校及中科院机构的研究所进行交流学习。

231. 魏聪桂(1936—),中山大学党委常委、副校长,研究员,广东五华横陂人。

232. 魏清泉(1946—),中大经济地理教授、博导,国家注册城市规划师,广东五华横陂人。

233. 魏煌而(1935—),全国指挥仪专家,广东五华横陂崇文人。

234. 魏世林(1939—),西北轻工业学院教授,国家人事部颁发的"有突出贡献中青年专家",四川合江人。

235. 魏世宏(1954.8—),重庆科技学院党委书记、高级工程师,陕西咸阳人。

236. 魏秀芬(1965.6—),女,国家农业综合开发项目评估专家组成员、硕士,教授,注册咨询工程师(投资类)。天津人。

237. 魏先朴,原湖南省立通信教育馆馆长。湖南长沙人。1941年8月—1942年1月任湖南省立第一师范学校校长。继任湖大特科主任、湖南省立通信教育馆馆长。

238. 魏婷(1966—),女,兰州大学数学系教授、博士生导师。

239. 魏贤勇(1958.4.18—),中国矿业大学教授、博士生导师。江苏徐州人。

240. 魏贤超(1962.9—),比较教育学博士。现任浙江大学教授,博士生导师,浙江省省级学术带头人,浙江省政协委员。浙江宁海人。

241. 魏朗(1957.1—),中国汽车工程学会理事,现任长安大学教授、博士生导师,汽车学院院长。交通部人—车—环境系统安全重点实验室常务副主任。

242. 魏彪,博士,重庆大学光电工程学院仪器科学与技术博士后流动站研究员,博士生导师。

243. 魏朗,女,研究生学历,博士学位,暨南大学财税系副教授。

244. 魏后凯,中国社会科学院城市发展与环境研究所副所长、研究员,研究生院城市发展系主任、教授、博士生导师,北京市人民政府顾问。湖南衡南人。

245. 魏植华(1927—),原国务院能源部煤代油办顾问,北京钢院教授。香港人。

246. 魏海坤(1971—),东南大学自动化学院教授,博士生导师。浙江杭州人。

247. 魏韶华(1963—),青岛大学文学院教授,中国现当代文学专业硕士生导师,兼任中文系副主任。山东东阿人。

248. 魏秀玲(1964—),女,广东商学院法学教授。

249. 魏成龙(1964—),河南大学改革与发展研究院副院长、教授、研究生导师。

250. 魏成富(1956.4—),绵阳师范学院党委副书记、院长、教授。四川宜宾人。

251. 魏成德(1932—),青海师范大学马列主义教研室教授。青海省国际共运史、科学社会主义学会会长。

252. 魏义祥(1945.10—),清华大学工程物理系教授,博士生导师。河北正定人。

253. 魏义霞(1965—),黑龙江大学哲学学院教授、博士生导师,黑龙江省哲学基地专职研究员。

254. 魏新燕(1948.3—),女,上海人。擅长水彩、水粉、版画。1969年毕业于上海纺织工业学校工艺美术专业,1976 年毕业于哈尔滨师范大学美术专业。

255. 魏扬,男,1928 年生于武汉。浙江余姚人。毕业于湖北教育学院和中央美术学院。曾任教湖北教育学院、华中师范大学、湖北艺术学院等美术系 10 余年,培养大批美术人才。

256. 魏敬先,男,1939 年 2 月生,江苏沛县人。浙江温州师范学院人像绣研究所所长,教授。1957—1963 年就读于南京艺术学院美术系,现为温州师范学院美术系教授、硕士生导师,温州市人像绣研究所所长,中国美术家协会会员,1992 年起享受政府特殊津贴。

257. 魏哲(老铁),号铁马研斋主人,1950 年生于哈尔滨市。中国书法家协会理事、中国书法家协会评审委员会委员、中国书法家协会书法培训中心教授、辽宁省书法家协会副主席兼创作委员会主任、辽宁省文学艺术界联合会委员、葫芦岛市文联副主席兼书协主席。

258. 魏天雪,男,汉族,1942 年 11 月生,曾用名魏天学,辽宁庄河人。

259. 魏传义,1928 年 5 月生,四川达县人。早年就读于四川省立艺专和中央学术学院。历任四川美术学院副教授兼教务处长,四川省诗书画院副院长,厦门大学艺术学院院长、教授、硕士生导师。现为中国美术家协会会员,中国艺术教育促进会理事,福建美术家协会顾问、福建省美术教育研究会会长,厦门大学教授、厦大艺术研究所名誉所长,厦门书画教育研究院院长。

260. 魏大同,字达一,1926 年 11 月生,湖北大悟县人。长期从事教育工作,社会科学副研究员,中国楹联书法艺术委员会委员,中国书法家协会、中华诗词学会会员,湖北省楹联学会顾问、诗词学会理事,随州市及广水市书协、诗词学会名誉主席。

261. 魏长春,字墨龙、常川,号梦石斋主、梅花堂主人。1969 年生,福建莆田人。大学美术专业毕业。书画作品部先后数十次在国家文化部、文联、中国书协、中国美协等单位举办的各类书画大展(赛)中入选并获奖。

262. 魏玉明,1974 年 12 月出生,安远县人。中国摄影家协会会员、广东省摄影家协会会员,国家高级摄影师。自幼学习绘画、书法。1991 年至 1995 年在西南大学油画专业学习并毕业,1998 年在深圳建立魏玉明时尚摄影设计工作室。

263. 魏以鑫,男,笔名魏锋。1962 年生,湖北人。曾求学于北京业余书画学校、中国书画函授大学、北京电影学院等。自幼酷爱书艺,师承家父,上溯汉隶、魏碑、唐楷,下追宋元明清,走秉古鼎新之路。作品拙中寓巧,雄浑奔放,熔铸百家,自成风貌。

264. 魏永利,男,满族,1943 年 5 月生,北京人。1967 年毕业于天津美术学院。天津美术学院教授、天津美术学院成人教育学院院长。

265. 魏力群,著名花鸟画家、中国画教授。现任河北师大学美术系中国画教研室主任、河北省民间美术研究会副会长、中国工艺美术学会民间美术委员会委员、中国乡土艺术协会理事、河北省政协委员、民革党员。

266. 魏铁,原名魏铁生,生于1935年,北京人。中国美术家协会会员。

267. 魏金国,号虚斋、大髯公。1953年3月生,内蒙古赤峰人。锦州市文学艺术界联合会副主席,中国书法家协会会员,辽宁省书法家协会理事,市书法家协会副主席,市收藏家协会主席。

268. 魏峰,1942年生,河南安阳人。别署一峰,号洹上一夫。1961年曾以优异成绩考入西安美术学院。主攻大写意花鸟画,书法自篆隶入手,尤擅甲骨。

269. 魏谦,男,1946年3月出生,上海人,文学硕士。中国美术家协会会员,中国版画家协会会员。华中师范大学教授、美术系主任,国务院政府特殊津贴享受者。

270. 魏中典,1940年生,山东微山人,现居北京大名堂。师承大康、欧阳中石和李志敏教授。先后毕业于首都师范大学和北京大学书画研究班。现任北京大名堂主人、江苏大风书画社长、河北太行书画研究院顾问、中南书画院顾问、北七书画社顾问、北京官书院高级书画师、北京明星博艺文化中心副院长、北京湖社事业发展部长。中国书画家研究会员、中国书画家联谊会会员、中国书画家联谊会会员、中国收藏家协会会员。被中国友好城市交流展聘为名誉艺术家,被中国现代文化艺术部誉为世界铜奖艺术家。

271. 魏恒斌,号江沅,字昌新,艺名大石山人,拓艺斋主。1943年9月生于湖南隆回山界回族乡。1969年毕业于湖南师大。长期从事行政文秘工作,擅长写作,被中共湖南省委、省人民政府授予"先进工作者"称号。

272. 魏启后(1920—),山东济南人。中国书法家协会理事。早年就读于北京辅仁大学中文系,课余兼习书画,受教于浦心余、浦雪齐、启功诸先生,受益多多。后从事金融工作,公余之暇多与书画界交游,广结墨缘,以书画自娱,山水竹石法宋元文人画而自有新意。书学二王、初唐及北宋诸家,真书多立意,草书多章草法,行书近米元章。

273. 魏杰(1962.9—),陕西西安人。中国书法家协会篆刻委员会委员。供职于西安中国书法艺术博物馆。现为西泠印社社员,终南印社副社长。陕西省青年书法家协会副主席。

274. 魏玉新,陕西汉中西乡人,中国版画家协会会员。

275. 魏宝荣(1946.4—),中国书法家协会会员,天津人。现为中国书法家协会会员,深圳市书法协会副主席,深圳市文联委员,深圳市音乐家协会会员,深圳罗湖轻音乐协会副会长兼联谊会会长。

276. 魏福孔(1943—),中国工艺美术协会会员,中国装饰协会常务理事。甘肃兰州人。兼任甘肃美术家协会会员、甘肃书法家协会会员、兰州五泉书画研究会副会长、兰州市青年书法家协会名誉主席、兰州聚文社艺术顾问等。

277. 魏玉清(1941.1—),女,高级建筑师,黑龙江省建筑设计院主任设计师。山东益都人。中国建筑师学会会员,中国室内装饰学会会员。

278. 魏道生(1942—),自号齐北老农,山东省考古学会会员,山东省商河县商河镇前魏村人。

279. 魏泮玮(1966.9—),笔名魏玮、鲁石,字贵之,中国书法家协会会员,山东省寿光市纪台镇魏家人。山东省书协会员、寿光市文联副主席、寿光市书协常务副主席兼秘书长、寿光市墨香斋书画艺术学校校长。承其家教,酷爱书画,作品多次入展全国和国际性书法大展、第八届国际刻字艺术交流展、"杏花村"全国电视书法大赛。

280. 魏育贤(1971—),笔名魏晋,字昱之,斋号崇文草堂。中国书法家协会会员,广东梅州人。广东省书法家协会会员,中山市三乡镇文联副秘书长。

281. 魏明义,斋号竹藤斋,中国书法家协会会员,陕西礼泉人。

282. 魏扬(1928.11—),又名魏仰巽,中国美术家协会会员、湖北省文史研究馆馆员,国家一级美术师。浙江慈溪人。

283. 魏传义(1928.5—),别署川一,厦门大学艺术教育学院院长、教授、硕士导师。四川达县人。

284. 魏喜(1663—),中国油画协会会员,中国美术家协会河北会员。吉林大安人,1988年毕业于安徽省淮北煤炭师范学院艺术系油画专业(本科),1998年毕业于中央美术学院油画研究班。

285. 魏汉(1959—),字汉甸,斋号鼎堂、关虎屯风雨楼等。书法、美术教授。中国书法家协会会员。河南人。

286. 魏振皆(1889—1974),名著中,字继祖,号振皆,别号睫巢叟等,皋兰文山村人。甘肃省文史馆馆员。

287. 魏方(1950.5—),女,浙江衢州市群艺馆馆员,浙江台州人。

288. 魏富绪(1948.7—),中国书协会员,西藏书协理事。陕西富平人。

289. 魏绍武(1886—1982),字鸿发,知名书法家。甘肃甘谷人。历任甘肃陆军军官学校校长,甘肃督军署参谋长兼省垣卫戍司令。新中国成立后任甘肃省政府顾问等职。

290. 魏宇平(1917—)，土家族，中国书法家协会会员，贵州印江人。兼任中国名人协会会员、重庆市书法家协会顾问、重庆老年书画研究会副会长及重庆文史研究馆馆员，曾任重庆书法家协会副主席、重庆诗词学会会长。

291. 魏之祯(1916—1992)，字诚生，号心饮。中国书法家协会会员、现代书法家。江苏南京人。江苏省书法家协会名誉理事、扬州市民革成员。曾任扬州市广陵区政协副主席、扬州市文联名誉委员、绿杨诗社副社长、江苏省文史馆馆员。

292. 魏庆宪(1954.8—)，高级美术师，国家一级摄影师，中国摄影家协会会员。本科毕业。曾在广西艺术学院和北京工商大学学习。兼任中国艺术摄影学会会员、江西省美术家协会会员、江西省自然摄影协会理事。曾任南昌理工学院艺术学院副教授。现任海南科技职业学院艺术学院副院长、副教授。

293. 魏学文(1920—1996)，别号雨庵，中国书法家协会会员，甘肃省书协名誉理事，甘肃省甘谷县城关镇县府街潘家巷人。

294. 魏镇(1925.6.27—)，邮票收藏家，中华邮缘会十佳会员。从20世纪40年代开始集邮，先后编著了《全国各族人民大团结》《祖国大家庭》《红军长征胜利万岁》等邮集并多次获奖。曾任济宁市集邮协会首届理事、第二届市邮协学术委员会副主任，是齐鲁集邮研究会荣誉会员。

295. 魏万清(1938—)，中国美协江苏分会会员，安徽泗县人。1964年毕业于南师大美术系。现为中国现代民族书画艺术家协会一级研究员、南京市山水画研究会副会长、东方艺术院一级画师。

296. 魏安宇(1938—)，生于书香门第。当代国学家、国礼书法家，中国名人书画院名誉院长、中国书法美术家协会名誉主席、中国国学学会名誉会长、海峡两岸文化交流协会名誉会长、中国南海禅寺书画研究院创办人兼副会长。

297. 魏晋(1965—)，又名兵然、魏风，中国书法家协会会员、河北美术家协会会员，现担任石家庄市书协副主席兼秘书长。河北石家庄人。

298. 魏元祥(1962—)，斋号无砚堂。中国书法家协会会员、北京市书法家协会会员、京华印社青年创作委员会委员、中国航空书法家协会副秘书长。

299. 魏光庆(1963—)，生于中国湖北黄石，1985年毕业于中国美术学院(原浙江美术学院)油画系，现为湖北美术学院传媒动画学院院长。

300. 魏嘉(1958—)，山东轻工业学院艺术设计学院院长、硕士研究生导师、教授，山东临沂人。1980年考入景德镇陶瓷学院美术系，1984年分配至山东轻工业学院任教。1993年和2003年先后赴西班牙马德里大学皇家美术学院和墨西哥大学艺术学院做访问学者。2002年晋升为教授。现为山东轻工业学院艺术设计学院院长、硕士研究生导师，山东省文化艺术科学，省级重点学科带头人，中国艺术研究院研究员,国际商美 A 级景观设计师。

301. 魏天雪(1942.11—),中国书法家协会会员,黑龙江书法家协会副秘书长。辽宁庄河人。

302. 魏岳嵩(1947.3—),字俊天,中国书协会员、中国农民书画研究会常务理事,甘肃通渭人。曾任通渭县文化馆副馆长、通渭书画院院长、定西地区书法协会理事长(主席)。中国书协会员,中国农民书画研究会常务理事,甘肃省美协、书协会员。书法作品曾入展全国第五届书法篆刻展览、全国第二届新人新作展、全国第四届中青年书法篆刻展等重大展览并在全国性大型展览、大赛中多次获奖。

303. 魏镇(1946—),中国美术家协会会员、国家一级美术师。河南遂平人。有很多作品在国内外各种展览会展出并获奖,中国美术馆、中南海、国家博物馆、天安门城楼收藏。多家报纸杂志发表并收藏。

304. 魏凤杰(1947.11—),现为河北省美术家协会会员,河北省少儿美术研究会理事,北京石齐艺术研究会画家。

305. 魏启后(1920—2009.12.9),原中国书协理事、山东省书协名誉主席、山东画院顾问、济南市政协常委。山东济南人。

306. 魏明,女,1984 年毕业于湖北工业大学,1985 年入北京中央工艺美院进修漆画专业,现为一级美术师,中国美术家协会会员,武汉市环境艺术委员会顾问。1989 年被武汉市授予"优秀青年美术家"称号,1997 年被授予"湖北省文化厅系统职业女标兵"称号,2002 年获湖北省美术院创作研究成果奖。

(八)全国魏氏各分支系名人录

河南邓州支系:

魏仁军,男,穰东镇霍庄村人(1924 年 2 月—1952 年 5 月),1947 年 1 月参军,1952 年 5 月牺牲,朝鲜三八线战士。

魏振才,男(1924 年 4 月—1952 年 3 月),裴营乡七潭庙村人,1951 年参军,1952 年 3 月牺牲,朝鲜三八线战士。

魏明照,男(1929 年 2 月—1952 年 8 月),穰东镇贺庄村人,1951 年 4 月参军,1952 年 8 月牺牲,朝鲜三八线战士。

魏家德,男(1930 年 5 月—1960 年 7 月),1948 年 6 月参军,1960 年 7 月牺牲,解放商丘任副班长、战士。

魏丙银,男,桑庄镇尹营村魏湖人(1921 年 3 月—1947 年 6 月),1938 年 3 月参军,1947 年 6 月解放邓县时牺牲。

魏锦堂,男,又名华斋,1872 年生,十林镇魏寨村人。清末考中秀才后留学日本,在日本期间参加过孙中山同盟会。1930年回国任邓县参议员,曾任邓北区区长,从教数年。在邓县建设魏氏宗祠,该祠位于现邓州市大西关(人民医院与邓州宾馆)之间,占地十余亩,上下几十间房子,宗祠正房有一石碑,石碑上刻有"魏氏宗祠"四个大字以祭祖辈,另刻有"万国道德会邓州分会"。

山东滕州古滕魏氏支系:

一世,维礼公,字,庠生。明朝安徽凤阳府盱眙县人士。洪武二十七年(1394)随子来山东滕县落户。贤公,字,廪生,明洪武二十七年,宁王府仪卫司除任滕所百户。通公,字百户,正六品。忠公,百户。正六品。永龄公,百户,正六品。文光公,副千户,从五品。武光公,千户,正五品。尚志公,千户,正五品。绍爵公,千户,正五品。従谏公,千户,正五品。従化公,千户。正五品。阜高公,千户,正五品。居高公,字,千户。带兵守卫滕县城,与白莲教作战。恒舒公字心泰,八品职衔。恒聚公字萃庭,八品寿员。砚田公字耕文,八品职衔。守清公字效先,例授登仕郎。官增"五世同堂"匾额。志清公字向白,九品衔。振清公字轶廷,九品衔。元美公字孟芳,例授登仕郎。仲美公字次芳,恩荣登仕郎。明廷公字亮臣,例授登仕郎。宗宏公,约1915年生,1938年民国时期,为滕县县长周同副官,共同参加了惨烈的滕县保卫战。

甘肃天水甘谷(魏亮所在伏羌支系):

魏龙,字子乾,至正五年生,永乐癸巳年殁(1345—1413),原籍山西平阳府翼城县书香世家,自幼习诵经史,苦练武功,世代家传辇公棍法,名闻三晋。洪武二年自平阳府高河桥三王庙结集从军,明太祖御驾亲征,督战郑州,公为平阳巨族,子弟业儒习武者甚夥,领族中子弟十二人入羽林军禁卫圣驾,洪武三年龙公随徐达,冯胜西征甘陕,追剿西逃元军李思齐残部至洮阳,因武功高强、谋略过人授武略将军,任录事参军,曾建议韦正先取渭源,他处敌军将不战自溃,取得重大胜利。战事结束后应官府以兵屯民之策领军中十多人宗亲东迁伏羌入伏羌营,遂为望族,世称军功魏氏之祖,清王权在陇上诗人魏仰斋《知止堂诗集》有文序传。朱圉裔孙至今有密不传外棍法与徒手破棍之法传自魏龙,其散居北南两山、东川、西川、上巷北关、西关等地裔孙习武之风世代相延,为邑之武术掌门传人。自明季文武联科贡生承业公以保定府通判任,清代以来其裔孙礼庭登进士任之于三秦诸县,可庄以翰林入仕任之川蜀。贡监联科二十余名以教谕之职名闻三陇,戊戌之变,一门双公车闻之于廷。自乾隆以降武举近十名,嘉庆之际,征川匪时有两人阵亡,被陕甘总督忠武侯杨公遇春嘉颂猛虎之将。现存枪头、大刀石锁等器械存于朱圉。民国之际,绍武公与湘人黄钺秦州举旗,响应辛亥革命,授陆军中将,剑生公为章太炎弟子,抗战之际执教北师,50年代初效祖,炳新二公为北大毕业,前为史学家以蓝田人研究供职陕西历史研究所,后者以法学家供职内蒙古。

600年来其裔孙遍及伏羌全境,亦有迁徙邻郡州县者繁衍生息,今朱圉魏氏全族裔孙修撰宗谱告成,以志历世先祖之功不忘也。

魏秀全:嘉庆十九年五月初六日生,宣统庚戌年二月十四日殁(1815.5—1897),字宝三,号采芝道人,谱经史,精医道,一生乐善好施,医术精湛,著有《学医要法》一卷存世。同治三年岁饥族中力不能炊者靡不周之,全活,族人感其德,于光绪二十二年公举府县,经有司核实上报清廷赐寿官,准予八品冠带补服荣身,时年八旬晋二,并得元孙,五世同堂,终享九旬有六岁,家存当年邑举人蒋绣凤、李涛等撰赠对联。同治年间左宗棠麾下军官魏光焘(曾任新疆巡抚,晚清政治、军事、外交上的重要历史人物)途经伏羌,患病求治,愈后欣然赠诗六首。现存部分匾、木对牌等遗物于家中,并著一卷《医学要法》存世。先生在传家医要自序文中言医者意也,先明大意,大意既见,则条分缕析,脉络分明,内经曰知其要者一言而终。如做文章以立意为先,善书法者意在笔端,画家胸有成竹无二意。先生言为医者必存仁善之心方能言医,同治乱后族中饥荒,遇病则施药以救,遇无炊者以粥济全活。治病重元神先天根本,处方时顾后天脾胃。主张病有诸外必有诸内,见外感者多因外伤,治之方法互异,七情或兼六气标本缓急不同,阴极似阳,寒凉不可妄投。阳极似热温药慎用。主张遵古方不泥古,泥古则不灵,世无秘方,古贤圣一盘示于后人,如能随症加减,因人立方,因时用药则如盘珠滚无不活矣。魏正阳字燮臣,清庠生。因子魏树清授质登仕郎驰赠修职郎。妻牛氏驰封孺人。

魏鸿发略传:公讳鸿发,字绍武,别号朱圉山人。善书画,工诗文,其书法风韵高古,自成一格,乃陇上名士也。生于清光绪十三年丁亥,壬戌年七月逝于兰,享年九十九。尊上其昌,同治癸酉拔贡,亦吾省名士,曾任敦煌、文县等七县教谕,因清廉,殁时内无余财。公幼时家贫,与兄子文受尽艰辛。公事兄如父,事嫂如母,性聪慧,十四岁入私塾,光绪卅年甲辰赴陇西府应考,得中秀才。后赴兰,考入军校,又被校方选送至兵部速成军官学校,即后来保定军校。时清廷昏庸,国运衰弱,值武昌义举功成,为策武昌事,天水尹黄钺等,聘公任招讨使司令部参谋长,竭力赞襄其事,遂使秦州义举克期取胜,光复三陇。回兰后,初任省军校教官,后升任校长,总教练兼营长,参谋长等职。公元一九二〇年冬升任督军公署参谋长,甘军改编第一混成旅旅长。一九二五年九月加授陆军中将衔。公除练兵外,重实业,多有建树。卸任军职后,曾任安肃道尹之职。甘宁青分治,出任宁夏建设厅厅长,兼任财政厅长。省文史馆建立,成首批馆员。曾任省政协四届委员、常委,积极参政议政。公育有三子六女,均供职四方,其长女佩兰时任国民党立法委员,公利用亲属及社会关系,尽心统战,为两岸统一竭诚全力。公一生历经清朝、民国、新中国三时代,阅尽沧桑,饱经风雨,救国救民,贡献颇多,官仅至此,未尽展其才,岂不惜哉!

伏羌朱圉魏氏第二十代孙魏永泰谨撰

湖北赤壁魏氏支系:

魏观:字杞山,明代官员,蒲圻人,元时隐居蒲山。朱元璋称吴王,被聘为国子助教,调任浙江按察金事。1367 年转任两淮都转运使,先后两次访求贤能,荐者多被选用。洪武元年(1368)建大本堂,奉命侍太子说书及教诸王经。洪武三年,转任太常御,考试祀典。次年,因事被谪为龙南县知县,不久又召为礼部主事,洪武五年出人苏州知府时,革除前任一切苛政,被升为四川行省参知政事。不久又任功州知府。

安徽濠州魏氏支系:

魏健民(曾用名魏兴让),1915 年 10 月出生于安徽省定远县炉桥镇青洛河北魏村,1940 年 5 月,他怀着报效祖国的满腔热情,积极投身革命,1940 年 5 月加入中国共产党,先参加党组织地下工作,任县收发员、办事员、乡长,1945 年 8 月随军北上,任见习军需。

解放战争时期,魏健民历任华野 7 纵 21 师 61 团供给处会计,25 军 75 师 223 团供给处会计。先后参加涟水、莱芜、南麻、莱阳、淮海等战斗战役,先后任华东后勤干校学员、政治干事、组织干事、一预副政委、华东后方勤务部学习队副政委、第一政治学校七队学员,毕业后于 1957 年年初任南京军区后勤第 951 仓库(团级)政委,1967 年任第 886 仓库(师级)副政委。曾于 1959 年 5 月出席全军先进单位和积极分子代表会议。1955 年 9 月被授大尉军衔,荣获三级解放奖章,荣立四等功三次。1962 年 7 月晋升为少校军衔,1988 年被授予独立功勋荣誉奖章。因病不幸于 2017 年 4 月 13 日 5 时 15 分与世长辞,享年 102 岁。

魏兴文,男,出生于 1919 年 9 月 1 日,安徽省定远县永康乡人,1940 年 8 月入党;1940 年 2 月至 1941 年 11 月历任永康乡情报员、情报站长、分支书记;1944 年 1 月至 1945 年 4 月在四中队任指导员;1947 年 1 月至 1948 年在楼武任工作组长、党内书记,凤二区区队任指导员兼官沟乡指导员;1948 年 12 月至 1949 年 4 月任双墩集兵站指导员;1949 年 4 月至 1951 年 11 月任炉桥区公安特派员和派出所所长;1951 年 11 月至 1954 年 12 月在县公安局任政治协理所协理员和书记;1954 年 12 月至 1956 年 6 月在滁县地区工农干校任总书记;1956 年 8 月至 1961 年 8 月任永康乡党委第一书记;1961 年 8 月至 1962 年 7 月任吴圩区委副书记;1962 年 7 月至 1966 年 8 月任蒋集公社党委书记;1966 年 8 月至 1972 年 11 月任炉桥电灌站副指挥;1972 年 11 月至 1978 年 8 月任县烟棉公司负责人;1978 年 8 月至 1984 年 6

月在县糖业烟酒公司任经理;1987年10月光荣离休。享受县处级待遇。曾在战争年代受奖励两次,新中国成立后受奖励四次。2018年9月13日逝世,年100岁。

魏怀堂,男,出生于安徽省定远县魏坟村,1904年出生,1939年6月光荣加入中国共产党,1946年6月在安徽省定远县西阳山东山坳战斗中壮烈牺牲。于1951年被中国人民解放军华东军区追授为革命烈士。

魏卫,原名魏祥龙,定远县青洛乡河北魏人,出生于1915年。1939年参加革命,中国共产党党员。历任新四军定远游击大队中队长、新四军2师6旅18团军需官、华东军工部榴弹厂厂长等职。新中国成立后转业到地方,历任山东省泰安发电厂副厂长、莱芜县港里煤矿副矿长、莱芜酒厂党委书记等职。1965年11月离职休养。1987年11月因病逝世。

魏民,系魏卫之子,原名魏东林,定远县青洛乡河北魏人,1952年2月8日出生于山东省淄博市。1968年12月参加工作,淮南李嘴孜煤矿工人。1970年入伍,83149部队战士,广播员。1976年退伍,历任安徽人民广播电台播音员、播音组副组长、安徽经济台综合节目部主任、安徽音乐台副总监、安徽生活台总监、安徽人民广播电台高级专家组成员。专业职称:"主任播音员。1995年获安徽省首届'十佳'新闻工作者"称号,2008年享受安徽省政府专家特殊津贴。2012年2月退休。2015年担任安徽省朗诵艺术学会会长。退休之后并没有清闲下来,他在安徽省朗诵艺术学会任会长,安徽广播电视台语言艺术协会任艺术指导。

魏祥义,1925年4月出生于安徽省定远县河北魏村,1942年6月加入中国共产党,入伍后历任战士、会计、管理员、战地医院副所长、组织干部、政治协理员、政治指导员、空军第二专科学校校务部副政委、空军第二高射炮兵学院三系副政委。

在抗日战争时期,光荣地加入了中国共产党,坚信党的事业。抗日战争时期参加了新四军,解放战争时期先后参加了济南战役、淮海战役、渡江战役、宁沪杭战役等多次重大战役。新中国成立后还参加了抗美援朝战争。新中国成立后荣获中国人民解放军独立功勋荣誉奖章,独立自由勋章,抗美援朝纪念勋章,纪念中国人民抗日战争胜利60周年、70周年荣誉勋章。

魏祥喜,生于1921年4月28日,系安徽省定远县青洛乡河北魏村人。于1939年5月,18岁参加革命,时任皖东淮南游击大队大队长,曾与省委郑锐同志并肩战斗过。在1946年5月,在青洛被敌人逮捕,在牺牲前一身正气,大义凛然,彰显了一个革命战士勇于为革命抛头颅、洒热血的英雄情怀,慷慨赴死、永留青史。新中国成立后,魏祥喜夫妇被追认为革命烈士。

魏林,女,原名魏林瑛,1925年7月出生,系安徽定远县炉桥区青洛乡河北魏村人。她家是贫农,全家七口人,父亲魏祥忠,母亲王应珍,兄弟姐妹五人,分别是魏林治、魏林国、魏林安、魏林邦。她在家排行老三,是家中唯一的女孩。在魏林14岁时,她就积极参加共产党地下工作人员组织的青年妇女识字班,在1941年7月,毅然参加了新四军。由于表现积极,在1942年5月就加入了中国共产党。1944年6月魏林与洪有德缔结姻缘,组成了革命家庭。洪有德同志也是久经考验的老红军、老战士,经历无数次战火的洗礼,和自己的妻子魏林,一生戎马,为新中国的解放事业奉献着青春热血。洪有德同志在全国解放前后历任第二军医院院长、合肥第104医院院长(魏林时任合肥市第一人民医院药房主任)、安徽省军区后勤部副部长(副师职)(魏林时任马鞍山市卫生局副局长、党组书记)、滁州军分区正师职顾问。1955年魏林的丈夫洪有德同志被中央授予少校军衔。1997年6月4日,魏林病故于合肥。

安徽滁州天长魏氏魏为英所在支系历史名人资料:

明朝时期:

魏湘:天长县学。嘉靖七年戊子(1528)岁贡。

魏一鹕:天长教授。

魏乔:天长教职。崇祯六年(1633)。

魏濂:天长人。天长县学、诗人。诗歌创作较有影响。

魏天仁:天长人,天长医学。

魏殿璧(字号相如):1908—1940年,天长县人。民国天长县立初级中学教员(现天长中学),从事普通话、音乐、美术教育工作,兼总务主任。天长著名学者、画家。就读于上海美术专科学校,简称"上海美专"(现南京艺术学院)。校董事长蔡元培。校长刘海粟。师从刘海粟、谢公展(谢翥)。素描功力颇深,长于泼墨山水、花鸟,尤擅写菊。

魏殿珩(字号琢如),1918年生。天长县治县城人。民国天长城北小学首任校长。天长区长,国共联合抗日。

魏世荣(原名魏家兰),1923年出生。天长便益人。共产党员。正团级。红军尾期,跟着红军,当娃娃兵,是个小红军。身经百战,屡立战功,伤痕累累。新中国成立后转到地方任蒲田县委书记。六七十年代,被戴高帽游街,后调到涵江市石油公司任经理至离休。

魏玠如(原名魏殿珵),1916年11月生。天长便益龙庙村人。共产党员。正厅(局)级。北撤干部。参加过抗日战争、孟良崮战役、解放战争、渡江战役、抗美援朝战争。从野战军驻地福建,参加志愿军,赶朝鲜,为炮兵教导员助理。从朝鲜回国,便转业到中科院药物研究所,直至离休。

魏先国,1925年出生,原籍天长石梁军田、上坝人,1946年参军,由于功勋卓著,荣升至地处级干部。从大连到北京飞机场,后调至芜湖机场工作。离休干部。

安徽肥东支系:

铁嘴翁传

铁嘴翁者,淮泗间大缙绅也。少时,慕鲁先生仲连为人,遇乡里之有不得其平者,则鸣之以直。如斧之伐,如钺之诛,而不平者以平。少长,曾为县议会常驻议员。事无大小,人所不能言,不敢言者,则諛公登坛以发言。而翁则唇枪、舌剑,及锋而试,莫不迎刃而解,势如破竹。晚乃息于淮泗间爱鹤堂,以文墨自娱。有求为文者,必其人有可传,方许为之。否则,片纸、只字不以假人。有夸其故者,则面斥其人无可传者,不必尝试吾笔刀也。可见公之于人,无一言、一语不形其嘴之为铁者,故为之铁嘴翁。予自陕西谪归,过爱鹤堂,有指所谓铁嘴翁者以示予。予曰,噫!此予魏氏族曾祖,学贤公子林也!何为而名此?而铁嘴翁亦矍然问予所以至此者,予告之故,俯而不答。仰而笑呼予至其家,煮酒、烹茶以饮之。谈其为乡除害,若不遇卡官、库吏之盘根错节,无以别其为利器,予既闻而异之。犹忆铁嘴翁少时,会诗、能赋,有时命友以文,则笔大如椽,常常横扫千人军,诚所谓铁中之铮铮者。前十有八年,予于小龙山见铁嘴翁从数骑、持数枪,督率万余人,剿匪而归。兔起于前,使骑逐而击之,不获。铁嘴翁怒马独出,一炮得之。因与予马论用兵,及清民成败,自谓一时儒将。今几时耳,英雄之气犹流露于谈吐间,而岂乡间之人哉!铁嘴翁故居乡,虽不躬耕,而老农莫如焉!使从事于其间,今已为富家翁矣!而其家在肥之东北隅,环其家而散居者,数百家,多皆其族也。以翁一人镇慑于其间,便无争、无讼、无盗、无贼者,三十余年,未始非铁嘴翁之力也。予闻淮泗间多直绅,往往不平则鸣,但吾未得而见之,得见铁嘴翁,亦可以不见矣!

族玄孙王道熙撰赠

时在公元一九三一年岁次辛未冬月上浣谷旦

辽鹤公(生于一六四四年)自叙文

余少时业文,喜骑射,好六韬,虽父师之严,弗能禁。先君子为吾聘孝廉王公之女,公司理黄州,吾年十九(一六六三)入赘署中。考官生,游黄州府泮,经三载,移文合肥学,因江南文宗故,竟成画饼。会先君子弃世,擗踊苦块,抱恨终天。每思罔极之恩,恨不能显扬于万一。因与先兄友韩公嫡曰:"前程得而复失,奈何?"友韩公云:"以吾弟七尺昂藏,才力俱富,既精孔孟,又娴孙吴,若弃文业武,则巍科可得。而他年为无双国士,佩金印可预必也,安用此毛锥子为哉?"余遂翻然改业。丙午年(一六六六)梁文宗取第二名。复入合肥县庠,时年廿二矣。读书于元祖山,每一兴怀,辄以冠军自负。

至丁巳年(一六七七年三十三岁)蹇遭疯人徐万镇之自称崇祯三太子,往京师,过德州,被州官拿获。解部司寇讯审,彼供:我有军师秀才魏友韩,大将军魏友瑶。现驻合肥刑部,闻供即以密封启奏。禀旨敕安徽巡抚徐,行文合肥县,提军师并大将军到部审理。知县旋领衙役,同守备官兵数百人,蜂腾庄次。余兄弟公服迎谒,雷公一见,即行索缚。嗟呼!时值丁巳年六月十八日(一六七七年),盛暑之际,命在须臾。到县,随即解皖,经督抚、总河、总漕等衙门,手足桎梏,艰辛万状,莫可明言。惟有俯首曲受,吞声饮泣,苦何如耶。及到部送狱,狱官需索,小不如意,倍加严苦。谚云,今日方知狱史之尊,良不诬也。食则糠皮,眠则土坑,虱如鳞集,发似蓬松。监禁三百余日,审经一十三堂,两受大刑,骨肉并裂,直欲入地而无从也。因泣语先兄曰:"我等非破家,何以得生?"遂将市房、乡庄、田产等项,一卖几空,计银陆万余两。求乡亲刑部主事许、户部龚二人。嘱司始启奏释放,前程无碍。此则不啻笼鸟入林,纲鱼入渊矣。登程则清风两袖,归家则萧然四壁,夫妻儿女,相对泣下,竟将功名一念,付于东流而莫顾矣。束书高搁,率仆耕田,十载经营,积谷三千有奇。运途多舛,冠、婚、丧、祭一弗殆尽。披星戴月,辛苦备尝。又十年后,始得温饱。复奋志曰:"彼丈夫兮,我丈夫兮,安得甘老林泉,湮没而无闻乎"!因将耕种事业,悉付家仆。仍揣摩举子之业。上赖祖宗之福庇,下蒙主试之赏拔。年已知非,中江南丙子科第十一名举人。虽继此之迁合,殊恩未可预卜。姑录前事之苦惨,以示后之子孙耳!是为序。

注:据我家谱考证,我五世祖琦、珠二公,于1677年三十三岁,兄弟两人遭徐疯万镇诬陷受监禁,在清朝刑部大牢"监禁三百余日,审经十三堂"后,1678年释放回家。据珠公(字友瑶,号辽鹤公)《辽鹤公自敘文》本文记载:回家后心灰意冷,"束书高搁,率仆耕田,十载经营,积谷三千有奇",后又"披星戴月,辛苦备尝。又十年后,始得温饱"。之后,"将耕种事业,悉付家仆。仍揣摩举子之业。上赖祖宗之福庇,下蒙主试之赏拔。年已知非,中江南丙子科第十一名举人"。故推算《辽鹤公自敘文》,大约在珠公出狱20年"中江南丙子科第十一名举人"之后所撰写,大约写于1698年,清康熙三十七年。

山东省潍坊市峡山区魏家屯永宁公支系:

魏建毅,联谱八十五世,共产党员,新中国成立前任山东省昌南县委书记兼县武装大队政委,新中国成立后任潍坊市委书记,后任济南市委书记、山东省委副书记兼济南市委书记。

魏志谦,联谱八十五世,共产党员,新中国成立前任山东省昌南县朱马区区长兼保田大队大队长,为了革命事业1947年被国民党杀害了四口家人,在山东省是具有相当影响力的革命家庭,被山东省政府追认为革命烈士。

山东省临沂市费县洪沟魏氏支系：

魏公济，费县洪沟魏氏始祖魏讳再仪明朝初期任巡检司，二世祖讳恺生子瓛，瓛公为成化十三年丁酉科（明宪宗 1477 年，举人），后任邢台知县。瓛生三子，曰公泽、公溥、公济。公济，乃四世祖。魏氏一门书香，父子次第中试。康熙、光绪《费县志》中均有记载："父子世科坊（为魏公济立）于城里瞻蒙街"。魏讳公济，号沂野，日记万言。明代正德五年庚午科（明武宗 1510 年，举人），正德九年甲戌科进士。明清进士考试 201 科，总计 516254 名，其中魏氏 248 名，山东籍 28 名，费县籍仅四世祖 1 人。

此时大太监刘瑾擅权，操纵朝政，索贿受贿，许多高官都要向刘瑾行贿，称作"谢礼"。唯独魏公济不喜欢奔走奉迎，因此一直未授官职。后授南京户部陕西清吏司主事，继授湖广辰州、浙江湖州知府，进阶中宪大夫。嘉靖十年（明世宗 1531年）八月，四世祖任辰州知府。辰州地处偏远湘西，属于蛮荒之地。他在任七个月，做了六件大事——重学以育才，劝农以力本，弭讼以敦化，节役以裕民，祛宿弊以清政，昭尊卑以彰礼，深得民心。嘉靖十一年三月，因丁外艰辞官归里，辰州士民遮道号哭，不忍舍去。同年八月，镌刻"德政碑"以永远铭记善政（德政碑又叫"遗爱碑"或"去思碑"。凡为官者清正廉洁，造福一方，曰"德政"；百姓为其刻石立碑，并在碑上刻上纪念性的文字和图画，竖立起来，以歌颂官吏政绩，作为永久的纪念，称为"德政碑"）。辰州人章沂撰写《辰州思魏公德政碑》碑文，《光绪·费县志》有载。

后来四世祖补授湖州知府。他到任之后，清除奸诈，剔除弊端，政治清平，社会安定。嘉靖十八年（1539），建造了一座三孔石拱桥——潮音桥。建桥之前，此处是个渡口，名潮音渡。潮音渡原名慈感寺渡，源"潮音"之称取义于舟山普陀潮音洞。明崇祯《乌程县志》记载，潮音渡"以迎奉观音大士，故名"。潮音桥俗称"桥里桥"，与"庙里庙"府庙、"塔里塔"飞英塔并称湖州城三大古建筑。今天潮音桥作为古建筑仍然保留，成为湖州城里保留至今的唯一的明代古桥。湖州期间，有上司索求土特产，四世祖拒绝，遂被诬陷，立即解下印绶归辞归乡。湖州民众数百人入朝陛见皇帝，奏请留任，民众刚到北京房山良乡，朝廷留任的命令就下来了。后来，四世祖退隐，30 余年间，每天以诗书自娱，教子孙读书。有掌权者荐举四世祖出仕，都被他以疾病为由辞谢。终年 84 岁，葬于费县洪沟村前，有碑文可考。

洪沟魏氏康庄支系二十二世孙　魏超　沐手敬撰

山东省临沂水田魏氏支系：

魏太，临沂水田魏氏始祖，生于约 1328 年，卒于 1386 年，由河南而金陵，明前

(丙申年)在李总管麾下归附从军十有余年,在朱元璋侍卫军十七卫中任龙骧卫。洪武元年改任燕山护卫,十一年升中护卫,洪武十九年病故。二世徵祖役充父职,曾任燕山右护卫、副千户、指挥佥事、指挥同知,永乐十一年病故。三世刚祖生于洪武三十四年(1401)卒于正统十四年(1449),享年48岁,刚祖系嫡男12岁充任父职,进赠昭勇将军,宣德元年(1426)在沂州府留守。正统十四年,沂州府遇达贼侵犯入境,刚祖奋斗之际,不幸英灵归天,坟墓葬于城西南后岗头之东南湖。四世晟祖、冕祖补父职沂州卫,世袭指挥同知,五世聪祖官游京师,诰封怀远将军,世袭沂州卫,指挥同知,坟墓葬于城西水田村之阳。附:世袭名单魏刚,魏晟、魏冕,魏聪,承宗,志道,明臣,毓乾

临沂水田魏氏支系十九世孙　魏利生　沐手敬撰

山东滕阳魏氏历史名人:

魏安,滕阳始迁祖魏七公之孙,元代直隶总把奥鲁军民巡按。

魏成,滕阳始迁祖魏七公之孙,元代益都路知滕州事。

魏尊周,字允贵,生于康熙六十年六月三日,卒于嘉庆五年二月,以登仕郎诰授奉直大夫。

魏广第,清代诰授奉政大夫,世袭云骑兵马指挥使。

魏永昭(1927.5—1996.11),男,中共党员。籍贯滕州市官桥镇前掌大村。1951年3月参加中国人民解放军,1955年4月5日光荣复员,历任班长、连长。在伟大的抗美援朝战争中,由于表现勇敢,奋不顾身,先后荣获战功三等功两次,一等功一次。退役之后,他不居功,不骄傲,继续保持革命军人的艰苦奋斗本色,以前掌大村党支部书记的身份积极投入社会主义农村建设之中。他先后两次被评为枣庄市人大代表,中共官桥公社党委常委。他的一生,为国尽忠,为民谋福,鞠躬尽瘁。积劳成疾,于1996年11月因病去世。

山东峄县西魏楼支系历史名人:

魏和卿(1245—?),迁峄州一世祖,元代初年进士,殁后葬峄州西南八里壕沟。

魏裕(1312—?),字之问,魏和卿之孙,元代东昌路总管府事骁骑校尉,封上党县子。

魏大初,魏和卿之孙,天历年间中辞赋经义两科官翰林学士。

魏可久,元末进士,魏裕之子。

魏连润(1930—2000),1979年改革开放后率先致富,投资24万元义务建小学一处,受到国内外普遍赞誉,《人民日报》《中国教育报》专门做了报道,习仲勋副委员长专程到枣庄峄城区他家中看望慰问。1997年在身患恶疾的情况下,领衔主修鲁苏交界魏氏修谱合谱,取得成功。

十九、本书编后感

我的从事魏氏文化研究之路

屈指算来,我从事魏氏文化研究已有15年,我的职业是警察,平时很忙,2006年,我在官桥派出所任指导员,在一个偶然的机会,发现网上有一个"魏网",于是,我在魏网上发了一篇关于滕州市张汪镇双庙村魏徵墓的文章,讲述了魏徵为什么被埋在河底的传说,大意是:"魏徵的儿子一直不听魏徵的话,魏徵让其向东,儿子一定向西,魏徵临终想让儿子把自己埋在高处,知道儿子不听话就故意对儿子说:我死后,把我埋在最低处。"魏徵死后,儿子想,我一直没听父亲的话,这临终之言必须听,于是就将魏徵埋在了薛河河底。"魏网是中国台湾魏氏宗亲办的,我的这篇文章引起了台湾地区世界魏氏宗亲会的注意,于是结识了台湾地区世界魏氏宗亲会秘书长魏炳煌和台北魏氏宗亲会秘书长魏永刚(祖籍滕州),又通过魏永刚结识了魏成刚(时任枣庄市交通局副局长兼地方铁路局局长),从此跟随魏成刚了解认识研究魏氏文化。

2008年,我赴台旅游得到魏炳煌、魏永刚等世界魏氏宗亲会和台北魏氏宗亲会十多位宗亲的隆重接待,深入交流了魏氏文化活动经验。

在魏成刚等宗长的影响下,我对魏氏文化产生了浓厚的兴趣,利用工作之余,集中精力研究学习魏氏文化,积极倡导全国魏氏大联谱,率先召集本支系代表召开全国联谱世次认定会议,会议纪要代表签字后,上报全国联谱编修委。为全国其他入联支系提供示范。

先后参加了北京两次、郑州一次全国魏氏大联谱会议,枣庄联谱委会议等。并被任命为全国联谱常务副秘书长。

特别是今年以来,受总编魏成刚委派,负责本书魏氏名人录部分资料收集整理工作,本人不敢懈怠,加班加点,精益求精,终于完成了任务,为《魏氏文化源流研究》的成功出版尽了一份微薄之力。

另外对自己所在支系的宗谱进行了第五次续修,自任撰修,号召、组织各分支系代表收集家谱资料,调查走访。自己打字、编辑,无数次核对。新谱增加了"领袖有关家谱的论述""始祖画像""祖源概述""全国联谱世次认定""家训"等内容,使家谱成为真正的带有时代特色的现代版家谱,并举行了隆重的祭祖、颁谱仪式。在家族中反响极大,得到全体族人拍手叫好!

全国联谱之路还很漫长和曲折,但我相信,我们魏氏家族不乏有志之士,在大家的共同努力下,一定会在不远的将来实现全国大联谱。相信我们的魏氏家族会兴旺发达!

山东滕州魏允秀

2020.12.6

风雨兼程　砥砺前行

当《魏氏文化源流研究》该书快要付印完成的时候,作为副主编的我,却没有如释重负的感觉。这倒不是因为编辑工作的系列问题,而是反过来审视整个过程的时候,有几句不得不说的感慨之言。

父亲讳龙庆,曾任村会计30余年,在村里口碑很好,父亲去世时,全村的父老乡亲都感到惋惜,诉说父亲的忠厚善良和睦乡邻的感人事迹。从小父亲就教育我们要孝敬老人,尊敬长辈,积极参与家族事务,我是一名人民教师更加牢记父亲临终时的教诲,我要为家族多做有益的事。自从2009年参与并主持了我们支系的续修家谱工作之后,我对家族事务更加热情,总想全国要是都能联系起来,见面也好打招呼,胡乱称兄道弟,有辱祖宗,当我有这个想法的时候可巧枣庄的魏成刚宗亲正在组织全国魏氏繁衍规律调研,于是在临沂魏金刚的撮合下,毫不犹豫地加入这个队伍当中。2018年秋天,我就积极地进行宣传发动,亲自骑自行车到数十里外的宗亲家进行发动说服参与全国大调研,晚上回来已经到10点多,许多宗亲被我这种不顾个人安危、甘愿付出的精神所感动,有28个支系同意参加调研活动,后来由于个别宗亲从中作梗,有6个支系退出,宣传发动阶段我是如醉如痴,曾经有多少次到深夜12点和成刚宗亲交流世次评估情况。后来又不断督促支系宗亲传递资料汇总信息,其中的甘苦谁人知道。我总是自己给自己鼓劲,老祖宗从天上看着呢,我要继续努力,首先进行了十多个支系的地域联谱,为全国人类繁衍规律调研打下了坚实的基础。从2018年至今全国调研一波三折多次中断,总有人从中作梗,世次问题有人反对,一世祖的确立有人反对,特别是到了印刷阶段各路英雄纷纷出手,没有达到自己的利益的人组团联合反对,使印刷谱书又一次成为水中的影子,总编成刚不得不辞职,编辑书稿的重任落到了我的身上,30多万字的书稿,我是加班加点,认认真真地进行审核修改编辑,特别是主干世系表、世次审核报告等栏目耗费了我大量的精力,眼睛几乎失明,肩周炎、颈椎病再次找到了我，有人问我你是为了什么，我说这是我对整个魏氏家族的一种情怀，不计报酬的默默付出，终于换来了绝大多数宗亲的认可。谱书即将完成，我是百感交集，说不出的酸甜苦辣；寻寻觅觅，上下求索，留下的是魏氏文化的瑰宝。在这里我要特别感谢成刚宗亲的信任和帮助，是他那种不计个人得失的精神鼓舞了我，使我能坚持到现在，还要感谢延福宗亲的无私帮助，一路互相鼓励走向成功，还要感谢允秀、奇异、魏东等全国的未曾谋面的众位宗亲的大力支持。

魏氏文化的源远流长，不是一本书就可以表述得清楚的，但也仅仅是祖国历史浩瀚海洋里的一滴水而已。魏氏源于毕万公的世系，开宗始祖魏犨后裔连绵不断繁衍至今，经历了上千年的记载延续，然而，很多下衍的世系已经成为历史旧案无法厘清了。但是成刚总编研究的"三对齐"人类繁衍规律，弥补了这一遗憾，使得各个支系缺失的世次有了参考，这是魏氏家族的一大幸事。面对新修谱牒，已经不是简单的寻根问祖的问题了。当我们翻阅谱牒的时候，你是否在想，我们从中能够得到什么？这厚厚的两本书，在今天的社会里，既不能让人升迁，也不能使你发财致富。但我们看重的是文化，是先祖传承给我们的精神食粮，是先祖数千年来对国家对社会的贡献！如果我们族人能在其中得到如此的收获，那我们的期许也许就没有白费。

还有一点也是要说的。在传统文化和现代社会实际冲突的今天，孰轻孰重，只有我们自己能理解了。既然是魏氏文化源流研究，就不同于某些社会学专著，只能尊重族谱的历史，但本书能否如此，只有看了才知道。我因为才疏学浅，对此也是处于迷糊之中，编出的典籍肯定有不尽如人意的地方，还请宗亲多多谅解。文化的传承，尚需借他山之石而为之，以上的话，权当抛砖引玉之言。如能与大家共勉，就不胜感激之至。本人水平有限，不当之处请大家多多批评指正。

吉乐庄支系成顺祖第十一世孙　利生　书

2020 年 12 月 6 日

总谱进行曲

我期盼着能有一部本姓氏的总谱问世，经历了 15 个年头，终于欣喜地如愿以偿，全国魏氏总谱就要出版印刷了，甚此兴奋。

作为魏氏的一员，花甲之年后，总不免要涌起一股怀旧情怀。常常地自问：我从哪里来，我的祖先是谁，我的根在哪里？家里仅有一轴挂图无法进行历史的追溯。《魏氏文化源流研究》这本总谱巨著，解决了这个困惑。

我虽未直接参与这部巨著的研究编撰之中，然对该书的构想、宣传、研讨、起草、编撰过程的艰辛略知一二。大约 2004 年我参加了河北巨鹿恳亲大会，其间首次结识了全国各地的宗亲，第一次听到了魏成刚宗亲关于魏氏家谱研究的成果，其论点论证得到了与会大多数人的首肯。自那以后以发现全国各地一些支系都在修谱，又在QQ群和微信群里看到了关于魏氏起源支系追溯的消息。正是诸多的支系溪流，最后汇成了总谱大河。

为了编撰这部总谱，很多热衷于本家历史的文化人才，献计献策。这期间召开了北京、郑州等会议，肯定了成绩，确定了方向，明确了编委会和编撰部人员，总谱列车始发了。为此应当感谢为这部书出版出力提供财政支持的宗亲，他们对本家的情怀和付出我们不能忘记，不要忘记。

《魏氏文化源流研究》作为魏氏的一本史记，在编撰过程中引发了很多争论，最大的争论在于始祖和一世祖怎么确认问题，围绕着毕万和魏犨展开了激烈的讨论。原本讨论是正常的，但由于立场、观点、秉性各有所不同，讨论中便夹杂了一些个人情绪，有任性的，有抬杠的，或者有谩骂和人身攻击的，主编与副主编们承受着巨大的压力和身心折磨。毕竟魏氏有正直仗义的基因，大多数本家人用实事求是的原则，以史为据，不为歪理而偏，不为资本而降，力挺编辑部。

魏成刚总编，魏亮副总编，编辑部主编魏奇昇、魏利生、魏允秀、魏延福等执笔人，克服了家庭中、生活里、工作中、环境下的种种困难，不负所望，殚精竭虑，终于编撰出了《魏氏文化源流研究》这本家书史记。

这些编辑用笔传承了本家的姓氏文化。从此这股源流奔腾不息。凡魏家人都能从这条大河中寻找自己的支流。

愿魏氏家族血脉相承，融入中华民族的大家庭，为实现中华民族伟大的复兴梦而砥砺前行。

魏运波
2020 年 12 月 6 日

世上无难事，只要肯登攀

《魏氏文化源流研究》定稿成书，实属不易！志愿者编辑人员自始至终在总编辑魏成刚的带领下，不辞辛劳，不管严寒酷暑，废寝忘食，甘愿奉献，精神可嘉、令人钦佩！

从2018年开始宣传发动各地魏氏支系加入世次调研活动以来，本人积极参加宣传动员各地宗亲加入魏成刚的科研团队，曾帮助十多个支系参加到魏氏人口繁衍规律研究团队中来。魏成刚宗亲潜心研究了20多年的人类繁衍规律，总结出了"三对齐"理论，得到了全国绝大多数宗亲的认可，也受到了一些姓氏的重视。宗亲们通过网络学习才真正懂得了"三对齐"在联谱中的实用性。但是也有一些宗亲不了解、不学习、不服气、不认可，有人竟然不承认人类繁衍有规律可循，有人在网上攻击繁衍规律"三对齐"理论。本人与这些宗亲积极沟通、宣传，可以说是费尽了口舌，不断解释论证，极大地维护了"三对齐"理论的发明者魏成刚的权威，为下一步编辑《魏氏文化源流研究》的顺利实施做出了应有的贡献。

我们不能忘记总主编魏成刚宗亲。近20年时间里，他在全力做好本职工作并精心照顾卧病在床的妻子的同时，矢志不移、孜孜不倦地为魏氏文化研究义务奉献爱心。在本编委十多位志愿者宗亲的支持配合下，整理编撰了《魏氏文化源流研究》，其中的辛苦付出岂是一般人能够想象出来的？但令人没有想到的是，当《魏氏文化源流研究》即将出版之际，个别利益集团在没有达到目的后千方百计阻挠书稿编辑和印刷，更有甚者公开谩骂、威胁、造谣滋事、大搞人身攻击，致使魏成刚总主编被迫宣布辞职，使编辑出版工作再次进入混沌状态。此时，魏国华、魏俊文和我公开揭露外围的造谣诬陷。魏东宗亲挺身而出担任书稿征订、出版工作的协调牵头人。魏利生和魏亮（北京）宗亲主动接替魏成刚负责稿子的修改整理校核汇总工作。魏亮（贵州）、魏奇异等其他编委成员负责解惑释疑等外围舆论的宣传引导工作。值得一提的是利生宗亲，不顾多病缠身，积极热情、废寝忘食、夜以继日地审稿校稿，眼睛几乎看不清东西，靠着拼命精神，较好地完成了特殊时期的书稿编审工作。正因为有魏成刚、魏亮（北京）、魏利生、魏允秀、魏奇异等众多宗亲的实事求是、严谨细致、一丝不苟的科学编辑态度，有魏国华、魏长洲、魏亮（贵州）、魏广信、魏宏展、魏俊文、魏东等宗亲的大力支持参与，才使得《魏氏文化源流研究》能够顺利出版，实在来之不易！上述编委成员为魏氏文化增了光，为中华姓氏文化研究添了彩。本人只是其中一员做了自己应做的事情。我为能够参与《魏氏文化源流研究》编辑而备感骄傲和自豪。我相信，《魏氏文化源流研究》的出版，必将开启魏氏历史文化研究崭新的一页，必将丰富中华姓氏文化宝库，必将有力地推动中华优秀传统文化大放异彩！

魏延福作于温州

2020. 12. 4

后 记

　　"魏"字,17画,实在不好书写。小学时,我就对自己的魏姓大感不解,为啥不能换一个好写的"一"字来当作我的姓?长大接触到家谱后,令我更加不解的是,为什么有的魏姓家谱第一世祖先姓毕而不姓魏?到底谁是魏姓第一人?我是魏姓第几代?带着这些强烈的冲动,对修谱续谱本无兴趣的我,一步一步走上了艰辛痛苦的魏氏联谱之路,越发不能自拔。

　　1998年1月先父临终前嘱咐我:"找本子来,趁我还能说话,把我说的都记下来,不然,我一口气不来,没人告诉你咱们魏山头魏姓的来历,慢慢地把老祖宗忘干净了。"于是,我很庄严地听着、记着,才知道山东枣庄峄县北50里魏山头几十户魏姓始迁祖魏大公从何处迁来、已经有几代人、哪房哪门都散居到何处。五天后,先父便溘然长逝。此时,在枣庄市委文秘科当科长的我才明白先父的遗嘱是多么重要。为了不辜负父亲的希望,我便私下参与了家族的修谱、合谱与联谱活动。足迹从枣庄到临沂,到巨鹿,到徐州,到邳州,到郑州,到永城,到固始,到合肥,到永丰,到广州,到遵义,到兰州,到阜阳,到定远,到山东十多市,到北京,宣传发动魏氏联谱,四处点火,联谱已成为各地魏氏宗亲的共同心声和行动。联谱的列车于2018年1月13日在北京清荟沅宣布启动。

　　2020年春节,一场突如其来的新冠肺炎疫情席卷了全球,人类遇到了前所未有的大劫难!以人民为中心的中共中央一声令下,两天内中华大地商场关门,学校和工厂放假,飞机、高铁、公交车等交通工具全部停运,城乡所有人员瞬间定格在了自己的家中。因无组织支持、无人员参与,观点和途径发生了分歧,《魏氏联谱志》草案仅有107个支系,无法编撰《魏氏总谱》。"联谱列车"已空荡无人,最终而停止。

　　令人欣慰的是仍有几个魏氏"聪明傻子"重新吹起集结号,掀起了一场热烈壮观的《魏氏文化源流研究》大讨论。

　　2020年5月,疫情逐渐缓解,魏亮(北京)、魏允秀(山东)、魏延福(山东)、魏利生(山东)、魏奇异(甘肃)、魏广信(河南)、魏亮(贵州)、魏长洲(安徽)、魏国华

(福建)、魏俊文(黑龙江)、魏东(山东)、魏宏展(河南)12位宗亲,先后陆续自发地加入《魏氏文化源流研究》编委会的行列。五位宗亲自愿承担起文字副总编的任务,六位自愿承担宣传发动、收集各地家谱信息的任务,利用微信开视频会议,利用钉钉办公软件在网上协同编辑,把他们全部的业余休息时间都用在了《魏氏文化源流研究》编辑上。短短数月,120多个支系家谱序言、主干世系、家训、世系前沿、健在人员世次、历史名人传记等信息源源不断地汇向编委会。一部35万字的《魏氏文化源流研究》横空出世,我20多年的梦想得以初步实现!

《魏氏文化源流研究》涵盖26个省(市、自治区)的120多个魏氏有谱支系,鉴别性地吸收《左传》《竹书纪年》《逸周书》《史记》《世本》《帝王世系》《通志·氏族略》《新唐书·宰相世系表》《魏徵传》等史书,初步厘清了魏氏文化源流研究及播迁繁衍脉络,成功地运用"三对齐"理论,创造性地解决了各支系因世次失记而无法合谱的历史性难题,首次实现了不同始迁祖支系间的魏氏世次大统一;初步厘清了魏氏源头与支流;创造性地验证了人类繁衍规律"三对齐"理论体系,纠正了一些支系旧时合谱造成的谬误,取得了适用于各姓氏人口繁衍规律研究方法的丰硕成果。目前,书稿已编辑,魏世家的起源、发展、公共世系、入联支系的世系表、家谱序言、祖先事迹、每人所处的世次、新家训、统一使用的辈字等珍贵资料都展现在了广大宗亲的面前。本书除了具有极高的魏氏文化源流研究史查阅价值,还具有很强的修谱合谱技术上的使用价值。

阅读本书,能让你免去翻啃许多古书的辛苦便可知悉魏氏大家族的由来和发展;能让你了解天下魏氏共同的祖先世系;能让你知道自己所在支系在汉唐世系失记期丢失了几代祖先;能让你详细了解有家谱以来的历代祖先,知道你从何而来;能让你了解先辈的杰出事迹;能让你知道在400万入联魏氏成员中你应是第几世;还能让你知道你的子孙后代起名时该用什么辈字;等等。这些弥足珍贵的宝贝资料必定让魏氏后代爱不释手!

《魏氏文化源流研究》的编撰成功,给子孙后代留下了宝贵的文献资料,也是魏氏大家庭对中华姓氏文化的巨大贡献。这是全体支系牵头人、家谱主编、联系人共同努力的结果,也是编委会同志们付出心血和汗水的结晶。在此,我作为《魏氏文化源流研究》的总主编,向所有为此书做出突出贡献的宗亲表示最崇高的敬意和诚挚的感谢!

长江后浪推前浪,浮事新人换旧人。希望魏氏后人永远铭记前辈的恩德,继承和发扬魏氏优良传统,按照家训要求做人、做好人,在祖国建设和民族复兴的伟大征程中,代代做出新的贡献,为祖先争光,为魏氏添彩!

犨裔八十三世　山东枣庄　魏成刚

2020年11月